U0867084

CICIR 中国现代国际关系研究院反恐怖研究中心
ZHONG GUO XIAN DAI GUO JI GUAN XI YAN JIU YUAN FAN KONG BU YAN JIU ZHONG XIN

国际恐怖主义
与反恐怖斗争年鉴

（2017）

时事出版社
北京

图书在版编目（CIP）数据

国际恐怖主义与反恐怖斗争年鉴．2017/中国现代国际关系研究院反恐怖研究中心著．—北京：时事出版社，2018.7
ISBN 978-7-5195-0219-5

Ⅰ.①国…　Ⅱ.①中…　Ⅲ.①恐怖主义—世界—年鉴—2017②反恐怖活动—世界—年鉴—2017　Ⅳ.①D588-54②D815.5-54

中国版本图书馆 CIP 数据核字（2018）第 096754 号

出版发行：时事出版社
地　　址：北京市海淀区万寿寺甲 2 号
邮　　编：100081
发行热线：（010）88547590　88547591
读者服务部：（010）88547595
传　　真：（010）88547592
电子邮箱：shishichubanshe@sina.com
网　　址：www.shishishe.com
印　　刷：北京朝阳印刷厂有限责任公司

开本：787×1092　1/16　印张：31.5　字数：514 千字
2018 年 7 月第 1 版　　2018 年 7 月第 1 次印刷
定价：198.00 元
（如有印装质量问题，请与本社发行部联系调换）

总策划：季志业　冯仲平

主　编：傅小强

编　委（按姓氏笔画）：

邓门佳　冯仲平　李　伟　孙　渤　刘天聪
余文胜　陈　旸　陈庆鸿　严　帅　严　谨
林一鸣　张书剑　季志业　徐永智　龚　正
符春华　傅小强

目　录

第一部分　国际恐怖主义与反恐怖斗争形势综述

第二部分　国际恐怖主义组织

第三部分　国际重大恐怖活动案例分析

第四部分　国际恐怖与反恐怖斗争大事记

第一部分

国际恐怖主义与反恐怖斗争形势综述

第一章 国际反恐陷入“后伊斯兰国”乱局

2017年，“伊斯兰国”在国际社会打击下“暴政”瓦解，但“伊斯兰国”极端意识形态在全球扩散，恐怖极端分子跨国流动加剧，外溢破坏效应扩大，国际暴恐势力加速向地区乱源集聚。国际反恐进入“后伊斯兰国”时代，挑战依然复杂严峻。

第一节 国际恐怖主义进入“后伊斯兰国”时代

2017年，国际暴恐的两大领头羊呈现迥异的发展势头。“伊斯兰国”受损严重，中东核心解体，被迫调整暴恐技战术，而“基地”组织悄然复兴，“后伊斯兰国”时代的国际暴恐生态更趋复杂。

一、“伊斯兰国”暴政瓦解

一是控制地盘大幅减少。此前，控制大量“国土”是“伊斯兰国”引领众多国际恐怖组织最为关键的要素。正是有了“国土”，“伊斯兰国”将国际恐怖组织多年的“建国”梦想落地生根，伊叙一时也成为“圣战”最具前景的地区。但从2016年下半年起，“伊斯兰国”的“国土”逐渐消失殆尽。据美国智库兰德公司统计，“伊斯兰国”在伊拉克势力于2014年秋达到顶峰，当时控制了约630万伊拉克居民（占伊拉克总人口的19%）、58372平方千米土地（占伊拉克总面积的13%），其中包括拉马迪、摩苏尔、基尔库克、提克里特等大城市。在叙利亚，“伊斯兰国”一度控制了约330万人口（占叙总人口的14%）、47497平方千米土地（占叙总面积的25%）。① 但到2017年初，在美国支持下，伊拉克安全部队、什叶派民兵和库尔德武装的联合行动下，“伊斯兰国”相继失去这些城市的控制权，所辖居民和面积在伊拉克和叙利亚分别减少至110万居民（占总人口的3.3%）、15682平方千米（占总面积的3.5%）和150万人口（占总人口的6%）、29695平方千米（占总面积的16%）。② 7月9日，“伊斯兰国”在伊控制的最后一座城市摩苏尔也告失守。10月17日，“叙利亚民主军”又宣布收复“伊斯兰国”位于叙利亚的“首都”拉卡。摩苏尔和拉卡的沦陷标志着“伊斯兰国”在伊叙有形的“国体”解体。截止2017年12月初，“伊斯兰国”在伊叙控制的城镇已基本被解放，仅剩下一些偏远乡村和沙漠地区。

二是“伊斯兰国”财源枯竭，运转艰难。“伊斯兰国”财政收入主要有几大来源，包括油气收入、辖区税收和服务费、文物贩卖、劫掠财物、绑架赎金等，以及接受来自部分伊斯兰世界的捐款和援助。但随着“国土”丧失，“伊斯兰国”失去了大量的油气和税收收入，同时外籍“圣战”分子人数骤减，资助减少，导致“伊斯兰国”财源严重吃紧。据统计，“伊斯兰国”的年收入从2014年的19亿美元下降至2016年的8.7亿美元，缩水一半多。③ “伊斯兰国”成员的薪酬也减少了一半④，士气日渐低落。“伊斯兰国”财源减少，严重影响其内部组织运转、武器弹药购买和军事行动，对外界的吸引力和对其他恐怖组织的支持力度也大不如前。

---

① “Rolling Back the Islamic State”, p. 84, http://www.rand.org/pubs/research_reports/RR1912.html.（上网时间：2017年11月27日）

② Ibid., p. 85.

③ “Caliphate in Decline: An Estimate of Islamic State's Financial Fortunes”, p. 5. http://icsr.info/wp-content/uploads/2017/02/ICSR-Report-Caliphate-in-Decline-An-Estimate-of-Islamic-States-Financial-Fortunes.pdf.（上网时间：2017年11月28日）

④ “ISIS cuts its fighters' salaries by 50”, http://money.cnn.com/2016/01/19/news/world/isis-salary-cuts/index.html.（上网时间：2017年11月29日）

三是“伊斯兰国”人员大量折损，战斗力严重下降。这一年里，不仅巴格达迪的死因成谜，该组织的战斗人员更是死伤惨重。自国际社会军事打击“伊斯兰国”以来，“伊斯兰国”成员大量遭击毙，美英两国官员称，共歼灭约 2.5—5 万名“伊斯兰国”成员。①

二、“伊斯兰国”被迫调整暴恐技战术

一是“伊斯兰国”更多采用游击战等恐怖组织传统战法，与政府搞不对称对抗。此前，“伊斯兰国”具备与政府军搞直接军事对抗的实力，常根据对手实力选择作战战术。当其面对一个虚弱、无力的政府时，常采用常规的军事作战模式消灭政府军。② 从建国之初至 2015 年秋鼎盛时期，“伊斯兰国”就是借助这种军事作战模式，在伊叙迅速夺取大片土地。而游击战则是恐怖组织实力弱于政府军时的常用对抗战术。③ 随着“伊斯兰国”失去大量地盘和人员，其已不具备组织大规模军事行动的能力，开始将队伍化整为零，更多采用游击战和袭扰战，借助暗杀和爆炸等手段对军警和政府目标发动恐袭。

二是大规模搞简易“圣战”，制造暴恐新恶潮。“伊斯兰国”头目自 2016 年以来多次号召支持者利用卡车、刀斧等工具就地搞“圣战”，并在网上发布如何利用这些工具作案的教学视频。④ 2017 年 3 月的伦敦议会大厦恐怖袭击案、4 月 7 日瑞典斯德哥尔摩卡车冲撞案和 6 月伦敦桥袭击案均属此类。英法安全专家对此表示，“以车辆和刀子展开的低技术袭击最

① “ UK puts number of ISIS fighters killed at half US figure”, http://edition.cnn.com/2016/12/16/politics/uk-us-number-isis-fighters-killed/index.html.（上网时间：2017 年 11 月 29 日）

② Craig Andrew Whiteside, “The Smiling, Scented Men: The Political Worldview of the Islamic State of Iraq, 2003 - 2013,” dissertation, Pullman: Washington State University, December 2014.

③ Robert Taber, War of the Flea: The Classic Study of Guerrilla Warfare, Washington, D.C.: Potomac Books, 2002.

④ “ ISIS and Al Qaeda have specifically called for the type of attack that just happened in London”, http://www.businessinsider.com/isis-al-qaeda-london-attack-2017-3.（上网时间：2017 年 11 月 28 日）

近有增加的趋势，这些工具可轻易获取，安保人员很难防范。同时，袭击行动越是简单，所需的事前准备工作就越少，袭击者不易暴露，执法人员难以侦测”。① 可以预料，在各国防范森严，“伊斯兰国”外溢报复加剧的情况下，未来或将有更多的简易“圣战”行为。

三是借助外围和网络积蓄力量。“伊斯兰国”在伊叙核心的失败，迫使其进一步利用外围分支做文章，加强各分支之间的联动，以此实现总部与分支在战略资源和人员方面的相互流动转移，以弥补核心区域的风险与损失。同时，“伊斯兰国”还可能继续谋划建立新的“行省”，逆势扩张。如5月底来，宣布效忠“伊斯兰国”的菲律宾恐怖分子攻占马拉维等地。“伊斯兰国”积极回应，图谋将菲律宾打造为海外的第九大“行省”。② 此外，“伊斯兰国”还借助新媒体和网络赢取更大范围和规模的支持。“伊斯兰国”是最会搞网络宣传的恐怖组织之一。近年来，该组织借助网络和新媒体，发布英语、阿拉伯语、俄罗斯语、法语、德语、土耳其语、维吾尔语和库尔德等多语种音像视频招募人员和鼓动恐袭，效果显著。如，“伊斯兰国”在2017年斋月之前号召支持者发动斋月攻势③，导致斋月期间全球各地恐袭数量急剧攀升，伤亡惨重。据统计，2017年斋月全球恐袭伤亡较2016年上升380％。④

---

① “反恐专家：以刀子与车辆展开低技术恐袭有增加趋势最难防范”，《联合早报》，http：//www.zaobao.com/news/world/story20170606-768783.（上网时间：2017年11月28日）

② “The Islamic State grows in the Philippines”，http：//www.longwarjournal.org/archives/2016/06/islamic-state-officially-creates-province-in-the-philippines.php.（上网时间：2017年11月26日）

③ “Isis calls on supporters to wage'all-out war'on West during Ramadan with new terror attacks”，http：//www.independent.co.uk/news/world/middle-east/isis-ramadan-2017-all-out-war-west-new-terror-attacks-manchester-suicide-bombing-islamic-state-a7758121.html.（上网时间：2017年11月26日）

④ “Ramadan Rage 2017：Deaths Reach 1，627，Marking One of the Bloodiest Islamic Holy Months in Recent Memory”，http：//www.breitbart.com/national-security/2017/06/07/ramadan-rage-2017-complete-list-jihadist-attacks-around-world/.（上网时间：2017年11月26日）

三、“基地”组织复兴态势明显

一方面，“基地”暴恐威胁持续增大。“基地”组织经多年潜伏发展，暴恐实力创“9·11”以来新高。一是有良好的外部发展环境。伊斯兰世界乱局持续有利于“基地”组织恢复和发展。2011年以来，伊拉克、叙利亚、也门、利比亚和马里等国陷入持续动乱，埃及等国强人政权也遭削弱，相关国家政治和社会问题突出，民不聊生，“基地”组织趁机通过各种手段拉拢民心，扩大支持基础。同时，“伊斯兰国”建政立国的实践已“激活”全球“圣战”运动，使其进入前所未有的发展阶段。“伊斯兰国”溃败后，该运动在逊尼派极端势力中煽动起来的极端意识形态土壤肥沃，也将继续滋养“基地”发展壮大。二是新生代领导层“人才辈出”。美国近年对“基地”组织高层实施“猎杀”行动虽除掉多名高级头目，但也加速其更新换代，形成“老中青”相结合、更具活力的领导结构。老一代以“基地”组织头目扎瓦希里、阿布·卡塔达为代表，为全球“圣战”运动提供战略指引；中生代以各分支机构头目为主，他们年富力强、宗教学识高、作战经验丰富；新一代以本·拉登儿子哈姆扎为代表，其被视为“恐怖王储”，2017年以来频繁发声，大有“接班”之势。三是伺机收编“伊斯兰国”残余势力，填补暴恐“真空”。“基地”组织、“伊斯兰国”分歧主要限于高层，中下层人员并不相互敌视有时甚至联手行动。扎瓦希里深知“伊斯兰国”难以长久，等待其崩溃后予以收编。同时，叙利亚温和反对派武装实力有限，难以抗衡“基地”组织派扩张。此外，美专注打击“伊斯兰国”，且对如何管控叙“解放区”无清晰战略，为“基地”填补“真空”提供机会。

另一方面，重点打造叙利亚暴恐大本营。“基地”组织近年以叙利亚为重心，大力扶持在叙分支机构“征服阵线”，使其发展壮大为叙反对派武装“龙头”，并逐渐将叙打造为新的暴恐大本营。一是拉拢渗透反对派武装。“基地”组织在叙人员近万，作战能力强，资源丰富，日益受其他反对派武装倚重，甚至成为部分武装生存之本。对伊斯兰武装派别，“基地”组织力避与之冲突，而是在反政府大旗下，通过游说、渗透，建立以其为首的同盟军。对反对其暴恐路线的部分世俗武装，如“哈克阵线”、“30旅”等团伙，“基地”组织则予以打击或招安；二是筹谋“封都建国”。

“基地”组织以叙西北为大本营，着力在伊德利卜省打造“治理示范区”，向民众提供水、电、医疗等服务。设立宗教法庭处理各种纠纷，受理民众诉讼请求，还设立安全机构确保裁决得到执行。因高效、专业和公正，得到民众拥戴，“基地”借此不断渗入民众日常生活，包括发放土地、婚姻等证件。随着逐步被民众接受，“基地”组织酝酿在叙西北部建国。三是构建外籍“圣战”军团。“基地”组织在叙收编的外籍“圣战”分子逾3000人，欲将其培植为未来发动域外恐袭的“尖刀”。例如，“基地”组织大力招募拉拢中亚极端势力，2015年底来在叙利亚的中亚暴恐团伙纷纷投靠“基地”组织，包括乌兹别克籍“伊玛目布哈里团”、鞑靼斯坦籍“克里米亚团”等，其麾下的中亚暴恐分子已逾千人。随“伊斯兰国”衰落，其麾下部分外籍“圣战”势力也开始转投“基地”组织麾下。

第二节　暴恐势力加速向地区乱源集聚

受“伊斯兰国”外溢效应和“圣战”分子跨国流窜冲及，全球多地暴恐形势趋危变恶，中国周边热点遭国际恐怖和极端势力渗透，出现乱源联动和暴恐集聚态势。

一、中亚内外交困，恐怖形势不容乐观

一是从中东返流搞恐袭的现象突出。中亚地区有大量人员在中东作战。据俄罗斯外交部相关负责人表示，约1万名来自独联体的外来者在叙利亚为恐怖团伙作战，其中一半拥有俄罗斯国籍，约5000人出生在中亚国家。[①] 返流主要有两种情况：第一种是直接回国搞恐袭或搞潜伏。2017年来中亚各国安全机构已经多次抓获从中东回流试图在国内搞恐怖袭击的恐怖分子，并缴获大量枪支弹药。同时，有的恐怖分子回国后并不急于发动恐袭，而是就地“休眠”，伺机而动，让人更难以防范。11月1日，上合

① 新华网：“俄媒：近1万独联体武装分子在叙为恐怖组织作战”，http://news.xinhuanet.com/mil/2017-10/10/c_129717827.htm.（上网时间：2017年12月2日）

组织地区反恐机构执委会主任叶夫根尼·瑟索耶夫表示，国际恐怖组织建立“休眠小组”正成为上合组织内的主要威胁。这些恐怖分子“一个人离开、不引起军警和安全部门对自己的关注，在他收到‘醒来’信号前与普通人无异，不会采取任何受谴责的行动”。[①] 第二种情况是中亚裔成员不直接回国，而是跑到其他地区搞恐袭。这些中亚裔成员都有在中东参战、受训或为“伊斯兰国”提供支持的经历，威胁巨大。如2017年4月3日的俄罗斯圣彼得堡地铁爆炸事件，自杀式袭击者为1995年出生的吉尔吉斯斯坦人阿克巴尔容·贾利洛夫，其2014年就曾赴叙利亚接受当地恐怖分子的培训。4月7日，一名乌兹别克裔男子在斯德哥尔摩开着卡车直接冲撞人群，造成数人受伤。该男子与“伊斯兰国”成员来往密切，为“伊斯兰国”捐助大量资金。10月31日下午，美国纽约曼哈顿下城区发生卡车撞人袭击事件，造成至少8人死亡，12人重伤，袭击者也是来自乌兹别克斯坦，警察随后又抓获了其乌兹别克斯坦同伙。

二是在南亚的中亚暴恐怖团伙向中亚回流迹象明显。此前，包括“乌伊运”“伊斯兰圣战联盟”等恐怖组织一直躲藏在巴基斯坦部落区，因巴的军事打击行动，这些势力被迫逃往阿富汗，后经阿富汗北部逃往中亚，对中亚境内产生冲击。2016年底以来，由于“乌伊运”在阿境内受到阿富汗塔利班的打压，损失严重，其人员回流中亚更为迫切。同时，阿富汗安全形势的恶化对中亚恐情也产生巨大的冲击。一方面，塔吉克斯坦与阿富汗边境形同虚设，塔阿边境1300多千米，崇山峻岭，军警力量薄弱，躲藏在阿富汗北部的大量阿富汗恐怖势力对中亚是个不定时隐患。另一方面，阿富汗毒品对中亚也是重大威胁。大量阿富汗毒品经中亚流向俄罗斯等地，阿富汗塔利班、“乌伊运”还与当地黑帮搭建毒品供销网，威胁严峻。此外，中亚内部风险也在增多，包括经济形势严峻，社会矛盾加剧，伊斯兰原教旨主义化进一步发展，外部伊斯兰极端思潮对中亚穆斯林的社会影响加强等。在这种形势下，中亚极端主义有所抬头，恐怖袭击案件增多。

---

① “上合组织地区反恐机构：恐怖分子‘休眠小组’正成为上合组织国家的主要威胁”，http：//sputniknews. cn/politics/201711011023945881/.（上网时间：2017年12月3日）

二、阿富汗安全局势趋恶，南亚暴恐威胁潜滋暗长

一是阿富汗安全局势脆弱，暴恐势力重趋活跃。联合国驻阿富汗援助团2017年7月发布数据称，自当年1月1日至6月30日期间，阿富汗共有1662名平民因恐怖袭击死亡，死亡人数比2016年同期上升2%，达到新高。① 一方面，阿富汗塔利班强势攻击，已露建政野心，武装袭扰和爆炸破坏活动频繁。以阿富汗塔利班二号人物、“哈卡尼网络”头目哈卡尼为核心的强硬派势力在阿富汗塔利班内部上涨，阿富汗塔利班攻击范围逐步从南部、东南部、东部向全境扩散，不断在昆都士、楠格哈尔、赫尔曼德和坎大哈等地发起攻击，以逐步实现从农村到城市，从一般城市到省会城市的控制。4月底，阿富汗塔利班宣布发动“春季攻势”，其发言人叫嚣发起政治和军事双重打击行动，在控制区内建立政治机构，以“建立社会正义和发展的机制，保障社会安全和民众的利益”。同时，阿富汗塔利班还力主拓展其在控制区域的影响力，夺取省会城市，建立省级行动中心和机构，加强各地联系。据美监测阿富汗事务机构“阿富汗重建特别监察小组”统计，阿富汗塔利班2017年8月控制了阿富汗13%的土地，较2月提升了2个百分点，还在大约30%的区域有势力活动或与政府争夺安全影响。② 另一方面，国际和地区暴恐势力向阿富汗北部转战云集，成为新的地区暴恐藏匿中心。2017年巴基斯坦继续在部落地区发起反恐攻势，原躲藏在巴基斯坦部落区的恐怖分子，包括巴基斯坦塔利班、“基地”、“乌伊运”等大量逃往阿富汗，在阿境内建基地，搞招募，并与阿富汗塔利班等狼狈为奸，使得阿安全局势雪上加霜。

二是“伊斯兰国”在南亚稳扎稳打，根基渐牢。其一，在阿富汗逆势重组，威胁扩散。为摆脱被阿政府和塔利班联手打压的困境，2017年以来

---

① “联合国报告称阿富汗平民半年死亡人数达到新高”，人民网，http：//world.people.com.cn/n1/2017/0718/c1002-29411532.html.（上网时间：2017年11月29日）

② “Taliban increases influence，territory in Afghanistan：U.S. watchdog”，https：//ca.reuters.com/article/topNews/idCAKBN1D026N-OCATP.（上网时间：2017年12月1日）

"伊斯兰国"逐步与楠格哈尔、库纳尔等省部族签订"备忘录"，换取部族支持。3月"伊斯兰国"在伊拉克的头目还曾访问阿富汗，并与阿富汗塔利班和"基地"组织头目会面，主动协调与阿富汗塔利班和"基地"组织的关系。"伊斯兰国"的活动范围逐步从楠格哈尔省向阿富汗南、北部扩张，在巴达赫尚、昆都士、努尔斯坦、库纳尔、赫尔曼德和法拉赫等省重建据点，并深入首都喀布尔搞恐袭。其二，在巴基斯坦与当地暴恐组织同流合污，扩大招募基础。"伊斯兰国"不仅与巴基斯坦塔利班建立联系，还加深与"虔诚军"和"简戈维军"的勾连，尤其是与巴境内常搞教派恐怖袭击的"简戈维军"合作搞恐袭，大肆袭击巴境内什叶派。同时，"伊斯兰国"在巴基斯坦逆流而上，已将活动范围扩展至巴四省及部落区，还在卡拉奇等大城市新建武装营地，占领阿巴边境多个地盘，获得不少部族支持。此外，"伊斯兰国"极为重视在巴的招募活动，除了招募一些中下层穷苦人士外，该组织还注重从巴上层人士寻求突破，尤其是获得了一些来自城市家庭的中上层年轻人的支持，甚至在高校发展人员。其借助这些年轻人搭建募资网络，支持基础扩大。其三，2017年"伊斯兰国"还在印度、孟加拉国扩大活动空间，甚至在印控克什米尔也建立了新的营地。印度、孟加拉国和马尔代夫都破获数起"伊斯兰国"在本国招募人员的案例。"伊斯兰国"还与孟加拉国极端组织建立联系，共同在缅甸罗兴亚人中间招募成员，支持后者开展"圣战"对抗缅甸政府。

三是巴基斯坦安全局势虽有改善，但社会极端化苗头和教派冲突扩大。据统计，截止2017年11月5日，巴基斯坦因恐袭伤亡人数达到1089人，较2016年的1803人有较大的下降。[①] 但因巴基斯坦长期以来作为国际恐怖活动的重要策源地，其境内暴恐势力仍然较为活跃，安全形势难彻底改观。其一，是恐怖分子的"再网络化"趋势增强。在"利剑行动"的高压打击下，巴基斯坦塔利班等暴恐组织越过管控不善的巴阿边界，进入阿富汗境内。为维持在巴境内的行动能力，这部分暴恐组织与巴境内本土的极端组织勾连加强，进而将部分行动能力转移到俾路支省和信德省交界

① "Fatalities in Terrorist Violence in Pakistan 2003-2017"，http：//www.satp.org/satporgtp/countries/pakistan/database/casualties.htm.（上网时间：2017年11月8日）

的安保薄弱地区。据称，巴境内的若干宗教极端武装重新结成暴恐行动同盟，其中包括巴基斯坦塔利班各分支和“坚格维军国际派”（Let-A）。在此背景下，各暴恐组织联系增强，出现了意识形态、作案目标和手法趋同，暴力化加剧的态势。其二，是教派伤亡惨重。2017 年，巴虽然教派冲突只发生了 13 起，却导致 224 人死亡，678 人受伤。虽然在案件数量上较 2016 年的 35 起有所下降，但较 2016 年的 137 人死亡，182 人受伤的伤亡烈度却有巨大的提升。[①] 其三，是俾路支省和信德省的暴力分离势力活动猖獗。从 2016 年起，以俾路支、信德为代表的暴力分离势力持续活跃。2017 年，这一趋势依然持续。包括“俾路支斯坦解放军”（BLA）、“俾路支斯坦解放阵线”（BLF）、“信德国解放军”（SDLA）和“信德国革命军”（SRA）制造了大量的袭击。使得俾路支斯坦省和信德省分别以 271 人、231 人的恐袭伤亡人数仅次于巴联邦直辖部落区的 340 人。[②]

三、东南亚面临暴恐新威胁

东南亚地处国际交通枢纽，拥有庞大穆斯林群体，一直为国际暴恐势力所觊觎。尤其是菲律宾南部、缅甸和泰国南部等地的民族宗教冲突不断，日益成为国际暴恐势力进行渗透的切入点。

一是菲南成“伊斯兰国”在东南亚渗透的核心基地。菲南经济落后、民族宗教矛盾严重，自称“摩洛族”的菲南穆斯林长期寻求独立或自治，致使该地战乱不断、长期积怨，加上地处偏远，成为暴恐滋生与发展的绝佳场所。2014 年“伊斯兰国”在叙利亚和伊拉克崛起后，菲南恐怖组织深受鼓动，纷纷宣誓效忠，并企图复制“伊斯兰国”武力建国模式，创建“伊斯兰国菲律宾省”。2017 年 5 月 23 日，以“马巫德”和“阿布沙耶夫”组织为主的暴恐分子攻占菲南城市马拉维，与政府军持续对峙近 5 个月，显示出强大的实力与高超的城市作战水平。尽管“马巫德”和“阿布沙耶

① “Sectarian Violence in Pakistan：1989 — 2017”，http：//www. satp. org/satporgtp/countries/pakistan/database/sect-killing. htm.（上网时间：2017 年 11 月 8 日）

② “Fatalities in Pakistan Region Wise：2011 — 2017”，http：//www. satp. org/satporgtp/countries/pakistan/database/fatilities _ regionwise. htm.（上网时间：2017 年 11 月 8 日）

夫”组织头目等800多名暴恐分子被击毙，但此次行动不仅涉及多个本土暴恐组织，还有数十名外籍恐怖分子参与其中，反映出地区和跨地区的暴恐网络已然成形。菲南作为暴恐网络核心，在马拉维事件后反而声名鹊起，其在“后伊斯兰国”时期对暴恐分子的吸引力恐有增无减。

二是罗兴亚涉恐问题突出。罗兴亚人是缅甸西部若开邦的穆斯林少数族群，约130万人，与主体缅族的历史积怨与民宗矛盾深厚，长期遭排斥和打压，其公民身分至今不被缅政府承认。早在20世纪80年代，受阿富汗反苏“圣战”浪潮影响，罗兴亚人就曾相继成立“罗兴亚团结组织”“若开罗兴亚民族组织”和“罗兴亚民族安全委员会”等涉恐武装。2013年，罗兴亚人新建“信仰运动”组织，扬言对缅政府和佛教徒发动“圣战”。2016年，该组织改名为“若开罗兴亚救世军”（ARSA），打着拯救罗兴亚人的旗号在缅孟边境孟都镇、布提当镇和拉代当镇活动。缅情报部门评估认为，其武装人员至少有500—600人。[①] 2017年8月25日，“救世军”同时袭击若开邦30处军警哨所，接连制造暴恐案件，招致缅军靖乱，导致大量罗兴亚人外逃，再次引发人道危机。一些极端伊斯兰团体声援罗兴亚人，号召暴恐分子赴缅发动“圣战”。据《亚洲时报》披露，目前至少有150多名外籍武装分子参加“救世军”，包括来自孟加拉、巴基斯坦、乌兹别克斯坦、印尼、马、泰等国的武装分子。[②]

三是泰南暴恐形势不容乐观。尽管较少受关注，但泰南分离运动依然活跃，暴恐活动近年来也呈上升趋势。联合国毒品与犯罪办公室（UNODC）东南亚和太平洋区域代表道格拉斯介绍，泰南2016年也遭遇了恐袭高潮，发生了800多次恐袭，致300多人死亡、600多人受伤。[③] 而

① “MYANMAR HAS A NEW INSURGENCY TO WORRY ABOUT”，http：//www.scmp.com/week-asia/geopolitics/article/2109386/myanmar-has-new-insurgency-worry-about.（上网时间：2017年11月20日）

② “The truth behind Myanmar's Rohingya insurgency”，http：//www.atimes.com/article/truth-behind-myanmars-rohingya-insurgency/.（上网时间：2017年11月20日）

③ “Asean's rising terrorism threat calls for urgent actions”，http：//www.philstar.com/letters-editor/2017/02/16/1672703/aseans-rising-terrorism-threat-calls-urgent-actions.（上网时间：2017年11月20日）

2017年，泰南也多次遭遇恐袭，如5月北大年府一家商场遭炸弹袭击，致50多人受伤。泰南和泰马边境仍是恐怖分子进行地区串联、走私武器和运送资金的重要通道。

四、中东非洲暴恐震动加剧

一是伊叙反恐战局变化冲击近邻安全。2017年约旦、土耳其和伊朗均遭受地区暴恐势力严重威胁，连续发生重大恐袭。埃及的西奈半岛逐渐成为中东地区暴恐势力的流窜通道和藏匿地。埃及近年来经济下滑，社会失序，政府忙于发展经济和应对社会问题，未能及时处理西奈半岛的安全威胁，西奈半岛几乎处于安全真空状态，进而成为极端组织盘踞的大本营，多个恐怖组织在此发展壮大。2017年11月24日，"伊斯兰国"的西奈分支——"耶路撒冷支持者组织"袭击北西奈省一清真寺，造成至少305人死亡，是埃及近年来死伤最惨重的恐怖袭击。二是老牌暴恐势力依旧活跃。非洲三大传统暴恐势力"青年党""博科圣地"与"基地"北非分支连续制造多起恐袭事件，尤其是"青年党"和"博科圣地"。据统计，过去5年里，非洲恐袭事件共造成约2万人死亡，其中"青年党"和"博科圣地"制造了其中71%的恐袭，造成其中91%的伤亡。[①] 2017年，非洲共发生1827次恐怖袭击，"青年党"制造987起，占比超过一半。10月14日，该组织在索马里首都摩加迪沙搞汽车爆炸袭击，造成至少358人死亡，死亡人数为近年来恐袭伤亡之最。[②] "基地"北非分支则持续在北非等地搞爆炸和绑架人质等有组织犯罪活动，多次袭击阿尔及利亚安全部队，并在马里、科特迪瓦和布基纳法索等地袭击咖啡馆和酒店。三是新生暴恐策源地成形。利比亚可能成为新的国际暴恐活动中心。利比亚自"阿拉伯之春"后一直处于动荡，该国东部地区暴恐土壤深厚，"伊斯兰国"与当地

---

① "In the past five years, terrorist attacks have killed nearly 20000 people across Africa. Two groups, Boko Haram and al-Shabab, accounted for 71 percent of reported incidents and 91 percent of fatalities".

② "索马里首都汽车炸弹袭击死亡人数升至358人"，http://news.sina.com.cn/w/zx/2017-10-21/doc-ifymyyxw3970670.shtml.（上网时间：2017年11月20日）

暴恐势力狼狈为奸。随着“伊斯兰国”中东溃败，来自北非等地区的暴恐势力加速向利比亚转移。英国《简氏情报评论》就认为，利比亚自“阿拉伯之春”后一直处于四分五裂状态，良治缺失，民间武器泛滥，现外籍“圣战”分子已达6000人，“伊斯兰国”很可能在此壮大成势。

五、地区乱源加大对欧美威胁

2017年以来，美国、英国、西班牙等国接连发生暴恐大案，显示欧美正面临着严峻的暴恐威胁。3月22日，英国首都伦敦遭恐袭，造成5人死亡、40余人受伤。5月22日，英国曼彻斯特体育馆遭自杀式炸弹袭击，导致22人死亡，64人受伤，该案是2005年“7·7”案以来英国最大恐袭事件。8月17日，数名恐怖分子驾驶白色箱型车在巴塞罗那市兰布拉大道冲撞行人，致13人死亡，上百人受伤。10月31日，美国纽约曼哈顿发生车撞恐袭，造成8人死亡、10多人受伤，此案为纽约“9·11”事件以来最严重恐袭。美国国家反恐中心主任拉斯姆森9月称，“当前面临的恐怖威胁环境日趋复杂”①。美国国土安全代理部长杜克10月18日称，“伊斯兰国”和“基地”组织正策划发动“9·11式”袭击，以造成更大规模伤亡。②英国军情五处负责人帕克10月17日表示，伊斯兰激进分子在英发动袭击的威胁已经达到他30年职业生涯的“最快发展速度”。③究其原因，美欧面临的恐怖威胁与地区乱源密切相关。国际和地区暴恐势力盘踞乱源，坐大成势，仇美仇西方情绪蔓延失控，这既与极端主义思潮泛滥有关，也与美欧国际责任缺失和政策失误有关。在全球化背景下，美欧内部移民与动乱地区存在人员交往等千丝万缕的联系，安全问题相互依存，美欧如不重视相关国家的治乱和发展问题，难免再受其害。

---

① Nicholas J. Rasmussen, “Hearing before the Senate Committee on Homeland Security and Governmental Affairs: Threats to the Homeland”, September 27, 2017.

② “美称恐怖组织正策划‘9·11’式袭击：‘他们想要炸飞机’”，http://news.ifeng.com/a/20171021/52734932_0.shtml.（上网时间：2017年11月20日）

③ “英恐怖威胁历来最严峻 调查案件超过500起”，http://www.zaobao.com/news/world/story20171019-804024.（上网时间：2017年11月20日）

第三节　国际反恐须合力破解重大难题

“伊斯兰国”中东溃败开始催生国际暴恐新生态，这种新生态在全球化和信息化条件下更为复杂难解，涉及去除极端思想威胁、打击恐怖活动和推进社会治理等方方面面的问题，国际社会须统筹兼顾协调解决。

一、协调一致打击严重危害国际安全的国际暴恐领头羊，防止其利用和制造地区新乱源

过去几年，国际社会花费大量资源应对“伊斯兰国”威胁。在重创“伊斯兰国”之后，要防范“基地”组织趁机复苏。目前，“解放沙姆阵线”已成为“伊斯兰国”溃败之后在叙实力最强的恐怖组织，拥兵上万，收留和训练来自俄罗斯、中亚和中国新疆等地大量恐怖分子，国际危害与日俱增。该组织脱胎于“基地”组织，时至今日仍与后者存在千丝万缕的联系，重归“基地”的可能仍然存在。此外，“伊斯兰国”和“基地”组织也很有历史渊源，“伊斯兰国”就是脱变于“基地”组织，两者今后存在重新合并的可能性。2015 年 9 月，“基地”组织头目扎瓦希里曾暗示可与“伊斯兰国”合作。伊拉克副总统阿亚德·阿拉维（Ayad Allawi）2017 年 4 月透露，巴格达迪与扎瓦希里曾各派代表就合并事宜进行商议和讨论。[①] 考虑到两大组织的势力范围和活动方式有重合有共性，其同流合污将使国际安全局势更为混乱。下一阶段国际反恐要宜将胜勇追穷寇，防止新的国际暴恐领头羊坐大成势。

目前，“伊斯兰国”和“基地”组织分支竞相活动的区域主要包括中东、北非、西非和中国周边地区，国际社会需要高度重视上述地区动荡国家的发展稳定问题和地区热点的治理问题，如利比亚、索马里、叙利亚和阿富汗等长期动荡国家，妥善处理巴以问题、库尔德人问题和缅甸罗兴亚

---

① “ Islamic State seeking alliance with al Qaeda，Iraqi vice president says”，https：//www. reuters. com/article/us-mideast-crisis-iraq-islamic-state-idUSKBN17J1DT?il=0.（上网时间：2017 年 12 月 1 日）

人问题等，统筹兼顾综合施策，合理分配反恐资源，高度重视这些国家和地区的稳定、发展和安全治理。

二、正本清源协作推进国际去极端化进程，化解极端思想威胁

2017年，“伊斯兰国”加紧网络宣传，发布大量电子杂志、视频、声明，鼓吹即使失去所有领土，共同的“信仰和追求”将继续使“国民”团结在一起。与此同时，“基地”组织头目扎瓦希里以及“恐怖王储”哈姆扎也加紧“发声”，鼓吹“圣战”。受此影响，伊斯兰极端思想在世界多个地区尤其是欧美加速蔓延和渗透，受蛊惑人数大幅增加，并诱发一系列暴恐事件。英国5月的曼彻斯特案、6月伦敦袭击案、美国10月纽约案等案件中，恐怖分子多因观看网络暴恐音像视频而被极端思想洗脑，并通过网络学习暴恐技术实施恐袭。

美国家反恐中心评估认为，本土暴力极端主义对美国土安全构成最直接威胁，美本土极端分子人数和涉案数量不断增加。据美国土安全委员会统计，2014年3月以来，已有128名美国人因涉恐被判刑，2017年美执法机构共破获17起涉恐案，如纽约8月逮捕一名图谋出境加入“伊斯兰国”的公民。同时，美联调局正在调查的涉恐案高达1000起，监控名单逾2500名，涉及全美50个州。[①] 在英国，执法部门正进行超过500起涉恐案调查，调查对象为约3000名参与极端活动的个人。[②] 在德国，德宪法保护局局长马森7月警告，受萨拉菲极端思想的影响，德境内极端分子人数从2015年的8350人增加到目前的10100人。极端伊斯兰分子日渐朝暴力和“圣战”方向发展。[③] 德《星期日世界报》10月22日援引联邦检察院的最新统计数据显示，德司法部门2017年以来处理涉恐案件已超过900起，是

---

① Seamus Hughes, “Combating Homegrown Terrorism, Written testimony Before the U. S. House of Representatives Oversight and Government Reform”, July 27, 2017.

② “英恐怖威胁历来最严峻 调查案件超过500起”，http://www.zaobao.com/news/world/story20171019-804024.（上网时间：2017年11月20日）

③ “官员：德国仍可能发生恐袭”，http://www.zaobao.com/news/world/story20170706-776766.（上网时间：2017年11月20日）

2016年的3.6倍。[①]

面对极端思想的蔓延，欧美不断强化应对措施。2017年5月，“七国集团”峰会发布联合反恐声明，将网络反恐列为首要重点，呼吁谷歌等网络科技公司积极行动，加强网络反恐行动，阻断极端思想的传播扩散，并表示“在尊重言论自由的原则前提下，用植根于我们共同价值观的言论”反击极端宣传。欧盟6月底也发布共识文件，要求科技公司强化在反恐中的企业责任。由于各国政府不断施压，6月26日，美国脸谱、微软、推特和优兔发布联合公告宣布成立“全球网络反恐论坛”，称“恐怖主义和暴力极端主义的传播是一个紧迫的全球性问题，我们四家公司将携手合作，共享各自的最佳技术和操作经验，以更好地应对网络涉恐威胁。”[②]

防范和化解极端思想威胁已形成国际共识，下一步需要继续推动联合国和全球反恐论坛框架下的国际去极端化努力。不同国家之间需要增进相互理解和支持，尊重文明多样性，以文明交流超越文明隔阂、文明互鉴超越文明冲突、文明共存超越文明优越。积极倡导不同国家之间、不同文明之间的协商对话，在反恐和去极端化等具体实践中统一思想，合作推进。相关国家需要放弃双重标准，重点加强在去极端化方面的交流，形成共识协商共举，共同在全球范围内持续加强打击暴力极端主义的努力，以从根源上防范国际暴恐新威胁。

三、协调推进国际联防联打机制建设，携手防范恐怖主义跨国流动潮

自2014年以来，全球共有110多个国家的超过4万名外国“圣战”分子加入“伊斯兰国”，目前大部分人员已经溃散，或留在伊叙继续参加“圣战”活动，或转投其他恐怖组织，或向其他国家外逃流窜，国际暴恐

---

① “德2017年来处理涉恐案件 逾900起比去年增3.6倍”，http://www.zaobao.com/news/world/story20171024-805307.（上网时间：2017年11月20日）

② “Global Internet Forum to Counter Terrorism”，26 June 2017，https://blog.twitter.com/official/en_us/topics/company/2017/Global-Internet-Forum-to-Counter-Terrorism.html.（上网时间：2017年11月20日）

势力跨国流动对国际社会构成日益严峻的安全威胁。

第一，随“伊斯兰国”在伊叙败退，“伊斯兰国”正以越来越复杂的方式将“圣战”分子派遣进入欧美，以实施报复性袭击。《西班牙人报》网站 9 月 10 日刊文警告，“伊斯兰国”目前手中握有 1.1 万本空白的叙利亚护照。“伊斯兰国”可以利用这些空白护照伪造身份信息，从而让恐怖分子渗透进其他国家。①

第二，外国“圣战”分子自主回流母国，继续“圣战”活动。根据美国安全咨询机构苏凡集团 10 月 24 日发布的报告称，来自 33 个国家的至少 5600 名极端分子已经回流母国，包括土耳其有 900 人、俄罗斯有 400 人、沙特有 760 人、突尼斯有 800 人、法国有 271 人、英国有 425 人、约旦有 250 人，等等。②

第三，外国“圣战”分子赴第三国继续参加“圣战”，这给相关国家带来重大安全隐患。阿富汗地方官员 12 月 10 日称，一批阿尔及利亚籍和法国籍武装人员 11 月进入阿富汗北部一个主要由极端组织“伊斯兰国”分支控制的地区，其中一些武装人员来自叙利亚和伊拉克。③ 菲律宾总统杜特尔特就马拉维冲突表示，该国遭外国“圣战”分子入侵。菲律宾政府发布的数据显示：在已查明身份的 33 个武装分子中，8 个是外国人，来自前苏联国家、也门、土耳其、沙特、马来西亚等国。④

外国“圣战”分子跨国流窜，是恐怖主义全球蔓延的重要原因，也是国际反恐面临的一个重大问题，任何一个国家都难以单独应对，国际社会亟须就此建立联防联打机制。下一阶段，国际反恐尤其需要各国在联合

---

① “外媒称 IS 手握万余本空白护照：大批恐怖分子或渗透欧洲”，http://news.xinhuanet.com/mil/2017-09/20/c_129708914.htm.（上网时间：2017 年 11 月 20 日）

② Richard Barrett，“BEYOND THE CALIPHATE：Foreign Fighters and the Threat of Returnees”，October 2017.

③ “外籍‘伊斯兰国’武装人员或正向阿富汗转移”，http://news.xinhuanet.com/mil/2017-12/11/c_129762006.htm.（上网时间：2017 年 12 月 20 日）

④ “菲反恐更像‘反侵略战争’：惊现车臣武装分子踪迹”，http://news.xinhuanet.com/mil/2017-06/13/c_129631896.htm.（上网时间：2017 年 12 月 20 日）

国、全球反恐论坛等国际多边框架和上海合作组织、东盟、欧盟等地区框架下协调行动，加强在情报共享、边境管理、航空安全和打击跨国犯罪等方面的合作，不因地缘政治和一国之私而损及国际反恐大义。

第二章　美国恐怖主义与反恐怖斗争形势综述

2017 年，美国发生了多起严重的恐怖袭击事件，尤其是纽约发生了 2001 年“9·11”事件以来最严重的恐怖袭击事件，造成 8 人死亡，标志着美国仍面临着严峻的恐怖主义威胁。在特朗普总统执政的第一年，美国政府在反恐问题上采取了一系列新的政策和举措，在国际反恐行动中取得了阶段性胜利，使极端组织“伊斯兰国”走向溃败。

第一节　美国恐怖主义形势

2017 年 1 月 20 日，特朗普宣誓就职成为美国新一任总统。在对恐怖主义威胁的认知上，特朗普政府展现出明显不同于奥巴马政府时期的新变化。奥巴马总统任内极力避免使用“伊斯兰恐怖主义”“极端伊斯兰”等词语，避免将恐怖主义与伊斯兰教挂钩，防止反恐扩大化，招致整个伊斯兰世界的反感和反对。然而，特朗普政府的安全团队认为奥巴马政府的这种政策是掩耳盗铃、自欺欺人，认为“若敌人都不明确，怎能赢得反恐战争”。因此，特朗普政府在公开场合频繁使用“极端伊斯兰恐怖主义”一词，明确它是对美国构成威胁的祸源。美国国家安全事务助理迈克麦斯特 2017 年 2 月曾劝谏特朗普勿用“极端伊斯兰恐怖主义”一词，以避免使美国的反恐行动陷入与伊斯兰世界对立的境地，但遭到特朗普总统的拒绝，足见特朗普对极端伊斯兰威胁的认知根深蒂固。

特朗普政府把极端伊斯兰恐怖主义视为国家安全的头等威胁。2017 年 1 月 28 日，美国总统特朗普上任仅 8 天后，便签署打击“伊斯兰国”的总统备忘录，将“伊斯兰国”列为美国面临的头号恐怖主义威胁，表示“该组织正在试图开发化学武器能力，持续地使我们的公民走向激进化，不断发动针对我国盟友和伙伴的袭击，美国必须采取决定性的行动来击溃‘伊斯兰国’。”特朗普将极端伊斯兰视为“死亡意识形态”、认为“伊斯兰仇恨我们”，对美国构成生存性挑战，“就像冷战时期的共产主义”，需要以一项新的长期战略予以应对。12 月 18 日，美国总统特朗普在他的首份国家安全战略报告中，再次强调美国面临的恐怖威胁，认为“圣战士”恐怖分子的威胁是美国面临的主要威胁。美国智库“两党政策中心”认为，特朗普将极端伊斯兰视为实现“使美国再次伟大”目标的重大威胁。不仅如此，特朗普政府安全团队主要成员也对极端伊斯兰的威胁有着深刻的认识。特朗普首席顾问班农表示，“当前与伊斯兰法西斯圣战分子的战争是西方基督世界与伊斯兰世界几百年冲突的最新表现”。“伊斯兰教是世界上最极端的宗教，其信徒正在美国建立‘第五纵队’，以把美国变为‘美利坚伊斯兰国’”。美国总统副助理塞巴斯蒂安·戈克认为，伊斯兰恐怖主义植根于伊斯兰教本身及《古兰经》的教义，与贫困、压迫及美国外交政策无关。

美国国家反恐中心主任拉斯姆森 9 月表示，美国当前面临的恐怖威胁环境日趋艰巨复杂。[①] 美国国土安全部长凯利 3 月表示，“北美面临的最严重安全威胁来自航空恐袭，恐怖分子每天都在策划”。美国前中情局副局长莫雷尔也称，“‘伊斯兰国’和‘基地’组织实施航空恐袭的风险不断上升”。美国代理国土安全部长伊莱恩·杜克 10 月 18 日在美国驻伦敦大使馆表示，“伊斯兰国”和“基地”组织正在策划发动类似“9·11”事件那样的、造成更大规模伤亡的恐怖袭击。那些用刀和汽车等寻常工具发动的小规模低级别袭击是为了在维系其支持度的同时策划更大规模的袭击。“威胁仍然很严重”，“‘伊斯兰国’、‘基地’组织等想要炸飞机，情报部门很

① Nicholas J. Rasmussen, “Hearing before the Senate Committee on Homeland Security and Governmental Affairs: Threats to the Homeland”, September 27, 2017.

清楚”。杜克称，“他们在用小的阴谋，他们也乐于用小的阴谋”，“利器袭击能制造恐怖并持续扰乱整个世界，但这并不意味着他们已经放弃了炸飞机的大阴谋”。[①] 美国国土安全部 11 月 9 日发布了一份最新的恐怖主义活动公告，再次强调恐怖分子针对航空部门实施恐袭的担忧持续增加。根据公告上的信息，恐怖分子继续以商用和货运飞机为袭击目标，袭击的方式包括在飞机上放置隐藏的爆炸物等。

12 月 7 日，美国国务院时隔 14 年后再次发布全球性警告，提醒海外公民保持高度警觉，凸显美国面临的严峻恐怖威胁态势。美国国务院的通告表示，“美国政府在全球的设施提高戒备状态。这些设施可能会暂时关闭或定期中断对外服务，以便评估他们的安全措施。在这些情况下，美国使领馆将尽力为美国公民提供紧急服务。”通告称：“鉴于恐怖袭击、政治动荡和暴力往往是突然发生的，强烈建议美国公民在旅行时保持高度警觉，采取适当措施提高安全意识。除了恐怖袭击引起的关注之外，旅行者应该对可能发生的政治动荡、暴力、示威和犯罪活动保持警觉。”美国国务院列出的易受攻击的目标包括高调的活动、酒店、宗教场所、学校、公园、购物中心、机场和飞机。通告列出的特别值得警惕的地方包括布基纳法索、布隆迪、喀麦隆、中非共和国、乍得、刚果、厄立特里亚、埃塞俄比亚、肯尼亚、马里、毛里塔尼亚、尼日尔、尼日利亚、索马里、苏丹、南苏丹、菲律宾、土耳其、乌克兰、阿尔及利亚、埃及、伊朗、伊拉克、以色列、约旦、黎巴嫩、利比亚、沙特阿拉伯、叙利亚、突尼斯、也门、阿富汗、孟加拉国、巴基斯坦等国。

一、“伊斯兰国”虽然走向溃败，但是威胁持续

美国国土安全委员会 2017 年 3 月发布分析报告称，“伊斯兰国”正在加紧策动袭击美国。美国兰德公司反恐专家琼斯 3 月发表分析文章称，随着“伊斯兰国”在伊拉克、叙利亚的战场失利，其将加大域外报复力度，对美国威胁更大。

第一，“伊斯兰国”频繁发布威胁，煽动袭击美国。“伊斯兰国”加

---

① “美称恐怖组织正策划‘9·11’式袭击：‘他们想要炸飞机’”，http：//news.ifeng.com/a/20171021/52734932_0.shtml.（上网时间：2017 年 11 月 20 日）

紧网络宣传，发布大量视频、声明，煽动对美国发动报复性恐袭，煽动支持者对美国“全面开战”。5月“伊斯兰国”发布电子杂志《罗马》，煽动美国本土支持者发动袭击，指导支持者通过网络发布虚假招聘广告等手法，诱骗民众前往设好的陷阱，伺机绑架屠杀。根据英国《每日邮报》报道，“伊斯兰国”5月17日公布一段时长44分钟的视频，画面中出现南拉斯维加斯大道上的赌场、酒店等地标性建筑。视频中还出现多名来自美国、加拿大、英国、俄罗斯和比利时的极端主义分子，号召西方各国的穆斯林以平民为目标发动袭击。除拉斯维加斯赌场大道外，视频中还出现纽约市时代广场和华盛顿等地。“伊斯兰国”10月发布一张号令发动恐怖袭击的海报，当中有一名“伊斯兰国”成员拿着一把刀，并用血红色的文字说：“它比电锯便宜。”“伊斯兰国”还发布了名为“战争之焰：直到决战时刻”的宣传片，“伊斯兰国”再次威胁，要袭击美国各大城市。该视频中，出现了“炸弹如雨点般落到了美国地图上”的画面，而地图上显著标明了美国的几大目标城市，纽约、洛杉矶、奥兰多、拉斯维加斯、德克萨斯州。新加坡《联合早报》11月28日报道称，“伊斯兰国”在其社交媒体上发布了宣传海报，声称要在圣诞节期间袭击美国纽约等多个城市。海报内容让人毛骨悚然，在其中一张图片中，穿着圣诞老人衣服的男子站在时代广场中，旁边放着一盒炸药，而前面是人山人海的游客。海报上写着“不久之后，我们将于圣诞节期间在纽约相见”。12月30日，“伊斯兰国”在社交网站上发布了标题是“我们在你家”的照片。照片中，一名男子披着“伊斯兰国”面巾，站在冰雪覆盖的纽约第五大道，行人在他身边走过。画面中还可以看到新建后的世贸大楼。这张照片是在纽约大都会博物馆门外拍摄，拍摄者的手机中呈现一面“伊斯兰国”旗帜。

第二，“伊斯兰国”旗下的美国籍“圣战”分子可能回流美国境内作案。根据美国安全咨询机构苏凡集团10月24日发布的报告称，来自33个国家的至少5600名极端分子已经回流母国，包括土耳其900人、俄罗斯400人、沙特760人、突尼斯800人、法国271人、英国425人、约旦250

人，等等。[1] 随着“伊斯兰国”在伊拉克、叙利亚的败退，“伊斯兰国”正以越来越复杂的方式将“圣战”分子派遣进入欧美，以实施报复性袭击。《西班牙人报》网站9月10日刊文警告，“伊斯兰国”目前手中握有1.1万本空白的叙利亚护照。“伊斯兰国”可以利用这些空白护照伪造身分信息，从而让恐怖分子渗透进其他国家。[2]

第三，“伊斯兰国”大肆通过无人机等手段搞不对称对抗。美国国防部和陆军等部门的研究认为，在中东反恐战场上，各种型号、数量繁多的廉价小型无人机，被包括“伊斯兰国”在内的众多极端组织广泛采用。而这些被恐怖分子掌握的无人机，在战场上对美军和伊拉克政府军威胁巨大。由于近年来各种商用和民用小型无人机在市场上呈现井喷式发展，恐怖分子能够轻易购得可在低空短距离内执行军事任务的小型无人机。这些商用无人机尽管容易被对方用各种手段打击，但低廉的价格和便利的供给渠道，仍使其成为恐怖分子青睐的“新式装备”，而数量优势也足以弥补其作战损失。根据美国国防部研究机构在伊拉克战场上对于伊拉克政府军和美军参战人员的调查和访谈，这些长期在反恐一线战斗的军人普遍认为，无论是伊拉克政府军还是美军，都缺乏有效反制“伊斯兰国”和其他恐怖组织使用小型无人机的能力。

二、“基地”组织加速复兴，对美国威胁增大

2017年，“基地”组织不断发展壮大，逐步在南亚、中东、非洲形成相互联动的国际暴恐网络，未来可能以叙利亚为大本营再掀国际暴恐新浪潮，对美国构成严重威胁。

第一，“基地”组织经过多年的潜伏发展，暴恐实力创2001年“9·11”事件以来新高。一是良好的外部发展环境。伊斯兰世界乱局持续，助其发展。2011年以来，伊拉克、叙利亚、也门、利比亚和马里等国陷入持

① Richard Barrett，“BEYOND THE CALIPHATE：Foreign Fighters and the Threat of Returnees”, October 2017.

② “外媒称 IS 手握万余本空白护照：大批恐怖分子或渗透欧洲”，http://news.xinhuanet.com/mil/2017-09/20/c_129708914.htm.（上网时间：2017年11月20日）

续动乱，埃及等国强人政权也遭削弱，导致民不聊生，“基地”组织趁机通过各种手段拉拢民心，扩大支持基础。美国企业研究所认为，“伊斯兰国”“建政立国”的实践已“激活”全球“圣战”运动，使其进入前所未有的发展阶段。“伊斯兰国”溃败后，该运动将继续滋养“基地”组织发展壮大。二是新生代领导层“人才辈出”。美国近年来对“基地”组织高层实施的“猎杀”行动虽然除掉了不少高级头目，但也加速其更新换代，形成“老中青”相结合、更具活力的领导结构。老一代以“基地”组织头目扎瓦希里、阿布·卡塔达为代表，他们为全球“圣战”运动提供战略指引；中生代以“基地”组织在也门、叙利亚、北非等地区的分支机构头目为主，他们年富力强、宗教学识高、作战经验丰富；新生代以本·拉登儿子哈姆扎为代表，其被视为“恐怖王储”，近来频繁发声，大有“接班”之势。三是“基地”组织在叙利亚、也门、北非和索马里的分支机构大多呈发展壮大之势，包括“征服阵线”、阿拉伯半岛分支、北非分支和“青年党”等。

第二，“基地”组织近年来以叙利亚为重心，大力扶持在叙利亚分支机构“征服阵线”，使其发展壮大为叙利亚反对派武装“龙头”，并逐渐在叙利亚打造新的暴恐大本营。一方面，拉拢渗透反对派武装。“基地”组织在叙利亚人员近万，作战能力强，资源丰富，而且日益受其他反对派武装倚重，甚至成为部分武装生存之本。对伊斯兰武装派别，“基地”组织力避与之冲突，而是在反政府大旗下，通过游说、渗透，建立以其为首的同盟军。对反对其暴恐路线的部分世俗武装，“基地”组织则予以打击或招安，如“哈克阵线”、“30 旅”等团伙。另一方面，伺机收编“伊斯兰国”残余势力，填补暴恐“真空”。“基地”组织和“伊斯兰国”近年来围绕国际“圣战”运动的主导权展开激烈争夺，但是它们的分歧主要限于高层，中下层人员并不敌视有时甚至联手行动。美国中东研究所分析认为，扎瓦希里深知“伊斯兰国”在伊拉克、叙利亚的肆虐态势难以长久，等待其崩溃后予以收编。同时，叙利亚温和反对派武装实力有限，难以抗衡“基地”派势力的扩张。而且美国专注打击“伊斯兰国”，忽视“基地”组织，且对如何控制从“伊斯兰国”手中夺回的叙利亚“解放区”无清晰战略，为“基地”组织填补“真空”提供机会。

第三，“基地”组织在叙利亚收编了 3000 多名外国“圣战”分子，欲将其培植为未来发动域外恐怖袭击的“尖刀”。如，“基地”组织大力招募拉拢中亚极端势力，2015年底来，在叙利亚的中亚暴恐团伙纷纷投靠“基地”组织，包括乌兹别克籍“伊玛目布哈里团”、鞑靼斯坦籍“克里米亚团”等，麾下中亚暴恐分子已逾千人。随着“伊斯兰国”溃败，其麾下部分外国“圣战”势力也开始转投“基地”组织门下。

尤其需要注意的是，袭击美国仍是“基地”组织长期坚持的目标，其目前积极在也门、叙利亚、阿富汗等地积蓄力量、相机而动。也门的阿拉伯半岛分支2017年8月发布新一期电子杂志《激励》，煽动追随者在美国地铁系统制造灾难并详细介绍实施方法。该组织以“列车脱轨行动”为封面文章，把美国的地铁列车列为恐怖攻击的新目标，表示美国运输系统的安全防备不如航空公司严密，煽动追随者在地铁系统制造列车灾难。文章讲授如制造地铁灾难，表示让列车脱轨的方法简单，使用的材料很容易找到，而且攻击行动很难被发现。文章中称，列车脱轨将沉重打击美国的运输系统和西方经济。文章的图片显示地铁列车驶入城市隧道，并引述美国国会审计局的资料称，美国的地铁轨道系统脆弱，易于遭到破坏，在铁轨线夹上简单物品，就可导致列车脱轨。11月7日，“基地”组织公布了一段音频讲话，拉登儿子哈姆扎呼吁全世界的穆斯林发动恐怖袭击来“报复美国，这个杀死父亲本·拉登的凶手”。不仅如此，据印度《印度斯坦时报》报道，哈姆扎的儿子——12岁的小哈姆扎在巴基斯坦和阿富汗接壤地区遭遇美军空袭而丧命。哈姆扎写信给家人告知死讯，“殉道者（本·拉登）的孙子，我们的儿子小哈姆扎——已经去往天堂，”“我们遭遇的苦难只会让我们变得更加强大、更加坚韧。”

三、阿富汗塔利班控制范围不断上升，威胁美国

阿富汗塔利班造成的平民死伤人数居高不下。联合国驻阿富汗援助团10月13日发布的统计报告显示，2017年前9个月，各类武装冲突共造成8019名阿富汗平民伤亡，其中2640人死亡、5379人受伤，平民死伤人数已接近历史最高水平，较2016年同期有所增加。其中，地面战斗、自杀式爆炸、简易爆炸装置等是造成平民伤亡的主要原因。这份报告将62％的平

民伤亡事件归咎于阿富汗塔利班等反政府武装。[①] 同时，阿富汗塔利班的控制范围不断扩大。美国阿富汗重建特别监察长办公室 2017 年 2 月发布的报告显示，阿富汗政府目前实际有效控制领土只占 52%，与 2015 年时的 72%相比下滑明显。北约驻阿富汗联军 10 月发布的一份调查显示，截至 2017 年 10 月，阿富汗 44%的地盘处于塔利班的完全控制之下或属于塔利班活跃地区。

8 月中旬，阿富汗塔利班发布一封致美国总统特朗普的公开信，要求美国从阿富汗撤军，结束这场历时 16 年的战争。这封用英语书写的长信由阿富汗塔利班发言人扎比拉·穆扎希德发给新闻记者，共 1600 字。阿富汗塔利班在信中告诉特朗普，阿富汗的战况“比你了解到的要糟糕得多”，增派军队是“自我毁灭”，“之前的经验表明，增兵的结果就是摧毁美国军队，也许还有经济”。一名塔利班高层人士对路透社称，做出直接向特朗普喊话这一罕见举动之时，正值美国重新评估该国的阿富汗战略之际。路透社称，该组织在信中对特朗普说：“我们注意到，你已经认识到你的前任犯下错误，并且下决心彻底重新考虑你们的阿富汗政策。”塔利班认为，特朗普不该将阿富汗政策的控制权交由美国军方，而应该宣布撤兵，不再增加部队。塔利班还在信中批评阿富汗政府“说谎”，因为他们给美国展现了在阿富汗军事存在的“美好景象”。塔利班称，“一些好战的阿富汗国会议员和将领向你施压，要求延长在阿富汗的战争，因为他们希望保持军事特权”。[②] 8 月 21 日，美国总统特朗普发表针对阿富汗新战略的讲话，强调将增兵阿富汗。致信特朗普无果，塔利班发表声明威胁称，阿富汗将成为美国的“葬身之地”，并表示特朗普的讲话毫无新意，且含糊不清。塔利班的发言人扎比拉·穆扎希德在一份声明中表示，如果美国不从阿富汗

---

① “2017 年前 9 月阿富汗武装冲突致 8000 多名平民死伤”，2017 年 10 月 13 日，http：//m. xinhuanet. com/2017－10/13/c _ 1121801218. htm.（上网时间：2018 年 1 月 20 日）

② “塔利班致信特朗普催撤军：增兵就是‘自我毁灭’”，2017 年 8 月 17 日，http：//news. ifeng. com/a/20170817/51660593 _ 0. shtml.（上网时间：2018 年 1 月 20 日）

撤军，那么不久之后，阿富汗将成为美国的葬身之地。[①]

四、美国本土恐怖威胁上升

美国国家反恐中心评估认为，本土恐怖主义对美国国土安全构成最直接威胁。受国际暴恐组织的宣传煽动，美国本土极端分子人数和涉案数量不断增加。据美国众议院国土安全委员会统计，2017 年美国执法机构共破获 17 起涉恐案，如纽约 8 月逮捕一名图谋出境加入“伊斯兰国”的公民。2014 年 3 月以来，已有 128 名美国人因涉恐怖主义案件被判刑。同时，美国联邦调查局正在调查的涉恐案件数量高达 1000 起，涉及全美 50 个州。[②]自“9・11”袭击以来，在美国发生的 209 起本土极端主义案件中有超过 20%发生在过去一年，其中 60%以上涉及到“伊斯兰国”等极端恐怖组织。4 月，3 名涉嫌与极端组织“伊斯兰国”关系密切的美国人被起诉，罪名是涉嫌恐怖主义活动。4 月 26 日，俄亥俄州一名居民试图前往叙利亚加入“伊斯兰国”，被美国联邦调查局特工在辛辛那提国际机场抓获。还有两名伊利诺斯州居民被指控密谋并试图为“伊斯兰国”提供物资支援。美国乔治华盛顿大学极端主义研究项目的研究显示，自 2014 年“伊斯兰国”宣布成立所谓的“哈里发国”以来，美国共发生了 19 起受该组织煽动的袭击事件，其中 12 起是在 2016 年和 2017 年发生的，是此前两年的近两倍。

更为严重的是，2017 年美国纽约接连发生两起严重恐怖袭击事件，凸显美国本土面临的恐怖威胁。10 月 31 日下午，美国纽约曼哈顿发生恐怖袭击，造成 8 人死亡、十余人受伤，一名嫌犯被击伤逮捕。此次袭击事件为纽约“9・11”事件以来最严重恐袭。10 月 31 日下午 3 时许，一名凶嫌驾驶皮卡车逆行开上纽约曼哈顿西街非机动车道冲撞行人，行驶约 1.5 千米后撞上一辆校车后停住，嫌犯遂试图弃车逃跑，口中高喊“真主至大”，

---

① “致信特朗普无果 塔利班称阿富汗将成美‘葬身之地’”，2017 年 8 月 22 日，http：//news.ifeng.com/a/20170822/51716953_0.shtml.（上网时间：2018 年 1 月 20 日）

② Seamus Hughes，“Combating Homegrown Terrorism，Written testimony Before the U.S. House of Representatives Oversight and Government Reform”，July 27，2017.

两手挥舞一把彩弹枪和仿真枪，随后被一名到场警察击伤并逮捕。此次袭击经过精心策划。从作案时间，案发当天为万圣节，纽约一年一度的万圣节庆祝活动即将上演，路上行人众多，不少目击者一开始误认为袭击是节日恶作剧。同时，案发正值附近学校放学时间。地点选择上，凶嫌并不是纽约的居民，而是当天从新泽西租车前往曼哈顿，在新世贸中心大楼及“9·11”事件纪念馆附近作案，意在制造更大恐慌和影响，以“一击成名”。美国警方调查显示，凶嫌是独立作案，系现年29岁的赛义夫洛·赛义波夫，乌兹别克斯坦人，2010年来到美国，后结婚生子，作案时持有美国绿卡，是美国的合法居民。美国警方从作案车辆上搜查到一张用阿拉伯语写的纸条，显示赛义波夫效忠于“伊斯兰国”。

12月11日上午7点20分左右，美国纽约曼哈顿时代广场附近的港务局巴士总站发生一起爆炸恐袭，造成5人受伤，并导致通勤状况一片混乱。港务局巴士总站是美国最大的巴士总站，由一条地下隧道与时代广场地铁站连接，每年乘客人次超过6500万。11日（星期一）早晨是纽约曼哈顿最为繁忙的通勤时间之一。根据美国警方调查，嫌犯是名为阿卡耶德·乌拉的27岁孟加拉籍男子。乌拉2011年以家庭移民签证移民入美并获永久居留权。事件发生时，乌拉身上至少有两个爆炸装置，被引爆的装置是一个装满了黑色粉末、电池、接线、钉子和螺丝的管子，被用尼龙搭扣和拉链绑在了嫌犯身上。一名执法人员表示，这枚炸弹是乌拉上周在布鲁克林的公寓中自己制造的，属于“低技术水平爆炸装置”。据嫌犯交待，其向“伊斯兰国”效忠，袭击是报复“以色列近期在加沙地带的行动”。据调查人员称，此次事件只是乌拉的个人行动，虽然他受到了“伊斯兰国”的影响，但是和恐怖组织没有直接联系。

从上述两起案件看，袭击都属于“简易式”恐袭范畴，这类袭击往往防范难度更大。针对10月31日纽约曼哈顿的初步调查显示，该案嫌犯无案底，美国众议院情报委员会官员称，“目前无信息显示在警方监控名单中”。近年来，“伊斯兰国”和“基地”组织大肆煽动支持者利用车辆撞击加之砍杀或枪击的方式实施恐袭。美欧多国近来接连遭此类袭击。西班牙巴塞罗那2017年8月17日冲撞恐袭案致13人死亡；英国伦敦6月3日袭击案致8人死亡；此类袭击作案工具易于获取、实施简单、杀伤性大、难于防范，成为美欧反恐难点。

五、网络恐怖主义危害大

美国《外交政策》网站3月刊登文章称，美国近年来审判的112名涉恐嫌犯中，85%的人因观看暴恐音像视频而走向激进。[①] 美国反恐专家认为，社交媒体取代网站、论坛成恐怖组织最主要的网络活动平台，恐怖主义进入社交媒体时代，暴恐形态生变，表现出一些新特点：一是暴恐活动周期更短。美国新美国安全研究中心称，社交媒体是年轻人生活重要组成部分，他们从接触极端思想到诉诸暴恐行动仅需数天。二是渗透性更强。美国联邦调查局官员表示，当前美国正在调查的千余起涉恐案中，绝大多数嫌疑人因社交媒体走向激进，并卷入恐怖活动中。例如，美国出境参加“圣战”的250人中，有200多人经社交媒体被招募。

特朗普总统曾多次谈及网络恐怖主义威胁，称“‘伊斯兰国’大肆利用网络进行招募、宣传煽动，其在网络空间战胜了我们”。特朗普任命的反恐顾问托马斯·博塞特具有网络安全背景，显示其对网络恐患的重视。

第二节 美国主要反恐措施

美国总统特朗普上台后，对反恐的关注和投入有了明显的提升。1月28日，特朗普总统上任仅仅8天后，特朗普发布了《打败“伊拉克和叙利亚伊斯兰国”计划的总统备忘录》，要求国防部牵头多个部门，在一个月内向其提交一份反恐新战略。[②] 2月28日，特朗普总统首次在美国国会发表演讲时称，“将采取强力措施保护美国免遭极端伊斯兰恐怖主义的威

① Michael Morell, “Trump's Travel Ban Misses the True Threat: Homegrown Terrorism”, February 2, 2017, http://foreignpolicy.com/2017/02/02/trumps-travel-ban-misses-the-true-threat-homegrown-terrorism-american-isis/.（上网时间：2017年11月20日）

② “Presidential Memorandum Plan to Defeat the Islamic State of Iraq and Syria”, January 28, 2017, https://www.whitehouse.gov/the-press-office/2017/01/28/plan-defeat-islamic-state-iraq.（上网时间：2017年11月20日）

胁”。特朗普政府认为，反恐的紧迫性要高于美国长期在境外推行的民主计划，尤其在中东地区，要以反恐为首要考量。在这一背景下，2017 年美国显著加大了打击“伊斯兰国”的力度，最终促使“伊斯兰国”迅速瓦解、走向溃败。同时，美国不断收紧本土防范措施，重点阻断境外恐患输入美国。

一、推动“伊斯兰国”走向溃败

特朗普政府从军事决策、资金投入和外交等方面，全方位加强打击“伊斯兰国”行动。军事决策机制上，在奥巴马政府时期，美国反恐军事行动为人诟病之处是过度微观管理，不必要地延误了作战决策。特朗普上任后，对此做出了重大调整，赋予国防部长马蒂斯更大权力。马蒂斯不仅能自行决定军队编制层级与更快调动战区部队，不必事事都得先向白宫或中央司令部请示。财政上，2017 财年预算修正案新增 51 亿美元用于海外应急行动，以打击“伊斯兰国”和支持美军在阿富汗行动。外交上，3 月 22 日，美国在华盛顿召开有 68 个国家参加的打击“伊斯兰国”联盟外长会。此次会议是美国领导的打击“伊斯兰国”联盟自 2014 年成立以来首次由 68 个成员国全体参加的会议，也是迄今规模最大的一次。美国国务卿蒂勒森在会上发言重申，打击“伊斯兰国”是美国当前在中东地区的首要任务，强调要“根除恐怖主义的罪恶之源”，筹划集中力量全面打击“伊斯兰国”。

在国际社会的共同围剿下，“伊斯兰国”势力走向瓦解。一方面，解放大片领土，“伊斯兰国”控制区所剩无几。在伊拉克，7 月 10 日，伊拉克总理阿巴迪在位于摩苏尔前线的反恐部队指挥部宣布，极端组织“伊斯兰国”在摩苏尔的统治已被彻底推翻，这个城市于当天全面解放。摩苏尔被“伊斯兰国”视为其在伊拉克的首都，因此，攻下摩苏尔是反恐围剿部队迄今取得的最重要的胜利，具有很强的象征意义。伊拉克总理阿巴迪 12 月 9 日宣布，“我们的军队已全面掌控伊拉克与叙利亚边境，对抗‘伊斯兰国’的战争已经结束”。历时三年、极端组织“伊斯兰国”终于被赶出伊拉克。美国政府同日盛赞伊拉克取得的“历史性胜利”。在叙利亚，2017 年 6 月初，受美国支持的“叙利亚民主军”在包围“伊斯兰国”“首都”拉卡数月后突入拉卡城区，打响解放拉卡的战役。早在战役开始前数月，由美国主导的打击“伊斯兰国”多国联盟已持续空袭拉卡，他们同时向“叙利亚民主军”提供军事顾问和武器装备支持。10 月 20 日，由库尔德武装主导的“叙利亚民主军”正式宣布收复极端组织“伊斯兰国”大本营拉卡。另一方面，击毙大量有生力量。据路透社 12 月 5 日报道，根据美国领导的打击“伊斯兰国”国际联盟估算，“伊斯兰国”目前在伊拉克和叙利亚剩下的武装分子已经不足 3000 人，大多逃往边远的沙漠地带藏匿。

随着“伊斯兰国”的溃败，美国领导的打击“伊斯兰国”国际联盟开始转变工作重点，由收复领土向巩固战果过渡。联盟负责战略支援任务的副司令费利克斯·格德尼少将表示：“我们会继续以提供训练、装备、顾问和协助的形式，支援我们的伊拉克伙伴，打击‘伊斯兰国’组织。”“下一阶段的重点是实现长治久安，同时培养伊拉克的可持续性和自立能力。”目前，以美国为首的联军已经为伊拉克安全部队训练了 12.5 万人，其中 2.2 万人属于库尔德武装。

同时，在叙利亚，美军仍会继续留在叙利亚。美国国防部发言人埃里克·帕洪 12 月 5 日借口防范极端组织“伊斯兰国”卷土重来，为美军继续驻扎叙利亚找依据。“为支持盟友、防止恐怖组织回归，”“如果需要，我们将维持地面部署。”帕洪表示：“我们会在叙利亚待一段时间”。美军不会设定撤离时间表，而会依据叙利亚实际状况调整部署。美军在叙利亚现有大约 2000 人，其名义上是帮助训练库尔德人和与“伊斯兰国”为敌的阿拉伯人武装充当顾问。

除了打击伊拉克和叙利亚的“伊斯兰国”势力，美军也开始对伊拉克和叙利亚之外的“伊斯兰国”目标进行打击。4 月 13 日晚，美军在向位于阿富汗楠格哈尔省阿钦地区的一处“伊斯兰国”武装分子使用的隧道投放了 GBU－43 大型空爆炸弹（简称“炸弹之母”）。美国白宫发言人斯派塞在例行新闻发布会上称，此次空袭针对“伊斯兰国”武装分子在阿富汗的隧道，主要目的是封锁“伊斯兰国”武装分子在阿富汗的行动空间。“炸弹之母”重约 9.5 吨，是一种精确制导的智能炸弹，旨在对防空洞、隧道和其他设施造成最大破坏，是美军在所有战事中使用过的最大的非核炸弹。阿富汗东部楠格哈尔省政府 15 日发表声明说，驻阿美军投放的大型空爆炸弹在该省炸死的极端组织“伊斯兰国”武装分子达 94 人。据美军官员介绍，在阿富汗境内的“伊斯兰国”武装分子曾多达 2500—3000 人，但因叛逃及近期战役伤亡，人数已减少至800人。

10月17日，美国对也门的“伊斯兰国”训练基地发动空袭，数十名“伊斯兰国”武装分子被炸死。美军中央司令部称，被空袭的“伊斯兰国”两座训练营，是专门培训恐怖分子熟练掌握利用小型武装发动攻击。“伊斯兰国”在训练营地培训恐怖分子使用AK－47冲锋枪和火箭弹，还进行体能强化训练。中央司令部声明称，此次空袭摧毁了“伊斯兰国”的新成员培训设施，摧毁了“伊斯兰国”的策划和攻击能力、领导网络。

二、调整在阿富汗的军事部署

8月21日晚，美国总统特朗普公布对阿富汗新战略，表明美国不会从阿富汗撤军，反而要增兵，继续“为胜利而战”。同时，美国不再寻求国家重建，而是“杀掉恐怖分子”。特朗普在弗吉尼亚州阿灵顿县迈尔—亨德森陆军联合基地发表讲话，讲话的中心思想与其竞选总统期间一再发表的主张相悖。特朗普2016年多次表示，这场已经持续16年的战争是在浪费美国人的时间、金钱和生命，美国应该马上从阿富汗撤军。特朗普在此次讲话中承认食言：“我最初的本能反应是撤军，按惯常来说，我都喜欢遵从自己的本能，但我一直听说，当你坐上白宫椭圆形办公室办公桌后那个位子，你作出的决定就会和当初所想很不一样。”特朗普表示，美军一旦撤走，将使阿富汗战场留下真空，诸如“基地”组织和“伊斯兰国”等恐怖组织将会趁虚而入，而这是美国“无法接受的”。不过，特朗普强调，“我们不再是去重建国家，我们要杀掉恐怖分子。”“我们的军队会战斗到胜利为止，从现在起，我们将给胜利一个清晰的定义。”同时，特朗普表示，美国将增兵阿富汗，但未明确说明增兵规模和时间，表示将“随机应变”。“我们不会去谈到底派多少兵或下一步计划什么军事活动。从现在开始，我的战略将以前方实际情况为指导，而非遵从什么随意制定的时间表。”①

9月7日，美国官员透露，美国将向阿富汗增派3500名士兵，一旦执

① “美国发布对阿富汗新战略——特朗普：打到胜利为止”，2017年8月23日，http：//world. huanqiu. com/hot/2017－08/11163799. html.（上网时间：2018年1月20日）

行，驻阿美军的数量将增至约 14500 人。据路透社报道，这个决定是在美国国防部长马蒂斯与美国参谋长联席会议主席约瑟夫·邓福德的闭门会议中作出的。8 月 31 日，美国国防部长马蒂斯在国防部表示，他已经签署美军向阿富汗增兵的命令，但当时并未透露具体增兵人数。马蒂斯称，新增驻阿美军将包括军事顾问和支援人员，以增强阿富汗政府军的作战能力，“打击塔利班及其他叛乱团体”。

特朗普上台后，美国与巴基斯坦围绕反恐问题的分歧增大，美国频频向巴基斯坦施压，要求其进一步加大在阿富汗反恐上的行动，以配合美国。在 8 月 21 日公布对阿富汗新战略的讲话中，特朗普在讲话中还指责巴基斯坦为包括阿富汗塔利班在内的组织提供“庇护所”。巴基斯坦外交部 8 月 22 日发表声明，驳斥了特朗普的指责，并表示巴基斯坦将继续打击恐怖主义。9 月 1 日，美国国务院发布声明表示，美国政府已暂停对巴基斯坦数额为 2.55 亿美元的军事援助，希望看到巴方在阿富汗反恐方面作出更大贡献。美国务院在发给巴基斯坦媒体的声明中称，国务院已经告知美国国会，政府已暂停这笔拨款，巴方需在消除境内恐怖组织“庇护所”以及阻止藏匿在巴基斯坦的阿富汗恐怖分子越境阿富汗搞袭击方面作出更多贡献后才能获得拨款。声明说，该决定符合美国在阿富汗与南亚地区的新政策。在向巴方提供更多安全协助资源前，美方拥有一定灵活度，来评估双方目前的合作水平。2016 年，美国国会授权政府向巴基斯坦提供总额约为 11 亿美元的援助，此次被叫停的 2.55 亿美元为其中最大一笔款项。

三、强化本土防范措施，防范国际恐怖主义输入美国

第一，改革移民政策，限制甚至禁止部分国家公民进入美国。12 月 11 日，美国纽约发生恐怖袭击事件后，美国总统特朗普随即表示，爆炸案进一步显示出美国的移民制度需彻底改革，尤其需要结束基于家庭关系而移民的政策。“周一的恐袭嫌疑人是通过‘亲属移民链’进入美国的，这种做法与国家安全相违背”。美国司法部长塞申斯 12 月 11 日也表示，纽约市在不到两个月时间里接连遭受两起袭击，其实施者分别通过“多元移民签证”和“亲属移民”项目入境。这都是现行“失败”移民政策的结果。美国白宫 11 月 13 日发布的一份数据显示，十多年来，已有约 3 万名来自“恐怖主义资助国”的外籍人士通过“多元移民签证”项目获得了美国

签证。

12月4日，美国最高法院发布简短书面命令，允许美国总统特朗普颁布的移民限令“全面生效”。这次在最高法获准全面实施的“3.0版移民限令”于9月24日提出，要求从10月18日开始禁止乍得、伊朗、利比亚、朝鲜、叙利亚、也门和索马里的公民进入美国。具体条款则因不同国家而有所不同，限制措施包括暂缓移民入境，暂缓非移民入境以及严格审查非移民入境等。2017年1月27日，特朗普签署行政命令，90天内禁止伊拉克、叙利亚、伊朗、利比亚、索马里、苏丹和也门等七国公民入境，无限期停止接收叙利亚难民，并在120天内暂停美国难民收容计划。该行政令公布后在国内外引发巨大争议，特朗普政府被迫作出修改。3月6日，特朗普签署第二版移民限令，将伊拉克移出限制入境的名单，90天内暂禁苏丹、叙利亚、伊朗、利比亚、索马里和也门六国公民入境美国。但是第二版仍未获得美国最高法院支持。

此外，鉴于难民大多来自恐怖活动比较活跃的国家，为防止极端分子以难民身份混入美国，美国决定大幅减少难民接受人数。2017年6月后，美国本年度全面中止接收难民。9月，美国白宫向国会提交了一份文件，建议2018财政年度大幅减少接收难民数量，美国政府官员称，只能让那些“对美国的安全没有威胁”的人入境。美国政府计划新的一年最多接收4.5万难民，这是美国收容难民法出台37年以来的最低值。从非洲、东亚、欧洲和中亚、拉丁美洲及加勒比、中东和南亚最多只分别接受1.9万、0.5万、0.2万、0.15万和1.75万人。

第二，加强外国人入境美国的安全检查。一方面，美国机场对个人电子设备实行更严格安检程序。美国运输安全管理局7月26日表示，经过在国内10个机场对随身携带的个人电子设备成功试行了更严格的新安全检查程序后，即日起逐步在全美所有机场实行。运输安全管理局所指的新安全检查程序是指，乘客在安检时需把所有外形大于手提电话的电子设备从随身携带的行李箱里拿出，单独放在塑料箱内通过X光机器检查，这些设备包括笔记本电脑、平板电脑、电子阅读器、掌上游戏机等。而在此之前，只需要单独检查笔记本电脑。2017年，运输安全管理局首先在波士顿洛根国际机场、洛杉矶国际机场等10个机场试行这项更严格的新规定。运输安全管理局表示，新规定的测试很成功，虽然乘客从行李箱内取出电子设备机器扫描后再放回去需要花费时间，但有助于检查人员更仔细地检查这些电子设备，获得更清晰的扫描结果，避免它们和其他物品放在一起造成成像不清，再要求乘客开箱检查。总的安检时间与执行新规定前基本持平。运输安全管理局还表示，执行新规定的目的是应对日益增加的航空安全威胁。2017 年 6 月底，美国国土安全部长约翰·凯利表示，情报显示，恐怖分子已经找到在电子设备中隐藏爆炸品的方法，美国要求 100 多个国家 280 个机场的所有来美航班需符合美国安检的新要求。这些新要求包括在这些机场加强乘客安检，增加飞机停靠区和乘客区的安全措施，扩大警犬检查范围等。①

另一方面，美国要求各国提供签证申请者更广泛的个人信息。3 月 12 日，美国国务院向美国驻外使馆发送的一份文件列出一系列审查要求，包括要各国发出或准备发出电子护照，以及定期向国际刑警组织报告护照遗失和被偷的情况。美国也要求各国按美国的要求，提供赴美签证申请者的“任何其他身份信息”，如生物特征、个人经历等细节。各国如果已知或有理由相信申请者为恐怖分子，以及其犯罪记录等信息，也必须提供给美国。任何国家若不愿意配合，美国将在 50 天内采取制裁措施，包括限制这些国家的公民入境美国。文件强调，美国对各国提出的这项新要求，目的不是要影响其他国家公民的移民福利，而是要降低安全风险。上述新措施是根据总统特朗普 3 月 6 日签署的限制六个穆斯林国家公民入境的行政令所做的总结，是美国政府首次制定获取这些信息的标准。

第三，继续监控在美国的外国人，获取涉恐情报。10 月 24 日，美国参议院情报委员会以 12 票赞成、3 票反对，通过了更新的《外国情报监视法》(FISA)。《外国情报监视法》的第 702 条允许政府对美国境内的外籍人士实施监控，以获取情报，用于打击国际恐怖主义。美国参议院情报委员会主席理查德·伯尔表示：“这项议案再次授权给我们国家最有价值的情报搜集机构，确保情报委员会和执法部门的每一个人都有所需的工具和权力，来保障我们的安全。”根据统计，美国国家安全局在过去一年，运用由该法授予的

① “美国机场对个人电子设备实行更严格安检程序”，2017 年 7 月 27 日，http://travel.sina.com.cn/flights/news/2017-07-27/detail-ifyinvwu2579573.shtml. （上网时间：2018 年 1 月 20 日）

权力，监视涉嫌参与恐怖主义和其他犯罪行为的10万多名外国人。

四、强化网络反恐力度

美国长期自缚“言论自由”等原则，对网络恐怖活动采取放任不管的政策。但是美国接连发生的恐怖袭击大多因网络恐怖主义所诱发，迫使美国不得不正视网络恐怖主义威胁，加大网络反恐举措。2017年5月，在美国、英国等国的推动下，“七国集团”峰会发布联合反恐声明，将网络反恐列为首要重点，呼吁网络科技公司积极行动，加强网络反恐行动，阻断极端思想的传播扩散，并表示“在尊重言论自由的原则前提下，用植根于我们共同价值观的言论”反击极端宣传。

近年来，网络成暴恐活动大“帮凶”，网络科技巨头面临前所未有的网络反恐压力。针对美国政府近年加强网络反恐的要求，“脸谱”等美国网络公司开始采取一系列举措强化反恐。如，“脸谱”“微软”“推特”和“优兔”2016年12月联合建立共享数据库，使用“数字指纹”技术甄别和删除网络涉恐内容，但美国政府认为仍然“很不够”。2017年6月26日，美国网络科技四巨头“脸谱”“微软”“推特”和“优兔”发布联合公告宣布成立“全球网络反恐论坛”，称“恐怖主义和暴力极端主义的传播是一个紧迫的全球性问题，我们四家公司将携手合作，共享各自的最佳技术和操作经验，以更好地应对网络涉恐威胁。”根据公告，现阶段论坛的主要工作聚焦三个领域：一是技术解决方案。四家公司将加强合作，优化和提高技术手段，包括加强机器学习技术研究，提高自动甄别和删除涉恐材料的能力，确立删除涉恐材料的流程标准。加强研究。二是加大研究投入，以提高反击暴恐宣传的有效性及引导未来有关删除涉恐材料技术与政策的制定。三是知识共享。除四家公司开展合作和共享知识外，论坛还将促进与小科技公司、民间社团、学术界、政府以及欧盟、联合国等国际机构之间的合作，与它们共享相关“最佳实践”。①

① “Global Internet Forum to Counter Terrorism”，26 June 2017，https：//blog. twitter. com/official/en _ us/topics/company/2017/Global-Internet-Forum-to-Counter-Terrorism. html.（上网时间：2017年11月20日）

五、其他重要域外反恐举措

第一，加强也门的反恐行动。一是加大空袭力度。美军2017年在也门展开百余次空袭行动打击恐怖分子。美国军方12月20日称，美军2017年向也门境内“圣战”分子展开超过120次空袭行动。[①] 这与前几年相比大幅上升，2016年的空袭次数仅有44次，2015年为23次。[②] 空袭大部分是攻击也门的“基地”组织阿拉伯半岛分支的恐怖分子。二是罕见地出动特种部队展开清剿活动。2017年1月29日，美国在也门开展针对阿拉伯半岛分支的突袭行动，这是特朗普上任后首次重大的军事行动。这次行动的目标是阿拉伯半岛分支重要头目卡西姆·拉伊米。白宫新闻发言人肖恩·斯派塞在新闻发布会上宣布，这次袭击共击毙14名阿拉伯半岛分支成员。美军当天黎明开始突击行动，先用无人机轰炸目标，而后用直升机将突击队员降落到地面，剿灭可疑目标内所有武装分子。根据路透社报道，美军上一次在也门展开地面行动还是在2014年12月。奥巴马执政期间，美国极少在也门使用地面作战部队。三是支持友军清剿阿拉伯半岛分支。8月初，美国特种部队在也门南部一场夺回阿拉伯半岛分支一处据点控制权的大规模军事行动中为数千名也门军队提供支持。这场由2000名也门部队和他们的阿联酋军事顾问发动的攻势是一年多以来对阿拉伯半岛分支发动的最大军事行动。

第二，显著加大索马里的反恐投入：一是加派美军人员。根据美国《政治报》11月19日发表的文章，美军在索马里的人数2017年增长了一倍多，达到500多人。美国国防部秘密在索马里增加了数百名特种部队人员，培训当地部队。这是自1993年发生导致18名美军士兵丧生的“黑鹰坠落”事件以来，在索马里集结的人数最多的美军部队。2017年6月前负责指挥美国驻非洲特种作战部队的退役准将唐·博尔达克表示：“我们得

① “美军2017年在也门展开百余次空袭行动 打击恐怖分子”，2017年12月21日，http：//www.xinhuanet.com/mil/2017-12/21/c_129771859.htm.（上网时间：2018年1月20日）

② “US airstrikes in the Long War”，https：//www.longwarjournal.org/us-airstrikes-in-the-long-war.（上网时间：2018年1月20日）

把更多的小股部队部署在地方上，让他们与索马里政府合作。因此我们改变了策略，改变了行动方法”。美军在偏远的基地部署陆军特种部队和海豹突击队，对付索马里“青年党”叛乱。美军还向邦特兰省派出一个特种部队顾问小组。二是在索马里首都摩加迪沙新建两个军事指挥部。一个是海豹突击队司令部，负责协调分布在全国各地的顾问小组。三是增加空袭次数。美国总统特朗普3月授权中情局使用无人机打击恐怖嫌疑武装分子。此决定与前任美国总统奥巴马实行的政策大相径庭。上一届美国政府一直努力限制中情局的军事职能。从前情报部门使用无人机和其他侦察工具调查恐怖分子所在地，之后由军方对目标开展打击。现在中情局有机会独自开展打击武装分子行动。同时，特朗普政府宣布索马里部分地区为类似叙利亚、阿富汗和伊拉克的“活跃敌对”地区，并授予指挥系统中较低级别军官有批准空袭的权限。据非洲司令部透露，美军2017年在索马里共进行了28次空袭行动，其中9次是在11月。相比之下，据新美国基金会统计数字，美国2016年在索马里的空袭和地面袭击总共是13次，而2015年空袭和地面袭击只有5次。[①]

---

① “忘了黑鹰坠落？美军大举增兵索马里‘开启第4反恐战场’”，2017年12月7日，http：//news. xinhuanet. com/mil/2017-12/07/c _ 129759185. htm.（上网时间：2017年12月20日）

第三章　欧洲恐怖主义与反恐怖斗争形势综述

2017 年欧洲依然面临恐袭多发的威胁，但恐袭的杀伤力和影响力有所衰减。根据“和平宗教”网站统计，2017 年 1—10 月欧洲共发生暴力极端主义恐袭案 35 起，致 70 人死亡、429 人受伤，虽然其频次仍与 2016 年不相上下，但是死伤人数与 2016 年（145 人）和 2015 年（177 人）相比已有明显下降。① 根据“欧洲晴雨表”系列民调显示，在 2017 年初，恐怖主义一度跃居欧洲民众最为关心的话题，不过下半年以来，其关切程度也略有降温，从 44%降至 38%，回归欧洲民众最关注问题的次席（位列移民问题之后）。② 尽管如此，欧洲恐袭仍然呈现四处散溢、多点开花之势，令人防不胜防，瑞典安全局长索恩贝格称，“欧洲恐情已成‘新常态’”。③ 为着手应对反恐斗争长期化的挑战，针对欧洲恐情新特点，欧盟及其成员国加速

① “Islamic Terror in Europe”，https：//www. thereligionofpeace. com/attacks/europe-attacks. aspx.（上网时间 2017 年 11 月 10 日）

② European Commission，“Public opinion in the European Union”，Standard Eurobarometer 88，Autumn 2017，Brussels，November 2017，https：//ec. europa. eu/commfrontoffice/publicopinion/index. cfm/ResultDoc/download/DocumentKy/81142.（上网时间 2018 年 1 月 30 日）

③ “Terror situation in Europe is the 'new normal'，says Swedish security boss”，https：//www. thelocal. se/20170818/terror-situation-in-europe-is-the-new-normal-says-swedish-security-boss.（上网时间 2017 年 11 月 10 日）

推进反恐机制建设，努力提高民众的警惕性和反恐能力。

第一节　欧洲恐怖主义形势

过去一年，欧洲恐袭并未随着“伊斯兰国”的式微瓦解而烟消云散，重大恐怖袭击频发，“伊斯兰国”溢出效应短期内难以消弭，欧籍“圣战士”回流潜伏危机，极端主义开枝散叶，迅速极端化风险加剧，安全防控力量成为恐袭目标的案例比比皆是，恐袭威胁仍然是欧洲民众心目中最严峻的内部安全挑战。[①] 欧洲恐袭“常态化”趋势凸显。

一、重大恐袭仍处“高发期”

2017 年，极端暴力恐怖分子搅乱欧洲腹地，攻破英国防线，侵入北欧，肆虐南欧。据统计，英国、法国、德国、比利时、西班牙、瑞典、芬兰、奥地利、意大利共 9 个欧洲国家遭戕害，发生恐袭的欧洲国家数量创 2001 年以来新高。[②] 其中较为重大恐袭事件包括：3 月 22 日，英国议会大厦冲撞案，袭击者驾车冲向议会大厦，致 6 人死亡，50 余人受伤，打破了自 2005 年“7·7”伦敦特大恐袭案以来相对平静的局势；4 月 7 日，瑞典斯德哥尔摩市中心皇后大街卡车冲撞案，致 5 人死亡、14 人受伤；5 月 22 日，英国曼彻斯特城爆炸案，凶手在举行音乐会的体育馆外引爆自杀炸弹，致 22 人死亡，119 人受伤；6 月 3 日，英国伦敦桥恐袭案，3 名凶犯驾车冲撞、持械砍杀，致 8 人死亡，48 人受伤；8 月 17—18 日，西班牙巴塞罗那及其南部市镇坎布里尔斯相继发生恐袭案，致 14 人死亡，130 人受伤；9 月 15 日，英国伦敦西南部帕森斯格林地铁站发生爆炸事件，装在白

---

① European Commission, ‘Europeans’ attitudes towards security”, Special Eurobarometer 464b, Brussels, June 2017, http://ec.europa.eu/commfrontoffice/publicopinion/index.cfm/ResultDoc/download/DocumentKy/80699.（上网时间 2018 年 1 月 30 日）

② “Islamic Terror in Europe”, https://www.thereligionofpeace.com/attacks/europe-attacks.aspx.（上网时间 2017 年 11 月 10 日）

色塑料桶内的简易自制炸弹爆炸、起火，造成29人受伤。欧洲之所以持续身陷恐袭"高发期"，除了固有的地缘上与中东北非等恐袭策源地近在咫尺、政治体制多头并立难有效协调、所谓"民主与自由"意识形态束缚手脚等因素之外，原因还在于：一方面，恐袭手段不断演进，令反恐部门防不胜防。从恐袭手段看，尽管欧洲加强了枪支和爆炸物的管控，但是恐怖分子以小搏大，利用普通货车、小轿车，与刀、锤等简易工具随机组合，频频得手。法国《费加罗报》称，"此类低成本的恐袭让西方不少大城市付出了血的代价"。其中，租赁或抢夺的卡车渐成重要犯罪工具。2013年之前，在西方国家中使用汽车恐怖袭击仅有2起，2013年至2017年则增至13起。[①] 英国反恐专家戴维·奥托进一步称，"自法国尼斯恐袭案后，卡车撞击已成为恐怖分子在欧洲一种争先效仿的模式"。[②] 从恐袭目标看，恐怖分子软硬结合，既有人群密集、安全防区外的"软目标"，比如体育馆、地铁、博物馆等人流量大的平民目标，又有政治"心脏"、强力部门等"硬目标"，例如议会、大教堂等政权与宗教象征场所，袭击目标的分散化使得反恐部门情报收集难度不断加大，设防范围剧增。另一方面，欧洲身处多事之秋，难以聚焦反恐。过去一年，欧盟面临民粹、大选、英国脱欧、加泰罗尼亚自治、欧元区改革、防务联盟、跨大西洋关系等一系列复杂的议题，反恐只是其中的一项，并未拥有优先位置。尽管欧洲采取了多重举措，不断推进反恐机制建设，但存在心有余而力不足的问题。自2005年欧盟发布《反恐战略》以来，所有88项举措中仅3项获得了政府资金支持，欧委会通过评估报告督促实施的措施不足1/4。[③] 真正落到实处的举措寥寥无几。

---

① Teun van Dongen，"The Fate of the Perpetrator in the Jihadist Modus Operandi：Suicide Attacks and Non-Suicide Attacks in the West，2004—2017"，https：//icct. nl/wp-content/uploads/2017/12/VanDongen-The-Fate-of-the-Perpetrator-December2017. pdf.（上网时间2017年11月10日）

② Valentina Shvartsman，"Terrorism in Europe More Vehicle，Stabbing Attacks in 2017"，https：//sputniknews. com/analysis/201712281060379120-terrorism-europe-ramming-stabbing-attacks/.（上网时间2017年11月10日）

③ Nikolaj Nielsen，"More hype than substance in EU counter-terror plans"，https：//euobserver. com/justice/137320.（上网时间：2018年1月21日）

二、英国、北欧恐情骤然趋紧

2017年，英国陡然成为恐袭重灾区。短短一年内，英国连续发生5起重大恐袭案，造成36人死亡。素以反恐措施严密著称的英国“金身告破”，举世震惊。法国、比利时等欧洲大陆国家由于存在安全机制漏洞，一度成为恐怖分子重点打击的“软柿子”。英国反恐投入大，边境检查和枪支管控严格，在与恐怖分子长年累月的斗争中积累了丰富的防范经验，在欧洲属于相对安全的国家。英国“金身”被破具有指标意义，“道高一尺、魔高一丈”，表明欧洲已无相对脱敏的“安全岛”。当前英国社会正式开启了“脱欧”历程，经济下滑，工作变迁，社会矛盾、族群冲突激化，政府工作精力被牢牢锁定在“脱欧”议题上，恐怖势力和极端思想获得了新的生长空间和土壤。同时，英国还向外输出反恐能力，反哺欧洲大陆反恐机制，现任欧盟委员会的安全委员和欧洲刑警组织负责人皆为英国人，英国制定的反恐策略也成为欧盟反恐路线的蓝本，是欧洲的反恐先锋，招致恐怖分子的嫉恨，成为“攻坚”目标。“伊斯兰国”等恐怖组织，多次表示要对英国实施报复。自2013年以来，英国挫败的恐怖袭击有22起，其中仅2017年3月以来就达9起，其中还包括一起针对首相特蕾莎·梅的恐袭阴谋。军情五处前负责人埃文斯称：“英国面对的严峻恐情至少还将持续20年”。[①]

近年来，北欧面临的暴恐威胁再度上扬，丹麦、瑞典、芬兰相继发生重大恐袭案，致多人死伤，其中2017年瑞典斯德哥尔摩恐袭案为瑞典人首次在国内遭伊斯兰恐怖分子袭击身亡，芬兰图尔库市恐袭案则为芬兰史上首次极端宗教恐袭事件，芬兰总理西比莱随后称，“我们已不再是安全岛”[②]。此番恐袭多由宗教极端主义策划、鼓动。挪威警务安全机构（PST）《2017年恐怖威胁评估报告》称，极端伊斯兰分子是挪威最大的恐怖威胁。丹麦恐情分析中心认为，暴恐活动主要来自伊斯兰准军事组

---

① Daniel Sandford, “UK could face Islamist threat for decades former MI5 chief warns”, http://www.bbc.com/news/uk-40890328.（上网时间：2018年1月21日）

② “Finland Struggles to come to terms with terror attack”, https://www.ft.com/content/ad0a55d2-8598-11e7-bf50-e1c239b45787.（上网时间：2017年12月21日）

织的同情者，“伊斯兰国”是最大的威胁因素。芬兰《2017年恐怖威胁评估报告》称，“由激进伊斯兰份子宣传或恐怖组织鼓动的个人或小组恐怖行动是芬兰最大的恐怖威胁”。北欧与欧洲大陆之间不设边界，陆海相连，理念相通，在汹涌的恐袭浪潮中未能幸免。与此同时，北欧社会也为滋生恐怖主义提供了独特的土壤。首先，北欧社会长期和平安定，反恐意识淡漠。北欧国家多数民众不认为其国内会发生恐怖主义事件。2009年瑞典民调显示，只有23%的民众认为瑞典可能发生恐怖袭击。在丹麦，2011年只有8%的民众认为丹麦可能发生恐袭，即使在恐袭事件发生后，2015年11月，民调显示该比例上升至27%，但仅有5%的人认为他们在公共场所感到不安全，41%的人根本没有不安全感。[①] 其次，北欧是开放包容的先锋模范，长期以来接收了大批来自战乱地区的难民，收容庇护政策一旦趋紧，更易引发反作用。2017年瑞典、芬兰恐袭嫌犯皆申请居留而未获批准。芬兰政府吸收了反移民的芬兰人党参与执政，在难民政策上的立场日趋强硬，芬兰在激进伊斯兰组织的宣传中形象日益突出，被看成是西方国家的代表，是“反伊斯兰国联盟”的一部分，“伊斯兰国”恐怖组织专门制作了芬兰语的宣传片，进行反芬兰宣传。[②] 再次，北欧亦是社会融合失败的代表，族群间关系紧张众所周知。2011年挪威右翼极端分子布雷维克恐袭血案和2013年瑞典斯德哥尔摩教区持续骚乱依然历历在目。近年来，北欧反移民政党声势雀起，瑞典民主党在议会中坐三望二，丹麦人民党、芬兰人党稳居各自议会的第二大党，2017年，挪威进步党则作为议会第三大党，与挪威保守党组成执政联盟。社会隔阂也使北欧穆斯林成为极端化的易感人群。据估计，约有300名瑞典人、115名丹麦人、70名挪威人以及60名芬兰人奔赴伊拉克、叙利亚参加圣战。按照人口比例算，在2011年至2015年间，每百万瑞典居民中，就有30名“外籍圣战者”，丹麦为22人，芬兰为13人，

---

① “Terrorism in the Nordics-Statistics & Facts”, https://www.statista.com/topics/3504/terrorism-in-the-nordics/.（上网时间：2017年12月2日）

② “Finland Struggles to come to terms with terror attack”, https://www.ft.com/content/ad0a55d2-8598-11e7-bf50-e1c239b45787.（上网时间：2017年12月21日）

皆高于欧洲的平均水平。[①] 此外，北欧管控制度存在漏洞，易令恐怖分子有机可趁。2016年，丹麦政府发现，至少32名在伊、叙作战的“外籍圣战者”从丹麦领取了数千英镑的失业补贴。在芬兰，虽然恐怖活动是刑事犯罪，但前往伊、叙参加“圣战”却不能入罪。[②]

三、安全防控力量成恐袭重要目标

2017年以来，在欧洲发生的近40起恐袭事件中，至少有15起始针对军警的暴恐行动，占比超过1/3。较为典型的包括：3月18日，法国巴黎奥利机场袭警抢枪案；4月20日，法国巴黎香街袭警枪击案；6月6日，法国巴黎圣母院袭警案；7月21日，英国诺尔福克监狱袭警案；9月15日，法国巴黎地铁，“哨兵行动”士兵遇袭案；12月7日、20日，意大利罗马宪兵驻地、警局汽车爆炸案。其中，法国尤为严重，法国国际关系研究所发表反恐报告《哨兵迷路了?》指出，“紧急状态”之后，法国平均每天发生5起攻击军警的行为，尽管大部分是口头谩骂，但肢体袭击、暴力冲突的事件越来越多。法国《观点》杂志称，“哨兵行动”（法国士兵执行街头反恐巡逻的行动）使士兵充当了“避雷针”角色，主动成为恐怖分子的攻击目标。[③] 自2015年巴黎特大恐袭案以来，越来越多的军警出现在城市街头，守护重要的基础设施，对恐怖分子形成威慑。法国在“哨兵行动”框架下，7000名士兵专职保卫国民安全；比利时迄今为维护城市安全部署了1650名士兵；英国和西班牙军队是否进城协助维持治安取决于恐袭预警等级，其中英国2017年两次将恐袭预警提升至最高等

---

① “Terrorism in the Nordics-Statistics & Facts”, https: //www. statista. com/topics/3504/terrorism-in-the-nordics/ .（上网时间：2017年12月2日）欧洲“外籍圣战者”人数约为5000人，按欧洲5亿人口计算，其占比约为百万分之一，北欧国家平均占比近百万分之二。

② Daniel Korchis, “Terror in the happiest place on the earth”, http: //www. realclearworld. com/articles/2015/06/18/terror _ in _ the _ happiest _ place _ on _ earth _ 111270. html.（上网时间：2017年12月8日）

③ 李靖许：“巴黎车撞哨兵嫌疑人落网 法国军人沦为恐袭‘靶子’?”，《欧洲时报》（2017年8月10日），http: //www. oushinet. com/europe/france/20170810/269104. html.（上网时间：2017年12月8日）

级，同时调动军队，驻守城市重要部门和关键基础设施；德国和奥地利国内则围绕是否允许军队进城展开了激烈的辩论。当前西欧国家调驻城市防线、承担国内安保的士兵约1.5万人，为二战结束以来峰值。[①] 此外，还有大量警察负责日常的巡逻执法任务，其中可能成为恐袭“攻击靶子”的目标对象数不胜数。早在2015年，“伊斯兰国”就号召攻击警察和士兵，其发言人发布视频叫嚣要“攻击（西方国家的）警察、安全和情报人员，以及危险的特工”。[②] 事实上，执行国内反恐任务的士兵士气不高，许多人认为自己是“城市中行走的花瓶，随时可能被敲碎”。士兵的离职率悄然上升，同时由于反恐巡逻任务占据了过多时间，导致战争训练时间削减，也引起军事部门的担忧。英国前陆军参谋长理查德·巴伦斯将军称，“从事反恐时间越长，军事能力就越弱”。[③] 不过，由于士兵、警察大多经过专业的反恐训练，熟悉格斗技能，因此在大多数恐袭过程中，伤亡人数十分有限，且往往能反戈一击，给予恐怖分子毁灭性的打击，例如在6月19日，法国巴黎香街驾车冲撞军车案，唯嫌犯自取灭亡，未造成其他人员伤亡。9月15日的法国巴黎地铁士兵遇袭案中，士兵不仅未受伤，还当场制服了嫌犯。纵观整个2017年的袭警案，恐怖分子仅造成两名警察死亡，多名军警受伤。

四、“外籍圣战者”回流危机四伏

随着“伊斯兰国”溃败，奔赴伊、叙的“外籍圣战士”回归的现象日

① Michael Birnbaum,“Soldiers guard Europes streets from terrorism Critics say that weakens them in war”, https：//www. washingtonpost. com/world/europe/soldiers-guard-europes-streets-from-terrorism-critics-say-that-weakens-them-in-war/2017/12/03/0312584e-b87a-11e7-9b93-b97043e57a22 _ story. html? utm _ term = . 1b30b240b438.（上网时间：2017年12月8日）

② “European terror attacks increasingly targeting police, security forces”, http：//www. foxnews. com/world/2017/04/21/european-terror-attacks-increasingly-targeting-police-security-forces. html.（上网时间：2017年12月8日）

③ “Soldiers on Europe’s streets dent NATO’s defense edge”, https：//www. reuters. com/article/us-europe-attacks-military-analysis/soldiers-on-europes-streets-dent-natos-defense-edge-idUSKCN1BP1CA.（上网时间：2017年12月8日）

益成为恐袭防范的焦点议题。据估计，欧洲大约有此类“外籍圣战士”5000人，尽管有部分人战死疆场，部分人转移到其他国家继续作战，但预计仍将有近1500人回流。这些人回流将带来严重的安全隐患。首先，“伊斯兰国”的领土消亡并不意味着其军事人员作战能力的消亡。回流的“圣战士”大多数没有显露出继续从事暴力活动的意愿，但是不能就此排除其使用战斗技能的可能性。2017年英国曼彻斯特恐袭案成为首例回流“圣战士”在英国实施的恐袭事件。尤其值得关注的是，他们可能通过私下的联系网络，以所谓的“名望和身份”，吸引新的狂热支持者，策划从事恐怖袭击活动。其次，欧洲锁定回流“圣战士”的技巧日臻成熟，不存在技术性障碍，但是如何处理他们将会成为一大难题。直接将其逮捕并不现实，有一系列复杂的法律问题。有些欧盟国家的法律相对落后，这些“圣战士”前往参加圣战时，许多欧洲国家的法律并未将其认定为犯罪。新引入可将其定罪的法律却不具有追溯权。即使此前已制定此类法律的国家，政府部门在搜集证据的时候也会遇到重重困难。从情报的角度了解某人加入“伊斯兰国”或者在叙利亚实施暴行是一回事，但是在法庭面呈“铁证”，不被“钻空子”又是另外一回事。英国内政部2016年发现了400名返乡的英籍“圣战”分子，但是仅有54名被定罪。再次，在“伊斯兰国”出生或长大的外籍“圣战者”子女重新建构、塑造世界观的问题。德国政府表示，约320名伊斯兰激进分子已离开“伊斯兰国”回到德国，几乎每一位回国妇女都带着孩子或是怀有身孕，估计将有100名孩子返乡。尽管这些孩子大多数并没有犯罪，但是他们遭受了战争创伤，一些人尽管年幼，已表现出强烈的激进化倾向，如何甄别、重塑其世界观将是一项复杂的系统工程。德国已发生多起由未成年人实施的恐袭案，联邦宪法保卫局负责人马森警告称，从战争地区回国的儿童可能成长为新一代圣战分子。

五、“极端化”蔓延加剧恐袭风险

过去一年，由个体激进化而实施恐袭的问题益发严重。欧盟反恐协调员德凯尔肖韦称，“当前欧洲恐情最大的威胁并非来自外籍圣战者，而是当地居民出于不同原因的激进化。”[1] 无论是英国接二连三的恐袭案，还是法国、北欧、西班牙的暴恐事件，大多数嫌犯都是欧洲本土出生成长的二代或三代移民，熟稔欧洲文化。英国伦敦桥恐袭案嫌犯博特已在英生活多年，育有二子，行为友善，是邻居们眼中的“好父亲”。制造曼彻斯特音乐节爆炸案的阿贝迪是同学眼中的“派对动物”，热衷于参加聚会，喜欢流行音乐和足球，与普通同龄人一样。但这些人都成了狂热的恐怖分子，成了极端主义的“俘虏”。英国首相特蕾莎·梅指出，尽管这几起攻击事件不是和同一个网络有关联，但是它们却在相当重要的一方面有关联：“一个共同的伊斯兰极端主义的邪恶意识形态”把他们联系在一起，这种意识形态“宣讲仇恨、播种分歧”。[2] 英国反恐警务负责人马克·罗莱称，“‘基地’组织是一小撮恶人的网络，而当前伊斯兰极端主义的威胁是一场狂热的运动。”媒体和互联网是欧洲社会少数族裔走向极端化的催化剂。欧洲议会《预防阻止欧盟青年激进化》研究报告指出，尽管互联网技术不是暴力行动的源头，但可以起到加速恐怖主义传播的作用，“（恐怖组织）使用新技术招募和宣传无法阻挡”。[3] 一些有关宗教极端主义、恐怖主义媒体宣介的客观影响也不可预判。英国伦敦桥恐袭案嫌犯博特曾在英国广播公司的纪录片《隔壁的圣战分子》出镜，另一名恐袭嫌犯扎格巴的家人指控称，是长期观看半岛电视台节目导致其激进化。监狱则是极端化的重要场所，英国伦敦议会大厦恐袭案的嫌犯马苏德曾经被判入狱服刑，也是在监狱中成为了极端伊斯兰教的信徒。[4] 刺激欧洲穆斯林

① Nikolaj Nielsen, “More hype than substance in EU counter-terror plans”, https://euobserver.com/justice/137320.（上网时间：2018 年 1 月 21 日）

② “伦敦恐袭：警方公布三名袭击者身份”，http://www.bbc.com/zhongwen/simp/40167182.（上网时间：2017 年 12 月 8 日）

③ Basil A. Coronakis, “Media and the Internet as a catalyst and accelerant for radicalisation in Europe”, https://www.neweurope.eu/article/media-internet-catalyst-accelerant-radicalisation-europe/.（上网时间：2017 年 12 月 8 日）

④ Robert Mendick, “Khalid Masood: Everything we know about the London attacker ”, http: www. telegraph.co.uk/news/2017/03/24/khalid-masood-everything-know-london-attacker/.（上网时间：2017 年 12 月 8 日）

激进化的核心问题在于身份认同危机。英国激进化研究国际中心主任彼得·诺伊曼称，“激进化的原因在于身份冲突，二、三代穆斯林移民在其父辈文化中不再有家的感觉，但也不被欧洲社会所接受”。[①] 在过去一年中，欧盟与土耳其关系经历波折，支持土耳其总统埃尔多安的欧洲穆斯林屡屡走上街头，挥舞土耳其旗帜举行集会，甚至与反对埃尔多安的欧洲库尔德人发生冲突，令欧洲媒体感叹融合失败，称“他们都是埃尔多安的士兵”。起于2015年的难民潮虽然得到缓解，但是移民问题持续发酵，欧洲反移民的情绪日益上升，右翼民粹政党宣扬“伊斯兰恐惧症”，极端民粹分子走上街头，排外活动更趋激烈。6月19日，英国伦敦芬斯伯里公园清真寺附近发生一起针对穆斯林的恐袭案，一辆货车冲撞从清真寺走出的人员，导致1人死亡，10人受伤，死伤者皆为穆斯林。德国极端右翼组织“帝国公民组织”人数增至15600人，仅在一年中就增加了50%，增幅创下了有史以来的最高记录。

第二节　欧洲主要反恐措施

尽管过去一年，“伊斯兰国”土崩瓦解，全球恐情有所缓解，欧洲亦初现曙光，但欧委会安全委员朱利安·金指出，随着“伊斯兰国”在伊拉克和叙利亚的重要据点接连失守，该组织实体正在加速溃败，但国际社会打击极端组织和恐怖主义仍面临长期挑战，欧洲发生恐怖袭击的可能性依旧存在。面对随机多发、长期化的恐怖新态势，欧盟成员国协力应对，持续加大打击力度，升级安保措施，强化社会抗打击能力，着力应对“圣战分子”回流，重点解决极端化问题，综合施策，软硬并举，全面应对恐怖主义新形势。

---

① Abigail R. Esman, “The Identity Crisis Fueling European Muslim Radicalization ”, https://www.investigativeproject.org/6235/the-identity-crisis-fueling-european-muslim.（上网时间：2017年12月8日）

一、加速反恐立法，加强情报共享

德国联邦议院密集通过系列法规，构筑反恐的"天罗地网"。4月，通过系列安保措施，批准对潜在危险分子使用电子脚铐，国家和警方建立综合信息数据收集存储系统，根据欧盟规定落实强制共享和保留飞机乘客数据，对袭击警察、急救人员以及军人等行为处以五年监禁，同时禁止公务员、法官和士兵在工作当中穿戴伊斯兰面纱。6月，通过所谓"消除仇恨言论"法，规定社交媒体必须在24小时内清除违法言论，否则将遭到最高达5000万欧元的罚款。[①] 法国则最终通过新《反恐法》（11月1日生效），授权执法单位软禁恐怖分子嫌犯、入屋搜查、检查车辆、关闭传播极端思想的宗教场所等，将维持两年之久的"紧急状态"常态化。目前芬兰内政部正加速推进"民事情报法"，欲授予芬兰安全情报机构更多打击恐怖主义的权力。尽管反恐的主要职能隶属于成员国，欧盟还是努力寻求使自身成为成员国之间进行反恐合作的主要平台，制定了一系列法律和政策框架，覆盖了警务司法合作，网络安全和打击恐怖金融等广泛的范围。3月，欧委会通过新的"反恐指令"，规定接受恐怖主义培训、进行以恐怖主义为目的的旅行，以及组织和策划此类旅行都属于恐怖犯罪，从而"更好地武装应对升级的恐怖威胁"。[②] 此外，欧盟通过新《欧洲刑警组织条例》，着重强化其反恐职能。同时，欧洲还强化了涉恐案件的审理工作，法国巴黎恐袭案主犯、瑞典卡车撞击案嫌犯都将于2018年初受审，德国司法部门2017年处理的涉恐新案件超过900起，是2016年全年（250起）的

---

① "Bundestag passes law to fine social media companies for not deleting hate speech ", http://www.dw.com/en/bundestag-passes-law-to-fine-social-media-companies-for-not-deleting-hate-speech/a-39486694.（上网时间：2017年12月8日）

② "EU strengthens rules to prevent new forms of terrorism", http://www.consilium.europa.eu/en/press/press-releases/2017/03/07/rules-to-prevent-new-forms-of-terrorism/.（上网时间：2017年12月8日）

3.6倍。①

法国成立国家反恐中心，由总统直接统辖，负责协调各情报部门的反恐工作，还在警局设立101个监视跟踪部门，跟踪极端分子及其家庭。德联邦议会推动国家和警方建立综合信息数据收集存储系统。针对极端分子混入难民现象，德情报机关安插“线人”，获得可疑人员线索并对嫌疑分子进行监控，还应用技术手段，以无人机补充监控力量，排查可疑人员。英国督促军情五处、六处与警方情报共享，北约亦成立打击恐怖主义情报小组，加强成员国间信息交流。欧洲刑警组织将9000余名恐袭嫌犯名单纳入信息系统，重点监控人员流动的“旅行焦点”数据库则存录3.8万人。自欧洲反恐中心成立以来，成员国通过其进行信息交换、寻求行动支持的频次稳步提升，2016年为127起，2017年首季度即达到87起。②

二、强化反恐力量，守护公共空间

英国政府决定，未来五年将列支1.14亿英镑，新增1000名武装警察，以弥补警察武装不足，应对恐怖袭击。装备全新的装甲车，同时在全国范围内举行代号“伍德荣光”的反恐演习，包括武装警察、狙击手、SAS情报人员及律师。③ 法国总统马克龙在全国警务负责人会议上表示，要给予警察和宪兵“更有效的人力与资源”，宣布成立“日常治安警察”，其宗旨是“重新把为公民服务列为警察和宪兵职业的重心”，其任务为“打击轻罪、取缔损害、危害行为、以及老百姓日常遭

① “德国2017年涉恐案件数猛增 为去年3倍多”，《中国新闻网》（2017年10月23日），http：//www. chinanews. com/kong/2017/10-23/8358363. shtml.（上网时间：2017年12月8日）

② “Comprehensive Assessment of EU Security Policy, Ninth progress report towards an effective and genuine Security Union”，http：//www. europarl. europa. eu/cmsdata/125861/comprehensive%20security%20assessment%20part%201. pdf.（上网时间：2017年12月8日）

③ Frank Gardner，“Terror threat UK upgrades armed police response”，http：//www. bbc. co. uk/news/uk-39810721.（上网时间：2018年1月19日）

遇的不文明行为"[①]，从而更贴近居民的安全需求。芬兰安全情报机构2018年预算新增160万欧元，增幅达10%，芬兰警察建立了全天候的"监控、指挥和协作"机制，以确认恐怖分子并对可能的恐怖威胁做出迅速反应。2014年底起，挪威警察开始佩戴枪支，2017年瑞典斯德哥尔摩恐袭案发后，挪威奥斯陆机场及其他几个大城市的警察亦开始携带武器。

针对近年来连续出现的"低科技含量"恐袭案。即法国尼斯、英国伦敦、瑞典斯德哥尔摩、德国柏林、西班牙巴塞罗那等欧洲多地发生的多起恐怖分子驾车冲撞平民事件。欧盟决定今明两年斥资1.185亿欧元辅助部分欧洲城市进行"改造"，通过广泛征求富有创意的意见，改建城市公共空间布局，改造灯光布置，强化公共应急系统，从而降低恐怖袭击在这些城市发生的风险。欧委会安全委员朱利安·金表示："我们无法阻止所有的攻击。我们无法实现零风险。但是，我们可以让恐怖分子越来越难实施恐怖袭击。我们相信经过对城市空间布局进行根本性地改造，将使公共空间变得更为安全。"[②]

三、锁住焦点人群，布防重要部门

欧洲近来陆续出台反极端化系列措施，针对重点人群、重点部门和重点领域，加强干预能力，综合防治穆斯林极端化，欲斩断恐怖主义思想根源。一是提升反"极端化"顶层设计，法国新《反恐法》规定，个人鼓吹、颂扬恐怖主义构成犯罪，并拟出台反极端化计划，全面遏制极端化蔓延。英法宣布实施共同反恐计划，施压互联网运营商提供网络密钥，推动数字领域反恐合作。欧盟委员会成立了"激进化高级专家组"，加强各领域合作，共同致力于反极端化工作。二是动员社会力量发现极端化线索。英国建立"恐怖危险辨识指标"，要求地方政府、警察局、学校、青少年

---

① 周文仪："马克龙宣布明年设立日常安全警察队"，《欧洲时报》，2017年10月19日，http：//www.oushinet.com/europe/france/20171018/275385.html.（上网时间：2017年12月8日）

② "欧盟助各国改造公共空间防恐袭"，《欧洲时报》，2017年10月20日，http：//www.oushinet.com/europe/other/20171020/275523.html.（上网时间：2017年12月8日）

管理部门、志愿者和社会工作者据此鉴别易受极端思想蛊惑的“脆弱群体”。该指标包括：是否对恐怖主义和暴力行为表达支持；是否占有过极端暴力宣传物；是否曾登录浏览支持极端暴力的网站；是否拥有武器、爆炸物等。英国政府还加大公务员、教师和医护人员培训，增强其发现潜在极端化者的意识及能力。法国设立家庭热线，公民可举报准备参加“圣战”或有极端倾向的家人，犯罪预防机构和青年救助机构将为其提供帮助，迄今该热线处理约1000个案例。三是密切关注青少年。一方面提前筑牢思想防线。法国制定家庭支持与青年改造计划，组织穆斯林家庭参加包括伊斯兰知识、“圣战”历史、反极端化法律、极端化与宗教灌输等内容的培训。比利时成立专门警察队伍，定期家访有极端化倾向的青少年家庭，为其提供支持。德通过为教员提供政治教育、市政培训等方式，指导其对青少年进行帮扶教育，并通过与青少年福利机构“社区行动与咨询协会”合作，试点正面干预教育项目，防范极端思想在青年穆斯林中蔓延。另一方面，感化教育“问题青年”。德开展“路标”机制试点，在穆斯林群体中物色联系人，辨认“问题青年”并有针对性地进行心理疏导。德国从道德伦理及伊斯兰教义中平和理性的思想入手，邀请其亲友、教师或神职人员出面，规劝误入歧途的青少年。法国设立专门机构，为返法“极端青年”提供个性化辅导与心理矫正，助其在社会中找到自身位置。

针对极端化侵入重点部门的现象，欧洲量身订制反制方案，严防死守。一是监狱，法国政府在监狱中设立“特别区”，隔离关押极端分子，避免其与普通刑事犯人直接接触，马克龙还计划增设1.5万囚位，专门关押外籍犯；增设60名接受“共和价值观”培训的伊玛目，指导犯人宗教信仰；为涉恐者建“新档案”，计划长期跟踪曾因“恐怖主义”或“战斗团伙成员”被判刑者，要求其定期向执法机关通报住址及国外旅行情况。英国则将服刑犯人中“想要毒害其他犯人思想”的极端分子转到英格兰和威尔士的特殊监狱里，密切监控囚犯祈祷活动，清除监狱图书馆中宣扬极端主义书籍，严格审核监狱神职人员资质，加强监狱职员培训。二是军队。德国深化联邦国防军改革，加强对纪律程序的审查及内部领导原则、改进对士兵的政治教育以及建立更迅速的向上汇报系统，防止极端主义思想渗透军队及情报机构。三是医院。早自2013年开始，英国政府强制国民保健体系（NHS）的医疗从业人员参加防恐特训，医生必须全面清查病患、访客甚至是医院同事的背景，指认出可疑分子并向上级汇报。四是学校。法国国民教育部加强对私立学校督察工作，委派会说阿拉伯语的督察员到穆斯林学校视察。英国教育部设有“预防极端主义工作组”，吸收了大量反恐专家，监督学校，防止有人在校内传播极端主义思想。英国内政部要求客座教师和演讲人的讲稿必须事先接受审查。英国一些大学还将非教职员工（保安、清洁工和餐饮服务员等）纳入反恐培训范围，以便提供被教职员工忽略的信息。五是整顿清真寺。比利时政府实行清真寺认可制度，只有经政府认可的清真寺才能从事宗教活动，防止极端组织利用“地下”清真寺对穆斯林群体洗脑。

四、力促网络管控，实施反制宣传

针对互联网极端言论泛滥，新媒体成为恐怖组织招募渠道的现象，欧盟及其成员国加强与互联网企业的对话。一是施压互联网巨头。法国拟出台新法案，“谷歌”“脸谱”等公司将对其平台发布的涉恐及煽动仇恨言论负法律责任。英国要求社交网站加强自动侦测技术，加大人力投入，迅速删除极端信息，并限制端对端加密（end-to-end）数量。英首相梅威胁要对不能有效去除非法内容的科技公司罚款或发起制裁。二是提高互联网不良信息处理效率。英国设立了从事网络反恐的专职部门、隶属伦敦警察厅的“互联网反恐处理中心”（CTIRU）。网民举报的网络涉恐信息被反馈到CTIRU，由反恐专家分析鉴别，然后要求网络服务提供商对恐怖资料采取清除、屏蔽等措施。三是加强技术监控。德、法政府加大对社交网站、应用软件、通信记录的监控力度，用技术手段甄别颂扬恐怖主义、主张恐怖行动的言论，防范极端思潮蔓延。

此外，欧洲政府殚精竭虑，对极端主义实施反制宣传。一是培育反极端化力量。英国政府部门资助“温和派”穆斯林团体在全国范围内开展演讲、辩论和文化活动，提倡主流伊斯兰观念，帮助人们认识恐怖主义真实面目，对抗极端组织的宣传战。二是揭露恐怖罪行。英国组织民间组织、媒体、恐怖袭击受害人等群体，在极端思想容易流散的地区开展反恐宣传活动。德国政府邀请由叙利亚、伊拉克返德的穆斯林讲述其在“伊斯兰国”遭遇，通过座谈、报告会、图片展、宣传片及网络视频等方式，揭露极端穆斯林的本质与危害。三是建设网络反宣部队，德国政府启动“社交网络反极端化培训项目”，对警察、教师及宗教人士进行培训，使之熟练掌握“脸书”、“推特”等社交网站，助其成为“意见领袖”，开展反极端化宣传。法国组建“网络反宣军”，该机构由50多名军事专家组成，隶属法“三军环境行动中心”，负责挽救被“圣战”吸引的年轻人。机构任务为预测“圣战”组织活动、锁定招募人员和有影响力网站。手段包括在社交网站利用各种化身进行大范围监督，在心理专家指导下接触“伊斯兰国”欲招募目标人群，利用具有冲击力视频劝阻“圣战”潜在参加者，出版与“伊斯兰国”在线杂志、法语版《伊斯兰地区》等相对应的反极端宣传物。瑞典着手组建“国家反极端主义特遣队”，支持市政当局处理极端化案例，要求瑞典防务研究机构研究强化社会抵制极端主义宣传的能力，教育部负责培训教师应对学生极端化风险。

此外，恐袭频发形势下，欧洲高度重视国际反恐合作。欧盟及其成员国联手推动2017年“七国集团”（G7）峰会签署《反恐联合声明》。法国总统马克龙的中东政策明确宣称要以反恐为先，不再以推翻巴沙尔政权为目标，主动强调与俄合作。英国首相梅发誓要加大打击伊斯兰极端主义的力度，提出“要达成国际网空管控协议，阻止极端主义、恐怖主义扩散”，并将网络反恐等合作纳入多边及其与法、日等双边合作重点。欧洲刑警组织开启与中东北非各国谈判，欲建立个人数据资料交换机制。欧洲刑警组织负责人温赖特称，“欧洲面临的恐怖威胁不会停留在国家边界内，只有加强国际合作方能铲除恐怖主义。”

总之，在全球反恐取得阶段性胜利的大环境下，欧洲恐情有所缓解，但不能排除再次发生重大恐袭的可能性。随着反恐进入“后伊斯兰国”时代，欧洲恐情或将呈现出常态化、平民化的鲜明特点，需要全社会提高警惕，全方位积极应对，正如英国反恐警务负责人马克·罗莱所言，“需要全体动员，政府、公共机构、所有部门都要一起努力，维护英国安全”。[①]欧洲也需要探索出一条全民反恐的有效路径。

---

① Daniel Sandford, “UK could face Islamist threat for decades former MI5 chief warns”, http://www.bbc.com/news/uk-40890328.（上网时间：2018年1月21日）

第四章　俄罗斯恐怖主义与反恐怖斗争形势综述

2017年俄罗斯的恐怖主义和反恐怖斗争形势依旧严峻复杂，并呈现出诸多新特点。其一，高加索因素在俄罗斯反恐中的热度渐退，中亚因素开始凸显。2017年，无论是俄罗斯已经发生的暴恐案件还是被提前打掉的未遂恐怖案件，都与中亚籍人士有直接关联，俄罗斯反恐斗争的重心开始向“中亚”倾斜。其二，俄罗斯与后苏联空间的反恐战场已经连为一体。具体表现为，俄罗斯恐怖组织已实现“国际化”和“全覆盖”。一方面，来自前苏联各加盟共和国的“圣战”分子超越民族界限，在“圣战”意识形态幌子的指引下，先于反恐各方完成“国际联合”，真正实现了“国际化”；另一方面，在所有穆斯林聚居的俄罗斯地区，都发现了恐怖和极端组织分支的活动身影。西起故土新归的克里米亚半岛，南到高加索、顿河流域，北达伏尔加—乌拉尔地区的石油重镇秋明，东至人迹罕至的萨哈林岛，极端组织对俄罗斯领土实现了纵向到底，横向到边的“全覆盖”。其三，俄罗斯以外御内的反恐策略遭遇新困境。俄美在中东的角力陷入僵局，俄罗斯反恐地缘政治红利的边际效益正在递减，搞不好反而会深陷泥潭，反受其累；同时“伊斯兰国”溃败后，大量“圣战者”逃往阿富汗北部地区，虎视中亚，也给以俄罗斯为首的独联体和集安组织的南部边界带来巨大的防御压力，俄罗斯的反恐陷入腹背受敌，内外夹击的艰难处境，未来俄罗斯反恐形势如何发展，还有待进一步观察。

第一节　俄罗斯恐怖主义形势

2017 年，俄罗斯的反恐怖斗争仍然在内外两个战场展开。在取得了一定成绩的同时，也面临许多新挑战，存在一些亟待解决的新问题。俄罗斯能否很好地统筹内外两个反恐战场的关系，遏制非法移民的激进化势头，防止极端思想对俄罗斯和独联体各国的进一步渗透侵蚀，将是今后一段时间内俄罗斯反恐的重点和难点。

一、叙利亚反恐行动喜忧参半

2017 年 12 月 11 号，俄罗斯总统普京来到俄罗斯在叙利亚的空军基地，并宣布即将撤军。这与此前该国所宣称的极端组织“伊斯兰国”已被彻底击溃这一状况遥相呼应。

毋庸置疑，俄罗斯在叙利亚展开反恐行动，旨在御敌、阻敌、驱敌于国门之外，大量歼灭了“伊斯兰国”的有生力量，极大减轻了这个当今世界最强恐怖组织对独联体国家的直接威胁。俄罗斯武装力量总参谋长瓦列里·格拉西莫夫大将表示：“最近两年以来，叙利亚 1000 多个居民点被解放，消灭超过 5.4 万名非法武装团伙分子，其中 2800 多名来自俄罗斯，1400 多名来自俄罗斯周边国家。”据俄罗斯联邦安全局公布的数字，截至 2017 年 10 月，俄罗斯强力部门提前打掉了 23 起大型恐怖案件，其中 2016 年 12 起，2017 年 11 起。[①] 但是，俄罗斯要想保住既有战果，就很难全身而退。俄罗斯地面部队撤离后，叙利亚政府能否掌控局面，困难不小。另外，国际舆论和事实都已证明，美国很难咽得下这口“恶气”，让俄罗斯在中东掌握战略主动权，不符合世界霸主美国的利益。美国及其盟友一定会想尽办法，利用自身的经济优势，明里、暗里支持极端组织，拖住甚至“拖垮”俄罗斯，夺回战略主动权。可以预见，今后，美俄在中东的博弈不但不会停止，反而会陷入更加残酷的博弈阶段，鹿死谁手，尚难预料。

---

① Случаи предотвращения терактов на территории России в 2016—2017 годах，https：//ria. ru/spravka/20170814/1500317843. html.

二、国内反恐成绩斐然，但仍面临艰巨挑战

俄罗斯卫星网2017年10月27日报道，俄罗斯总统普京称，自2017年年初起，俄罗斯成功预防43起恐怖主义犯罪活动，消灭了数十名并抓捕了约800名匪帮成员，取缔了66个恐怖主义和激进主义分支机构。另据俄罗斯卫星网12月20日报道，俄罗斯联邦安全局局长亚历山大·博尔特尼科夫表示，2017年，俄罗斯消灭78名恐怖分子，拘留1018人。俄情报部门禁止超过1.75万名涉恐外国人入境，阻止80多名计划为恐怖主义分子作战的人员出境。过去6年来采取的措施使俄罗斯恐怖袭击减少了近9倍。

尽管俄罗斯的反恐成绩有目共睹，但一些深层次的社会问题长期得不到有效治理，成为俄罗斯恐怖"毒瘤"生长的温床。长此以往，势必对俄罗斯的社会稳定产生影响，甚至可能对俄罗斯国家安全产生重大威胁。

第一，社会面不稳定因素上升毒化安全环境。自乌克兰危机以来，俄罗斯经济深陷泥潭，普通民众生活水平受到影响，不满情绪继续上升。2017年3月26日，以抗议总理梅德韦杰夫"贪腐"为由，俄罗斯数十个大小城市同时爆发自2011年以来最大规模的"反腐游行"，有人借机将矛头指向普京。俄政府迅速应对，防止局面失控，仅莫斯科就有800名示威者被捕。随着2018年3月总统大选临近，俄罗斯政治生态愈加脆弱敏感，反对派、宗教极端组织、有组织犯罪集团等欲利用民众不满情绪"兴风作浪"，各种不稳定因素交织叠加，同频共振，俄罗斯安全形势面临进一步恶化的风险。

第二，俄罗斯与中亚地区反恐战场连为一体，各国防范"回流"任务艰巨复杂。自叙利亚内战爆发，尤其是俄出兵叙利亚至今，防止"伊斯兰国""圣战"分子"回流"和渗透，便成为各国反恐工作的一项重要任务。据俄联邦安全局消息，目前叙利亚境内来自俄罗斯的武装分子达4000人，来自独联体各国的约5000人。2016年12月，俄罗斯警方与塔吉克斯坦和吉尔吉斯斯坦警方联合打掉一起由10名中亚籍人员组成的跨地区恐怖团伙。该团伙预谋实用自制大威力爆炸装置在莫斯科和圣彼得堡进行系列暴恐活动。就在圣彼得堡地铁爆炸案当晚，俄南部城市阿斯特拉罕两名警察遇不明身份人员袭击身亡。俄国家反恐委员会副主席库利亚金表示：国际恐怖组织改变了以往派有经验团队赴俄的做法，而更倾向于在俄临时招

募、培训人员来完成单次恐怖袭击。在2018年俄总统大选和世界杯临近之际，俄罗斯当局面临的反恐维稳压力将持续增加。

第三，中亚劳工“激进化”问题成俄罗斯反恐新重点，治理难度很大。中亚劳工问题既是经济问题、社会问题，也是民族宗教问题，同时还是外交问题，牵扯面广，治理难度大。中亚劳工问题由来已久，长期以来一直局限于政治、经济层面。但随着国际反恐形势的变化，自2016年以来，极端主义这个安全问题开始与社会问题结合，导致中亚劳工的“激进化”现象加剧，使俄罗斯反恐反极端主义斗争出现了新变量。这一现象来势凶猛，很快便像瘟疫一样传遍俄罗斯的中亚劳工社区，并接连出现涉恐的一系列大案、要案，这是俄警方始料未及的。出身于中亚的劳工具有以下一些特点：一是素质相对较高。相比于中东和高加索籍极端分子，在俄罗斯打工的中亚籍劳工，普遍接受过初等教育，会说俄语，甚至英语，还有不少人有在强力部门服役的经历，因此备受“伊斯兰国”青睐。二是来自费尔干纳地区的乌兹别克族激进势力成为独联体地区恐怖力量的“中坚”。例如圣彼得堡爆炸案中的组织者和实施者就是来自吉尔吉斯南部地区的乌兹别克族。费尔干纳地区乌族的激进化受历史和现实两方面因素的影响。20世纪八九十年代，由于实行“新思维”改革，被长期压制的伊斯兰组织在费尔干纳地区呈井喷式发展。包括伊斯兰解放党、达瓦宣教团在内的各类伊斯兰组织在该地区大肆活动。加之费尔干纳地区人口增长过快，土地短缺及政策失误等一系列社会原因，都为该地区的激进化提供了沃土。2010年吉尔吉斯斯坦南北冲突之后，乌兹别克族聚居区处于一定的隔离状态，经济发展受到严重影响。在奥什州，一些乌兹别克人社团开始出现犯罪化问题。他们通过走私、贩毒与阿富汗有组织犯罪和恐怖组织建立了联系，这些又为该地穆斯林的激进化创造了现实条件。据媒体透露，圣彼得堡暴恐案的幕后黑手正是活跃于吉尔吉斯斯坦南部奥什州和巴特肯州的“认主独一圣战”恐怖组织。其领导人和袭击策划者希罗什金·穆赫塔罗夫（即“阿布·索罗赫”）是奥什州卡拉苏村人。据报道，此前他曾与巴基斯坦的哈卡尼网络有联系。现在该组织为叙利亚恐怖组织“征服阵线”服务。“认主独一圣战”组织在独联体地区十分活跃，参与了多起恐怖事件，包括中国驻吉尔吉斯斯坦大使馆袭击案。

三、“圣战者”回流对俄罗斯安全形势影响重大

俄罗斯的北高加索地区在经历了两次车臣战争后的短暂平静之后，在中东局势的刺激下恐怖主义的威胁重新泛起。随着当地恐怖势力国际化水平的不断提高，在大量外国恐怖主义战斗人员（Foreign Terrorist Fighters，FTF）回流的冲击下，本土恐怖势力可能实现重组和复苏。①

（一）FTF的规模

受战争、族群矛盾、极端主义等各方面因素的影响，俄罗斯公民参与中东战事的现象较为突出。据独联体国家反恐中心主任估算，参与“伊斯兰国”的俄罗斯籍战斗人员的数量甚至在5 000人以上，主要来自于达吉斯坦、车臣、卡巴尔达——巴尔卡、印古什等北高加索区域。2016 年 5 月，俄罗斯北高加索地区的代表在反恐委员会会议上表示，约3000名当地居民已离境投奔“伊斯兰国”。

根据跨国活动动机和轨迹的差异，可将赴伊拉克和叙利亚的操俄语战斗人员分为两波。第一波（2011—2013年）参战人员主要由在西欧的车臣人和北高加索反叛武装（如“高加索酋长国”）人员组成。前者主要是两次车臣战争的离散和外逃者。他们虽然也打算赴北高加索参与反叛武装，但是逐渐发现回返的风险要远高于赴叙利亚参战。后者赴中东的主要目的是寻求庇护和获取战斗经验，以便日后重回北高加索作战。第二波（2014年以来）参战人员以达吉斯坦、车臣居民及莫斯科的中亚劳工为主，大部分为理想型的萨拉菲主义者。他们视参与“伊斯兰国”为实践乌玛（Ummah）和沙利亚法（al-Shari’ah law）的机会。与上一批参战人员不同，他们更多受宗教意识形态所驱动，由于缺乏作战经验而造成了严重伤亡。

整体言之，俄罗斯籍FTF形成的原因主要有三：(1) 北高加索地区原有的恐怖组织如“高加索酋长国”等被俄罗斯反恐力量击溃，转而向“伊斯兰国”寻求庇护。至2015年6月，大部分北高加索的恐怖组织均倒向并宣誓效忠“伊斯兰国”，随后被指定为“伊斯兰国”新的分支“高加索省”

---

① 参见李捷、雍通：“外国恐怖主义战斗人员转移与回流对中亚和俄罗斯的威胁”，《国际安全研究》，2018年 第1期。

（VilayatKavkaz）。（2）车臣战争引发的恐怖分子离散和复仇。在参与“伊斯兰国”的车臣籍战斗人员中，来自欧洲的车臣难民亦占了相当比例，他们在思想上更为反俄和极端。（3）宗教极端主义的驱动。北高加索地区的萨拉菲主义者宣称，宗教是当地人参与中东暴力活动的核心因素。极端主义者不断向当地青年灌输：向“伊斯兰国”迁徙（hijjra）或为其而战是每个穆斯林的义务（fardh’ ajn），放弃这一义务则是对安拉的背叛。同时，“伊斯兰国”也在利用创建哈里发和践行沙利亚法等内容持续在当地进行煽动和招募活动。

除了参与“伊斯兰国”外，还有一部分车臣族恐怖分子加入了“征服阵线”乃至在该组织中居于高位。在叙利亚和伊拉克，北高加索籍战斗人员一度成立了规模空前的作战团体“移民及帮手军”（Army ofImmigrants and Helpers，JMA），后来因故解散。可是北高加索籍 FTF 团体的族群性和独立性仍然鲜明，他们大部分加入了由车臣人领导的相对独立的团体，如“高加索自由军”（Ajnad al-Kavkaz，AK）、“沙姆卫士”（Ansar al-Sham，AS）等。但是，他们在中东的短期存在，掩盖不了他们恢复攻击俄罗斯并在欧洲建立恐怖主义新网络的长期目标。

（二）回流的威胁

2015 年 9 月起，俄罗斯军事介入叙利亚局势的一个重要原因是来自北高加索 FTF 不断增加的威胁。为此，俄军早期空袭的目标也以操俄语 FTF 活跃的拉塔基亚、伊德利卜和阿勒颇等城市为主。俄罗斯这种先发制人的策略实质上也是一把双刃剑，在打击 FTF 的同时，必定引发“伊斯兰国”和“征服阵线”的报复（包括已经发生的俄罗斯客机被炸事件）。进一步而言，这无疑提升了当地北高加索籍 FTF 的地位，并客观增强了国际恐怖组织与北高加索当地恐怖武装之间的联系。

就俄罗斯籍 FTF 回流的现实威胁来说，第一波 FTF 从未否认自身回流并在北高加索作战的决心，而且他们已经与俄罗斯境内的恐怖组织建立了稳定的联系。随着“高加索酋长国”宣布效忠“伊斯兰国”并组建“高加索分支”，承载 FTF 回流的组织平台已搭建。至 2015 年 12 月，俄罗斯共拘捕并惩处了 150 多名回流的战斗人员，被俄特种部队击毙者亦不在少数。2016 年 5 月对俄罗斯公共交通系统的袭击阴谋被挫败，其背后就与

“伊斯兰国”和北高加索及中亚FTF有关联。2016年5月6日，俄罗斯联邦安全总局在克拉斯诺亚尔斯克阻止了一起策划在公共交通工具上实施的恐怖袭击，破获了与国际恐怖分子有联系的中亚人团伙。同时在暴力极端主义的鼓动下，第二波FTF最终会将俄罗斯视为下一个主要目标，无论是在叙利亚还是其他地区都是如此。

对于俄罗斯的安全及稳定而言，北高加索恐怖势力借FTF的回流而进行的组织重构和复苏，或许更值得警惕。自两次车臣战争结束以来，受伊斯兰极端主义的影响和刺激，北高加索分离主义的宗教色彩不断增强，其国际化进程也在加快。北高加索反叛武装的意识形态演进可划分为四个阶段：（1）2006年中期到2007年底，可称为分离型圣战主义，目的是实现俄罗斯联邦的分裂。其组织结构清晰，将俄罗斯视为侵略者、地方政权为通敌者。（2）随着所谓“高加索酋长国”的建立，宗教极端因素开始走上前台，俄罗斯和地方政权被描绘为异教徒和叛教者。在此过程中，虽然反叛势力仍以本地议程为主，但国际化的进程不断加速。（3）自2010年下半年起，反叛势力对国际事务的兴趣增大，“高加索酋长国”亦逐步成为“全球圣战”的组成部分，其攻击目标逐步由俄罗斯扩大为西方世界。（4）2013年下半年，自多库·乌马罗夫（DokuUmarov）死后，“高加索酋长国”迅速向“基地”组织靠拢。反叛势力中更为极端的人员，开始倒向“伊斯兰国”。所以说，随着北高加索反叛势力国际化进程的推进，其发展必然愈加受到国际恐怖主义走向的影响，特别是与“基地”组织和“伊斯兰国”的全球战略部署密切相关。

近几年来，北高加索各共和国内的恐怖势力都处于不同程度的衰落态势，其中既有战略转型的因素，也与首领的死亡和恐怖分子的代际更替有关。鉴于当地各类恐怖团伙的高度分散性，FTF回流者不仅难以融入当地族群网络，也难以招募和培训新一代反叛分子。与叙利亚不同，北高加索共和国并不是治理失败之地，也不存在安全的庇护所。即使这些回流者可能从事“独狼”式恐怖活动，此类策略也并非当地反叛势力的主流。鉴于“高加索酋长国”的衰落，许多当地恐怖团体转而效忠“伊斯兰国”。但是这种效忠能否扭转颓势是存在疑问的。虽然他们希望与“伊斯兰国”结盟以获取资金及培训方面的支援，但是后者只可能为其提供一个平台而已。虽然在北高加索建立了分支，但“伊斯兰国”在当地的活动仍侧重于宣传和招募，它对当地恐怖武装的支持力度非常有限。

这在另一个层面上成为回流 FTF 及其组织进行本土化重组的压力和驱动力。虽然情况并不乐观，如为了防范叙利亚回流者煽动冲突，“苏菲运动”已倒向俄罗斯政府并反对“高加索酋长国”及其他萨拉菲组织。唯一的例外是达吉斯坦，当地的极端恐怖势力已完成了组织重构及对新一代“圣战”分子的整合。如果回流的北高加索恐怖组织与本土组织实现重组及合流，“伊斯兰国”必将重新评估自身在当地的战略部署，俄罗斯的安全也将面临更大挑战。

(三) 长远的影响和威胁

在国际恐怖主义全球扩散的背景之下，从中亚及俄罗斯的案例中可以看到，此波恐怖主义参战人员的形成、转移和回流，将对地区安全与稳定造成深远的影响。

首先，“圣战”萨拉菲主义等暴力极端主义的渗透。从思想源头来看，当前 FTF 的主要思想驱动因素为“圣战”萨拉菲主义。它属于萨拉菲主义的一个分支，在演进过程中不断极端化，至今已成为“伊斯兰国”、“基地”组织、“博科圣地”等恐怖组织的核心意识形态。研究指出，这一萨拉菲主义分支最主要的信条在于，任何不依据沙利亚法统治的政府都是非法的异教徒政权，应予以颠覆。在此过程中，暴力“圣战”是最主要的手段。虽然从伊斯兰教法学派角度来说，萨拉菲主义属于罕百里学派，而南亚、中亚地区以哈乃斐学派为主，北高加索地区则存在多种教派竞争的情况，但是“圣战”萨拉菲主义均在这些地区迅速发展，并成为暴力极端主义的内在驱动力。考虑到近年来“圣战”萨拉菲派恐怖势力在中亚及俄罗斯两地不断蔓延的现实，此次 FTF 的转移和回流无疑将大大地加速这一进程。

其次，中亚及俄罗斯恐怖主义国际化水平的提升。传统上，中亚地区伊斯兰极端主义在意识形态上并未表现出从个体宗教回归到重建社会秩序，再到重振以伊斯兰为核心的世界秩序的鲜明层次，“回归”和“仇恨”是其宣传中的基本主体（在世界秩序导向上它是缺失的）。回归即试图通过在叙事上为重述中亚的伊斯兰历史以及中亚在伊斯兰历史上所发挥的重要作用，强调帝国殖民对中亚伊斯兰的破坏，最终号召中亚民众意识到自己穆斯林的身份（与中亚民众自身的认知偏差较大的另一种身份），回归伊斯兰的生活方式；仇恨是通过宣传中亚政权实施暴政，在民众中散播政治怨恨，从而在民众中激起对执政者的怨恨情绪。但是，经历战斗“洗礼”而回流的FTF已在意识形态上弥补了中亚极端主义中世界秩序的缺失部分，从而与国际同步。北高加索地区亦是如此，近年来当地数量巨大的FTF的出现已表明，当地“三股势力”已将分裂主义的议程整合到全球“圣战”的主题之中。

最后，中南亚及北高加索极端和恐怖势力的区域性联动。虽然各地区恐怖组织之间的派系争斗仍然明显，但是并不排斥其联动及整合的可能。随着“圣战”萨拉菲主义的思想整合，中亚与南亚极端和恐怖主义“一体化”的可能性在加大。同时，由于劳工和语言的因素，大量中亚籍FTF利用高加索的渠道奔赴中东，在事实上已被整合入高加索网络。中亚与高加索之间极端和恐怖主义的联系已建立。如果“伊斯兰国”的两个分支“高加索分支”和“呼罗珊分支”在核心领导层的协调下实现配合，这对于整个地区的安全而言将是重大的威胁。

第二节　俄罗斯主要反恐措施

2017年，为应对俄罗斯反恐形势出现的新变化和新挑战，俄罗斯在总结经验，汲取教训的基础上继续探索完善法律法规体系，强化技防人防措施，加强网络监管，推动国际反恐合作等领域向着更高层次发展，以满足日益变化的反恐斗争新需求。

一、继续保持高压严打态势

7月31日，俄联邦安全局宣布，其弗拉基米尔州分局在莫斯科州抓获两名企图发动恐怖袭击的嫌疑人，他们都是“伊斯兰国”的支持者，两人通过互联网与“伊斯兰国”头目联系，等待指令。被捕前，嫌疑人还在挑选恐袭地点，准备购买枪支并制造简易爆炸装置。8月14日，俄罗斯执法人员挫败针对莫斯科的恐袭阴谋，捣毁一个制造炸药和爆炸装置的地下作坊，还逮捕4名未遂的恐怖分子，其中一名是俄罗斯人，其他3人来自中亚国家。经俄联邦安全局（FSB）证实，该团伙密谋利用自杀式炸弹袭击和大威力的爆炸装置，在节假日夜间人流高峰期对莫斯科地铁、超市、游乐场所发动恐袭。

二、加速“全民反恐”战略的落实

圣彼得堡市政府早就酝酿在反恐行动中实施“全民反恐”战略，而地铁暴恐案无疑会加速相关措施的落实。该战略号召居民一旦发现恐怖破坏迹象就要及时报告。另外，俄联邦安全局已在总局及各地区安全机构设立“信任电话”，成为广大民众向政府安全部门报告恐怖活动信息的重要渠道。俄国家反恐委员会还授权联邦安全局公共关系中心向公众发布适当的恐怖活动信息，该中心也成为俄民众与政府反 恐强力部门之间开展交流的重要平台。

三、不断完善反恐法律体系

俄罗斯的反恐怖法律法规每年都依据反恐形势的变化而作出修改。2017 年，俄安全部门担心随着“伊斯兰国”组织在叙利亚与伊拉克节节败退，大批从叙利亚回返俄罗斯的极端分子会对国家安全构成威胁。因此，本年度俄罗斯反恐法律的修改，主要将关注点放在“支恐”和“资恐”方面。12 月 29 日，普京总统签署法律修正案，对资助恐怖主义或招募恐怖分子的人实施更严厉惩罚。按照新条例，违法者一旦罪名成立将面对 8 年至 20 年监禁，以及 30 万至 70 万卢布（约 7000 至 1.62 万新元）罚款或终身监禁；此前的最高刑罚是 10 年监禁。此外，新条例将严厉对付那些宣传恐怖主义的人，违法者可面对 5 年至 7 年监禁，及 30 万至 100 万卢布的罚款。

四、加强人防、技防体系建设

为汲取圣彼得堡爆炸案的教训，俄护法机关从技防、人防等方面强化反恐措施，尽可能不给恐怖分子留下可乘之机。总理梅德韦杰夫已经责令成立快速反应小组，以防止地铁遭到非法干扰和破坏。配备特殊装备的机动巡逻队将全天候执勤。此外，梅德韦杰夫还责成相关部门在 3 个月内对俄地铁系统存在的隐患进行评估。针对俄罗斯境内出现的“恐怖电话”狂潮，警方对每个城市的每起涉恐电话都启动了单独的刑事调查，然后每个州再联合起来调查。俄罗斯杜马安全委员会副主席维博尔内称，俄杜马于10月12日通过决议，成立由各强力部门负责人参与的调查组，对系列涉恐电话展开刑事调查。目前，莫斯科已建立地铁安全保障中心，可以监控很多交通设施，在线跟踪地铁和莫斯科中央环线的情况，如果发生紧急事件，这里可以组织应急指挥部的工作。

据《消息报》报道，安保中心位于德米特罗夫公路的原埃里温电影院大楼内，影院大厅成了指挥中枢，每天有百余人在此跟踪监视器上的一举一动。如果发生紧急情况，可以把附近摄像头或城市交互地图调到大屏幕上。现在，莫斯科地铁共安装了1.7万多个摄像头。它们一部分用来对环境进行局部和全景监视，另一部分用于自动识别人脸。地铁摄像头拍到的画面在中心保留30天，必要情况下，情报部门可以要求在运输安全指挥部调用他们感兴趣的信息。安保中心也加强了市政、运输和护法部门在地铁、莫斯科中央环线及其周边地区的协作。一旦发生紧急情况，调度员将实时向相关部门发出信号。这里还可以建立应急指挥部。俄内务部莫斯科总局社会委员会委员玛丽亚·菲尔表示：“一些国家已经有这样的系统，特别是在大型国际机场。它能显著降低执法机关‘失察’的可能性，尽管人为因素仍将发挥作用。培训这种系统的高水平操作员非常重要。”莫斯科地铁内务局的资料显示，2016年的地铁案件数量减少了18.4%，其中40.8%的案件被侦破，远高于整个城市的破案率。

五、坚持多策并举，源头治理，标本兼治

长远来看，应对FTF所构成的威胁需要全面应对恐怖主义蔓延的根本性条件，包括防止激进化、制止招募活动、阻止FTF的流动、打击暴力极端主义、促进政治和宗教容忍、促进经济发展以及社会凝聚力和包容性、帮助回流者重返社会及恢复正常生活等等。此外，在“伊斯兰国”当前溃败的情况下，有效地针对回流FTF的改造政策也是防范未来风险的重要保障。监禁本身并不是唯一的对策，也可能并非治本之策。监狱的环境可能会促进暴力极端主义，但也可以为防止激进化演变成暴力提供机会。这实质上涉及回流者起诉、改造和重返社会战略的难点，即如何在充分审查和

评估回流者风险的基础上，有效维持威慑与改造之间的平衡。因此，回流者政策有三个重大主题：如何筛查回流者以充分评估风险、如何制定和实施去极端化政策为激进的回流者“解毒”以及如何使回流者重新融入社会。

六、加强各层级国际反恐合作

上合组织。为应对中亚及俄罗斯籍“圣战人员”转移和回流造成的安全威胁，强化上海合作组织、集体安全条约组织等区域安全合作组织的机制及协调，无疑是当务之急。实践表明，上海合作组织在维护地区安全与稳定上发挥了重要作用。上海合作组织秘书长阿利莫夫透露，在上合组织地区反恐机构的协助下，仅 2015 年，就有 150 余名国际恐怖组织成员被消灭，一千多名恐怖分子的帮凶被逮捕，两千多件武器和自制爆炸装置及 16 万多发弹药被查获。如何增强上海合作组织与独联体反恐中心及南亚国家的反恐合作，是应对当前国际恐怖主义扩散的重要工作。如上海合作组织与独联体反恐中心共享 FTF 资料、支持组织及个人名单等信息，与南亚及域外相关国家合作打击“伊斯兰国”“呼罗珊”分支等问题，均可进一步加强。

美俄反恐合作。据克里姆林宫透露，普京就 CIA 通过情报分享，帮助俄方及时阻止圣彼得堡恐怖袭击图谋一事向特朗普表示感谢。12 月 13—14 日，俄联邦安全部门在圣彼得堡实施特种行动，当场抓获 7 人。俄安全部门查获了大量爆炸物、自制爆炸装置部件、自动武器和弹药。CIA 的情报显示，该团伙蓄谋在当地时间 16 日对俄境内的一些重要地标实施恐怖袭击，其中就包括喀山大教堂。该团伙已被证实为极端组织“伊斯兰国”成员。克里姆林宫的声明显示，从 CIA 处得到的情报对于第一时间搜寻及抓捕这些恐怖分子至关重要。普京甚至希望特朗普将他的谢意转达至 CIA 局长麦克·蓬佩奥（Mike Pompeo）以及相关的情报人员。普京同时表示，俄情报部门如果获得有关美国和美国公民受恐怖威胁的情报，也会无条件立即通过伙伴渠道转交美方。白宫方面表示，特朗普强调了美俄两国在情报领域开展合作，使恐怖分子毫无藏身之地的重要性。两位领导人一致认为，这是两国共同努力才可能实现的积极事例。

第五章　中亚地区恐怖主义与反恐怖斗争形势综述

中亚既是恐怖主义、极端主义的受害者，又是恐怖分子和极端分子的输出地。2017年，中亚籍恐怖分子在国际恐怖组织中的地位和作用更加突出，并对欧亚地区的安全形势产生了重大影响。“中亚劳工”问题正成为国际反恐斗争中一个亟待解决的重要问题。从外部形势看，“伊斯兰国”溃败后，大批来自各国的“圣战者”逃亡阿富汗，并在阿北部地区集结渗透，使中亚南部直面国际暴恐势力的巨大威胁。从内部因素看，中亚社会仍处于从传统社会向现代社会转型的关键时期，受国际经济大环境不利的影响，区内社会经济发展进程缓慢，失业率高居不下，贫富差距更加悬殊，这些都成为刺激民族主义、宗教激进主义进一步发酵并加速扩散的重要因素。未来，中亚地区将继续面临内外钳制因素的影响和挑战，中亚恐怖主义与反恐怖斗争形势将更趋严峻复杂。

第一节　中亚地区恐怖主义形势

2017年，中亚各国对反恐均高度重视。在多措并举，综合施策，联合应对思想的指导下，通过各国的不懈努力，中亚地区的恐怖案件高发态势得到有效遏制，涉恐案件大多数被提前制止，中亚各国没有发生大型暴恐案件。在取得不俗成绩的同时，还应看到，中亚地区面临的反恐形势依然严峻，长期困扰、制约各国反恐成效的深层次问题依然没有根本性改观。经济增长乏力，国家治理能力缺失，社会矛盾丛生，民族宗教问题尖锐，这些“老大难”问题仍在继续侵蚀中亚各国的稳定基础，中亚地区的反恐道路依然漫长、艰辛。

一、中亚各国恐情概况

哈萨克斯坦。据哈萨克斯坦国安委透露，在2016年预防12起恐怖案件的基础上，2017年哈萨克斯坦强力部门又打掉了多起预谋案件。2017年，哈萨克斯坦反恐部门共防止了11起恐怖袭击，与2016年的12起基本持平。哈萨克斯坦国家安全委员会副主席努尔加利·比利斯别科夫在参议院会议上表示：“2017年，哈萨克斯坦有关部门阻止了11起暴力恐怖案件，确保了国家局势的稳定。恐怖分子的所有行动都在准备阶段被阻止。”他补充说，“我们能够引渡并驱逐来自中东国家的宗教极端主义传教士，主要是沙特阿拉伯的。”2017年7月，哈成功引渡藏匿沙特阿拉伯达11年之久的哈萨克斯坦著名宗教极端人士阿卜杜哈里里·阿卜杜贾巴罗夫(Abdukhalil Abdujaparov)，此人被认为是哈萨克斯坦瓦哈比派的领军人物，对该派思想在哈广泛传播，起到了重要作用。此外，通过与国际刑警组织密切合作，所有在国外的哈萨克斯坦武装分子，都被纳入国际刑警组织的严格监控之下，当他们跨越国界或在第三国的任何一个口岸出境时，会立刻被拘留并引渡到哈萨克斯坦。2017年，哈萨克斯坦还对22名破坏性宗教学说的领导人和积极分子提起刑事诉讼，消除了81名非传统学说领导人和积极分子的意识形态影响。[①] 在过去5年内，哈萨克斯坦安全部门成功制止了38起恐怖事件。未来5年，哈萨克斯坦拟定的反恐目标包括减少持极端宗教思想的人员数量、强化反恐机构的物质条件以及增加安保设施等。

吉尔吉斯斯坦。2017年吉尔吉斯斯坦大力加强反恐、反极端领域的工作力度，成效显著。据吉内务部透露，在这些行动中，共拘捕232人，提起刑事诉讼290起，缉获极端主义材料9041件以及各种简易爆炸装置和部件。2017年，吉尔吉斯斯坦警方共预防3起恐怖案件，拘留17人，比

---

① https：//tengrinews.kz/kazakhstan _ news/11-teraktov-predotvrascheno-v-2017-godu-knb-rk-333078/.

2016年挫败16起恐怖案件的数量大幅度降低。2017年，吉尔吉斯斯坦把加强反极端主义领域的工作作为攻关重点。试图通过净化极端思想产生的环境，铲除恐怖主义滋生的土壤，从根本上遏制暴恐势力对国家安全的威胁。2017年，吉尔吉斯斯坦各部门以讲座、研讨会、圆桌会议等形式对6000多项预防措施进行了解释和宣讲，以防止和阻止在校生参与宗教极端行为和被国际恐怖组织招募。吉尔吉斯斯坦警方确定了62个极端主义和恐怖主义网站，其中58个访问网站被法院裁决阻止，对20起非法移民案件提起刑事诉讼。此外，还有4603名外国公民因违反吉法律被追究行政责任，其中309人被驱逐出境，4294人被罚款共计40224700索姆。①

塔吉克斯坦。2017年，塔吉克斯坦的反恐成绩也可圈可点。据塔内务部部长拉马忠·拉希姆佐达（Ramazon Rahimzod）透露，仅2017年上半年，塔强力部门就预防了12起恐怖案件，抓获228名涉恐分子嫌疑，其中104人与“伊斯兰国”有关，80人与“萨拉菲”运动有关，17人与“真主战士”有关，16人与“乌伊运”有关，6人与“24小组”、3人与塔吉克斯坦伊斯兰复兴党有关。同时，还缴获了大量爆炸物、武器和通讯设备。13名塔吉克斯坦公民自愿从恐怖组织“伊斯兰国”回国，根据塔吉克斯坦法律，他们全部免于刑事起诉。②2017全年，塔吉克斯坦警方共阻止了17次恐怖袭击，打掉17个有组织犯罪集团。③ 据拉希姆佐达介绍，由于塔吉克斯坦及时向外国同行提供情报，这些国家也成功阻止了多起恐怖案件。其中包括：俄罗斯5起，乌兹别克斯坦5起，哈萨克斯坦、乌克兰和中国各1起。300名塔吉克斯坦公民被国际刑警组织通缉。尽管取得了不俗战绩，但由于大量国际“圣战者”逃往阿富汗北部，虎视中亚，塔吉克斯坦与阿富汗边界的紧张局势不仅没有缓解，反而更加突出。

塔吉克斯坦国家安全委员会边防部队指挥官拉贾巴利·拉赫蒙纳利

① https：//vesti. kg/proisshestviya/item/49794-v-kyrgyzstane-predotvratili-tri-terakta. html.

② В Таджикистане предотвращены 12 терактов，https：//news. tj/ru/news/tajikistan/security/20170721.

③ http：//central. asia-news. com/ru/articles/cnmi _ ca/newsbriefs/2018/02/08/newsbrief-02.

（Rajabali Rahmonali）中将对此深表忧虑，他指出："恐怖主义活动中心正从阿富汗南部各省——赫尔曼德、坎大哈、法拉、帕克蒂亚和霍斯特，向更加稳定的北部省份扩散，特别是与塔吉克斯坦临近的昆都士、塔霍尔和巴达赫尚省的军事和政治局势变得更加紧张"。此外，由于政府军难以掌控局势，阿富汗也成了国际恐怖组织寄居和活动的"天堂"。除了本土的塔利班，"伊斯兰国"分支、"东伊运"、"乌伊运"、"基地"组织、真主使者等国际暴恐组织也在阿富汗招兵买马，兴风作浪，使地区安全形势更加不可预测。不仅如此，恐怖与极端势力还与贩毒集团狼狈为奸，相互利用，一体化的趋势更趋显著，成为该地区安全形势的新特征、新问题。拉赫蒙纳利指出："来自中东、北非以及独联体国家的武装团体与当地从事毒品贩运的军阀和团伙拼接在一起，这一事实令我国与阿富汗接壤的省份非常担忧。"

据他介绍，阿富汗边防部队遭不明身份的武装团体袭击的次数显著增加。自 2017 年初以来，塔吉克斯坦边境 32 次遭不明武装团伙入侵，塔边防军 11 次与武装走私集团交火，共击毙 8 名、拘捕 5 名违法者，缉获各类毒品 340 多千克，各种枪支 130 件。[①]

乌兹别克斯坦。"全球恐怖主义指数"是衡量世界各国的恐怖主义活动水平的重要指标。在"经济与和平研究所"发布的"2017 年全球恐怖主义指数"年度报告中，在 164 个国家中，乌兹别克斯坦位列第 125 位，已成为受恐怖主义影响最小的国家之一。[②]

二、"圣战者"回流对中亚地区安全形势的影响

国际反恐研究中心（ICCT）、伦敦大学国王学院国际激进主义研究中心（ICSR）、苏凡集团（The Soufan Group）等机构的研究报告表明，在国际恐怖主义全球扩散的背景之下，此轮因"伊斯兰国"溃败而形成的国

① http：//ru. sputnik-tj. com/country/20170529/1022430921/obstanovka-tadzhiksko-afganskoy-granitse-ostayetsya-slozhnoy. html.

② http：//kommersant. uz/news/uzbekistan-voshel-v-chislo-stran-s-nizkim-urovnem-vliyaniya-terrorizma.

际“圣战者”转移和回流，将对中亚地区的安全与稳定产生深远的影响。[①]

俄罗斯、中亚地区与欧美等国在“圣战者”形成及回流问题上存在明显的组织性和个体性差异。西方国家“圣战者”形成的原因以移民二代的认同危机、个人冒险主义及自我激进化等个体性因素为主，缺乏强有力的本土极端和恐怖组织依托，其回流造成的威胁以国际恐怖组织的指令性袭击或“独狼”式恐怖主义为主；而俄罗斯、东欧、中亚和南亚地区“圣战者”现象存在深刻的组织性背景，在形成和回流问题背后均有组织支持。中亚与俄罗斯在“圣战者”转移和回流问题上亦有一定的差异。前者以恐怖威胁为主，而后者造成的反叛势力的挑战更大。整体看，中亚籍“圣战者”在形成和回流过程中，表现出对本地或周边恐怖团伙的依附性。所以，中亚籍回流“圣战者”可能会重新汇入当地的恐怖团伙，并依据“伊斯兰国”或“征服阵线”等国际恐怖组织的指令而行动；相比而言，俄罗斯籍“圣战者”的自主性更强，一方面是缘于北高加索地区极端势力重组的内在压力，另一方面则是民族分裂主义的深层驱动。

随着中东局势剧变及“伊斯兰国”在国际联合打击之下转型，俄罗斯、中亚籍“圣战”分子无论是自发或有组织的回流或聚集，都可能对欧亚大陆的安全环境造成消极的影响。一方面，“伊斯兰国”的军事溃败，迫使其提升分支机构的作用，将国际聚焦点从当前冲突地区转移出来；另一方面，聚集在中东地区的上万名独联体地区“圣战者”正在自发或遵循组织命令转移或回流，这种扩散意味着国际恐怖主义新一轮的渗透和威胁，必将刺激北高加索、中亚及南亚地区恐怖组织的进一步发展壮大及国际化程度的进一步提升。一旦在“圣战者”规模性回流后，当地“三股势力”的重组与复苏得以实现，高加索地区乃至整个俄罗斯的安全与稳定将受到直接的冲击。

国际恐怖组织——本土恐怖组织相互渗透融合，能力明显增强，对中国丝绸之路经济带倡议形成不可忽视的安全风险。在中国驻吉尔吉斯斯坦大使馆遭恐袭事件中，国际恐怖组织“征服阵线”是指使者，投靠它的“东伊运”组织了袭击活动。袭击的直接参与者，既有曾赴中东作战的中

---

① 李捷、雍通：《外国恐怖主义战斗人员转移与回流对中亚和俄罗斯的威胁》，《国际安全研究》，2018 年第 1 期。

亚籍“圣战者”，也有国际及本地的配合网络（如为袭击者提供资金和假护照等）。

“圣战者”的转移和回流将加速“圣战”萨拉菲主义在独联体地区的影响力。虽然从伊斯兰教法学派角度来说，萨拉菲主义属于罕百里学派，而南亚、中亚地区以哈乃斐学派为主，北高加索地区则存在多种教派竞争的情况，但是随着“圣战者”的回流，“圣战”萨拉菲主义无疑将加快在这些地区的渗透和影响力，并成为暴力极端主义的内在驱动力。

“回流”将刺激中亚及俄罗斯恐怖主义国际化水平的提升。传统上，中亚地区伊斯兰极端主义在意识形态上并未表现出从个体宗教回归到重建社会秩序，再到重振以伊斯兰为核心的世界秩序的鲜明层次，而“回流”试图通过在叙事上重述中亚伊斯兰历史及其在伊斯兰历史上所发挥的重要作用，强调帝国殖民对中亚伊斯兰的破坏，号召中亚民众重建伊斯兰认同，并通过宣传中亚世俗政权暴政，在民众中散播政治怨恨，最终在民众中激起对执政者的怨恨。“回流”在意识形态层面弥补了中亚极端主义中世界秩序的缺失部分，从而与国际同步。将地区“三股势力”的议程整合到全球“圣战”的主题之中。

中南亚及北高加索极端和恐怖势力的一体化趋势加剧。虽然各地区恐怖组织之间的派系争斗仍然明显，但是并不排斥其联动及整合的可能。随着“圣战”萨拉菲主义的思想整合，中亚与南亚极端和恐怖主义“一体化”的可能性在加大。同时，由于劳工和语言的因素，大量中亚籍“圣战者”利用高加索的渠道奔赴中东，在事实上已被整合入高加索网络。中亚与高加索之间极端和恐怖主义的联系已建立。如果“伊斯兰国”的两个分支“高加索分支”和“呼罗珊分支”在核心领导层的协调下实现配合，这对于整个地区的安全而言将是重大的威胁。

三、中亚“再伊斯兰化”进程对社会意识的影响值得关注

中亚地区反恐形势的复杂化与地区宗教激进势力的发展与壮大存在密切的联系。而宗教激进势力的扩散和壮大又与中亚地区的“再伊斯兰化”进程密不可分，中亚“再伊斯兰化”进程的加速和深化将对地区社会意识的重塑产生深远影响。

2017年9月，“阿拉木图俱乐部”（Алматы-клуб）发表题为《〈丝绸民

主〉的空间——伊斯兰与国家》的研究报告。来自中亚四国的专家（除土库曼斯坦）认真考察了当前中亚伊斯兰与国家的相互关系及变化动因并认为，“政治伊斯兰不久前还处于社会进程的边缘，现在却经历了飞速的‘复兴’”，“政权与宗教的关系显然正在翻开新的一页。”

中亚“再伊斯兰化”进程加快。首先是民众的宗教虔诚度上升。突出表现为：越来越多的人需要到清真寺礼拜，斋月、古尔邦节等宗教节日活动越来越隆重，规模越来越大。在乌兹别克斯坦，一些大学或国家机关仍可见不少妇女穿戴蒙面头巾和罩袍现象；在哈萨克斯坦，尽管2016年最高法院和宗教与公民社会部已明令禁止在非宗教场合穿戴宗教服饰，但校方与穿罩袍女生家长的冲突仍旧不断。据统计，2016年哈萨克斯坦教育与科学部处理了5000余起此类纠纷，赞成在校园穿戴罩袍的和反对者人数基本相当。其次是各国宗教场所迅猛增长。哈萨克斯坦独立25年间（1991—2016年），清真寺数量从68座增长到2516座，增长了37倍；吉尔吉斯斯坦从2009年到2015年，清真寺数量从1973座增长到2669座，6年增长了35%，吉还拥有中亚最多的伊斯兰经学院（102所宗教学校，7所经学院，1所伊斯兰大学）；乌兹别克斯坦拥有2450座清真寺，人口3200万，94%多的居民认为自己是穆斯林；塔吉克斯坦拥有清真寺3930座，数量已超过该国中小学数量（截至2012年2月，塔吉克斯坦共有中小学3793所——编者注）。

苏联解体后，中亚等“再伊斯兰化”进程经历了三个发展阶段。第一阶段，重建伊斯兰认同。在此阶段，无神论系统被废，政治言论开始用宗教语言表达，通过修复、重建伊斯兰历史古迹、伊斯兰大学，鼓励大量信众前往麦加和麦地那朝觐，逐步恢复伊斯兰文化及对伊斯兰价值的认同。第二阶段，深化伊斯兰知识。此阶段，深入了解、认知伊斯兰思想的兴趣和需求上升。掌握《古兰经》和“圣训”成为日常生活中很重要的义务。信徒不再满足于祈祷，他们还想搞清楚阿语祷词的含义并深刻理解伊斯兰教义。最后，越来越多的信徒成为虔诚的穆斯林。第三阶段，追求伊斯兰价值。伊斯兰化进程面临“临界点”，一些穆斯林开始将目标指向政治，越来越多的穆斯林要求国家管理符合伊斯兰价值观。尽管这并不意味着世俗原则将被推翻，但一些政治禁忌被突破已是不争，世俗主义者将面临伊斯兰主义者的新挑战。

中亚领导人对宗教的态度已悄然转变。一是各国领导人带头践行宗教仪轨，以提高在穆斯林群体中的政治声望。纳扎尔巴耶夫1994年和2003年曾两次赴麦加朝觐，官方媒体均未报道，但从2016年10月起，哈萨克斯坦总统新闻局突然开始大肆宣传总统访问沙特并拜谒麦地那圣墓的新闻，与此同时，官方还解禁了总统以前访问麦加的照片；2014年12月，吉尔吉斯斯坦总统阿塔姆巴耶夫完成了朝觐；2016年1月，塔吉克斯坦总统拉赫蒙携家眷第四次朝觐，同年10月，其在罗贡水电站大坝截流仪式上祈祷的新闻被官方反复报道；2016年5月，土库曼斯坦总统别尔德穆哈梅多夫第二次朝觐被广泛报道。在出席卡里莫夫葬礼和新总统就职典礼时，米尔济约耶夫均严格遵守了伊斯兰传统宗教仪轨。在视察地方时，米尔济约耶夫每次必访当地的伊斯兰圣地、礼拜场所并会见神职人员。显然，这一趋势是加强与穆斯林国家联系的结果，也是宗教认同和伊斯兰作用在中亚社会生活中增长的结果。二是宗教问题被“去敏感化”。各国政要开始公开讨论甚至质疑国家的宗教政策。乌新总统米尔济约耶夫在社交媒体上与网友公开讨论“街头祈祷、蓄须、穿罩袍、朝觐配额等”“过去想都不敢想”的敏感话题；哈萨克斯坦议员穆拉多夫公然表示：“哈萨克斯坦80％的人口是穆斯林，应允许他们选择自己信仰的服饰。出台特别法律禁止这种服饰是不对的，每个学校都有权决定自己学生的穿戴。我想，小学生穿短裙是比穿罩袍更坏的选择。”三是放松宗教管制，实行更加灵活的宗教政策。卡里莫夫当政20余年，朝觐人数仅由3800人增长到5200人，增长了37％，而新总统米尔济约耶夫上台伊始，就将朝觐配额增加到7200人，增长了近38％。2017年6月15日在塔什干接见伊玛目大会代表发言时，米氏特别强调在宗教领域实行更加灵活政策的必要性，他表示要重新审查并大赦一批在押的“不可靠人员”。

世俗与宗教的界限正在被突破，伊斯兰政治化进程加快。中亚“再伊斯兰化”进程正进入新的阶段，一些问题正处于从量变到质变的节点。一是法律基础正被逐步侵蚀，世俗法律中将注入伊斯兰原则。2016年12月16日，阿塔姆巴耶夫总统签署法令，修改“国家银行、银行和银行行为法”，为引入伊斯兰金融产品奠定法律基础，沙里亚法首次成为吉尔吉斯斯坦民法的立法原则；遵照《宗教行为和宗教组织法》，哈萨克斯坦禁止在国家机关、学校和军队礼拜。但实践中，信徒离开工作岗位和学校外出礼拜的人不在少数，执法不严，违法不究现象突出；二是公职人员、办公场所宗教化。在哈萨克斯坦，公职人员封斋、朝觐、主麻日礼拜已非秘密，官员和公职人员都尽量避免在周五主麻日晌礼时间安排公务早已是常态，伊斯兰仪式正成为具有重大影响的社会因素；2011年，吉尔吉斯斯坦议会设立了第一家祈祷室，2015年，设立了第二家面积更大的祈祷室。前国家宗教事务委员会主席纳西尔·库尔班诺夫认为此举明显违法，他表示："如果为穆斯林开设祈祷室，也应为其他宗教信徒建祈祷场所，而且不仅在议会，在其他国家机关也应该设立。"三是伊斯兰狂热分子试图掌权。宗教越来越成为辨识政治领袖及其政治态度的公开和普遍的方式。2017年，前"艾尔肯党"领袖——土尔逊巴依（Турсунбаи˘ бакир-уулу）宣布参加总统选举，毫不掩饰自己的宗教狂热。此人在2010年当选议员，在议会只对《古兰经》而不对宪法宣誓效忠。

第二节　中亚地区主要反恐措施

2017年，为应对中亚反恐形势出现的新变化、新挑战，中亚各国在继续严打各类暴恐团伙、极端宗教势力和有组织犯罪集团的同时，不断完善反恐、反极端的法律体系，更加注重总结经验，系统评估反恐措施成效，探索各种深层治理的新措施、新方法、新思路，使反恐决策更加科学化，不断健全全民反恐机制。

一、保持高压态势，继续严打各类暴恐组织、宗教极端组织和有组织犯罪团伙

4月20日，哈萨克斯坦国家安全委员会同内务部合作开展特别行动，在哈阿克纠宾和南哈州抓捕了11名激进分子。哈国安委称："这11名激进组织成员分属4个组织，此次特别行动成功制止预谋中的恐怖活动，这些激进组织成员在哈境内发放极端主义材料，公开号召声援国际恐怖组织。根据其宣传恐怖主义和煽动宗教仇恨的事实，警方对这11人进行了抓捕。10月5日，吉国家安全委员会发布消息称，在"防患未然"的反恐行动框架下，警方在西部贾拉拉巴德州逮捕了一名生于1994年的恐怖分子

A. A.。该州位于吉费尔干纳盆地边缘，北为哈萨克斯坦，南为乌兹别克斯坦，安全情况复杂。吉国安委还透露，这名23岁的年轻男子实已“颇有资历”，其2012年前往叙利亚受训并加入反政府武装，现负责为国际恐怖组织在吉招募雇佣人员，此次回吉旨在参与策划一项名为“等待”的恐怖行动。

另一名恐怖分子K.J则企图在吉尔吉斯斯坦建立地下恐怖主义机构。K.J生于1997年，于2016年在国外逗留期间被国际恐怖组织招募为“密使”，派往叙利亚接受训练。此后，被派到吉尔吉斯斯坦从事涉恐活动，试图在吉建立地下恐怖机构。这两名被捕的恐怖分子均属“90后”也引起关注。俄新社报道称，目前有逾500名来自吉国的雇佣人员参与到位于叙利亚和伊朗的众多国际恐怖组织中，其中包括为数不少的未成年人。12月8日，哈萨克斯坦国安委宣布，逮捕了5名涉嫌参与恐怖主义组织的外国公民。这5名外国公民来自“某中亚国家”，均持有在哈居住的许可证。他们是在哈萨克斯坦北哈州首府彼得罗巴甫尔市落网的。哈国安委公布了5名涉恐分子的照片，均为成年男子。据透露，这5名涉恐分子疑为“境外武装分子的同谋”，现准备将他们移交给“某中亚国家”的执法部门。一个多月前，哈内务部还逮捕了6名恐怖分子，阻止了一起“极端主义图谋”。2月29日，吉尔吉斯斯坦国家安全委员会通报说，一名准备在新年期间实施恐怖袭击的武装人员近日落网。吉安全部门在执行反恐任务时获取的情报显示，叙利亚一极端组织派遣了一些成员到独联体国家，准备在新年期间实施恐怖袭击。安全部门在随后展开的执法行动中确认了数名武装人员的身份。行动中，安全部门逮捕了一名来自独联体国家的武装人员。这名武装人员承认参与恐怖主义活动，加入了反对叙利亚政府军的国际恐怖主义阵营，并接受了实施爆炸袭击的训练。

据国际反恐中心的研究报告显示，来自塔吉克斯坦的人体炸弹已经跃居各国之首。在2016年由人体炸弹实施的186起案件中，有27人来自塔吉克斯坦，远超位居第二名的摩洛哥（17名）。

二、严防死守，防范“圣战者”从阿富汗向中亚渗透

塔吉克斯坦加强军事训练，严防武装分子从塔阿边界渗透。7月18日，塔吉克斯坦强力部门在戈尔诺—巴达赫尚自治州靠近阿富汗边境的地

区展开为期3天的大规模演习。演习设想在大量恐怖分子试图从阿富汗进入塔吉克斯坦，并且部分突破可能取得成功的情况下，塔军如何应对。本次演习共有近1万人参加，分别为塔吉克斯坦的军人，边防部门以及后备役部队，此外还有大约100部装甲设备，飞机以及军用汽车。随着阿富汗安全形势的紧张，中亚各国与阿富汗在安全问题上的沟通与协调变得愈加重要。12月11日，中亚五国与阿富汗外长在土库曼斯坦首都阿什哈巴德举行会议。会上，六国外长共同提议建立“中亚—阿富汗国家（C5＋1）”协调机制，以便能够共同制定措施，确保中亚与阿富汗的和平稳定发展。该提议也得到了联合国的支持。

三、多措并举，综合施策，铲除极端主义滋生土壤

1. 打黑除恶，惩治腐败，努力消除极端主义滋生土壤。5月17日，哈国家安全委员会与内务部联手在克孜勒奥尔达州开展行动，抓捕了一伙涉嫌非法获取、运输、存储与销售石油和石油产品的犯罪分子。据悉，哈强力部门拘捕了8名犯罪分子，并对2家主营沥青与石油终端产品的公司进行调查，而这些非法石油交易的保护人之一、地方检察官谢里克巴耶夫已被逮捕。

2. 净化新媒体平台，遏制极端主义传播渠道。哈国家安全委员会反恐中心指挥部负责人谢尔盖什维京在总检察院举行的国际圆桌会议上表示，互联网上的哈萨克语激进文章数量与日俱增，这是前所未有的现象。什维京对此深表担心。什维京说：“激进主义主要传播途径为互联网，互联网中的极端文章数量正以几何级数持续增长。2016年，通过互联网传播恐怖与极端主义思想的案例共发生70万起，这与2015年相比增长4.5倍，与2014年相比增长33倍。如今，极端主义已开始向互联网传播哈萨克语的极端文章。”什维京表示，微话、推特、WhatsApp等社交平台的开发，为恐怖分子相互沟通交流、情报共享等创造有利条件。“恐怖分子通过使用特殊软件以更换账号、匿名发布等方式向互联网传播激进文章与视频。他们还会利用专业软件与工具，掩盖自己的所有行踪，防止所在地向外泄漏。这些社交平台开发人员并未向用户提醒预防含有激进内容的文章，甚至对社交平台传播的文章内容毫不关心。”什维京说。什维京表示，国家安全委员会为防范极端主义思想通过互联网传播已展开反宣传工作，反宣

传工作旨在预防恐怖威胁、切断恐怖组织资金来源、预防犯罪组织与宗教极端组织联合实施犯罪行为等。

四、继续充实完善反极端法律体系，确保反恐、反极端机制“双轮驱动”

近年来的反恐斗争证明，反极端、反激进主义是与反恐怖斗争同等重要的事业。因此，近年来，中亚各国均下大力气完善各层级反极端主义法律体系，从源头整肃恐怖主义滋生土壤，已经成为各国共识。

1. 借鉴各国经验，及时修改完善现有反恐、反极端法律法规体系，科学施策。2016 年 6 月 5 日，哈西部城市阿特劳发生重大恐怖事件造成多人伤亡，对国家安全构成威胁。事后，哈国安委对事件进行了认真评估，重新调整了国内安全措施，包括重新修订反恐反极端主义法规，完善武器存放、出售以及移民管理和宗教组织方面的法律措施，加大对恐怖活动的惩罚力度。2016 年 12 月 22 日，总统签署《对一些涉及反极端主义和恐怖主义问题的法律进行修订和补充》的法律，所涉及的法律包括《刑法》《刑事诉讼法》《刑事执行法》《行政法》《企业经营法》。此外，还涉及《反恐法》《居民移居法》《宗教活动及宗教团体法》《警卫活动法》《国家对个别种类武器流通的监督法》《通信法》《旅游法》和《国家服务法》等。该法的修订借鉴了俄罗斯修订“一揽子”反恐法的作法，加大了对恐怖活动的惩罚力度，加强了对非法宗教活动、个别种类武器流通、居民移居的监管。同时也借鉴了法国在巴黎恐怖事件后的作法，宪法中增加可能由政府宣布进行紧急状态，对参与恐怖活动者剥夺国籍。瑞士倡议参加恐怖活动或在瑞士或境外参加作战行动的双重国籍者护照自动失效，这个倡议得到国家委员会的支持。新法从 2017 年 2 月 27 日生效，负责起草的单位是哈萨克国家安全委员会。2017 年 2 月 9 日，哈国安委根据纳扎尔巴耶夫总统的命令，制定了《2017—2020 年反极端宗教和恐怖主义》国家规划草案。据国家安全委员会消息，近四年间，共有 546 名外国公民，因宣扬极端主义思想，并试图拉拢哈萨克斯坦公民加入极端组织而被限制入境。自 2013 年至今，共有 27 起预谋中的恐怖袭击行为被提前阻止。根据新制定的国家规划，相关部门计划每年将受极端思想影响的公民人数降低 5%。此外，规划中还计划增加城市监控摄像头的数量，以保障社会治安。

4月5日，吉尔吉斯斯坦议会通过《反恐怖主义法》修正案，规定吉国家安全委员会每年将更新在该国被禁止活动的恐怖组织名单。数名议员在解释提交该修正案目的时表示，这一修正案既是为了防止吉尔吉斯斯坦年轻人受极端组织影响，避免他们对极端组织产生“不健康的兴趣”，也是为了更加坚决地打击极端主义和恐怖主义。

2. 上海合作组织率先签署《反极端主义公约》具有重要的意义。众所周知，极端主义是滋生恐怖主义的土壤，是恐怖主义的前体，但在如何定义极端主义的问题上却长期难以达成共识。这也成为制约国际反恐走向大联盟之路的重大障碍。此次，上合组织八国率先就反极端主义达成共识，涵盖了世界1/3以上的人口，1/5强的陆地面积，具有极为重要的示范意义。3月30日，上海合作组织（上合组织）地区反恐怖机构理事会第三十次会议在乌兹别克斯坦首都塔什干举行。会议通过了《上海合作组织反极端主义公约》草案。会议赞成上合组织成员国主管机关应对具有极端主义倾向宗教流派破坏活动威胁和挑战联合措施。会议还就地区反恐怖机构执委会组织、干部、财务以及完善上合组织成员国打击恐怖主义、分裂主义和极端主义领域法律基础问题通过了一系列决议。

五、继续健全各层级国际反恐机制，以“国际反恐联盟”应对“国际圣战联盟”的挑战

1. 独联体、集安组织率先实现情报共享。5月12日，在独立联合体成员国惩戒机构领导人会议召开前夕，俄罗斯联邦惩戒所副所长瓦列里·马克西门科表示，独联体国家计划建立旨在共同打击恐怖主义、极端主义及其他威胁的情报信息共享库。据其介绍，最主要的目的在于掌握各国惩戒机构中正在服刑、已经出狱或正处于通缉状态的犯罪分子的具体信息。马克西门科认为，这一情报信息共享库应该在一年内准备完毕。他还强调，建立情报信息共享库的建议，不仅得到了独联体国家的认可，还受到了部分欧洲国家和古巴的关注。他表示，这一问题，也将成为在明斯克召开的会议所讨论的重点议题之一。独联体国家惩戒机构领导人会议成立于2015年，其成员包括哈萨克斯坦、亚美尼亚、白俄罗斯、吉尔吉斯和俄罗斯。塔吉克斯坦已经签署了加入会议的文件，并正在等待其国内议会的批准。

2. 上合组织在维护地区安全中的影响力和作用继续扩大。上海合作组

织地区反恐怖机构执委会副主任穆卡舍夫表示，过去3年来，上合组织成员国的情报部门和执法机构共挫败550多起策划中的涉恐和极端主义犯罪。根据反恐怖机构消息，此期间在协作问题的法律框架下，上合组织相关机构共冻结了2000名涉及资助恐怖主义者的账户，对带有90万份涉恐和极端主义性质文件的10万个网站限制访问。他表示，这段时间里共制止1500多名已加入国际恐怖组织的上合组织成员国公民开展犯罪活动，制止200多名上合组织成员国公民出境加入恐怖组织。穆卡舍夫说，过去3年来还缴获了700多个自制爆炸装置、50多公吨爆炸物、6000多件枪支和50多万件弹药。

3. 中亚双边层次的反恐合作继续向贴近实战方向发展。2017年6月27日，在中吉边境库依鲁克区举行的演习出动了直升机和装甲车，来自吉尔吉斯斯坦的700多名边防警察参与了演习。出于对在该地区占多数的穆斯林维吾尔族武装分子袭击的担心，中国在西部新疆加强了安全措施。去年，中国驻吉尔吉斯斯坦首都比什凯克首都大使馆遭到汽车炸弹袭击。由中国和俄罗斯领导的上海合作组织的官员观摩了演习，包括哈萨克斯坦、吉尔吉斯斯坦、俄罗斯、塔吉克斯坦斯坦、乌兹别克斯坦、印度和巴基斯坦。

第六章　南亚地区恐怖主义与反恐怖斗争形势综述

2017 年南亚地区反恐形势总体平稳，但阿富汗安全形势恶化，巴基斯坦和孟加拉国极端主义滋长，不稳定因素逐渐显现。南亚各国均大力加强反恐投入。

第一节　南亚地区恐怖主义形势

一、巴基斯坦恐怖主义形势

安全形势整体持续好转，恐袭案发量进一步下降。自 2014 年巴军发起多轮武装反恐攻势及军政当局强化反恐措施以来，巴国内恐怖袭击多发势头得到遏制，安全形势不断好转，恐袭案发量连年下降。据巴基斯坦和平研究所（PIPS）数据显示[①]，2017 年全年巴国内爆发各类恐袭案件 370 起，造成 815 人死亡，较上年分别下降 16.1%、10.2%，较反恐形势最严峻的 2013 年分别下降 78.5%、66.7%[②]，回到 2007 年因“红色清真寺事件”引发安全形势急剧恶化之前的水平，安全形势逆转向好的局面进一步

① 参见 *Pakistan Security Report* 2017，i. e. *Conflicts and Peace Studies*，Volume 10，Jan-June 2018，Number 1.

② 如无特别说明，本章中均采用巴基斯坦和平研究所（PIPS）数据库统计数据。

稳固。上一阶段巴军重点推进的反恐“三大战场”，即开伯尔—普什图省（“开普省”）、联邦直辖部落地区（FATA）和信德省卡拉奇市的安全形势进一步好转，分别发生恐袭案件 71 起、83 起、24 起，较上年下降 44.1%、16.2%、48.9%。

尽管如此，巴国内恐怖主义形势仍难言乐观。

其一，从地域来看，巴国内恐怖活动进一步从“传统重灾区”向腹地蔓延，俾路支省的严峻形势进一步突出。巴军在“三大战场”的武装攻势和执法行动将当地暴恐势力驱赶向外，首当其冲的就是与 FATA 相邻的俾路支省，致该省恐情逆势上扬，恶劣形势尤为突出。2017 年该省发生恐袭 165 起，增长 9.3%，占到巴全境恐袭案发量的 44.6%，较上年增长 10.4 个百分点。而且，暴恐势力还进而继续向交界的信德省北部、旁遮普省南部等内陆腹地逃窜，引发当地恐怖活动骤然升温。2017 年，旁遮普省发生恐袭 14 起，增长 100%，信德省除卡拉奇市以外地区发生恐袭 7 起，与上年持平，但造成 94 人死亡、277 人受伤，较上年增长 3003.3%、855.2%。

其二，从形式和手法看，恐怖活动呈现更加残忍暴力倾向，“软目标”遇袭和平民伤亡增多。2017 年，在恐袭案发量减少 16.1%的情况下，遇袭死亡人数仅下降 10.2%，受伤人数反倒增长 6.7%，平均每起恐袭案遇害、受伤人数分别为 2.2 人、4.7 人，较 2014 年平均水平分别增长 0.8 人、2.1 人。这一趋势在恐情骤紧的旁遮普、信德两省尤为突出。2017 年旁遮普省平均每起恐袭案遇害、受伤人数分别为 4.4 人、13.9 人；而信德省除卡拉奇以外地区的这两项数据更是高达 13.4 人、39.6 人[①]。暴恐分子策动袭击的手法也从惯常使用的“靶向式”袭击（targeted killing）转向使用临时起爆装置（IED）或自杀式爆炸袭击。2017 年，恐怖袭击中有 24 起属于自杀式爆炸袭击、159 起属于使用临时起爆装置爆炸袭击、141 起属于“靶向式”袭击，分别占到恐袭案发总量的 6.5%、43.0%、38.1%，较上年分别增长 2.6、4 和－11.3 个百分点。恐怖分子的袭击对象仍主要是军政“硬目标”，但平民遇袭案件增加。2017 年，针对军政“硬目标”的袭击 160 起，占总案发量的 43.2%，较上年下降 4.6 个百分点；针对平民的

① 仅在信德省塞赫万区（Sehwan）苏非麻扎恐袭案中就有 91 人遇难、250 人受伤。

袭击86起，占总案发量的23.2%，较上年增加3个百分点。2017年在恐袭中平民遇害人数达到563人、占到遇害总人数的69.1%，较上年增长9.1个百分点。可见，暴恐势力妄图采取更加残忍的作案手法制造更加恶劣的社会影响。

其三，从威胁源来看，三大暴恐威胁均持续构成严峻挑战。一是宗教极端暴恐威胁最为严峻。2017年，宗教极端暴恐势力制造恐袭213起，造成604人死亡、1374人受伤，分别占到暴恐总案发量及伤亡人数的57.6%、74.1%、79.1%，分别较上年减少12.4、8.1、5.9个百分点，平均每起暴恐案件造成2.83人死亡、6.45人受伤，较上年分别增长0.52、2.04人，可见宗教极端暴恐势力仍是巴国内最主要的暴恐威胁及恐袭烈度加剧的最主要成因。其中，巴基斯坦塔利班运动（“巴塔”）（TTP）及其分支“自由党”（JuA）仍是最大威胁，分别策动了74起和37起恐袭，各造成186人死亡、360人受伤和造成123人死亡、306人受伤。二是暴力分离势力日益猖獗。2017年，暴力分离势力制造恐袭138起，造成140人死亡、265人受伤，较上年增长5.3%、−14.6%和6.4%。分离势力制造恐袭占到2017年全年恐袭总案发量的37.3%，较上年增长7.6个百分点，在恐袭整体减少的情况下呈现逆势上扬态势，威胁日益突出。其中，最主要的威胁是俾路支分离势力。2017年，俾路支分离势力在俾路支省境内制造131起恐袭、造成138人死亡、239人受伤，占到该省恐袭案发总量及伤亡人数的79.4%、47.9%和44.9%。俾路支分离势力猖獗是俾路支省恐袭案发量高企的主要原因①。三是教派袭击依旧恶劣。2017年发生伊斯兰教内部的教派袭击19起，造成71人死亡、91人受伤，案发量和伤亡人数较上年均大幅下降，分别减少44.1%、31.7%和43.8%。但其性质恶劣程度依旧。平均每起教派袭击造成3.74人死亡、4.79人受伤，较上年增长0.69人和0.03人。此外，还有6起针对非穆斯林的袭击（2起针对基督教徒、4起针对艾哈迈迪亚教派信徒），共造成13人死亡、57人受伤。上述25起教派袭击中，有8起发生在俾路支省奎达市，造成22人死亡、66人受伤，有3起发生在FATA的库拉姆部落区，造成45人死亡、79人受

① 但不是该省恐袭烈度增加的主要原因；如上所述，宗教极端暴恐组织在该省作案增多大大加重了当地恐袭的惨重伤亡。

伤。教派袭击惨案在个别地区集中爆发，成为各类暴恐袭击中最残酷的暴力形式，造成的社会影响极其恶劣。

其四，巴国内宗教极端化形势严峻。巴国内宗教极端化受国内外多重历史和社会因素影响，其中重要的现实推手就是以克什米尔为目标的“圣战”暴恐极端组织。2017年以来，这类暴恐极端组织采取更具隐蔽性的手法，打着“融入主流社会”的旗号，炒作各类公共话题，插手政治事务，强化社会渗透。“达瓦慈善会”（JuD）被普遍视作反印极端组织“虔诚军”（LeT）的公开组织，以“民族穆斯林联盟”（MML）为名组织“政党”，支持所谓“独立候选人”参加在2017年9月举行的国民议会第120号选区补选，竟在执政党核心选区（该选区议席原属执政党领导人、前总理纳瓦兹·谢里夫）获得4.59%的选票，实属罕见。特朗普宣布承认耶路撒冷为以色列首都之后，“达瓦慈善会”又借机参与、举行公众集会，甚至获得巴勒斯坦驻巴大使“站台”。另一反印极端组织“穆罕默德军”（JeM）也改头换面以“穆拉比特”组织（Al-Murabitoon）为名加大对高校校园渗透力度[①]。

而且，随着2018年大选日益临近，巴国内一些宗教组织借助政治选举活动，利用街头暴力方式，将宗教议题与政治诉求捆绑在一起，进一步推升宗教极端化浪潮。“巴基斯坦候命运动”（TLP/LYRA）不仅支持其所谓“独立候选人”参加国民议会第120号选区补选并获得5.62%选票，并且在选前造势中，“候命运动”打出穆姆塔兹·卡德里的照片，而卡德里正是杀害前旁遮普省督塔西尔的凶手，原因是塔西尔曾为触犯“反亵渎法”的基督徒阿西亚·诺琳辩解，而后卡德里于2016年2月被执行死刑。2017年10月，巴通过新版《选举法》，“候命运动”等宗教组织认为该法有弱化伊斯兰教先知穆罕默德“封印”地位（即最后一位先知）之嫌，没有突出艾哈迈迪亚教派（该派奉本派教主为新先知）的“非穆斯林”身份，故于11月在巴全国范围内发动大规模示威集会，“占领”首都伊斯兰堡交通要

① Ankit Kumar：“Masood Azhar's JeM changes its name to ‘Al Murabitoon’”, *India Today* (*website*), January 4, 2018. https://www.indiatoday.in/india/story/masood-azhars-jem-changes-its-name-to-al-murabitoon-1122083-2018-01-04.（上网时间：2018年1月16日）

道费扎巴德立交桥附近，引发社会骚乱，提出修改《选举法》、司法部长辞职等多项要求，最终示威集会以政府满足“候命运动”提出的包括修改法律、司法部长辞职等多项要求才平息。

其五，面临多重外部压力。巴基斯坦恐怖组织受到地区和国际恐怖主义活动深刻影响，恐怖活动呈现加速国际化的趋势。一是跨境暴恐通道仍存。在巴军武装打恐行动之后，大批暴恐分子逃离巴境内部落区，进而向毗邻的阿富汗库纳尔、楠格哈尔等地逃窜、藏匿。巴当局认为，以“巴塔”及其分支组织“自由党”“伊斯兰军”（LeI）为主的暴恐分子以阿富汗境内为据点，向巴国内策动袭击。2017 年 4 月，巴塔头目、“自由党”发言人利亚卡特·阿里（又名艾赫桑努拉·艾赫桑）向巴军投降，供认了该组织在阿富汗境内活动的情况[①]。巴方还曾向阿方提供了一份包括“巴塔”大头目法兹卢拉、“自由党”大头目奥马尔·呼罗珊尼等人在内的潜藏在阿境内的 76 名恐怖分子名单[②]。二是“伊斯兰国”渗透和“回流”风险抬升。随着“伊斯兰国”在中东加速覆亡，该组织加大了所谓“外线作战”和对外渗透的力度。2017 年，“伊斯兰国”在巴境内认领了 6 起重大恐袭，造成了 153 人死亡、380 人受伤。其中，2017 年 5 月，两名中国公民在奎达市遭遇绑架后遇害，“伊斯兰国”亦宣布对此事件负责。“伊斯兰国”除了与巴本土教派极端组织“坚戈维军”（LeJ）等保持一定联系之外，还加大了直接向巴派遣人员、开展渗透的力度，巴执法当局在巴国内起获多个“伊斯兰国”在本地小组[③]。“伊斯兰国”加速溃败带来的“回流”问题也日益突出。其中不仅有“伊斯兰国”中非伊拉克、叙利亚的所谓“外籍战士”，还有沙特阿拉伯、伊朗等国输送至伊拉克、叙利亚的反“伊斯兰国”的所谓“民兵”人员。相关武装分子大多从阿富汗、巴基斯坦招募，其国

① “Transcript of Ehsanullah Ehsan's ‘confession’ released by Pakistan military”, *the Hindu* (*website*), April 26, 2017, http://www.thehindu.com/news/international/transcript-of-ehsanullah-ehsans-confession-released-by-pakistan-military/article18221944.ece.（上网时间：2018 年 1 月 17 日）

② Daily *Dunya*, Islamabad, February 19, 2017.

③ Muhammad Amir Rana: “Militant landscape of Pakistan in 2017”, *Pakistan Security Report* 2017, pp. 91—93.

籍身份地位难以追溯，最终均可能“回流”巴阿边境管控不严的部落地区。而且，这两类可能“回流”的武装分子往往都是受狭隘教派思想驱动或朴素教派情感感召，其在战地进一步接受极端思想影响或遭遇创伤后应激障碍（PTSD），都将加剧其个体思想的极端化，“回流”后还将加剧巴国内暴恐活动的国际化和宗教极端化。三是“基地”组织蛰伏活动。近两年来，“基地”组织“次大陆分支”（AQS）重心再度向阿富汗回调，在巴境内呈潜伏状态，主要为其在阿境内活动进行招募、敛财、勾连等。但随着巴军在卡拉奇市主导的武装执法行动推进，该分支在巴境内组织遭遇重挫。但是，受“基地”组织影响或幕后推动，一个名为“巴基斯坦沙里亚辅士”（APS）的新组织在卡拉奇市冒头，制造了6起恐袭。执法部门调查发现，该组织由若干“自我极端化”的受教育青年所组织，并主动向“基地”组织投靠[①]。6月，次大陆分支发布“行为准则”（Code of Conduct）文件，明确提出从美国人、奴役巴基斯坦人的外籍“异教徒”到巴军政警情制内人员等恐袭目标的次序，阐述其宗教立场和与其他“圣战”组织和宗教组织关系原则等[②]。可见，“基地”组织在巴境内蛰伏活动和意识形态渗透的威胁仍不容小觑。四是国家间博弈的负面影响。不仅是巴国内恐怖组织背后若隐若现有国家行为体插手，巴基斯坦与相关国家的矛盾也影响着国内恐怖活动形势。一方面，巴当局认为，“巴塔”及其分支组织等背后有阿富汗、印度等国秘密机构的暗中支持，艾赫桑努拉·艾赫桑向巴军投降后对此也予以承认[③]。另一方面，巴美关系走低、巴印矛盾加剧均抬升了巴国内反美、反印情绪，进而刺激了巴国内宗教极端化氛围，对巴当局向相关极端暴恐组织、尤其反印极端组织采取相应措施形成掣肘。甚至，巴国家反恐总局（NACTA）曾向“达瓦慈善会”头目哈菲兹·赛义德发出警告，称印度对外情报部门研究分析局（RAW）计划利用“穆罕默

---

① Talha Hashmi：“head of Ansarul Shariah contacted Al-Qaeda for affiliation,” daily *Jang*，Karachi，September 7，2017.

② Al-Qaeda in The Subcontinent and As-Sahab Media Subcontinent：*Code of Conduct*，June 2017，https：//azelin. files. wordpress. com/2017/06/al-qacc84 _ idah-in-the-indian-subcontinent-22code-of-conduct22-en. pdf.（上网时间：2018 年 1 月 19 日）

③ “Transcript of Ehsanullah Ehsan's ‘confession’ released by Pakistan military”.

德军”（JeM）激进分子刺杀赛义德，建议后者提高安全防范[①]。出于对内政外交种种因素的顾忌，巴当局政策的模糊和摇摆还将对反恐形势构成不利影响。

二、孟加拉国恐怖主义形势

自2016年7月达卡恐袭案以来，孟加拉国当局加大了反恐执法力度，一定程度上遏制住了恐怖活动猖獗的势头。据“南亚恐怖主义门户”网站（SATP）统计[②]，2017年孟国内因恐怖主义丧生的平民有9人、安全部队人员有4人，较此前几年大幅下降。2016年，因恐怖主义丧生的平民多达43人，2014年、2015年两年也分别有29人、23人之多。2017年，造成3人以上死亡的重大恐袭仅有2起。但值得注意的是，反恐部门在执法行动中与暴恐分子爆发冲突的大案却不少，单起事件中死亡人数3人以上的共有6件，共有包括暴恐分子在内的29人死亡，突显孟国内恐怖活动的严峻性和反恐怖斗争形势的尖锐性。

“伊斯兰国”渗透活动。2016年7月达卡恐袭案标志着“伊斯兰国”对孟加拉国渗透业已形成一定规模。2017年以来，“伊斯兰国”认领了孟加拉国国内多起自杀式袭击案。3月17日，一名自杀式袭击者潜入反恐部队“快反营”（RAB）在孟首都达卡的一处驻地并引爆炸弹，造成“快反营”2人受伤。24日，一名自杀式袭击者在达卡沙赫贾拉勒国际机场的检查站引爆炸弹，未造成人员伤亡。25日，锡尔赫特区古塔尔提克发生爆炸袭击案，造成6人死亡、40余人受伤。“伊斯兰国”在上述案件案发后不久宣布“负责”，其暴恐威胁凸显。

但孟当局否认“伊斯兰国”在孟存在和活动，认为相关人员均是本土暴恐组织“孟加拉国圣战者组织”（JMB）及附庸于其的部分势力，故称之为“新圣战者组织”（Neo JMB）。达卡恐袭案后，“新圣战者组织”遭遇孟

---

① “Raw paid 8 million rupees to banned Jaish-e-Muhammad militants to assassinate Saeed,” daily *Jang*, November 8, 2017.

② “Fatalities-Islamist Terrorism 2005-2018”, *South Asia Terrorism Portal*（*website*）, http://www.satp.org/satporgtp/countries/bangladesh/database/Fatalities-Islamist%20Terrorism%202010.htm.（上网时间：2018年1月19日）

执法当局加大力度的打击，不少人员被捕，转而调整策略，蛰伏蓄势。一方面，化整为零，大隐于市，分散潜伏，人员流动性增强。执法部门在孟全境各地均起获了该组织的各类小型据点，发现该组织正着力利用互联网向城市中产阶层招募人员①。孟反恐与执法部门还起获了该组织在山区的多个藏匿据点。另一方面，暗中积累制爆能力。该组织开始使用三过氧化三丙酮（TATP）作为爆炸物，甚或已掌握保持其物质稳定性的技术方法②。TATP由于不含氮元素，容易逃脱安检措施，但其物质不稳定，易于升华、机械敏感度高，是2005年伦敦地铁七七爆炸案、2015年巴黎袭击案以及2016年布鲁塞尔连环爆炸案等多起恐袭中使用的爆炸物。此外，孟执法当局在行动中起获的爆炸物、临时起爆装置和自杀式爆炸背心也出现数量增多、换代升级的趋势③。

“基地”组织借罗兴亚人问题炒作。2017年，“基地”组织“次大陆分支”及其在孟国内的附庸④均未制造恐袭，但在互联网和社交媒体仍很活跃，大肆炒作、暗中渗透。“次大陆分支”发布“行为准则”提出了该组织在印、孟、缅三国的目标，炒作罗兴亚人问题，同时强调“穆斯林团结一致对外”，对教内派别问题伪装出一副较“伊斯兰国”更加温和的态度，企图与“伊斯兰国”争夺影响。“行为准则”将印、孟、缅三国并为一节，视印度为仅次于美国、以色列之后的国家目标和孟加拉国世俗政府的总后台，故将其在印、孟目标列为一体，包括“反穆斯林的”印度军政情制体内人员、印度教首领，但不包括一般的非穆斯林信众及其宗教场所；进而

---

① “Annual Threat Assessment”, *Counter Terrorist Trends and Analyses*, Volume 10, Issue 1, January, 2018, p. 45.

② Shariful Islam and Mohammad Jamil Khan: “TATP: explosive of choice for 'Neo JMB'”, *the Daily Star*, July 9, 2017, http: //www. thedailystar. net/backpage/tatp-neo-jmbs-explosive-choice-1430398.（上网时间：2018年1月19日）

③ Arifur Rahman Rabbi: “Large number of IEDs, 3 suicide vests found in Jhenaidah militant hideout”, *Dhaka Tribune*, April 21, 2017, http: //www. dhakatribune. com/bangladesh/crime/2017/04/21/militant-den-cordoned-off-jhenaidah/.（上网时间：2018年1月19日）

④ 一般认为“基地”组织在孟加拉国国内的附庸有“伊斯兰辅士”（AaI）和“孟加拉辅士”（ABT）。

还提出在缅的主要目标是“镇压穆斯林的”缅军和“佛教徒武装组织”，从而达到“保卫缅甸穆斯林”“报复缅政府”“从缅军手上夺回伊斯兰的阿拉坎（即若开）”三大目的。此外，“基地”组织其他分支也关注罗兴亚人问题，鼓吹孟加拉穆斯林对缅“圣战”。例如，2017 年 9 月，“基地”组织也门分支发布视频鼓动孟、印、印度尼西亚、马来西亚穆斯林均应“支持罗兴亚人”，打击“真主的敌人”[①]。

印孟缅跨境暴恐通道浮现。包括“新圣战者组织”在内的孟本土暴恐组织都在印孟边境及相邻的印度西孟加拉等邦境内藏匿活动。孟执法部门调查发现，2016 年 7 月达卡袭击案中的 1 名嫌犯即是“圣战者组织”在印度西孟加拉邦的头目[②]。2017 年 9 月，印度新德里执法部门逮捕一名孟裔英籍人萨米乌恩·拉赫曼，后者企图在德里及印东北米拉佐、曼尼普尔等地招募恐怖分子、筹集资金，进而对缅实施跨境恐袭。但事实上，该人曾于 2014 年被孟当局拘捕，并于 2017 年 4 月从法院获准保释，随后便潜入印境内。而且，印境内的黑市也是孟国内暴恐组织的重要武器来源[③]。自 8 月下旬缅甸若开邦爆发新一轮武装冲突以来，已有超过 60 万罗兴亚人难民涌入孟加拉国[④]，在孟罗兴

① “Yemeni al Qaeda leader calls for attacks in support of Myanmar's Rohingya”, *Reuters*, September 3, 2017, https://www.reuters.com/article/us-myanmar-rohingya-alqaeda/yemeni-al-qaeda-leader-calls-for-attacks-in-support-of-myanmars-rohingya-idUSKCN1BD0U8.

② “Dhaka attack planner Sohel was ameer of West Bengal JMB: Cops”, *the Daily Star*, July 8, 2017, http://www.thedailystar.net/dhaka-attack/dhaka-gulshan-cafe-militant-attack-case-accused-among-4-suspected-neo-jmb-men-held-chapainawabganj-1430065.

③ Gulshan Attack: Firearms came from border, *the Daily Star*, November 4, 2016, http://www.thedailystar.net/frontpage/gulshan-attack-cops-arrest-4-arms-suppliers-1309357.（上网时间：2018 年 1 月 19 日）

④ “Over 600, 000 Rohingya have fled to Bangladesh, UN says”, *AFP*, October 22, https://www.yahoo.com/news/bangladesh-braces-possible-surge-rohingya-arrivals-130518745.html.（上网时间：2017 年 11 月 14 日）

亚人总数已超80万之巨[1]，也已成为孟境内外暴恐势力渗透的关注重点。印东北、缅若开邦等地局势持续动荡，三国边境地带管控困难，跨境暴恐威胁不断上升。

教俗矛盾激化，极端化气氛升温。孟执法当局强力反恐行动难以掩盖宗教极端化问题。近年来围绕孟国家政治和法律的“伊斯兰属性”的分歧日益尖锐，刺激政府、宗教势力和大众之间的矛盾上升，推高孟国内宗教极端化氛围。孟境内除了暴恐组织之外，还有“伊斯兰大会党”（JeI）等宗教政党以及“保卫伊斯兰”（HeIB）等具有政治倾向的宗教组织。“保卫伊斯兰”组织起家于2013年因审判“伊斯兰大会党”领导人而引发的政治风波之中。近来，随着2019年大选临近，由于孟执政党当局对“保卫伊斯兰”态度倾向绥靖，其活动尤为活跃，先是在4月发动大规模集会示威，要求最高法院移除楼前所立希腊神话中象征法律正义的忒弥斯女神像，并在获得总理谢赫·哈西娜支持后落实；后又推动教科书“微调”，减少课本中非穆斯林作者的篇目等。而“伊斯兰大会党”作为主流宗教政党，其高层领导人先后遭遇“战争犯罪”审判，又被执政党禁止参加选举，遭到全面打压，外界对其组织和人员转入地下、走向极端化的担忧进一步上升。此外，罗兴亚人问题日渐升温，或将成为孟国内极端化的新“爆点”。

三、印度恐怖主义形势

2017年印度安全形势较好，全年未发生大规模平民伤亡的恐怖袭击事件，但恐袭压力并未减弱。据“南亚恐怖主义门户”（SATP）网站统计，2017年印度国内各类反政府武装袭击事件共造成797人死亡，低于2016年的898人。其中安全部队170人，平民200人，相比于2016年均有下

① “Bangladesh to build one of world's largest refugee camps for 800，000 Rohingya”，*the Guardian*，October 6，2017，https：//www.theguardian.com/world/2017/oct/06/bangladesh-build-worlds-largest-refugee-camps-800000-rohingya.（上网时间：2017年11月14日）

降。[①] 印控克什米尔地区安全形势持续紧张，仍然是印度国内安全与印巴关系稳定的重大隐患。

印控克什米尔陷入安全困局。2017年印控克什米尔地区恐怖主义活动共造成358人死亡，远高于2016年的267人。其中平民死亡57人，为2009年以来最高。[②] 2017年7月10日，一批前往阿玛尔纳特石窟朝圣的印度教徒在返回途中遭遇恐怖分子扫射，至少7名朝圣者遇难，18人受伤。总理莫迪强烈谴责此次袭击，称“印度绝不会被这种怯懦的袭击与恶意煽动的仇恨所束缚。”[③] 8月26日，3名武装分子在黎明时分闯入位于该地区南部普尔瓦马（Pulwama）的政府军警驻地进行扫射并投掷手榴弹，造成2名中央后备警察（CRPF）、1名本地警察和3名特警死亡，另有2名中央后备警察在拆除袭击者留下了的爆炸装置时不幸被炸身亡。袭击者与军警交火至下午，终被全部击毙。印度警方宣称武装组织“虔诚军”（LeT）策划了此次袭击。[④] 2017年12月31日，至少3名“穆罕默德军”（JeM）武装分子袭击了普尔瓦马地区的中央后备警察部队营地，造成5名

---

① “India Fatalities 1994—2018”, South Asia Terrorism Portal, Jan. 14, 2018, http://old.satp.org/satporgtp/countries/india/database/indiafatalities.htm.（上网时间：2018年2月7日）

② “Fatalities in Terrorist Violence 1988 — 2018”, Jan 28, 2018, http://www.satp.org/satporgtp/countries/india/states/jandk/data_sheets/annual_casualties.htm.（上网时间：2018年2月7日）

③ “‘Pained Beyond Words’ Says Prime Minister Narendra Modi On Amarnath Yatra Terror Attack”, *NDTV*, Jul 11, 2017, https://www.ndtv.com/india-news/unforgivable-political-leaders-condemn-terror-attack-on-amarnath-yatra-1723053.（上网时间：2018年2月7日）

④ “8 security men martyred as terrorists attack police complex in J&K's Pulwama”, *Times of India*, Aug 26, 2017, https://timesofindia.indiatimes.com/india/8-security-men-martyerd-as-terrorists-attack-on-police-complex-in-jks-pulwama/articleshow/60235803.cms.（上网时间：2018年2月7日）

中央后备警察丧生，2名袭击者被当场击毙。[①] 与此同时，莫迪政府继续维持对克什米尔反政府武装的高压打击态势，发起“全面出击行动”（Operation All Out），全年共击毙恐怖分子427人。印度内政部长拉吉纳特·辛格（Rajnath Singh）称在印控克什米尔“平均每天都有5到6名恐怖分子被安全部队消灭”。[②] 9月14日，阿玛尔纳特朝圣袭击事件的策划者、“虔诚军”头目阿布·伊斯梅尔（Abu Ismail）在印控克什米尔首府斯利那加郊区被印度安全部队击毙。[③] 2017年12月26日，印控克什米尔警方宣布击毙武装组织“穆罕默德军”在克什米尔山谷地区的头目努尔·穆罕默德·坦特雷（Noor Mohammad Tantray）。[④] 现年47岁的坦特雷曾因参与恐怖活动于2003年在德里被捕，2011年被判无期徒刑，2015年被转移到斯利那加之后获得假释，出狱后重新加入分离主义武装，策划了多起针对政府军警的袭击事件。此外，政府继续加大对分离主义情绪高涨的克什米尔山谷地区的管控力度。11月印控克什米尔警方称克什米尔山谷地区示威

---

① “Five troopers killed as Jaish militants attack CRPF camp in J&K's Pulwama”, *Hindustan Times*, Dec 31, 2017, https://www.hindustantimes.com/india-news/militants-attack-crpf-camp-in-jammu-and-kashmir-s-pulwama-three-troopers-wounded/story-2Hngun9LqdvVF6cLKxo7KK.html.（上网时间：2018年2月7日）

② “Kashmir security forces kill five to six terrorists everyday”, *Firstpost*, Oct 10, 2017, http://www.firstpost.com/india/rajnath-singh-says-jammu-and-kashmir-security-forces-kill-five-to-six-terrorists-everyday-4128295.html.（上网时间：2018年2月7日）

③ “Top Lashkar terrorist Abu Ismail, aide killed in encounter in Kashmir's Nowgam”, *Times of India*, Sep 14, 2017, https://timesofindia.indiatimes.com/india/top-lashkar-terrorist-abu-ismail-aide-killed-in-encounter-in-kashmirs-nowgam/articleshow/60513758.cms.（上网时间：2018年2月7日）

④ “Top JeM militant Noor Mohammad killed in encounter in Kashmir's Pulwama”, *Hindustan Times*, Dec 26, 2017, https://www.hindustantimes.com/india-news/top-jem-militant-noor-mohammad-killed-in-encounter-in-kashmir-s-pulwama/story-BuPPmIBQqXmmnhhvbWMccP.html.（上网时间：2018年2月7日）

者投掷石块的事件已经下降了九成，治安情况有所改善。[①] 但印巴关系持续恶化，双方在克什米尔停火线附近交火不断，跨境恐怖活动与地区分离主义依旧是印度国内安全与印巴关系的重大隐患。

“伊斯兰国”对印渗透有限。据印度内政部官员透露，截至 2017 年 11 月，约有 100 名印度人前往叙利亚、伊拉克和阿富汗加入“伊斯兰国”，其中半数来自印度本土。印度内政部认为“伊斯兰国”对印度穆斯林群体的“吸引力十分有限”。[②] 通过网络与社交媒体进行宣传与招募仍然是“伊斯兰国”对印渗透的主要手段。经济相对发达的喀拉拉邦、安德拉邦、泰米尔纳德邦、卡纳塔克邦、马哈拉施特拉邦等印度南部、西部地区是“伊斯兰国”对印渗透相对活跃的地区。其中，向海湾国家输出大量劳工的喀拉拉邦恐情最为严峻。据该邦警方透露，“伊斯兰国”招募者借助网络语音宣传激进思想，称加入者可以在“伊斯兰国”得到物质与精神上的享受，获得配偶与食品。媒体已多次报道喀拉拉籍“伊斯兰国”分子在阿富汗被美军无人机炸死的消息。截至 2017 年 11 月，印度国家调查局（NIA）怀疑至少有 21 名包括妇女与儿童在内的喀拉拉籍印度公民加入了“伊斯兰国”。[③] 此外，印度自 2017 年起已发生数起与“伊斯兰国”疑似相关的袭击事件。2017 年 3 月 7 日，一个宣誓效忠“伊斯兰国”的小组在印度中央邦首府博帕尔开往乌贾因的火车上放置小型炸弹并引爆，致 10 名乘客受伤，成为印度发生的首起与“伊斯兰国”关联的恐袭事件。随后，印度中央邦、北方邦警方发起联合行动逮捕 8 名小组成员，另有 1 名成员在北方

---

① “90 Per Cent Drop In Stone-Pelting Incidents：Jammu And Kashmir Police Chief”，*NDTV*，Nov 13，2017，https：//www. ndtv. com/india-news/90-per-cent-drop-in-stone-pelting-incidents-jammu-and-kashmir-police-chief-1774921.（上网时间：2018 年 2 月 7 日）

② “Just 100 desis in its ranks，IS lure has been limited”，*Times of India*，Nov 28，2017，https：//timesofindia. indiatimes. com/india/just-100-desis-in-its-ranks-is-lure-has-been-limited/articleshow/61827243. cms? utm _ source＝twitter. com&utm _ medium＝social&utm _ campaign＝TOIDesktop.（上网时间：2018 年 2 月 7 日）

③ “About 100 people from Kerala joined ISIS over the years：Police”，*India Today*，Nov 11，2017，https：//www. indiatoday. in/india/story/about-100-keralites-suspected-to-have-joined-isis-police-1084495-2017－11－11.（上网时间：2018 年 2 月 7 日）

邦首府勒克瑙与反恐小组（ATS）特警对峙12小时后被击毙。① 11月17日，一名副督察在印控克什米尔首府斯利那加郊区遇袭身亡，“阿马克通讯社”宣称此案为“伊斯兰国”在印控克什米尔地区发动的首次袭击。2018年2月，“伊斯兰国”再次宣称对当月25日发生在斯利那加市郊的一起警察遇害事件负责。克什米尔警方否认上述两起袭击与“伊斯兰国”有直接关联。印度内政部表示，“伊斯兰国”并未在克什米尔山谷地区建立任何“物理设施”。②

四、阿富汗恐怖主义形势

2017年，阿富汗恐怖与反恐怖形势更趋严峻。阿富汗塔利班持续攻城略地，威胁大增。“伊斯兰国”在中东被打垮打散，加速向阿富汗渗透转移。阿富汗政府虽然持续打恐，特朗普政府也推出对阿新战略，国际社会亦加大对阿富汗的帮扶，但阿富汗整体安全形势仍不容乐观。

第一，“伊斯兰国”在阿富汗稳扎稳打，根基渐牢。一是多方协调，打牢生存根基。“伊斯兰国”自宣称“建国”起，就对阿富汗加紧渗透，后在当地成立“伊斯兰国”呼罗珊分支，势力一度扩张很快，在阿境内多个省市都有据点。但是，因“伊斯兰国”与“基地”组织和阿富汗塔利班在阿富汗争权夺地，加上其在阿富汗境内不断搞恐怖袭击，遂遭至美、阿政府军以及阿富汗塔利班的多方打压，后在阿富汗举步维艰，实力范围减少至东部楠格哈尔省等少数地区。为摆脱困境，2017年来，“伊斯兰国”逐步与楠格哈尔、库纳尔等省部族签订“备忘录”，获取部族支持。“伊斯兰国”在伊拉克的头目2017年还曾经访问阿富汗，给予大量支持。同时，

---

① “Lucknow encounter ends，terror suspect linked to Bhopal-Ujjain train blast killed”，*Times of India*，Mar. 8，2017，http：//timesofindia. indiatimes. com/india/lucknow-encounter-ends-terror-suspect-linked-to-bhopal-ujjain-train-blast-killed/articleshow/57527277. cms.（上网时间：2018年2月10日）

② “No evidence of Islamic State hand in Kashmir policeman’s killing：J&K DGP”，*the Hindu*，Feb 27，2018，http：//www. thehindu. com/news/national/other-states/islamic-state-doesnt-exist-in-kashmir-valley-says-home-ministry/article22868177. ece.（上网时间：2018年2月28日）

“伊斯兰国”的势力范围也逐步从楠格哈尔省向阿富汗南、北部扩张，在巴达赫尚、昆都士、努尔斯坦、库纳尔、赫尔曼德和法拉赫等省重建据点，并在首都喀布尔也有根基。二是人员构成国际化，大肆搞恐袭。初期，“伊斯兰国”人员构成以阿富汗塔利班和巴基斯坦塔利班残余为主，后不断吸收全球各地成员。“伊斯兰国”在中东遭受重创后，其位于伊拉克和叙利亚的人员赴南亚的案例大增。2017 年 4 月 13 日，美国对“伊斯兰国”控制的楠格哈尔地区发射威力巨大的“炸弹之母”导弹，造成“伊斯兰国”百人死亡，其中 44 名巴基斯坦人、33 名阿富汗人、8 名印度人、5 名塔吉克斯坦人、11 名乌兹别克斯坦人和 3 名维族人。同时，“伊斯兰国”在阿各地，尤其是在喀布尔大搞自杀式恐怖袭击，袭击什叶派穆斯林，图谋挑起教派冲突，影响极为恶劣。2017 年 7 月摩苏尔被攻陷后，“伊斯兰国”就在喀布尔屡犯大案。8 月 25 日，位于喀布尔北部第 11 警区的一处什叶派清真寺遭“伊斯兰国”袭击，造成超过 30 人死亡，至少 80 人受伤。10 月 20 日晚，“伊斯兰国”袭击喀布尔西部一座什叶派清真寺，一名身上绑着炸药和手榴弹的恐怖分子走入清真寺内引爆炸弹，造成至少 56 人死亡、55 人受伤。三是在阿富汗训练童兵，惨无人道。据阿富汗亚利安那新闻社 2017 年 12 月 20 日报道，极端组织“伊斯兰国”阿富汗分支日前在该国北部朱兹詹省训练 10 余名儿童进行自杀式袭击。报道援引当地政府消息人士的话说，“伊斯兰国”建立的儿童团队目前有大约 12 人，年龄 9 岁至 10 岁，他们当中既有来自朱兹詹省当地家庭的儿童，也有来自其他地区的儿童，现在还无法确定“伊斯兰国”培训儿童充当“人肉炸弹”的详细情况。这名消息人士认为，在朱兹詹省针对当地“伊斯兰国”目标的清剿力度亟待升级。此前有报道称，朱兹詹省近期安全形势严峻，“伊斯兰国”已经控制该省南部杜尔扎卜和胡什泰帕两地区，并封锁了通往这两个地区的主要道路。

第二，“阿塔”强势攻击，已露建权野心。“阿塔”武力驰骋，全境作战。以“阿塔”二号人物、“哈卡尼网络”头目哈卡尼为核心的强硬派在“阿塔”内部看涨，“阿塔”攻击范围逐步从南部、东南部、东部向全境扩散，其不断在昆都士、楠格哈尔、赫尔曼德和坎大哈等地发起攻击，以逐步实现从农村到城市，从一般城市到省会城市的控制。且攻击频率快，效果佳，美国监测阿富汗事务机构“阿富汗重建特别监察小组”统计，阿富汗塔利班2017年8月控制了阿富汗13%的土地，较2月提升了2个百分点。2017年4月底，“阿塔”宣布发动“春季攻势”，其发言人叫嚣发起政治和军事双重打击行动，在控制区内建立政治机构，以“建立社会正义和发展的机制，保障社会安全和民众的利益”。同时，“阿塔”还力主拓展其在控制区域的影响力，夺取省会城市，建立省级行动中心和机构，加强各地联系。此前，“阿塔”的“春季攻势”重在军事反扑，在各省以建立行动小分队为主，现扩大行动目标，建立政治机构加强协调，表明其已为进行相关统治和管理做准备。

第三，阿富汗暴恐大案频发，伤亡惨重，安全形势急剧恶化。联合国人道主义事务协调厅阿富汗办事处2018年1月3日表示，2017年全年共有约44.5万名阿富汗平民因持续的战乱冲突而流离失所。该机构在当天公布的一份声明中说，2017年阿富汗东部地区的国内流离失所者超过14万人，其中超过12.35万人来自楠格哈尔省。同时，联合国驻阿富汗援助团2017年10月13日发布的统计报告显示，2017年前9个月，各类武装冲突共造成8019名阿富汗平民伤亡，其中2640人死亡、5379人受伤。此外，2017年阿富汗境内暴恐大案多发，据不完全统计，一些大案包括：3月8日首都喀布尔一家军队医院当天遇袭，造成30多人死亡、50多人受伤。此次袭击共有4名袭击者参与。当天上午，一名袭击者在医院南门引爆炸弹，随后另3名袭击者身着医生衣服进入医院主楼，开始对楼内人员进行射击。医院安保人员和阿安全部队随即与袭击者发生交火。阿安全部队随后还出动直升机，数名士兵降落到主楼楼顶，对楼内袭击者展开清剿，整个作战行动于当天下午结束。3月11日，阿富汗南部查布尔省一处安全检查站11日发生“内鬼”袭击，造成至少8名警察死亡。3月23日，阿富汗北部昆都士省一处安全检查站当天遭内部人员袭击，造成9名警察身亡。此事发生在昆都士省科查伊卡扎克地区，一名地方警察当天早晨枪杀了同事并逃离现场。袭击者是塔利班成员。3月21日，阿富汗国民军位于阿北部巴尔赫省首府马扎里沙里夫的驻地日遭武装分子袭击。袭击造成至少135人死亡、60多人受伤。这是巴尔赫省2017年以来伤亡情况最惨重的一次袭击。马扎里沙里夫是阿富汗北部地区重镇，距喀布尔约300千米。阿富汗国民军在马扎里沙里夫的驻地是阿军方在北方地区的最高军事指挥中心，阿富汗官员5月20日证实，阿东部帕克蒂亚省首府加德兹一家银行当天遭到塔利班武装分子袭击，造成至少8人死亡、31人受伤。袭击发生在当地时间14时50分左右，约有5人参与此次袭击，除一人引爆身上炸弹当场身亡外，其余袭击者均在与安全人员交火中被击毙。5月21日，阿富汗南部查布尔省省长比斯米拉说，该省沙州、代赫乔潘地区数个安全检查站当天遭塔利班武装人员袭击，至少20名警察遇袭身亡。5月22日晚，阿南部坎大哈省一军事基地遭到塔利班武装分子袭击，造成至少10名士兵死亡，另有9名士兵受伤。数百名武装分子11时左右袭击了坎大哈省沙阿瓦利果德地区的一处军事基地，武装分子和军方发生交火。随后，阿军方增援部队很快抵达，击退了武装分子的进攻。交火持续至23日凌晨。5月25日证实，阿南部坎大哈省一处军事基地遭塔利班武装人员袭击，造成至少18名士兵死亡、16名士兵受伤。袭击发生在25日深夜，地点位于该省沙阿瓦利果德地区的一处军事基地。交火还造成至少7名塔利班武装人员死亡、15名武装人员受伤。5月31日，阿富汗首都喀布尔市区发生严重恐怖袭击事件，造成至少80人死亡、350人受伤。这起在斋月期间发动的针对平民的袭击事件震惊了阿富汗和国际社会。调查显示，袭击者将爆炸物藏匿在一辆洒水车内，爆炸物重约1500千克，威力巨大。袭击发生时正值早晨上班高峰期，事发地点人流和往来车辆相对密集，因此造成大量人员伤亡。6月3日下午，阿富汗首都喀布尔连续遭遇连环爆炸袭击，造成至少12人身亡、18人受伤。爆炸发生在位于喀布尔北部的海尔哈纳地区，至少有3名自杀式爆炸袭击者参与此次连环袭击。事发时，人们正在参加6月2日在喀布尔游行中遇难人士的葬礼。6月22日，阿南部赫尔曼德省首府拉什卡尔加当天发生一起自杀式汽车炸弹袭击事件，造成至少15人死亡、50人受伤。赫尔曼德省政府发言人奥马尔说，袭击发生在当地时间12时左右，遭袭的是位于拉什卡尔加市区的一家当地银行。当时很多人正在排队等待进入银行办理业务。阿富汗官员7月1日，该国北部巴尔赫省一处清真寺遭塔利班武装袭击，造成至少13人身亡。武装分子当晚伪装成当地安全人员进入清真寺内发动袭击。另有多人在袭击中受伤，死伤者几乎全是当地年轻人。7月25日晚间，阿南部坎大哈省一处军事基地遭塔利班武装分子袭击，造成至少26名士兵死亡，另有13名士兵受伤。7月31日，位于首都喀布尔第十警区的伊拉克驻阿富汗大使馆当天遭武装分子袭击，至少造成使馆外一名警察受伤。当天上午11时10分左右，一名自杀式袭击者在大使馆大门附近引爆汽车炸弹，其他3名武装分子随后趁乱向使馆发动袭击，并与安全人员交火。8月1日，阿富汗西部赫拉特省首府赫拉特市的一处清真寺当晚遭到极端武装分子袭击，造成至少29人死亡、64人受伤，大部分死伤者是什叶派，其中一些伤者伤势严重。初步调查显示至少有两名武装人员参与了此次袭击。8月25日，一伙不明身份武装人员当天袭击首都喀布尔一座清真寺，导致13人死亡、38人受伤。当天下午，一伙武装人员攻入喀布尔第11警区的一座清真寺，向平民开枪，并与闻讯赶来的安全人员持续交火。10月17日，阿富汗东部加兹尼省安达尔行政区办公大楼及一处安全检查站遭到袭击，造成至少15人死亡、12人受伤。当天清晨，武装分子驾驶一辆装满炸药的汽车，通过伪装进入安达尔区行政中心院内后引爆，随后数十名武装分子冲击区办公大楼及附近设施，并与警方进行数小时枪战。10月19日，阿富汗南部坎大哈省一处军事基地当天凌晨遭武装分子袭击，造成43名士兵死亡、9人受伤、6人失踪。10月20日，阿富汗西部古尔省和首都喀布尔的两座清真寺遭武装分子袭击，共造成至少76人死亡。喀布尔的袭击事件发生在一处什叶派清真寺，古尔省的袭击事件发生在一处逊尼派清真寺。袭击发生时，大量民众在清真寺内祷告，因此造成大量人员伤亡。11月7日，阿富汗沙姆沙德电视台位于首都喀布尔市区的办公地点当天遭武装分子袭击，至少造成包括一名女性在内的至少2人死亡，另有20人受伤。11月13日，阿南部坎大哈省多处检查站遭塔利班组织袭击，造成至少22名安全人员身亡，另有15人受伤。遇袭地点位于该省西部迈万德地区和扎里地区，至少有15处检查站及多个村庄遭塔利班组织大范围攻击，整个袭击过程持续至少1小时。11月16日，阿首都喀布尔当天下午发生一起自杀式爆炸袭击，造成包括袭击者在内的至少10人死亡、9人受伤。袭击地点位于喀布尔市第11警区一座礼堂外，当时一名袭击者试图闯入礼堂，被警方拦截后，随即引爆身上的炸弹，造成7名警察和2名平民死亡，伤者中也包括7名警察和2名平民。12月18日，阿富汗首都喀布尔的阿国家安全局培训中心遭到武装分子袭击。上午10时30分左右，一伙武装分子占领了位于喀布尔西部第五警区阿夫沙尔区的一处未完工建筑物，在该建筑物内引爆炸弹赶走驻留的建筑工人后，以此为据点向旁边的阿国家安全局培训中心发射榴弹。

第二节 南亚地区主要反恐措施

一、巴基斯坦军政当局强化多重反恐举措

巴基斯坦军持续推进反恐军事行动和武装执法。2017年2月，巴基斯坦国内各地出现以巴塔分支“自由党”和“坚戈维军”分支“国际派”（LeJ-A）为代表的暴恐势力反弹，巴军随即发动代号为“消除不和谐行动”（Operation Radd-ul-Fasaad）的新一轮反恐行动。不同于以往指向暴恐分子藏匿据点的针对性军事打击，“消除不和谐行动”主推在巴基斯坦全境内展开搜捕执法行动，更加突出“基于情报信息的行动”（intelligence-based operation）的地位。至4月中旬，巴军宣传部门三军公共关系局（ISPR）透露，行动中打死至少108名恐怖分子，缴获4083件武器及62.2万余发弹药，同时进行了4000余次“基于情报信息的行动”，5000余名嫌疑人及1859名未登记的阿富汗人被捕①；至当年12月，巴军作战局长介绍称，该行动中在巴境内发动了18001次基于情报的搜捕行动，其中13011次在旁遮普省境内，同时还进行了4983次搜查行动（search-based combing operation），查收缴获各类武器19993件②。其中，巴军加强了对“伊斯兰国”渗透活动的侦查和行动，起获多个小团体。同时，为了肃清暴恐分子在开伯尔部落区的藏匿据点，巴军于7月在拉杰盖尔（Rajgal）山谷发动了代号为“开伯尔行动4号”（Operation Khyber IV）的军事攻势（即“开伯尔行动”第4轮攻势）。8月中，巴军宣布已经肃清拉杰盖尔

---

① “Operation Radd-ul-Fasaad to continue till elimination of terrorists: DG ISPR”, *Aaj News*, April 17, 2017, https://aaj.tv/2017/04/operation-radd-ul-fasaad-to-continue-till-elimination-of-terrorists-dg-ispr/.（上网时间：2018年1月17日）

② Nadir Guramani. “COAS briefs senators on national security”, *Dawn*, December 19, 2017, https://www.dawn.com/news/1377559.

山谷 90%、约 250 平方千米地域，有效控制了该地的重要高地[1]。同月 21 日，巴军宣布本轮攻势结束，进入战果巩固阶段。

推进部落区综合治理与改革。FATA 成为暴恐分子的“老巢”有其深刻的社会经济根源。其中，长期游离于巴基斯坦国家治理的政治与法律体系之外是造成当地经济落后、社会动荡的重要原因。2017 年 3 月，巴基斯坦内阁正式批准 FATA 改革计划，筹备将 FATA 并入开普省，推进在当地适用巴基斯坦国家各项法律条令，将该地纳入民主政治和法制体系，并提供相应的经济发展援助。不过，落实此项计划目前仍面临来自反对党、宗教和部落势力的阻碍。与此同时，随着军事行动从部落聚居区向山区推进，巴基斯坦军方将部落聚居区重建问题也提上日程。9 月，巴基斯坦军方宣布 FATA 部落居民回迁安置工作基本完成[2]，因反恐军事行动而迁出相关地区的部落居民中的 95%已经回迁[3]。巴基斯坦军方还规划并快速推进 567 项各类社会建设项目，涵盖用水设施、包括妇女培训中心在内的教育设施、包括清真寺、体育场、市场和商贸中心在内的公共场所等[4]。

强化反恐司法措施。2015 年 1 月，巴基斯坦当局宣布恢复对恐怖分子判处死刑，通过修宪修法设立由巴军领导的专门负责涉恐案件司法的军事法庭，法律有效期为 2 年。2017 年 1 月，军事法庭获批再延期 2 年，继续强化对恐怖分子实行从快从严的司法处置。2017 年 12 月，巴基斯坦军方作战局长透露，反恐军事法庭自设立以来已审理 274 起案件，共判处 161

---

① Ibrahim Shinwari：“Rajgal Valley's 90pc area cleared of militants,” *Dawn*，August 6，2017，https：//www. dawn. com/news/1349859.（上网时间：2018 年 1 月 17 日）

② “Rehabilitation of FATA IDPs almost completed，Pak Army spokesman”，*the News*，September 21，2017，https：//www. thenews. com. pk/latest/231539-Rehabilitation-of-FATA-IDPs-almost-completed-Pak-Army-spokesman.（上网时间：2018 年 1 月 17 日）

③ “Operation Khyber 4 completed effectively：ISPR”，*the News*，August 21，2017，https：//www. thenews. com. pk/latest/224980-Operation-Khyber-4-completed-effectivelyISPR.（上网时间：2018 年 1 月 17 日）

④ “Operation Zarb-e-Azb：Two years of success”，*the Nation*，September 6，2016，http：//nation. com. pk/06-Sep-2016/operation-zarb-e-azb-two-years-of-success.

人死刑并对其中56人执行死刑。自2016年11月新一届巴基斯坦军方领导人接任以来，军事法庭加快了司法审判和处理，共受理了160起案件。自“消除不和谐行动”以来，共有46人被执行死刑①。

综合反恐能力建设和“去极端化”工作取得进展。建设反恐力量。巴基斯坦各省及地方警方专门反恐力量正在形成之中，总计约有8000名规模的反恐力量部署到位，达到既定目标规模的八成②。整合反恐情报能力。巴基斯坦国家反恐总局下辖联合情报局（JID）的筹备工作取得一定进展，首批办公场所和人员业已到位。推进反恐怖融资措施。巴基斯坦央行（SBP）设立数据中心监控洗钱和非法融资，国家反恐总局也在推动慈善事业管理立法、设立全国反恐怖融资工作组、监控跨境现金流动等工作，并指导各省反恐部门组建反恐怖融资单位。强化信息与通讯监管。国家反恐总局会同电讯管理局（PTA）推动对手机用户实名制和生物特征识别管理，监管、屏蔽互联网及社交媒体上敏感用户和敏感信息，督促地方执法部门监管涉嫌传播极端暴恐信息的书籍刊物等。国家反恐总局在社交媒体开展“安全上网”行动（Surf Safe）宣传防范互联网涉恐活动，在互联网开展“净化”行动（*Tat' heer*），进行包括敏感信息定位、排查等在内的全方位互联网反恐和去极端化措施。巴基斯坦政府经与“宗教学校组织联盟”（ITMP）等相关方咨询和协商，对宗教学校及就读人数进行了摸底，有利于进一步推动宗教教育的规范化管理和改革。同时，巴基斯坦军方在斯瓦特地区去极端化项目“光明”中心（Sabaoon Center）仍在运作之中，持续针对当地原暴恐组织中的下层分子进行隔离式思想教育改造和技能培训，帮助其回归社会。此外，巴基斯坦政府还在继续落实在巴阿富汗难民登记工作，推动难民返阿，酝酿出台《难民法》。

继续落实中巴经济走廊安保。巴基斯坦陆、海、空三军围绕走廊建设推进安保部署。陆军主导的“特别安全师”（SSD）规模达到1.5万人，其

---

① Nadir Guramani：“COAS briefs senators on national security”，*Dawn*，December 19，2017，https：//www. dawn. com/news/1377559.（上网时间：2018年1月18日）

② 参见 Safdar Sial：“State responses：anti-militant operations and National Action Plan”，*Pakistan Security Report* 2017，p. 109.

中包括9个现役陆军混成营9000人及6个准军事武装大队6000人[①]，主要负责走廊相关项目周边5千米范围内的安保[②]。海军不仅成立了“第88别动队”（TF-88），瓜达尔港周边驻军也相应调整防御职能重点，海军第3、第4旅也已驻防瓜达尔港[③]。空军也有意深度参与中巴经济走廊建设，探索航空方面合作[④]。各省及地方政府与警方也在推进落实走廊安保执法力量建设。6月，开普省透露已拨款10亿卢比[⑤]，组建一支规模约4000人的专门安保力量[⑥]。信德警方也已筹建约2600人规模的“特别保护组”（SPU），专责保护该省内中国项目及人员，目前已有一半人员到位[⑦]。旁遮普省将城市治安快反力量“海豚队”部分职能调整为保护该省中国项目及人员。巴控克什米尔北部地区（巴方称“吉尔吉特—巴尔蒂斯坦”）也获批组建700人规模的“特别保护组”[⑧]。

---

① “Armed Forces’ Support to CPEC”，*ISPR*（*website*），https：//www. ispr. gov. pk/front/main. asp？o＝t-article&id＝150.（上网时间：2018年1月18日）

② Syed Irfan Raza：“15，000 military personnel protecting CPEC”，*Dawn*，February 21，2017，https：//www. dawn. com/news/1316040.（上网时间：2018年1月18日）

③ “Armed Forces’ Support to CPEC”.

④ Ibid.

⑤ “KP recruits 1，500 policemen for CPEC security”，*Samaa*，December 5，2017，https：//www. samaa. tv/pakistan/2017/12/kp-recruits-1500-policemen-cpec-security/.（上网时间：2018年1月18日）

⑥ Mushtaq Yousafzai：“KP govt raises special force for security of foreign nationals”，*The News*，June 10，2017，https：//www. thenews. com. pk/print/209694-KP-govt-raises-special-force-for-security-of-foreign-nationals.（上网时间：2018年1月18日）

⑦ “CM directs police dept to provide security to Chinese workers”，*the Express Tribune*，July 12，2017，https：//tribune. com. pk/story/1455796/cm-directs-police-dept-provide-security-chinese-workers/.（上网时间：2018年1月18日）

⑧ Jamil Nagri：“CPEC special protection unit approved for GB”，*Dawn*，October 6，2017，https：//www. dawn. com/news/1362042.（上网时间：2017年1月18日）

二、孟加拉国强力反恐与反暴力极端主义并举

保持反恐行动强度。孟加拉国当局继续推行“零容忍”的打恐政策，以孟警方及特警“快反营”维持对恐怖分子的搜捕和打击强度。据统计，2017 年孟境内共有 52 名恐怖分子被打死，除了极少数在恐怖袭击中死亡，绝大部分系在突击搜捕中被执法当局击毙。据称，为了从快从严打击恐怖分子，孟执法当局甚至采取了诱捕、假遇冲突等“灰色”方式①。

设立专门反恐警察。2017 年 9 月，孟加拉国内政部宣布在达卡都市警察（DMP）下设反恐组（ATU），专门负责反恐任务，在全国范围内均有行动权限，配备约有 600 名警官，41 台车辆②。在反恐组筹建到位之前，仍由达卡警方的打击恐怖主义与跨国犯罪组（CTTC）根据相关特殊规定在全国范围内展开反恐行动。2017 年 11 月，打击恐怖主义与跨国犯罪组长官穆尼尔·伊斯拉姆已经移任新筹反恐组长官，两个机构资源有望进一步整合。此前，打击恐怖主义和跨国犯罪组设有专项预算，招募或从达卡警方抽调了以 19 岁至 26 岁年龄段为主的青年骨干，设立了拆弹、特种武器与战术、特别行动、网络等分支部门，实行军队式的统一指挥，并实行自我管理，不受警方约束，直接向总理办公厅汇报，此外还获得了美国联邦调查局和印度调查部门在法医装备、网络调查和监控方面的支援③。

推行“反暴力极端主义”（CVE）政策。孟加拉国政府组建了“抵御和预防极端武装全国委员会”（National Committee on Militancy Resistance and Prevention），由内政部长牵头，成员单位包括内政、教育、新闻、青年与体育、文化等政府部门及军情总局（DGFI）、国家安全情报局

---

① Bibhu Prasad Routray：“Bangladesh 2017：Resurgence of Radicalism”，*NIAS Strategic Forecast*，No. 17，March，2017.

② Arifur Rahman Rabbi：“Anti-Terrorism Police Unit approved”，*Dhaka Tribune*，September 20，2017，http：//www. dhakatribune. com/bangladesh/2017/09/20/anti-terrorism-police-unit-approved/.（上网时间：2018 年 1 月 18 日）

③ Siddharthya Roy：“A Year of Bangladesh's War on Terror”，*the Diplomat* (*website*)，July 6，2017，https：//thediplomat. com/2017/07/a-year-of-bangladeshs-war-on-terror/.（上网时间：2018 年 1 月 6 日）

(NSI)、警察总部（PHQ)、快反营、特科（SB）及边防部队（BGB）等情侦与安全部门。孟“反暴力极端主义”政策着眼于全面正确认识宗教教义、打造社会的包容与弹性。具体政策措施包括：改革宗教教育。2017年10月，孟加拉国政府指示“宗教教育委员会”（BMEB）取消该委员会编制教材中有关“圣战”（jihad）的内容，此前相关教材中将“圣战”定义为“与伊斯兰教敌人斗争”，而此后该委员会下属的各类带有官办性质的“高等宗教学校”（*alia madrassa*）不得教授任何有关“圣战”的宗教内容。同时，孟加拉国政府也在进一步与民办性质的“大众宗教学校”（*qawmi madrassa*）就加强监管方面进行协调。2017年4月，孟加拉国政府宣布完成大众宗教学校“圣训学”（*dawra-i hadith*）课程等同于具备国民教育中伊斯兰研究与阿拉伯语硕士学位①，这有助于宗教学校融入主流和宗教学校毕业生进入就业市场。孟加拉国政府也重视与宗教界人士合作。如，孟加拉国宗教事务部下属自治团体“孟加拉国伊斯兰基金会”（BIF）与国内约7万所清真寺的教长建立联系，推动清真寺在周五主麻日（聚礼）中宣讲由该基金会预备的内容。加强反极端主义宣传。孟加拉国新闻部和文化部主要利用报纸、广播和电视等方式宣传反暴力极端主义政策，制作了一系列纪录片、短片和广告片，宣传伊斯兰教和平与共处理念，谴责极端暴力不符合伊斯兰价值，以此抵御极端主义思想传播。教育部和内政部加强对教育机构的管理，提高教师、学生及其父母对极端主义和恐怖主义的认识，要求一旦发现学生参与极端活动或失踪10天以上应及时报警。青年部则筹建青年数据库，开拓青年工作，特别是通过在全国举行体育活动向广大青年传递正能量。加大网络反恐力度。国家电信监测中心（NTMC）加大对传播极端主义网站进行监测的技术力度，电信监管委员会（BTRC）也在与宗教界人士展开相关合作，防控互联网极端主义信息。

三、印度反恐措施

续推反恐能力建设。2017年9月，莫迪领导的内阁安全委员会同意拨

① “Qawmi Madrasa Dawrae Hadith gets recognition”, *the Daily Star*, April 11, 2017, http: //www.thedailystar.net/country/qawmi-madrasa-dawrae-hadith-gets-recognition-1389823.（上网时间：2018年1月18日）

款2500亿卢比（约38.4亿美元）用于警察部队现代化，成为印度独立以来用于国内安全的最大一笔拨款。[①] 该笔款项将用于购买武器和无线电设备、租借直升机、建立犯罪数据库，以提高警察部队的作战能力和效率。印度内政部还在11月宣布成立专门的“反激进化”部门。该机构主要任务是鉴别与追踪包括“伊斯兰国”在内的恐怖组织的宣传信息和传播渠道，防范伊斯兰极端主义思想通过网络和社交媒体传播。[②] 此外，反恐情报信息整合系统也在2017年取得一定进展。印度政府在2008年孟买恐袭案后提出“国家情报网”（NATGRID）构想，首期项目拟整合金融、电信、出入境、税收、犯罪等来自10个机构的21个敏感信息数据库，为反恐情报部门获取信息提供便利。2017年3月内政部同税务部门签署相关协议，将印度纳税人数据库接入“国家情报网”。首期项目预计于2018年9月正式运行，但原定于2017年10月建成的班加罗尔数据中心以“技术更新”为由未能如期完工。[③]

强化东北部地区互联互通。印度东北部地区地理位置相对闭塞，长期面临分离主义与族群冲突风险，安全形势严峻。莫迪政府上任以来综合运用多方手段持续加大对印度东北部的投入，以大规模基础设施建设带动经济发展，通过提升互联互通水平打破该地区的地理隔阂，挤压反政府武装活动空间。公路交通方面，印度政府计划在未来两到三年投资1.45万亿卢

---

① “Centre Approves Rs.25，000 Crore Scheme For Police Modernisation”，*NDTV*，2017－9－27，https：//www.ndtv.com/india-news/centre-approves-rs-25-000-crore-scheme-to-boost-internal-security-1756074.（上网时间：2018年2月7日）

② “MHA will have two new units to fight cyber criminals，jihadis”，*The Economic Times*，2017－11－7，https：//economictimes.indiatimes.com/news/defence/mha-will-have-two-new-units-to-fight-cyber-criminals-jihadis/articleshow/61541053.cms.（上网时间：2018年2月8日）

③ “PARLIAMENTARY PANEL QUESTIONS DELAY IN NATGRID”，*Bangalore Mirror*，Aug 21，2017，http：//bangaloremirror.indiatimes.com/bangalore/others/bangalore/others/panel-questions-delay-in-natgrid/articleshow/60147217.cms.（上网时间：2018年2月8日）

比，用于东北部地区的 197 条公路施工项目，改善东北部的道路交通水平。[①] 2017 年 5 月 26 日，位于阿萨姆邦的印度第一长桥多拉—萨迪亚大桥正式通车，莫迪在执政三周年纪念日之际亲赴现场剪彩。这座横跨布拉马普特拉河的大桥全长 9.15 千米，建成后将大为改善东北部的公路交通能力。[②] 铁路方面，印度政府已拨款 4700 亿卢比在东北部建设 15 条新的铁路线路，规划里程总计 1385 千米，建成后东北各邦（含中印争议领土“阿鲁纳恰尔邦”，即我藏南地区）首府将与印度铁路网相连。[③] 在航空领域，莫迪政府将东北部地区小型机场的现代化改造项目纳入中央政府提振民航业的“平民飞行”（UDAN）计划，通过改建已有小型机场、增设支线航班拓展航空网络。西隆（Shillong）机场跑道扩建等多个施工项目已经获得政府批准。此外，莫迪还将东北部地区的战略地位提升为“东向行动”（Act East）门户，积极发展与邻近的缅甸、孟加拉国的区域合作，拟将缅甸实兑港、孟加拉国吉大港打造为印度东北部地区的出海口，进一步打破该地区的地理隔绝。在莫迪政府的大规模经济投入下，东北部地区安全形势大为改善，自 2015 年以来呈现逐年好转趋势。据“南亚恐怖主义门户”网站统计，2017 年东北部地区因恐怖活动丧生的人数下降至 103 人，创下

---

① “Govt plans to invest Rs1.45 trillion in North-East road infrastructure: Nitin Gadkari”, *Live Mint*, Oct 26, 2017, http: //www.livemint.com/Politics/P8xNwTTF2XnGShTYVldKXM/Most-of-Rs7-trillion-road-projects-to-be-awarded-by-Dec-2018.html.（上网时间：2018 年 2 月 10 日）

② “Dhola Sadia bridge: 10 facts about India's longest bridge on the Brahmaputra”, *Indian Express*, May 25, 2017, http: //indianexpress.com/article/india/sadia-dhola-bridge-10-facts-about-indias-longest-bridge-on-the-brahmaputra-4672683/.（上网时间：2018 年 2 月 10 日）

③ “Centre has 15 new rail projects for Northeast: PM Narendra Modi”, *Economic Times*, Dec 16, 2017, https: //economictimes.indiatimes.com/news/politics-and-nation/centre-has-15-new-rail-projects-for-northeast-pm-narendra-modi/articleshow/62094635.cms.（上网时间：2018 年 2 月 10 日）

自1992年开始统计以来的最低记录。①

四、阿富汗反恐举措

2017年，阿富汗政府采取多重手段打击恐怖主义，美国也调整阿富汗战略，国际社会同时加大援助，共同帮扶阿富汗应对恐患。

（一）阿富汗政府武力打恐

面对持续动荡的安全局势，自2016年12月以来，阿富汗国防部、内政部等多个部门展开联合行动，发起“冬季攻势”，旨在向反政府武装组织施加压力，使其春季无法展开进一步袭击。阿富汗政府以此为开头，全年不停打击恐怖分子，展开清剿行动，屡有斩获。包括：阿富汗国家安全局2017年1月18日发表声明说，该局近日在阿富汗东部霍斯特省逮捕31名“哈卡尼网络”武装组织成员。声明说，阿富汗国家安全局近日在霍斯特省首府霍斯特市及周边地区的两次突袭行动中逮捕31名“哈卡尼网络”武装组织成员并查获一批武器弹药。被捕人员曾参与霍斯特省的一系列袭击事件。3月29日，阿富汗政府军当天在西部法拉省展开针对塔利班据点的清剿行动，打死47名武装分子，打伤51人。4月7日，阿富汗安全部队在过去24小时的清剿行动中共打死28名武装分子。当时阿富汗军队、警察和情报部门在13个省内展开联合清剿行动。被打死的28名武装分子中有13名塔利班成员、15名极端组织“伊斯兰国”成员。政府军同时缴获了一批武装弹药。阿富汗安全部队在北部萨曼甘省抓获一名塔利班地区负责人，此人企图策划组织自杀式袭击、路边炸弹袭击等多起袭击。11月25日与26日，阿富汗军方在多地实施针对极端组织的清剿行动，共打死41名武装分子。

（二）特朗普公布美国的阿富汗新战略

8月21日晚间，特朗普发布电视讲话，宣布调整美国的阿富汗新战

---

① “Fatalities in Terrorist Violence in India's Northeast 1992-2018”, South Asia Terrorism Portal, Feb 25, 2018, http: //www. satp. org/Datasheets. aspx? countries=india.（上网时间：2018年2月25日）

略。特朗普在讲话中提及美国在阿富汗的利益、支柱及几大关键点，其阿富汗战略的核心为，美国将吸取伊拉克战争的教训，不会从阿富汗撤军，以防范恐怖分子卷土重来，确保美国在阿“光荣和不朽的结果”。同时，为确保战略实施，维护其在阿富汗利益，美国将借助以下几种手段：其一，加大对阿富汗恐怖分子的军事打击力度。其中包含两层含义：一是要增兵。特朗普讲话中提及增兵，却未提及增兵的具体数量，但是，美国军事、战略和情报界等2017年初就在评估增兵的具体事宜，早已制定相关政策，有消息称，美国将对阿富汗增兵约4000人。目前，美国在阿富汗共有8400名官兵，实际战斗人员有6900人，而剩下的1500名美国官兵则负责培训阿富汗军队和执行情报分析等任务。二是扩大驻阿美军的军事权限。2016年7月，美国前任总统奥巴马调整阿富汗政策时，就扩大了驻阿美军权限，因为美军此前在阿军事行动仅限于向阿特种部队提供支援，并且美军只有在其地面部队受到威胁、剿灭“基地”组织残余力量以及阿军面临被“阿塔”击溃的三种情况下，才能获得空袭授权。特朗普再度放权，称“解除对国防部长的限制，使美国军队能够更加彻底、灵活地同敌人交手”，这有助美国提升军事自主性，扩大无人机和特种作战范围，进一步打击恐怖分子。其二，对阿富汗恩威并用。一方面，特朗普明确表态不会干涉阿富汗内部事务，寻求“阿人治阿”，“尊重阿富汗政府和人民，不会强迫他们如何管理社会和政府”。美国还将加大对阿富汗政府军的援助和改革，尤其是提供装备支持和空中战力，使阿富汗政府军能够真正成为打击暴恐的主力军。有消息称，美国与北约正帮助组建阿富汗自己的空军。另一方面，美国却对阿政府敲响了“紧箍咒”，称其对阿战略不是“国家重建”，而只限于打击恐怖分子。因为经验证明，美国对阿富汗国家重建策略不行，过去美国花费大量的金钱，人力和生命的代价都没能成功。特朗普承诺不会提供无限制的支持和帮助，“我们的支持不是黑洞”。显然，这是对阿富汗的隐性施压，阿加尼上台后一直持续“双头政治”，内斗剧烈，腐败问题也未能根治，美国显然要阿富汗解决这些难题，形成良性治理，以使美援更有成效。其三，压巴基斯坦按照美国意愿反恐。在美看来，巴基斯坦与塔利班和“哈卡尼网络”关系密切，巴基斯坦视这些组织为其拓展在阿影响力的战略资源，在巴基斯坦境内容留了大量塔利班高层，这些高层在巴境内发号施令，导致阿富汗安全形势恶化。特朗普明确提出要改变对待巴基斯坦的方式，不再对巴基斯坦成为恐怖组织、塔利班和其他组织的安全港保持沉默，希望让巴基斯坦改变庇护恐怖主义的做法。在讲话中，特朗普威胁要切断美国对巴基斯坦的数十亿美元资金和军事援助，来促使情况“立即改变”。其四，寻求印度支持，尤其是经济方面的援助。特朗普希望印度在阿富汗问题上发挥更大作用，尤其是经济支持。特朗普还称，与印度在南亚及印太有共同的安全利益。据阿富汗驻印度大使透露，印度是阿富汗邻国中最大的捐助国，援助超30亿美元，修建了200所学校、高速公路、电力设施和大坝等基础设施，资助了1000名学者，还帮助培训阿富汗军队。显然，美拉印“入伙”，不仅需要其在阿富汗问题上给予更多帮扶，减缓美国负担，更有在南亚战略和全球战略中借助印度的考量。

但是，特朗普的阿富汗新战略前景或难乐观。其一，“旧树难开新花”。从前面特朗普阿富汗战略几大手段可以看出，加大对阿富汗恐怖分子的打击力度和加强对阿富汗政府的支持是美国近年一直在做的事情，但效果不彰。显然，这次特朗普的约4000名增兵以及加强对阿富汗军事力量的帮扶恐怕也用处不大。美国有分析指出，“阿塔”现任头目海巴图拉·阿洪扎达是宗教头目，鼓吹“圣战”，7月其儿子还搞自杀式袭击“殉教”，不愿和谈，加上此前10多万军队都未将“阿塔”打倒，美试图借助军事手段将“阿塔”压回谈判桌的可能性很低。其二，新招恐“节外生枝”。对巴基斯坦和印度的两招是特朗普的阿富汗战略的新手段。但显然，美对印巴的厚此薄彼可能不仅无助阿富汗问题的解决，还可能产生新的问题。一是美巴关系或再起波澜。美巴关系近年来围绕美南亚战略重印轻巴的大背景，以及美相继越境击毙拉登、曼苏尔和关于“哈卡尼网络”的争执等事件持续恶化。特朗普阿富汗战略公布后，尤其是巴基斯坦支恐国家的论调出现后，又迅速引发巴基斯坦国内一片声讨，军方还声称不再接受美方的援助，表明其强硬立场。在巴基斯坦看来，巴基斯坦多年反恐损失惨重，到头来却被美国抛弃走向死敌，心中愤怒可想而知。美国此举可能降低了未来美巴在南亚事务，尤其是反恐和阿富汗事务合作的空间，这或迫使巴基斯坦进一步打“阿塔”牌，与俄罗斯及伊朗走的更近，与美国压巴基斯坦反恐的初衷背道而驰。二是可能导致地区失序，核危险增加。印巴两死敌最近一两年来摩擦不断，尤其是边境冲突，两国分别谴责对方搞“代理人”战争和跨境恐怖袭击。在阿富汗事务上，美国公开引诱印度加大对阿富汗政府扶持，巴基斯坦一直与“阿塔”暧昧不清，双方对此分别押宝，可能引发新的竞争和冲突。美国智库就认为，印巴都是核大国，仇恨历史悠久，任何细小冲突和争端都可能演变为核冲突。特朗普对两国在阿富汗问题的不同态度无疑增加了这种可能性。

（三）北约将增加在阿富汗驻军

北约秘书长斯托尔滕贝格 11 月 9 日表示，北约在阿富汗驻军人数将从 1.3 万增至 1.6 万。北约成员国防长当天与北约“支援阿富汗任务”参与国代表举行会议。斯托尔滕贝格在会后的新闻发布会上表示，阿富汗安全部队在打击塔利班方面实力有所加强，但安全形势依然具有挑战性。北约将继续支持阿富汗和平与和解进程，并帮助阿富汗增强安全实力和培养下一代军事领导人。他说，目前共有来自 39 个国家的 1.3 万人参加北约“支援阿富汗任务”。会上美国代表介绍了新南亚战略及增加驻阿美军的计划，其他北约盟国和伙伴国也表示将在未来几个月增派在阿富汗驻军。斯托尔滕贝格说，与会各方还同意向阿富汗安全部队提供资金援助至 2020 年。除美国对阿富汗的经济援助外，其他北约盟国和伙伴国将每年为阿富汗国防和安全力量提供近 10 亿美元资金支持。北约成员国防长 8 日至 9 日在布鲁塞尔北约总部举行会议，讨论北约军事改革、阿富汗行动和打击极端组织“伊斯兰国”等议题。“支援阿富汗任务”是北约在 2014 年驻阿富汗国际安全援助部队任务结束后的后续计划，旨在向阿安全部队提供培训、指导和协助。

（四）阿富汗问题伊斯坦布尔进程第七次外长会议呼吁推动阿富汗和平与重建进程

阿富汗问题伊斯坦布尔进程第七次外长会议 12 月 1 日在阿塞拜疆首都巴库举行。会议通过了《巴库宣言》，呼吁进一步加强政治对话与经济合作，促进地区和平、稳定和繁荣。在当天的会议上，与会代表广泛交换意见，表示将通过扩大地区经济与安全合作，以更加密切的国际合作来推动阿富汗及地区实现持久安全和普遍繁荣。会议主席国阿塞拜疆外长马梅季亚罗夫在会上说，一个安全、自主和繁荣的阿富汗将对地区未来发展作出更大贡献，只有实现地区国家间在安全与经济领域的深度融合，才能抵御未来面临的风险和挑战。会议通过《巴库宣言》，重申尊重《联合国宪章》宗旨和原则，尊重国家主权、领土完整、互不侵犯以及不干涉别国内政原则，强调不应使用武力或以武力相威胁来损害别国主权、领土完整和独立。宣言积极评价国际社会在支持阿富汗和解与和平重建过程中发挥的建设性作用，呼吁在打击恐怖主义、毒品走私和有组织犯罪等方面扩大国际合作。来自阿富汗问题伊斯坦布尔进程 14 个地区成员国以及域外支持国、国际和地区组织的代表出席了本次会议。下次会议将于 2018 年在土耳其举行。

（五）地区合作帮助阿富汗反恐，第二届“阿中巴塔”四国军队反恐合作协调机制高级领导人会议在杜尚别举行

第二届“阿中巴塔”四国军队反恐合作协调机制高级领导人会议，8 月 27 日在塔吉克斯坦共和国首都杜尚别举行。阿富汗国民军总参谋长穆罕默德·谢里夫·亚夫塔里中将、中国中央军委联合参谋部参谋长李作成上将、巴基斯坦陆军参谋长马尔·贾韦德·巴杰瓦上将、塔吉克斯坦国防部第一副部长兼武装力量总参谋长埃莫马利·阿布德拉希姆·索比尔佐达少将出席会议。各方在友好和建设性气氛中，就当前国际和地区安全形势深入交换了意见，强调四国军队加强反恐务实合作的必要性和重要性，一致同意进一步增进相互理解和信任，持续推进各层次、各领域军事交流与合作，不断提升地区联合反恐能力，共同维护四国安全利益，为地区及世界的和平、稳定做出积极贡献。各方共同签署了《“阿中巴塔”四国军队反恐合作协调机制协定》及《“阿中巴塔”四国军队反恐情报协调中心议定书》。

（六）阿富汗伊斯兰党领导人“回家”，呼吁反政府武装停火

阿富汗反政府武装伊斯兰党领导人希克马蒂亚尔在结束近 20 年的海外隐居后，于 5 月 4 日日回到首都喀布尔，并与总统加尼会面。希克马蒂亚尔回到喀布尔当天受到阿富汗各界欢迎。大批市民早早涌上街头守候，一些道路悬挂着国旗、张贴着海报，总统府还特意为希克马蒂亚尔举行了隆重的欢迎仪式。加尼总统在欢迎仪式上对伊斯兰党与阿富汗政府通过政治

手段达成和解的做法给予高度赞扬。他说，外界曾怀疑政府无法与伊斯兰党谈判，但希克马蒂亚尔的回归证明，双方对于和平的向往和不懈努力终能实现和解。加尼指出，伊斯兰党与政府的和解也为其他反政府武装树立了榜样。他敦促阿境内其他反政府武装能够早日停火，加入国家和平进程。他强调，为实现国家长久和平稳定，阿富汗将不惜代价，继续努力前进。据阿富汗黎明电视台报道，护送希克马蒂亚尔的车队于当地时间 4 日上午 7 时 30 分左右从东部楠格哈尔省首府贾拉拉巴德出发，中午 12 时 30 分左右到达喀布尔市区，希克马蒂亚尔按照计划还将于 5 日在喀布尔发表公开演讲。经过长期艰苦谈判，阿富汗政府与伊斯兰党于 2016 年 9 月正式签署和平协议，这也是自 2001 年塔利班政权被推翻以来，阿富汗新政府与反政府武装达成的第一份和平协议。“伊斯兰党”曾是阿富汗境内继塔利班、极端组织“伊斯兰国”之后的第三大武装力量。该党领导人希克马蒂亚尔此前长期隐居国外，一度拒绝和谈，被美国列入全球恐怖分子名单，遭联合国制裁。应阿富汗政府要求，2017 年 2 月，联合国安理会宣布解除对希克马蒂亚尔的制裁。4 月 29 日，现年 70 岁的希克马蒂亚尔结束海外隐居生活后首次在阿富汗东部拉格曼省公开露面，他的回归受到各界普遍欢迎。

第七章　东南亚地区恐怖主义与反恐怖斗争形势综述

近年随着“伊斯兰国”在伊拉克和叙利亚的节节败退，导致更多的“圣战”分子返回其母国伺机发动恐怖主义袭击；缅甸罗兴亚人问题愈演愈烈，成为恐怖组织招募人员和发动袭击的借口之一；印度尼西亚政治角力中出现的伊斯兰“工具化”和激进主义情绪成为归国“圣战”分子和极端组织繁殖的沃土，这些情况都推动着东南亚日益成为恐怖主义活动前沿阵地。2017 年除马拉维战役、罗兴亚人事件持续时间长、引发难民潮外，东南亚小型恐怖主义活动也频繁发生。但东南亚各国政府加强反恐合作、加大打恐力度，特别是马拉维战役击毙大量菲律宾恐怖分子及其头目，一定程度上遏制了恐怖主义发展的势头。

第一节　东南亚地区恐怖主义形势

2017 年东南亚恐怖主义活动不断，暴恐目标、手段及恐怖分子构成呈现出新特点，对东南亚社会、经济和国际形象造成巨大影响。

一、恐怖主义形势严峻

（一）暴恐事件数量居高不下

澳大利亚经济与和平研究所发布的《全球恐怖主义指数（2017 年）》

评估指出，东南亚近半数国家属于恐怖主义高危国，其中菲律宾排名第12位，泰国排名第16位，属于恐情高发国；缅甸排名第37位，印尼排名第42名，存在较高的恐袭风险；马来西亚排名第60位，恐袭风险也不低。据和平宗教网统计，2017年全球打着伊斯兰教名义的恐怖主义袭击共发生了2035次，其中泰国发生39起，占全球的1.9%，菲律宾除持续5个月的马拉维战役外，还发生19起恐袭，高于全球平均水平。[①] 据马来西亚高级法院估计，2016年共处理40起涉恐案件，而在2017年前两个月就已处理了28起，创下新高。

（二）出现波及数十万人的重特大暴恐事件

东南亚的恐怖袭击多为小规模恐袭，2002年巴厘岛爆炸案造成202人死亡，是东南亚21世纪以来较大型的恐怖袭击。但2017年菲律宾却经历了一场历时5个月的城市暴恐战，自5月23日至10月17日，菲律宾两支效忠极端组织"伊斯兰国"的武装力量——"穆特组织"和"阿布沙耶夫"组织——占领菲律宾棉兰老岛上的马拉维市。菲律宾军队进行了5个月的城市战斗，才彻底解放马拉维市。这场战斗造成了162名政府士兵和警察阵亡，超过1400名士兵受伤，并导致47名平民死亡，逾46万名居民逃离家园。此外，缅甸的暴恐袭击引发了数十万人流离失所，也引起国际社会广泛关注。2017年8月25日，约1000名"若开罗兴亚救世军"袭击缅甸若开邦的30个警察哨所，造成12名政府官员和警察死亡、9名警察受伤。缅甸军方随即赶赴若开邦镇压武装分子，双方随后火拼月余，最终造成超过60万罗兴亚人逃亡。这起恐怖主义袭击导致了近年来罗兴亚武装分子和缅甸政府军发生规模最大、死伤人员最多、波及范围最广的冲突。

（三）这种严峻的形势是由多方面原因造成的

一是东南亚部分国家存在恐怖主义的土壤。菲律宾南部多年来因族群矛盾和宗教冲突，持续涌现出希望独立建国的伊斯兰教组织，加之该地经济发展落后，处于政治经济的边缘地带，为恐怖主义滋生提供了肥沃的土

---

① "List of Killings in the Name of Islam：2017"，https：//www. thereligionofpeace. com/attacks/attacks. aspx? Yr=2017.（上网时间：2018年1月23日）。

壤。缅甸罗兴亚人问题存在近百年，2012 年来宗教和族群冲突呈加剧趋势，2015 年罗兴亚人难民危机后，缅甸和孟加拉境内的罗兴亚穆斯林武装分子就加大对缅甸政府的袭击；而且罗兴亚人困境所触发的恐怖袭击，早就有从缅甸扩大到其他东南亚国家的倾向，如 2011 年印尼恐怖组织“希斯巴赫”[①] 为给罗兴亚人“报仇”，攻击印尼梭罗的多所佛寺。

二是中东剿恐局势加剧了东南亚恐情恶化。伊叙战场上，阿勒颇、摩苏尔、拉卡三大战役已见分晓，“伊斯兰国”丧城失地，四散溃逃，向印—太地区扩散；为东山再起，勾连东南亚本土恐怖组织，另辟据点，就地“圣战”。[②] 美国战略与国际研究中心估计，2016 年底“伊斯兰国”有 700—1000 名来自东南亚的圣战分子，这些人若归国后，势必建起联系网，并具备发动恐袭的能力。2016 年“伊斯兰国”组织在东南亚的支持者就发布视频，呼吁同胞不必前往叙利亚，可转而赴菲南参与作战，或在自己居住地发动袭击。2017 年马拉维事件中确实有大量的“伊斯兰国”回流圣战分子和很多不具备去“伊斯兰国”参加圣战、转而投奔菲南的“圣战”分子。

三是温和穆斯林社会中存在激进化因素。以印尼为例：一方面，伊斯兰教日益成为政治斗争工具，印尼总统佐科为首的改革派和既得利益阶层之间的斗争正浮出水面，既得利益阶层抓住佐科的得力助手钟万学引用《古兰经》不妥的行为，鼓动强硬派穆斯林向佐科施压。在政治势力的炒作和推动下，强硬派的伊斯兰教组织很容易失控，进而走向极端化。另一方面，部分激进化组织利用社会中现有的种族矛盾、社会不公、政府的不当作为，宣传极端思想，破坏社会包容性。印尼国民军总司令加托·努尔曼蒂 6 月在雅加达传媒大会上致辞时表示，极端主义思想已经在印尼扩散开来，“印尼几乎所有的省份都有‘伊斯兰国’组织的蛰伏细胞组织存在”，他们现在还不活跃，可思想已经激进化，一旦受到诱发，就会行动起来。

---

① 该组织是印尼恐怖组织唯一真主游击队的附属组织。

② 陆忠伟：“马拉维之战触动菲律宾安全神经”，http：//www.cssn.cn/gj/gj_hqxx/201711/t20171124_3753544.shtml.（上网时间：2017 年 11 月 24 日）

二、参与者背景日益多样化

东南亚参与恐怖主义活动的人员，或存在激进化思想的潜在恐怖分子日益呈现出普遍化、普通化的特征，参与者不再只是贫穷的男性或受过恐怖训练的人员，日益增多的女性、高学历高收入人员被“伊斯兰国”的宣传所吸引，且呈现出较强的年轻化、跨国性的特征。此外，随着恐怖主义活动头目大多被擒，越来越多的恐袭分子“未受专业训练”，其恐袭目的也客观上从尽量多的制造恐慌转变为“彰显存在”。

（一）女性参与者日益增多

印尼冲突政策分析研究所2月发布报告称，印尼女性不再只在背后支持其有极端思想的丈夫，而是开始日益积极地参加恐怖主义活动，她们通过社交媒体接触“圣战者”、参加“圣战者”网上聊天室等，印尼还出现试图成为自杀式炸弹袭击者的女性群体，凸显出女性在暴力极端主义中正扮演着更加积极的角色。2017年8月29日，一名印尼妇女因试图充当人体炸弹被判处七年半的有期徒刑，这是印尼首次有女性因企图成为人体炸弹而被判刑，和她一起判刑的还有帮她策划恐袭的女同伙，她们于2016年12月被捕。自那以后，印尼还陆续逮捕了几名试图在巴厘岛进行自杀式炸弹袭击的女性恐怖分子。2017年6月12日，新加坡也拘留了一名激进化女子，这是新加坡首名因激进化而被拘留的女性。此外，印尼冲突政策分析研究所2017年7月的报告还披露，有45名在香港工作的印尼女佣处于“激进化边缘”，部分女佣试图通过加入“伊斯兰国”来争取个人权利；部分女佣通过互联网认识伊斯兰武装分子的男友，并受到对方影响而变得激进化。

（二）对高学历人员吸引力上升

此前学界认为“伊斯兰国”对印尼等东南亚公民的吸引力来自经济因素，因为“伊斯兰国”不仅为其成员提供高薪，还为其成员家属提供津贴。但1月16日印尼前财政部官员乌托默（Triyono Utomo）及其妻、子在土耳其被捕后，这一说法遭到质疑。乌托默2016年辞去工作、变卖所有财产，以筹集资金前往叙利亚，原因只是他想和家人住在“哈里发国”。

乌托默的案例让东南亚学界认识到，高学历且具有一定经济能力的人也可能被“伊斯兰国”所宣传的意识形态所吸引，这进一步加大了政府打击极端主义的难度。

（三）年轻化倾向明显

马来西亚警方政治部反恐组主任阿育汉表示，“伊斯兰国”组织通过社交媒体散布其“圣战”信息并招收新成员，最易受影响的是青年，被警方逮捕的涉及“伊斯兰国”组织活动者中有91％都是青年[①]。一方面，恐怖分子加强对学校的思想渗透，在年轻人心中植入激进思想。他们潜入校园或通过社交媒体宣传，寻找受到社会排挤、经济状况不佳或对现行政策不满的年轻人。菲律宾和平、暴力与恐怖主义研究所称，在棉兰老岛世俗学校、伊斯兰宗教学校，甚至日间托管中心都成了恐怖分子招募“新血”的温床。印尼以极端组织伊斯兰解放阵线（HTI）为首的激进组织，通过其在教师队伍中的支持者和同情者，把宗教极端思想渗透入高中和大专学府。印尼民调显示，目前，印尼有近两成的高中和大学学生支持将印尼这一世俗国家改造成实施伊斯兰教法的哈里发国。另一方面，恐怖分子通过金钱、美女等利益诱惑年轻人上钩。向菲律宾军方自首的青年供认，他们在受训期间不仅有免费膳食，每月还有丰厚的报酬，训练优秀所获得的奖励是可以和心仪的美女结婚，利益诱惑加大了政府与恐怖分子争夺年轻人的难度。马拉维战役结束后，恐怖分子利用在马拉维市搜刮的财富，立刻开始招兵买马。据披露，恐怖分子招募新人时，先付给对方父母7万比索，之后每月付3万比索，杀死一名军人可以再获得1万比索的“奖金”，相较而言，棉兰老岛穆斯林自治区的家庭平均月收入仅1.1万比索[②]，使得这样的招募条件很具吸引力。

---

① “马警方情报：‘伊国’组织分子 已计划招人赴缅参加‘圣战’”，http：//www.zaobao.com/special/report/politic/attack/story20170918－796079.（上网时间：2017年9月18日）

② “菲军方：以搜刮财物招兵买马 马拉维战役逃逸叛军头目或发动新恐袭”，http：//www.zaobao.com/special/report/politic/attack/story20180124－829521.（上网时间：2018年1月24日）

（四）跨国性特征显著

一方面，东南亚以外国家的激进分子赴东南亚“圣战”者增多。随着“伊斯兰国”势力减弱、“圣战”分子在赴“伊斯兰国”路途中被捕风险高，东南亚日益成为“圣战”分子心中较理想的“第二战场”。马拉维战役中，有数十名来自巴基斯坦、沙特阿拉伯、车臣、也门、印度、摩洛哥和土耳其的恐怖主义分子[①]；马来西亚、菲律宾都曾抓捕到在东南亚从事恐怖活动的孟加拉、也门、科威特、叙利亚、阿尔巴尼亚等国的恐怖分子。另一方面，东南亚内部激进分子联系增强。2017 年在东南亚发生的恐袭或破获的恐袭图谋中，都不同程度的存在跨国合作策划、异国作案、异国提供资金、炸药支持等特点。如 2 月马来西亚破获一起由一名马来籍男子和一名印尼籍男子共同策划的汽车爆炸案；3 月马来西亚破获的一起针对警局发动恐袭的嫌犯，就是从印尼苏拉威西岛的“伊斯兰国”下属细胞组织获得炸药。在马拉维战役中，发现有数十名来自印尼、马来、新加坡的恐怖分子参与战斗；马来西亚和印尼也时常抓捕到外籍恐怖分子在本国作案。这是因为东盟成员国实行互免签证，加上印尼、菲律宾、马来西亚海岸线长期缺乏防卫人手，恐怖分子可以非常容易的利用海路在这几个国家中流窜；印尼、马、菲的恐怖分子都有在阿富汗或菲南受训背景，彼此存在天然联系；“伊斯兰国”组织指导各国恐怖分子在资金、人员、武装装备中互通有无，建立“哈里发国”的意识形态让恐怖分子更加突破国界意识；在叙利亚的“伊斯兰国”组织中还有“马来群岛单位”组织，该组织的特点是恐怖分子能用马来语沟通，成员包括印尼人、马来西亚人、菲律宾人和新加坡人，该组织统筹、指导其在本国的同伙共同在东南亚作案。

---

① “研究显示 菲南动乱区已成‘伊国’组织区域中心”，http：//www.zaobao.com/special/report/politic/attack/story20170531－766350.（上网时间：2017 年 5 月 31 日）“菲军方向叛军喊话：投降或死”，http：//www.zaobao.com/special/report/politic/attack/story20170531－766348.（上网时间：2017 年 5 月 31 日）

（五）“训练不足”的恐怖分子涉案率提高

近年来，由于东南亚各国加大对恐怖主义组织的打击力度，曾受过军事训练的头目多被捕或被击毙，导致各国目前的恐怖势力进入一个“青黄不接”的时期，特别是印尼的很多恐袭者都是新手，如 2 月 27 日万隆政府楼外的压力锅袭击事件中，袭击者“鲁莽且笨拙”；3 月 8 日袭击警察局的“神权游击队”成员在与警方交火中“无法击中目标，显示出他们未受过任何军事训练”，“发动袭击只是为了显示他们仍然存在”①。

三、暴恐目标针对军警

2017 年恐怖分子袭击军警的比例较高，如 2017 年发生在泰国的 39 起恐怖袭击中，有 7 起涉嫌袭击军警②。加大针对军警的恐袭活动，部分是由于近年来军警对恐怖分子强力打压、赶尽杀绝，导致恐怖分子试图对警方以牙还牙；还有是因为袭击军警能够更大程度地吸引社会关注，打击民众对军警的信心；而且一旦成功，还可从军警的武器库中补充弹药等装备。

在 2017 年的袭警案件中，除缅甸 8 月 25 日凌晨约 1000 名武装分子以自制炸弹和小型武器进攻了若开邦孟都和布迪当两镇的 30 个警察哨所，导致 11 名警察和 1 名移民官牺牲，9 名警察受伤，并引发了持续数月的罗兴亚人难民危机较为突出外，印尼的袭警事件也明显增多，在印尼全国恐袭事件中占比较高，引人注目。

4 月 8 日，印尼东爪哇的一个交通警察哨所遭到 7 名武装分子袭击，7 名武装分子驾车到交警哨所前，向警员开枪，引发警方驱车追逐。在追逐过程中，武装分子还对警方继续开火。随后袭击者在图班的一个村庄弃车逃逸，并与警方发生枪战，警方击毙其中 6 人、生擒 1

① “境内伊国势力虽遭重挫印尼警方：仍须慎防‘训练不足’恐怖分子干案”，http：//www. zaobao. com/special/report/politic/attack/story20170412 － 747459.（上网时间：2017 年 4 月 12 日）

② “List of Killings in the Name of Islam：2017”，https：//www. thereligionofpeace. com/attacks/attacks. aspx? Yr＝2017.（上网时间：2018 年 1 月 23 日）

人。5月24日，印尼首都雅加达发生两起炸弹爆炸，造成3名警察死亡、6名警察和6名平民受伤，两名自杀爆炸袭击者也当场死亡，这是继2016年1月雅加达爆炸案后印尼伤亡最为严重的爆炸袭击，据警方披露，这起袭击目标主要针对巴士总站附近针对斋月游行维持治安的警员。6月25日两名“伊斯兰国”武装分子进入北苏门答腊省首府棉兰的一个警岗，高呼“安拉至上”后，刺死一名警员。6月30日，两名警察在南雅加达警察总部附近一所清真寺祈祷后，被一名男子用匕首刺伤，袭击者随后被其他警察击毙。11月12日，印尼两名恐怖分子试图在西苏门答腊省哈马斯拉雅县烧毁当地警察总部大楼，并用弓箭攻击警员，尽管恐怖分子后来被警方击毙，警方无人受伤，但该县警察总部的所有建筑都被烧毁。

印尼警方还破获了一系列针对警局的恐怖袭击。3月底，印尼警方逮捕3名计划袭击警局的“神权游击队”的人员，其中包括该组织现任头目再纳·安沙里（Zaenal Anshari）。8月15日，印尼警方在西爪哇省首府万隆市逮捕了5名“神权游击队”嫌疑人，这些嫌疑人计划使用化学物品制造炸弹，在8月底对印尼总统府、雅加达和西爪哇的警局发动袭击。10月24日，印尼警方分别在廖内省和南苏拉威西省逮捕了8名和1名嫌犯，他们试图策划对各地警察局开展系列恐怖袭击。

四、“组织策划”能力提高

（一）成功策划并占领了马拉维，通过罗兴亚人事件吸引了全球注意力

2017年东南亚恐怖主义形势格外引人注目。持续5个月的马拉维战役是二战后菲律宾所遭受的最严重的战事，恐怖组织成功避开菲律宾军警方面的侦查，进行了大范围的恐怖分子招募、吸引全球恐怖分子赴菲律宾参加“圣战”，通过城市战、绑架人质作为肉盾的方法，束缚菲律宾军警的手脚，即便最后菲律宾成功解放马拉维，但仍付出了惨痛的代价。“若开罗兴亚救世军”策划千余人，在同一晚对不同警局发动袭击，让警力互助顾此失彼；在缅甸政府军开往若开邦后，该组织利用互联网引导国际舆论走向，迅速把一起暴力袭警事件转变为缅甸军队对罗兴亚人的镇压，充分

获得国际舆论关注和同情。这两起事件均突出体现了恐怖分子“组织策划”能力的提高。

（二）宣传方式富有煽动性，手段与时俱进

菲律宾最大叛军组织摩洛伊斯兰解放阵线（MILF）的首席谈判代表莫哈格（Mohagher Iqbal）指出，极端分子善于挑动潜在极端力量的怨愤情绪，选择性地引用《古兰经》的部分词句，向追随者宣扬暴力、表达诉求。菲律宾和平、暴力与恐怖主义研究所称，极端分子在棉兰老岛招兵买马“非常老练成熟”；“若开罗兴亚救世军”成员披露，该组织在警局袭击后，一个小组两天内就能招募数十名罗兴亚青年参与战斗。恐怖分子主要通过 Facebook、WhatsApp、telegram 等社交媒体从事恐怖主义思想宣传、人员招募、恐袭策划等活动，一方面受众者众，能够最大程度地吸引潜在力量，另一方面这些社交媒体信息量大，较易避开警方侦查。马来西亚警方审查被捕恐怖分子时发现，在叙利亚的马来西亚籍恐怖分子头目多使用马来西亚手机号码，通过 WhatsApp 或 Telegram 等即时聊天应用与留在马来西亚的“伊斯兰国”组织人员联系，煽动其出国“圣战”或在国内发动独狼式袭击；多数马来西亚恐怖嫌犯从未出过国，更没去过叙利亚，主要是通过社交媒体接触“伊斯兰国”恐怖分子并受其影响，甚至连炸弹制作方式都是在社交媒体上学习而来的。

（三）有严密的资金流转渠道

东南亚恐怖活动的资金至少由三种方式构成，部分由“伊斯兰国”汇给在东南亚的武装分子；部分由当地恐怖分子向各地同情者筹募而来；部分来源于绑架勒索的赎金。前两种资金流转有较严密的流转渠道，以避开警方的检查。如为马拉维武装分子筹募大部分资金的马来西亚大学伊斯兰研究院前讲师马哈茂德·艾哈迈德（Mahmud Ahmad），从 2014 年至 2017 年为“穆特组织”筹募超过 50 万令吉，[①] 其具体筹款方式多是从各地“伊斯兰国”的支持者或“伊斯兰国”组织在叙利亚的东南亚

① “马拉维最后一击 菲击毙两恐怖组织头目”，http：//www.zaobao.com/special/report/politic/attack/story20171017－803447.（上网时间：2017 年 10 月 17 日）

成员处筹募。从“伊斯兰国”的汇款主要通过在叙利亚的恐怖分子指示其留在国内的同伙在国内开设户头，叙利亚的恐怖分子筹到的钱都存至这个新户头，积攒一段时间后通过非法中介携款抵达马来西亚沙巴，随后非法入境棉兰老岛，将现款放到指定位置，再由激进分子领取后转交给马哈茂德·艾哈迈德。[①]

（四）逐步掌握炸弹制作技能，并试图引入化学武器

3月13至16日，菲律宾派遣军机和炮兵部队攻击棉兰老岛上邦萨摩洛伊斯兰自由战士的一个基地后，起获了5个已经完成的简易爆炸装置及制造炸弹的手册和原料。8月15日，印尼警方在西爪哇省首府万隆市逮捕了5名“神权游击队”嫌疑人，这些嫌疑人计划使用化学物品制造炸弹，企图在8月底对印尼总统府、雅加达和西爪哇的多个警察局发动袭击。这些炸弹一旦制造成功，除了具备和普通炸弹一样的破坏力外，在爆炸过程中产生的有毒气体还将对人体内部器官造成严重伤害，这暴露出印尼武装分子企图使用化学炸弹实施攻击。

（五）潜伏周期变长

通过警方破获的部分案件可以看出，部分恐怖分子潜伏周期、策划进程变长，不急于一时之功，这客观上使恐怖袭击的策划更加周密，行踪更难让警方发现。据部分媒体披露，“穆特组织”对马拉维袭击的策划长达7年。[②] 5月马来西亚警方破获一个从泰国南部走私武器到马来西亚的组织，该组织已持续走私武器长达一年多，走私后储存起来，准备发动袭击。7至9月期间，马来西亚逮捕了一批恐怖分子，他们图谋在吉隆坡8月底举行的东南亚运动会闭幕式和马来西亚国庆时发动恐怖袭击，在警方的审问

---

① “马伊国组织成员支援菲南 三年筹逾16万元作战经费”，http：//www.zaobao.com/special/report/politic/attack/story20170802－783795.（上网时间：2017年8月2日）

② “菲恐怖分子推娃娃兵上阵 政府军：不得已会开枪”，http：//news.sina.com.cn/o/2017－08－28/doc－ifykiqfe2249590.shtml.（上网时间：2017年8月28日）

中发现，其中有7名恐怖分子在两年前就偷渡到马来西亚，以保安人员的身份做掩护，伺机发动袭击。

第二节　东南亚地区主要反恐措施

针对2017年东南亚恐情发展的新特点，东南亚国家更加重视打击恐怖主义和极端主义，将反恐作为政策优先解决的问题。各国对外一方面加强区域内协作，打击恐怖分子越境作案，另一方面强化与区域外的配合，共同挫败全球恐怖主义；对内除了加大军事打击力度外，还采取多种非军事手段消除恐怖主义蔓延的根源，谋求战胜恐怖主义，实现持久和平。

一、加大军事打击力度

一方面，加大情报侦查，挫败多起恐袭阴谋。1月13至19日马来西亚抓捕四名恐怖主义嫌犯，挫败了“伊斯兰国”组织为掩人耳目，试图让其东南亚和南亚的新进成员先入境沙巴，然后设法前往菲律宾南部的马拉维市参加恐怖活动的计划①。2月21日马来西亚逮捕7名恐怖分子，其中两人试图在马来西亚发动汽车炸弹恐袭，4名也门公民涉嫌参与伪造证件，另一人在马来西亚中转试图赴他国从事恐怖活动。3月中旬，马来西亚逮捕两名密谋炸弹袭击打巴县警局的嫌犯。4月6日，菲律宾警方抓捕一对涉嫌“在菲律宾或科威特开展炸弹袭击”的中东夫妇。5月，马来西亚警方发现部分恐怖分子一直从泰国走私武器至位于吉兰丹的基地，伺机发动袭击。8月15日，印尼警方逮捕了5名计划使用化学武器对印尼总统府、雅加达和西爪哇的警局发动袭击的嫌疑人。8月30日，马来西亚警方逮捕了8名阿布沙耶夫武装分子，掌握了其试图在东南亚运动会闭幕式和马来西亚国庆期间发动恐袭的图谋，并在9月开展多次突击行动，扫荡了藏匿

---

① “逮捕四恐嫌 马国挫败伊国组织‘中转站’计划”，http：//www.zaobao.com/special/report/politic/attack/story20170124－717088.（上网时间：2017年1月24日）

在马来西亚各地的恐怖分子，陆续逮捕了34人。10月马来西亚逮捕一名策划袭击清真寺、基督教堂和印度教神庙等宗教场所，图谋制造种族和宗教冲突的嫌犯。10月24日，印尼逮捕9名策划对各地警察局开展系列恐怖袭击的嫌疑人。

另一方面，加大打击力度，抓捕或击毙大批涉恐嫌犯。2017年印尼反恐特遣队在多次反恐行动中逮捕154名恐嫌，歼灭16人。马拉维战役中，菲律宾军警共消灭919名武装分子，几乎清除了“穆特组织”和阿布沙耶夫武装这两大本土恐怖组织的核心领导层，重创菲律宾国内恐怖组织。此外，各国陆续逮捕了一批参与恐怖活动的嫌犯，他们主要从事恐怖分子的招募、资金筹集、恐怖活动策划工作。3月初，马来西亚警方抓捕一批恐怖组织嫌犯，其中一人为山打根机场移民局女官员，她涉嫌协助没有合法证件的“伊斯兰国”分子从沙巴进出菲律宾南部从事恐怖活动；有两人涉嫌帮助3名印尼恐怖分子从沙巴偷渡到菲南；一人涉嫌帮助马来西亚大学伊斯兰研究院前讲师马哈茂德·艾哈迈德（Mahmud Ahmad）募款；还有一人是2016年袭击马来西亚movida酒吧的嫌犯之一，该案件是“伊斯兰国”在马来西亚制造的首起恐怖袭击。10月马来西亚逮捕两名涉嫌为马来西亚极端组织卡伊达组织（Tandzim Al-Qaeda Malaysia）招募新人的嫌犯，他们甚至试图在打巴监狱招募“新人”。同月菲律宾逮捕一名涉嫌在社交媒体上招募外国穆斯林赴马拉维市进行支援的女性嫌犯。12月初，印尼警方为防范恐怖分子在圣诞节和元旦期间发动袭击，拘捕18名与以往恐袭和之前拘捕罪犯密切相关的嫌疑人。

二、增进防范意识，提高安保警戒水平

（一）继续完善法律法规建设

2017年印尼继续讨论《反恐法》修订案，拟定的新反恐法赋予执法单位更大的权力，凡是在印尼国内外参加军事训练、执行恐怖主义活动或为恐怖组织招募人员的行为均属违法；电子通讯内容、情报报告、财务交易可以作为指控恐怖嫌犯的呈堂证物；允许未经审判关押嫌犯一周，让警方有更多时间搜集足够证据控告对方，防范性拘留嫌犯的最长时限从目前的120天延长至180天；出国接受武装组织训练或参加恐怖袭击的印尼公民

将被剥夺公民权。但新加坡南洋理工大学拉惹勒南国际关系研究院高级研究员比尔维尔星（Bilveer Singh）指出，印尼新反恐法颁布后，被赋予新权力的各反恐机关如何协调与合作将是一大挑战，因为目前警方、军方和国家情报机关间的竞争已较大地制约了印尼的反恐政策。此外，即使按照现在拟定的方针颁布反恐法，其严厉程度也不如其邻国马来西亚 2016 年颁布的新反恐法。马来西亚反恐法规定，未经审判关押嫌犯的时限可长达两年，之后还可以再延长两年。

（二）严防激进化信息在互联网上的传播

8 月，东盟外长会联合公报指出，要采取得力措施遏制极端主义言论在网络空间泛滥，11 月份的东亚峰会也提出东盟要与中、美、日、韩、澳、新、印、俄开展合作，严格管控在互联网和社交平台上传播恐怖主义思想。6 月菲律宾发现菲南极端组织用假名字在“脸谱”（Facebook）上开设了 63 个账户，借此散播有关政府和武装分子在马拉维交火的不实信息，试图影响菲律宾人的思想，散布恐怖情绪。菲律宾军方因此要求社交媒体公司“脸谱”关闭了数十个伊斯兰激进武装分子的账户。2016 年 12 月 31 日，印尼国家警察总长狄托表示，反恐和打击网上造谣者是 2017 年的首要任务，经过一年的努力，2018 年 1 月 3 日印尼宣布成立网络安全机构，该机构负责打击通过网络传递信息的恐怖组织网络，遏制网上散播的仇恨言论。

（三）在易受攻击地区、暴恐高发时间节点加强军事威慑和戒备

3 月马来西亚水警评估，未来要加强在重点水域如吉打州浮罗交怡、霹雳州南部及柔佛州麻坡的海上巡逻和保安设备，因为这些水域是恐袭的热点目标。4 月因全球频遭“独狼式”袭击，马来西亚提高应对恐怖袭击的警戒级别。5 月马拉维冲突爆发后，菲律宾宣布对棉兰老岛实施 60 天的军事管制，随后两次延长军事管制时间，延至 2018 年年底；菲律宾的邻国

马来西亚宣布收紧与菲律宾、泰国和印尼的边界管制①，印尼加强在与菲律宾交界处的警力部署，派遣空军监察印尼北部靠近菲南的边界，海军出动军用潜艇和军舰在边界水域巡逻，陆军也加强在边界偏远岛屿的监察任务②。6月泰国情报机构在得知泰南武装分子有可能在旅游胜地甲米府和普吉府发动新一轮袭击后，立即在两府市区安装监控、加强国际机场和海港地区的安保，以防范恐怖袭击。斋月期间，马来西亚调派4万警力，加强巡逻、提高戒备，派人全天候守在国内热门和人流量大的地点、政府机构以及恐怖分子时常作案的沙巴海域一带，防止恐怖分子在马来西亚犯案。东南亚运动会期间，马来西亚情报得知一些恐怖分子可能以外劳身份入境并伺机发动恐袭，马来西亚警方联合多个执法部门开展反恐巡逻，巡逻由反恐组领队，参与者包括马来西亚警察普通行动部队、联邦后备队、警犬队、交警、拆弹小组、特别行动队、移民局、国家登记局、民防部队和国际刑警；马来西亚警方还特别邀请了马来西亚原子能照射局参加反恐巡逻，并向国际原子能机构借用扫描放射性物品的仪器，严防恐怖分子利用放射性武器开展恐袭；巡逻队在吉隆坡的商场、停车场逐一检查外国人的证件，还截停公交车，登车检查，对携带伪造证件、他人报失证件以及涉嫌参与“伊斯兰国”活动的外国人进行拘捕。

（四）加大反恐投入，强化军警能力

8月泰国皇家空军决定培养一批空中警卫，身穿便服搭乘民航高风险的航班或飞往高风险国家的班机，以防恐怖分子谋划劫机事件。培训计划从8月1日开始，泰国安全司令部挑选出40人接受为期一个月的射击、自卫、模拟训练、突击队训练、降落伞跳跃和特殊作战训练，以培养其发

---

① “Malaysia to tighten security at borders with Philippines, Thailand, Indonesia: Defence minister Hishammuddin”, The Straits Times, http://www.straitstimes.com/asia/se-asia/malaysia-to-tighten-security-at-borders-with-philippines-thailand-indonesia-defence.（上网时间：2017年5月28日）

② “Indonesian security forces preparing against IS infiltration in wake of Marawi”, Asian Correspondent, https://asiancorrespondent.com/2017/06/indonesian-security-forces-preparing-infiltration-wake-marawi/#qDzepPaQMSzSfCz3.97.（上网时间：2017年6月1日）

现、吓阻和制止任何对飞机、机场、乘客和机舱人员不利行动的能力。12月马来西亚宣布从2018年1月1日起对入境乘客收取35令吉（约合人民币57元）的“反恐费”，该笔费用用于支付入境乘客预先扫描系统，该系统预计未来15年耗资80亿令吉，该系统的建立将成为马反恐和防范恐怖分子潜入的措施之一。根据规划，航空公司必须将所有乘客资料上传至该系统，让移民局官员精准过滤所有登机者的背景，利用该系统，值勤官员能迅速查到一个人是否名列恐怖分子名单，以在必要时阻止该人登机。印尼则将于2018年扩大反恐队伍，增聘600名反恐人员，将现有反恐特遣队（Densus 88）扩充到1300人，以更加严密的监控“伊斯兰国”组织在印尼的联络网，防范“独狼”发动袭击。印尼警察总长狄托称，新增反恐警察会被派往“我们认为有‘伊斯兰国’组织的省份”。

三、营造宽松氛围，积极争夺思想阵地

正如东盟外长会联合公报中提出的那样，打击恐怖主义，不能靠纯军事手段，还要诉诸于预防教育、公民社会参与、尊重多元文化等手段，标本兼治。近年来，印尼、马来西亚强硬派穆斯林抬头，社会日趋保守而不具包容性；菲律宾部分宗教激进分子不满足于各反政府武装与政府和谈结果，试图采用武力手段表达政治诉求。针对这些情况，各国政府致力于打击强硬派穆斯林，对温和穆斯林团体则加强宣传，提供正确的伊斯兰教知识，以抵抗激进思想的传播。

印尼总统佐科多次表示不允许任何人或任何组织破坏印尼的世俗社会基础和多元主义。一方面，印尼政府强力镇压甚至取缔部分强硬穆斯林组织。5月印尼警方通缉强硬派穆斯林组织“伊斯兰捍卫阵线”领袖里齐克。分析人士认为，这显示出佐科开始对极端伊斯兰分子采取更严厉的压制行动。7月，佐科签发政令，授权政府有权在不经审讯的情况下，查禁、解散任何违反印尼建国五大原则[①]的宗教极端组织和团体。印尼政治、司法与安全事务统筹部长维兰托表示，颁布这条政令是因为有些组织“威胁到

---

① 印尼建国五大原则是“信仰神道、人道主义、民族主义、民主主义、社会公正”，其中信仰神道强调每个人宗教信仰虽然不同，但要和睦相处，互相尊重、帮助和体谅，提倡宗教多元主义和包容性。

国家的存亡，在社会中制造矛盾”，有法律专家指出，新政令旨在解散激进组织印尼伊斯兰解放阵线（HTI）。5月8日，印尼政府以HTI的活动威胁到国家的安全与稳定、违反印尼建国原则和1945年宪法为由，宣布解散HTI。但根据非政府组织法令，解散过程冗长，直到7月新政令签发后HTI才正式被解散。

另一方面，加强对归国武装分子的去激进化教育。印尼国家反恐局规定，所有从叙利亚归国的印尼人必须参加一项去激进化课程。根据该计划，归国者必须在专门的改造中心接受为期一个月的辅导，这些辅导由反恐官员、军警人员、教士和前激进分子讲授，改造计划完成后，改造中心会和反恐特遣队、全国反恐局和社会事务部官员开会，对受训者进行逐个评估，合格者方能回家。反恐局认为，社会必须学习接受这些重返社会的去激进化家庭，若是疏远他们，或让他们感到受辱，最终只会把他们再次推回极端主义。但反对意见认为，大部分归国人员都受激进意识影响多年，有人甚至参与“伊斯兰国”组织的作战，仅仅接受一个月的学习过于宽松。曾参加过改造计划的嫌犯亚雅特于2017年2月制造了万隆恐怖袭击，更加为反对意见提供了印尼改造恐怖分子策略失败的佐证。但受制于印尼法律的规定，加入或企图加入“伊斯兰国”并不是罪行，无需接受法律制裁；政府也未明确列出外国恐怖组织的名单，使执法部门没有合法的执法依据。因此在《反恐法》完成修订之前，印尼只能尽可能完善去激进化计划。印尼警方发言人博伊在亚雅特案后坦陈，警方需继续加强与反恐局、社会和人权部、社会事务部间的配合，“制定更完善的计划”，确保前恐怖分子不会重蹈覆辙；政府应协助前激进分子重返社会，避免获释后受到歧视。国会法律修订特别委员会主席莫哈末指出，未来去激进化计划应更有针对性，若是因经济问题成为恐怖分子，就由社会事务部负责，为他们提供技能培训，帮助其出狱后能找到工作；若是由于思想激进，就由宗教事务部处理。

部分温和穆斯林团体也积极参与到与极端势力的斗争中来。如印尼最大的穆斯林团体伊斯兰教士联合会提出保护“印尼共和国联合之邦”的口号，致力于维护宗教包容性，主张伊斯兰教信徒与其他宗教信仰者地位平等，宪法才是印尼这个现代化国家的指导原则。不过在近年印尼宗教排他情绪抬头之际，有些温和穆斯林团体也采用更为强势的手段，包括出动青年团准军事部队，通过和平手段、利用人数优势勇闯强硬派穆斯林组织的集会，取下对方的横幅、旗帜，交给警方处置；以及在印尼各地召开宣传大会，与伊斯兰团体和政府机构举行对话会，致力于促进穆斯林团体就如何诠释伊斯兰古法以适应现代社会所需达成共识。

宗教界领袖则通过宣传正确的伊斯兰信仰，来抵御激进思想的传播。针对青年人存在激进化的倾向，印尼伊斯兰习经院协会东爪哇分部开设“数码伊斯兰习经院”，通过网络提供伊斯兰教育和科技知识，以遏制极端伊斯兰思想在互联网和社交媒体的散播。6 月，爪哇岛各地数百所伊斯兰习经院举办研讨会，讨论如何增加宗教包容精神。在研讨会上，各习经院决定成立一个致力于推广温和伊斯兰教义的习经院联盟。菲律宾南部邦萨摩洛区的伊斯兰法典说明官阿贝胡莱拉 7 月初发布教令，“反对暴力激进主义或极端主义在邦萨摩洛的任何地区登陆和传播”，菲律宾反政府武装摩洛伊斯兰解放阵线随即表示“毫无畏惧、毫无保留地全力支持这项指令”，并呼吁其政治和军事支部严格遵循指令，“确保暴力极端主义或激进主义无法在我们社区的任何一处扎根，因为它们和伊斯兰教义毫无关联”。

但马来西亚各界批评称，政府在抵御社会保守化中表现不力。马来西亚政府虽积极反恐，各级官员也经常呼吁要“实践中庸之道”，促进社会包容性，但部分组织认为“政策上的中庸没有反映在实践上”。马来西亚立场温和的非政府组织马来显要组织（G25）发言人诺法丽达甚至批评指出，当前隶属首相署伊斯兰发展局的伊斯兰策略研究所（IKSIM）就非常保守，该所认为所有自由主义与中庸的穆斯林都威胁国家安全，该所发表的文章主张将马来西亚打造成伊斯兰国，而政府批准该所为全国公务员举办讲座，这将导致该所将错误信息传播给公务员。

四、继续加强国际反恐合作

正如菲律宾总统杜特尔特所说，“恐怖主义和暴力极端主义威胁着本地区的和平、稳定与安全，这些威胁没有边界。”针对恐怖活动日益突出的跨国性特点，东南亚国家不仅加强了相互间的防恐、反恐合作，还不断强化与域外国家的合作。

（一）加强东南亚国家间，特别是马来西亚、印尼、菲律宾间的国际反恐合作

2017 年 3 月马来西亚和印尼水警开展演习，提出加强双方情报互换，讨论允许两国水警到对方专属经济区执法的可能性。6 月，菲律宾、马来西亚、印度尼西亚在印尼正式启动“三边海上巡逻”，联合打击苏禄海的恐怖主义和跨国犯罪活动，新加坡和文莱受邀以观察员身份参加仪式，菲、马、印尼三国希望未来能吸引新加坡和文莱共同参与巡逻；10 月，三国在马来西亚苏邦空军基地举行仪式，正式启动联合空中巡逻，应对三国交界的苏禄海区域的恐怖主义威胁、海盗和跨国犯罪等活动。根据三国达成的共识，联合空中巡逻将实行月度轮换制，并将适时互相开放领空，自 11 月起由马来西亚、菲律宾、印尼三方空军先后领导联合行动。9 月，文莱、印尼、马来西亚和菲律宾的军政要员首次一起巡视菲律宾南部巴拉望省孟西岛，讨论共同加强在菲南水域的反恐安全合作，开展安全情报共享，共推社会经济发展。

区域层面上，8 月东盟外长会上，各国外长提出要继续与“伊斯兰国”及其他极端组织、恐怖势力作斗争，将采取有效措施，严格阻止极端主义、恐怖主义势力在本地区蔓延，决不允许“伊斯兰国”在东南亚开辟基地。10 月的东盟防长会议上，东盟防长一致认为，要加强反恐合作和情报交流，提高侦察和监视能力，增强民众对极端主义威胁的认知，打击一切形式的恐怖主义和暴力极端主义。11 月东盟领导人峰会再次强调，谴责一切形式的暴力极端主义和恐怖主义。①

（二）与域外国家进行反恐合作

一方面加强与伊斯兰世界的合作。2017 年 1 月 11 至 16 日，印尼反恐局局长苏哈迪访问沙特，与沙特情报总局开展去激进化合作，共同防范印尼年轻人被激进化和推动改造恐怖分子。2 月底至 3 月初，沙特国王萨勒曼访问马来西亚、印尼，与两国就加强合作、共同打击恐怖主义展开讨

---

① “CHAIRMAN’s STATEMENT OF THE 31st ASEAN SUMMIT 13 NOVEMBER 2017”，http：//asean. org/storage/2017/11/final-chairman% E2% 80% 99s-statement-of-31st-asean-summit. pdf. （上网时间：2017 年 11 月 16 日）

论。萨勒曼提出，全球尤其是穆斯林面临的最大挑战是恐怖主义，呼吁伊斯兰世界加强反恐合作。沙特决定在马来西亚援建一所以萨勒曼命名的全球和平中心，以打击恐怖主义活动；同时与印尼签署《反恐合作谅解备忘录》。11月26日，伊斯兰国家反恐军事联盟召开首届防长会议，作为联盟成员国，马来西亚和文莱派出官员与会，会议强调成员国将加强合作，宣传正确的宗教观，切断恐怖组织资金来源，加强对恐怖组织的军事打击力度等。

另一方面，强化与域外大国间反恐合作。6月，“五国联防”[①] 第10届防长会议提出，本区域安全形势已经发生变化，恐怖主义成为区域各国切实面对的威胁，且任何国家都无法独自解决，因此应该在区域间搭建共同应对威胁的平台；五国提出在联防协议框架内共享情报、加强反恐合作；允许包括印尼在内的观察员国参加该机制每年两场的联合军演。而在马拉维战役期间，中国、美国、俄罗斯、澳大利亚纷纷向菲律宾提供军事援助。10月底，马拉维战役后，澳大利亚派遣80人小组到菲律宾军事基地，为当地士兵提供城市反恐训练。11月，东南亚部分国家，包括马来西亚、菲律宾、印尼、文莱、泰国和新加坡等，与澳大利亚联合成立“东南亚反恐融资工作小组”，提出将加强金融情报共享机制，确保武装组织无法轻易获得资金。该小组将由澳大利亚交易报告与分析中心与菲律宾反洗钱理事会领导。

区域层面上，11月东亚峰会发表《打击反洗钱和反恐怖融资的联合声明》，提出单纯依靠军事手段、法律手段或情报手段无法完全阻止恐怖主义的传播，强调要加强打击包括洗钱和恐怖主义融资在内的反恐情报交流；通过东盟主导的各类机制深化区域在反洗钱和反恐怖融资的合作。[②]

---

① 五国联防是英国、澳大利亚、新西兰、马来西亚和新加坡五个英联邦成员国在1971年签订的多方协议，主要商讨当马来西亚或新加坡遭受袭击时，协议国采取的反应和所能给予的军事援助。同时它也是马新联合空防系统的一部分，是西太平洋地区的军事安全组织。

② “‘EAST ASIA SUMMIT LEADERS’ DECLARATION ON ANTI-MONEY LAUNDERING AND COUNTERING THE FINANCING OF TERRORISM”，http：//asean. org/storage/2017/11/1. -FINAL _ EAS-AML-and-CFT-Leaders-Statement-14-Nov-2017. pdf.（上网时间：2017年11月16日）

东亚峰会关于《在意识形态领域应对恐怖主义宣传挑战的联合声明》指出，各国应推广包容主义，防范恐怖主义的传播；强化在刑事诉讼、去激进化、防范恐怖主义思想传播领域的合作和经验交流；加强在打击恐怖主义融资、恐怖活动人员招募和流动方面的合作；严格管控在信息技术领域，特别是互联网和社交平台上传播恐怖主义思想。[①]

① "'EAS LEADERS' STATEMENT ON COUNTERING IDEOLOGICAL CHALLENGES OF TERRORISM AND TERRORIST NARRATIVES AND PROPAGANDA", http://asean.org/storage/2017/11/3.-FINAL_EAS-Leaders-Statement-on-CT-14-Nov-2017.pdf.（上网时间：2017年11月16日）

第八章 中东地区恐怖主义与反恐怖斗争形势综述

2017年，中东恐怖主义形势与2016年相比涌现出诸多新情况、新特点、新趋势，中东各国的反恐怖斗争也随之调整，在打击恐怖主义的态度、方式、力度上都有所变化。“伊斯兰国”继2016年地盘大幅断缩水后，连续丢失伊拉克的摩苏尔、叙利亚的拉卡两大老巢，遭遇其2014年宣布“建国”以来的最大损失，组织形态被迫转向地下，作战方式回归传统暴恐，人员纷纷从战场外溢回流，多国宣布“伊斯兰国”已被击溃。“基地”组织在中东各国继续扮演“搅局者”，在各大边缘地带游走，见缝插针谋求影响，趁“伊斯兰国”溃败之际加速收割残余势力，“收编”散兵游勇。中东多国暴恐高发期、高危期的整体情况仍未改变，仍然是周边及全球恐怖主义重要来源地与策源地。在反恐斗争方面，美、俄两大国主导的反恐联盟调整打击重点，在打击各类暴恐活动上仍是竞争多于合作，中东地区强国在反恐上虽均加大投入，但基本上仍各自为战，缺乏政策协调，甚至在暴恐发生后相互指责，对形成反恐合力造成负面影响。

第一节 中东地区恐怖主义形势

一、“伊斯兰国”失去控制地盘，但暴恐威胁仍存

2011年“阿拉伯之春”爆发后，叙利亚、利比亚、伊拉克等国陷入持

续内战，整个中东地区的地缘政治秩序都濒临坍塌。在此背景下，“伊拉克和叙利亚伊斯兰国”（ISIS）趁势崛起，四处征伐和抢掠，先后攻占费卢杰、摩苏尔、提克里特等伊拉克大城市，并于2014年6月29日宣布建立“伊斯兰国”（Islamic State，IS）。随后，“伊斯兰国”继续扩张，占领大片领土，其控制区面积、人口数量、武装人员数量都堪比部分中小国家。“伊斯兰国”的崛起及其政治野心、暴力极端主义理念不仅引发了伊拉克、叙利亚政府及库尔德人等众多当地势力的恐惧，也让美国等西方国家政府甚至整个人类社会感到不安。此后，叙利亚政府、伊拉克政府、库尔德武装、美国及西方盟友、俄罗斯等各方势力虽心思各异，但均不同程度地加入到反击“伊斯兰国”的行列，“伊斯兰国”的战场攻势遭到遏制。2015年以来，在美、俄等国空袭及叙利亚政府军、伊拉克政府军、库尔德武装等力量的地面打击下，“伊斯兰国”开始在战场上受挫，进而不断失利，逐渐走向守势。2017年“伊斯兰国”在战场上颓势更趋明显，各方反恐势力在伊拉克、叙利亚相继发力，对“伊斯兰国”长期控制的“老巢”发动最终总攻。2017年7月10日，伊拉克政府军攻克“伊斯兰国”长期控制的伊第二大城市摩苏尔，此役成为“伊斯兰国”作为政治实体走向末日的起点。2017年10月17日，美国支持的“叙利亚民主军”宣布攻克“伊斯兰国”自封的所谓“首都”拉卡，标志着“伊斯兰国”失去在中东控制的最后一座大城市。到2017年12月，美军方称“伊斯兰国”所控制的土地面积只有其鼎盛期的2%；到12月10日，伊拉克总理阿巴迪宣布伊拉克军队已经将“伊斯兰国”最后一股残余力量赶出伊拉克国土。

（一）连续丢失关键据点，“国家”形态已不复存在

“伊斯兰国”在其活动的“鼎盛”期曾控制大片“领土”，成为在“领土”面积方面堪比国家的“超级”恐怖组织。2014年9月，据时任美国国家反恐中心主任马修·奥尔森（Matthew Olsen）透露，当时“伊斯兰国”控制了两河盆地（幼发拉底河与底格里斯河）的大部分地区，其控制区面积达21万平方千米，与英国的领土面积相当。[①]在各方联合反恐打击下，

① “What is ‘Islamic State’?” December 2，2015，http：//www.bbc.com/news/world-middle-east-29052144.（上网时间：2018年1月31日）

“伊斯兰国”的控制地盘从2015年下半年起不断缩小。美国领导的反“伊斯兰国”联盟总统特使布雷特·麦格克（Brett McGurk）也曾在2016年中期开始公开表示，“伊斯兰国”正在退缩，所控地盘不断缩小，大体上处于防守态势①。英国IHS Markit公司安全防务分析师2018年1月发布总结报告称，2017年1月至2018年1月，“伊斯兰国”的领土面积缩小了89%，从原来的6万平方千米下降至6500平方千米。②

从战场态势看，“伊斯兰国”面临两大反恐联盟的共同打击：一方面是美国为首的反恐联盟，伊拉克政府军、叙利亚库尔德武装是美国的地面盟友；另一方面是俄罗斯为首的反恐集团，以叙利亚巴沙尔政权、伊朗、黎巴嫩真主党为地面部队。在伊拉克，2015年底，“伊斯兰国”丢失重镇拉马迪，2016年6月进一步从费卢杰败退，2016年10月17日，伊拉克总理阿巴迪宣布正式打响夺取摩苏尔之战，力图动用3万兵力收复被“伊斯兰国”占据两年多的伊拉克第二大城市。美国时任防长卡特也表示这是“决战时刻”，是击溃“伊斯兰国”的关键之战。2017年7月9日，伊拉克总理阿巴迪宣布伊摩苏尔全城解放。整场战役最终耗时9个月，几乎是计划用时的4倍。此后，伊拉克政府军继续在摩苏尔周边清缴恐怖分子的残余势力。12月9日，伊拉克总理阿巴迪称，“打击极端组织的战斗结束”，伊拉克部队已完全控制了伊拉克和叙利亚的边境地区。在叙利亚，美国支持的“叙利亚民主军”2016年11月开始在叙北部多个地点对“伊斯兰国”展开进攻，不断逼近“伊斯兰国”自称的“首都”拉卡。拉卡位于叙利亚北部。2014年年初，“伊斯兰国”占领拉卡后宣布其为所谓的“首都”，拉卡成为“伊斯兰国”的行政中心和军事指挥点。2017年6月初，“民主军”打响了解放拉卡的最后战役，从东、北和西面同时向拉卡发动进攻，并于

---

① Holly Yan, “ISIS ramps up attacks, but U. S. says terror group is ‘on the defensive’,” May 16, 2016, http://edition. cnn. com/2016/05/16/middleeast/iraq-violence-isis/index. html.（上网时间：2018年1月31日）

② Islamic State Propaganda Now Focused on Perpetual War, Not State-Building Aspirations, IHS Markit Says, http://news. ihsmarkit. com/press-release/aerospace-defense-security/islamic-state-propaganda-now-focused-perpetual-war-not-stat.（上网时间：2018年1月31日）

当月底完全包围拉卡。经过4个月的艰苦战斗，“民主军”不断缩小对“伊斯兰国”的包围圈，于10月14日宣布将在数日内攻下拉卡。为了减少交战造成的平民伤亡，“民主军”与部分“伊斯兰国”成员达成协议，275名缴械投降的武装分子及其家属于14日撤离拉卡，退往叙东部代尔祖尔省。继“伊斯兰国”在伊拉克的大本营摩苏尔被收复后，拉卡的失守让该极端组织再次遭受重创，也标志着“伊斯兰国”在叙伊两国的加速溃败。与美国同步，叙利亚政府军在俄军协助下，于2017年9月攻入代尔祖尔省首府代尔祖尔市，打破了“伊斯兰国”对该市长达3年的围困，开启对代尔祖尔的进攻，最终于12月宣布主要战斗结束。至此，肆虐中东3年多的“伊斯兰国”遭到实质性打击，失去了对领土、人口、社会的恐怖统治，其作为所谓“国家”的形态已不复存在。

（二）武装战斗人员损失惨重，最高头目仍下落不明

在作战人员数量方面，据美国中央情报局2014年9月估计，“伊斯兰国”在叙利亚和伊拉克境内的武装分子数量多达2万至3.15万人；在叙利亚境内的1.5万名外国武装分子中，来自西方国家的就有2000人。[①] 2016年2月初，美国国防部官员透露，当前叙利亚和伊拉克境内“伊斯兰国”武装人员已由先前估计的2—3万人缩减到1.9—2.5万人。[②]此后一年多的时间里，美国政府一直维持对“伊斯兰国”的这一规模的评估，也成为其他报告的数据源。经过2017年伊拉克、叙利亚战场上的联合打击，“伊斯兰国”的规模大幅度下降，2017年10月美军方称“伊斯兰国”武装战斗

① Jim Sciutto, Jamie Crawford and Chelsea J. Carter, “ISIS can ‘muster’ between 20, 000 and 31, 500 fighters, CIA says,” September 12, 2014, http://www.cnn.com/2014/09/11/world/meast/isis-syria-iraq/.（上网时间：2018年1月31日）

② Andrew Tilghman, “Size of ISIS force declining in Iraq and Syria, according to new intel,” February 4, 2016, http://www.militarytimes.com/story/military/2016/02/04/new-intel-shows-isis-force-declining-iraq-syria/79819744/.（上网时间：2018年1月31日）

人员数量已下降至6500人。[①]就在美国支持的叙利亚“民主军”攻克该组织老巢拉卡后，美军称库尔德武装已经关押了数百名“伊斯兰国”分子及其家属，这批人员来自30多个国家。另有报道称，在拉卡被攻克之前，美军曾经故意让1000至4000名恐怖分子逃离出包围圈。打击“伊斯兰国”国际联盟发言人迪伦回应称，“我们知道叙利亚政府给‘伊斯兰国’分子空间逃离他们的作战区域，但是我们不能确定这些事件的真实性，也无法确定在我们执行任务区之外是否发生了这些事件。”[②] 2017年12月，《纽约时报》报道称在叙利亚和土耳其边境有人帮助拉卡、代尔祖尔等幼发拉底河谷的“伊斯兰国”分子偷渡到土耳其境内。一位名叫阿布奥马尔的走私犯称其曾帮助50个“伊斯兰国”分子逃到土耳其，每个人需要交2万到3万美元。[③]若此报道成真，那么说明美军方2017年10月攻克拉卡之初公布的“伊斯兰国”规模将被严重低估。

“伊斯兰国”之所以能在伊拉克、叙利亚的乱局之中迅速崛起、攻城掠地，很大程度上因为该组织建立了一套完整且相对有效的指挥体系，其中关键是其高层领导和军事指挥官。然而，当前这一指挥体系面临的一个重要挑战便是美军的“斩首”行动。虽然“伊斯兰国”能够在高层人员遭“斩首”后迅速进行填补，但毕竟指挥有方、经验丰富的高层人员的流失对该组织而言确实是一个重大打击。2016年，美军在3月、8月、12月多次发布“伊斯兰国”高层被击毙的消息，甚至声称正系统地击毙“伊斯兰国”的“内阁”。2017年国际反恐联盟将主要反恐焦点聚焦在“猎杀”该组织头目巴格达迪上。2017年5月底俄罗斯国防部表示，在一次在叙利亚

---

① Jamie McIntyre, “ISIS down to 6, 500 fighters, holds only 3 percent of Iraq”, the Washington Examiner, October 17, 2017, http: //www. washingtonexaminer. com/isis-down-to-6500-fighters-holds-only-3-percent-of-iraq/article/2637810.（上网时间：2018年1月31日）

② “Thousands of ISIS Fighters Flee in Syria, Many to Fight Another Day”, *the New York Times*, Feburary 4, 2018. https: //www. nytimes. com/2018/02/04/world/middleeast/isis-syria-al-qaeda. html,（上网时间：2018年1月31日）

③ “Thousands of ISIS Fighters Flee in Syria, Many to Fight Another Day”, *the New York Times*, Feburary 4, 2018. https: //www. nytimes. com/2018/02/04/world/middleeast/isis-syria-al-qaeda. html.（上网时间：2018年1月31日）

拉帕地区的空袭行动中很可能击毙了巴格达迪。俄军方称当时“伊斯兰国”的高层首领正在开会，研究撤出拉帕的路线。根据各方正在通过各渠道确认的消息，巴格达迪也参加了会议，并在空袭中死亡。除此以外，多名“伊斯兰国”高层首领在空袭中死亡，他们也是“伊斯兰国”所谓的“军事委员会”成员。另外，该恐怖组织还有 30 名中层指挥官、及至少 300 名武装人员死于空袭。俄罗斯议会上院安全委员会主席维克多奥泽罗夫 6 月 23 日表示，极端恐怖组织“伊斯兰国”的首领巴格达迪死亡的可能性接近百分之百。[①]但此消息遭到美国主导的反恐联盟的质疑和否定，称俄罗斯发布的为“假消息”。2017 年 12 月 19 日美军再次否认已抓捕到“伊斯兰国”领导人巴格达迪的消息，美军方发言人称：“如果我们知道巴格达迪的藏身之处，他可能早就已经死去或是被逮捕，并等待为他所犯下的军事罪行的判决。不管在什么情况下，一旦得知相关消息，联盟会马上公布出来。”

（三）回归“传统”暴恐组织，加大暴恐回流力度

其一，保持“影子国家”形态，保持对外宣传煽动攻势，伺机在外部压力下降时东山再起。“伊斯兰国”虽然实际上已经被“灭国”，但是其领导层绝不会承认失败，其仍会保持原有的完整架构，类似“影子国家”的模式维持运行，其仍会利用各类渠道发布绑架、处决人质的信息，以显示其仍然像一个“国家”一样存在。对于“伊斯兰国”这样特殊的恐怖组织而言，保持“影子国家”模式至关重要，这是其继续招募极端分子、传播极端思想的唯一选择。该组织目前将 2017 年战场上的溃败描述为“持久战”的一部分，仍妄图在未来某一时刻东山再起，而且还将丢掉大城市粉饰为“战略撤退”，一旦机会成熟仍会去占领大面积领土。根据 IHS Markit 公司 2018 年初评估，“伊斯兰国”利用社交媒体渠道进行的宣传材料在 2017 年减少了约 62%，从 2017 年初 1316 份原创的宣传材料减少到 2017 年 12 月的 495 份。这种宣传攻势的减少是和“伊斯兰国”在战场上节节败

① “俄官员：高度确信‘伊斯兰国’首领巴格达迪在空袭中身亡”，中国日报网，2017 年 6 月 23 日。http：//world. huanqiu. com/hot/2017-06/10890923. html.（上网时间：2018 年 1 月 31 日）

退的趋势明显相关。“伊斯兰国”所谓的官方阿玛克通讯社宣布制造的恐怖袭击数量也下降了，从 2017 年 1 月的 300 起下降至 2017 年 12 月的 208 起，反映出“伊斯兰国”由于丢失大片地盘后发动袭击数量的下降。[①] 但是，有证据显示尽管“伊斯兰国”作为政治实体已经崩溃，但其宣传部门仍然有能力与叙利亚、伊拉克之外的分支联系。

其二，通过发动更多“游击式恐袭”浑水摸鱼、提振士气，袭击强度略有下降，但恐袭频率更高。“伊斯兰国”自 2014 年“建国”以来，一直在其所控制“领土”上实施严酷原教旨主义统治，并不断对外拓展“领土”，在全球范围内煽动恐怖袭击。目前，伊拉克和叙利亚原“伊斯兰国”控制“领土”虽然已被各方夺回，但其原有的政治经济社会条件依然极端严峻，“伊斯兰国”残余分子已经隐匿于边缘、乡村地区，仍会伺机发动零星游击战。“伊斯兰国”的游击战术同样会对当地造成严重动荡，而其正好利用混乱重新占领城市。同时，伊拉克、叙利亚当地的各方势力由于所谓“后伊斯兰国”时代到来，在恐患尚未彻底根除的情况下便开始抢夺地盘，也给了“伊斯兰国”以可乘之机，伊拉克、叙利亚边境地区仍有许多真空地点适合其活动。英国简氏信息集团下设的“恐怖主义与叛乱活动情报中心”表示，尽管极端组织“伊斯兰国”2017 年在伊拉克和叙利亚失去了部分占领区域，但从发动的恐袭数量上来看，“伊斯兰国”目前仍是世界上最活跃的恐怖组织。该中心主管马修·亨曼（Matthew Henman）称，迫于日益增强的国际压力，“伊斯兰国”发动恐怖袭击的强度有所减弱，但频率却在增加。据统计，2017 年 IS 发动的袭击达到 4612 次，较 2016 年增长了 9%，但造成的死亡人数却下降了 40%，为 6499 人。[②]其中造成重大伤亡的有：2017 年 1 月 2 日，伊拉克首都巴格达遭遇连环汽车炸

---

① Islamic State Propaganda Now Focused on Perpetual War, Not State-Building Aspirations, IHS Markit Says, http://news.ihsmarkit.com/press-release/aerospace-defense-security/islamic-state-propaganda-now-focused-perpetual-war-not-stat.（上网时间：2018 年 1 月 31 日）

② 环球网：“英国研究机构：2017 年伊拉克叙利亚恐袭遇难者数量大幅减少”，2018 年 1 月 18 日，http://world.huanqiu.com/exclusive/2018-01/11535152.html.（上网时间：2018 年 2 月 5 日）

弹爆炸袭击，造成70人死，100余人伤；2月25日，叙利亚霍姆斯发生恐袭，6名恐怖分子袭击当地两处安全机构，与安全机构人员爆发枪战后引爆了身上的炸药，共造成50人死亡、至少24人受伤；4月5日，伊拉克提克里特市发生1起自杀炸弹攻击，造成至少31人丧生，42人受伤；4月15日在叙利亚阿勒坡西部城镇拉希丁发生恐袭事件，造成130多人死亡，包括67名儿童，另有200人受伤。

其三，“伊斯兰国”继续加大对外渗透力度。“伊斯兰国”在2014年能够一路势如破竹，很大程度上源于叙利亚、伊拉克局势的混乱，以及美国、伊拉克政府军、库尔德武装缺乏防备。如今，伊拉克政府军、库尔德武装及部分什叶派武装虽然各有各的利益诉求，但面对“伊斯兰国”这一共同威胁，只能共同对敌。在此背景下，“伊斯兰国”在叙利亚、伊拉克境内可以说已四面楚歌，四处受敌，即便能够发起某些战术层面的反击，也无法再像以往那样在军事上取得重大突破。因此，面对越来越大的军事、财政和资源压力，“伊斯兰国”只能寻求“突围”或“转移”，即通过四处渗透和扩张，并在欧美等地实施恐袭等方式转移国际社会的注意力，在叙利亚和伊拉克之外建立新基地、开拓新的生存空间。事实上，“伊斯兰国”已经开始了其战略转移进程，大力经营其在北非、南亚、东南亚等地的据点，这些地区的“伊斯兰国”武装分子及追随者数量有明显增加。根据联合国安理会2016年1月底发布的一份报告，截止2015年12月中旬，世界范围内共有34个组织宣布效忠“伊斯兰国”，预计2016年“伊斯兰国”的附属组织数量将继续增加，其成员也将继续增多①。“伊斯兰国”肆虐之初，就开始向全球扩展，相继有30多个恐怖组织宣布加入“伊斯兰国”。2017年以来，这种渗透蔓延趋势并未随着“伊斯兰国”遭重创而减弱。一是向中亚地区渗透，使该地区恐怖威胁升高，主要集中在乌兹别克

① United Nations Security Council, “Report of the Secretary-General on the threat posed by ISIL (Da' esh) to international peace and security and the range of United Nations efforts in support of Member States in countering the threat,” January 29, 2016, p. 3, http: //www. un. org/ga/search/view _ doc. asp? symbol=S/2016/92&referer=http: //foreignpolicy. com/2016/02/11/the-islamic-state-will-survive-americas-military-onslaught/&Lang=E.（上网时间：2017年1月31日）

斯坦、塔吉克斯坦和吉尔吉斯斯坦3国交界的费尔干纳盆地地带。二是向南亚地区蔓延，进一步恶化当地安全形势。在阿富汗，“伊斯兰国”穆特组织利用“阿富汗塔利班”的内部分裂，逐渐形成自己的势力。据阿富汗内政部估计，“伊斯兰国”在阿约有3000多名成员。与此同时，“伊斯兰国”也对2017年相继发生在阿富汗的恐怖袭击事件宣称负责。在巴基斯坦，“伊斯兰国”主要向巴边远的地区发展，如俾路支省等，构成较大恐怖威胁。三是向东南亚地区扩张。在菲律宾，本土恐怖组织打着“伊斯兰国”的旗号，大肆攻城掠地，如“穆特组织”和阿布萨耶夫武装组织等。在印度尼西亚和马来西亚，参加中东恐怖活动回流的恐怖分子活动加剧。四是向非洲地区转移。利比亚、埃及、索马里、尼日利亚，以及马格里布地区，既有“基地”的分支组织，也有“伊斯兰国”的“省”。这些恐怖组织之间相互竞争的同时，也相互配合，有可能形成新的恐怖主义策源地。五是继续在中东地区肆虐。叙利亚和伊拉克仍将是恐怖活动重灾区，其他中东国家面临的恐怖威胁不减。六是继续影响美欧等西方国家的支持与追随者，促使其不断发动“独狼式”恐怖袭击。

二、“基地”组织分支改头换面、趁机壮大

2017年，“基地”组织分支继2016年完成更名后再度更名，试图通过改头换面、“洗白身份”，趁“伊斯兰国”溃败之际谋求壮大、重回中东恐怖主义的“中央舞台”。

（一）“支持阵线”更名“征服阵线”

2016年7月28日，“基地”组织在叙利亚分支“支持阵线”领导人朱拉尼罕见公开露面，宣称已脱离“基地”组织，并改名为“征服沙姆阵线”（以下简称“征服阵线”，Jabhat Fateh al-Sham）。朱拉尼在卡塔尔半岛电视台播出的一段视频中说，其领导的组织已不再使用“支持阵线”的名义进行活动，“征服阵线”是一个新的组织，与境外组织不存在联系。朱拉尼还直言不讳地表示，脱离“基地”组织可以让美国和俄罗斯没有理由继续空袭“支持阵线”目标。在这一消息公布后不久，“基地”组织高层就已表态支持“支持阵线”的决定，希望“支持阵线”联合叙境内其他

武装组织继续进行武装活动。[①]普遍认为，“支持阵线”高调更名的原因主要有三：一是“洗白身份”，争取与叙利亚其他反对派合作，谋求生存；二是混淆视听，躲避美俄等外部反恐联盟的空袭；三是拉拢民心，凸显其与“伊斯兰国”残暴、反人类行为的区别。但更名后数月内，“征服阵线”仍然遭到各方反恐打击，并没有实现其预想的结果，因此必须做出更大“改变”。

（二）“征服阵线”更名“解放沙姆组织”

2017 年 1 月 28 日，“征服阵线”与安萨尔丁阵线（Ansar al-Din Front）、哈克旅（Liwa al-Haqq）、哲师逊纳武装（Jaysh al-Sunna）和努尔丁赞奇运动（the Nour al-Din al-Zenki Movement）等萨拉菲伊斯兰分子为主的组织共同成立“解放沙姆组织”（Hay'at Taḥrīr al-Shām，HTS）。该组织宣布成立后，许多小股武装和个人纷纷加入。为了方便协调指挥，其成立了由不同派别组成的最高司令部。虽然号称是“结盟”，但“解放沙姆组织”主要还是由原“基地”分支成员领导，各国政府、军方、媒体仍然将该组织成为“支持阵线”或“征服阵线”，并不认可其新的名称，意在将其“锁定”在反恐行动的名单内。事实上，新成立的“解放沙姆组织”虽然表面上脱离“基地”领导，但仍然在为“基地”组织秘密卖命。其目的是在叙利亚为“基地”建立新的大本营。值得一提的，该组织成员虽然大多信奉保守极端的萨拉菲主义，但其中的努尔丁赞奇运动曾经得到过美国的援助。

（三）利用战场空隙，发动更多恐怖袭击

1 月 30 日，有报道称“解放沙姆组织”聚拢了大约 3.1 万名武装分子，但 3 月中东问题专家查尔斯·李斯特称似乎该组织有 1.2—1.4 万人。普通叙利亚人将该组织称为“Hetesh”，为阿拉伯语首字母读音，类似将“伊斯兰国”称为“Daesh”。这意味着许多叙利亚人将“解放沙姆组织”

① “叙利亚努斯拉阵线宣布与‘基地’组织分裂”，BBC 中文网，2016 年 7 月 28 日，http://www.bbc.com/zhongwen/simp/world/2016/07/160728_syria_nusrafront_rename.（上网时间：2018 年 1 月 31 日）

看成与“伊斯兰国”没有太多区别的恐怖组织。一年来，该组织遭到美国主导的反恐联盟的多次空袭。2017 年 2 月 1 日，美军对叙伊德利卜的一座酒店发动空袭，当时许多“解放沙姆组织”的头目正在酒店内开会。2 月 3 日，美军空袭了该组织在萨尔敏地区的指挥部，导致该组织 12 名中层头目死亡。此外该组织也遭到叙利亚当地人的反对。2 月 26 日，美军在对伊德利卜的一次空袭中击毙了“基地”组织高级头目阿布·卡伊尔·马斯里，以及“解放沙姆”组织一些骨干。3 月 21 日，美军利用无人机再次击毙两名该组织高级头目。一年来，该组织在叙利亚发动多起恐袭，造成较大影响。2 月 25 日，“解放沙姆组织”袭击了霍姆斯的叙利亚军事情报总部，导致 40 多人死亡，其中包括叙利亚政府在霍姆斯地区的军事安全领导人。这场恐怖袭击正好发生在第四轮日内瓦谈判之际，导致谈判迅速中断。“基地”在叙分支头目乔拉尼特别对此袭击发声，称这是对叙利亚反对派中“投降派政客”的一个信号，敦促他们下台。3 月 11 日，该组织在大马士革老城实施了两次连环爆炸，导致 76 人死亡，120 人受伤，其中包括 43 名伊拉克的朝圣者。这次袭击的目标特别针对什叶派的武装人员和平民。2018 年 2 月 4 日，俄国防部称，俄军的一架苏-25 攻击机 3 日在叙利亚伊德利卜省被击落，飞行员弹射出座舱，并报告自己落入恐怖组织“征服阵线”控制的地区。他随后在与恐怖分子的战斗中牺牲。

三、中东多国暴恐频发，安全环境极端恶劣

根据美国“和平宗教”网统计显示，2017 年全年中东国家（含北非）可统计的恐怖袭击数量为 909 起，与 2016 年相比下降 30%；共造成 6829 人死亡，比 2016 年 1.5 万人也有明显下降。2017 年的中东恐怖袭击中，绝大多数恐怖袭击发生在伊拉克、叙利亚两大战乱国家。[①]土耳其、沙特、利比亚、突尼斯等 2016 年遭受恐袭较严重国家恐情有所好转，但此前罕见恐袭的伊朗首都德黑兰发生连续恐袭令人担忧。另据英国简氏信息集团（Jane's Information Group）下设的“恐怖主义与叛乱活动情报中心”（Jane's Terrorism & Insurgency Centre，JTIC）称，2017 年伊拉克共有

① “List of Islamic Terror：2017”，htps：//www.thereligionofpeace.com/attacks/attacks.aspx？Yr=2017.（上网时间：2017 年 2 月 1 日）

3378人在恐怖袭击中死亡，比2016年的8437人下降了约60%；叙利亚则有3641人在恐袭中遇难，比2016年的6477人下降了44%。但该数据不包括在伊拉克和叙利亚死亡的武装人员和空袭遇难者。整体看，虽然中东诸国的恐怖主义绝对数量较上年略有下降，但仍远远高于全球其他地区；而且从土耳其、沙特、埃及等“非战乱国”情况看，几起暴恐大案的冲击力较以往甚至有所提高，中东仍处于恐怖主义高发期、高危期。

土耳其元旦夜恐袭事件。当地时间2017年1月1日，土耳其伊斯坦布尔一家夜总会凌晨发生枪击事件。袭击者手持AK47冲进夜总会扫射。事发时，两名枪手身着圣诞老人服装进入夜总会，当时有五六百人在这家夜总会里参加迎接新年活动。袭击者手持AK47冲进夜总会扫射，现场安全人士透露，枪手开枪打死安保人员，闯入夜总会并在扫射过程中数次更换弹匣。夜总会位于海峡边，当地媒体报道一些顾客试图为逃离现场而跳入海中。土耳其伊斯坦布尔省长当地时间2017年1月1日凌晨说，事件已造成39人死亡，69人受伤，死者中包含20名外国人，这些外国人分别为沙特阿拉伯7人、伊拉克4人、印度和突尼斯各2人，以及叙利亚、加拿大、以色列、黎巴嫩和科威特各1人。1月5日土耳其副总理维伊斯·卡伊纳克表示，凶手可能是维吾尔人。恐怖分子是一个经特殊训练培训的密室成员。可能是两名恐怖分子实施的。但真正的行动杀手是一人，是靠一支武器发射的子弹实行的屠杀。此后，伊兹密尔市发起特种警察支持下在波尔诺瓦和布扎区夜间发动的清剿行动中，被指控为达伊沙成员的达吉斯坦，维吾尔和叙利亚人在内的20人被拘留。其中11名为妇女。在嫌疑人的住宅中缴获狙击手夜视望远镜、弹带、背包、全球定位系统和其它军用物资。嫌疑人与发动奥塔科伊袭击的犯罪嫌疑人曾一道在孔亚住在同一住宅里。1月7日夜间，伊斯坦布尔警方向媒体透露，袭击者是阿卜杜勒·卡迪尔·马沙里波夫（Abdulkadir Masharipov），乌兹别克人。凶手精通乌兹别克语、俄罗斯语、同时也会阿拉伯语和土耳其语。

伊朗首都德黑兰爆发连环恐袭。伊朗当地时间2017年6月7日，伊朗首都德黑兰议会大厦和已故最高领袖霍梅尼墓地分别遭数名武装分子袭击。法新社消息称，最新统计显示，此次连环袭击造成13人死亡、至少46人受伤，此次袭击也被认为是“伊朗伊斯兰革命以来最严重的恐怖袭击”。极端组织“伊斯兰国”已宣称对两起事件负责。据法国国际广播电台6月7日援引法新社报道，美法俄等国纷纷就伊朗遇袭事件提出谴责。报道称，伊朗情报部门透露，7日发动袭击的武装分子还试图发起第三起袭击，但被安全部门及时挫败。伊朗最高领袖哈梅内伊表示，袭击丝毫不会动摇伊朗人民的意志。伊朗情报部门6月9日在一份通报中说，经过大规模侦查搜捕行动，41名与“伊斯兰国”有染的嫌疑人在德黑兰以及克尔曼沙赫省、西阿塞拜疆省等多地落网。行动还查获了不少武器弹药。通报说，这些嫌疑人疑似为隐藏在伊朗的“伊斯兰国”小组提供通信、后勤和行动支持。伊朗伊斯兰革命卫队先前在一份声明中指责沙特阿拉伯政府是幕后黑手并表示将寻求报复，沙特方面否认这一说法。伊朗情报和安全部长马哈茂德·阿拉维7月11日说，德黑兰恐怖袭击背后的“总指挥”已被伊朗特工在某个邻国击毙，近50名涉案嫌疑人已经落网。伊朗伊斯兰共和国通讯社援引阿拉维的话报道，策划恐袭的主谋原本在边境地区流窜，恐袭发生后逃出境外；伊朗情报部门已于10日让这个恶徒“为自己的罪行付出了代价”。实施袭击的5名凶手或被击毙，或自杀身亡。伊朗最高国家安全委员会官员说，他们都是加入极端组织“伊斯兰国”的伊朗人，都在叙利亚和伊拉克打过仗。

埃及恶性暴恐升级。埃及国内长期受到西奈半岛恐怖主义困扰，对其旅游业和国内秩序构成严重威胁，西奈半岛位于埃及东部，气候干燥，地貌以沙漠、戈壁和岩石丘陵为主，地广人稀。2014年“伊斯兰国”在伊拉克和叙利亚坐大后，活跃在西奈半岛的极端组织立即宣布效忠“伊斯兰国”并成立“西奈分支”，成为“伊斯兰国”在伊拉克和叙利亚之外成立最早和最大的分支。该极端组织已多次在西奈半岛和埃及其他地方制造恐袭。据不完全统计，埃及2017年全年共发生81起大小规模恐怖袭击，其中以4月、11月两次恐袭震惊世界。4月9日，埃及坦塔市和亚历山大市教堂均发生恐怖袭击，共造成45人死亡、100余人受伤，极端组织“伊斯兰国”随后宣布对两起事件负责，此后，埃及政府宣布全国进入紧急状态。2017年11月24日，埃及拉瓦达清真寺在星期五礼拜活动期间遭到大约40名枪手的袭击。该清真寺位于埃及北西奈省比尔阿比德镇东边。它是苏菲派贾里里亚教团主要清真寺之一，该教团是北西奈省最大的苏菲教团。此次袭击造成311人死亡，至少122人受伤，成为埃及历史上最致命的袭击事件。据当地媒体报道，袭击者在4辆越野车上放置了3枚炸弹。

袭击者使用燃烧的汽车残骸阻挡逃生路线。他们引爆炸弹后，向在拉瓦达清真寺进行周五礼拜拥挤的礼拜者中发射了火箭弹并开火。当救护车到达并运送伤员到医院时，袭击者也向他们开火，并选择了伏击点来袭击他们。没有任何组织宣称对这次袭击负责，尽管有报道称袭击似乎是伊斯兰国分支西奈省发动的。11 月 25 日，埃及检察官办公室援引对幸存者的采访说，袭击者挥舞着伊斯兰国的旗帜。塞西 2014 年赢得总统选举以来，推出经济振兴计划并积极反恐，但埃及国内状况积重难返，尤其是西奈半岛地处偏远，部落、教派构成复杂，政策效果并不明显。埃及北西奈省议员加齐·萨阿德表示，不少恐怖分子仍盘踞在北西奈省，未来或将发动更多此类袭击。

第二节　中东地区主要反恐措施

“伊斯兰国”暴恐威胁日益向全球蔓延、渗透，美、俄两大国各自组建两大反恐联盟，在打击“伊斯兰国”上竞争大于合作，中东地区强国在反恐上也难以形成合力，国际反恐合作虽有成果，但根除恐患仍遥遥无期。

一、美、俄组建两大对立联盟，同时加大中东反恐力度

（一）美国特朗普政府加大中东反恐投入，取得较明显成效

2017 年是特朗普上台第一年，美国在中东的反恐力度上较奥巴马时期有了明显的提高，尤其是进入下半年以后，美军在叙利亚、伊拉克、利比亚、索马里等反恐战场同时发力，这与特朗普上台后美军反恐战术的调整关系密切。

其一，提高军方在反恐战争中的自由度和自主权。在其任总统 3 个月后，特朗普便对外宣布将给予美军指挥官在反恐上“完全的权威”。2017 年 4 月 13 日，特朗普对记者说：“我们拥有世界上最伟大的军队，我们将给他们完全的权威，这就是他们最近取得成功的原因。”在特朗普的授权下，美国国防部及其战地指挥官不再需要在发动攻击前征求总统的意见，

这在美国打击“伊斯兰国”的战役中是一个巨大的转变。美国主导的打击“伊斯兰国”联军总司令唐森德称，“这对于我们军队可以更加自由地采取更具进攻性的反恐战术。”这一改变让美军方在制定反恐策略上更加放开手脚，对可能的恐怖目标的袭击更有突然性，但同时也增大了导致无辜平民伤亡的风险。

其二，大幅度提高空袭强度、频率和效率。2017 年美军共在反恐战争中投下近 4 万枚炸弹，超过奥巴马任期最后一年的 3.1 万枚；从特朗普就职到 2017 年 8 月，美军主导的反恐联盟共在伊拉克实施了 1.3 万次空袭，在叙利亚实施了 1.1 万次空袭，总数 2.4 万次，而这一数字在 2016 年全年才 1.4 万次。9 月至 12 月的空袭数据虽未公布，但由于美军协助叙利亚库尔德武装解放了“伊斯兰国”老巢拉卡，因此空袭数量必然会只增不减。除了伊拉克、叙利亚以外，美国对外投弹量最大的国家还有阿富汗、利比亚、也门、索马里、巴基斯坦等国。除了空袭数量增加外，美军主导的反恐联盟 2017 年空袭重点更加突出叙利亚，尤其是对拉卡、代尔祖尔等幼发拉底河谷地区明显加大了空袭力度，对“伊斯兰国”的基础设施构成致命打击。

其三，加强对地面武装的援助力度。美军除了加大了对伊拉克政府军、叙利亚库尔德武装的空中支持，加强了与这些地面亲美武装的作战、情报、后勤协调。2017 年底，美军公布其在伊拉克驻军 8900 人，在叙利亚驻军 2000 人，高于 2016 年在伊拉克驻军 5352 人和在叙利亚驻军 94 人。2017 年 9 月中旬，美国向以库尔德武装为首的叙民主军又增加了 3 亿美元的武器，提供了包括反地雷伏击车、城市战型装甲悍马军车等重武器和以突击步枪、火箭筒、迫击炮、反坦克导弹为主的各种轻武器，目的就是让他们更好更快地完成对拉卡等“伊斯兰国”据点的解放。在 2017 年底“伊斯兰国”溃败成定局后，美国依然明确表示继续保留在中东地面的军事存在，防止恐怖主义死灰复燃。其中，将在叙利亚继续帮助当地库尔德人和阿拉伯人的亲美武装训练部队，据传将花费数年打造人数 3 万的“边境安全部队”，而帮助培训部队的就是目前的 2000 名美军士兵。虽然此后美国国务卿蒂勒森在采访中澄清并非是建立“新军”，但也表达了美军将不会重蹈 2011 年从伊拉克匆忙撤军导致“伊斯兰国”崛起的覆辙。在伊拉克，美国国防部发言人埃里克·帕洪社表示，美国确认打败“伊斯兰国”恐怖组织后美军部队将从伊拉克转移至阿富汗，但不会大规模“撤离”伊拉克。

其四，大力拉拢中东盟友支持。一年来，美国在中东反恐上保持了与地区盟友密切沟通，其中，尤其重视与沙特为首的海湾国家和传统盟友以色列加强协调。2017 年 5 月 20 日特朗普将上任以来的首次出访献给了沙特。抵达当日，特朗普与沙特国王萨勒曼签署了价值高达 1100 亿美元的军售协议。美国国务院称此举旨在保卫沙特和海湾地区安全，增强该地区的反恐能力。5 月 21 日，特朗普在沙特首都利雅得与 50 多个阿拉伯和伊斯兰国家领导人举行首脑会议。他在会上表示，美国愿意帮助中东地区国家打击恐怖主义，但希望这些国家不要依赖美国。他呼吁地区国家团结起来打击恐怖主义。此次峰会几乎召集了全球除了伊朗、叙利亚等反美国家之外的所有伊斯兰国家，可谓盛况空前。同日，特朗普还与海湾阿拉伯国家合作委员会（海合会）成员国领导人会晤，就海湾地区安全形势和双边关系进行磋商。沙特通讯社报道，特朗普当天与海合会成员国领导人举行了闭门会议。会议讨论了有关海湾地区所面临的安全威胁、建立海湾防御体系以及加强美国与海合会成员国经贸关系等问题。会议开始前，在特朗普与海合会成员国领导人见证下，签署了建立反恐怖主义洗钱中心的谅解备忘录。

（二）俄罗斯加速收割反恐“果实”，巩固中东“朋友圈”

回顾 2017 年，俄罗斯在中东的“反恐成绩单”可圈可点。2015 年 9 月底俄罗斯高调介入叙利亚战局以来，一直对外高举“反恐”大旗，并拉拢叙利亚政权、伊朗、伊拉克等地区国家组建了“俄版反恐联盟”，与美国分庭抗礼。

其一，增强反恐的主动性，进一步固化叙利亚政府军的战场优势。首先必须指出，俄罗斯对于“恐怖主义”的定义与美国及其盟友有较大区别，俄罗斯始终坚持是在叙利亚政府邀请下来中东反恐的，因此，其在“恐怖主义”的定义上比美国指定的版本更加宽泛，一些利用暴力手段反对叙利亚政府和俄军目标的武装团伙也被定义为恐怖组织。对俄罗斯而言，帮助其中东盟友叙利亚政府巩固战场优势是其反恐的重要环节。2016 年底，俄罗斯帮助叙政府军收复阿勒颇后，各叙利亚反对派武装再也难以组织起有效的反攻，有的且战且退，有的无心恋战，甚至有的悄然解散。俄罗斯看到反对派战场呈现出的颓势后，一方面保持着战场上的压力，另一方面开始思考如何用更小的代价巩固优势。从2017年初起，俄罗斯便开始积极“张罗”各方在哈萨克斯坦首都阿斯塔纳举行和谈，成功将伊朗、土耳其两个在叙利亚立场对立的重要玩家“拉上马”。此后数月中，俄、土、伊频繁互动，在叙拉塔基亚、哈马、阿勒颇省的区域建立了四个“冲突降级区”。此后叙利亚反对派和政府军在“冲突降级区”不仅未发生较大规模的交火，而且还出现双方互换被困武装人员及家属等情况。尽管“冲突降级”并不等于“天下太平”，但这些协议的确让许多六年中始终战火纷飞的地区迎来了久违的宁静。普京凭借此举不仅赢得了国际道义，而且使得叙反对派被限定在可控区域内，再也难以对叙政府军构成实质性威胁。

其二，加大对恐怖目标的空袭力度，取得了打击“伊斯兰国”战役的阶段性胜利。在俄罗斯的空袭配合下，叙利亚政府军2017年下半年来在叙东部反恐战场上取得多项成就。从9月初开始，叙利亚政府军开始加速收复叙利亚东部代尔祖尔，不仅给在当地围困了三年多的政府军成功解围，同时也开始了对代尔祖尔的“伊斯兰国”势力最后的清剿。11月19日，叙利亚政府军在俄军、真主党武装支援下，收复了“伊斯兰国”在伊拉克—叙利亚边境的最后一处重要据点阿布卡迈勒，意味着“伊斯兰国”在叙利亚已失去最后一个城镇，其手中仅剩一些零散小村庄。俄罗斯国内普遍认为，俄军通过在叙利亚作战消灭了许多从俄罗斯本土赴叙作战的“圣战”分子，“御恐患于国门之外”有效提高了俄罗斯反恐效率，更好维护了俄罗斯国内安全。

其三，牢牢掌握中东反恐战争的道义制高点，迫使美国对叙利亚政策加速转型。俄罗斯自入叙利亚作战以来始终注视着美国的一举一动。2017年4月初，特朗普突然命令美军空袭了叙利亚机场，“惩罚叙军动用化武”，创下叙利亚危机以来美打击叙利亚政府军的先例。美国的突然之举让俄罗斯担心俄美会直接碰撞，但从后续的美国表现看，特朗普对叙利亚重点仍然延续了奥巴马后期的政策，即反恐优先，避免卷入。而且，特朗普在6月还突然决定终止实施4年多的中情局援助叙利亚反对派任务，进一步远离了“推翻巴沙尔”的目标。在此局面下，俄罗斯对美国软硬兼施，一面积极与特朗普达成新的“冲突降级区”，一面力推叙利亚政府军与美国扶植的代理人争夺地面果实。而且，普京反复强调俄罗斯是“应叙利亚政府请求”才来参战的，凸显美国在叙利亚北部的驻军是“侵犯主权”行为，此次高调宣布撤军则更削弱了美国在叙利亚的合法性。

其四，借反恐为名全面加强与中东强国的关系，扩大在中东存在感和影响力。俄罗斯通过与中东联合反恐，根基进一步牢固，获得的支持也越来越多，2017 年俄罗斯中东外交的最大亮点便是构筑了俄、土、伊“新联盟”。2016 年 8 月，俄罗斯空军首次从伊朗空军基地起飞，对叙利亚境内极端组织实施空中打击。这是伊朗近代史上首次允许外国利用其领土开展军事行动，之后俄罗斯战机又多次从该基地起飞执行空袭任务。俄罗斯战机使用伊朗基地大大提高了俄罗斯空中打击行动的效率：首先使俄罗斯得以部署重型战略轰炸机，这在俄罗斯驻叙利亚的赫迈米姆空军基地无法实现；其次，相比从俄罗斯本土起飞，这些威力巨大的战略轰炸机从伊朗起飞执行任务可大大减少其载油量，以最大载荷携带武器，作战效果显著提升。美国《纽约时报》载文指出，凭借与德黑兰的合作，莫斯科扩大了在叙利亚开展军事行动的回旋余地，并增强了火力。政治学家认为，俄伊新合作帮助俄罗斯扩大了在中东的政治影响力。虽然此后伊朗宣布暂停俄军使用其基地，但水面下的军事合作仍在继续深化。

二、中东多国调整反恐措施，各国安全环境有所缓和

（一）沙特推出多项反恐新举措

其一，挫败麦加大清真寺暴恐事件。2017 年 6 月 23 日沙特内政部宣布，沙特安全部队挫败了一起针对宗教圣地——麦加大清真寺的恐怖袭击事件。据沙特内政部称，共有 3 个“恐怖团伙”策划了袭击，其中 2 个团伙位于麦加，另一团伙位于西部海滨城市吉达。据称，一名自杀式袭击者拒绝投降，藏身大清真寺附近的民居之中，并向安全部队开火，随后引爆了身上的炸弹，造成 6 名外籍人士受伤，另有 5 名安全人士受轻伤。沙特内政部形容这是一起“为个人利益服务、由外国主导”的恐袭阴谋。发言人土尔基说，警方“挫败了以大清真寺的朝圣者和信徒为目标的恐怖袭击”。2016 年 7 月至 2017 年 7 月间，沙特警方逮捕了近 40 名恐怖嫌犯，

当中包括沙特人和巴基斯坦人。

其二，召开穆斯林国家反恐峰会。11 月 26 日，沙特王储小萨勒曼在首都利雅得召集了 40 个穆斯林国家代表参加的反恐峰会。会议中，沙特当局宣布一个由该国领导的新穆斯林反恐联盟的成立。萨勒曼还在活动中立下誓言，称反恐联盟将“追击恐怖主义直至其从地球上消失”。当天的峰会名为伊斯兰军事反恐联盟（IMCTC）会议，其成员国由包括沙特、土耳其和埃及在内的 41 个穆斯林国家组成。它是由萨勒曼在 2015 年成为沙特王储后所推动的一项国际军事联盟。作为穆斯林军事反恐联盟的首次峰会，全体成员国的国防部长和外交代表均出席了当天的会议。据沙特官方随后公布的声明显示，上述的 41 个国家同意就打击极端恐怖主义和消灭恐怖分子作为目标进行合作，通过军事、财政、情报和政治渠道互助的方式向盟友们提供支持。

其三，推动宗教、经济、社会等系统性改革，力图根除恐怖主义土壤。沙特 35 岁以下青年人占总人口将近 2/3，国内社会结构复杂，大批失业青年成为潜在的安全威胁。沙特近年来出台多项针对青年的“去极端化”政策。如加大对宗教势力的管控力度，约束宗教警察权力，提高国王、政府对社会意识形态管控的主动权，对激进青年进行系统性“去极端化”教育；同时提高经济多元化程度，实施经济转型计划，壮大私营部门实力，以吸纳更多剩余劳动力。2017 年 10 月 24 日，沙特王储小萨勒曼在一个投资论坛上讲话表示，“我们将回归到从前的温和伊斯兰教，向世界开放、面向所有宗教的伊斯兰教。我们不会坐等 30 年，而是会立即对极端主义意识形态进行打击。”他还承诺沙特将尽快根除极端主义。① 此承诺受到国际社会普遍欢迎。但上述治本之策落实难、见效慢，在可预期的未来，沙特国内安全局势仍不容乐观。

（二）土耳其反恐取得初步成效

2016 年是土耳其“恐怖的一年”，2017 年元旦暴恐案后，埃尔多安政

---

① “沙特王储：沙特主张回归温和伊斯兰教”，俄罗斯卫星网，2017 年 10 月 24 日。http：//sputniknews. cn/politics/201710241023880956/.（上网时间：2018 年 2 月 7 日）

府将反恐、维稳作为对内政策的主要着力点，一年来国内恐怖主义活动得到明显遏制。土耳其政府部署大量军警力量多线作战，既要维持在东南部库尔德聚居区的军事高压，打击库工党游击队，又要在土叙边境应对“伊斯兰国”威胁，甚至深入叙利亚本土，支援所谓“温和反对派”武装，不断打击在叙的库尔德武装。2016 年 8 月，土耳其发起代号为“幼发拉底之盾”的军事行动，派军队越境进入叙利亚北部，旨在清除“伊斯兰国”圣战分子和库尔德武装，压缩其控制区域。2016 年 11 月 6 日，土耳其与叙反对派的联军发起巴卜之战，经过逾 3 个月的战斗后，土耳其领导的联军于 2017 年 2 月 23 日从“伊斯兰国”手上攻占阿勒颇省城市巴卜。2017 年 3 月 29 日土耳其方面宣布幼发拉底河之盾成功完成。此后，土耳其仍不断加大国内逮捕恐怖分子力度，2017 年 12 月 30 日，土耳其警方于又逮捕了 20 人，其中 15 人是外国国籍，原因是土方怀疑这些人都可能与极端组织“伊斯兰国”有关并策划了新年时分在伊斯坦布尔发动的袭击。截至 2017 年底，土耳其全国为了保证元旦期间安全而逮捕的嫌疑人数已经接近 200 人。31 日，土耳其全国增派大规模警力保卫安全，严防 2017 年元旦发生的恐怖袭击再次重演。据路透社报道，土耳其最大城市伊斯坦布尔当晚约有 3.7 万名警察上街巡逻，部分地区被禁止举行公众庆祝活动。土耳其首都安卡拉也在新年前夕加强安全防范措施，以防止恐怖袭击事件发生。

（三）埃及坚持对西奈半岛恐怖分子高压严打

一方面，埃及加大军事打击力度。2017 年初以来，埃及安全形势日趋复杂，总统塞西于 4 月 9 日宣布全国进入三个月的紧急状态后，又两次延长，但安全局势仍未好转。11 月 24 日，北西奈省一座清真寺遭遇恐袭，至少 305 人死亡，塞西发誓要以“血的暴力”回击恐怖分子。随后，军警在西奈半岛等地对恐怖分子及其藏身处实施打击。埃及新闻总署署长拉什万认为，恐怖组织虽然残暴，但只敢袭击较易下手的平民目标，说明他们“已经开始衰败，无力正面应对埃及军警清剿”。“然而 2017 年的强硬，可能不会给埃及带来和平稳定的 2018 年，”德国《世界报》称，极端组织不像拉什万描述的那样只敢对平民下手——仅在 2017 年 10 月，恐怖分子就两次对西奈的埃军哨所和车队进行袭击，造成数十名官兵死亡。“埃及政府已竭尽全力，比如在西奈设立联合指挥部，对大部分军队将领进行调整，迁徙当地居民制造无人区，动用火炮、装甲车、无人机、武装直升机等重武器，但‘伊斯兰国’的袭击能力未见明显削弱，这是值得警惕的现象。”另一方面，埃及官方寻求西奈反恐“治本之策”。2016年，埃及政府将发展西奈提上日程，希望通过经济发展，从根本上消除恐怖主义滋生的源头。埃及总统顾问、前总理易卜拉欣·马赫莱卜表示，埃及总统非常重视发展西奈，将克服一切困难，在18个月内推动19个发展项目，包括开垦1.9万费丹（约合7980公顷）农田、建设2000所贝都因人（当地游牧民）住宅，以及为当地年轻人提供1万个就业机会等。“西奈的发展是应对恐怖主义最有力的武器。”同在阿里什视察的埃及国际合作部长萨哈尔8月5日说，该部也于近日提出了“同埃及一同前进”的倡议，大力发掘西奈省的投资潜力。据埃及《华夫脱报》报道，萨哈尔还公布了首批资金达5亿美元的西奈半岛发展计划和15亿美元的融资计划，以加速这一地区的发展。“埃及政府有能力将恐怖分子清除出西奈半岛地区。”

（四）伊朗罕见地空袭“伊斯兰国”在叙利亚基地

伊朗伊斯兰革命卫队当地时间2017年6月18日晚23时发布声明称，伊斯兰革命卫队当晚从克尔曼沙汗省和库尔德斯坦省军事基地向叙利亚代尔祖尔地区发射多枚地对地导弹，打击该地区恐怖分子。声明称，此举是回应此前恐怖分子在首都德黑兰犯下的罪行。声明还称，伊斯兰革命卫队此次行动传递的消息是清晰的，伊朗在警告恐怖分子以及他们在地区和跨地区的支持者们，如果再次向伊朗发动恐怖袭击，伊斯兰革命卫队会把他们送进地狱。这是两伊战争后伊朗首次在本土发射导弹攻击境外目标。2017年下半年，伊朗支持的什叶派民兵组织在叙利亚、伊拉克两大战场同时发力，加大对“伊斯兰国”残余势力的清剿。2017年11月21日，伊朗总统鲁哈尼也通过电视直播发表讲话，宣布伊拉克和叙利亚境内的极端组织已经被消灭。

（五）黎巴嫩发动清剿“伊斯兰国”军事行动

2017年8月30日，黎巴嫩军方宣布，在该国东北部靠近叙利亚边境地区清剿极端组织“伊斯兰国”的军事行动结束，反恐取得胜利。黎巴嫩总统米歇尔·奥恩当天在总统府举行的记者会上说，“今天我们宣布反恐取得胜利。”他同时向黎军方表示祝贺，向因此而牺牲的军人致敬。黎巴嫩军队总司令约瑟夫·奥恩在记者会上宣布，清剿“伊斯兰国”的行动结束。他说，行动实现了两个既定目标，即将“伊斯兰国”武装驱逐出境和找到遭这一极端组织绑架的9名黎军士兵下落。随着行动结束，“黎巴嫩领土上最后的残余武装人员已被清除”。黎巴嫩军队从2017年8月19日开始在该国东北部靠近叙利亚边界的地区发起军事行动，清剿境内“伊斯兰国”武装。行动中，黎军击毙数十名武装人员，黎军方面则有7名士兵死亡。同时，黎军找到了2014年遭“伊斯兰国”绑架的9名士兵的遗骸。另外，经过谈判，残余的数百名“伊斯兰国”武装人员及其家属已从黎叙边境撤往叙东部代尔祖尔省的“伊斯兰国”据点。

（六）阿尔及利亚反恐成果连连

阿尔及利亚政府对境内恐怖组织一直保持高压打击态势，打死数个主要恐怖组织头目。近年来该国恐怖活动已大大减少，但仍有少量效忠“基地”组织和“伊斯兰国”的武装分子在偏远山区活动。2017年2月，君士坦丁发生针对警察局的自杀式爆炸袭击，造成数人伤亡。“伊斯兰国”宣称制造了这些恐怖活动。2017年3月26日，阿尔及利亚国防部发布声明说，阿军方在阿东部地区打死极端组织“伊斯兰国”在当地的一名头目。声明说，阿军方25日晚在阿第三大城市君士坦丁附近的山区里进行反恐行动，在发现恐怖分子后与其交火，最终打死两名恐怖分子；阿军方当天在与恐怖分子交火后还查获一批武器装备和爆炸物。6月11日，阿尔及利亚反恐部队挫败一起自杀式袭击阴谋，逮捕数名恐怖嫌疑人及支持者，查获一批枪支弹药和大量资金。7月31日，阿尔及利亚反恐部队在距离首都阿尔及尔以西60千米的蒂巴扎省伏击了一伙恐怖分子，当场打死6人，缴获一批武器弹药。该声明透露，阿政府军自7月23日起在此地区进行大规模清剿行动，缴获大量爆炸物，捣毁数个恐怖分子藏身处。2018年1月26日，阿尔及利亚国防部发布声明说，阿反恐部队当天在阿东部靠近突尼斯的边境地区打死8名恐怖分子。阿尔及利亚目前在与突尼斯、利比亚、马里等国交界的阿边境地区部署大量兵力，防止恐怖分子越境进入阿尔及利亚。

（七）突尼斯安全形势在政府反恐严防下好转

2015年，突尼斯先后遭遇3起大规模恐怖袭击，导致70多人死亡，其中大多数为外国游客和安全人员。英国等多个欧洲国家随后建议本国公民不要前往突尼斯，突尼斯旅游业受到严重影响。突尼斯政府采取了很多措施，不断加强安全机构和人员配置。在全国的旅游景点，甚至包括户外考古遗址都设置了摄像头，实施24小时监控。随着突尼斯政府着力反恐，安全状况逐渐好转，2017年入境的外国游客人数明显回升，旅游业持续复苏。2017年以来，比利时、瑞典、芬兰、丹麦、挪威、冰岛和英国等国分别取消了对突尼斯的旅行警告，允许本国公民前往突尼斯。数据显示，2017年前7个月，入境突尼斯的外国游客超过350万人次，比去年同期增加近三成。2017年突尼斯预计接待欧洲游客近200万人次，比上一年增长30%。

第九章　非洲地区恐怖主义与反恐怖斗争形势综述

2017年，非洲部分地区面临的恐怖主义威胁更加严峻，在萨赫勒地区[①]还有蔓延的趋势。极端组织“伊斯兰国”继续拓展影响，在非洲势力显著增长。面对日益严峻的反恐安全形势，非洲区域组织加快自主维和能力建设。欧美受困于难民涌入、恐袭不断等问题，对非洲关注重点调整为反恐、难民等安全议题，加大了对非洲的安全投入。

第一节　非洲地区恐怖主义形势

2017年，非洲恐怖和极端组织虽遭沉重打击，但并未被剿灭，反而活动更加猖獗，主要呈现以下一些特点：

一、重特大暴恐事件频发

2017年1月18日，马里北部加奥一军营遭汽车炸弹袭击，造成至少77人死亡，115人受伤。6月8日，索马里北部一处军事基地遭遇袭击，

① 萨赫勒地区是非洲撒哈拉沙漠以南一个宽320千米至480千米的区域，横跨塞内加尔、毛里塔尼亚、马里、布基纳法索、尼日尔、乍得等国。近年来该地区饱受贫困、武装冲突和自然灾害的困扰。

造成至少59人死亡。7月25日，在尼日利亚东北部博尔诺州马古梅里地区尼国家石油公司的勘探专家车队遭袭，致69人丧生。8月13日，布基纳法索首都瓦加杜古一咖啡馆发生恐怖袭击，致19人死亡，21人受伤。8月16日，尼日利亚博尔诺州迈杜古里附近一村庄发生自杀式炸弹袭击，造成至少30人死亡，83人受伤。10月14日，索马里首都摩加迪沙闹市区一酒店附近发生汽车炸弹袭击，造成512人死亡，295人受伤。[①] 此次袭击是索马里近年来遭受的伤亡最严重的爆炸袭击。10月21日，在尼日尔东南部城市博索发生恐怖袭击，导致26名士兵丧生，111名军人受伤。10月28日，摩加迪沙一家饭店发生汽车炸弹袭击事件，造成至少27人死亡，30人受伤。受害者包括资深警官、前议员和前政府部长。

二、恐怖组织之间的勾连加强

3月2日，北非马格里布、西非萨赫勒地区“信仰捍卫者”“马西纳解放阵线”“穆拉比特”“撒哈拉酋长国”[②] 等极端组织宣布合并，成立“伊斯兰和穆斯林支持者集团”，[③] 并表示向“基地”组织领导人扎瓦西里效忠。该组织成立后在马里发动了约60起袭击。[④] 效忠“基地”组织的“伊斯兰和穆斯林支持集团”与效忠“伊斯兰国”的“大撒哈拉伊斯兰国”（Islamic State in the Great Sahara）尽管目标不同，但“越来越多地协调行动，互通信息、分享经验”。[⑤] 此外，据法国军事情报披露，“博科圣地”（又称“伊斯兰国西非省”）与“大撒哈拉伊斯兰国”已于3月正式联手，“伊斯兰国”对西非辐射力大增。一旦该组织在中东崩溃，西非势必将成

① “Attentat du 14 octobre en Somalie _ 512 morts (nouveau bilan)”，AFP，04/12/17.

② “撒哈拉酋长国”为“伊斯兰马格里布基地组织”下属的撒哈拉分支。

③ Jamaat Nusrat al-Islam wal-Muslimin 简称 JNIM，英文名 Group of Supporters of Islam and Muslims.

④ “Afrique de l'Ouest _ Le G5 Sahel face *à* des groupes armés qui communiquent de plus en plus”，RFI，5 Novembre 2017.

⑤ “Afrique de l'Ouest _ Le G5 Sahel face *à* des groupes armés qui communiquent de plus en plus”，RFI，5 Novembre 2017.

为下一个“哈里发国”。[①]

三、自杀式炸弹袭击激增

尼日利亚“博科圣地”、索马里“青年党”等恐怖组织在国内外力量的联合打击下，行动方式由过去的军事对抗更多转向自杀式炸弹袭击。据大赦国际统计，2017 年 4-8 月“博科圣地”在尼日利亚和喀麦隆共造成近 400 人丧生，是此前 5 个月数字的两倍，几乎全为自杀式炸弹袭击。[②] 尤其更多地使用妇女和儿童充当“人体炸弹”。据联合国儿童基金会 2017 年 8 月公布的统计数字，自年初以来在尼日利亚东北部有 83 名儿童被“博科圣地”用作“人体炸弹”，是 2016 年同期的 4 倍，其中 55 名为女童。[③] 索马里“青年党”在首都摩加迪沙更多采取自杀式汽车炸弹方式制造恐袭事件。

四、一些地区恐怖活动持续蔓延

西非国家马里 2015 年和平协议的执行出现重大拖延，取得的进展十分脆弱，同时安全形势令人担忧，恐怖主义活动持续蔓延，已从该国北部扩大到中部，2017 年以来对邻国布基纳法索、尼日尔安全的威胁也增大。以往从无伊斯兰极端组织涉足的南部非洲国家莫桑比克 10 月首次发生恐怖袭击，同时一个名为“青年党”的新的极端组织出现，令该国和地区国家震惊。[④]

五、“伊斯兰国”继续拓展势力

自 2016 年在东、西非立足后，该组织势力在非进一步发展壮大。5 月

---

① “Mali’s jihadist merger _ desperate or dangerous”，ISS Africa，3 April 2017.

② “Boko Haram attacks kill 400 since April：Amnesty”，AFP（eng），5 September 2017.

③ “Nigeria：la milice anti-Boko Haram s′engage à ne plus utiliser d′enfants (Unicef)”，AFP，15/09/17.

④ Peter Fabricius：“Mozambique’s first Islamist attacks shock the region”，ISS Today，October 27，2017.

23日，索马里北部邦特兰地区博萨索一警方检查站遭自杀式炸弹袭击，有5人死亡。“伊斯兰国”发布声明对袭击负责，这是“伊斯兰国”首次承认在索马里发动恐袭。“伊斯兰国”索马里分支成员已从2016年的几十人发展到200余人，还从“总部”获得指令和资金。[①] 此外，“伊斯兰国”分支在马里、尼日尔、布基纳法索等国频繁发动袭击。

六、中国在非洲的安全利益面临威胁

2017年12月9日，华为分包商的5名当地雇员（4名马里人及1名多哥人）在马里中部的尼亚丰凯（Niafunke）地区铺设通讯光缆时，被不明身份的武装分子绑架并杀害。报道称，事件发生前，曾有武装分子对该项目发出死亡威胁，要求其停止一切工作。另据报道，目前有3家中企在该地区铺设光缆。受自然及安全环境恶劣影响，工程已进行2年，但仍未完工。2012年初以来，阿扎瓦德分离武装在恐怖组织“伊斯兰马格里布基地组织”协助下占领马里北部3个地区，并宣布成立“阿扎瓦德独立国”。2013年初，在法国等国军队介入下，“阿扎瓦德独立国”解体，但恐怖组织仍在马里北部活动，并逐步拓展到该国中、南部。2015年11月，马首都巴马科丽笙酒店约170名员工及旅客被恐怖分子劫持，造成27人死亡，其中包括3名中企高管。

第二节 非洲地区主要反恐措施

面对日益复杂严峻的安全形势，非洲国家反对恐怖主义和极端主义的意识明显增强。2017年，与往年不同的是非洲区域组织加大了打击恐怖主义的力度。非洲国家除了继续举办反恐会议、采取军事行动之外，有些国家还制订和实施“去极端化”计划，以图预防和根除暴力极端主义。由于自身资源和能力有限，非洲国家加大寻求联合国、欧盟、美国等对其反恐的支持。

---

① “蜂拥而至？索马里恐成‘伊斯兰国’新据点”，新华社，2017年11月12日。

一、区域组织合力应对安全挑战

2017年，非盟、萨赫勒五国集团等区域组织加大力度推动地区安全。非盟1月选出新领导人后，将安全作为工作重点，加大介入地区安全。非盟委员会主席法基上任不久便前往索马里进行实地调研，这在非盟历史上尚属首次。6月，非盟轮值主席、几内亚总统孔戴在乍得出席泛非青年论坛时表示，非盟鼓励次区域组织和国家的反恐努力，将为后者提供政治和法律支持。7月，非盟举行新领导人上任后的首次峰会，将萨赫勒地区反恐作为主要议题，支持次区域组织和国家合力反恐。10月23日，全球反恐论坛西非地区能力建设工作组会议在阿尔及利亚首都阿尔及尔举行，非洲一些国家以及联合国、欧盟、非盟等组织派代表参加了这次会议。阿尔及利亚外交部长阿卜杜勒—卡德尔·迈萨赫勒强调，非洲萨赫勒地区面临越来越严峻的恐怖主义威胁，如果不立即采取相关措施，恐怖主义有可能扩散到目前较为稳定和平的地区。他建议相关国家加强边界安全合作，提高当地人民生活水平，加强地区能力建设，特别是为当地年轻人提供帮助，以防止他们为换取报酬而加入恐怖组织。各国应加强合作切断恐怖组织的资金来源，特别是打击来自人质赎金、毒品与武器走私等的非法资金。12月10日，非洲区域反恐高层会议在阿尔及利亚奥兰开幕，与会的国家、国际组织的反恐官员和专家为应对非洲当前日益严峻的反恐形势交流磋商，以期加强区域联系，为非洲寻求一个高效、可持续的反恐方案。继2015年乍得湖流域委员会成员国（包括喀麦隆、尼日利亚、尼日尔、乍得）和贝宁宣布组建多国部队打击极端组织“博科圣地”之后，2017年2月萨赫勒五国集团（包括马里、毛里塔尼亚、布基纳法索、尼日尔和乍得）在马里首都巴马科举行特别峰会，宣布建立联合部队，合力应对跨国恐怖主义、有组织犯罪等安全威胁。10月底，这支部队已于3国（马里、布基纳法索和尼日尔）边境地区开展首批反恐行动。法基认为，上述两支地区联合部队是“非洲人解决非洲问题”的“最新证明”。①

---

① “Forum de Dakar：assurer un maintien de la sécurité africain”，http：//www. france24. com/fr/20171114-forum -dakar-assurer -maintien-securite-africain-sall-kagame-parly-g5-sahel.（上网时间：2017年11月16日）

二、继续采取军事打击行动

2017年，受恐怖主义活动困扰的非洲国家继续采取军事打击行动，鉴于恐怖活动的跨国性，一些非洲国家还采取了联合打击行动，以便更有效地遏制地区恐怖主义活动蔓延。3月26日，肯尼亚国防军在索马里南部的朱巴兰德地区袭击了索马里“青年党”的两处营地，击毙了31名武装分子并缴获大量军用物资。4月21日，隶属于非盟驻索马里特派团的肯尼亚军队在索马里南部打死52名索马里“青年党”武装分子。10月23日，肯尼亚军队在肯东部与索马里交界的拉穆地区博尼森林发现一处“青年党”营地，在对该营地发起的军事行动中打死4名“青年党”武装分子，并缴获大量枪支弹药。4月9日，尼日尔军方在该国东南部开展名为“闪电”的反恐行动，打死57名“博科圣地”武装分子，并缴获3辆车和大量武器弹药。5月，喀麦隆军队对极北省发动为期3天的军事行动，打死50余名“博科圣地”武装分子，并缴获一个弹药库。11月11，索马里政府军及其国际伙伴在该国南部中朱巴州城镇吉利卜展开两次联合军事行动，共击毙81名极端组织“青年党”武装分子，并摧毁该组织大量武器装备和车辆。2月26日至3月7日，喀麦隆和尼日利亚军队在两国边境地区打击极端组织“博科圣地”的行动中，共击毙至少60名武装分子，解救包括老人、妇女和儿童在内的5000多人。3月26日—4月16日，马里和布基纳法索两国政府军在两国边境地区开展联合行动，以清除藏匿在边境地区的恐怖分子。4月29—30日，马里和布基纳法索两国政府军在两国边境地区再次开展联合行动，摧毁了“伊斯兰支持者”（Ansaroul Islam）一个重要的后勤基地，至少20名武装分子被打死，“伊斯兰支持者”的大量武器和爆炸装置被摧毁。

三、制订实施“去极端化”计划

2017年，尼日尔、尼日利亚等非洲国家实施“去极端化”计划，通过招降、大赦、教育、培训等方式，使武装分子放下武器、重新融入社会。尼日尔政府从2016年12月起实施“向博科圣地成员伸手”活动，为参加“博科圣地”的尼日尔籍成员提供一个改过自新的机会。2017年3月，尼日尔总统伊素福宣布已有130名“博科圣地”尼日尔籍成员放下武器，向政府投降。伊素福希望扩大“招降行动”，允诺“政府将保证他们的生命安全，并为他们重新进入社会提供条件”。10月，尼日尔东南部迪法地区行政长官马哈马杜·达诺（Mahamadou Laoualy Dan Dano）发出最后通牒，要求“博科圣地”尼日尔籍成员在12月31日前“投诚”。为加快“招降行动”进程，尼日尔政府向前“博科圣地”成员提供手机等通讯设备，以便其同伙在年底前“投诚”。尼日利亚政府也致力于“去极端化”，实施“安全走廊行动”，让放下武器的极端分子在中转营地接受“去极端化”教育和职业培训，为其重新融入社会提供条件。

四、寻求国际社会支持

2017年，非洲国家积极寻求国际支持，以共同应对恐怖主义威胁。2月6日，萨赫勒地区五国宣布建立一支地区联合反恐部队后，尼日尔总统伊素福表示，为建立这支部队将寻求联合国、联合国安理会批准。乍得总统代比说，将寻求欧盟资助，他说非洲人在反恐第一线，将挽救很多欧洲士兵的生命。3月3日，喀麦隆总理在接待来访的联合国安理会代表团时，请求国际社会帮助喀麦隆应对极端组织“博科圣地”带来的挑战。尤其希望国际社会提供资金支持，帮助该国加快经济发展。3月31日，尼日尔总统伊素福访问法国，请求法国继续在情报领域支持萨赫勒五国反恐。5月26日，在意大利西西里岛举行的七国集团首脑峰会上。伊素福呼吁七国集团采取措施让“利比亚战火”熄灭，并为正在建立地区联合部队的萨赫勒五国提供物质帮助。9月19日，尼日利亚总统布哈里在纽约联合国大会发言，敦促联合国支持乍得湖地区国家应对伊斯兰极端主义及其他冲突。他说，尼日利亚及其邻国缺乏有效应对与“基地”组织相关的伊斯兰极端组织安全威胁所需的资源和能力。此外，尼日尔等萨赫勒五国集团成员国还与美国探讨了如何加强反恐合作。

五、非洲反恐仍面临诸多难题

尽管非洲区域组织反恐维和能力有所加强，但目前面临严重资金短缺难题。非盟预算的73%来自外部援助，其维和行动经费更是全部由域外国家提供。[1] 继2016年欧盟削减非盟维和士兵津贴的20%后，2017年美国特朗普政府有意削减国际维和经费，除将联合国维和经费份额从28%减至25%外，还将减少对其他多边国际机构的直接援助。[2] 资金短缺成非盟维和最大掣肘，为减轻对外部援助的依赖，2016年7月非盟峰会决定，通过上缴域外进口税的0.2%，每年为非盟筹集12亿美元资金，但截至2017年底非洲54个国家中只有大约20个国家开始实施该计划，其他国家或抵制或处于观望状态。因资金不足，11月7日非盟驻索马里特派团宣布，将在2017年年底前撤离1000名士兵，引发对索马里安全局势的担忧。萨赫勒五国集团联合部队军事行动需要至少2.5亿欧元经费，法国预计这只是第一阶段所需要的经费，如果军事行动全面展开，需要4.4亿欧元，但萨赫勒是全球最贫穷的地区。2017年2月以来，萨赫勒五国四处“化缘”，以争取域外国家对其组建联合部队提供经费支持。除了资金难题，非洲军队能力不足也是一大挑战。有西方军事专家指出，非洲军队装备不足、训练差，目前尚无能力应对极端组织的进攻。此外，还有当地民众不配合政府的问题。如在马里、尼日尔、布基纳法索，军队主要由南方人组成，部族与北方人的部族属性不同，大都不了解北方，而伊斯兰极端主义蔓延的北方当地民众对西方和本国政府军持不信任甚至敌视态度。与中央政府相比，极端组织的宣传在被政府忽视、放弃的贫困落后地区更有吸引力。由于缺乏当地人力情报，有关国家政府军开展军事反恐行动面临更大困难。当地民众甚至与极端组织沆瀣一气，2017年10月4日，在4名美军和4名尼日尔军队士兵在尼日尔东戈-东戈村遭遇伏击身亡事件中，美军怀疑当地居民与“大撒哈拉伊斯兰国”一直有合作是美军遇袭的一大原因。

六、欧美等域外势力聚焦非洲安全议题

2017年，欧美受困于民粹升温、难民涌入、恐袭不断等问题，对非洲关注重点调整为反恐、难民等与自身利益紧密相关的安全议题。土耳其、

---

① “Afrique: Sommet de l'Union africaine - La taxe pour financer l'UA sur les rails”, RFI, 5 Juillet 2017.

② “ONU: les dossiers africains du nouveau chef des opérations de maintien de la paix”, RFI, 1 Avril 2017.

沙特等国则从地缘竞争出发，进一步强化对非关系。

（一）美国加大在非洲的反恐力度

2017年美国特朗普总统上台，对非发展援助大幅缩水，侧重安全投入。特朗普对国际援助和自由贸易持消极态度，对非外交团队组建缓慢，引发非洲普遍疑虑。据美《外交政策》2017年4月披露，特朗普政府提交的2018年财政预算中，美国将对非洲整体援助削减13%，其中美国对非洲多个地区合作国的援助资金遭大幅削减，包括对安哥拉削减35.3%，对吉布提削减54.5%，对埃塞俄比亚削减34.3%。[①] 特朗普政府还表示将收紧“非洲增长与机遇法”下给予非洲的贸易优惠条件，减少对非承诺的气候变暖资金支持。对奥巴马时期曾提出的“电力非洲”“贸易非洲”等倡议，特朗普弃之不顾，代之为加大对非洲军售力度，包括向肯尼亚出售武装直升机，批准尼日利亚6亿美元军售合同。美国加大了对非洲恐怖组织打击力度，3月，决定在尼日尔增设无人机基地，增强对萨赫勒地区恐怖组织的侦察；3月底，特朗普批准五角大楼扩大在索马里军事行动规模的请求，其中包括加强对“青年党”等极端组织和恐怖组织的空袭力度，赋予军队指挥官对极端分子发动袭击、突袭和军事行动的权力，而不仅仅是此前的保卫非盟和美军顾问不受攻击；4月，美国向索马里派出40人正规地面部队，培训、武装索军队打击“青年党”，此系美1993年在索遭“黑鹰坠落”重挫而撤军后，时隔20多年首次派出地面部队入非。4月19—20日，美国邀请42个非洲国家的防长在美非洲司令部总部德国斯图加特召开安全峰会，决定建立美非反恐联络机制，加大协调美非反恐行动，同时多点部署，准备联合打击“伊斯兰国”、“基地”组织在北非据点及西非“博科圣地”和索马里“青年党”等极端组织，将暴恐势力消灭在非洲本土。6月和7月，美军和索马里政府军在索南部展开针对“青年党”的联合反恐行动。11月3日，美军对位于索马里东北部的“伊斯兰国”武装分子进行空袭，用无人机歼灭了数名恐怖分子。此次系美军首度空袭索马里“伊

---

① “The End of Foreign Aid As We Know It”, April 24, 2017, http://foreign-policy.com/2017/04/24/u-s-agency-for-international-development-foreign-aid-state-department-trump-slash-foreign-funding/.（上网时间：2017年11月12日）

斯兰国”据点。12月，美军加大在索马里的军事行动，尤其针对“青年党”、“伊斯兰国”的无人机打击。据美国智库保卫民主基金会（Foundation for Defense of Democracies）2018年1月发布的一份报告，2017年美军在索马里共实施了35次空中打击，比近几年的次数（2016年实施的空中和地面袭击共13次，2015年为5次）有大幅增加。增加空袭是特朗普扩大在非洲行动的一部分。① 美国还扩大了在非洲的军事存在。2017年10月27日，美国参谋长联席会议主席约瑟夫·邓福德披露，目前美国在非洲国家共部署了6000名美军（2009年为3200名），在非特种部队从2012年的450人增加到1300人，仅次于在中东的特种部队人数。美军特种部队负责训练当地部队，加强他们的反恐能力。目前派驻尼日尔的美军特种部队约800人，是非洲国家当中最多的。② 2017年美军大举扩增在索马里的军事存在，其在索的人数从200人左右增加到500多人。③ 美国媒体报道，随着“伊斯兰国”在伊拉克和叙利亚几乎土崩瓦解，美国官员对“伊斯兰国”可能建立下一个中枢感到忧虑，非洲可能是下一个目标，美军正试图防止该组织对非洲抢占先机。美国共和党参议员林赛·格林厄姆（参院军事委员会成员）指出，美国将扩大在非洲的军事存在，“战斗已在变化，我们将在非洲看到更多军事行动，而不是更少”。④ 12月公布的美国国家安全战略指出，美国应该重新在非洲大陆上布局，不能面对中国的竞争丧失“领土”。此外，美国还为萨赫勒五国集团提供巨额资金支持。10月30日，美国宣布将在双边援助形式下，提供6000万美元支援萨赫勒非洲五国建立反恐联合部队，但仍拒绝由联合国秘书长古特雷斯、萨赫勒五国、法国及大部分安理会成员提出以联合国名义支援的要求。美国驻联合国代表团发言人说，美国承诺通过双边安全援助支持萨赫勒五国，但不通过联合国提

---

① “2017：A record year for US counterterrorism strikes”，Foundation for Defense of Democracies，3rd January 2018.

② “Death of soldiers highlights US military presence in Niger”，AFP（eng），10/27/17.

③ “美军大举增兵索马里 开启第4反恐战场”，新华社，2017年12月7日。

④ “Death of soldiers highlights US military presence in Niger”，AFP（eng），10/27/17.

供资金、授权或后勤支持。

（二）欧洲加大对非洲的安全投入

难民和反恐是欧盟关注非洲的两大重点议题。反恐方面，法国继续担任支持非洲国家反恐“领头羊”。2017 年 1 月 13 日，法国时任总统奥朗德在马里举行的法非首脑会议上宣布，法国计划未来 3 年每年培训 2.5 万非洲士兵，以应对非洲地区面临的安全威胁和打击恐怖主义的任务。4 月 6—7 日，法国外长艾罗和德国外长加布里埃尔对马里进行为期两天的访问，并与马里总统凯塔会晤，讨论在马里打击恐怖主义势力的问题。5 月 20 日，刚刚上任不久的法国总统马克龙首访欧洲以外的国家马里，与驻当地的法军共进午餐，并与马里总统凯塔会晤。马克龙呼吁马里政府尽快落实 2015 年签署的和平协议，让各武装组织实现停火。他同时希望德国和其他国家加大支持非洲，打击恐怖主义。7 月 31 日，法国国防部长帕莉与德国国防部长冯德莱恩联合访问尼日尔首都尼亚美，商讨支持尼日尔打击伊斯兰极端组织。2017 年，法国不仅自己宣布支持萨赫勒五国集团组建联合部队，而且为争取欧盟、联合国、美国等各方支持五国奔走呼吁。4 月 6 日，法国外长艾罗宣布，支持西非国家在萨赫勒地区的反恐合作，包括建立一支 5000 人的多国联合部队打击伊斯兰极端分子。表示随着萨赫勒五国决定建立一支联合部队保护边境，法国与五国的合作进入新阶段。新阶段法国将训练地区国家部队，支持其打击地区恐怖组织和各种走私活动，而不是取代法国“新月形沙丘行动”。7 月，法国总统马克龙到访马里，召集萨赫勒五国集团举行特别峰会，法国支持毛里塔尼亚、布基纳法索、乍得、尼日尔和马里等萨赫勒五国成立 5000 人联合部队，共同打击当地恐怖主义。其中萨赫勒五国各出资 1000 万欧元、法国提供 800 万欧元。[①] 法国还展开外交攻势，积极游说欧盟、欧盟其他成员国、联合国及美国等国支持萨赫勒五国建立联合部队。12 月 13 日，在法国的倡议下，法国、德国及非洲多国领导人会晤，就强化对萨赫勒五国联合部队的政治、资金支持展开紧急商讨。包括马里总统、尼日尔总统、布基纳法索总统、乍得总统、毛里

① “West African and French Leaders Launch Sahel Force”, http://allafrica.com/stories/201707030730.html.（上网时间：2017 年 11 月 12 日）

塔尼亚总统、德国总理、意大利总理、比利时首相，以及联合国、欧盟、沙特、阿联酋和美国代表等人参会。会议期间，沙特承诺提供 1 亿欧元，阿联酋提供 3000 万欧元，支持萨赫勒五国联合部队。欧盟外长莫盖里尼 6 月 5 日在马里首都巴马科与萨赫勒五国外长会晤，宣布将提供 5000 万欧元援助支持五国建立一支联合部队，共同应对地区恐怖主义威胁。2017 年德国更多关注和支持非洲安全议题。4 月 6—7 日，德国外长加布里埃尔在与法国外长一道访问马里期间，宣布德国联邦议院刚刚决定扩大德国在马里的驻军，将德国士兵规模扩大至 1000 人，并提供多架直升机。截至 7 月 27 日，大约有 875 名德国士兵参加了联合国马里多层面综合稳定特派团（MINUSMA），这也是德国联邦军目前最危险的使命。极端分子在那里频频袭击联合国维和部队和马里军队。7 月 31 日，德国国防部长冯德莱恩和法国国防部长帕莉访问尼日尔首都尼亚美时表示，德国支持法国的建议，为萨赫勒五国建立联合部队提供更多帮助，打击萨赫勒地区的伊斯兰极端组织，德国还将寻求其他欧盟伙伴的合作。她宣布德国将为尼日尔提供军事装备。此外，德国还向尼日利亚提供顾问和支持，尤其是培训尼日利亚军队应对炸弹袭击的威胁。意大利等国 2017 年加大对利比亚打击“伊斯兰国”据点的支持。

（三）土耳其加大与东非国家的反恐军事合作

2017 年 12 月底，土耳其总统埃尔多安访问苏丹、乍得、突尼斯三国。除经济外，军事安全合作是访问重要议题。在访问苏丹期间，埃尔多安与苏丹签署一份军事协议，协议允许土耳其在红海苏丹领海拥有一个军事基地，用于反恐和保护军舰。土耳其外长恰武什奥卢说，“非洲总体安全尤其是苏丹的安全对土耳其十分重要”，土耳其将继续支持苏丹反恐，支持非洲大陆遏制恐怖主义威胁。土耳其此前已在索马里海域拥有一个军事基地，训练打击极端组织“青年党”的索马里国民军。

（四）沙特为萨赫勒五国集团反恐提供军事援助和训练

2017 年 12 月 14 日，沙特外交大臣朱拜尔表示，伊斯兰军事联盟将训练由毛里塔尼亚、尼日尔、马里、乍得和布基纳法索组成的萨赫勒五国集团的部队，同时还将向五国集团提供资金支持和情报，目的是帮助这些国家打击恐怖势力。伊斯兰军事联盟是沙特发起的由30多个国家参与以反恐为主要目的的联盟。朱拜尔特别强调，伊斯兰军事联盟参与到西非地区，是为帮助西非国家打击恐怖势力，我们除训练萨赫勒五国集团国家部队外，还承诺向其提供1亿欧元的资金支持，并提供情报和空中支援。“法国24小时”评论称，伊斯兰军事联盟向萨赫勒集团国家提供军事援助。除反恐外，也是为阻止伊朗在西非地区扩大影响。

（五）联合国支持非洲区域组织和国家反恐

联合国6月表示原则上支持萨赫勒五国建立联合部队后。10月初，联合国安理会代表团访问了马里、毛里塔尼亚和布基纳法索，对萨赫勒地区恐怖主义和有组织跨境犯罪所构成威胁的现状和性质以及联合部队的运行情况进行了评估。10月30日安理会举行的萨赫勒五国集团联合部队部长级会议，联合国秘书长古特雷斯表示，国际社会应积极帮助马里等萨赫勒地区国家打击跨境恐怖主义和有组织犯罪活动，并呼吁安理会支持萨赫勒五国新成立的联合部队。12月9日，联合国安理会通过一项新决议，为萨赫勒五国反恐提供后勤和装备支持。联合国马里多层面综合稳定特派团未来将为萨赫勒五国军人提供水、汽油、食品补给，甚至可在马里境内参加五国部队伤员的医疗撤离行动。

第十章　拉美地区恐怖主义与反恐怖斗争形势综述

2017 年，拉美各国政治民主制度不断完善、和平进程持续推进，反恐怖措施日益完善，拉美未发生重大恐怖活动，地区整体安全形势平稳向好，优于欧洲、中东、非洲等恐怖主义袭击“重灾区”。但以涉毒暴力、凶杀、绑架、勒索、走私为主体的恐怖活动呈现止稳返升态势，诸多新问题和新特点相继涌现，中美洲“北三角”地区黑帮冲突加剧，委内瑞拉政治冲突导致治安形势急转直下，巴西监狱暴力日益严重，墨西哥禁毒扫毒成效反弹，美拉安全合作面临挑战。与此同时，国际恐怖主义也并未放弃对拉美的渗透，拉美恐怖主义和反恐怖主义斗争面临复杂严峻形势。

第一节　拉美地区恐怖主义形势

2017—2018 年，拉美地区未发生重大恐怖袭击和国家间武装冲突，但非传统安全威胁不断上升，暴力犯罪活动呈现恐怖化、平民化、规模化，大有一发不可收拾之势。恐怖威胁主要源自三方面：一是哥伦比亚、秘鲁等国拒不接受“招安”的反政府游击队，属于传统意义上的恐怖主义威胁，目前其势力范围、活动能力和实施恐怖主义的意愿大大降低，难以形成实质意义上的威胁。二是黑帮组织、贩毒集团、洗钱团伙、走私团伙等有组织犯罪集团实施的恐怖暴力活动，这些犯罪集团与负隅顽抗的传统反政府游击队相勾连，形成大大小小的犯罪网络，对不少拉美国家乃至地区的安全形势带来严重的威胁。三是真主党、“伊斯兰国”等国际极端组织和恐怖势力加紧在拉美的活动，其威胁愈发难以忽视。

一、反政府武装等本土恐怖组织加速回归体制，但极少数反政府游击队仍未放弃从事恐怖活动

随着近年拉美国家国内和平进程的持续推进，该地区多数反政府武装团伙和游击队陆续放下武器，回归民主政治体制，通过组建政党参与民主政治，颁布政策纲领文件，参加民主选举，实现政策主张。但仍有少数残余的顽固武装分子和团伙一意孤行，继续从事贩毒、绑架、谋杀、爆炸等恐怖活动。“哥伦比亚武装革命力量”（FARC）、“哥伦比亚民族解放军”（ELN）、和“秘鲁光辉道路”（SL）等反政府武装组织至今仍位列美国国务院的“外国恐怖组织”名单。

（一）“哥伦比亚武装革命力量”刀枪入库，改邪归正

“哥武”成立于1964年，是哥伦比亚境内成立最早、规模最大、组织最严密的反政府武装，巅峰时期拥有1.7万名武装人员，控制哥伦比亚境内40%的面积。目前，FARC仍有逾8000名成员。数十年来，FARC与哥伦比亚政府军冲突不断，造成逾22万人死亡、数百万人流离失所。FARC除策划针对政府的谋杀、绑架等暴力活动，还涉足毒品交易，被许多国家列入“恐怖组织”名单中。20世纪60年代，哥伦比亚境内曾有6支规模较大的反政府武装。长期以来，哥伦比亚政府和这些反政府武装打打谈谈。至90年代初，哥伦比亚政府先后同几支反政府武装达成和平协议。但是FARC始终不肯放下武器，长期从事恐怖活动。2016年6月23日停火协议后，FARC发动的恐怖袭击数量急剧降低，同比减少55%。同年10月双方达成最终全面和平协议，FARC全面停止恐怖袭击，仅发生零零散散由不满停火协议的下属分支发动的小规模恐袭。2017年FARC继续落实与政府达成的协议，3月至8月间FARC陆续向联合国驻哥伦比亚特派团上缴近万件武器装备，失去武器装备的FARC已无实力从事恐怖活动，但FARC内部部分成员不愿意回归民主体制，对高层与政府达成的所

谓停火协议与和平协议极为不满，视其为“胆怯的投降行为”，另一部分成员则担心长期从事恐怖活动“血债累累”，恐日后遭政府和民众“秋后算账”甚至血腥报复，导致极少数中层骨干不仅不遵守停火协议与和平协议放下武器，反而变本加厉，拉走队伍和武器装备脱离组织领导，继续顽固从事恐怖活动。2017 年 4 月 8 日，FARC 第一纵队在瓜维亚雷省雷多诺地区设置路边炸弹，袭击一辆政府军运兵车，导致 1 名士兵死亡，3 人受伤。10 月 5 日，FARC 一支叛军部队在别名“高乔”的高层领导下，在纳里尼奥省图马克市发动针对正在游行的可可种植者和维持治安的警方，FARC 无差别地投掷 5 个爆炸装置，炸伤 7 人。哥伦比亚政府在不断推进与 FARC 的和平谈判的同时，秉持“露头就打”的原则，保持对 FARC 的高压震慑态势。2016 年 5 月 15 日，警方在卡克塔省圣文森特地区与 FARC 叛军交火，打死该部队资深领导人“莫鲁多”和其保镖。

（二）“哥伦比亚民族解放军”趁机壮大，兴风作浪

ELN 曾是哥伦比亚第二大反政府武装，FARC 与政府达成和平协议并放弃武装后，ELN 成为哥伦比亚国内唯一反政府游击队。哥伦比亚政府评估，ELN 成员约 2500 人，下属八大阵线（亦译作“纵队”），主要活跃在哥伦比亚西南部乔科省、考卡省、考卡山谷省、纳里尼奥省和东北部的北桑坦德省。近年来，随着 FARC 与政府的和谈不断推进，ELN 高层也有意效仿，但仍不愿轻易放弃从事恐怖活动。2016 年上半年，桑托斯总统下令政府军加大对 ELN 的打击力度，通过“以打促和”逼迫其与政府和谈。同年 6 月 25 日，哥伦比亚政府军在乔科省进行人质拯救行动时打死 3 名 ELN 成员，俘虏 1 人。9 月 21 日，政府军在桑坦德省俘虏 ELN 高级成员丹尼尔·安德烈斯·莫利纳和纵队司令贡萨罗·维嘉，缴获两把手枪，91 发子弹和一台收音机。10 月，ELN 宣布与桑托斯政府正式举行和谈，但其趁政府军暂停清剿，伺机休养生息，并大肆从事绑架、谋杀、爆炸等恐怖活动，继续进行低成本、大影响的“不对称战争”，如使用迫击炮袭击军警机构、在主干道设置路边炸弹、部署狙击手偷袭和伏击军警部队等，其目的在于趁机填补 FARC 撤出后留下的权力真空，占据其交出的地盘尤其是毒品贸易和走私市场，扩大收入来源充实武装实力。2016 年 2 月间 ELN 掀起一波恐怖袭击潮。4 日，政府军情报官员哈尔德·赫苏斯·比亚尔在安蒂奥基亚省一处发电厂被绑架。5 日，ELN 在考卡省打死 5 名警察。8 日，ELN 在阿劳卡省使用汽油炸弹袭击政府军第 18 营。9 日，ELN 在博亚卡省炸毁卡诺里蒙至科沃纳斯一段输油管线。10 日，ELN 向库库塔市警察局投掷手雷，炸伤 8 名警官。5 月 22 日，ELN 在北桑坦德省绑架 3 名记者，桑托斯总统大为恼火，组织 800 警力参与搜捕营救工作。迫于政府军摆出强大的营救态势，ELN 于 6 天后在一处天主教堂释放人质。7 月 3—5 日，ELN 发动系列针对军警的袭击，分别在比查达省、安蒂奥基亚省和纳里尼奥省打死 3 名海军陆战队员、一名政府军士兵和两名警察。10 月 27 日，ELN 在哥伦比亚最大产油区之一的阿劳卡省打死 2 名卡车司机。2017 年 2 月 19 日，ELN 在波哥大市中心投掷炸弹，炸死正在执行安保任务的 26 名警察和 14 名平民。6 月 16 日，ELN 在阿劳卡省安格斯图拉小镇伏击政府军，导致 1 名士兵死亡。6 月 17 日，波哥大市中心“安第斯中央”购物中心发生炸弹袭击事件，包括一名法国人在内的 3 人被炸身亡，9 人受伤。6 月 20 日，2 名丹麦记者在哥伦比亚与委内瑞拉边境的卡塔图博地区被 ELN 绑架。6 月 28 日，ELN 在北桑坦德省小镇特奥累玛袭击政府军巡逻队，导致 1 名政府军士兵身亡，1 人受伤。7 月 16 日，ELN 下属“塔拉萨英雄”纵队与政府军在下考卡地区交火，打死政府军士兵 1 名。2017 年 1 月 13 日，ELN 在哥伦比亚与委内瑞拉交界地区绑架一名石油公司工作人员。6 月，2 名荷兰记者在哥伦比亚、委内瑞亚交界的北桑坦德省遭遇绑架，媒体认为 ELN 或是幕后主谋。2018 年 1 月 10 日停火协议到期当天，ELN 连续制造四起暴力事件，包括一起针对海军陆战队队员的手榴弹袭击和一起针对输油管道的炸弹袭击。1 月 15 日，停火协议到期仅仅一周，ELN 就策动了 15 起袭击，包括对数个石油基础设施和军队的炸弹袭击。1 月 27 日和 28 日连续两天发生 3 起针对警察局的炸弹袭击事件，27 日巴兰基亚圣何塞区警察局遭炸弹袭击，造成至少 5 名警察死亡，另有 48 人受伤，28 日巴兰基亚一警察局发生炸弹袭击，造成 4 名警察和 1 名平民受伤，附近数栋居民住房、1 所学校和数间商铺受损。事后 ELN 被桑托斯政府认定为事件主谋，桑托斯愤而暂停与 ELN 即将举行的和平谈判，要求军方全力打击 ELN，声称“恐怖主义一日不除，一日不开始和谈”，并表示其耐心有限。政府军则配合行动，逮捕包括中部阵线首领何塞·格雷戈里奥·托雷斯在内的 22 名 ELN 成员，沉重打击了 ELN 的嚣张气焰。

ELN也以牙还牙，宣布从2月10日起开始为期3天的“武装示威”，于10日当天炸毁连接首都波哥大和加勒比地区圣马耳塔的主要公路“太阳之路”的部分路段。

（三）哥伦比亚“联合自卫军”（AUC）苟延残喘，垂死挣扎

AUC是右翼准军事组织，曾是哥伦比亚第三大反政府武装。2006年4月，AUC与政府达成协议，分期分批缴械投降、回归社会，以换取司法优待。但哥伦比亚政府“秋后算账”，以涉嫌贩毒、洗钱和资助恐怖分子等罪名，向美国引渡大量AUC前领导人，招致AUC成员的记恨。近年来，该组织不少成员以“前领导人遭到政府追杀、成员被社会遗弃”为由，重操旧业，成为大农场、大企业和大毒枭的雇佣军，以反政府武装成员、工会领袖、左翼知识分子、人权活动家和记者为复仇目标，从事暗杀、绑架、勒索等报复活动。联合国人权事务官员表示，2017年哥超过百名人权与劳工权益活动人士遭暗杀。媒体认为AUC是其中不少谋杀事件的幕后黑手。

（四）秘鲁“光辉道路”（SL）遭遇打压，势头受挫

SL成立于1969年，主张通过暴力革命的方式建立政权，20世纪80年代起从事反政府武装斗争，80—90年代一度成为世界上最暴力的武装团伙之一，至少造成6.9万人丧生。藤森政府时期抓捕多名SL高层，从此销声匿迹。近年来，SL重新活跃起来，大有死灰复燃之势。其活动方式开始由大规模的集体行动“化整为零”，转型为小规模的游击活动。外界对其实力评估不一，但根据秘鲁军方的评估，SL成员仅存250—300人，其中约60至150人是骨干分子，活动范围仍仅限于偏远的阿普里克、埃内和曼塔罗河谷（即VRAEM特殊军事警戒区），该地区面积仅有瑞士大小，但却是秘鲁全国可卡因种植面积的一半。在政府军近年的打击之下，SL已经退却至曼塔罗河谷的北部要塞内，为维持成员日常开支、购买枪支弹药和装备，SL近年开始参与毒品走私活动，通过为毒品贸易提供安保和运输服务收取“革命税”。2016年秘鲁大选期间，SL发动系列袭击以彰显其实力，致使10人死亡，震惊秘鲁全国。4月9日，SL在胡宁地区伏击一队前往投票站负责即将举行的秘鲁大选安保工作的政府军巡逻队，袭击导致

8 名士兵和 2 名司机死亡，5 名士兵受伤。同一天，阿亚库乔地区阿普里马克河地区正在巡逻的海军巡逻队遭 SL 袭击，两名海军陆战队士兵受伤。8 月 1 日，ELN 袭击胡宁地区一军事基地，打伤 1 名士兵。美国国务院国际恐怖主义报告指出，2016 年以来 SL 加紧了 VRAEM 地区外的宣传工作，与此同时频繁对秘鲁偏远省份地区的政治人物进行人身威胁。2016 年秘鲁新总统佩德罗・巴布罗・库琴斯基上台，授予国防部长全权打击 VRAEM 军事警戒区内毒品贸易和 SL 恐怖活动，并要求国防部和内政部相互配合，军警联合肃清 SL 残余势力。2016 年 5 月 19 日，政府军在阿亚库乔地区发现 SL 正预谋炸毁一座输电线塔，在击退 SL 后，政府军成功拆除安装在输电塔附近的炸弹。5 月 20 日，警方巡逻队在阿亚库乔地区剿灭 SL 一支部队，打死 SL 高级领导人亚历杭德罗・奥奇（奥奇曾参与过 SL 策动的恐怖袭击，分别于 2010 年和 2012 年击落政府军直升机），政府军在行动中还缴获大量武器弹药和通信联络设备。6 月 5 日秘鲁大选前夕，政府军在全国多个地区同时发起针对 SL 的军事行动，逮捕包括负责 SL 后勤补给事务的高级领导人安东尼雅・宝卡加哈在内的 23 名成员。

（五）“巴拉圭人民军”（EPP）难以根除，持续活动

2008 年以来，一度销声匿迹的 EPP 在巴拉圭康塞普西翁和圣佩德罗等北部省份“死灰复燃”，不少武装团伙甚至打着 EPP 或其分支的名头从事暴力恐怖活动，其主要活动以孤立、零散、小规模为特征，尤其以袭击偏远地区军警哨所、谋杀与政府军合作的农场主和农民、绑架政府官员为主，旨在恫吓巴民众和政府的反恐决心。2015 年以来，巴政府军加大对 EPP 的高压打击态势，使其活动范围、恐袭能力和人员数量均大幅减小和下降，预计其成员仅剩 20 余人。但也招致 EPP 的反击，包括国家警察在内的 4 名人质遭绑架。2016 年 7 月，EPP 在圣佩德罗省绑架 1 名年仅 17 岁的孩子，并随后烧毁其全家所居住的房子，现场留下字条索要赎金。8 月，EPP 在康塞普西翁省伏击政府军，使用自制炸弹炸死 8 名士兵，并抢夺其武器装备。9 月，康塞普西翁省 4 名农场工人被 EPP 绑架，EPP 现场留下字条索要赎金，4 名人质随后被释放。10 月，康塞普西翁省一名农场商人被 EPP 绑架，至今未被释放。12 月，EPP 在圣佩德罗省发动针对多个设施的袭击。

二、有组织暴力犯罪止稳返升，多国治安形势持续恶化

近年来，拉美地区的有组织暴力犯罪愈演愈烈，贩毒集团、帮派团伙、反政府武装分支相互效仿、相互融合、相互转型，大有向大型复合有组织犯罪集团方向发展的趋势。犯罪活动“恐怖化”“暴力化”的新趋势使得拉美地区有组织犯罪泛滥，不少国家缺乏有效应对措施，安全局势急转直下，凶杀案件高企。2017 年初，墨西哥智库“公共安全暨刑事司法市民委员会”发布报告称，全球 50 个最危险的城市中 43 个位于拉美和加勒比海地区，其中 19 个位于巴西，其他多位于委内瑞拉、墨西哥和洪都拉斯等国。报告指出，拉美人口仅占世界人口的 8%，但每年超 33%的凶杀案发生于此，属于典型的“危险地区”。

中美洲地区安全形势难言乐观。中美洲“北三角”地区由危地马拉、洪都拉斯和萨尔瓦多组成，三国经济落后、政府治理能力低下、警察和司法体系腐败频发，政府无力与黑帮和贩毒集团进行抗衡，致使“北三角”沦为世界最暴力地区之一。虽然近年来三国领导人愈加重视改善治安，但有关国家形势未有明显好转，凶杀案件频发。1 月 17 日，一名电视台记者在洪都拉斯首都圣佩德罗苏拉工作时被黑帮组织“18 街区”成员枪杀。3 月 19 日，“18 街区”帮派成员在圣何塞皮努拉一处监狱暴动，4 名监狱警卫被害。21 日，“18 街区”帮派成员为配合监狱暴动蓄意策划 6 起有组织袭击，打死 3 名警察。3 月 15 日，萨尔瓦多全天发生 30 起谋杀案，其中一起发生于私人安保人员与帮派成员交火，6 人在交火中丧生。6 月 12 日，3 名警察亲属在一天内被萨黑帮谋杀身亡，警方怀疑此举意在报复政府对帮派的高压打击态势。8 月 16 日，黑帮组织“MS－13”一伙武装分子袭击危地马拉市罗斯福医院，打死 7 人，打伤 12 人，救出一名被警方羁押在医院接受治疗的黑帮成员，举国震惊。

巴西帮派冲突、谋杀等有组织犯罪无明显改善，上半年发生 2.82 万起凶杀案，同比增长 6.79%，平均每天 155 起，每小时 6 起。尤其是里约州的黑帮争斗和仇杀愈演愈烈，从贫穷街区逐渐蔓延至相对富庶和安全的街区。根据州政府统计，里约州 2017 年暴力死亡案件比 2016 年增加 8%，比 2015 年增加 26%。与此同时，监狱暴力犯罪和恶性治安事件频发。巴西国防部长容曼表示，巴西公共安全体制崩坏，“首都第一司令部”“红色

司令部”“北方之家”“第三军团”等形形色色有组织犯罪团伙暴力犯罪遍及全国，监狱系统面临重大危机。2017年1月14日，巴西东北部北里奥格兰德州最大监狱发生暴动，至少30名囚犯死亡，暴动持续14个小时，直到军警进入监狱并重新控制局面才得以平息。从1月18日开始，以北里奥格兰德州首府纳塔尔为主的一系列城市社会治安事件激增。经总统米歇尔·特梅尔批准，巴西海陆空三军共1200名军人于20日进驻纳塔尔及周边地区，加强对监狱、主要街区等场所的监控和巡逻，以震慑犯罪活动。2月7日，圣埃斯皮里图州军警因不满薪水过低开始罢工，导致州内出现执法“真空”，不法分子趁机活动猖獗，至少70人丧生，激起国内民众极大愤慨。4月8日，亚马孙州首府马瑙斯市的一座监狱内发生恶性暴力事件，导致7名囚犯死亡。5月22日，东北部马拉尼昂州一所监狱发生越狱事件，一伙身份不明者从外部炸开监狱墙体，24名囚犯成功越狱。5月25日，东北部奥格兰德州帕纳米林市一家监狱发生越狱，91名囚犯从一条30米长的地下通道逃跑。同一天，戈亚斯州一座监狱发生暴动，造成至少6名囚犯死亡，8名囚犯在暴动中夺走看守的武器并逃走。2018年1月1日，中部戈亚斯州都会区一所监狱发生暴动，造成至少9人死亡，14人受伤及106人趁乱越狱，其中29名越狱囚犯在当天下午即被重新逮捕。1月5日，戈亚斯州首府戈亚尼亚市的一所监狱发生暴动。1月8日，戈亚斯州一所青少年再教育中心发生少年犯脱逃事件，14名少年犯逃离再教育中心，其中3人被抓回。1月29日，距离东北部城市福塔莱萨125千米的伊塔巴结监狱发生不同派别的毒贩冲突，导致10名犯人死亡。巴西监狱暴力频发，陷入严重系统危机，背后原因多重。巴西国家司法委员会报告指出，巴西目前有65.4万人被关入狱，其中43.3万人已被判刑，占全部人数的66.2%，另外22.1万人处于临时羁押状态。巴西司法部长亚历山大·德莫莱斯则表示，巴西监狱“最大的问题是腐败”。

委内瑞拉治安形势未有好转。2015年以来，国际油价低位徘徊重挫委石油经济，马杜罗政府陷入严重经济困局和执政危机，各党派矛盾不断激化，政治对立异常尖锐，国内斗争的极端化、暴力化的趋势日益凸显，治安形势也随之每况愈下。2017年委国内政治斗争呈现白热化趋势，上半年反对派发动旷日持久的示威游行，偶发的暴力事件激起严重警民冲突，导致多人死伤，随后马杜罗政府与反对派围绕制宪大会和国民议会展开激烈的立法权博弈，亲马杜罗政府的支持者和反对派进行长期的街头暴力斗争，再加上经济形势进一步恶化，暴力犯罪率直线上升。非政府组织“委内瑞拉暴力犯罪观察站”年度报告预测，全年共发生 16046 件凶杀案，死亡人数将达到 26616 人，预计凶杀率将达到 10 万分之 89，较往年未有明显好转，阿拉瓜州、米兰达州、亚马逊州、玻利瓦尔州和首都区分别以十万分之 155 位、153 位、146 位、113 位和 109 位列凶杀率最高的五大州府，首都加拉加斯位列“世界五十大最危险城市”之首。[①] 与此同时，绑架勒索案件也保持高位。委内瑞拉调查机构科学、刑法和刑事调查局（CICPC）发布信息称，2017 年 1—12 月初，委内瑞拉全国至少有 435 人成为被歹徒绑架的受害者，其中有 9 名受害人仍被匪徒关押，17 名人质被绑架匪徒杀害。对于参与绑架的黑帮歹徒罪犯分子，有 238 名涉嫌参与绑架疑犯被拘留，另有 46 人在警方解救行动中被击毙。2017 年 2 月 7 日，76 岁的德国游客在玛格丽特岛一处购物中心外被 1 名枪手打死。4 月，委内瑞拉国内局势急转直下，反对党联盟发起持续反政府游行，示威活动引发暴力冲突，造成 100 多人死亡，数千人受伤和被捕。6 月 27 日，多名政府军成员盗窃一架直升机后，飞至加拉加斯市区委高等法院上空投掷两枚手榴弹，所幸手榴弹未爆炸，未导致死伤。事件发生后，委内瑞拉总统马杜罗发表电视讲话，表示此事是反对派策划的“恐怖袭击”。7 月，马杜罗总统宣布召集制宪大会投票，反对派在委内瑞拉多地举行示威活动，参加示威的 2 名未成年人和安全部队成员遭不明人员枪击身亡。

三、墨西哥遭遇“有史以来最暴力年”，安全形势空前严峻

墨西哥近年治安形势尤为严峻，2016 年共 20789 起凶杀案，是涅托上台后治安状况最差、“最暴力年度”。维拉克鲁斯州、米却肯州和科利玛州增幅最大，2017 年锡那罗亚、维拉克鲁斯和格雷罗等州涉毒暴力活动愈加猖狂，墨西哥内政部数据显示全年发生 29168 起凶杀案，远超过血腥“禁毒战争”时期的 2.2 万起，凶杀率达到 10 万分之 20.5，成为是“墨西哥有统计记录

---

① “Venezuela tiene 7 ciudades entre las 50 más peligrosas del mundo”, 14 de NOVIEMBRE, 2017, http: //efectococuyo. com/secundarias/venezuela-tiene-7-ciudades-entre-las-50-mas-peligrosas-del-mundo.

以来最暴力年”。[1] 墨西哥部分地区严峻治安形势已逐渐影响民众生活。墨西哥国家统计局 2017 年 12 月调查称，75.9%的墨西哥成年人认为自己所居住的城市不安全，高于 2016 年 74.1%的比例，其中 80.5%的女性成年人和 70.6%的男性成年人认为所住城市不安全，有 37.7%的墨西哥人认为在未来 12 个月内，自己所居住的城市治安情况会更糟糕，其中塔毛利帕斯州、格雷罗州、萨卡特卡斯州三座城市比例高达 95.6%、95.4%和 94.8%。

（一）大毒枭、外号"矮子"的古兹曼被引渡美国后，各贩毒集团内部和相互之间展开的地盘和势力争夺

2017 年 1 月 7 日，贩毒集团“哈里斯科新一代”与“圣殿骑士”在米却肯州火并，导致 1 人死亡。3 月 6 日，格雷罗州多个城市共发现 10 具尸体，官方怀疑幕后黑手是贩毒团伙。2 月 23 日，警方在米却肯州楚鲁姆可镇发现 9 具尸体，怀疑是贩毒集团“哈里斯科新一代”与“新家族”交火的牺牲品。同一天，锡那罗亚州警方也发现 10 具尸体。5 月 24 日，两大贩毒集团在伊达尔戈州中部地区偷窃输油管道时发生交火，1 人丧生。7 月 5 日，贩毒团伙“锡那罗亚”和“路线”在齐瓦瓦州巴拉斯小镇发生火并，导致 14 人死亡。7 月 6 日，格雷罗州阿卡普尔科一所监狱内发生帮派火并，导致 28 人死亡。2018 年 1 月中旬，墨西哥警方在维拉克鲁斯两个城市废弃的小货车发现 9 具遭肢解尸体、4 颗人头和两封恐吓信，警方认为是敌对贩毒集团火并的结果。

（二）传统贩毒集团、帮派和盗窃团伙等犯罪组织的暴力恐怖活动加剧

培尼亚政府执政进入最后一年，对治安形势掌控乏力，“斩首”行动的打击力度和频率均有所下降。4 月 22 日，墨西哥海军在塔毛利帕斯州打死“海湾”和“塞塔”贩毒集团在当地的领导人曼努埃尔·萨里纳斯（绰号“指挥官托罗”）和弗朗西斯科·奥尔维拉（绰号“潘丘·卡雷翁”）。7 月 20 日，墨西哥海军在首都墨西哥城邻近的特拉华与帮派武装分子发生交火，打死包括帮派地区领导人菲利普·赫苏斯·N 在内的 8 名武装分子。

---

① 2017, el peor año en materia de seguridad en México: Semáforo Delictivo, http://wradio.com.mx/radio/2017/10/24/nacional/1508866478_960338.html，2017 年 10 月 24 日.

与此同时，贩毒集团活动愈加猖狂。1月15日，尤卡旦半岛西南部金塔纳罗奥州卡门海滩发生枪击案，“塞塔”贩毒集团在一夜总会外打死5人，打伤15人，死者中3人分别来自美国、加拿大和意大利。1月17日，10余名匪徒武装围攻坎昆市总检察长办公室大楼，双方交火20余分钟，导致4人死亡。5月1日，墨西哥海军陆战队对与犯罪集团在南下加利福尼亚州发生交火，1名海军陆战队员身亡，7名武装分子被打死。5月4日，政府军在普艾布拉州处理一起输油管道盗窃案件时，遭遇贩毒集团劫持人质，双方交火导致4名士兵和6名武装分子身亡。5月12日，犯罪集团在墨西哥州打死3名警察。6月30日，17名驾驶皮卡车的武装分子在锡那罗亚州马萨特兰小镇遭遇警方，所有武装分子在交火中均被打死。7月25日，一枚路边炸弹在墨西哥天主教行政中心外发生爆炸，幸未造成人员伤亡。10月29日，格雷罗州奇尔潘辛戈市一场业余足球比赛中有2人被杀。10月30日，一伙来历不明的暴徒乘坐几辆汽车来到当地一座足球场，打死了3名正在踢球的男子。2018年1月27日，4名戴面罩的武装分子进入蒙特雷一民居，威胁约20名正在观看足球比赛的民众，其中7人被驱赶到浴室后遭枪杀。

（三）针对记者、军警和政府官员的暴力犯罪较往年显著增加

据“国际新闻工作者联合会”统计，墨西哥2017年全年13名记者遇难，成为对记者而言“最危险国家”。[①] 据杂志《墨西哥市长》统计，2017年1至11月有21名受害者是市长或前市长。5月25日，一群武装分子驾驶多量汽车袭击齐瓦瓦州总检察长办公室，打死1名警察，打伤5人。7月31日，CNR新闻频道记者卢西亚诺·里维拉在下加利福尼亚州被谋杀。6月24日，维拉克鲁斯州联邦警察部队司令卡米洛·卡斯塔涅在卡德尔市一家餐馆遇害，几名枪手闯进餐馆，对卡斯塔涅等3名警方官员下狠手，另两名警官1人丧生，1人受伤。8月22日，《阿卡坎日报》记者坎迪多·里奥斯在维拉克鲁斯州被枪杀，死前他是政府“人权捍卫者和记者保护机制”的成员。11月23日，伊斯瓦特兰德马德罗市市长埃斯皮诺萨和夫人蒂诺科等5人当日晚乘坐一辆卡车，在维拉克鲁斯州哈拉帕附近市镇一条

① “墨西哥记者生存现状调查”，2017年9月26日，新华网，http://news.xinhuanet.com/globe/2017-09/26/c_136626249.htm.

泥泞道路上遇袭，5人全部丧命。12月30日，格雷罗州佩塔特兰镇长佩雷斯在餐厅用餐时遭一名蒙面枪手直接开3枪击毙。

四、国际恐怖主义持续加速渗透和扩张

长期以来，尤其是“9・11”恐怖袭击后，拉美一直是国际恐怖主义势力渗透和发展的温床，近年来国际恐怖主义在拉美募集资金、招募人员甚至图谋借道前往美欧从事恐怖活动，逐渐引发所在国和西方国家的关注。2017年4月6—7日，俄罗斯外交部新挑战和新威胁局副局长德米特里・费奥克蒂斯托夫在美国举行的美洲国家组织反恐会议上指出，“伊斯兰国”极端组织在其能源基础设施被大量摧毁后，试图扩大之前的小规模资金来源，同时试图获取新的资金来源。拉美虽暂时未遭“伊斯兰国”直接威胁，但未来恐被当作走私和资金转移的中转地。他呼吁拉美国家警惕“伊斯兰国”接触其金融体系和其他重要基础设施。特立尼达和多巴哥是国家恐怖主义的“重灾区”，其穆斯林人口占国家总人口的6%，还有部分源自非洲和东南亚的移民，其中不少人此前与犯罪团伙和黑帮勾连，是国际恐怖主义势力在西半球招募人员的最佳目标。特多政府2015年曾发布报告指出，包括妇女和少数族裔在内的超过100名特多人前往叙利亚和伊拉克，70人左右正在叙利亚与“伊斯兰国”作战，也有人接受“伊斯兰国”培训后返回特多，伺机在特多和拉美其他国家进行恐怖主义渗透。与此同时，部分特多人还私下同情、支持和资助恐怖主义。2016年8月，特多金融情报处发布报告，称全年共发现182笔可疑资金电汇和邮寄。

第二节　拉美地区主要反恐措施

一、哥伦比亚国内和平进程加速推进，“拉美最大动荡源”有望彻底消除

（一）“哥伦比亚革命武装力量”（FARC）陆续履行和平协议，完全回归民主体制在即

自2012年以来，在哥伦比亚政府、哥伦比亚最大反政府武装“哥伦比

亚革命武装力量”(FARC)共同努力和古巴等国斡旋下，哥伦比亚和平谈判进程不断取得进展。2016年6月双方签署“永久停火协议”，8月24日达成“永久和平协议”。9月26日，哥伦比亚总统桑托斯与FARC总司令隆多尼奥在历史名城卡塔赫纳签署和平协议。和平协议的签署赢得哥伦比亚国内外一致高度赞扬，但却在之后举行的全民公投中受挫，持反对意见者以50.21%对48.78%的极微弱优势否决了协议。但各方并未就此止步，经过一个多月的密集谈判，11月24日双方再次签署新的和平协议。11月30日，新和平协议呈送给国会批准，并获得一致通过[①]。12月1日，新的和平协议正式生效，哥伦比亚和平进程进入执行落实协议的“最后一千米”。2017年3月以来，已转移到全国26个过渡区安置点的近8000名FARC成员在联合国的监督下，分阶段上缴武器。6月20日，联合国特派团启动第三阶段武器上缴，派遣450名观察员到“哥武”成员所在的26个营地，负责登记所有武器，核查并装入存放武器的储藏箱。与此同时在9月1日前接管FARC在全国范围内的900处营地。6月27日，FARC宣布已上缴全部武器，正式解除武装。FARC领导人表示“将结束53年武装斗争，转型为合法政党”。哥伦比亚总统桑托斯称此举标志着“和平协议转化为持久稳定的和平”。[②] 7月，联合国安理会通过决议，批准成立联合国哥伦比亚核查团，负责对哥伦比亚政府和FARC之间达成的和平协议第二阶段执行情况进行核查，负责核查FARC前战斗人员回归社会的情况，个人和集体安全保护措施的实施情况，以及对相关地区的社区和团体的全面安全保护计划的落实情况。9月22日上午，在桑托斯和联合国驻哥伦比亚特派团主席的共同见证下，此前FARC上缴的8994件武器被永久销毁，标志着FARC至此彻底放弃武装斗争。

在落实和平协议的同时，FARC积极谋求转型从政。2017年8月27日至9月1日，FARC在首都波哥大举行政党成立大会，与会代表投票选出与“哥伦比亚武装革命力量”的西班牙语首字母FARC缩写一样的“大

① “哥伦比亚国会通过哥政府与反对派达成的新和平协议”，新华网，http://news.xinhuanet.com/world/2016-12/01/c_129386304.htm.

② “放下武器，哥武何去何从”，新华社，6月27日，http://news.xinhuanet.com/world/2017-06/28/c_1121227364.htm.

众替代力量”（Fuerza Alternativa Revolucionaria Del Común）作为新政党名称，并提出全民教育、医疗和保护环境，推崇实行混合制经济、承认私有制、推行土地改革等政策主张。此外，根据此前 FARC 与哥伦比亚政府达成的和平协议，新政党将自动在国会参众两院分别拥有 5 个席位。10 月 31 日，哥伦比亚国家选举委员会以 7 票赞成，2 票反对的结果，最终承认大众革命替代力量党为合法政党，此举意味着该党有权参加 2018 年哥总统大选，标志着 FARC 完美地实现了从反政府武装游击队向合法政党的“华丽转身”。

（二）“哥伦比亚民族解放军”（ELN）“扭捏作态”，和平进程推进困难重重

“哥伦比亚民族解放军”是仅次于“哥伦比亚革命武装力量”的哥伦比亚第二大反政府武装，“哥伦比亚革命武装力量”放弃武装斗争后，“哥伦比亚民族解放军”成为哥境内唯一的反政府武装。哥政府此前同“哥伦比亚民族解放军”开展过两次和平谈判，但均以失败告终。直到 2016 年 9 月政府与“哥伦比亚革命武装力量”正式签署和平协议，双方才重启谈判进程。在厄瓜多尔、古巴、委内瑞拉、巴西、智利和挪威等国和国际社会的斡旋之下，2 月至 10 月间哥政府与“哥伦比亚民族解放军”在厄瓜多尔基多先后举行四轮和平谈判，谈判内容包括受害者赔偿、停火等内容。9 月 4 日，双方签署临时停火协议，约定自 10 月 1 日起双方停止一切敌对行动，停火有效期为 102 天。媒体认为该协议的达成为双方结束长达半个世纪的武装冲突迈出重要一步。桑托斯明确要求双方停火和停止互相敌对状态期间，“哥伦比亚民族解放军”必须停止绑架、安置炸弹、攻击基础设施、招募未成年队员、攻击军队和国家警察等恐怖主义行为，并表示军警将在全国范围内保护民众安全，打击由任何人实施、出于任何动机的犯罪行为。与此同时，作为交换，哥政府答应改善被关押武装人员的狱中条件、为左翼激进分子提供保护。由于双方均向联合国提出核查要求监督停火协议，联合国安理会 10 月 5 日一致通过决议，批准增派 70 名国际观察员加入哥伦比亚核查团，负责监督临时停火协议的执行情况。

遗憾的是“哥伦比亚民族解放军”并非真心“求和”，在停火协议期间并未严格遵守约定，针对军警和基础设施的恐怖暴力袭击事件不断发

生，尤其是2018年1月9日停火协议到期后，“哥伦比亚民族解放军”变本加厉，策动多起恐怖暴力袭击，引发哥政府和民众愤慨。1月10日，桑托斯指责“哥伦比亚民族解放军”不仅“莫名其妙拒绝和平”，还在新一轮和谈当天发动恐怖袭击，一怒之下召回谈判官员、前副总统古斯塔沃·贝尔，要求重新“评估和谈进程”，同时下令军方严阵以待，防范可能发生的暴力袭击。分析认为，双方谈判遇挫并不意味着无任何回旋余地，但至少在哥大选前恐难有实质性突破，甚至存在谈判破裂的可能。

（三）哥伦比亚能否实现真正和平有待观察

随着“哥伦比亚革命武装力量”成功转型、“哥伦比亚民族解放军”与政府和谈不断推进，哥伦比亚作为拉美地区最大的动荡源头有望彻底消除，但哥伦比亚要实现真正的和平“道阻且长”。

对“哥伦比亚革命武装力量”而言，“改头换面”以大众革命替代力量党从政恐难一帆风顺。首先，哥伦比亚国内反对政府与“哥伦比亚革命武装力量”达成和平协议的声音此起彼伏，2018年大选一旦反对党上台极有可能对原有和平协议发难，哥伦比亚和平进程面临功败垂成的巨大风险。其次，“哥伦比亚革命武装力量”内部亦有不少反对声，中层骨干质疑高层对政府让步过多，心有不甘。“哥伦比亚革命武装力量”核心成员早已习惯“用枪说话”，通过技能培训重返社会进而自食其力恐非易事，不排除部分人员“重操旧业”甚至加入贩毒集团。不少不同意和谈的前“哥伦比亚革命武装力量”成员已经自立山头，掀起更激烈的报复性恐怖袭击。最后，哥伦比亚历经长达半个世纪的武装冲突，“哥伦比亚革命武装力量”制造的暴力事件给民众带来的心理阴影不可能在短时间内消除，哥伦比亚各界仍普遍存在对“哥伦比亚革命武装力量”的仇恨和对立情绪，对“哥伦比亚革命武装力量”而言参加总统大选的象征意义远大于实际意义。有民调显示，尽管82%的受访民众认为宽恕反政府武装人员是实现和平的必备条件，但真正愿意去宽恕的人所占比例只有60%。

对“哥伦比亚民族解放军”而言，一方面，“哥伦比亚民族解放军”与“哥伦比亚革命武装力量”相比求和意愿不强，从停火期间“小动作不断”到停火结束就迫不及待发动大规模袭击即可见一斑。“哥伦比亚民族解放军”认为桑托斯政府没有完全遵守与“哥伦比亚革命武装力量”达成的和平协议的全部条款，没有向“哥伦比亚革命武装力量”成员提供重新融入社会的法律条件。桑托斯政府与“哥伦比亚民族解放军”的基本互信尚未建立。另一方面，“哥伦比亚民族解放军”的组织结构也相较“哥伦比亚革命武装力量”较为涣散，指挥链条并不十分畅通，上传下达存在较大滞后性，履行停火协议的难度较大。

对哥伦比亚社会而言，恐怕短期内也难以像国际媒体宣传报道、国际社会希望的那样，自此结束历史冲突，进入和平时期，甚至开启“冲突后重建”的重要阶段。哥伦比亚社会仍然满目疮痍，处于几代人生活在武装冲突和暴力事件恐惧中、需要更多时间来重构社会信任、安抚冲突后创伤的复杂心态。

二、各国升级反恐维安措施，打造高压严打反恐态势

（一）墨西哥“软硬兼施”

一方面，培尼亚政府延续往年“擒贼先擒王”的反毒要领，大力开展“斩首行动”。2018 年 2 月 10 日，墨海军陆战队在墨西哥城一高级住宅区抓获贩毒集团“塞塔”头目何塞·吉萨尔·瓦伦西亚，沉重打击了近年来极为嚣张的贩毒团伙“塞塔”。1 月 31 日，墨西哥内政部长阿方索·纳瓦瑞提宣布在全国各地部署超过 5000 名联邦安全部队成员，旨在应对洛斯卡沃斯和坎昆等景区层出不穷的暴力犯罪，多数安全部队成员部署到西北部城市蒂华纳和下加利福尼亚州的度假胜地洛思卡沃斯。另一方面，墨拟部分放松大麻制品，试图寻找缓解毒品暴力的“非传统解决方案”。6 月初，墨宣布将医疗和科学用途的大麻合法化，但保持对娱乐用大麻和大麻种植的禁令。12 月底，墨卫生监管机构表示，在严格禁止非法毒品交易的同时，将于 2018 年初对含有大麻的药物、食品、饮料、化妆品和其他含大麻的产品销售合法化，但不包括纯大麻的销售和使用。

（二）委内瑞拉多措并举稳定治安形势

2017 年以来，马杜罗政府将“稳政权，促经济”列为执政的头等大事，旨在通过缓解政治斗争氛围、改善民众生活水平来降低犯罪率。7 月 30 日，制宪大会选举如期举行，执政党完全控制了制宪大会，反对派把持

的国会被架空，马杜罗政府基本掌握了政治斗争的主动权，反对派和相关民众进行反政府游行示威的能力和意愿大大降低。8月初制宪大会成立并成为国家最高权力机构，不仅部分取代了反对党在议会的立法权，还讨论通过了针对煽动暴力和反政府行为的《反仇恨法》，宣布了一系列严厉惩罚措施。同时，制宪大会要求反对党联盟重新回归与政府对话，否则在示威活动中煽动暴力的相关责任人和政党将面临“严重后果”。制宪大会的成立进一步加强了执政党控制局势的能力，平息了持续四个月的反政府抗议，委治安形势有所好转。

（三）中美洲“北三角”国家下决心改善治安

危地马拉新任总统吉米·莫拉莱斯上台后大力整饬治安。1月14日，莫拉莱斯在对国会报告中指出，危地马拉去年凶杀案降至5459起，是其上任第一年最大的政绩之一。3月21日，因帮派蓄意挑起监狱暴动、袭击政府军警，莫拉莱斯宣布常设国家安全委员会，严厉打击帮派的违法犯罪活动。5月19至26日，危地马拉警方在圣马克斯省发动大规模扫毒行动，超过440万吨罂粟种植物被销毁。5月11日，危联邦政府在圣马克斯省两个小镇颁布紧急状态令，旨在打击近期在该地区发生激烈火并的两大犯罪团伙。5月16日，危地马拉总检察长办公室发布年度报告，表示2016年5月至2017年5月间，危共进行5437次武装突击搜查，破获48个犯罪团伙，抓获1.3万名犯罪分子。同时宣布设立特别调查机构，专门调查针对女性、儿童和土著社区的犯罪行为。萨尔瓦多也重拳出击，高压打击黑帮活动。1月13日，萨尔瓦多安全和司法部长拉米雷斯和国家警察总监拒绝了“MS—13”和“18街区”两个分支提出的停火协议，表明萨政府根除黑帮团伙的坚定决心。3月12日，萨国家警察在首都圣萨尔瓦多郊区查获来自哥伦比亚的160千克可卡因。4月27日，萨国家警察总监指出，黑帮组织“MS—13”领导层不和，发生内讧，对利益分配和停火协议意见不一，矛盾激烈，导致暴力活动激增，安全局势趋于紧张。4月4日，萨抓获富豪阿丹·萨拉萨，警方认为他是国内一犯罪团伙的领导人之一。4月11日，萨警方抓获黑帮组织“MS—13”领导人佩德罗·本杰明·里瓦斯·塞拉亚。5月31日，萨抓获巴萨基纳镇镇长何塞·卡洛斯·拉米雷斯，认为其是该国东部地区毒品走私网络的幕后黑手。6月20日，萨尔瓦多警方逮捕乌苏尔坦省乌苏尔坦市市长米格尔·安琪儿，认为其涉嫌资助地方黑帮势力。10月19日，萨国家警察宣布“MS—13”主要领导人之一的胡安·弗朗西斯科·帕拉达·莫兰在危地马拉被逮捕。10月12日，萨国家警察总监宣布同期凶杀案相比去年减少1333起。洪都拉斯去年政局不稳，维安投入较往年有所减少，主要集中力量维持大选前治安。2月22日，洪都拉斯国会通过犯罪法典修正案，将烧毁汽车和建筑等故意损坏他人财物的行为列入“恐怖主义行径”。2月27日，洪都拉斯官方查封40多处属于黑帮和犯罪团伙的资产。10月31日，国家反敲诈勒索机构宣布共羁押777名涉嫌敲诈勒索私有企业和公共交通的犯罪分子。为维持大选前社会治安，洪在全国范围内展开名为“和平与民主”的治安专项整治行动，派遣3.5万名军警前往全国各省，负责维护大选前夕、投票及计票期间的社会治安，以及协助最高选举委员会发放和回收8000多个选票箱的全程安保工作。专项整治行动期间，洪军警缴获大量武器装备、汽油燃烧瓶、催泪瓦斯等危险物品，同时查获大量海洛因和大麻，逮捕多名企图在大选期间寻衅滋事的黑帮团伙成员。

（四）巴西花大力气整治“治安系统性危机”

针对近年来频发的“监狱暴力”，巴西痛定思痛，誓言整治监狱乱象。2018年1月31日，巴西国防部长容曼表示，牢房人满为患，囚犯住宿环境恶劣，导致帮派掌握了监狱内部犯罪组织的行动控制权，这些监狱内外的帮派组织是导致公共治安体制败坏和犯罪率增长的决定性因素。为此，巴西政府采取措施，一是派军队接管部分地区监狱的管理权。2017年巴西多个监狱发生暴力事件后，巴西军方进驻情况较严峻地区的多个监狱，接管监狱的管理权，对相关监狱监舍进行“大检查”，清除暴力犯罪的毒瘤。二是加快司法部门审理案件速度，降低监狱内“临时羁押”带来的人员压力。国防部长容曼敦促司法机关提高案件审理效率，减少“临时羁押候审”状态人员的数量，彻底改变监狱人满为患的处境。三是综合采取“人防”和“技防”手段。提高全巴西监狱内安检、监控、武器装备的配备比例，切断监狱内各大帮派份子和外面的成员之间的任何沟通，要求囚犯与律师、家人或朋友谈话的内容都必须录音，杜绝借探监的机会传递信息，内外勾连。针对巴西愈演愈烈的黑帮仇杀和街头暴力，特梅尔政府放弃利用警察维持治安的初衷，多次动用军队打击犯罪。2017 年 7 月 28 日，特梅尔下令调集 8500 名军人进驻里约热内卢维护治安。2018 年 2 月初，里约州街头帮派和黑帮冲突激增，大都会区域几乎完全落入黑帮掌控，民众生活不堪其扰。2 月 16 日，特梅尔签署法令，宣布“迫于情势”，采取“极端措施”，由军方对里约州公共安全部门、警察部门和监狱等行使指挥权，全权接管里约的治安工作。

三、加大扫毒缉私力度，根除暴恐活动根源

拉美多国是贩毒和走私活动的主要国家。其中秘鲁和玻利维亚均位于南美洲“银三角”毒品产区，是拉美两大毒品种植和生产地，玻利维亚还是可卡因交易的关键“中转站”。两国毒贩除采用陆路等方式，还经常使用小飞机进行毒品运输。2017 年 9 月 27 日，玻利维亚缉毒工作组成员在与秘鲁接壤的玻利维亚边境城市德萨瓜德罗缴获了 40 公斤重的大麻，逮捕 2 名秘鲁公民。11 月 17 日凌晨，秘鲁警方在首都利马附近的卡亚俄港一家出口贸易公司采取突击行动，在装有 126 根粗水管的集装箱缴获藏匿可卡因约 1.3 吨，逮捕 17 名犯罪嫌疑人。据警方初步调查，该案贩毒团伙为墨西哥“锡那罗亚”犯罪集团，藏毒水管将通过海运运往墨西哥。11 月 8 日，哥伦比亚警方发动名为“阿伽门农 2 号”的扫毒行动，在西北部安提奥基亚省的四个香蕉种植园展开突击行动，查获价值 3.6 亿美元的 12 吨可卡因，据悉，这批可卡因属于墨西哥“海湾”贩毒集团。桑托斯总统称该毒品重量创下哥近 40 年扫毒行动之最。2018 年 1 月 25 日，墨西哥联邦军警在下加利福尼亚州恩加纳达市高速公路巡查时发现一辆无牌 SUV 汽车，经追捕截停后查获 620 个毒品包裹，包括 415 千克冰毒、45.4 千克芬太尼、40 千克可卡因和 6.8 千克海洛因。

四、凝聚合作共识，推进域内外反恐贩毒安全合作

面对日趋严峻的治安形势和频繁“捣乱”的自然灾害，拉美国家不断凝聚合作共识，深化联合执法、边境管理、防灾减灾和人道主义援助等领域合作。3 月 6—15 日，阿根廷、玻利维亚、巴西、智利、哥伦比亚、多米尼加、厄瓜多尔等国配合国际刑警组织展开大规模缉毒行动，查获大量

可卡因、大麻和海洛因，捣毁多个制毒实验室，沉重打击盘踞拉美的制贩毒组织和跨国犯罪集团。[①] 3月中上旬，不少玻利维亚商人进入智利边境地区从事商品走私活动，甚至动用大型卡车装运货物，严重扰乱市场秩序。5月9日，玻利维亚宣布向玻利维亚与智利边境地区派遣由陆军、空军和海军士官组成的武装部队精锐旅，打击边境地区的走私犯罪。11月15日—18日，秘鲁和玻利维亚空军在两国边境地区举行名为“佩波尔一号”的联合军事演习，以加强两国在打击毒品运输方面的协调能力。2017年萨尔瓦多、危地马拉、洪都拉斯三国还首次举行名为“地区护盾”的联合打击犯罪行动，三国分别抓获抓获406名、163名和14名犯罪分子。

五、美拉安全合作机遇与挑战并存

美拉反恐和反毒合作持续深化。哥伦比亚近年来古柯种植面积猛增，成为美打击毒品种植的重要目标。2016年，哥超过46万英亩的土地被用于古柯种植，创历史新高。对此，美国主要在资金、技术和武器装备上援助哥伦比亚政府军，协助其打击毒品走私和反政府武装，清除种植作物，成绩斐然。据美方统计，哥警方和军队在美支持下2017年全年缴获了近500吨可卡因，铲除了13万英亩的古柯种植地。美国务卿蒂勒森表示，美将与哥保持对话与合作，提供更多援助以扶持哥农民从事替代经济作物生产。中美洲和加勒比地区也成为2017年美重点安全合作对象，主要通过“繁荣联盟”力求解决安全和经济发展问题。6月15日，美国副总统彭斯与“北三角”三国领导人会面，承诺继续支持三国有效应对与处理有组织犯罪、毒品走私和非法移民问题，他表示特朗普总统已经申请4.6亿美元资金实现中美洲的安全与繁荣。6月，美墨共同主办了“中美洲繁荣与安全会议”，决定通过与中美洲国家富有成效的对话，帮助中美洲国家发展经济，解决非法移民问题，提高执法机构打击跨国有组织犯罪、保护民众的能力。此外，美国通过“加勒比盆地安全倡议”，加强与美“第三边界”沿线国及墨西哥湾合作伙伴安全合作，增强海上执法能力，遏制非法枪支，打击腐败和起诉罪犯分子。2017年夏，美国推出《加勒比2020年计

---

① “国际刑警组织联合拉美和西非国家实施大规模缉毒行动”，http://news.xinhuanet.com/world/2017—03/25/c_129517960.htm，2017年3月24日.

划》，进一步推动美国与加勒比国家进行安全、能源、教育和卫生等全方位合作。对于传统安全合作伙伴墨西哥，因特朗普对墨西哥的不友好政策，两国安全合作热度难比往年，但两国高层仍于12月14日就加强打击跨国犯罪组织达成协议。

军事安全合作“多点开花”。8月14—18日，哥伦比亚、秘鲁两国武装力量与美军南方司令部特种部队在佛罗里达州军事基地举行名为“南方标枪”的联合军事演习，以应对秘鲁和哥伦比亚边境的安全挑战。8月22—24日，秘鲁和美国联合举行南美洲防务理事会会议，美国南方司令部司令库尔特·蒂德及与会各国代表承诺“凝聚共识、目标一致、联合行动”，共同应对日趋严峻的网络攻击、跨境犯罪和人道主义危机。[1]

特朗普政府对拉“不友好政策”拖累整体合作。特朗普政府上台后，发表系列对拉美不友好的言论，并采取“以邻为壑”的政策一意孤行，誓言修建美墨边境墙、遣返拉美非法移民，导致墨西哥、哥伦比亚及中美洲不少传统安全合作伙伴间心生芥蒂。2017年12月14日，美墨两国在打击国际犯罪组织战略对话上“隔空交火”，美国司法部长杰夫·塞申斯称，越来越多墨西哥贩毒团伙着手设立制毒实验室，生产阿片类药物芬太尼，走私至美国市场。墨西哥方面则指责美国“祸水东引”，“故意”让毒品从南美国家流入墨西哥。墨西哥内政部长米格尔·安赫尔·奥索里奥·钟试图淡化双方分歧，强调“使两国团结的因素要比分开的因素多，民众安全是两国政府的更高利益”。

---

① Southcom Commander Highlights Security Cooperation With Regional Partners, Aug. 24, 2017, https://www.defense.gov/News/Article/Article/1287945/southcom-commander-highlights-security-cooperation-with-regional-partners/.

第十一章　东北亚地区恐怖主义与反恐怖斗争形势综述

2017年，日本和韩国面临的恐怖主义威胁相对较轻。不过，随着日本将相继于2019年和2020年举办橄榄球世界杯和东京奥运会，日本面临的恐袭风险也有所增加，并出台专门举措强化反恐。

第一节　日韩恐怖主义形势

21世纪以来，日本国内原生的传统恐怖组织，如赤军、奥姆真理教或已实际停止活动，或处于严密监视当中；日本并非移民社会，来自恐怖高发地区的移民相对不多，社群规模较小；自卫队虽曾在阿富汗、伊拉克战争中为多国部队提供油料等补给，但并未真正进行作战，因此，长期以来未被视为恐怖分子的首选目标。但随橄榄球世界杯（2019年）和东京奥运会（2020年）等大型体育赛事举办在即，加之，伊斯兰国多次将日本列为袭击目标，日本政府认为本国遭受恐袭的风险有所增加。为此，2017年，日本政府出台《考虑到2020年东京奥运会、残奥会等的反恐措施推进纲要》，并采取加强机制建设、机场等软目标防范等举措强化反恐。

近年来，日本国内未发生外国恐怖分子发动的恐怖袭击。但日本政府认为日本国内面临的恐怖威胁已是“现实性”的①。2013 年发生针对在阿尔及利亚工作的日本人的恐袭事件后，截止 2017 年年中，日本民众 7 次在海外卷入恐袭，共有 23 人死亡，7 人受伤②。2017 年全年，未见有日本人在海外遭遇恐怖袭击被害的报道。

公安调查厅于 2017 年 6 月发布的《国际恐怖主义要览》认为：“基地”组织与“伊斯兰国”屡次将日本定为恐袭目标，且日本即将召开 2020 年东京奥运会、残奥会等大规模盛会，发动恐袭对于国际恐怖组织而言是特别好的宣传机会。因此，今后对于日本、日本国民的恐怖威胁需予以最大限度的警惕。此外，观察日本在海外遭受恐袭的事件可以发现，大部分事件中，恐怖分子并未以日本人为明确目标。主要是在“伊斯兰国”等组织发动针对以欧美国家为首的所谓“十字军联盟”的恐袭中，有日本人被卷入成为牺牲品③。

此外，还有日本警方官员认为，“不能否认日本可能有皈依“伊斯兰国”的人物做出过激行为”。为此，警察厅关注网络社交媒体中是否存在着可疑言论④。

在日本国内，2015—2016 年还曾经发生了多起反映出硬目标、软目标防护薄弱的刑事案件，尽管日本政府未将其归类为恐怖袭击，但罪犯确有其政治主张。这些事件包括，首相官邸无人机事件、新干线自焚事件、养老院杀伤事件等。在上述事件发生前与发生时均有明显可疑征兆，但最终仍未防患于未然。上述事件说明日本国内对独狼式、非外来恐怖袭击存在着较多应对漏洞。日本媒体也认为针对奥运村等软目标发动恐袭袭击是东京奥运期间的一大威胁⑤。

2017 年以来，韩国治安环境整体良好，受恐怖主义威胁较小，全年未

---

① 警察厅，《平成 28 年警察白書概要》，第 1 页。

② 公安调查厅：《国際テロリズム要覧（Web 版）》，http：//www. moj. go. jp/psia/ITH/menace/index _ 02. html.（上网时间：2018 年 2 月 22 日）

③ 同上。

④ “［2017　問う］（3）今そこにある危機（連載）その3”，《读卖新闻》，2017 年 1 月 5 日。

⑤ “対テロ論戦もっと、「ソフトターゲット」五輪へ不安、「政治主導で具体策を」（衆院選 2017）”，《日本经济新闻》，2017 年 10 月 20 日。

发生恐袭事件。据澳大利亚经济与和平研究所（The Institute for Economic and Peace）发布的年度报告《全球恐怖主义指数 2017》显示，韩国在“全球恐怖主义指数”列表中以 0.611 排名第 103 位，位居“受恐怖主义影响最低”（Lowest Impact of Terrorism）的国家之列①。2008 年至 2017 年，韩国在经合组织（OECD）国家中受恐怖袭击最少②。

第二节 日韩主要反恐措施

2017 年，日本更新了反恐文件，通过了《有组织犯罪处罚法》修正案，并依照反恐文件继续采取强化反恐的具体措施。

一、更新反恐文件

日本 2017 年出台的最重要反恐文件是《考虑到 2020 年东京奥运会、残奥会等的反恐措施推进纲要》。该纲要是 2015 年类似文件的升级版。纲要主要内容为：

（一）强化情报收集、共享与分析

1. 加强“国际涉恐情报搜集单元”、“国际涉恐情报集约室”的人员配备与培训，强化涉恐情报搜集“走出去”。2. 2018 年夏季起在“国际涉恐情报集约室”中成立“国际反恐对策等信息共享中心”。让内阁官房、警察厅、金融厅、法务省、公安调查厅等 11 个部门的职员在一起工作，联合使用各部门的数据库与经验，迅速共享情报，并分析涉恐情报迅速提供给首相官邸与相关省厅。3. 重视网络公开情报搜集。各省厅整备搜集与分析涉恐网站与社交媒体等网络空间上的相关信息的体制、装备，继续在“互联网公开情报中心”等部门搜集、分析情报。4. 运用侦查卫星在发生大规模恐袭时迅速提供图像信息。5. 相关省厅积极搜集涉及奥运安全信息，对警察厅内的“安全情报中心”提供，中心分析评估奥运面临的威胁，向相

① The Institute for Economic and Peace, Global Terrorism Index 2017, p. 10.

② The Institute for Economic and Peace, Global Terrorism Index 2017, p. 70.

关省厅提供。

（二）强化出入境管理

1. 强化出入境与海关管理。继续强化人员配备与高性能X光检查设备、毒品与爆炸物监测装置等设备配备。2. 搜集分析出入境信息。进一步取得全部旅客的预约记录，法务省在“出入境管理情报中心”分析预约记录，使之用于入境审查，财务省用其防止恐怖主义物资经由海运、空运流入国内。3. 灵活运用高技术等。出入境管理采集个人信息与国际刑警组织被盗、丢失护照数据库比对，与恐怖分子名单比对，切实阻止恐怖分子入境。

（三）预防对软目标恐袭

1. 负责管理交通运营公司的国土交通省设立“反恐工作组”，工作组下设“软目标反恐对策小组”，推进各部门软目标反恐对策。2. 推进企业落实“最佳实践案例”中记载的措施。包括强化反恐意识，展示出正在开展“反恐警戒”的姿态，整备反恐环境与设备等。3. 防范车辆突入恐袭。包括在大型活动时设立警戒区域与路障、对租车公司的训练等。4. 强化机场候机楼警备。加速导入先进警备系统，展开实证试验。

（四）强化重要设施的警戒警备与反恐能力

1. 彻底开展警备、警戒与推进共同训练。充实并强化针对枪击等恶性恐袭的专业器材，开展各部门联合训练；消防厅制订各体育场馆的恐袭应急计划，与体育场馆每年开展国民保护联合训练。2. 强化救护训练。3. 强化机场安保。导入更先进的安检仪器，如身体扫描仪。

（五）官民一体推进反恐

要求提供住宿服务的企业登记住客信息，涉及危险品的企业强化管理。

（六）确保海外日本人安全

包括强化安全信息传达，保证海外援助事业安全。

（七）推进国际反恐合作

包括重点帮助东南亚国家强化海上监视能力与反恐能力等[①]。

该方案的最重要之处是在“国际涉恐情报集约室”中成立“国际反恐对策等信息共享中心”。目前国际涉恐情报集约室向各省厅咨询或寻求涉恐情报验证时仍需履行手续。“国际反恐对策等信息共享中心”将随时常驻11省厅职员，能够缩短共享情报时间[②]。

二、共谋罪法案获强行通过

2017年，《有组织犯罪处罚法》修正案是日本政界的中心议题之一。安倍首相表示，为了防范恐袭，必须缔结《国际防止有组织犯罪条约》，不缔约就无法举办东京奥运会[③]。政府宣称，修改《有组织犯罪处罚法》的目的能够使在犯罪组织计划、准备重大犯罪时即可依法处罚，包括在发现有人策划恐袭时予以逮捕[④]。但该法案最早适用罪行较多，且法案本身居然未包括“恐怖主义”等措辞，因此遭到在野党质疑。在野党认为该法案可能导致普通国民成为政府的监视对象[⑤]，日本会成为“监视社会”[⑥]，普通民众会成为搜查对象[⑦]，并举出上班族在居酒屋如果要讨论揍上司一

① 日本政府：《２０２０年東京オリンピック競技大会・東京パラリンピック競技大会等を見据えたテロ対策推進要綱》。

② “東京五輪　テロ対策　省庁横断組織　来夏設置　情報共有　迅速化”，《读卖新闻》，2017年12月8日。

③ “政府、テロ防止を強調　「準備罪」与党審査開始　条文に文言なし　野党批判”，《读卖新闻》，2017年3月1日。

④ “テロ準備罪　法案提出前から攻防　野党　過去答弁との整合性追及“，《读卖新闻》，2017年1月31日。

⑤ “テロ準備罪　犯罪団体に一変なら該当　政府　野党反発「市民　対象の懸念」”，《读卖新闻》，2017年2月18日。

⑥ “テロ準備罪で「未然防止」　法相　衆院委で審議入り”，《读卖新闻》，2017年4月15日。

⑦ “テロ準備罪　捜査対象議論　嫌疑生じれば「一般人も」”，《读卖新闻》，2017年4月22日。

顿也会被视为共谋罪之类的案例批判执政党。最终政府做出一定让步：一是将《有组织犯罪处罚法》修正案适用范围从监禁 4 年以上的罪行缩小到与施行恐袭、毒品相关、不明资金、妨碍司法、非法限制人身自由等 5 类犯罪有关的 277 种罪名①；二是将处罚对象明确定为有组织犯罪集团，如果 2 人以上计划实施犯罪，1 人进行资金准备等犯罪准备行为，将处罚集团成员；三是考虑在审讯嫌疑人时规定必须录音录像②。日本警方认为，原先的法律制度即使意识到有犯罪组织计划发动恐袭，也难以在计划与准备阶段予以取缔。例如，如果犯罪组织没有试图入手武器等违反《刀枪法》行为，警方将难以采取行动。通过《有组织犯罪处罚法》修正案，“能在犯罪准备阶段就进行预防，对反恐而言是一大步”③。民调显示，尽管约 80％民众认为政府对法律的说明不够充分，但仍有 50％民众赞成通过该法律，另有 37％反对④。7 月，该法律正式实施，日本也随之正式加入《国际防止有组织犯罪条约》⑤。

三、面向奥运继续依照反恐文件采取具体措施

在政府体制方面，警察厅开设了集约国际涉恐情报并进行分析的安全信息中心，中心设置期限为至残奥会闭幕为止。该中心还分析并研究应对日本国内极端组织动向、网络恐袭、有组织犯罪等信息⑥。

在软目标防范方面，主要针对大型体育赛事或群众活动、航站楼与地铁等交通枢纽采取了强化防范与演习等举措。警方在东京、大阪、爱知、

---

① “テロ準備罪　対象行為　法案に例示　政府方針　恣意的運用　懸念受け”，《读卖新闻》，2017 年 2 月 22 日。

② “テロ準備罪法　成立　277の組織犯罪処罰　参院委省略　徹夜国会　朝に採決”，《读卖新闻》，2017 年 6 月 15 日。

③ “［スキャナー］テロ抑止へ一步　準備罪法成立　適用には高いハードル”，《读卖新闻》，2017 年 6 月 16 日。

④ “内閣支持 12ポイント減 49％　テロ準備罪法「評価」50％　本社世論調查”，《读卖新闻》，2017 年 6 月 19 日。

⑤ “テロ準備罪　条約締結　組織犯罪防止　国際協力”，《读卖新闻》，2017 年 7 月 12 日。

⑥ “テロ情報収集へ拠点”，《读卖新闻》，2017 年 7 月 25 日。

福冈等8个奥运重点地区设置了特警部队。在东京市中心，随时有接受过狙击训练的紧急事态应对部队待命[①]，在奥运场馆附近，警方已开始重点巡逻[②]。在大型赛事举行前及奥运、橄榄球世界杯场馆，有关部门组织了包括处理爆炸物、狙击恐怖分子等反恐演习[③④⑤⑥]。在东京马拉松、东京隅田川焰火大会等活动期间，均有警察伴跑或巡逻，且吸取西方遭受恐袭教训，设置了大型巴士作为路障，防止出现不明车辆撞入人群的事件[⑦⑧⑨]。2020年东京奥运会、残奥会将导入面部识别系统，运动员、志愿者、媒体相关人士等入场时必须经过面部识别检验，以防证件被伪造或滥用[⑩]。

针对机场、地铁等交通枢纽，继加强出入境审查后，国土交通省开始以航站楼为反恐重点，目前正在研究安装能自动发现爆炸物的设备，并配备新型监控摄像头。2017年秋起，该部门开始在东京羽田机场展开实证性试验，检验摄像头能否自动识别于同一场所徘徊的可疑人员，以及被长时

---

① “［2017　問う］（3）今そこにある危機（連載）その3”，《读卖新闻》，2017年1月5日。

② “対テロ論戦もっと、「ソフトターゲット」五輪へ不安、「政治主導で具体策を」（衆院選2017）”，《日本经济新闻》，2017年10月20日。

③ “東京マラソンへ　テロ対策訓練　新ゴールの東京駅前”，《读卖新闻》，2017年1月30日。

④ “北九州マラソン前に訓練　テロ想定”，《读卖新闻》，2017年2月1日。

⑤ “五輪とW杯に備え　爆破テロ想定訓練　日産スタジアム”，《读卖新闻》，2017年2月9日。

⑥ “ラグビーW杯　テロに備え　大分の会場　17機関訓練”，《读卖新闻》，2017年11月25日。

⑦ “テロ警備ウォッチ　東京マラソン　警視庁新装備東京夕刊”，《读卖新闻》，2017年2月21日。

⑧ “東京マラソン　車突入テロに備え　26日号砲”，《读卖新闻》，2017年2月24日。

⑨ “スマホ電波から混雑予測　隅田川花火　警備に導入　警視庁”，《读卖新闻》，2017年7月27日。

⑩ “東京五輪　関係者入場に顔認証　テロ対策　照合の精度向上”，《读卖新闻》，2017年12月24日。

间弃置未移动的可疑行李①。在拥有国际航线的15个机场周边，2020年前也将安装能自动感知非法入侵者的监控摄像头②。此外，2018年起，日本人将可使用人脸识别系统，在未经人工检查的情况下出入境。由此将有更多出入境管理人员被分配用于检查外国出入境者③。东京警方则于2017年度与本市三大铁路运营商达成协议，以便在发生恐袭时，实时获得监控摄像头图像④。

核设施则是除软目标外的另一防范重点。各电力公司为应对飞机撞击或恐怖袭击，计划在核电站内增设应急发电机，增加水泵台数，建设预备控制室与蓄水池等。仅九州电力的川内与玄海核电站工费即分别达1800亿日元⑤与2400亿日元⑥。

在反恐国际合作方面，2017年日本的主要工作重点是防范针对关键基础设施的网络恐袭。2017年，日本政府与美国国土安全省等部门合作，实施实战性演习，开始联合培养网络防御专家。目的是防止大停电等网络恐袭。演习与培训在经产省的“产业系网络安全推进中心”举行。每年有来自电力、燃气、铁路等领域的约100人参加。为期1年的培训期间，美国专家与日本接受培训者被分为攻击与防御方，模拟攻击或防御针对发电站的网络攻击。除此之外，日本政府还与以色列和立陶宛开展了相关合作⑦。

---

① “空港ビル　テロ対策強化　爆発物　自動検知導入　不審行動　カメラ監視”，《读卖新闻》，2017年7月14日。

② “空港周囲に監視カメラ　新千歳や那覇　侵入者を追尾　20年までに”，《读卖新闻》，2017年4月3日。

③ “日本人の出入国　顔認証に　来年度から　羽田、成田など　外国人審査に重点”，《读卖新闻》，2017年6月29日。

④ “テロ発生時　駅の映像　警視庁に転送　被害把握　都営地下鉄など協定へ”，《读卖新闻》，2017年7月31日。

⑤ “川内原発　テロ対処施設1800億円　九電、大幅見直し　安全対策を強化”，《读卖新闻》，2017年2月18日。

⑥ “玄海原発　テロ対処施設に2400億円　九電、22年までに整備へ”，《读卖新闻》，2017年12月21日。

⑦ “サイバー対策　日米連携　インフラ防御　合同演習”，《读卖新闻》，2017年1月4日。

四、韩国加强反恐准备

2018 年 2 月，韩国平昌主办第 23 届冬季奥运会，因而 2017 年度韩国的反恐工作主要围绕平昌冬奥会安保展开，其采取的主要措施及相关情况如下。

（一）建立并运营反恐及危机管理机制

为确保平昌冬奥会安全举办，早在 2017 年 1 月，韩国警察厅就成立了“平昌冬奥会企划团”，由警务官担任团长，将江原地区的警察署编入该部门。为积累赛场警卫经验，自 2016 年 2 月到 2017 年 4 月，韩国投入警力 1.219 万人次，举办了 25 场测试赛。2018 年 1 月，江原道警察厅成立专职警卫团，在主要赛场设施分阶段部署警力。考虑到当地多为降雪量大的山区，警方组建了应急处置工作组，配备滑雪设备和雪地车，确保在附近地区出现突发状况时，在暴雪等恶劣环境下也能迅速抵达现场。① 同月，韩国中央政府组建了由国家情报院牵头、17 个机构组成的“反恐安全对策本部”，布设了覆盖比赛场馆和运动员村宿舍等 18 个对外设施的安全管控室。韩国国家情报院与各参赛国家情报调查机构联手启动国际情报合作室，共同应对突发状况，并启用尖端装备，防止机场周围出现威胁因素，在主要铁路车站投入志愿服务者力保安全。② 韩国总统府青瓦台国家危机管理中心同平昌冬奥会组委会、江原道政府、警察厅等相关部门构建了危机管理系统，从反恐安全对策本部实时获取冬奥会现场情况，判断危险等级后向

---

① “［平昌冬奥］韩全力反恐维稳打造‘安全冬奥’”，韩联社中文网，http：//chinese. yonhapnews. co. kr/newpgm/9908000000. html？ cid＝ACK20170830001500881.（上网时间：2018 年 2 月 27 日）

② “［平昌冬奥］3.6 万涉恐外国人被禁止入韩”，韩联社中文网，http：//chinese. yonhapnews. co. kr/newpgm/9908000000. html？ cid＝ACK20180205003200881.（上网时间：2018 年 2 月 27 日）

总统或青瓦台国家安保室长汇报，最终进行有效应对。①

军队方面，韩国建立了由国防部与陆海空军总部、第一野战军司令部与现场指挥所间密切配合、相互支援的联合体系，并在平昌设立了“冬奥会暨冬季残奥会支援部队现场统一指挥所”。军方在圣火传递、警戒、医疗支援、反恐、比赛支援等各方面提供了约6000名人员支持，是2002年韩日世界杯的两倍多。2017年12月12日，韩国国防部长官宋永武访问了位于平昌的现场指挥所，听取了相关报告，要求韩军保持万无一失的应对态势，为政府提供坚强后盾，使平昌冬奥会成为一届世界和平与和谐的盛会。②

（二）制订实施反恐全面计划

2017年1月18日，韩国政府审议通过“2017年度国家反恐活动推进计划”，决定4月起全面实施航空旅客预先确认制度，防止涉恐危险人员入境。按照计划，2017年度韩国反恐工作的重点是抢先预防、快速全力应急、增强反恐力量。为此，韩国将建立专门的信息系统，让所有反恐机构共享反恐情报并在紧急时刻迅速对外发布信息。由枪支、爆炸物、核生化等6个领域专家组成的国家反恐检查小组将全面投入运作，查漏补缺防患未然。计划决定加强平昌冬奥会期间的反恐维稳力度，将铁路、地铁、民航等3148个交通工具和剧场、站点等1431栋公共建筑列入反恐管控范围。③ 2018年1月18日，韩国国务总理李洛渊主持召开第五次国家恐怖主义对策委员会会议，会议通过了以预防恐袭、迅速全面应对、加大反恐力度为主轴的“2018年国家反恐基本规划”，商定由12个相关部委组成“反

---

① “［平昌冬奥］韩构建危机管理系统力保奥运安全”，韩联社中文网，. http://chinese. yonhapnews. co. kr/newpgm/9908000000. html? cid = ACK20180130002600881.（上网时间：2018年2月27日）

② “韩防长：将集中所有力量为和平冬奥保驾护航”，韩联社中文网，http://chinese. yonhapnews. co. kr/newpgm/9908000000. html? cid = ACK20171212005900881.（上网时间：2018年2月27日）

③ “韩将实施反恐计划防止涉恐航空旅客入境”，韩联社中文网，http://chinese. yonhapnews. co. kr/newpgm/9908000000. html? cid = ACK20170118004400881.（上网时间：2018年2月27日）

恐情报共享协议会”，共享并实时更新涉恐人员名单，持续推进外国人指纹确认制度，合力加强反恐工作，为平昌冬奥会的安全保驾护航。[①]

（三）加强管控力度，提高反恐警戒级别

2018 年 1 月 26 日起，韩国关税厅（海关）在全国机场和港口实施专项检查行动，原则上对所有的旅客行李进行 X 光检查。韩国关税厅额外安排了 243 名检查人员，加大开箱检查、人身检查力度，杜绝涉恐高危物品入境。[②] 2018 年 2 月 2 日平昌冬奥会开幕至 3 月 20 日残奥会闭幕，韩国国土交通部开展了全面安全检查行动，加强韩国各航空、港湾口岸的安保措施，严把入口关。韩国铁路保安措施也于 1 月 28 日开始实施。自首尔火车站开往冬奥会举办地平昌、江陵、富珍的京江线高铁沿线，乘客上车前必须接受安全检查，韩国铁路特别司法警察队在冬奥会期间对车站及火车车厢进行安保巡查，以便及早排除恐怖分子破坏冬奥会的企图。[③]

2018 年 1 月 31 日，韩国国务调整室反恐中心在首尔中央政府办公大楼召开恐怖袭击对策工作委员会会议，决定将从平昌冬奥会开幕一周前的 2 月 2 日起把恐怖袭击预警级别由“关心”上调至“注意”。当天国家安保室、国家情报院等 8 个相关部门人员出席会议，评估是否需要调整恐怖预警级别。会议还决定从冬奥开幕 3 天前的 2 月 6 日起把恐怖预警再次上调至“警惕”。韩国的反恐预警级别由低到高依次为“关心”“注意”“警惕”“严重”四个级别，平时一般保持在第一级的“关注”水平，恐袭风险提升时，预警级别也随之上调。第二级“注意”预警拉响后，有关部门将在机场、港口全面加强高危物资的安全管理，加强对国家重要设施的警备。第三级“警惕”预警拉响后，有关部门将启动执勤工作，增派警卫队，加

---

① “정부, 테러위험 외국인 17 명 강제추방”，《首尔新闻》2018 年 1 月 20 日，第 8 版。

② “韩海关严查入境行李狠抓冬奥反恐”，韩联社中文网，http://chinese.yonhapnews.co.kr/newpgm/9908000000.html? cid=ACK20180115000900881.（上网时间：2018 年 2 月 27 日）

③ “‘경강선 철도안전 점검’…국토부, 대관령터널서 비상대응 훈련”，韩国纽西斯新闻网，http://www.newsis.com/view/? id=NISX20171127_0000160305&cID=13001&pID=13000.（上网时间：2018 年 2 月 27 日）

强出入境管制。[①]

（四）动员相关人员，举行反恐演习

2017 年 12 月 12 日，韩国政府在平昌冬奥会广场举行国家反恐综合演习。演习旨在全面检验奥运期间可能发生的恐怖袭击综合对策，韩国务调整室反恐中心、国家情报院、国防部、警察厅、消防厅、环境部、保健福利部、江原道等 8 个机关的 420 余人参加演习，进行了处理爆炸物、镇压恐怖分子等全程反恐训练，应对场景包括人质劫持、车辆撞击、无人机空投炸弹等。作为演习的一部分，特种武器和战术小组（SWAT）击落一架朝着满载运动员的公共汽车飞去、携有炸弹的无人机，并“击毙”了一名挟持公共汽车，试图撞上体育场的“恐怖分子”。此外，演练人员还练习了拆除化学炸弹。全美同步直播平昌冬奥的 NBC 电视台也对训练情况进行了现场拍摄，韩国国务总理李洛渊到场参观。演习结束后李洛渊表示，当天的反恐演习堪称完美，表明韩国具备应对任何突发事件的能力，能让来韩参加奥运会的各国运动员和观众感到安全和放心。[②] 平昌冬奥会期间，韩国共有 6 万多人参与安全保障工作。

（五）推进高科技装备研发使用

平昌冬奥会期间，韩国警方配备了新型防弹、防刺服，部署新型装甲车等最尖端的恐袭应对装备，还加强了对无人机的防御及使用。防御无人机方面，安保人员配备特殊的无人机探测雷达和反无人机枪，还装备了使用经过特别改装的小型多旋翼无人机，用来捕捉可疑无人机或对其进行干扰、使其失灵。使用方面，韩警方配备了具有人脸识别技术的无人机，用来监视、跟踪可疑人员；韩国军方与美军进行合作，由驻韩美军派出 RQ

---

① “［平昌冬奥］韩政府从 2 月 2 日起上调反恐预警级别”，韩联社中文网，http：//chinese.yonhapnews.co.kr/newpgm/9908000000.html？cid=ACK20180131004300881.（上网时间：2018 年 2 月 27 日）

② “平昌冬奥反恐综合演习完美谢幕”，韩联社中文网，http：//chinese.yonhapnews.co.kr/newpgm/9908000000.html？cid=ACK20171212006000881.（上网时间：2018 年 2 月 27 日）

—7B 和 RQ—11B 无人机，对赛场全部区域进行 24 小时空中侦察，将拍摄的影像实时传送给冬奥会安保中心，助力反恐及危机事态管控。① 2017 年 4 月 14 日，韩国国防部公布《2018—2022 年国防中期计划》，宣布军方将拨款 384 亿韩元用于加强反恐作战能力，并购买爆炸物探测器、爆炸物处理机器人、X 光线检测仪等先进技术设备。2017 年 12 月起，韩国防卫事业厅启动探查、排除爆炸物的反恐防爆机器人研发项目。据韩联社透露，相关开发工作首先从先期探索开始，包括对武器系统的危险分析、模拟试验、模型制作等，探索研发成功后正式进入体系开发。反恐机器人平时在爆炸物危险地区执行探查、排除爆炸物等反恐工作，战时执行排除障碍物、开拓非军事区（DMZ）通道等任务。该机器人开发成功后，可以接手军人所需执行的多数危险任务。韩国防卫厅已选定机器人项目开发商并正式签署了相关合同，合同总价达 76 亿韩元（约合人民币 4597 万元）。韩国防卫事业厅表示，随着反恐防爆机器人的研发启动，探测地下设施的探地雷达等核心技术也将正式投入研发。②

（六）提前驱逐涉恐人员

为确保平昌冬奥会安全召开，韩国法务部出入境与外国人政策本部驱逐了来自东南亚、中亚等 5 个国家的 17 名涉嫌恐怖主义的外籍人士。该部未公布这些人的具体身份，但表示他们要么是韩国反恐法规明确的国际恐怖组织成员，要么是被多家情报机构列入“黑名单”的危险人物。③ 韩国国情院实时监控各恐怖组织动向，判别冬奥会成为恐怖组织标的的可能性，并切实验证外国人的身份，杜绝与恐怖分子有关人员入境。平昌冬奥

---

① “주한미군, ’안전올림픽’ 위해 항공정찰용 무인기 지원”，韩联社首尔 2 月 18 日电，http：//www. yonhapnews. co. kr/bulletin/2018/02/18/0200000000AKR20180218015200014. HTML? input=1195m.（上网时间：2018 年 2 月 27 日）

② “韩军工部门将启动研发反恐防暴机器人”，韩联社中文网，http：//chinese. yonhapnews. co. kr/newpgm/9908000000. html? cid=ACK20171208001000881.（上网时间：2018 年 2 月 27 日）

③ “정부，테러위험 외국인 17명 강제추방”，《首尔新闻》2018 年 1 月 20 日，第 8 版。

会期间，共有3.6万多名外国人被禁止入境韩国。[①]

（七）加强网络安全防御，但仍百密一疏

2016年8月起，韩国警方成立了针对平昌冬奥会安保的网络恐袭专门负责小组，展开全天24小时的网络监测分布式拒绝服务（DDoS，Distributed Denial of Service）攻击等网络袭击的苗头，冬奥会主要参加国的警察和共享国际恐怖袭击信息的国际警察合作中心（IPCC）也为打造“安全冬奥会”助力。[②] 但即便如此，平昌冬奥会期间仍然发生了黑客入侵事件，一定程度上影响了赛事的正常进行。2月9日平昌冬奥会开幕式进行过程中，奥组委服务器遭到身份不明的黑客入侵，导致主媒体中心的交互式网络电视发生故障、突然黑屏，正在通过观看开幕式直播进行新闻报道的各国记者们一时不知所措。遭遇外部网络攻击后，奥组委关闭了内部网络服务器，致官网彻底关闭，一些进入官网打印开幕式门票的市民遇到不便。直到10日上午8点，奥组委官网才恢复正常。据美国情报部门推测，该事件可能是俄罗斯对国际奥委会制裁的“报复”，攻击者来自俄军总情报局网络攻击部队。[③]

（八）加强国际反恐合作

为确保冬奥会安全召开，韩国与中、美等主要大国加强了反恐方面的国际合作。2017年11月30日，韩外交部国际机构局局长李长根同中国外交部涉外安全事务司司长刘光源在北京举行了两国第八次反恐磋商。双方就国际及地区反恐形势、防控暴力极端主义、信息恐怖主义、冬奥会安保

---

① “［平昌冬奥］3.6万涉恐外国人被禁止入韩”，韩联社中文网，http：//chinese.yonhapnews.co.kr/newpgm/9908000000.html? cid＝ACK20180205003200881.（上网时间：2018年2月27日）

② “［平昌冬奥］韩全力反恐维稳打造‘安全冬奥’”，韩联社中文网，http：//chinese.yonhapnews.co.kr/newpgm/9908000000.html? cid＝ACK20170830001500881.（上网时间：2018年2月27日）

③ “美정보기관‘평창 개막식 해킹 北위장 러시아 총정보국 소행’”，《中央日报》网站，http：//news.joins.com/article/22394835.（上网时间：2018年2月27日）

等两国反恐合作交换了意见。[①] 2017年起，韩国与美国国务院、联邦调查局等机构及驻韩美军在反恐情报共享、人员支援及培训、装备使用等领域加强合作，为平昌冬奥会保驾护航，特别是美国国务院外交安全局（Bureau of Diplomatic Security）为韩警、军方提供了大量关于平昌冬奥会的涉恐情报，助益极多。在离平昌冬奥会距离最近的襄阳国际机场，韩国警方与美国交通安全局进行合作，对机场进行了安全检查工作，并从2018年2月1日起对中大型客机配置航空安全专门监督官，确保各国班机在该机场安全起停。

① “韩中举行第八次反恐磋商，共创平安冬奥”，韩联社中文网，http：//chinese. yonhapnews. co. kr/newpgm/9908000000. html? cid＝ACK20171128004600881.（上网时间：2018年2月27日）

第二部分

国际恐怖主义组织

第十二章　主要国家与国际组织公布的恐怖组织名单

由于国际社会对恐怖主义并未形成统一的认识，因此对恐怖组织的界定也各不相同。一些国家与组织为适应反恐斗争的需要，陆续公布各自认定的恐怖组织名单。从不同的恐怖组织名单中可以看出，各方对恐怖组织的界定虽然有共同点，但更多的是不同点，即各国界定的恐怖组织大多是对本国构成威胁的各类组织。换言之，各国都是以本国安全利益为最基本出发点，对恐怖组织做出认定。为使广大读者对各国界定的恐怖组织有一个基本认识与参考，我们陆续把一些国际组织和国家公布的恐怖组织名单列出，如今后已列出的名单有变化则只增加变化情况。同时根据这些国家公布的相关材料，对一些恐怖组织作简单介绍（其中也包括一些新闻媒体经常提及并被称为“恐怖组织”的团体）。需要说明的是：界于篇幅、在 2003 年《年鉴》的基础上，除新增恐怖组织外，今后的《年鉴》只介绍其他恐怖组织当年活动的最新情况。

2017 年度，世界各主要国际组织及国家，如联合国、欧盟、美欧等国，均按照各自法律程序，对各自的“恐怖组织名单”进行审定、评估和更新。制订恐怖组织名单是国际反恐的重要举措。某个团体一旦被列入某国的恐怖组织名单，该国就将依法动用各种资源，对该组织的资金、人员等进行全面打击。因其牵涉性广，对其人权、国家安全乃至国际关系都会造成一定影响，因此，各国在制订恐怖组织名单时，都采取慎重的态度，并依法定期会审。目前，世界各国对恐怖主义、恐怖组织的概念分歧明显，各国的反恐法律及机制也不尽相同，因此，在制订所谓的恐怖组织名单方面没有统一模式。总体而言，国际上制订恐怖组织名单的国家大概可以分成两大类：一类是通过制订反恐法律（有些国家没有专门的《反恐法》，但包含在《刑法》等法律形式之中），通过法律程序认定“恐怖组织名单”，并对社会公开，比如美国、英国、澳大利亚、加拿大等；另一类是没有制订恐怖组织名单，或者有恐怖组织名单但没有向社会公开，而是执法单位或安全机构内部掌握，比如日本等国。但是所有国家（联合国成员）都承认联合国安理会 1267 号决议所设制裁委员会制订并每年更新的“属于或与塔利班、乌萨马・本・拉登和‘基地’组织有关的个人和实体名单”，并依法对相关恐怖组织或人员进行监控、制裁。

2017 年度联合国的恐怖组织名单有较大变化。与上年度相比，增加了许多与恐怖相关的个人及组织名单。与前几年相比，本年度除了联合国与欧盟外，多数国家的“恐怖组织名单”没有多大变化。纵观本年度各国恐怖组织名单的制定政策，其基本特点没有变。第一，各国的“恐怖组织名单”仍互不相同，且为本国政治需要服务的特点明显。各国制订恐怖组织名单的主要目的是为了国家利益和外交斗争需要服务。第二，恐怖组织名单以威胁本国利益的境内组织居多。英国恐怖组织名单则分为两部分：国际恐怖组织及国内恐怖组织（北爱尔兰相关组织）；澳大利亚、加拿大等少数国内安全形势相对宽松的国家，则与美国类似，“国际性”明显，只有“国际恐怖组织名单”，而没有国内恐怖组织名单。第三，英、美等发达国家在制订“恐怖组织名单”上仍带有浓厚的西方色彩，双重标准的痕迹非常明显。

第一节　联合国安理会新增减的恐怖组织（实体）名单

联合国的“恐怖组织名单”主要指联合国安理会 1267 制裁委员会（根据联合国安理会第 1267 号决议设立）制订的关于“属于或与塔利班・乌萨马・本・拉登和‘基地’组织有关的个人和实体名单”，名单定期更新。截止 2017 年 12 月 26 日，《综合名单》上个人总数为 678 个，实体和其他团体总数385多个，其中新增实体名单19个，具体如下①：

1. 朝鲜人民军战略火箭部队（STRATEGIC ROCKET FORCE OF THE KOREAN PEOPLE'S ARMY）

（1）说明：负责所有朝鲜弹道导弹计划，负责“飞毛腿”和“芦洞”导弹发射。

（2）别名：Stategic Rocket Force（战略火箭部队）；Stategic Rocket Force Command of KPA（朝鲜人民军战略火箭部队司令部）；Strategic Force（战略部队）；Strategic Forces（战略部队）。

（3）所在地：朝鲜，平壤

（4）列入名单日期：2017年7月2日

2. 金链兑换商

（1）截止至2016年4月，是代表“伊斯兰国”协助转移资金的货币兑换商，已将100多笔资金汇入“伊斯兰国”控制的领土。

（2）别名：Silsilet al Thahbab、Selselat Thahbab For Money Exchange、Silsilat Money Exchange Company、Silsilah Money Exchange Company

（3）所在地：伊拉克，巴格达、卡尔巴拉

（4）列入名单日期：2017年7月

3. 朝鲜组织指挥部（ORGANIZATION AND GUIDANCE DEPARTMENT）

（1）组织指挥部是朝鲜劳动党一个非常有权势的机构。该部负责朝鲜劳动党、朝鲜军队、朝鲜政府关键人员的任命。该部还意图控制整个朝鲜的政治事务，在执行朝鲜的政策审查方面发挥重要作用。

（2）列入名单日期：2017年9月11日

4. 朝鲜人民武装力量省（MPAF）

（1）人民武装力量省负责管理朝鲜人民军的一般行政和后勤需要。

（2）地址：朝鲜，平壤

（3）列入名单日期：2017年12月22日

5. 曼苏戴海外工程集团（MANSUDAE OVERSEAS PROJECT

① https://www.un.org/sc/suborg/sites/www.un.org.sc.suborg/files/consolidated.pdf.（上网时间：2018年2月1日）

GROUP OF COMPANIES）

（1）别名：Mansudae Art Studio

（2）曼苏戴海外工程集团从事、协助或负责从朝鲜向其他国家输送工人，从事修建雕像和纪念碑等与建筑相关活动，为朝鲜政府或朝鲜劳动党创收。据报告，曼苏戴海外工程集团在非洲和东南亚国家开展业务，其中包括阿尔及利亚、安哥拉、博茨瓦纳、贝宁、柬埔寨、乍得、刚果民主共和国、赤道几内亚、马来西亚、莫桑比克、马达加斯加、纳米比亚、叙利亚、多哥和津巴布韦。

（3）地址：朝鲜，平壤

（4）列入名单日期：2017 年 8 月 5 日

6. 林恩 S 号

（1）船旗国：圣文森特和格林纳丁斯

（2）截止至 2017 年 10 月 6 日，该船位于黎巴嫩水域，正在起航向西行使。

（3）列入名单日期：2017 年 8 月 2 日

7. 高丽信用开发银行（KORYO CREDIT DEVELOPMENT BANK）

（1）别名：Daesong Credit Development Bank（大成信贷开发银行）；Koryo Global Credit Bank（高丽全球信贷银行）；Koryo Global Trust Bank（高丽全球信托银行）

（2）高丽信用开发银行在朝鲜经济的金融服务业开展工作

（3）地址：朝鲜，平壤

（4）列入名单日期：2018 年 8 月 5 日

8. 高丽银行（KROYO BANK）

（1）高丽银行在朝鲜经济的金融服务行业开展经营活动，并与朝鲜劳动党 38 号室和 39 号室有关联

（2）地址：朝鲜，平壤

（3）列入名单日期：2017 年 6 月 2 日

9. 朝鲜民族保险总公司（KOREAN NATIONAL INSURANCE COMPANY）

（1）别名：Korea Foreign Insurance Company（朝鲜国际保险公司）

（2）朝鲜民族保险总公司是朝鲜一家金融和保险公司，隶属 39 号室。

（3）地址：朝鲜，平壤

（4）列入名单日期：2017 年 8 月 5 日

10. 朝鲜金山贸易会社（KOREA KUMSAN TRADING CORPORATION）

（1）朝鲜金山贸易会社由监督朝鲜核计划的原子能总局所拥有和控制，或直接或间接充当宣称原子能总局的代理或代表它行事。

（2）地址：朝鲜，平壤

（3）列入名单日期：2017 年 6 月 2 日

11. 康邦贸易公司（KANGBONG TRADING CORPORATION）

（1）康邦贸易公司直接或间接出售、供应、转让或购买、输入或输出朝鲜的金属、石墨、煤炭或软件，所得收入或货物可能惠及政府或朝鲜劳动党。康邦贸易公司的上级组织是人民武装力量部。

（2）列入名单日期：2017 年 6 月 2 日

12. 阿克萨战士

（1）The Soldiers of Aqsa；Soldiers of Aqsa；Sarayat Al Quds

（2）与黎凡特人民支持阵线有关联。

（3）地址：叙利亚，伊德利卜省、哈马省

（4）列入名单日期：2017 年 7 月 20 日

13. 哈立德·伊本·瓦利德军

（1）别名：Khalid ibn al-Walid Army；Liwa Shuhada al-Yarmouk；Harakat al-Muthanna al-Islamia

（2）2015 年 5 月，该组织加入“伊斯兰国”

（3）列入名单日期：2017 年 7 月 20 日

14. 自由人党（JAMMAT-UL-AHRAR）

（1）别名：Jammat-e-Ahrar；Tehrik-e Taliban Pakistan Jammat Ahrar；Ahrar-ul-Hind

（2）由巴基斯坦塔利班运动分裂出来的一个团体，与“伊斯兰国”有关联。成立于 2014 年 8 月，其领导人阿卜杜勒·瓦利，别名 Umar Khurasani。该组织以阿富汗为基地进行活动，一些人员在巴基斯坦和阿富汗边境地区活动。2016 年 11 月 21 日在巴基斯坦被禁止。

（3）地址：阿富汗楠格哈省和巴基斯坦莫赫曼得专区（截至 2014 年 8

月）

（4）列入名单日期：2017 年 7 月 6 日

15. 海尼费货币兑换所

（1）别名：Hanifah Currency Exchange；Hanifeh Exchange；Hanifa Exchange；Hunaifa Office；Hanifah Exchange Company；Hanifa Money Exchange Office

（2）该货币兑换商位于叙利亚，为“伊斯兰国”的资金流动提供便利。

（3）列入名单日期：2017 年 7 月 20 日

16. 朝鲜外贸银行（FOREIGN TRADE BANK）

（1）外贸银行是朝鲜一家国有银行，也是朝鲜的主要外汇银行，并向朝鲜光鲜金融会社提供了重要的金融支持。

（2）地址：朝鲜，平壤

（3）列入名单日期：2017 年 8 月 5 日

17. 朝鲜劳动党中央军事委员会（CENTRAL MILITARY COMMISSION OF THE WORKER's PARTY OF KOREA）

（1）中央军事委员会负责制定、执行朝鲜劳动党的军事政策，指挥、控制朝鲜军队，协同国务委员会指导国家军事国防工业。

（2）地址：朝鲜，平壤

（3）列入名单日期：2017 年 9 月 11 日

18. 摩羯号（海事组织）

（1）船旗国：不明

（2）截至 2017 年 9 月 21 日，该船位于阿拉伯联合酋长国附近的国际水域。

（3）列入名单日期：2017 年 7 月 21 日

19. 宣传鼓动部（PROPAGANDA AND AGITATION DEPARTMENT（PAD））

（1）地址：朝鲜，平壤

（2）列入名单日期：2017 年 9 月 11 日

第二节　美国新增减的恐怖组织（实体）名单

美国有多个“恐怖组织名单”。其中，美国国务院的“外国恐怖组织名单”（Foreign Terrorist Organization List，FTO）主要是根据《1996 年反恐怖及有效死刑法》和美国《移民及国籍法》（修正案）的第 219 节等制订的，每两年重新评估一次。此外，美国还有“特别认定的全球恐怖分子名单”（Specially Designated Global Terrorists List，SDGTs）、“特别认定的恐怖分子名单”（Specially Designated Terrorists List，SDTs）和美国财务部将各种名单综合起来的“特别认定的外国人及特别封锁的个人名单”（Specially Designated Nationals and Blocked Persons，SDN）等。每年 4 月底，美国国务院会发布《国别恐怖主义报告》，除了列出该年度的“外国恐怖组织”名单外，还列出“其他值得关注的恐怖主义组织”。本节所讲的“美国公布的恐怖组织名单”主要指美国国务院的“外国恐怖组织名单”(FTO)。

自 2017 年 2 月至 2018 年 1 月，美国“外国恐怖组织名单”中外国恐怖组织数量增加 1 个，删减 1 个，总数达到 61 个。新增名单如下：“圣战者党”（Hizbul Mujahideen（HM））。列入名单日期：2017 年 8 月 16 日。新删减名单如下：“阿布·尼达尔组织”（Abu Nidal Organization（ANO）。列入名单日期：1997 年 10 月 8 日。删减日期：2017 年 6 月 1 日）。

以下是美国公布的“外国恐怖组织名单“及其认定的其他值得关注的恐怖名单。表 1 为历年新增名单，表 2 为历年删减名单。[①]

① https：//www.state.gov/j/ct/rls/other/des/123085.htm.（上网时间：2018 年 2 月 1 日）

表 1　历年增减名单

列入日期	名单	中文译名
1997-10-8	Abu Sayyaf Group (ASG)	阿布沙耶夫组织
1997-10-8	Aum Shinrikyo (AUM)	奥姆真理教
1997-10-8	Basque Fatherland and Liberty (ETA)	巴斯克民族和自由组织
1997-10-8	Gama'a al-Islamiyya (Islamic Group) (IG)	伊斯兰组织
1997-10-8	HAMAS	哈马斯
1997-10-8	Harakat ul-Mujahidin (HUM)	圣战者运动
1997-10-8	Hizballah	真主党
1997-10-8	Kahane Chai (Kach)	保卫犹太人联盟
1997-10-8	Kurdistan Workers Party (PKK) (Kongra-Gel)	库尔德工人党
1997-10-8	Liberation Tigers of Tamil Eelam (LTTE)	泰米尔独立猛虎解放组织
1997-10-8	National Liberation Army (ELN)	哥伦比亚民族解放军
1997-10-8	Palestine Liberation Front (PLF)	巴勒斯坦解放阵线
1997-10-8	Palestinian Islamic Jihad (PIJ)	巴勒斯坦伊斯兰圣战组织
1997-10-8	Popular Front for the Liberation of Palestine (PFLP)	解放巴勒斯坦人民阵线
1997-10-8	PFLP-General Command (PFLP-GC)	解放巴勒斯坦人民阵线总指挥部
1997-10-8	Revolutionary Armed Forces of Colombia (FARC)	哥伦比亚革命武装力量
1997-10-8	Revolutionary People's Liberation Party-Front (DHKP-C)	革命人民解放党—阵线
1997-10-8	Shining Path (SL)	光辉道路
1999-10-8	al-Qa'ida (AQ)	"基地"组织
2000-9-25	Islamic Movement of Uzbekistan (IMU)	乌兹别克斯坦伊斯兰运动
2001-5-16	Real Irish Republican Army (RIRA)	真爱尔兰共和军
2001-12-26	Jaish-e-Mohammed (JEM)	默罕默德军
2001-12-26	Lashkar-e Tayyiba (LeT)	虔诚军
2002-3-27	Al-Aqsa Martyrs Brigade (AAMB)	阿克萨烈士旅
2002-3-27	Asbat al-Ansar (AAA)	安萨尔联盟
2002-3-27	al-Qaida in the Islamic Maghreb (AQIM)	"基地"组织马格里布分支
2002-8-9	Communist Party of the Philippines-New People's Army (CPP-NPA)	菲律宾共产党—新人民军

续表

列入日期	名单	中文译名
2002-10-23	Jemaah Islamiya (JI)	伊斯兰祈祷团
2003-1-30	Lashkar i Jhangvi (LJ)	拉什卡—简戈维军
2004-3-22	Ansar al—Islam (AAI)	安萨尔伊斯兰组织
2004-7-13	Continuity Irish Republican Army (CIRA)	持久爱尔兰共和军
2004-12-17	Islamic State of Iraq and the Levant (formerly al-Qa'ida in Iraq)	"基地"组织伊拉克分支
2005-6-17	Islamic Jihad Union (IJU)	伊斯兰圣战联盟
2008-3-5	Harakat ul-Jihad-i-Islami-Bangladesh (HUJI-B)	孟加拉伊斯兰圣战运动
2008-3-18	al-Shabaab	索马里青年党
2009-5-18	Revolutionary Struggle (RS)	革命斗争组织
2009-7-2	Kata'ib Hizballah (KH)	卡塔伊布真主党
2010-1-19	al-Qa'ida in the Arabian Peninsula (AQAP)	阿拉伯半岛"基地"组织
2010-8-6	Harakat ul-Jihad-i-Islami (HUJI)	巴基斯坦伊斯兰圣战运动
2010-9-1	Tehrik-e Taliban Pakistan (TTP)	巴基斯坦塔利班
2010-11-4	Jundallah	逊尼派武装组织"真主旅"
2011-9-19	Indian Mujahedeen (IM)	印度圣战者
2012-3-13	Jemaah Anshorut Tauhid (JAT)	唯一真主游击队
2012-5-30	Abdallah Azzam Brigades (AAB)	阿卜杜拉·阿扎姆旅
2012-9-19	Haqqani Network (HQN)	哈卡尼网络
2013-3-22	Ansar al-Dine (AAD)	伊斯兰卫士
2013-11-14	Boko Haram	博科圣地
2013-11-14	Ansaru	安萨鲁
2013-12-19	al-Mulathamun Battalion	血书组织
2014-1-13	Ansar al-Shari'a in Benghazi	班加西伊斯兰教法虔信者
2014-1-13	Ansar al-Shari'a in Darnah	德尔纳伊斯兰教法虔信者
2014-1-13	Ansar al-Shari'a in Tunisia	突尼斯伊斯兰教法虔信者
2014-4-10	ISIL Sinai Province (formally Ansar Bayt al-Maqdis)	"伊斯兰国"西奈半岛分支
2014-5-15	al-Nusrah Front	胜利阵线
2014-8-20	Mujahidin Shura Council in the Environs of Jerusalem (MSC)	耶路撒冷圣战军舒拉委员会

续表

列入日期	名单	中文译名
2015-9-30	Jaysh Rijal al-Tariq al Naqshabandi (JRTN)	纳格什班底军
2016-1-14	ISIL-Khorasan (ISIL-K)	“伊斯兰国”呼罗珊省分支
2016-5-20	Islamic State of Iraq and the Levant's Branch in Libya (ISIL-Libya)	“伊斯兰国”利比亚分支
2016-6-30	Al-Qa'ida in the Indian Subcontinent	“基地”组织印度次大陆分支
2017-8-16	Hizbul Mujahideen (HM)	圣战者党

表2　历年删减的名单

去除日期	名单	认定日期
1999-10-8	Democratic Front for the Liberation of Palestine -Hawatmeh Faction 巴勒斯坦民主解放阵线—哈瓦特派	1997-10-8
1999-10-8	Khmer Rouge 柬埔寨共产党	1997-10-8
1999-10-8	Manuel Rodriguez Patriotic Front Dissidents 曼努埃尔罗德里格斯爱国阵线	1997-10-8
2001-10-8	Japanese Red Army 日本赤军	1997-10-8
2001-10-8	Tupac Amaru Revolution Movement 图帕克阿玛鲁革命运动	1997-10-8
2009-5-18	Revolutionary Nuclei 革命核心	1997-10-8
2010-10-15	Armed Islamic Group (GIA) 伊斯兰武装组织	1997-10-8
2012-9-28	Mujahedin-e Khalq Organization (MEK) 人民圣战者组织	1997-10-8
2013-5-28	Moroccan Islamic Combatant Group (GICM) 摩洛哥伊斯兰战斗组织	2005-10-11

续表

去除日期	名单	认定日期
2014-7-15	United Self Defense Forces of Colombia 哥伦比亚联合自卫队	2001-9-10
2015-9-3	Revolutionary Organization 17 November (17N) 11月17日革命组织	1997-10-8
2015-12-9	Libyan Islamic Fighting Group (LIFG) 利比亚伊斯兰战斗组织	2004-12-17
2017-6-1	Abu Nidal Organization (ANO) 阿布尼达尔组织	1997-10-8

第三节　英国新增减的恐怖组织（实体）名单

2017 年度，英国的“法律禁止的恐怖组织名单”（Proscribed terrorist groups）主要有两个：一是国际恐怖组织名单；二是国内恐怖组织名单。英国确定恐怖组织的主要依据为《2000 年反恐法》及其历年修订案，2012 年英国政府据此认定 49 个非法恐怖组织。2013 年 7 月 12 日，英国内政部首次发布《法律禁止的恐怖主义团体或组织》（Proscribed terror groups or organizations）报告，主要分为国际和国内恐怖组织两类，并公开承认及取缔标准。截至 2017 年 12 月 22 日，该报告已修订 20 次，其中 2017 年修订 3 次，增加 4 个国际恐怖组织，删减一个国际恐怖组织。此外，北爱尔兰的 14 个组织仍按照惯例被认定为国内恐怖组织。[①] 详情如下：

新增具体名单包括：

1. “阿舒塔旅”（al-Ashtar Brigades），包括 Saraya al-Ashtar，Wa'ad Allah Brigades，Islamic Allah Brigades，Imam al-Mahdi Brigades and al-

---

① https：//www. gov. uk/government/publications/proscribed-terror-groups-or-organisations-2.（上网时间：2018 年 2 月 1 日）

Haydariyah Brigades，列入名单日期：2017 年 12 月。

2. “穆合塔尔旅”（al-Mukhtar Brigades），包括萨拉亚穆合塔尔（Saraya al-Mukhtar），列入名单日期：2017 年 12 月。

3. 埃及极端组织“决断”（Hasm），包括“埃及多数派运动”（Harakat Sawa'd Misr）、哈斯姆运动（Harakat Hasm and Hasm），列入名单日期：2017 年 12 月。

4. 埃及境内的“革命旅”（Liwa al-Thawra），列入名单日期：2017 年 12 月删减名单为：

“古勒卜丁伊斯兰党”（Hezb-e Islami Gulbuddin（HIG）），删减日期：2017 年 12 月。

综上，截至 2017 年 12 月 22 日，英国根据《2000 年反恐法》认定了 74 个非法恐怖组织。此外，北爱尔兰的 14 个组织仍被认定为国内恐怖组织。以下是英国国际恐怖组织及国内恐怖组织的具体名单：

中文名称	英文名称	制裁日期
11 月 17 日革命组织	17 November Revolutionary Organisation（N17）	2001 年 3 月
阿卜杜拉・阿扎姆旅	Abdallah Azzam Brigades，including the Ziyad al-Jarrah Battalions（AAB）	2014 年 6 月
阿布尼达尔组织	Abu Nidal Organisation（ANO）	2001 年 3 月
阿布沙耶夫组织	Abu Sayyaf Group（ASG）	2001 年 3 月
埃及战士	Ajnad Misr（Soldiers of Egypt）	2014 年 11 月
阿舒塔旅	al-Ashtar Brigades including Saraya al-Ashtar，Wa'ad Allah Brigades，Islamic Allah Brigades，Imam al-Mahdi Brigades and al-Haydariyah Brigades	2017 年 12 月
加马艾特伊斯兰组织	Al-Gama'at al-Islamiya（GI）	2001 年 3 月
伊斯兰极端组织“侨民”（Al Muhajiroun）分支	Al Ghurabaa	2006 年 7 月
伊斯兰团结组织	Al Ittihad Al Islamia（AIAI）	2005 年 10 月
“穆拉比特”组织	Al Murabitun	2014 年 4 月
“穆合塔尔旅”	al-Mukhtar Brigades including Saraya al-Mukhtar	2017 年 12 月
“基地”组织	Al Qa'ida（AQ）	2001 年 3 月
索马里青年党	Al Shabaab	2010 年 3 月

续表

中文名称	英文名称	制裁日期
伊斯兰辅助者组织	Ansar Al Islam (AI)	2005 年 10 月
班加西伊斯兰教法虔信者	Ansar al-Sharia-Benghazi (AAS-B) which translates as the Partisans of Islamic Law	2014 年 11 月
突尼斯伊斯兰教法虔信者	Ansar Al Sharia-Tunisia (AAS-T)	2014 年 4 月
逊尼派信徒军	Ansar Al Sunna (AS)	2005 年 10 月
耶路撒冷支持者	Ansar Bayt al-Maqdis (ABM)	2014 年 4 月
安萨鲁	Ansarul Muslimina Fi Biladis Sudan (Vanguard for the protection of Muslims in Black Africa) (Ansaru)	2012 年 11 月
伊斯兰武装组织	Armed Islamic Group (Groupe Islamique Armée) (GIA)	2001 年 3 月
安萨尔联盟	Asbat Al-Ansar (League of Partisans or Band of Helpers)	2002 年 11 月
巴巴尔·哈尔萨	Babbar Khalsa (BK)	2001 年 3 月
“巴斯克祖国与自由”，即埃塔	Basque Homeland and Liberty (Euskadi ta Askatasuna) (ETA)	2001 年 3 月
俾路支解放军	Baluchistan Liberation Army (BLA)	2006 年 7 月
博科圣地	Boko Haram (Jama'atu Ahli Sunna Lidda Awati Wal Jihad) (BH)	2013 年 7 月
埃及伊斯兰圣战组织	Egyptian Islamic Jihad (EIJ)	2001 年 3 月
全球伊斯兰媒体阵线	Global Islamic Media Front (GIMF) including GIMF Banlga Team also known as Ansarullah Bangla Team (ABT) and Ansar-al Islam	2016 年 7 月
摩洛哥伊斯兰战斗团	Groupe Islamique Combattant Marocain (GICM)	2005 年 10 月
哈马斯伊扎尔丁卡西姆旅	Hamas Izz al-Din al-Qassem Brigade	2001 年 3 月
伊斯兰圣战运动	Harakat-Ul-Jihad-Ul-Islami (HUJI)	2005 年 10 月
孟加拉伊斯兰圣战运动	Harakat-Ul-Jihad-Ul-Islami (Bangladesh) (HUJI-B)	2005 年 10 月
哈拉卡特圣战—阿拉米和真主旅	Harakat-Ul-Mujahideen-Alami (HuM-A) and Jundallah	2005 年 10 月
“真主穆斯林游击”	Harakat Mujahideen (HM)	2001 年 3 月

续表

中文名称	英文名称	制裁日期
哈卡尼网络	Haqqani Network（HQN）	2015 年 3 月
决断组织	Hasam including Harakat Sawa'd Misr，Harakat Hasm and Hasm	2017 年 12 月
真主党军事组织	Hizballah Military Wing – Hizballah's External Security Organisation	2001 年 3 月
高加索酋长国	Imarat Kavkaz（IK）also known as the Caucasus E-mirate	2013 年 12 月
印度圣战者	Indian Mujahideen（IM）	2012 年 7 月
亚丁伊斯兰军	Islamic Army of Aden（IAA）	2001 年 3 月
伊斯兰圣战联盟	Islamic Jihad Union（IJU）	2005 年 7 月
乌兹别克斯坦伊斯兰运动	Islamic Movement of Uzbekistan（IMU）	2002 年 11 月
“伊拉克和黎凡特伊斯兰国”	Islamic State of Iraq and the Levant（ISIL）also known as Dawlat al-'Iraq al-Islamiyya，Islamic State of Iraq（ISI），Islamic State of Iraq and Syria（ISIS）and Dawlat al Islamiya fi Iraq wa al Sham（DAISh）and the Islamic State in Iraq and Sham	2014 年 6 月
穆罕默德军	Jaish e Mohammed（JeM）and splinter group Khuddam Ul-Islam（Kul） – JeM proscribed March 2001and KuI	2005 年 10 月
神权游击队	Jamaah Anshorut Daulah	2016 年 7 月
自由人党	Jamaat ul-Ahrar（JuA）	2015 年 3 月
孟加拉圣战者大会党	Jammat-ul Mujahideen Bangladesh（JMB）	2007 年 7 月
辅尔克安圣战组织	Jamaat Ul-Furquan（JuF）	2005 年 10 月
伊斯兰哈里发军队	Jaysh al Khalifatu Islamiya（JKI）which translates as the Army of the Islamic Caliphate	2014 年 11 月
伊斯兰祈祷团	Jeemah Islamiyah（JI）	2002 年 11 月
阿克萨烈士旅	Jund al-Aqsa（JAA）which translates as Soldiers of al-Aqsa	2015 年 1 月
“哈里发战士旅”	Jund al Khalifa-Algeria（JaK-A）which translates as Soldiers of the Caliphate	2015 年 1 月

续表

中文名称	英文名称	制裁日期
黎凡特伊斯兰战士	Kateeba al-Kawthar (KaK) also known as Ajnad al-sham and Junud ar-Rahman al Muhajireen	2014 年 6 月
库尔德工人党	Partiya Karkeren Kurdistani (PKK) which translates as the Kurdistan Worker's Party	2001 年 3 月
虔诚军	Lashkar e Tayyaba (LT)	2001 年 3 月
泰米尔猛虎解放组织	Liberation Tigers of Tamil Eelam (LTTE)	2001 年 3 月
利比亚伊斯兰战斗组织	Libyan Islamic Fighting Group (LIFG)	2005 年 10 月
"革命旅"	Liwa al-Thawra	2017 年 12 月
伊斯兰教法虔信者	Minbar Ansar Deen also known as Ansar al-Sharia UK	2013 年 7 月
东印尼圣战队	Mujahidin Indonesia Timur (MIT) which translates as Mujahideen of Eastern Indonesia	2016 年 7 月
国家行动	National Action	2016 年 12 月
巴勒斯坦伊斯兰圣战组织	Palestinian Islamic Jihad-Shaqaqi (PIJ)	2001 年 3 月
解放巴勒斯坦人民阵线总指挥部	Popular Front for the Liberation of Palestine-General Command (PFLP-GC)	2014 年 6 月
拯救教派或救世主教派	Saved Sect or Saviour Sect	2006 年 7 月
巴基斯坦先知之友	Sipah-e Sahaba Pakistan (SSP) (Aka Millat-e Islami Pakistan (MIP) -SSP was renamed MIP in April 2003 but is still referred to as SSP) and splinter group Lashkar-e Jhangvi (LeJ)	2001 年 3 月
穆罕默德特里克纳法兹沙里亚	Tehrik Nefaz-e Shari'at Muhammadi (TNSM)	2007 年 7 月
巴基斯坦塔利班运动	Tehrik-e Taliban Pakistan (TTP)	2011 年 1 月
库尔德自由之鹰	Teyre Azadiye Kurdistan (TAK)	2006 年 7 月
突厥伊斯兰党	Turkestan Islamic Party (TIP) also known as East Turkestan Islamic Party (ETIP), East Turkestan Islamic Movement (ETIM) and Hizb al-Islami al-Turkistani (HAAT)	2016 年 7 月

续表

中文名称	英文名称	制裁日期
土耳其人民自由前线党	Turkiye Halk Kurtulus Partisi-Cephesi（THKP-C）	2006 年 7 月
萨拉菲斯特呼声与战斗组织	Salafist Group for Call and Combat（Groupe Salafiste pour la Predication et le Combat）（GSPC）	2001 年 3 月

另外 14 个涉及北爱尔兰问题的组织被认定为国内恐怖组织名单

1. 持久爱尔兰共和军（Continuity Army Council Cumannnam Ban）
2. 爱尔兰妇女理事会（Cumann na mBan）
3. 菲安娜·海伊雷恩（Fianna na hEireann）
4. 橙色志愿者（Orange Volunteers）
5. 红手保卫者（Red Hand Commando）
6. 红手保卫者（Red Hand Defenders）
7. 爱尔兰国民解放军（Irish National Liberation Army）
8. 爱尔兰人民自由组织（Irish People's Liberation Organisation）
9. 爱尔兰共和军（Irish Republican Army）
10. 忠英志愿军（Loyalist Volunteer Force）
11. 萨尔伊尔（Saor Eire）
12. 阿尔斯特防卫协会（Ulster Defence Association）
13. 阿尔斯特自由战士（Ulster Freedom Fighters）
14. 阿尔斯特志愿者力量（Ulster Volunteer Force）

第四节　欧盟新增减的恐怖组织（实体）名单

欧盟有两种恐怖名单：

一是本·拉登、塔利班、“基地”组织、“伊斯兰国”及其相关组织和个人名单。该名单主要是在联合国安理会 1267 制裁委员会的名单基础上制订，但是欧盟理事会授权欧盟委员会“根据联合国安理会、塔利班制裁委员会以及成员国的相关信息”对该名单进行增加、修订。每次修改都要经过一定程序，最后对欧共体第 881 号规则（EC Regulation 881/2002）的附件进行更新。2015 年度，随着反恐日益成为联合国等国际组织的工作热点，欧盟该名单亦频频更新。自 2013 年 1 月 23 日（第 185 次修订）至 2018 年 1 月 11 日（第 280 次修订）间大大小小合计修订 96 次。其中，从 2017 年 1 月 26 日（第 258 次修订）至 2018 年 1 月 11 日（第 280 次修订），最近一年合计修订 23 次。①

二是“参与恐怖活动的个人、团体和实体名单”（Persons，Groups and Entities Inloved in Terrorist Acts）。该名单是各成员国具有法定资格的相关机构（如司法人员和警察机构）在调查的基础上形成的。由具有法定资格的相关机构，根据相关个人、团体和实体参与恐怖行动的确凿信息或材料做出名单，制定的名单没有时间期限。列入名单之上的个人和实体名字要每 6 个月复核一次。自 2017 年 1 月至 2018 年 1 月期间，欧盟对该名单复核了 4 次，其中 2017 年复核了 4 次，时间分别为 2017 年 1 月 27 日、2017 年 6 月 8 日、2017 年 8 月 4 日和 2017 年 11 月 13 日。② 与 2016 年 12 月 22 日（该年份最新核查结果）相比，没有发生变化，截止 2017 年 11 月 13 日。在团体和实体方面，2017 年 6 月 8 日，欧盟将荷兰极端组织“霍夫斯塔德集团”（Hofstadgroep）移出该名单。欧洲法院 2017 年 7 月 26 日作出裁决，驳回欧洲普通法院（欧洲法院的下级法院）的决定，认为欧盟将巴勒斯坦武装组织哈马斯列入恐怖主义名单时，无需基于对哈马斯行动进行正式官方调查。同时，欧洲法院还决定将泰米尔独立猛虎解放组织，即“泰米尔猛虎组织”，移除出恐怖组织名单。2017 年 11 月 14 日，欧盟将“哥伦比亚革命武装力”（Fuerzas armadas revolucionarias de Colombia，即 Revolutionary Armed Forces of Colombia，简称 FARC）移出该名单，截至 2017 年 11 月 13 日，该名单共有实体和团体 20 个。以下是 2017 年欧盟最新复核的参与恐怖活动的团体和实体名单：

---

① http：//eur-lex. europa. eu/legal-content/EN/TXT/？qid=1488956023352&uri=CELEX：32017R1834.（上网时间：2018 年 2 月 1 日）

② http：//eur-lex. europa. eu/search. html？qid=1518317396573&text=COUNCIL%20DECISION%20（CFSP）%202017&scope=EURLEX&type=quick&lang=en.（上网日期：2018 年 2 月 1 日）

1. 阿布尼达尔组织（‘Abu Nidal Organisation’— ‘ANO’（a. k. a. ‘Fatah Revolutionary Council’, a. k. a. ‘Arab Revolutionary Brigades’, a. k. a. ‘Black September’, a. k. a. ‘Revolutionary Organisation of Socialist Muslims’）.

2. 阿克萨烈士旅（‘Al-Aqsa Martyrs’ Brigade’.）

3. 阿克萨基金会（‘Al-Aqsa e. V.’.）

4. 巴巴尔·哈尔萨（‘Babbar Khalsa’.）

5. 菲律宾共产党—新人民军（‘Communist Party of the Philippines’, including ‘New People's Army’— ‘NPA’, Philippines.）

6. 伊斯兰组织（‘Gama'a al-Islamiyya’, a. k. a. ‘Al-Gama'a al-Islamiyya’）（‘Islamic Group’—‘IG’.）

7. 大东方伊斯兰突击队战线（‘İ slami Büyük Dou ğ Akıncılar Cephesi’ — ‘IBDA-C’, ‘Great Islamic Eastern Warriors Front’.）

8. 哈马斯（‘Hamas’, including ‘Hamas-Izz al-Din al-Qassem’.）

9. 真主党军事组织（‘Hizballah Military Wing’, a. k. a. ‘Hezbollah Military Wing’, a. k. a. ‘Hizbullah Military Wing’, a. k. a. ‘Jihad Council’, and all units reporting to it, including the External Security Organisation.）

10. 圣战者党（‘Hizbul Mujahideen’— ‘HM’.）

11. 卡利斯坦金德巴德军（‘Khalistan Zindabad Force’— ‘KZF’.）

12. 库尔德工人党（‘Kurdistan Workers' Party’— ‘PKK’, a. k. a. ‘KADEK’, a. k. a. ‘KONGRA-GEL’.）

13. 泰米尔独立猛虎解放组织（‘Liberation Tigers of Tamil Eelam’— ‘LTTE’.）

14.. 哥伦比亚民族解放军（‘Ejército de Liberación Nacional’, ‘National Liberation Army’.）

15. 巴勒斯坦伊斯兰圣战组织（‘Palestinian Islamic Jihad’— ‘PIJ’.）

16. 解放巴勒斯坦人民阵线（‘Popular Front for the Liberation of Palestine’— ‘PFLP’.）

17. 解放巴勒斯坦人民阵线总指挥部（‘Popular Front for the Liberation of Palestine — General Command’, a. k. a. ‘PFLP — General Com-

mand’.)

18. 库工党和革命人民解放党—阵线（‘Devrimci Halk Kurtuluş Partisi-Cephesi’—‘DHKP-C’，a. k. a. ‘Devrimci Sol’，‘Revolutionary Left’)，a. k. a. ‘Dev Sol’，‘Revolutionary People′s Liberation Army-Front-Party’.)

19. 光辉道路（‘Sendero Luminoso’—‘SL’，‘Shining Path’.)

20. 库尔德自由之鹰（‘Teyrbazen Azadiya Kurdistan’—‘TAK’，a. k. a. ‘Kurdistan Freedom Falcons’，a. k. a. ‘Kurdistan Freedom Hawks’.)

第十三章　中东地区主要恐怖组织

第一节　巴勒斯坦

一、哈马斯（参见以往《年鉴》）

2017年5月1日，哈马斯领导人哈立德·迈沙阿勒在卡塔尔首都多哈举行记者招待会，正式发布该组织的新政策文件。这份有42款内容的新政策文件同意在1967年边界基础上建立以耶路撒冷为首都、主权完整独立的巴勒斯坦国。虽然这份新政策文件没有如国际社会所要求的承认以色列，也没有接受两国方案，但在几个关键问题上都软化了立场。在这份新政策文件中，哈马斯还声明其是一个完全独立的组织，未再提及其与埃及政府视为恐怖组织的“穆斯林兄弟会”之间的联系。迈沙阿勒表示，无论何种原因和状况，也无论压力多大，哈马斯不会放弃“解放全部巴勒斯坦”的目标，不会对巴勒斯坦任何领土作出让步，坚持要求允许全体巴勒斯坦难民回归故土。他强调，哈马斯不承认以色列，也不承认以色列对巴勒斯坦的侵占。他还表示，哈马斯和以色列的斗争不是出于宗教原因，而是因为侵略和占领。哈马斯反对的不是犹太人和犹太教，而是犹太复国主义的以色列。

二、巴勒斯坦伊斯兰圣战组织（参见以往《年鉴》）

三、解放巴勒斯坦人民阵线（参见以往《年鉴》）

四、解放巴勒斯坦民主阵线（参见以往《年鉴》）

五、阿布·尼达尔组织（参见以往《年鉴》）

六、解放巴勒斯坦人民阵线总指挥部（参见以往《年鉴》）

七、阿克萨烈士旅（参见以往《年鉴》）

八、人民抵抗委员会（参见以往《年鉴》）

九、真主战士（参见以往《年鉴》）

十、巴勒斯坦伊斯兰军（参见以往《年鉴》）

十一、加利利自由军（参见以往《年鉴》）

十二、伊玛德·穆格尼耶（参见以往《年鉴》）

十三、雷电（参见以往《年鉴》）

十四、风暴之鹰（参见以往《年鉴》）

十五、安萨尔逊纳（参见以往《年鉴》）

第二节　埃及

一、埃及伊斯兰圣战组织（参见以往《年鉴》）

二、伊斯兰组织（参见以往《年鉴》）

三、赎罪与迁移组织（参见以往《年鉴》）

四、埃及伊斯兰自尊旅（参见以往《年鉴》）

五、阿卜杜拉阿扎姆旅（参见以往《年鉴》）

六、埃及圣战者（参见以往《年鉴》）

七、圣战与统一组织（参见以往《年鉴》）

八、穆斯林兄弟会（参见以往《年鉴》）

九、耶路撒冷支持者（又名“伊斯兰国”西奈行省）

2014年11月10日，“耶路撒冷支持者”在社交网站Twitter上发布一段音频，题为“向穆斯林的哈里发阿布·贝克尔·巴格达迪效忠以及加入‘伊斯兰国’”，在音频中，“耶路撒冷支持者”形容和平是可耻的，民主则是亵渎真主，与和平民主共存没有用处，呼吁埃及人与埃及武装部队对抗，又号召全体穆斯林一同效忠“伊斯兰国”首领巴格达迪。此后，“耶路撒冷支持者”更名为“‘伊斯兰国’西奈省”。由于“伊斯兰国”在伊拉克叙利亚遭到各方联合打击，该组织近年来不断加大报复力度，包括袭击外国游客，在西奈半岛上空击落俄罗斯民航客机，在集市、教堂等人员较为集中的地区发动炸弹袭击，其中，最主要对象是基督徒科普特人。2017年，该组织在埃及异常活跃，制造了多起震惊世界的恐袭。4月9日（当地时间），埃及坦塔市和亚历山大市的两座科普特基督教堂连遭自杀式爆炸袭击，造成至少47人死亡，137人受伤，该组织随后宣布对事件负责。该组织在11月24日对西奈半岛北部的苏菲派清真寺发动空袭，导致311人死亡，122人受伤。12月29日，该组织又对开罗南部一基督教堂发动袭击，导致11人死亡。

第三节　黎巴嫩

一、真主党（参见以往《年鉴》）

二、伊斯兰法塔赫（参见以往《年鉴》）

三、安萨尔联盟（参见以往《年鉴》）

四、扎耶德·杰拉哈支队（参见以往《年鉴》）

第四节　叙利亚

一、解放沙姆组织（原“征服阵线”）（参见以往《年鉴》）

2017年，“基地”组织分支继2016年完成更名后再度更名，试图通过改头换面、“洗白身份”，趁“伊斯兰国”溃败之际谋求壮大、重回中东恐怖主义的“中央舞台”。

第一，“支持阵线”更名“征服阵线”。2016年7月28日，“基地”组织在叙利亚分支“支持阵线”领导人朱拉尼罕见公开露面，宣称已脱离“基地”组织，并改名为“征服沙姆阵线”（以下简称“征服阵线”，Jabhat Fateh al-Sham）。朱拉尼在卡塔尔半岛电视台播出的一段视频中说，其领导的组织已不再使用“支持阵线”的名义进行活动，“征服阵线”是一个新的组织，与境外组织不存在联系。朱拉尼还直言不讳地表示，脱离“基地”组织可以让美国和俄罗斯没有理由继续空袭“支持阵线”目标。在这一消息公布后不久，“基地”组织高层就已表态支持“支持阵线”的决定，希望“支持阵线”联合叙境内其他武装组织继续进行武装活动。普遍认为，“支持阵线”高调更名的原因主要有三：一是“洗白身份”，争取与叙利亚其他反对派合作，谋求生存；二是混淆视听，躲避美俄等外部反恐联盟的空袭；三是拉拢民心，凸显其与“伊斯兰国”残暴、反人类行为的区别。但更名后数月内，“征服阵线”仍然遭到各方反恐打击，并没有实现其预想的结果，因此必须做出更大“改变”。

第二，“征服阵线”更名为“解放沙姆组织”。2017 年 1 月 28 日，“征服阵线”与安萨尔丁阵线（Ansar al-Din Front）、哈克旅（Liwa al-Haqq）、哲师逊纳武装（Jaysh al-Sunna）和努尔丁赞奇运动（the Nour al-Din al-Zenki Movement）等萨拉菲伊斯兰分子为主的组织共同成立“解放沙姆组织”（Hay'at Ta ḥrīr al-Shām，HTS）。该组织宣布成立后，许多小股武装和个人纷纷加入。为了方便协调指挥，其成立了由不同派别组成的最高司令部。虽然号称是“结盟”，但“解放沙姆组织”主要还是由原“基地”分支成员领导，各国政府、军方、媒体仍然将该组织视为“支持阵线”或“征服阵线”，并不认可其新的名称，意在将其“锁定”在反恐行动的名单内。事实上，新成立的“解放沙姆组织”虽然表面上脱离“基地”领导，但仍然在为“基地”组织秘密卖命。其目的是在叙利亚为“基地”建立新的大本营。值得一提的，该组织成员虽然大多信奉保守极端的萨拉菲主义，但其中的努尔丁赞奇运动曾经得到过美国的援助。

第三，利用战场空隙，发动更多恐怖袭击。1 月 30 日，有报道称“解放沙姆组织”聚拢了大约 3.1 万名武装分子，但 3 月，中东问题专家查尔斯·李斯特称似乎该组织有 1.2—1.4 万人。普通叙利亚人将该组织称为“Hetesh”，为阿拉伯语首字母读音，类似将“伊斯兰国”称为“Daesh”。这意味着许多叙利亚人将“解放沙姆组织”看成与“伊斯兰国”没有太多区别的恐怖组织。一年来，该组织遭到美国主导的反恐联盟的多次空袭。2017 年 2 月 1 日，美军对叙伊德利卜的一座酒店发动空袭，当时许多“解放沙姆组织”的头目正在酒店内开会。2 月 3 日，美军空袭了该组织在萨尔敏地区的指挥部，导致该组织 12 名中层头目死亡。此外该组织也遭到叙利亚当地人的反对。2 月 26 日，美军在对伊德利卜的一次空袭中击毙了“基地”组织高级头目阿布·卡伊尔·马斯里，以及“解放沙姆”组织一些骨干。3 月 21 日，美军利用无人机再次击毙两名该组织高级头目。一年来，该组织在叙利亚发动多起恐袭，造成较大影响。2 月 25 日，“解放沙姆组织”袭击了霍姆斯的叙利亚军事情报总部，导致 40 多人死亡，其中包括叙利亚政府在霍姆斯地区的军事安全领导人。这场恐怖袭击正好在第四轮日内瓦谈判之际，导致谈判迅速中断。“基地”在叙分支头目乔拉尼特别对此袭击发声，称这是对叙利亚反对派中“投降派政客”的一个信号，敦促他们下台。3 月 11 日，该组织在大马士革老城实施了两次连环爆炸，导致 76 人死亡，120 人受伤，其中包括 43 名伊拉克的朝圣者。这次袭击的目标特别针对什叶派的武装人员和平民。2018 年 2 月 4 日，俄国防部称，俄军的一架苏—25 攻击机 3 日在叙利亚伊德利卜省被击落，飞行员弹射出座舱，并报告自己落入恐怖组织“征服阵线”控制的地区。他随后在与恐怖分子的战斗中牺牲。

二、呼罗珊网络

三、沙姆自由人组织

第五节　伊拉克

一、“伊斯兰国”

第一，从战场态势看，“伊斯兰国”面临两大反恐联盟的共同打击。英国 IHS Markit 公司安全防务分析师 2018 年 1 月发布总结报告称，2017 年 1 月至 2018 年 1 月，“伊斯兰国”的领土面积缩小了 89%，从原来的 6 万平方千米下降至 6500 平方千米。一大联盟是美国为首的反恐联盟，伊拉克政府军、叙利亚库尔德武装是美国的地面盟友；另一大联盟是俄罗斯为首的反恐集团，以叙利亚巴沙尔政权、伊朗、黎巴嫩真主党为地面部队。在伊拉克，2015 年底，“伊斯兰国”丢失重镇拉马迪，2016 年 6 月进一步从费卢杰败退，2016 年 10 月 17 日，伊拉克总理阿巴迪宣布正式打响夺取摩苏尔之战，力图动用 3 万兵力收复被“伊斯兰国”占据两年多的伊拉克第二大城市。美国时任防长卡特也表示这是“决战时刻”，是击溃“伊斯兰国”的关键之战。2017 年 7 月 9 日，伊拉克总理阿巴迪宣布伊摩苏尔全城解放。整场战役最终耗时 9 个月，几乎是计划用时的 4 倍。此后，伊拉克政府军继续在摩苏尔周边清剿恐怖分子的残余势力。12 月 9 日，伊拉克总理阿巴迪称，“打击极端组织的战斗结束”，伊拉克部队已完全控制了伊拉克和叙利亚的边境地区。在叙利亚，美国支持的“叙利亚民主军”2016年11月开始在叙北部多个地点对“伊斯兰国”展开进攻，不断逼近“伊斯兰国”自称的“首都”拉卡。拉卡位于叙利亚北部。2014年年初，“伊斯兰国”占领拉卡后宣布其为所谓的“首都”，拉卡成为“伊斯兰国”的行政中心和军事指挥点。2017年6月初，“民主军”打响了解放拉卡的最后战役，从东、北和西面同时向拉卡发动进攻，并于当月底完全包围拉卡。经过4个月的艰苦战斗，“民主军”不断缩小对“伊斯兰国”的包围圈，于10月14日宣布将在数日内攻下拉卡。为了减少交战造成的平民伤亡，“民主军”与部分“伊斯兰国”成员达成协议，275名缴械投降的武装分子及其家属于14日撤离拉卡，退往叙东部代尔祖尔省。继“伊斯兰国”在伊拉克的大本营摩苏尔被收复后，拉卡的失守让该极端组织再次遭受重创，也标志着“伊斯兰国”在叙伊两国的加速溃败。与美国同步，叙利亚政府军在俄军协助下2017年9月攻入代尔祖尔省首府代尔祖尔市，打破了“伊斯兰国”对该市长达3年的围困，开启对代尔祖尔的进攻，最终于12月宣布主要战斗结束。至此，肆虐中东3年多的“伊斯兰国”遭到实质性打击，失去了对领土、人口、社会的恐怖统治，其作为所谓“国家”的形态已不复存在。

第二，武装战斗人员损失惨重，最高头目仍下落不明。在作战人员数量方面，据美国中央情报局2014年9月估计，“伊斯兰国”在叙利亚和伊拉克境内的武装分子数量多达2万至3.15万人；在叙利亚境内的1.5万名外国武装分子中，来自西方国家的就有2000人。2016年2月初，美国国防部官员透露，当前叙利亚和伊拉克境内“伊斯兰国”武装人员已由先前估计的2—3万人缩减到1.9—2.5万人。此后一年多的时间里，美国政府一直维持对“伊斯兰国”的这一规模的评估，也成为其他报告的数据源。经过2017年伊拉克、叙利亚战场上的联合打击，“伊斯兰国”的规模大幅度下降，2017年10月美军方称“伊斯兰国”武装战斗人员数量已下降至6500人。就在美国支持的叙“民主军”攻克该组织老巢拉卡后，美军称，库尔德武装已经关押了数百名“伊斯兰国”分子及其家属，这批人员来自30多个国家。另有报道称，在拉卡被攻克之前，美军曾经故意让1000至4000名恐怖分子逃离出包围圈。打击“伊斯兰国”国际联盟发言人迪伦回应称，“我们知道叙利亚政府给‘伊斯兰国’分子空间逃离他们的作战区域，但是我们不能确定这些事件的真实性，也无法确定在我们执行任务区之外是否发生了这些事件。”2017 年 12 月，《纽约时报》报道称在叙利亚、土耳其边境有人帮助拉卡、代尔祖尔等幼发拉底河谷的“伊斯兰国”分子偷渡到土耳其境内。一位名叫阿布奥马尔的走私犯称，其曾帮助 50 个“伊斯兰国”分子逃到土耳其，每个人需要交 2 万到 3 万美元。若此报道成真，那么说明美军方 2017 年 10 月攻克拉卡之初公布的“伊斯兰国”规模将被严重低估。

“伊斯兰国”之所以能在伊拉克、叙利亚的乱局之中迅速崛起、攻城掠地，很大程度上因为该组织建立了一套完整且相对有效的指挥体系，其中关键是其高层领导和军事指挥官。然而，当前这一指挥体系面临的一个重要挑战便是美军的“斩首”行动。虽然“伊斯兰国”能够在高层人员遭“斩首”后迅速进行填补，但毕竟指挥有方、经验丰富的高层人员的流失对该组织确实是一个重大打击。2016 年，美军在 3 月、8 月、12 月多次发布“伊斯兰国”高层被击毙的消息，甚至声称正系统地击毙“伊斯兰国”的“内阁”。2017 年国际反恐联盟将主要反恐焦点聚焦在“猎杀”该组织头目巴格达迪上。2017 年 5 月底俄罗斯国防部表示，在一次在叙利亚拉帕地区的空袭行动中很可能击毙了巴格达迪。俄军方称，当时“伊斯兰国”的高层首领正在开会，研究撤出拉帕的路线。根据各方通过各渠道确认的消息，巴格达迪也参加了会议，并在空袭中死亡。除此以外，多名“伊斯兰国”高层首领在空袭中死亡，他们也是“伊斯兰国”所谓“军事委员会”的成员。另外，该恐怖组织还有 30 名中层指挥官，和至少 300 名武装人员死于空袭。俄罗斯议会上院安全委员会主席维克多奥泽罗夫 6 月 23 日表示，极端恐怖组织“伊斯兰国”的首领巴格达迪死亡的可能性接近百分之百。但此消息遭到美国主导的反恐联盟的质疑和否定，称俄罗斯发布的为“假消息”。2017 年 12 月 19 日美军再次否认已抓捕到“伊斯兰国”领导人巴格达迪的消息，美军方发言人称：“如果我们知道巴格达迪的藏身之处，他可能早就已经死去或是被逮捕，并等待为他所犯下的军事罪行的判决。不管在什么情况下，一旦得知相关消息，联盟会马上公布出来。”

二、真主党旅（参见以往《年鉴》）

三、伊斯兰辅助者组织（参见以往《年鉴》）

四、穆罕默德军（参见以往《年鉴》）

五、伊拉克伊斯兰军（参见以往《年鉴》）

六、黑旗手（参见以往《年鉴》）

七、安萨尔逊纳军（参见以往《年鉴》）

八、伊斯兰军（参见以往《年鉴》）

九、伊斯兰圣战旅（参见以往《年鉴》）

十、萨达姆牺牲者（参见以往《年鉴》）

十一、伊拉克全国伊斯兰抵抗运动（参见以往《年鉴》）

十二、伊拉克伊斯兰抵抗阵线（参见以往《年鉴》）

十三、贾什—拉什丁组织（参见以往《年鉴》）

十四、纳赛尔主义者（参见以往《年鉴》）

十五、恢复（参见以往《年鉴》）

十六、穆罕默德第二军武装先锋队（参见以往《年鉴》）

十七、伊拉克抵抗旅（参见以往《年鉴》）

十八、觉醒与圣战（参见以往《年鉴》）

十九、阿布—德拉组织（参见以往《年鉴》）

二十、圣战与改革路线（参见以往《年鉴》）

二十一、伊拉克哈马斯（参见以往《年鉴》）

二十二、天堂战士（参见以往《年鉴》）

二十三、纳科什班迪命令者之军（参见以往《年鉴》）

二十四、伊拉克真主党旅（参见以往《年鉴》）

二十五、圣战军（参见以往《年鉴》）

第六节　约旦

约旦“基地”组织（参见以往《年鉴》）

第七节　突尼斯

一、突尼斯伊斯兰战斗团（参见以往《年鉴》）

二、突尼斯伊斯兰教法支持者（参见以往《年鉴》）

第八节 摩洛哥

一、摩洛哥伊斯兰战斗团（参见以往《年鉴》）

二、继承圣战组织（参见以往《年鉴》）

三、安萨尔—迈赫迪（参见以往《年鉴》）

四、穆斯林沙漠地区的安萨尔—伊斯兰（参见以往《年鉴》）

五、青年伊斯兰战斗团（参见以往《年鉴》）

第九节 利比亚

一、利比亚伊斯兰战斗组织（参见以往《年鉴》）

二、“伊斯兰国”利比亚分支

第十节 毛里塔尼亚

一、毛里塔尼亚萨拉菲宣教与战斗组织（参见以往《年鉴》）

二、伊斯兰马格里布基地组织（参见以往《年鉴》）

第十一节　也门

一、阿拉伯半岛“基地”组织（参见以往《年鉴》）

二、亚丁伊斯兰军（参见以往《年鉴》）

三、也门伊斯兰圣战组织（参见以往《年鉴》）

四、阿布·阿里·哈尔西旅（参见以往《年鉴》）

五、阿布·哈夫斯·马斯里旅（参见以往《年鉴》）

六、青年信仰者（参见以往《年鉴》）

七、也门士兵旅（参见以往《年鉴》）

第十二节　沙特阿拉伯

“基地”组织阿拉伯半岛分支

第十三节　科威特

一、科威特圣战组织（参见以往《年鉴》）

二、阿卜杜勒阿齐兹穆克林旅（参见以往《年鉴》）

三、半岛雄狮（参见以往《年鉴》）

四、社会改革协会（参见以往《年鉴》）

五、伊斯兰遗产复兴协会（参见以往《年鉴》）

第十四节　巴林

解放巴林伊斯兰阵线（参见以往《年鉴》）

第十五节　以色列

一、犹太人联盟（参见以往《年鉴》）

二、卡哈尼运动（参见以往《年鉴》）

三、保卫犹太联盟（参见以往《年鉴》）

第十六节　土耳其

一、库尔德工人党（参见以往《年鉴》）

二、伊斯兰解放党（参见以往《年鉴》）

三、革命人民解放党（参见以往《年鉴》）

四、大东部伊斯兰袭击者阵线（参见以往《年鉴》）

五、伊斯兰拯救军（参见以往《年鉴》）

六、安拉军（参见以往《年鉴》）

七、解放库尔德斯坦之鹰（参见以往《年鉴》）

八、库尔德特雷哈扎迪耶（参见以往《年鉴》）

九、土耳其革命共产主义者联盟（参见以往《年鉴》）

十、埃尔盖内孔（参见以往《年鉴》）

十一、“灰狼”组织（参见以往《年鉴》）

第十七节　伊朗

一、伊朗人民圣战者组织（参见以往《年鉴》）

二、真主旅（参见以往《年鉴》）

三、库尔德自由生命党（参见以往《年鉴》）

四、伊朗人民法达游击队（参见以往《年鉴》）

五、阿瓦士阿拉伯人民民主阵线（参见以往《年鉴》）

六、阿瓦士阿拉伯复兴党（参见以往《年鉴》）

第十四章　非洲地区主要恐怖组织

第一节　索马里

一、伊斯兰法院联盟（参见以往《年鉴》）

二、伊斯兰团结组织（参见以往《年鉴》）

三、青年圣战者运动（参见以往《年鉴》）

四、索马里“青年党”（Al-Shabaab，参见以往《年鉴》）

“青年党”为索马里及东非地区最大的反政府武装、伊斯兰极端组织。2017年，索马里“青年党”在索马里首都摩加迪沙及该国其他地区频繁发动袭击，目标主要针对政府机构、军队、警察及非盟驻索马里特派团，实施地点主要是酒店、军营、军事基地、检查站、市场等地。2月索马里选出新总统穆罕默德后，“青年党”威胁对新总统及其政府发动“毫不留情”的战争。“青年党”也在肯尼亚（非盟驻索马里维和部队派兵国）靠近索马里边境地区频繁制造路边炸弹袭击，以报复肯尼亚出兵索马里，协助索马里政府打击极端组织。尽管索马里新总统4月宣布索马里处于“战争状态”，表示将打击“青年党”、“解放”被后者控制的地区；撤换军队、警察、情报部门负责人；呼吁参加“青年党”的年轻人投降，承诺将为回来的“青年党”年轻人提供住房和教育，但上述举措并未收到预期效果，“青年党”反而愈挫愈“勇”、攻城略地，频繁发动自杀式汽车炸弹袭击。由于非盟驻索马里特派团将在年底前撤离1000名士兵，逐步将安全责任移交给索马里安全部队，更加引发了一些国家对索马里安全局势恶化的担忧。

2017年1月2日，非盟驻索马里特派团驻首都摩加迪沙的营地附近发生两起袭击事件，造成至少2人死亡，数人受伤。当天一名自杀式炸弹袭击者在营地入口前的检查站旁引爆爆炸装置，随后另一辆装有爆炸装置的汽车在附近一家豪华酒店外爆炸。1月25日，一伙武装分子在摩加迪沙引爆一枚汽车炸弹并袭击一家酒店，造成至少28人死亡，40多人受伤。受袭击的达亚酒店位于索马里议会和政府大楼附近，事发时多名国会议员在场。“青年党”宣称对这起袭击负责。1月27日，非盟驻索马里特派团位于索马里南部小镇库勒比约的营地遭袭，造成至少9名肯尼亚籍士兵丧生，15名士兵受伤。2月8日，索马里举行总统选举当天，“青年党”武装分子袭击索马里海港城市博萨索的国际乡村酒店，并与安保人员交火，至少4名安保人员和两名袭击者丧生。2月11日，两名索马里政府军士兵在索马里格多地被打死，这是该国新总统当选以来针对政府军士兵的首次袭击。2月12日，摩加迪沙郊外的两处政府军军营遭袭，至少2名士兵被打死。随后政府军的增援车队遭遇路边炸弹袭击，造成4人死亡，8人受伤。“青年党”领导层尚未就新总统当选一事表态，但该组织级别较低的成员已表示，新总统的产生并未改变他们对索马里政府的看法。2月16日，索马里总统权力交接仪式在摩加迪沙的总统府举行，附近一处住宅遭迫击炮袭击，至少3人死亡，4人受伤。“青年党”宣称制造了这起袭击事件。2月19日，在摩加迪沙一个热闹的市场发生汽车炸弹袭击，造成至少39人死亡，27人受伤。这是索马里新总统就职后首都摩加迪沙发生的首次大规模袭击。当天，“青年党”威胁将对新总统及其政府发动“毫不留情”的战争。3月13日，摩加迪沙发生2起汽车炸弹袭击事件，共造成至少4人死亡，13人受伤。其中一起发生在位于闹上街区的一家酒店附近，造成7死10伤。另一起发生在达吉尔区的一个军事训练营附近，造成包括自杀式袭击者在内的3人死亡，另有3人受伤。3月21日，摩加迪沙市中心一军事检查站前发生汽车爆炸袭击，造成至少5人死亡，10人受伤。4月4日，4

名参与世界卫生组织工作的人员在索马里南部盖多州卢格镇附近行车途中被疑似“青年党”武装人员绑架。次日，4人获释。4月5日，摩加迪沙一家酒店发生汽车炸弹袭击，造成至少6人死亡，10人受伤。当天装有炸药的汽车在酒店入口处发生爆炸，酒店对面是索马里青年和体育部所在地，并靠近国内安全部。4月6日，在索马里南部下谢贝利州一辆客车在行驶途中触碰到路边地雷，造成至少20人死亡，另有多人受伤。4月9日，位于摩加迪沙的索马里国防部附近发生自杀式汽车爆炸事件，造成至少10人死亡，多人受伤。刚上任的索马里国民军参谋长穆罕默德·艾哈迈德·贾迈勒幸免于难。索马里“青年党”宣布制造了此次爆炸事件。4月10日，摩加迪沙一军营遭自杀式炸弹袭击，造成至少5名军人丧生，另有15人受伤。索马里“青年党”宣布制造了这起事件，声称4月9日和10日的袭击是对美国特朗普政府批准扩大行动范围的“加倍回应”。4月16日，摩加迪沙机场附近区域遭炮击，有3人受伤。索马里安全部队随后与发动袭击的“青年党”武装分子交火，2名武装分子被击毙。4月23日，索马里东北部邦特兰地区巴里一军车遭遇路边炸弹，造成至少9名索马里政府军士兵丧生，另有3人受伤。“青年党”宣称制造了这起袭击。5月12日，索马里南部重镇基斯马尤发生一起自杀式炸弹袭击事件，造成包括袭击者在内的至少3人丧生，另有1人受伤。5月16日，肯尼亚东北部靠近索马里边境的加里萨郡达达布地区发生一起路边炸弹袭击事件，造成至少4人死亡。5月17日，摩加迪沙达古尔区一处检查站附近发生汽车炸弹袭击，造成包括一名袭击者在内的4人死亡。“青年党”宣布制造了这起袭击。5月22日，索马里南部重镇拜多阿附近发生一起路边炸弹袭击事件，造成地方政府武装5名士兵丧生。5月24日，摩加迪沙发生一起汽车炸弹袭击，至少5人死亡，另有多人受伤。同一天，肯尼亚一警车在该国东部靠近索马里边境地区巡逻时触发地雷爆炸，至少3名警官丧生，8名警官受伤。5月25日，在肯尼亚东北部加里萨地区发生一起路边炸弹袭击，至少5名警察丧生。“青年党”宣布对5月24日和25日发生的炸弹袭击事件负责。5月31日，在肯尼亚东北部与索马里邻近的拉穆地区一辆警车触动了路边炸弹，致7名警察和一名平民丧生。6月6日，肯尼亚东北部靠近索马里边境的加里萨郡达达布地区发生一起路边炸弹袭击事件，造成4人死亡。遇袭汽车隶属于总部位于肯尼亚首都内罗毕的一个非洲人道主义组织。6月8

日，一伙“青年党”武装分子袭击了索马里北部的一个军事基地，造成至少59人丧生。6月14日，摩加迪沙霍丹地区一家酒店餐厅遭汽车炸弹袭击。袭击者驾驶一辆装有爆炸物的汽车冲进酒店，在餐厅入口处制造爆炸后持枪进入餐厅，挟持现场至少20名人质与警方对峙。索马里警方表示，此次袭击造成至少18人死亡，19人受伤。“青年党”宣称制造了这次袭击。关顾这家酒店餐厅的顾客大都是政府官员和年轻人。6月20日，摩加迪沙南部一政府办公建筑发生炸弹袭击，至少10人丧生，另有18人受伤。“青年党”宣布对这起袭击负责。6月22日，摩加迪沙一警察局遭汽车炸弹袭击，至少3人丧生，另有多人受伤。6月27日，肯尼亚东北部与索马里靠近的拉穆地区发生一起路边炸弹袭击事件，造成至少8人死亡，另有多人受伤。7月2日，摩加迪沙西北方向约30千米处的阿夫戈耶地区发生一起路边炸弹袭击，至少2人死亡，5人受伤。7月4日，摩加迪沙总统府附近遭迫击炮袭击，造成至少2名士兵丧生。7月5日，一伙武装分子袭击肯尼亚东北部拉穆郡的一处警察营地，致3名警察丧生。7月8日，一伙武装分子袭击肯尼亚东部靠近索马里边境的一个村庄，造成至少8人死亡。7月20日，肯尼亚边境拉穆地区的一个村庄遭武装分子袭击，至少两名村民死亡。7月30日，“青年党”袭击索马里南部下谢贝利州布洛马勒镇附近的一个非盟车队，至少8名非盟军人丧生。“青年党”方面则宣称打死39名非盟士兵。当天，摩加迪沙发生一起汽车炸弹爆炸事件，至少6人死亡，20人受伤。爆炸地点在繁忙的马卡·阿尔穆卡拉马路，距警察局不远。8月2日，在肯尼亚东北部拉穆郡维图镇一辆客车遭武装分子伏击，造成至少3人丧生。当地官员怀疑这起事件系“青年党”所为。8月3日，一伙武装分子袭击了肯尼亚东北部与索马里相邻的曼德拉郡的两处警察驻地，造成1名警察死亡，数人受伤。8月4日，摩加迪沙发生汽车炸弹爆炸，导致至少3人死亡，另有6人受伤。8月9日，索马里南部下朱巴州发生路边地雷爆炸，造成2人死亡。8月15日，摩加迪沙霍丹区发生一起枪击事件，造成1死1伤。当天，在肯尼亚东部靠近索马里边境地区发生警察遭“青年党”武装分子袭击事件，造成5名警察死亡，1人受伤。8月31日，在肯尼亚东部自加森至拉穆公路上行驶的两辆汽车遭一伙武装分子袭击，至少3人死亡。9月3日，“青年党”袭击位于索马里南部最大港口基斯马尤以北30千米的一处军事基地，至少10名政府军士兵丧生，另有多人受伤。9 月 5 日，一伙武装分子袭击肯尼亚东部拉穆郡的一个村庄，杀死 4 个村民。9 月 10 日，索马里中部希兰地区一家餐馆发生一起自杀式炸弹袭击，致两人死亡 15 人受伤。“青年党”宣布对此起袭击事件负责，并称袭击是针对希兰地区政府工作人员。9 月 11 日，索马里政府军位于该国西部的一处基地遭袭击，至少 17 人丧生，其中包括 10 名索马里政府军士兵和 7 名武装分子。“青年党”在网上宣称打死了 30 名索马里政府军士兵，解救了 35 名囚犯。9 月 17 日，“青年党”武装分子夺取索马里中部重镇卡拉拜耳，并与政府军士兵激烈交火，打死至少 6 名政府军士兵。9 月 20 日，摩加迪沙发生一起汽车爆炸袭击，索马里情报安全机构的一名官员身亡，另有两人受伤。“青年党”宣布制造了这起爆炸袭击。9 月 28 日，摩加迪沙一个繁忙的市场发生一起汽车爆炸袭击事件，导致 7 人死亡，10 人受伤。10 月 9 日索马里北部邦特兰港口城市博萨索郊外一处检查站遭袭，致 8 人死亡，另有多人受伤。10 月 10 日，索马里南部下谢贝利州一辆私家车遭武装分子袭击，造成车内 3 人死亡。当天，在肯尼亚蒙巴萨技术大学的车队遭伏击，两名员工被打死，一辆车的司机及护送车辆的两名警察在袭击事件中受伤。10 月 14 日，摩加迪沙发生汽车炸弹袭击，造成 512 人死亡，295 人受伤，另有 70 人生死不明。此次爆炸袭击是索马里历史上伤亡最严重的一次爆炸袭击。当天一辆装载数百公斤爆炸物的卡车在摩加迪沙闹市区的萨法瑞酒店附近爆炸，由于该地位于摩加迪沙繁华的商业区，周围有很多商店和酒店，因此造成大量伤亡，死伤者多为平民，也有部分外交和媒体工作人员伤亡。索马里总统穆罕默德 14 日晚宣布，索马里进入为期 3 天的全国哀悼。10 月 22 日，在索马里东南下谢贝利州与中谢贝利州之间的地区，一辆搭载平民的小巴车遭路边炸弹袭击，造成 8 死 6 伤。10 月 28 日，摩加迪沙一家政府官员经常光顾的饭店发生汽车炸弹袭击事件，造成至少 27 人死亡，30 人受伤。受害者包括资深警官、前议员和前政府部长。这起袭击发生次日，索马里警察局长和国家情报局长均被免职。11 月 14 日，摩加迪沙发生一起汽车炸弹袭击，造成至少一人死亡，多人受伤。12 月 14 日，摩加迪沙一所警察学院遭自杀式炸弹袭击，造成 18 人死亡，15 人受伤。当天早晨，一名乔装成警察的袭击者在摩加迪沙卡希耶警察学院引爆了藏在身上的炸弹。“青年党”宣布制造了这起袭击事件。12 月 30 日，大约 100 名“青年党”武装分子对于肯尼亚东北部的两个警察营地发生袭击，随后乘车逃跑，肯军方对武装分子进行了追捕。

第二节　卢旺达

卢旺达解放民主力量（Democratic Forces for the Liberation of Rwanda，参见以往《年鉴》）

第三节　乌干达

一、圣灵抵抗军（Lord's Resistance Army，简称 LRA，参见以往《年鉴》）

二、“民主同盟军”（Alliance of Democratic Forces-National Army for the Liberation of Uganda，简称 ADF，参见以往《年鉴》）

2017 年，“民主同盟军”继续盘踞在刚果（金）东部，不仅从事反乌干达政府的活动，也曾袭击当地平民及刚果（金）安全部队和联合国维和部队。10 月 7 日，在刚果（金）北基伍省贝尼地区，26 名平民遭割喉身亡。10 月 9 日，刚果（金）北基伍省发生一起针对联合国维和部队营地的袭击事件，导致 2 名维和军人死亡，12 名维和军人受伤。10 月 18 日，在刚果（金）北基伍省贝尼地区，刚果（金）政府军遭“民主同盟军”武装分子袭击，一辆军车被焚。12 月 7 日，“民主同盟军”在北基伍省对联合国维和部队发动袭击，造成 15 名坦桑尼亚籍维和人员死亡，至少 53 名联合国维和人员受伤，袭击另造成至少 5 名刚果（金）士兵死亡。这是 1993 年以来联合国维和部队遭遇的最严重袭击。联合国秘书长古特雷斯和安理会分别对此次袭击表示谴责。古特雷斯说，对联合国维和人员的蓄意袭击构成战争罪，是不可接受的。他呼吁刚果（金）政府展开调查，尽快将行凶者绳之以法。12 月 8 日，刚果（金）军方发言人宣布，至少 72 名乌干达反政府武装“民主同盟军”袭击者在刚果（金）东部地区 7 日晚间的冲突中被击毙。发言人表示，刚果（金）军方将继续开展对东部地区“民主同盟军”的清剿行动。

第四节 南非

人民反强盗和毒品组织（参见以往《年鉴》）

第五节 尼日利亚

一、尼日尔三角洲解放运动（参见以往《年鉴》）

二、尼日尔三角洲人民志愿军（参见以往《年鉴》）

三、实现比夫拉主权国运动（参见以往《年鉴》）

四、博科圣地（Boko Haram，参见以往《年鉴》）

尼日利亚最大的反政府武装和极端组织。2017 年是该组织 2009 年成立以来的第 9 个年头。2014 年它曾是全球致死人数最多的恐怖组织。[①] 但自 2015 年 2 月，尼日利亚、乍得、喀麦隆、尼日尔、贝宁组建多国联合部队、共同打击“博科圣地”以来，该组织实力受损，袭击次数和致死人数均呈减少趋势。自 2016 年 7 月底开始，由尼日利亚、尼日尔、乍得和喀麦隆等国组成的多国联合部队又在尼日尔和尼日利亚边境地区对“博科圣

① Institute for Economics and Peace：“2015 Global Terrorism Index”，November 2015，http：// economicsand peace. org/wp-content/uploads/2015/11/Global-Terrorism-Index-2015. pdf .（上网时间：2016 年 1 月 25 日）

地”展开大规模清剿行动，至2016年底该组织力量被进一步削弱，袭击数量一度大幅减少，但2017年4月开始其对村庄的袭击和自杀式炸弹袭击再次增多，尤其针对军事检查站及清真寺、难民营、市场、学校等平民目标的自杀式炸弹袭击频繁发生。2017年9月，多国联合部队总指挥官、尼日利亚将军伊拉多（Lucky Irador）说，“战争已取得胜利，但自杀式炸弹袭击仍是一个威胁”。他要求有关地区自卫武装与多国联合部队配合阻止自杀式炸弹袭击发生。据大赦国际统计，2017年4—8月在尼日利亚和喀麦隆有近400人因“博科圣地”的袭击丧生，是此前5个月数字的两倍，其中在尼日利亚有223人丧生，在喀麦隆有158人丧生。此外，“博科圣地”更多使用自杀式炸弹袭击方式，尤其是利用女性和儿童充当自杀式炸弹袭击者。①

“博科圣地”因2016年“伊斯兰国”任命新领导人而发生分裂。“博科圣地”原支持“基地”组织，但“伊斯兰国”2014年6月建立“哈里发国”后，“博科圣地”又很快向“伊斯兰国”靠拢。2015年3月，“博科圣地”宣布效忠“伊斯兰国”。同年4月，宣布改名为“伊斯兰国西非省”。2016年8月，极端组织“伊斯兰国”任命“博科圣地”发言人阿布·穆萨布·巴尔纳维（Abou Mosab Al Barnawi）取代阿布巴卡尔·谢考成为该组织新领导人。巴尔纳维声称谢考杀害同胞，包括他自己的战士，不顾挨饿的妇女儿童，未能向战士提供食物和武器。而谢考则发布视频称，巴尔纳维没资格领导这个组织，他坚称“我们没有违背对巴格达迪（“伊斯兰国”时任领导人）的效忠”。由此，“博科圣地”分裂为两派。一派由巴尔纳维领导，一派由“博科圣地”前领导人谢考领导。谢考派与巴尔纳维派在行动方式和活动区域上均存在不同。谢考派实施无差别袭击，巴尔纳维派强调袭击军事目标，避免造成大规模平民伤亡。谢考派活动区域集中于其在尼日利亚的“根据地”，如在桑比萨（Sambisa）森林的据点，而巴尔纳维派不局限于一国、一地或一个据点。2017年，巴尔纳维派声称袭击目标主要针对尼日利亚政府和军队，尼日利亚平民只要不与尼政府军合作，就不会受伤害，而谢考派被批评针对平民进行杀戮和实施自杀式袭击。

① Boko Haram attacks kill 400 since April: Amnesty, AFP, September 05, 2017.

2017年“博科圣地”内两派各自发动袭击，如11月巴尔纳维派武装分子一度占领尼日利亚东北部以北50千米处的马古梅里（Magumeri）军事基地，12月10日谢考带领400人攻打尼日利亚、喀麦隆边境比塔（Bita）村的一处尼日利亚政府军哨所，一度迫使尼政府军放弃阵地，他们在抢夺武器后撤回其位于桑比萨森林的最后据点。有消息报道，两派曾于12月4日在乍得湖边上的Duguri会晤，决定共同发起对尼日利亚政府军的行动。但几天后双方合作协议被撕毁，谢考派打死巴尔纳维派18名成员，两派分裂依旧，“伊斯兰国西非省”与谢考领导的“博科圣地”派别有时在重叠的区域发生冲突。

2017年1月1日，尼日尔东南部迪法省一村庄遭“博科圣地”武装分子袭击，至少两名尼安全部队士兵丧生。1月8日，尼日利亚约贝州的一处军事基地遭袭，至少5名士兵被打死。1月9日，尼日利亚博尔诺州首府迈杜古里发生多起自杀式袭击，造成3人死亡。1月13日，尼日利亚东北部阿达马瓦州的马达加利一个军事检查站及一个公路车站发生连环爆炸，造成至少2人死亡，15人受伤。另外4名女性自杀式袭击者引爆炸弹后死亡。1月16日，尼日利亚迈杜古里一所大学校园里的清真寺发生自杀式炸弹袭击，造成至少3人死亡，15人受伤。清真寺爆炸前一名约12岁的女孩试图闯入校园，被警察击毙，其身上的炸弹爆炸。不久第二个“人弹”在校园内的清真寺引爆炸弹，1名教师和“人弹”丧生，15人受伤。1月21日，尼日尔迪法省一处军营遭武装分子袭击，至少2名尼安全部队士兵丧生，另有3人受伤。2月7日，在尼日利亚东北部迈杜古里2名女性试图在加油站引爆炸弹，遭尼警方挫败，“人弹”其中1人被击毙，1人被逮捕。3月18日，在尼日利亚迈杜古里郊区发生自杀式爆炸袭击，造成包括3名袭击者在内的7人死亡，8人受伤。3月22日，在尼日利亚迈杜古里附近一座难民营遭自杀式炸弹袭击，至少3人死亡，20人受伤。3月27日，“博科圣地”武装分子对尼日利亚东北部博尔诺州一个村庄发动袭击，打死3人，打伤1人。4月5日，尼日利亚东北部迈杜古里郊外的一个农场遭袭击，7人遇害。4月6日，距离尼日利亚东北部迈杜古里150千米的一个军营遭“博科圣地”武装分子袭击，军营被焚烧，营内政府军士兵被迫逃走。袭击者属于“博科圣地”巴纳维派。4月8日，在尼日利亚东北部迈杜古里，2名女性自杀式袭击者在进入清真寺时引爆炸弹，2人弹丧生，另有5人受伤。4月8日夜里，一伙武装分子袭击尼日利亚经济首都拉各斯附近的一个地区，劫持数名人质，并抢劫住家和商店，在解救人质过程中有6人丧生。4月12日，在尼日利亚东北部迈杜古里附近，2名自杀式袭击者在一个村庄的检查站发动自杀式炸弹袭击，同时其同伙向检查站开火，致1死1伤。4月17日，尼日利亚东北部迈杜古里附近一个村庄的检查站遭武装分子袭击，造成9名尼日利亚政府军士兵死亡，另有14人失踪。4月19日，在喀麦隆北部极北大区科罗法塔市（Kolofata），发生自杀式炸弹袭击，造成3死4伤，人弹本人也身亡。4月24日，在尼日利亚东北部迈杜古里附近发生两起自杀式炸弹袭击，导致4人死亡，另有3人受伤。其中一起由女性人弹所为。4月24日，在喀麦隆极北大区打击“博科圣地”的多国混合部队军车遭遇路边炸弹，3名喀麦隆军人丧生，另有5人受伤。4月26日，在尼日利亚东北部迈杜古里发生3起自杀式炸弹袭击，造成1名士兵死亡，11人受伤。其中两起袭击是由女性人弹实施。5月4日，在距离尼日利亚东北部迈杜古里30千米的孔杜加（Konduga）发生自杀式炸弹袭击，2名女性在人群中引爆了缠在腰间的炸弹，两人弹丧生，另外造成5人死亡，6人受伤。5月5日，位于乍得湖的乍得军事检查站遭武装分子袭击，9名乍得军人丧生，20多人受伤。5月12日，在尼日利亚东北部迈杜古里大学发生自杀式炸弹袭击，袭击者为两男一女，造成一名警卫丧生，另有一人受伤。5月26日，在喀麦隆极北大区科罗法塔镇发生一起自杀式炸弹袭击，袭击目标是一处祈祷场所，袭击者本人死亡，另致数人受伤。6月2日，喀麦隆极北大区科罗法塔镇一处难民营遭遇2起自杀式炸弹袭击，造成至少11人死亡（包括2名人弹），另有30多人受伤。6月10日，喀麦隆极北大区科洛法塔镇一处军营遭遇自杀式炸弹袭击，致3人死亡（包括一名女性人弹），另有1人受伤。6月18日，在尼日利亚东北部迈杜古里附近达罗里（Dalori）的一处难民营遭遇连环爆炸袭击，导致16人丧生。袭击者为两名女性人弹。6月20日，在尼日利亚东北部发生两起路边炸弹袭击，共造成5人死亡，另有6人受伤。6月21日，在喀麦隆极北大区科洛法塔镇一个市场发生一起自杀式炸弹袭击，造成6名平民死亡，另有多人受伤。袭击者为两名女性。6月28日，位于尼日尔东南部迪法附近一个村庄的难民营遭遇自杀式炸弹袭击，造成4人死亡（包括2名女性人弹），11人受伤。7月1日，在喀麦隆极北大区发生一系列恐怖袭击，共造成7人死亡。恐怖分子来自邻国尼日利亚。7月2日，在尼日尔东南部迪法大区Ngalwa发生袭击事件，至少9人死亡，39人被劫持，被劫持者多为妇女和儿童。7月10日，尼日利亚东北部迈杜古里一葬礼现场发生自杀式袭击，导致19人丧生（不含4名人弹），另有23人受伤，4名人弹也当场死亡，其中至少包括一名女性人弹。这次袭击是迈杜古里2017年以来发生的最严重恐怖袭击。7月12日，喀麦隆极北大区瓦扎市一商业区发生一起自杀式炸弹袭击事件，造成包括两名袭击者在内的至少16人死亡，30多人受伤。7月17日，在尼日利亚东北部迈杜古里一清真寺和邻近街区发生两起自杀式爆炸袭击，造成至少8人死亡，15人受伤。7月23日，在尼日利亚东北部迈杜古里附近达罗里的一处难民营发生两起自杀式爆炸袭击，导致4人丧生。袭击者为一男一女。7月24日，在尼日利亚迈杜古里大学附近一男子试图翻墙进入大学，被发现后引爆炸弹身亡。7月25日，在尼日利亚东北部博尔诺州马古梅里地区尼国家石油公司的勘探专家车队遭袭，致69人丧生，数人被绑架。7月26日，位于喀麦隆极北大区的一宪兵营地遭遇袭击，2名宪兵身亡。8月5日和6日，极端组织“博科圣地”在尼日利亚东北部博尔诺州巴加的一个捕鱼区发动2次袭击，共造成31名渔民丧生。尼日利亚军方曾怀疑“博科圣地”借捕鱼获取资金发展势力，曾禁止到巴加捕鱼，军方一个月前刚解除捕鱼禁令。8月6日，喀麦隆极北大区发生两起自杀式炸弹袭击事件，造成至少9人死亡，多人受伤。8月16日，在尼日利亚东北部迈杜古里一村庄发生自杀式炸弹袭击，造成包括3名袭击者在内的至少30人死亡，83人受伤。3名人弹中包括2名女性。8月17日，在喀麦隆极北大区多国联合部队遭武装分子伏击，3名士兵死亡。8月22日，2名疑似极端组织“博科圣地”的自杀式袭击者在喀麦隆极北大区靠近尼日利亚边境的利马尼地区发动自杀式爆炸袭击，造成4名民间联防队员死亡，2名袭击者也当场死亡，袭击还造成6人重伤。8月23日，喀麦隆极北大区发生自杀式袭击，造成包括2名袭击者在内的至少6人死亡。9月13日，喀麦隆极北大区发生一起自杀式炸弹袭击，造成包括4位平民在内的5人丧生。当天一名自杀式袭击者潜入喀麦隆极北大区靠近尼日利亚边境的一座清真寺并引爆身上的炸药。爆炸造成4位平民丧生，6人受伤，疑似极端组织“博科圣地”成员的袭击者也当场死亡，遇难者中包含喀麦隆执政党“喀麦隆人民民主联盟”的一名地区负责人。近5个月来，喀麦隆极北大区平均每周遭受至少一次“博科圣地”武装的袭击，已累计造成至少158名平民丧生。9月18日，在尼东北部孔杜加地区附近发生连环自杀式爆炸袭击，至少15人在袭击中丧生，另有40余人受伤。袭击者为3名女性。据悉，此次袭击是针对一个援助分配点的自杀式袭击，这疑似极端组织“博科圣地”针对平民发起的最新一起袭击。9月20日，尼日利亚博尔诺州一难民营遭遇袭击，9名难民丧生。9月26日，尼日利亚东北部迈杜古里附近一清真寺遭遇自杀式炸弹袭击，导致5名信徒丧生。10月13日，在尼日利亚邻近乍得湖的一处军事基地发生袭击，1名士兵被杀，9人受伤。10月18日，在尼日利亚东北部博尔诺州丹博阿镇（Damboa）一车队遭遇武装分子伏击，至少3名士兵被杀，5人受伤。10月21日，在尼日尔东南部城市博索（Bosso）发生恐怖袭击，导致26名士兵丧生（包括24名尼日尔士兵和2名尼日利亚士兵），111名军人受伤。这是自2015年2月尼日尔与极端组织“博科圣地”开战以来伤亡最严重的一次恐怖袭击事件。10月22日，在尼日利亚迈杜古里一难民营附近发生连环爆炸，导致14人死亡，18人受伤。自杀式炸弹袭击者为3名女性。10月24日，位于尼日利亚北部约贝州首府达马图鲁附近村庄的一处军营遭遇武装分子袭击，袭击者与尼政府军激烈交火6个小时，8名尼军士兵被打死。10月29日，在尼日利亚东北部阿达马瓦州2名女性人弹引爆炸弹，2人当场身亡，另致一名妇女受伤。10月31日，在喀麦隆极北大区的一个村庄发生自杀式炸弹袭击，造成包括1名袭击者在内的6人丧生，2人受伤。10月31日，在喀麦隆极北大区一村庄（距尼日利亚边境2千米）发生自杀式炸弹袭击，5名儿童丧生，1名女性人弹也被炸身亡，另有2人受伤。当天，1名女孩混入正在玩耍的儿童中引爆炸弹。11月6日，在尼日利亚北部阿达马瓦州马达加利地区（Madagali）50多名武装分子对一个军事检查站发生袭击，导致2名妇女和1名士兵丧生。11月7日，在尼日利亚中部高原州发生武装分子袭击村民事件，导致11名村民死亡，4人受伤。同一天，在尼日利亚东北部迈杜古里附近，4名女性发动自杀式炸弹袭击，有8名平民受伤。11月21日，在尼日利亚东北部阿达马瓦州穆比小镇（Mubi）一座清真寺发生一起自杀式炸弹袭击，造成50人丧生，多人受伤。11月29—30日，美国、法国驻刚果（布）使馆相继收到恐怖袭击威胁，刚政府随即加强了对两国使馆及相关机构的警戒工作，并首次针对恐怖袭击发布警报。后刚政府通报，该国安全部门已经挫败这起恐怖袭击威胁。有消息称，这起袭击可能是在邻国喀麦隆北部猖獗的“博科圣地”策划的。12月2日，在尼日利亚东北部博尔诺州比乌镇（Biu）一个市场发生两起自杀式炸弹袭击，造成至少13人死亡，53人受伤。两起自杀式炸弹袭击实施者均为女性。12月11日，在喀麦隆极北大区发生自杀式炸弹袭击，导致2人死亡。12月23—24日，位于尼日利亚北部约贝州 Kanamma 村一处军营遭武装分子袭击，2018年1月4日，“伊斯兰国西非省”（“博科圣地”巴尔纳维一派）在网上发布声明认领这次袭击，自称打死9名尼日利亚政府军士兵，夺取3辆军车及多种武器弹药。尼日利亚军方则称有5名士兵阵亡，30人受伤。12月25日，圣诞节当天“博科圣地”武装分子对尼日利亚东北部迈杜古里附近一个军事检查站发动袭击，双方交火一小时，有9人死亡（其中包括2名平民和2名“博科圣地”武装分子）。12月28日，在尼日利亚东北部迈杜古里附近一个人群密集的市场发生自杀式炸弹袭击，导致6人死亡。12月30日，在距尼日利亚东北部迈杜古里20千米的一处伐木点遭武装分子袭击，导致25名伐木工人死亡。袭击者可能为“博科圣地”武装分子。该组织指责伐木工人充当“间谍”，为尼日利亚政府军及当地打击“博科圣地”的民兵组织传递情报。此前，“博科圣地”曾多次袭击伐木工人，4月该组织杀死8名伐木工人，8月将3名伐木工人斩首。12月31日，在喀麦隆极北大区科罗法塔附近一个村庄发生一起自杀式袭击，导致1名平民丧生，28人受伤。

五、安萨鲁（Ansaru，参见以往《年鉴》）

六、尼日尔河三角洲复仇者（Niger Delta Avengers，NDA，参见以往《年鉴》）

尼日利亚反政府武装，主要在南部产油区尼日尔河三角洲地区活动，要求该地区更多分享石油财富和更多获得自决权，威胁政府如若不满足其条件，将和南苏丹2011年脱离苏丹一样与尼日利亚分离，成为一个主权国家。该组织要求举行英国脱欧式的公投，以决定尼日尔河三角洲地区的地位。2016 年曾多次对石油设施发动袭击，造成尼日利亚石油产量降至 30 年来最低水平，从日产 220 万桶减少到 160 万桶。[①] 2016 年 8 月，为了开展和平谈判，尼日利亚政府与“尼日尔河三角洲复仇者组织”休战，袭击一度平息。不过，武装分子指责尼日利亚穆罕默德·布哈里政府进展缓慢，未达到他们对分享本地区更多石油利益的期望。2017 年 11 月 3 日，“尼日尔河三角洲复仇者组织”宣布停火正式结束，威胁将对对尼日尔河三角洲地区跨国石油公司重新发动袭击。该组织发言人阿比尼波（Murdoch Agbinibo）在一份声明中表示：“我们不会像 2016 年那样，没有导致人员伤亡。下一次行动将是残酷和血腥的。”他表示袭击目标是韩国造船厂正在建造的一座海上生产和储存设施，隶属于法国道达尔尼日利亚子公司，计划于 2018 年第一季度投产。阿比尼波说：“目前我们正在跟踪和监测设施动向。我们相信，依照上帝旨意，在三角洲复仇者的愤怒回归中，该设施将不能成功运作。”

第六节　埃塞俄比亚

一、欧加登民族解放阵线（参见以往《年鉴》）

二、奥罗莫解放阵线（参见以往《年鉴》）

第七节　苏丹

一、苏丹解放运动（参见以往《年鉴》）

二、正义与平等运动（参见以往《年鉴》）

---

① “Niger Delta Avengers Call for Brexit-Style Referendum in Nigeria”, 6/27/2016. http：//www. newsweek. com/niger-delta-avengers-call-brexit-style-referendum-nigeria-474820.（上网时间：2018 年 2 月 18 日）

第八节　乍得

一、争取民主和发展力量联盟（参见以往《年鉴》）

二、变革力量联盟（参见以往《年鉴》）

三、争取乍得民主和正义运动（参见以往《年鉴》）

第九节　中非共和国

一、争取团结民主力量联盟（参见以往《年鉴》）

二、恢复共和与民主人民军（参见以往《年鉴》）

三、中非人民民主阵线（参见以往《年鉴》）

第十节　马里

一、图阿雷格马里北部变革联盟（参见以往《年鉴》）

二、信仰捍卫者（Ansar Dine）（参见以往《年鉴》）

与“基地”组织有关的极端组织。领导人伊亚德·阿格·加利（Iyad Ag Ghali）。2017年3月2日，“信仰捍卫者”与“穆拉比特”“马西纳解放阵线”“撒哈拉埃米尔国”等极端组织联合组成“伊斯兰和穆斯林支持者集团”（详情见相关组织介绍）。

三、马西纳解放阵线（le Front de libération du Macina，英文名 Macina Liberation Front，2016 年 5 月起称“信仰捍卫者”马西纳旅 katiba Macina）（参见以往《年鉴》）

马里极端组织、反政府武装，“信仰捍卫者”的分支。成立于 2015 年 1 月，由“西非统一与圣战运动”原成员组成，成员人数约 50—200 人，多数为颇尔族。[①] 创建人和领导人是哈马杜·库法（Hamadou Kouffa）。2017 年 3 月 2 日，“马西纳解放阵线”与“信仰捍卫者”等极端组织联合组成“伊斯兰和穆斯林支持者集团”（详情见相关组织介绍）。

库法领导的“马西纳解放阵线”反对世俗教育，视其为西方教育，以袭击世俗学校作为反对西方意识形态和受外国影响的政府手段。2017 年 5 月，在马里中部的莫普提地区，两所学校被毁。恐怖组织要求关闭世俗学校，将其改变为提供古兰经教育的宗教学校。在马里尤其是莫普提和塞古地区，世俗学校被袭击，被迫关闭，古兰经学校数量在增加。

四、穆拉比特（Al-Mourabitoun，媒体也称纳赛尔主义独立运动，参见以往《年鉴》）

2017 年 1 月 18 日，位于马里北部加奥的一个军营遭遇汽车炸弹袭击，造成至少 77 人死亡，约 115 人受伤。这次袭击是马里历史上致死人数最多的一次恐怖袭击。“穆拉比特”宣称制造了这次袭击。2017 年 3 月 2 日，“穆拉比特”与“信仰捍卫者”等极端组织联合组成“伊斯兰和穆斯林支持者集团”（详情见相关组织介绍）。

五、伊斯兰和穆斯林支持集团（Jama′at Nasra al-Islam wal Muslimin，缩写 JNIM，英文名 Group to Support Islam and Muslims，缩写 GSIM）

与“基地”组织有关联的伊斯兰极端组织联盟，成立于 2017 年 3 月 2

---

① 颇尔族，又称富拉尼族或富尔贝族，主要分布在尼日尔河中游地带，游牧和半游牧民族，人口占马里总人口的 11%。

日，由数个活跃在非洲萨赫勒地区的极端组织联合而成，其中包括“信仰捍卫者”（Ansar Dine）、“穆拉比特”（Al-Mourabitoun）、“马西纳解放阵线”（Macina Liberation Front）及“伊斯兰马格里布基地组织”撒哈拉分支“撒哈拉酋长国”。总部在马里，领导人为原“信仰捍卫者”领导人伊亚德·阿格·加利（Iyad Ag Ghaly），该联盟宣誓效忠“基地”组织领导人艾曼·扎瓦西里（Ayman al-Zawahiri）、“伊斯兰马格里布基地组织”领导人阿卜杜勒·马利克·德罗克戴尔（Abdelmalek Droukdel）和塔利班领导人海巴图拉·阿洪扎达（Hibatullah Akhundzada）。3月16日，德罗克戴尔发布一段音频，认可这些组织合并，并呼吁所有圣战组织学习这一榜样，在“基地组织”旗帜下加强联合。3月19日，“基地”组织发布一个声明，祝贺这个新组织成立，并接受其效忠。对于上述极端组织合并为JNIM，一些分析认为是与“基地”组织有联系的组织为了应对“伊斯兰国”在地区的扩张做出的反应，另一些分析认为，这一合并证明这些极端组织多年来存在着联系。4月10日，JNIM领导人加利宣布，将11个非洲、欧洲和北美国家视为“敌人”，包括布基纳法索、乍得、科特迪瓦、几内亚、尼日尔、塞内加尔、荷兰、瑞典、法国、德国和美国。

2017年，“伊斯兰和穆斯林支持者集团”（JNIM）在马里多次发动恐怖袭击。3月5日，JNIM袭击马里中部Boulikessi的一个军事检查站，造成11名马里政府军士兵丧生，4人受伤。3月15日，JNIM再次袭击一个军事检查站，打死2名马里士兵和2名平民。3月22日，JNIM对马里班巴拉民兵进行报复性袭击，打死10人。3月26日，JNIM对马里莫普提（Mopti）和马西纳（Macina）地区发生的3起针对军事哨所的袭击宣布负责。4月8日，JNIM和“伊斯兰捍卫者”在布基纳法索的分支“伊斯兰支持者”（Ansaroul Islam）袭击位于马里杜纳（Douna）的法军基地，打死1名法军士兵，打伤2名。4月17日，一名疑似JNIM在马里泰萨利特的道路上安放爆炸装置，致2名乍得士兵和1名平民严重受伤。同一天，JNIM武装分子攻占了位于马里北部通布图地区古马拉鲁镇（Gourma-Rharous）的马里政府军基地，打死4名马军士兵，打伤数十人，并夺取了一些军车和武器弹药，随后在法国军队赶到时撤出，战斗中JNIM武装分子也有6人丧生。5月3日，JNIM袭击联合国维和部队位于马里北部廷巴克图

（Timbuktu）的一个基地，打死 1 名利比里亚籍维和士兵，打伤 9 名维和士兵，其中包括 3 名瑞典籍维和士兵。5 月 7 日，JNIM 武装分子对马里北部加奥城（Gao）发动袭击，武装分子先是对加奥城外的一个通讯塔，然后对城内一个马里政府军基地发动自杀式袭击，一名自杀式袭击者当场身亡后，其余武装分子进入基地内，与马里政府军发生交火。袭击导致马政府军 7 人丧生，16 人受伤，另有 17 人被抓。此外，武装分子还抢夺了至少 3 辆军车和一些武器弹药。5 月 15 日，JNIM 再次袭击了 5 月 3 日曾袭击过的廷巴克图联合国维和部队营地，造成至少 6 名布基纳法索籍维和士兵和 3 名马里籍维和士兵受伤。6 月 9 日，JNIM 袭击位于马里北部基达尔（Kidal）的一处军事基地，造成 3 名联合国维和士兵丧生，8 人受伤。6 月 18 日，JNIM 对马里首都巴马科东郊一处名为“康加巴”（Kangaba）的度假村发动袭击，造成包括 4 名恐怖分子在内的 9 人死亡。19 日，JNIM 在社交媒体网站上声称策划实施了此次恐怖袭击。巴马科上次遭到恐怖袭击是在 2016 年 3 月，当时恐怖分子对欧盟驻马里军事培训团所在的一家酒店实施袭击，一名恐怖分子被击毙，另有 2 名嫌疑人被逮捕。10 月 19 日，JNIM 发布照片，称在马里靠近毛里塔尼亚边境的地区绑架 1 名马里宪兵部队指挥官。前一天 JNIM 发布的视频中有 1 名被绑架的马里军人，其中一些人自 2016 年 7 月就被绑架为人质。10 月 26 日，JNIM 在其网站（Al Zawaqua Media Foundation）上宣称在马里北部发动袭击，杀死 2 名马里政府军士兵。11 月 5 日，JNIM 声称自 2017 年 3 月成立以来已经在马里发动约 60 起袭击，并绑架西方人质。①

六、“大撒哈拉伊斯兰国”（ISIS in the Great Sahara，参见以往《年鉴》）

“大撒哈拉伊斯兰国”以美国和尼日利亚军人为袭击目标。这个民兵组织成立于 2015 年，由以前与“基地”组织有关联的武装分子领导。领导人阿德南·阿布·瓦利德·萨赫拉维（Adnan Abu Walid Sahraoui）。萨赫拉维四十五六岁，是西撒哈拉人，在阿尔及利亚难民营中长大的。他

---

① “Afrique de l'Ouest _ Le G5 Sahel face *à* des groupes armés qui communiquent de plus en plus”，RFI，5 Novembre 2017.

先是成为“西撒哈拉人民解放阵线”，亦称“玻利萨里奥阵线”（Polisario Front）的领导人，该组织致力于结束摩洛哥在西撒哈拉的统治，争取西撒哈拉独立。在20世纪90年代的某个时候，他在马里定居下来。最终，萨赫拉维加入了由阿尔及利亚人穆赫塔尔·贝勒穆赫塔尔领导的“基地”组织分支“穆拉比特”。2015年5月14日，萨赫拉维发布音频，宣布效忠“伊斯兰国”，但几天后贝勒穆赫塔尔发布声明否认这一效忠，指责萨赫拉维事先未得到批准，显示萨赫拉维与贝勒穆赫塔尔分道扬镳。萨赫拉维宣布成立了“大撒哈拉伊斯兰国”组织。2016年10月，“伊斯兰国”领导人阿布·贝克尔·巴格达迪正式接受“大撒哈拉伊斯兰国”的效忠。

2017年，“大撒哈拉伊斯兰国”在马里、布基纳法索、尼日尔发动了几起袭击。7月25日，马里北部靠近尼日尔边境的图阿雷格居住区遭遇极端分子袭击，至少4名平民丧生。“大撒哈拉伊斯兰国”被指为此负责。10月4日，尼日尔和美国特种部队在尼日尔西南部靠近马里的东戈-东戈村（Tongo-Tongo）联合巡逻时遭遇伏击，造成8人死亡（包括4名美军和4名尼日尔士兵），另有2名美军受伤。10月20日联合国人道主义协调机构称，自2016年初以来在10月4日美军士兵遇袭的塔瓦-蒂拉贝里地区（Tahoua and Tillabery）已发生至少46起袭击。[①] 2018年1月12日，“大撒哈拉伊斯兰国”通过毛里塔尼亚新闻社ANI发表声明，宣布为2017年10月4日的袭击事件负责。此外，该组织也宣布对2017年布基纳法索发生的多起袭击负责。

第十一节　阿尔及利亚

一、伊斯兰马格里布基地组织（参见以往《年鉴》）

“基地”组织北非分支，是规模最大、实力最强的“基地”分支，势力遍布北非、西非地区。该组织近年培植了许多附属组织，包括“撒哈拉

① At least 46 attacks in area of Niger where U. S. troops killed: U. N., Reuters (Eng), 10/20/17.

酋长国”“血盟者”“西非统一与圣战运动”等。同时，该组织也与一些武装组织结成同盟，如马里北部的“信仰捍卫者”和“马西纳解放阵线”等。2017 年 3 月，“信仰捍卫者”“穆拉比特”和“马西纳解放阵线”“撒哈拉酋长国”等多个恐怖组织合并，成立“伊斯兰和穆斯林支持集团”，由“信仰捍卫者”头目伊亚德·加利领导。新组织及其下属组织均接受“基地”组织的领导。由此，“基地”组织在撒哈拉及萨赫勒地区的存在得到进一步强化。

二、西非统一与圣战运动（The Movement for Oneness and Jihad in West Africa，参见以往《年鉴》）

三、哈里发战士（Soldiers of the Caliphate，或 Jund Al-Khilafa，参见以往《年鉴》）

第十二节 布基纳法索

伊斯兰支持者（Ansaroul Islam或 Ansarul Islam）

为“信仰捍卫者”在布基纳法索的分支，主要在布基纳法索与马里交界的北部地区活动。2016 年 12 月成立，同年 12 月 16 日，40 多名武装分子袭击布基纳法索北部苏姆省（Soum）Nassoumbou 村附近的军事阵地（距离马里边界仅 20 千米），造成至少 12 名布基纳法索安全部队士兵死亡。12 月 22 日，一个名为“伊斯兰支持者”（Ansaroal Islam）的极端组织发布声明，宣布对 12 月 16 日的袭击事件负责，声称打死 20 名布基纳法索政府军士兵，同时该组织 2 名“烈士”战死。2016 年 12 月 16 日的袭击事件是“伊斯兰捍卫者”发动的第一次恐怖袭击，宣告了这个新极端组织的成立。该组织创始人为易卜拉欣·迪科（Ibrahim Dicko），与马里极端组织“伊斯兰捍卫者”分支“马西纳解放阵线”领导人哈马杜·库法（Hamadou Kouffa）关系密切。2017 年 4 月，易卜拉欣·迪科在法军反恐行动后逃至布基纳法索靠近马里边境的森林中，因缺少饮食而死。随后其弟弟加法尔·迪科（JafarDicko）接任该组织领导人。加法尔·迪科时年38岁，是易卜拉欣·迪科最小的弟弟，原为该组织第三号人物，仅次于前任易卜拉欣·迪科及其子曼苏尔（Mansour Dicko）。加法尔·迪科熟读《古兰经》，对新技术也痴迷。他经常听国际新闻和浏览互联网，尤其是阿拉伯语传播圣战思想的网站。和他的兄长易卜拉欣·迪科一样，他接受过“马西纳解放阵线”领导人阿马杜·库法的培训。“伊斯兰支持者”与“马西纳解放阵线”保持意识形态、行动和后勤上的联系。

2017年，“伊斯兰支持者”在布基纳法索与马里交界的北部省份多次发动袭击。2月，位于布基纳法索西北部苏姆省通戈马耶尔县（Tongomayel）和巴拉布莱县（Baraboulé）的两个警察局遭遇袭击。3月3日，布基纳法索苏姆省一个村子遭遇袭击，造成2人死亡。11月26日晚，布基纳法索苏姆省巴拉布莱县与雅滕加省（Yatenga）Kain县各遭袭击，造成2人死亡。11月27日晚，法国总统马克龙到访布基纳法索前，法国驻军车辆在布首都瓦加杜古（Ouagadougou）遭手榴弹袭击，造成3名平民受伤。

第十三节　莫桑比克

青年党（Al Shabaab）

莫桑比克伊斯兰极端组织，使用与索马里“青年党”（Al-Shabaab）相同的名称，但成员均系莫桑比克人，主要来自莫桑比克东北部沿海德尔加杜角省（Cabo Delgado）的莫辛布瓦-达普拉亚（Mocimboa da Praia）、马科米亚（Macomia）、帕尔马（Palma）和楠伽德（Nangade）等地区。该组织反对莫桑比克政府，认为德尔加杜角省当地民众未从政府开发石油天然气中获益。它与尼日利亚极端组织“博科圣地”一样反对西方教育，尤其是男孩与女孩在同一教室上课。2017年10月5日，“青年党”首次在莫桑比克发动袭击，在以往没有发生过恐怖袭击的地区引发恐慌。总部在伦敦的英国皇家国际事务研究所（Chatham House）专家亚历克斯·瓦因斯（Alex Vines）认为，“这次袭击是对莫桑比克的一个警告，除非不平等、年轻人失业、教育状况得到改善，我们将看到更多此类袭击事件发生”。[①]

2017年，莫桑比克“青年党”在东北部沿海德尔加杜角省多次发动袭击。10月5日早晨，在莫桑比克东北部德尔加杜角省沿海小城莫辛布瓦—达普拉亚，约30名疑似“青年党”武装分子同时对当地3个警所发动暴力袭击，抢夺枪支，烧毁警车。5日下午，莫桑比克政府紧急从该省首府彭巴（Pemba）调来国防与安全部队，围剿伊斯兰极端武装分子，并重新夺回该城。袭击冲突事件共造成2名警察、1名平民与14名袭击者死亡，当局逮捕约10名疑犯。10月21日和22日，“青年党”与莫桑比克政府军在莫辛布瓦—达普拉亚附近的村庄接连发生冲突。10月24日，莫桑比克总统纽西将该国情报部门、警察部队负责人和军队总参谋长免职。11月30日，帕尔马县Mutumbati村与Megulo村遭袭，造成2人死亡，4人受伤，大量房屋、商铺与一座教堂遭破坏。12月12日，帕尔马县Inlane村遭一群不明男子持械袭击，造成2人死亡，2人受伤。12月17日，在莫辛布瓦—达普拉亚莫桑比克的警方快速干预部队遭武装分子伏击，造成1人死亡，5人受伤。

---

① Peter Fabricius：“Mozambique's first Islamist attacks shock the region”，https：//issafrica.org/iss-today/mozambiques-first-islamist-attacks-shock-the-region，27 OCT 2017.（上网时间：2018年2月21日）

第十五章　南亚地区主要恐怖组织

一、“巴基斯坦塔利班运动”及其分支组织

“巴塔”仍旧是巴境内威胁最大的恐怖组织。在巴军武力清剿的压力下，“巴塔”内部矛盾得到舒缓，其主要的一个分支“萨吉纳派”重归“巴塔”。该派头目为哈利德·马哈苏德·萨吉纳，主要活动在南瓦济里斯坦部落区。不过，“巴塔”分支“自由党”前发言人艾赫桑努拉·艾赫桑向巴军投降后却表示“巴塔”早已失去统一组织结构[①]。无论如何，“巴塔”仍表现出较强的恐袭能力。据悉，“巴塔”还一度组建了专事自杀式袭击的“塔利班特别小组”（TSG），专在旁遮普省策动恐袭[②]。“巴塔”还任命达乌德·汗为其在卡拉奇的头目，引起了信德省警方反恐部门的高度关注，警方担忧“巴塔”在该地重新搭建敛财网络、积蓄暴恐力量[③]。此外，“巴塔”还新创了面向女性反宣刊物《霍拉之道路》（Sunnat-e-Khola）[④]，加大对女性的煽动和招募力度。

---

① “TTP not organized movement：Ehsanullah，” *the News*，May 13，2017.

② Asif Chaudhry：“New TTP wing of trained suicide commandos behind Lahore attack”，*Dawn*，July 26，2017，https：//www.dawn.com/news/1347712.（上网时间：2018年2月2日）

③ Imtiaz Ali：“TTP trying to re-establish financial network in Karachi for renewed strikes”，*Dawn*，July 30，2017，https：//www.dawn.com/news/1348415.（上网时间：2018年2月2日）

④ 霍拉即霍拉·艾兹瓦尔（Khawlah bint al-Azwar），系伊斯兰早期历史中的著名女战士。

“巴塔”中相对独立且暴力的分支组织“自由党”则遭遇较大打击。巴当局推动该组织进入联合国1267委员会制裁名单。该组织大头目奥马尔·哈利德·呼罗珊尼在阿富汗境内帕克蒂亚省遭遇美军无人机空袭后受重伤，其心腹阿卜杜·拉乌夫被打死[①]。另有7名重要头目在与阿富汗军队的遭遇中被打死[②]。该组织高级头目、发言人艾赫桑努拉·艾赫桑也已向巴军投降。一系列变动也造成了该组织内部的分裂，多斯特·穆罕默德（又名阿萨德·阿夫里迪）自命为该组织大头目。其后，穆卡拉姆又从中分裂，组建“自由党”[③]（HuA），并声称获得大部分高级头日支持，原大头目呼罗珊尼可能向其妥协，引发该组织权力结构更替。

二、“坚戈维军”及其分支“国际派”

“坚戈维军”本是以教派袭击为主要作案目标的极端组织，本身由多个分支派系纠集而成。近年来，其高层头目先后遭巴警方逮捕或击毙，陷入了“群龙无首”的状态，一股所谓“国际派”从中兴起，更加极端暴力，意识形态更加“国际化”，与包括“伊斯兰国”在内的境内外暴恐组织建立了联系，作案目标也不限于宗教少数群体，制造了多起大案。

“坚戈维军”及其分支“国际派”策动的恐袭集中在2017年上半年。下半年以来，巴军警力量对该组织在俾路支和信德两省的势力加大了打击力度。信德省警方打死了“坚戈维军”在该省的分支头目卡姆兰·帕蒂[④]，并称几乎消灭了该组织在卡拉奇的存在[⑤]。不过也有2名该组织高级头目从卡拉奇监狱越狱，据称通过俾路支省的查曼关口逃往阿富汗境内，引发

① “Dost to head militant group aimed Khurasani death reports”, *Dawn*, October 20, 2017, https://www.dawn.com/news/1364933.（上网时间：2018年2月2日）

② “Jamaatul Ahrar says its seven fighters killed by Afghan special forces”, *the News*, October 1, 2017, http://tdne.thenews.com.pk/print/233772-Jamaatul-Ahrar-says-its-seven-fighters-killed-by-Afghan-special-forces.（上网时间：2018年2月2日）

③ 前文中“自由党”的“党”是 *jama ‘at* 一词，此处所谓“自由党”的“党”则是 *hizb* 一词。

④ “LJ militant linked with high profile terror cases gunned down”, *Dawn*, April 11, 2017, https://www.dawn.com/news/1326186/.（上网时间：2018年2月2日）

⑤ “TTP trying to re-establish financial network in Karachi for renewed strikes”.

反恐部门的担忧①。旁遮普警方指出尚有 28 名“坚戈维军”头目在逃，而信德省警方发布的“红皮书”中仍列有 11 名“坚戈维军”高级头目。

三、“基地”组织次大陆分支

“基地”组织次大陆分支处在蛰伏状态，与本土诸多暴恐势力暗中勾连。近两年来，该组织活动的中心转向阿富汗境内，并持续从巴境内招募人员、敛聚资金。2017 年以来，次大陆分支在阿巴境内都遭遇了较大打击。奥萨马·马赫穆德、噶里·奥马尔、奥马尔·赫塔布等高级头目在阿境内被打死，而包括该组织在卡拉奇的头目阿克巴·斯瓦提在内的 4 名高级头目被巴警方打死。

仍值得注意的是，次大陆分支于 2017 年 6 月发布了所谓“行为准则”②，表述其恐袭目标和宗教立场，反映了其活动动向。该文件指出，发布该文件的目的在于推行“圣战”、邀请其他“圣战”组织和分子加入以及向穆斯林大众宣传“圣战”，并提出了该组织的 9 大目标，包括：实现真主的统治；推行伊斯兰教法、建立哈里发政权、巩固和保卫阿富汗伊斯兰酋长国（即阿富汗塔利班）；解放被异教徒占领的伊斯兰之地；消除压迫剥削，建立安全、公正、美好的伊斯兰社会；保卫穆斯林的信仰、荣誉、生命和财产，帮助世界上的被压迫者；解放被异教徒关押的穆斯林；从占领者手中夺回资源，公正地分给穆斯林大众；打倒以国家、种族或语言为根基的偶像，推动伊斯兰团结、唤醒“乌玛”（宗教共同体）意识；通过“圣战”升入“天堂”。同时，该文件还提出了次大陆分支遵循伊斯兰教基本义务、所谓“圣战”的基本原则以及募资敛财、处理与穆斯林大众关系等若干“原则”，并强调继续“效忠”阿富汗塔利班及其首领海巴图拉·阿洪扎达。

该文件提出了次大陆分支在本地区的主要目标。其中，在阿富汗的主

---

① Imtiaz Ali：“Two LJ men escape from Karachi's central jail”，*Dawn*，June 15，2017，https：//www. dawn. com/news/1339623.（上网时间：2018 年 2 月 2 日）

② Al-Qaeda in The Subcontinent and As-Sahab Media Subcontinent：*Code of Conduct*，June 2017，https：//azelin. files. wordpress. com/2017/06/al-qacc84 _ idah-in-the-indian-subcontinent-22code-of-conduct22-en. pdf.（上网时间：2018 年 1 月 19 日）

要目标是支援阿富汗塔利班。在巴基斯坦的目标则首先是美国“异教徒”，其次是“欺压巴穆斯林”的非穆斯林国家，再次是巴当前“英式体制”，因此巴军政制内人员均在目标之内，此外还包宣传世俗化的活动人士，但反对个人私自以该组织名义发动袭击，个人“圣战者”应获得该组织批准后行动。印度则被该组织列为仅次于美国与以色列的第三大国家目标，并被认为是孟加拉国世俗政府的总后台，故该组织将其在印孟的目标列为一体，包括印度国家机构、特别是军警情等高级领导、印度教领袖、“压迫”克什米尔人的印军以及亵渎先知者。在缅甸目标则是“镇压”穆斯林的缅甸军队和佛教徒武装；但该组织在次大陆不以普通非穆斯林群众及其宗教场所为目标。

该文件还提出了若干具体策略。恐怖袭击的若干“禁令”，包括：不违背穆斯林大众所理解的“常理”、不袭击伪信者（hypocrites）、不袭击非武装人员、不在公共集会场合发动袭击、不袭击穆斯林国家的妇幼、不袭击教育机构、不袭击圣墓、不搞针对非穆斯林大众的“外线作战”，并且还提出要对错误的袭击“负责”。该组织将什叶派和阿赫默迪亚教派列为非穆斯林，但只要后者不以逊尼派穆斯林为敌则不对其发动袭击。提出了对待“俘虏”和“投降者”的策略，怂恿“敌对方”主动投靠。还提出与其他“圣战”组织的联合策略，鼓动暴恐组织向阿富汗塔利班效忠并依据该文件的“行为准则”与“基地”组织联合。对世俗政党和组织采取分化策略，优先袭击与军队反恐密切的组织与政党及其领导人，其余则需该组织高层权衡利弊后决定策略，不袭击世俗政党和组织中的一般成员和普通选民。进一步加大对宗教政党、组织及学者的拉拢和分化利用，既反对民主制度，但又容忍参与民主政治的宗教政党及个人，既支持宗教政党的公开活动，又要公开批评宗教政党的“民主迷梦”，既支持宗教组织的活动，又要从中发展“圣战”分子，既尊重宗教学者权威，又要拉拢其为“圣战”背书，既主张逊尼派“大团结”，又暗中将这种团结置于阿富汗塔利班和“圣战”旗帜之下。

总而言之，“基地”组织次大陆分支通过所谓“行为准则”文件，意在重塑自身作为地区乃至国际“圣战老大”的地位，加强对地区暴恐势力的“吸引力”，同时营造一种相对“温和”的伪善面孔，蛊惑穆斯林大众，分化拉拢宗教政党、组织和相关人士，同时也刻意与“伊斯兰国”的极端策略拉开距离，突出阿富汗塔利班的“合法性”，以此弥补自身在意识形态上的“劣势”，表现出该组织在困境之中调整策略并与“伊斯兰国”加大竞争的态势。

四、新“孟加拉国圣战者组织”

2016 年 7 月发生达卡人质绑架案后，“伊斯兰国”高调认领，但孟执法当局否认“伊斯兰国”在孟境内存在，认为凶手是本土暴恐势力“孟加拉国圣战者组织”（JMB）中追随“伊斯兰国”的势力，故又将这股势力称作“新圣战者组织”（Neo JMB）。孟情报部门指出，“圣战者组织”分裂成若干派系，其中一支纠集庞杂的暴恐势力整合成为了“新圣战者组织”，由加拿大籍的孟加拉裔人塔米姆·乔杜里首创，并且认为此人正是“伊斯兰国”所宣称的在孟分支头目阿布·易卜拉欣·哈尼法[①]。与原组织面向农村贫困地区宗教学校学生不同，“新圣战者组织”中更多成员来自城市中产或小康家庭，往往受过良好教育、具备英语和现代技术能力[②]。另外，暴恐分子的女性配偶或亲属裹挟其中，也是该组织的新特征之一[③]。孟反恐部门认为，“新圣战者组织”在意识形态上追随“伊斯兰国”，其成员人数不多，但顽固异常、威胁不小[④]。于是，该组织也成为孟当局重点打击对象，在各类反恐行动中，孟执法当局已抓捕该组织头目和成员约 200 人、

---

① Suliman Niloy：“How JMB evolved to ‘Neo JMB’”, *bdnews24* (*website*), January 7, 2017, https://bdnews24.com/bangladesh/2016/08/17/how-jmb-evolved-to-neo-jmb.（上网时间：2018 年 2 月 5 日）

② Ibid.

③ Rupak Bhattacharjee：“Rising Islamist suicide attacks in Bangladesh and their implications”, *South Asia Monitor* (*website*), April 18, 2017, http://southasiamonitor.org/news/rising-islamist-suicide-attacks-in-bangladesh-and-their-implications/sl/23069.

④ “Founder of ‘Neo JMB’ held：police”, *the Daily Star*, December 17, 2017, http://www.thedailystar.net/frontpage/neo-jmb-founder-arrested-police-1505236.（上网时间：2018 年 2 月 5 日）

打死约80人[①]，其中包括创始头目塔米姆·乔杜里[②]、“精神领袖”阿卜杜·卡谢姆[③]及高层头目穆萨[④]、阿卜杜·萨马德（又名阿里夫·马姆）[⑤]、纳兹姆·哈克（又名阿卜杜·拉赫曼、巴布、默因努勒）[⑥] 等人。

随着孟执法当局打击力度加大，该组织化整为零、转入蛰伏。孟情报部门认为，卡姆鲁勒（又名阿萨德）成为该组织新头目，哈西布·拉赫曼则系该组织武装头目，后者熟悉跨境武器黑市采购，具备获取并储备武器和爆炸物的能力。警方认为，目前“新圣战者组织”当中能直接参与恐袭的人数不多，大约在15至20人左右，但是其支持者、同情者则有数百之众，故其仍有能力从众多支持者中招募暴恐分子，甚至一些不具名的人物能够摇身一变成为该组织头目，威胁不容小觑[⑦]。同时，该组织加速向与其相邻的印度西孟加拉、阿萨姆和特里普拉三个邦逃窜，引发印方担忧[⑧]。2017年12月，印度西孟加拉邦破获一起恐袭未遂案，调查认为作案者属

① “Founder of 'Neo JMB' held: police”, *the Daily Star*, December 17, 2017, http://www.thedailystar.net/frontpage/neo-jmb-founder-arrested-police-1505236.（上网时间：2018年2月5日）

② “What is ‘Neo JMB’?”, *the Daily Star*, March 28, 2017, http://www.thedailystar.net/explainer/what-neo-jmb-1382632.（上网时间：2018年2月5日）

③ “spiritual leader” of “Neo JMB” arrested, *the Daily Star*, March 4, 2017, http://www.thedailystar.net/frontpage/spiritual-leader-neo-jmb-arrested-1370620.（上网时间：2018年2月5日）

④ “Chief of neo-JMB killed in anti-terror operation in Sylhet”, *the Times of India*, March 28, 2017, https://timesofindia.indiatimes.com/world/south-asia/chief-of-neo-jmb-killed-in-anti-terror-operation-in-sylhet/articleshow/57874458.cms.（上网时间：2018年2月5日）

⑤ “Founder of 'Neo JMB' held: police”.

⑥ “Top Neo JMB financier dies during drive: Rab”, *the Daily Star*, October 9, 2016, http://www.thedailystar.net/frontpage/top-neo-jmb-financier-dies-during-drive-rab-1296454.（上网时间：2018年2月5日）

⑦ Tipu Sultan: “Neo JMB tries to get back on its feet”, *Prothom Alo*, July 3, 2017, http://en.prothomalo.com/bangladesh/news/152697/Neo-JMB-tries-to-get-back-on-its-feet.（上网时间：2018年2月5日）

⑧ “Rising Islamist suicide attacks in Bangladesh and their implications”.

于“新圣战者组织”，而其作案动机则是为罗兴亚穆斯林“复仇”，印度情报部门表示“圣战者组织”与“新圣战者组织”在西孟加拉邦均非常活跃，但后者更为危险[①]。此案充分显示了印、孟、缅恐怖主义联动势头上升。

五、“伊斯兰国呼罗珊省”

2015年1月11日，一些从“巴塔”“阿塔”等暴恐组织脱离的成员发布视频称成立“呼罗珊武装”，效忠“伊斯兰国”头目巴格达迪。1月26日，巴格达迪发布视频接受效忠，将该武装整编为“伊斯兰国”在南亚的分支势力，并宣称建立名义上的“呼罗珊省”（“省”为“伊斯兰国”2014年年6月宣称成立“哈里发国家”下的次级行政单位），以此向南亚和中亚等地渗透。巴格达迪任命原“巴塔”奥拉克塞分支头目哈菲兹·赛义德·汗和原“阿塔”成员阿卜杜拉·劳夫·哈迪姆为该武装的正、副埃米尔（头目）。该武装成员达数百人，大多出自“巴塔”，还有部分伊、叙、“伊斯兰国”成员入伙。2016年2月1日，该武装与“巴塔”、“伊斯兰军”和“自由党”结为军事同盟，四方成立军事委员会，进行人员交流和武器互补，共同应对巴军围剿。该同盟分工明确，“巴塔”头目法兹卢拉总体协调；“伊斯兰军”头目掌管军事行动；“伊斯兰国”下属“呼罗珊分支”提供人员和财政支持；“自由党”主攻恐袭。这一两年来，“伊斯兰国”在阿遭受到一定打击，但又呈现出一定的反扑态势。

第一，“伊斯兰国”有所损耗。一是遭美国及阿富汗政府打击折损大量有生力量。阿富汗楠格哈尔省政府2017年2月22日发表声明说，阿富汗安全部队日前在该省清剿极端组织“伊斯兰国”据点的行动中，击毙至少30名武装人员。声明说：“过去24小时，阿安全部队在哈斯卡一米纳和阿钦地区针对‘伊斯兰国’据点展开空袭与地面清剿行动，击毙30名武装人员，包括该组织在当地的1名领导人，并打伤5人。”声明说，阿安全部队在上述地区从“伊斯兰国”手中夺回多座村庄。美国驻阿富汗部队5月

---

① Vicky Nanjappa：“Neo JMB born in India：Target Hindus，rattle India”，*News Room Post*（*website*），February 2，2018，https：//newsroompost. com/neo-jmb-born-in-dia-target-hindus-rattle-india/366104/.（上网时间：2018年2月5日）

19 日发表声明说，极端组织“伊斯兰国”在阿富汗遭受严重损失，该组织阿富汗分支占领区的 2/3 已被收复。美军称，过去数月，驻阿美军与阿安全部队成功击毙“伊斯兰国”阿富汗分支头目哈菲兹·赛义德及其继任者阿卜杜勒·哈西卜。美军强调，2017 年 3 月以来，至少有 750 名“伊斯兰国”成员在清剿行动中被击毙，该组织部分地下掩体，隧道据点和指挥设施被摧毁。美军还说，清剿行动将持续到“伊斯兰国”阿富汗分支力量被彻底消灭。阿富汗总统加尼接受美国《时代》杂志专访时警告，必须警惕“伊斯兰国”在阿富汗的活动。近年来，该组织从成员征募到袭击手段已形成一套成熟体系，还在阿富汗通过毒品交易、走私文物等方式不断获得资金来源，同时鼓动更多追随者到包括阿富汗在内的南亚地区制造事端。二是与阿富汗塔利班争夺势力范围遭打压。2017 年以来，阿境内的“伊斯兰国”阿富汗分支和当地塔利班武装为争夺势力范围而爆发冲突的事件时有发生。朱兹詹省政府发言人对媒体说，“伊斯兰国”阿富汗分支武装人员 4 月 25 日在朱兹詹省与塔利班武装发生激烈冲突，塔利班方面有 76 人死亡、56 人受伤，“伊斯兰国”方面有 15 人死亡、12 人受伤。阿富汗东部楠格哈尔省警方 5 月 1 日发表声明说，极端组织“伊斯兰国”阿富汗分支日前在该省与当地塔利班武装发生冲突，造成至少 28 名武装分子和 2 名平民身亡。声明说，双方上周日在该省首府贾拉拉巴德附近发生冲突，事发地点目前依然不时传出零星枪声。冲突起因仍在调查中。据当地警方初步统计，冲突已造成至少 21 名塔利班武装人员和 7 名“伊斯兰国”武装人员身亡，双方共有至少 9 人受伤。此外，包括一名 9 岁女孩在内的 2 名平民在双方交火中不幸身亡，另有 5 名平民受伤。据阿富汗媒体 10 月 25 日报道，极端组织“伊斯兰国”阿富汗分支在阿北部朱兹詹省与当地塔利班武装连续数日交火，造成至少 52 名武装分子死亡。《阿富汗时报》当天援引朱兹詹省政府发言人穆罕默德·礼萨的话报道说，双方交火地点在该省西部戈什塔帕地区的一个村庄，交火已持续 4 天，造成至少 33 名塔利班武装分子和 19 名“伊斯兰国”武装分子死亡。此外，至少 5 名平民在冲突中受伤，一些人被迫逃离。报道说，双方的交火至今没有完全停止，有迹象表明塔利班武装正在集结人员，准备再次发动攻击。据报道，这一交火地区此前一度被塔利班控制，“伊斯兰国”武装分子混入该地区并伺机发动攻击，以争夺势力范围。朱兹詹省位于阿富汗北部边境，当地武装冲突时有发生。2017年9月7日，“伊斯兰国”阿富汗分支在该省与当地塔利班武装发生冲突，造成至少5人死亡、7人受伤。（完）三是“伊斯兰国”发生内讧。阿富汗东部楠格哈尔省政府官员11月23日证实，藏匿在该省的极端组织“伊斯兰国”武装分子日前发生内讧事件，造成至少15人死亡。楠格哈尔省政府发言人胡加亚尼当天向媒体表示，此次内讧事件发生在该省阿钦地区，身亡的15名武装分子全部于当地时间22日下午遭“伊斯兰国”内部人员斩首。有分析认为，此次事件或是该组织在阿境内由于内讧造成死亡人数最多的一次，说明“伊斯兰国”内部并不团结，而对于自己人实施斩首的行为将进一步加剧内部矛盾。

第二，“伊斯兰国”在阿富汗不断调整战略打牢根基。一是多方协调，打牢生存根基。“伊斯兰国”自宣称“建国”起，就对阿富汗加紧渗透，后在当地成立“伊斯兰国”呼罗珊分支，势力一度扩张很快，在阿境内多个省市都有据点。但是，因“伊斯兰国”与“基地”组织和阿富汗塔利班在阿富汗争权夺地，加上其在阿境内不断搞恐怖袭击，遂遭至美、阿政府军以及阿富汗塔利班的多方打压，后在阿富汗举步维艰，实力范围减少至东部楠格哈尔省等少数地区。为摆脱困境，2017年来，“伊斯兰国”逐步与楠格哈尔、库纳尔等省部族签订“备忘录”，获取部族支持。“伊斯兰国”在伊拉克的头目2017年还曾经访问阿富汗，给予大量支持。同时，“伊斯兰国”的势力范围也逐步从楠格哈尔省向阿富汗南、北部扩张，在巴达赫尚、昆都士、努尔斯坦、库纳尔、赫尔曼德和法拉赫等省重建据点，在首都喀布尔也有根基。二是人员构成国际化，大肆搞恐袭。初期，“伊斯兰国”人员构成以阿富汗塔利班和巴基斯坦塔利班残余为主，后不断吸收全球各地成员。“伊斯兰国”在遭受重创后，其人员赴南亚的案例大增。阿富汗地方官员11月10日说，一批阿尔及利亚籍和法国籍武装人员11月进入阿富汗北部一个主要由极端组织“伊斯兰国”分支控制的地区，其中一些武装人员来自叙利亚和伊拉克。分析人士认为，这表明“伊斯兰国”在叙利亚和伊拉克战场败退后，武装人员可能正在向阿富汗转移，应警惕“伊斯兰国”在中东以外地区发动新一波袭击。阿富汗朱兹詹省省长发言人说，有人看到一些讲法语的白人男性和女性在达尔扎布地区训练“伊斯兰国”阿富汗分支的武装人员。达尔扎布地区官员巴兹·达瓦尔说，一些阿尔及利亚籍和法国籍武装人员11月进入达尔扎布，其中至少有2名女性。这些武装人员中，3名阿尔及利亚人据信在叙利亚和伊拉克呆过。随同他们而来的还有一名来自塔吉克斯坦的翻译，以及一些乌兹别克斯坦和俄罗斯车臣地区的人。法新社说，法国籍“伊斯兰国”武装人员首次出现在阿富汗。共有数百名法国公民前往中东加入“伊斯兰国”。2017年4月13日，美国对“伊斯兰国”控制的楠格哈尔地区发射威力巨大的“炸弹之母”导弹，造成“伊斯兰国”百人死亡，其中44名巴基斯坦人、33名阿富汗人、8名印度人、5名塔吉克斯坦人、11名乌兹别克斯坦人和3名维族人。同时，“伊斯兰国”在阿各地，尤其是在喀布尔大搞自杀式恐怖袭击，特别针对什叶派穆斯林，图谋挑起教派冲突，影响极为恶劣。2017年7月摩苏尔被攻陷后，“伊斯兰国”就在喀布尔屡犯大案。8月25日，位于喀布尔北部第11警区的一处什叶派清真寺遭“伊斯兰国”袭击，造成超过30人死亡，至少80人受伤。10月20日晚，“伊斯兰国”袭击喀布尔西部一座什叶派清真寺，一名身上绑着炸药和手榴弹的恐怖分子走入清真寺内引爆炸弹，造成至少56人死亡、55人受伤。三是在阿富汗训练童兵，惨无人道。据阿富汗亚利安那新闻社12月20日报道，极端组织“伊斯兰国”阿富汗分支日前在该国北部朱兹詹省训练十余名儿童进行自杀式袭击。报道援引当地政府消息人士的话说，“伊斯兰国”建立的儿童团队目前有大约12人，年龄9岁至10岁，他们当中既有来自朱兹詹省当地家庭的儿童，也有来自其他地区的儿童，现在还无法确定“伊斯兰国”培训儿童充当“人肉炸弹”的详细情况。这名消息人士认为，在朱兹詹省针对当地“伊斯兰国”目标的清剿力度亟待升级。此前有报道称，朱兹詹省近期安全形势严峻，“伊斯兰国”已经控制该省南部杜尔扎卜和胡什泰帕两地区，并封锁了通往这个两地区的主要道路。

第十六章　东南亚地区主要恐怖组织

第一节　菲律宾

菲律宾目前有三大叛军组织，分别是“摩洛民族解放阵线”“摩洛伊斯兰解放阵线”和“新人民军”，菲律宾政府与前两者分别签署过和平协议，但协议尚未完全落实，菲律宾政府也时不时地与“新人民军”进行和平谈判。而“穆特组织”“阿布沙耶夫武装”和“邦萨摩洛伊斯兰自由战士”均已宣誓效忠“伊斯兰国”，被菲律宾政府定性为恐怖组织。在2017年马拉维事件中，“摩洛民族解放阵线”派遣5000名士兵，与政府军一道共同打击恐怖分子，“摩洛伊斯兰解放阵线”则在政府和“穆特组织”间居中调停，曾让双方短暂停火，以帮助平民安全撤离。

一、“穆特组织”

“穆特组织”原名为Dawlah Islamiya，但因其创始人是奥马尔·穆特和阿卜杜拉·穆特兄弟，因此被称为“穆特组织”。“穆特”兄弟曾是“摩洛伊斯兰解放阵线”的成员。据路透社报道，穆特家族是棉兰老岛一个富裕的政治世家，主要从事建筑业，与菲南的很多家族部落类似，穆特家族也有自己的民兵组织。穆特兄弟在马拉维市长大，从小与普通的青年无异。21世纪初，奥马尔·穆特和阿卜杜拉·穆特分别赴埃及和约旦求学，不知他们是在什么时期开始激进化的。穆特兄弟擅于使用社交媒体招募新人、宣言极端思想，因其能言善道、受过良好的教育、充满理想主义精神，因此很能吸引年轻人。

2012年，“穆特组织”成立后一度制造了多起炸弹袭击和勒索绑架案件，但影响力不及阿布沙耶夫武装，并未引起注意。2015年4月，“穆特组织”宣誓效忠“伊斯兰国”。2016年，“穆特组织”再次从事大量的恐怖主义袭击，并逐步引起菲律宾政府的重视。2017年5月23日，“穆特组织”和阿布沙耶夫武装为保护后者头目哈皮隆，与菲律宾军方发生冲突，进而占领马拉维市，引发持续5个月的马拉维冲突。该冲突造成了162名政府士兵和警察阵亡，超过1400名士兵受伤，逾46万名居民逃离家园。阿卜杜拉·穆特8月在战斗中丧生，奥马尔·穆特10月16日被击毙后，攻占马拉维市的武装分子面临“群龙无首”的困境，他们或被击毙，或逃离，直接导致了马拉维冲突的结束。这场冲突共造成900多名激进分子被击毙，穆特家族7兄弟全部丧生①，“穆特组织”遭到重创。据分析，“穆特组织”不会因此消亡，其旗下恐怖分子或加入其他组织，或在新的领导人带领下重建新组织，继续从事恐怖主义活动。

二、阿布沙耶夫武装

阿布沙耶夫武装创立于1991年，其脱胎于“摩洛民族解放阵线”，由其中更为好战的人员组成。该组织主要在苏禄群岛、巴西兰岛和塔威塔威群岛等地从事分裂活动，有20余年与菲律宾政府武装斗争的经验，同时与棉兰老岛的反政府武装有着盘根错节的联系。阿布沙耶夫武装创立之初曾有明确的政治目标，即在菲南建立实施伊斯兰教法的独立的穆斯林国家，但后来逐步演变成以绑架勒索获取赎金的地方犯罪团伙，偶尔还实施一些恐怖活动。2001年，该组织被联合国安理会列入“基地”组织制裁名单，被菲律宾、美国、加拿大、日本、澳大利亚、英国、阿联酋、印尼等国列为恐怖组织。2014年，该组织宣誓效忠“伊斯兰国”，其组织头目之一哈

---

① “7 Maute brothers confirmed dead”, The Manila Times, http://www.manilatimes.net/7-maute-brothers-confirmed-dead/366928/.（上网时间：2017年12月6日）。

皮隆（在马拉维战事中被击毙）被“伊斯兰国”封为在菲律宾的“埃米尔”（即元首），但其仍主要以绑架勒索维持组织运作，较少参加与宗教有关的极端活动。随着菲律宾政府对阿布沙耶夫武装的持续打击，其人员从鼎盛时期的数千人逐渐下降到今天的几百人，并已分裂成若干支派。目前，他们手头还握有超过20名菲籍和外籍人质。阿布沙耶夫2017年最突出的恐怖主义活动是参与制造了马拉维战役。此外，阿布沙耶夫2017年还从事了一系列绑架勒索和斩首行动。尽管其武装头目哈皮隆已被击毙，但该组织仍然是菲律宾南部一支比较活跃的恐怖主义力量。

三、邦萨摩洛伊斯兰自由战士（BIFF）

“邦萨摩洛伊斯兰自由战士”是2008年从“摩洛伊斯兰解放阵线”中分裂而来，其成员拒绝与政府和谈，继续致力于在菲律宾南部建立宗教国家。2014年该组织对“伊斯兰国”宣誓效忠。该组织对外宣称有几千人，但据菲律宾政府估计只有数百人。2017年，该组织除部分人员参与马拉维事件外，主要从事了一系列恐怖主义活动。例如，6月21日，该组织攻占了马拉维市以南190千米的小镇皮格瓦亚的一所小学，后在军方的打击下被迫释放人质并撤离。菲律宾军方多次破获该组织的活动，如3月中旬，菲律宾军方突袭该组织正在马京达瑙省据点开会并制造简易爆炸装置的现场，击毙21名、击伤26名武装分子。10月19日，菲律宾军方再次轰炸BIFF在马京达瑙省的据点，击毙两名武装分子，作为报复，该组织向菲律宾军方的检查站投掷两枚手榴弹，炸伤5名军人。12月25日，BIFF试图袭击马京达瑙省达图云萨伊（Datu Unsay）市的陆军军营，被菲律宾军方发现并对BIFF的据点发动空袭，击毙至少10名武装分子。

第二节　印度尼西亚

一、“神权游击队”（Jemaah Asharut Daulah，简称JAD）

“神权游击队”2015年成立，由20多个支持“伊斯兰国”的印尼极端主义团体组成，其前身是“唯一真主游击队”，该组织宣誓效忠“伊斯兰国”。2016 年 1 月，该组织曾在印尼首都雅加达制造暴恐袭击，是“伊斯兰国”首起在东南亚成功策划并实施的暴恐袭击。2017 年 1 月，该组织被美国列为恐怖组织。近年来，“神权游击队”策划了一系列恐怖袭击，成为了东南亚较为活跃的恐怖主义组织之一。此外，叙利亚境内的“伊斯兰国”武装“马来群岛单位”中的很多高级头目也是“神权游击队”成员，如在马拉维事件中帮助武装分子筹款、在叙利亚加入“伊斯兰国”的巴鲁姆沙是“神权游击队”下属组织西印尼真主伊斯兰游击队的指挥官；2016 年雅加达连环恐袭策划人、且已逃往叙利亚的纳伊姆；东爪哇恐怖组织的领导者之一沙林穆巴拉克；及已被击毙的“东印尼真主伊斯兰游击队”头目桑托索均是该组织成员。

二、伊斯兰祈祷团

伊斯兰祈祷团，又称回教祈祷团，最早起源于 20 世纪 40 年代的伊斯兰教之家。1985 年，一批伊斯兰教之家的激进分子为逃避印尼苏哈托政府的追捕逃至马来西亚，经重新整编，成立了伊斯兰祈祷团，并在马来西亚和新加坡不断招募新成员。1998 年苏哈托下台后，该组织头目趁机回到印尼，并逐渐发展成为一个跨国的地区网络，在印尼、马来西亚、新加坡、澳大利亚都设有分支机构。其目标是建立包括印尼、马来西亚、菲律宾、泰国、新加坡、文莱在内的伊斯兰国家。在其策划 2002 年巴厘岛爆炸案和 2003 年万豪酒店爆炸后，该组织被美国列为恐怖组织。近年在各国的共同打击下，该组织逐渐销声匿迹，对各国不构成较大威胁。但 2017 年 4 月，印尼冲突政策分析研究所发表报告称，伊斯兰祈祷团正在印尼建立秘密军事组织，在该组织持续招募成员迅速扩大后，可能冒出更激进的派系，且其在组织、训练和招募上，比目前印尼的任何极端组织都更专业。

三、伊斯兰解放阵线（Hizbut-Tahrir Indonesia，HTI）

伊斯兰解放阵线是全球性的激进组织，在很多国家都有支部。伊斯兰解放阵线印尼分支（HTI）已经在印尼活动了数十年，该组织主张成立全球哈里发国。HTI 在印尼的主要活动之一是通过宗教课程把宗教极端思想渗透入高中和大专院校，导致目前印尼有近两成的高中和大学学生支持将印尼这一世俗国家改造成实施伊斯兰教法的哈里发国。

2017年5月8日，印尼政府以HTI的活动威胁到国家安全与稳定、违反印尼建国原则和1945年宪法为由，宣布解散HTI。但直到7月10日，印尼总统佐科签署有关社会组织管理的2017年第2号新法令，赋予印尼司法人权部解散违反该国建国原则和宪法的民间激进组织的权力后，该极端组织在印尼才被正式取缔。

HTI曾积极在社会上吸纳具有影响力的人员，特别是军警和教师。据印尼情报机构称，约有1300名HTI成员在公共服务、大学、军警部门担任高官。南洋理工大学拉惹勒南国际研究院印尼项目研究员阿利菲安多表示，在印尼军队部门中，至少10—15%的低级军官是HTI成员或其同情者。分析指出，印尼当局的严查措施可能会让HTI转入地下，改头换面后继续运行。

四、伊斯兰捍卫阵线（Islamic Defenders Front, FPI）

伊斯兰捍卫阵线（印尼语为Front Pembela Islam，因此一般被简称为FPI）是印尼较大的极端暴力组织之一，国际危机组织称其为“城市暴徒组织”，也有研究报告称其为“印尼国内的恐怖主义组织”。[①] 该组织1998年创立，宗旨是在印尼实施伊斯兰教法，其主要活动是突袭“不道德”活动的场所，如酒吧、按摩院、夜总会等。2016年在该组织的领导下，印尼强硬派穆斯林发动多次游行，反对涉嫌亵渎伊斯兰教的前雅加达特区首长钟万学，并推动钟万学在2017年6月被判入狱两年。2017年圣诞节前后，该组织宣称要在印尼商业场所开展“扫荡行动”，检查是否有雇主强迫员工穿戴任何圣诞服饰。随后印尼警方出面呼吁民众对其他族群的宗教节庆活动采取宽容和尊重的态度，并加强戒备，防止有武装分子伺机发难，最终“扫荡行动”没有发动成功。

FPI领导人虽公开宣布拒绝恐怖主义，但仍不时有报道显示其与东南亚恐怖主义组织伊斯兰祈祷团、马来西亚圣战组织、菲律宾摩洛伊斯兰解

① Mark Woodward et al., Hate Speech and the Indonesian Islamic Defenders Front, Center for Strategic Communication, Arizona State University, Report No. 1203/September 9, 2012, p. 2.

放阵线有联系。如2010年在亚齐的恐怖分子训练营中就发现FPI成员与伊斯兰祈祷团等武装分子一起训练。目前，该组织也是伊斯兰祈祷团招募新成员的重要来源之一。

2017年5月，因FPI领袖里齐克涉嫌触犯印尼反色情法和打击不良内容传播的电子信息法，并对警方的召集问话置之不理，甚至离境赴沙特进行小朝圣，导致印尼警方对其发布通缉令，以便移民局取消其印尼护照和要求沙特移民局协助将其遣送回国。若罪名成立，里齐克将面临至少五年的监禁。FPI称，针对里齐克的所有指控都"毫无依据"，是有人要"陷害伊斯兰教士"。里齐克的代表律师也驳斥这一指控，指出这是前雅加达特首钟万学的支持者捏造罪证。

第三节　缅甸

若开罗兴亚救世军（Arakan Rohingya Salvation Army，ARSA）

"若开罗兴亚救世军"2013年成立，原名为"信仰运动"，2016年改名为"若开罗兴亚救世军"。该组织打着拯救罗兴亚人的旗号，扬言要对缅甸政府和佛教徒开展"圣战"，效仿"伊斯兰国"搞恐袭。ARSA主要在孟缅边境、缅甸若开邦孟都镇、布提当镇和拉代当镇活动。该组织成立后，就不断策划对缅甸军警的袭击，但规模都较小。直到2016年10月，该组织召集约200名成员袭击孟都镇三个边防哨所，造成9名警察死亡、5名警察受伤，并在随后一个月制造多起袭击军警的事件，开始逐步引人关注。随后，缅甸政府将其列为恐怖组织。2017年来，该组织扩展非常迅速，缅甸情报和警察部门评估认为，该组织的武装人员从2016年底的500人升至2017年9月的5000人。在随后几个月该组织与缅甸军方的交火过程中，大量罗兴亚人加入该组织，以至于缅甸政府军表示无法判断"谁是叛乱分子，谁是无辜村民"。

ARSA高层约有20人，多有在巴基斯坦、阿富汗的"圣战"经历，为罗兴亚人或有罗兴亚血统。头目阿塔·乌拉生于巴基斯坦卡拉奇市，曾在沙特学习极端思想；其精神领袖阿卜杜勒·波密是罗兴亚裔巴基斯坦人，与巴基斯坦恐怖组织"虔诚军"关系密切。

该组织活动较专业，组织性强，不仅在若开邦北部拉拢和收买罗兴亚人，获取信息、人力、物资等方面的支持，还与沙特、孟加拉、巴基斯坦等国的罗兴亚人有密切联系，获得大量海外资金和军事训练等方面的支持。“国际危机组织”披露，巴基斯坦、阿富汗恐怖组织长期秘密培训罗兴亚人，包括武器使用、游击战术、简易爆炸装置制造等。其袭击策划周密、手法专业，如通过互联网联系，以减少人员面对面频繁交流被发现的风险，袭击过程中，通过放置爆炸物、砍倒大树等方式组织政府军援助。

第三部分

国际重大恐怖活动案例分析

第十七章 美国纽约曼哈顿恐怖袭击事件

2017 年 10 月 31 日下午，美国纽约曼哈顿发生恐袭，已造成 8 死、十余人受伤，一名嫌犯被击伤逮捕。此案为纽约“9·11”事件以来最严重恐袭，凸显美国本土恐情依然严峻，也反映出美国在本土防范打击恐怖主义问题上的困境和漏洞。

第一节 案件全景

一、事件经过

10 月 31 日下午 3 时许，嫌疑人在曼哈顿下城靠近哈德逊河一侧的西街上驾驶一辆皮卡车从北向南行驶，突然冲进自行车道，一路冲撞骑自行车的人和步行的路人。在行驶了约 1.4 千米后，嫌疑车辆在钱伯斯街与西街路口处撞上一辆校车并停下。目击者称，皮卡撞车停下后，嫌犯遂试图弃车逃跑，嫌疑人持两把仿真枪下车，一边挥舞手枪，一边用阿拉伯语高喊“真主至大”。嫌疑人随后被赶赴现场的警察开枪击中腹部并被控制。

11 月 1 日，纽约市反恐部门负责人米勒（John Miller）公布了嫌犯作案的时间表。10 月 31 日下午 2：06 分：嫌犯在新泽西租用了一辆皮卡车。下午 2：43 分：嫌犯离开乔治·华盛顿大桥，在曼哈顿南边行驶。下午 3：04 分：一个摄像头拍到，皮卡车以高速在自行车道上行驶，目击者称，卡车司机似乎是故意针对行人和自行车骑手。下午 3：08 分：嫌犯驾驶的车与校车相撞，导致更多人受伤。校车被撞后，一名手上有枪的男子下车出现在街头。两名警察被民众告知遇袭后，赶到现场，同时第三名警员也赶到。他们看见一名男子挥舞着手枪，并向遇难者大叫。其中一名警官向嫌犯开枪，击中其腹部，整个袭击过程结束。[①]

嫌疑车辆当场撞死 6 人，另有 13 人受伤送医，其中两人在送医后不治身亡，11 人伤势严重，但没有生命危险。随后阿根廷外交部确认，死者中有 5 名阿根廷人。阿根廷外交部发表声明称："阿根廷政府对 5 名本国公民在纽约暴恐袭击事件中遇难深表沉痛。"据阿根廷政府透露，10 名来自阿根廷小镇雷萨里奥的公民前往纽约旅游，以庆祝他们中学毕业 30 周年，却遭此不幸。

事发时正好在现场的纽约居民弗兰克在接受纽约电视台采访时说："我当时正好过十字路口，就听到五六声枪响……我参加了急救。今天是万圣节，是一个喜庆的日子，却发生如此恐怖的事件。令人愤怒的是，恐怖分子根本不分你是哪国人，你是什么身份！"[②] 一名名为安德鲁·豪威尔（Andrew Howell）的目击者表示，案发时他正在曼哈顿下城钱伯斯街附近的自行车道上。行凶的卡车当时在他前方大约 6 米的地方，他说自己看到其中一名遇害者被车撞后径直飞向空中，落到地面后就不再动了，"这本是宁静祥和的一天，阳光明媚，这样的惨剧突然发生，将你内心的平静一扫而空。"另一名目击者尤金（Eugene）在描述案发现场时称，遇难者被撞得"血肉模糊"，让他心有余悸，"所有人都在跑，一切都发生得太快了。"[③]

10 月 31 日晚在距离案发地约 1.3 千米的第六大道与斯普灵街交叉口，原定将举行有 44 年传统的纽约万圣夜巡游。案发后，街道周围大概两个街

---

① "纽约曼哈顿恐袭时间表：从租车到袭击结束仅一小时"，2017 年 11 月 1 日，http：//news. sinovision. net/society/201711/00422558. htm.（上网时间：2017 年 11 月 20 日）

② 陈小茹："纽约恐袭警示国际都市反恐新趋向"，《中国青年报》2017 年 11 月 2 日第 001 版。

③ "纽约恐袭案目击者：嫌犯拿枪对准了我的女儿"，2017 年 11 月 1 日，http：//world. huanqiu. com/article/2017-11/11348594. html.（上网时间：2017 年 11 月 20 日）

区的范围被警方封路，只允许警车和救护车通行，周围部署了大量警力警车，几步一岗。很多人在社交网络上询问当晚的活动是否继续。纽约市长的新闻秘书菲利普斯晚5点多时通过“推特”发布消息，当晚的巡游照常进行，但警方会“近乎夸张地加强安保措施”。

事发后，中国驻纽约总领事馆立即启动应急机制，第一时间联系纽约警局、医院以及美国国务院领团办驻纽约办事处，了解事件详情，核实是否有中方人员涉及。

二、袭击主谋

经警方调查确认，嫌疑人名为赛富洛·赛波夫（Sayfullo Saipov），现年29岁，来自佛罗里达州坦帕市，2010年从乌兹别克斯坦移居美国，持有美国绿卡，最近一段时间生活在与纽约州相邻的新泽西州帕特森市。到美国后，赛波夫与妻子及3个孩子最初定居在佛罗里达州，职业是货车司机。半年前，他移居距纽约不远的新泽西州，成为一名优步（Uber）司机。据美国哥伦比亚广播公司（CBS）报道，优步公司发言人证实了赛波夫的司机身份并透露他成为专车司机前通过了背景审查，也从来没有接到过乘客对他安全驾驶方面的投诉。嫌疑人行凶时所驾驶的车辆是从“家得宝”公司租赁的皮卡。

赛波夫为此次袭击筹划已久。从作案时间看，案发当天为万圣节，纽约一年一度的万圣节庆祝活动即将上演，路上行人众多，不少目击者一开始误认为恐袭是节日恶作剧。同时，案发正值附近学校放学时间。地点选择上，凶嫌非纽约居民，当天从新泽西租车前往曼哈顿，在新世贸中心大楼及“9·11”事件纪念馆附近作案，意在制造更大恐慌和影响，想“一击成名”。赛波夫告诉联邦调查局，他从一年前就开始策划袭击，但最终决定采用卡车当武器只是两个月前的事。他原打算在卡车前后都挂上“伊斯兰国”恐怖组织的旗帜，但怕被发现，就取了下来。[①] 赛波夫接触到了“伊斯兰国”通过社交媒体发布的、指导追随者如何发动袭击的信息，并“几乎完全遵照执行了这些指示”。一名邻居称，有时会看到赛波夫开着租

---

① 陈小方：“美国纽约恐袭嫌犯被起诉”，《法制日报》2017年11月3日第004版。

来的卡车在小区里转悠，而车上并没有什么建筑材料，也没有建筑工作在进行。另一名邻居称，曾看到他和一些朋友开着卡车，但车上连一块木板都没有，颇令人生疑。联邦调查人员怀疑，赛波夫早先租车只是在为袭击做练习和准备。调查显示，赛波夫在 10 月 22 日租车练习了袭击时的转弯动作。

赛波夫以“伊斯兰国”的名义实施了这场袭击。纽约市警察局副局长约翰·米勒表示，警方在袭击现场发现了嫌犯手写的一张字条，上面有一些符号和阿拉伯文字，文字大意是“‘伊斯兰国’将永世长存”。美国联邦调查局称，赛波夫是在移民美国后因受到“伊斯兰国”的蛊惑才决定策划发动袭击的。调查人员在赛波夫的手机里找到 90 段视频和 3800 张图像，许多都是“伊斯兰国”的宣传品，视频内容涉及如何杀死人质或自制爆炸物。据赛波夫交待，他看过的一段“伊斯兰国”头目巴格达迪的视频最令他震动。在那个视频里，巴格达迪质问在美国的穆斯林为在伊拉克被杀死的穆斯林做了什么。① 据报道，在接受警方问讯时，赛波夫声称他为自己的行为感到骄傲。他在作案后试图逃脱时被赶来的警察开枪击中腹部，并被送院治疗。在医院治疗期间，赛波夫甚至提出要在房内悬挂“伊斯兰国”的旗帜。

2017 年 11 月 28 日，赛波夫在纽约一家联邦法院短暂出庭，但拒绝认罪。赛波夫被控 8 项谋杀罪、12 项企图谋杀罪、一项向国外恐怖组织提供物资罪及一项暴力和机动车辆致死罪。如果被定罪，赛波夫最高可被判处终身监禁或死刑。②

三、国际社会反应

美国总统特朗普 10 月 31 日下午先后在社交媒体“推特”上发布多条推文表示：“向纽约恐袭的遇难者及其家属表达我的思念、哀悼和祈祷。”

---

① 陈小方：“美国纽约恐袭嫌犯被起诉”，《法制日报》2017 年 11 月 3 日第 004 版。

② “美国纽约曼哈顿驾车撞人事件嫌犯拒绝认罪”，2017 年 11 月 29 日，http：//news. youth. cn/gj/201711/t20171129 _ 11081344. htm.（上网时间：2017 年 12 月 20 日）

他特别强调，要将“在中东被击败的‘伊斯兰国’挡在国门外”，“恐怖袭击不应该发生在美国”。[①] 纽约市长白思豪（Bill de Blasio）表示，该事件按恐怖袭击处置，是“一个极其懦弱的恐怖行为”。

中国外交部表示，“我们对这起事件表示谴责，向遇难者表示哀悼，向伤者和遇难者家属表示慰问。我们注意到纽约市长将事件定性为恐怖袭击。恐怖主义是人类的公敌。中方反对一切形式的恐怖主义，主张国际社会加强反恐合作。”[②]

英国首相特蕾莎在社交媒体“推特”回应曼哈顿这起残暴行径时表示，“对这起懦弱的攻击感到震惊，我向所有受影响的民众表示慰问。我们可以一起战胜恐怖主义这个恶魔。英国与纽约市同在。”联合国秘书长古特雷斯 11 月 1 日除了通过纽约市长和美国常驻联合国代表表达他的慰问之情外，古特雷斯在袭击发生当天通过发言人发表的一项声明中表示，纽约市是联合国的总部所在地，他对纽约曼哈顿致命袭击事件表示震惊和悲痛，他向受害者的家人表达衷心的慰问和同情，并祝愿伤者早日康复。[③]

第二节　经验教训分析

美国近年虽未遭遇暴恐大案，但小规模恐袭仍时有发生，美国国家反恐中心主任拉斯姆森 2017 年 9 月称，“当前面临的恐怖威胁环境日趋艰巨复杂”。该案为纽约 16 年来伤亡最重恐袭，登上全美所有主流媒体头条，被认为是“最骇人听闻的恐袭之一”，引发全美激愤，社会影响大。该案凸显美国依旧面临着严峻的暴恐威胁，也反映出美国在本土防范打击恐怖

---

① 袁博、贾泽驰：“纽约发生‘独狼’恐袭”19 人伤亡，《文汇报》2017 年 11 月 2 日第 009 版。

② “外交部就俄总理访华、曼哈顿恐袭事件等答问（全文）”，2017 年 11 月 1 日，http：//www. chinanews. com/gn/2017/11-01/8365927. shtml.（上网时间：2017 年 11 月 20 日）

③ “秘书长古特雷斯向纽约曼哈顿恐怖袭击事件受害者家人表示慰问”，2017 年 11 月 1 日，http：//www. unmultimedia. org/radio/chinese/archives/298180/#. WmBilDuQwdU。

主义问题上的困境和漏洞。

第一，移民政策易被极端分子利用。11月1日，美国总统特朗普连发三条推文，称此次袭击者是通过美国一种名为“多元移民签证”来美的。特朗普指责了使赛波夫移民美国的方式，并要求国会停止这一做法。特朗普在“推特”上表示，要进一步加强签证审查。根据美国移民局官方网站的介绍，这种通过“多元移民签证”的方式向其他国家的申请者颁发总共5万多个美国绿卡的移民项目，是美国民主党的资深议员查尔斯·舒默于1990年创建的，并于1995年正式开始实施。其目的是鼓励那些“占美国移民人口比例很少的族裔”也来美国定居，从而令美国的移民人口变得更加“多元化”。官方数据显示，在2008年时，仅乌兹别克斯坦就有总共15.3万余人申请了这一移民项目，而在2010年时则有4000多名乌兹别克斯坦人最终通过这一项目拿到了美国绿卡——其中就包括了制造纽约恐怖袭击的赛波夫。这个移民项目对于申请者的要求并不高——甚至可以说是很低：只要你有高中文凭或是有2年的正经职业的工作经验，然后国籍也符合该项目的要求，就可以申请了，而且整个过程还都是免费的。可问题是，在很多发展中国家和第三世界国家，这些文凭和工作经验的核实工作却难以做到严谨和准确，因为这些国家本身就缺乏这样做的条件。而这也就产生了一个很明显的隐患：一旦那些想对美国不利的恐怖分子通过巧妙伪造的身份、学历和工作背景申请美国绿卡，美国在这些国家的大使馆和领事馆在审核文件时很难查出问题。①

第二，简易式恐怖袭击手段不仅防范难度大，而且杀伤性比较大。近年来，“伊斯兰国”和“基地”组织大肆煽动支持者利用车辆撞击加之砍杀或枪击的方式实施恐袭。美欧多国近来接连遭此类袭击。以车辆作为恐怖袭击工具的案例近年来呈现多发高发的态势，成为西方各国反恐部门的新挑战。此类袭击作案工具易于获取、实施简单、杀伤性大、难于防范，成为美国和西方反恐难点。美国研究机构“新美国”的统计也显示，自2014年以来，西方国家先后遭遇了15起涉及车辆冲撞平民的恐怖袭击事

① “纽约恐怖袭击案中的一个细节，很快将再次引爆美国!”，2017年11月1日，http：//world.huanqiu.com/article/2017-11/11349434.html.（上网时间：2017年11月20日）

件，造成100多人死亡、数百人受伤。例如，西班牙巴塞罗那2017年8月17日冲撞恐袭案致13人死亡；英国伦敦6月3日袭击案致8人死亡；2016年12月19日晚，一辆货车突然冲进德国柏林市中心的一座圣诞市集，造成12人死亡，50多人受伤。

纽约警察局反恐情报中心专家约翰·米勒10月31日表示，最近几年，纽约警方和反恐怖机构已经与当地148家汽车租赁企业和经营点反复沟通，警告租赁汽车可能成为发起暴恐袭击的工具，要求务必加强对租车人的背景审查，及时向执法部门报告发现的可疑情况，“但这仍没能阻止所有的袭击”。①

第三，“独狼”作案，突发性强，执法部门提前侦破的难度大。纽约州州长安德鲁·科莫说，曼哈顿袭击案是一起“独狼”式袭击，没有迹象表明有更大规模的袭击图谋。警方称，赛波夫虽然有几次交通违法记录，但并不是联邦调查局或纽约警方重点关注的潜在极端分子。美众议院情报委员会官员称，“目前无信息显示在警方监控名单中”。网上记录显示，他在不同地方都被执法部门处罚过，在马里兰、密苏里和宾夕法尼亚都受到过交通处罚，还于2016年10月在密苏里因未及时出庭而被扣押过，当年11月被罚款200美元，还提交了认罪书。但是赛波夫没有涉恐“前科”，因此并没有引起执法部门的注意。事实上，近年来“独狼”作案已经成为美国本土面临的最大恐怖威胁。12月11日纽约再次发生“独狼”案，曼哈顿港务局客运总站发生爆炸，造成多人受伤。嫌犯乌拉曾在网上观看“伊斯兰国”的宣传影片并于2014年变得激进。他对美国轰炸“伊斯兰国”在伊拉克及叙利亚的据点表示愤怒，并称自己是受到“伊斯兰国”的蛊惑而发动袭击。

---

① 陈小茹：“纽约恐袭警示国际都市反恐新趋向”，《中国青年报》2017年11月2日第001版。

第十八章　英国伦敦议会大厦恐怖袭击事件

2017 年 3 月 22 日下午 14 时许，英国伦敦议会大厦外发生汽车撞人砍杀事件，造成包括袭击者在内的 6 人死亡（4 名英国人、1 名美国人、1 名罗马尼亚人），以及来自法国、意大利、澳大利亚、葡萄牙、韩国、希腊等十几个国家的 50 多人受伤，其中有一名中国游客在恐袭事件中受了轻伤。该案是 2005 年“7・7”恐怖袭击以来英国最大恐袭事件，凸显英国反恐难度之大。

第一节　案件全景

一、事件经过

2017 年 3 月 22 日下午 14 时许，一名男子驾驶一辆汽车在西敏寺大桥（Westminster Bridge）人行道上冲撞行人，导致数 10 人受伤。这辆汽车下桥后撞在议会大厦的铁栏杆上，驾车男子跳下汽车，攻击在议会大厦外执勤的警察，并企图闯入议会大厦。他用刀刺中 1 名警员后，被警方开枪击毙。在案发现场的伦敦市民哈里・佛莱切情绪激动地说：“我觉得这次事件应该是恐怖袭击，我不能想象除了恐怖袭击还能是什么。开车撞向人群，持刀追赶行人，这就是恐怖袭击的举动。”

地处伦敦的议会大厦是英国的政治心脏，威斯敏斯特区也是伦敦游客最集中的地区。恐怖袭击发生当天正值英国议会每周一次的首相质询时间，英国首相特雷莎·梅当天下午还就英国脱欧等问题接受了议会下院议员的一个多小时质询。袭击发生后，特蕾莎·梅由最少 8 名持枪警员带到国会大楼外上车，迅速离开现场。[①]

事件发生后，英国警方封闭了议会大厦，相关人员被疏散，禁止人员出入。当时，由于不清楚凶犯是否还有同伙以及更大规模袭击，警方迅速封锁了西敏桥和西敏宫周边的道路和交通，英国政府部门所在地白厅也进入封锁状态，当局通过电视等媒体警告民众不要前往上述地区。急救车辆和救护人员在事发 6 分钟后抵达现场，将伤者送往医院。22 日晚，特蕾莎·梅主持召开应对紧急事件的“眼镜蛇”会议并发表声明，谴责这种选择袭击首都心脏地带是一种病态和卑鄙的行为，而任何人通过暴力破坏英国价值观的企图都注定失败。她又鼓舞民众要一如往常地生活，不允许“仇恨和邪恶的声音将我们分裂开来”，议会上下议院将在 23 日恢复会议。她又表示，英国不会提高恐袭警戒水平，将继续维持在现有的第二高“严重”级别。[②] 伦敦市长萨迪克·汗随后发表声明称，他已经与行动指挥官通话，伦敦市警察部门正在全力对事件进行调查。

伦敦警方认为袭击“受到国际恐怖主义的启发”，“与伊斯兰主义有关”。3 月 23 日，伦敦警方称，在针对英国议会大厦附近发生的恐袭事件的调查中，他们已经逮捕了 8 名嫌疑人。英警方已经突击搜查了至少 21 个地点，从这些地方起获了 2700 样物件，包括大量的电脑数据。

二、袭击主谋

极端组织“伊斯兰国”3 月 23 日声称对英国议会附近的袭击案负责。该组织通过社交软件“电报”（Telegram）发布声明，称这名袭击者是“哈里发国”的 1 名“战士”，“响应号召采取行动”，报复英国在中东打击

---

① “英国议会大厦附近发生恐怖袭击事件”，2017 年 3 月 23 日，http：//news. cri. cn/chinanews/20170323/c8582a16-1d33-efaf-7fae-2d5518c3a9cb. html.（上网时间：2017 年 11 月 20 日）

② “IS 宣称对伦敦恐袭负责 嫌犯曾被军情五处调查”，2017 年 3 月 24 日，http：//news. takungpao. com/world/exclusive/2017-03/3433789. html.（上网时间：2017 年 11 月 20 日）

“伊斯兰国”的行动。

英国警方24日披露，伦敦议会大厦恐怖袭击的凶嫌出生时起的名字叫阿德里安·拉塞尔·阿乔（Adrian Russell Ajao），他还有多个化名，比如哈利德·乔杜里（Khalid Choudry）。后来，他改名叫哈利德·马苏德（Khalid Masood），行凶的车辆为其租用。据英国《太阳报》报道，马苏德在位于布莱顿市、59英镑一晚的普雷斯顿公园酒店228号房间度过了人生最后一夜，完成了恐怖阴谋的最后准备。22日上午退房前，他在房间里吃了最后一餐——21日晚上打包的外卖烤肉串。然后，他开车去伦敦，实施了议会大厦恐怖袭击。在旁人的印象里，马苏德“友好、礼貌、平静，行事正常”。酒店员工甚至在他的房间预定信息栏备注了“人很好”。一位酒店人员说，就在出发前几小时，他还很冷静地和酒店员工、客人聊天，告诉他们他就要“去伦敦”。据信，马苏德作案前一周有好几天都是在这家酒店度过的。英国《太阳报》援引一位消息人士的话说：没有人知道他为什么来。他拿着名字登记为“马苏德”的信用卡，在上周二上午11时30分入住。据《太阳报》报道，这家普雷斯顿公园酒店距离英国议会大厦约80千米，前往伦敦的路线方便。但是还不清楚马苏德为什么会选择住在这里。

马苏德1964年生于英格兰肯特郡的一个未婚单亲家庭。在他的工作简历上，他声称拥有经济学学位，用“友善亲切”描述自己，还认为自己是一个“好的倾听者”。2004年他与一名穆斯林女子结婚。2005年，他去了沙特阿拉伯，在延布地区做英语教师。此后，他在中东地区工作了4年。2009年，马苏德回到英国，在贝德福德郡一所大学的外语学院做英语教师。2009年，他皈依伊斯兰教。2012年，他在伯明翰创建了自己的教育辅导事业。不过，有英国媒体说，他实际并不具备教师资格。他的思想在什么时候开始转变，以及他什么时候开始成为穆斯林，目前还不得而知。英国媒体推测，他在沙特阿拉伯期间，可能开始变得思想激进。① 据英国媒体报道，马苏德的家位于英国第二大城市伯明翰一个工薪阶层居住区，

---

① “揭秘英国独狼袭击者：从英语老师到极端分子”，2017年3月24日，http://global.sina.cn/szzx/article/20170324/00e778a459451000.html.（上网时间：2017年11月20日）

他和妻子、3 个小孩住在一间公寓里。有媒体报道他曾在英国好些地方住过，包括卢顿（Luton）与东伦敦。据 BBC 报道，有邻居将他描述为一个“非常安静的男人”，经常可以看到他在公寓外面洗车。还有邻居介绍，马苏德是一个“信仰虔诚、谈吐得体的人”，并补充说，“星期五你不能去他家，因为他会在祷告”。①

在警方的记录里，他是一个有犯罪前科的人。1983 年 11 月，19 岁的马苏德因为一起刑事伤害有了第一次犯罪记录。他最近一次犯罪记录是 2003 年，他刺伤了一位 22 岁青年男子的脸部。受害者倒在行车道上，后来不得不进行脸部整形。马苏德因此受到恶意伤害和持有攻击性武器的指控，被判入狱 6 个月。在几年前，马苏德曾受到英国军情五处的调查，但从未因恐怖罪名被定罪。②

虽然极端组织“伊斯兰国”表示他们是这次恐袭的幕后主使，但是伦敦警方副总警监巴苏表示，尽管马苏德“对伊斯兰圣战感兴趣”，但警方目前既没有找到他与所谓的“伊斯兰国”或“基地”组织有任何联系，也没发现他曾和任何人说起过他要发动恐袭。巴苏表示：“从我们调查来看，马苏德用的那套不过是基于粗糙的计划、低级的技术手段和省钱的做法，基本上是从以前的恐袭手法抄袭的。我现在既没有证据证明、也没有信息显示，他曾与其他人商量过他的恐袭计划。”③

三、国际社会反应

袭击发生后，中国国家主席习近平、李克强总理及王毅外长分别就此向英方致慰问电。3 月 23 日下午，中国外交部发言人华春莹在例行记者会

---

① “伦敦恐袭嫌犯哈立德·马苏德的最后人生”，2017 年 3 月 24 日，http：//www.jfdaily.com/news/detail? id=48265.（上网时间：2017 年 11 月 20 日）

② “英国恐袭嫌犯曾与极端分子接触 警方吁提供线索”，2017 年 3 月 26 日，http：//news.sina.com.cn/o/2017-03-26/doc-ifycsukm3673516.shtml.（上网时间：2017 年 11 月 20 日）

③ “英国警方：目前仍无证据表明伦敦恐袭发动者与恐怖组织有关”，2017 年 3 月 28 日，http：//www.thepaper.cn/newsDetail_forward_1649898.（上网时间：2017 年 11 月 20 日）

上说：有一名中国游客在英国伦敦恐袭事件中受了轻伤。中方对在英国伦敦发生的恐怖袭击事件表示强烈谴责，向无辜遇难者致以深切哀悼，向遇难者家属和伤者表示诚挚慰问。“恐怖主义是世界各国的共同敌人。”中方坚决反对一切形式的恐怖主义，愿同英方在内的国际社会一道，加强合作，共同应对恐怖主义威胁和挑战，维护世界和平与安全。

法国总统奥朗德向英国人民表示了同情和支持。为了悼念伦敦恐袭中的遇难者，巴黎的艾菲尔铁塔在周三至周四午夜关闭灯光。在一个简短的演讲中，奥朗德说：“我们以法国的名义，向英国民众和恐袭发生时在议会内快速离开的首相特蕾莎·梅，表示我们的同情和支持”。法国总理卡泽纳夫也表示：“对受到可怕打击的英国朋友深表同情，对受伤的法国学生及其家人和朋友们表示全力支持”。德国总理默克尔也在23日公开表态支持“英国朋友和伦敦所有的人。”在一份声明中她称：“虽然这些行动的背后还不清楚，我重申，德国和它的公民立场坚定不移和英国一起坚决打击一切形式的恐怖主义”。俄罗斯外交部发言人玛丽亚·扎哈诺娃表态说：“我们当然向遇难者表达我们的慰问和同情，我们绝不支持恐怖主义，我们认为这是邪恶的，必须要对他进行集体抵制。现在，一如既往，我们的心与英国人一起，我们分享他们的痛苦。”美国总统特朗的新闻发言人称，特朗普和英国首相特蕾莎·梅通了电话，发言人还补充说：“我们谴责西敏寺攻击事件，英国认为这是恐怖主义行为，我们向英国警方的快速反应致敬”，并保证华盛顿全力支持伦敦。美国国务卿蒂勒森也向遇难者家属表达了美国的慰问，他说：“我们谴责恐怖这些暴力行为，不管是疯狂的个人行为还是恐怖分子的攻击，这对受害者来说是没有什么区别的。”①

第二节　经验教训分析

英国各大报纸3月23日大篇幅报道发生在伦敦议会大厦外的恐怖袭

① “英恐袭致5死40伤欧美多国慰问 巴黎铁塔关灯悼念”，2017年3月23日，http：//news.163.com/17/0323/08/CG6UESDJ000187V5.html？baike.（上网时间：2017年11月20日）

击。《太阳报》用的是袭击者的照片，标题说他用“尖刀刺中英国的心脏”。伦敦《地铁报》头版大幅照片配标题：权力中心遭恐袭。[①] 凶犯能够在英国心脏地带轻易地实施袭击，显示英国在本土反恐措施中仍存在漏洞和不足。

第一，英国情报机构可能存在疏忽。英国首相特里莎·梅表示，警方和情报机构知道这次恐袭事件的凶嫌马苏德。马苏德几年前因为极端主义暴力活动曾受到当局调查，但是他属于“边缘”人物，并非属于情报机构目前关注的范围。[②] 英国军情五处有一份 3000 人的名单，包括了可能会在国内制造恐怖袭击的人员，但本次事件的疑犯并不在这份名单中。

第二，重点敏感区域安保措施不足。据英国《每日邮报》报道认为：凶嫌能够轻易地发动恐怖袭击，并造成如此规模的伤亡和影响，显示出英国议会的安保可能过于松懈。有消息称，事件发生时，议会广场对面的“马车门”如无掩鸡笼，持刀凶徒顺利闯入。“马车门”是英国首相进入议会的必经之路，其他议员有时也经常会行经此处，通常“马车门”附近应该有 4 名警卫守护，2 名在门外，2 名在门内。但这 4 名警卫并没有固定岗位，他们通常会在大门附近巡逻，当局进行这样的安排原本是以为“流动警察”能混淆视听，让潜在的恐怖袭击者不能确切知道警卫的所在地。

第三，部分执勤警察未配备枪支，严重影响对突发事件的处置能力。据报道，90%以上的伦敦警察在日常巡逻时不带枪，为了城市安全，他们的装备仅仅是辣椒喷雾器、手铐，偶尔还会把电棍用上。伦敦警方认为，警察执行日常公务时如果佩戴枪支，将会给民众传递一个错误的信号，从而引起的问题比警察解决的问题还多。此次袭击中，驻守在议会大厦的警察基思·帕尔默（Keith Plamer）被凶犯用长刀刺伤，虽然有路过的保守党议员埃尔伍德为他进行人工呼吸等急救措施，可惜回天乏术，帕尔默殉

---

① “英媒头条：‘恐怖尖刀刺中英国的心脏’”，2017 年 3 月 23 日，http://www.bbc.com/zhongwen/simp/press-review-39365729.（上网时间：2017 年 11 月 20 日）

② “伦敦议会大厦恐袭：警方又逮捕两人”，2017 年 3 月 24 日，http://www.bbc.com/zhongwen/simp/uk-39364056.（上网时间：2017 年 11 月 20 日）

职。帕尔默现年48岁，效力于伦敦警察厅的议会与外交指挥部，已经服务警队15年。该部成员由配备武器以及没有配备武器的警察组成，帕尔默就属于没有配备武器的警察。[1]

---

① “IS宣称对伦敦恐袭负责 嫌犯曾被军情五处调查”，2017年3月24日，http：//news. takungpao. com/world/exclusive/2017-03/3433789. html.（上网时间：2017年11月20日）

第十九章　英国曼彻斯特体育场自杀式恐怖袭击案

2017年5月22日，英国曼彻斯特体育场发生自杀式炸弹袭击，爆炸共造成22人死亡、119人受伤。这是2005年伦敦“7·7”恐怖袭击以来，英国本土发生的最严重恐怖袭击事件，曼彻斯特恐怖袭击案再次表明英国面临的反恐挑战和问题。

第一节　案件全景

一、事件经过

2017年5月22日22点35分左右，英国曼彻斯特体育场发生自杀式炸弹袭击，发生爆炸时美国歌手爱莉安娜·格兰德（Ariana Grande）正在该体育场举行演唱会，爆炸共造成22人死亡、119人受伤，其中包含不少青少年。此次爆炸不是发生在演出场地内，而是发生在场馆外围的售票区。当时演唱会结束，大批人士正在离开体育场，聚集在大堂购买纪念品。事件发生后，社交媒体上流传的一段视频显示，场内慌乱的观众正在撤离。有很多目击者称，他们在演出即将结束时听见巨响，爆炸导致整个建筑物都在摇晃，还有目击者称爆炸时气流将他推出约10米远。“所有的人都在尖叫并试图撤离。”[①] 媒体发布的简易爆炸装置残片图片显示炸弹的炸药藏于轻量级金属容器中，藏在黑色夹克衫或蓝色背包中。事发时大多数受害者就在袭击者周围。袭击者身躯被爆炸的冲击力掀翻，进入竞技场的大门，暗示爆炸装置可能藏于背包中，在爆炸时把他推向前。疑似手动引爆器的小型装置也在现场被发现。

曼彻斯特体育场是曼彻斯特最大的室内公共场地，能够容纳约 2 万名观众。体育场经常举行巨星的演唱会。爱莉安娜·格兰德当时 23 岁，是美国著名流行歌手，深受年轻乐迷欢迎。袭击者非常清楚此次袭击遇难者多数会是儿童。“格兰德是很多青少年的偶像，因此演唱会中很多观众都是青少年……袭击者对此了然于心，他特意挑选这样一个特殊夜晚，锁定这样一个特殊人群，实施这样一次突然袭击。”[②] 亚莉安娜本人在事发后几小时于“推特”上写道：“心都碎了。打从心底觉得抱歉，也不知应该说什么了。”

事件发生后，10 多辆警车、救护车和防暴车辆迅速驶到现场。由于体育场紧邻曼彻斯特的维多利亚火车站，为了防止后续袭击和民众恐慌，警方关闭了火车站，并取消了所有火车班次。警方还设立了热线电话，为民众提供信息。曼彻斯特警方的“推特”账号也不断更新最新消息。人们自发发起团结互助活动，很多人为无法回家者提供临时住所，出租车司机为遭受袭击影响的人提供免费搭载。在伦敦，警方也加强了戒备，增加了街头巡逻警察的数量。[③] 据路透社报道，将近 1000 名士兵已被部署到全国各地最主要的地标式建筑和旅游景点，不少地方的执勤警力被军队替代。为配合换防，白金汉宫的卫兵换岗仪式、威斯敏斯特宫的议会和圣保罗大教堂等地针对游客的所有活动当天一律取消，所有无证件人员不得入内。英

---

① “曼彻斯特发生骇人听闻的恐怖袭击反恐困境为何难解?”，2017 年 5 月 23 日，http：//news. xinhuanet. com/world/2017-05/23/c_136307199. htm. （上网时间：2017 年 11 月 20 日）

② “曼彻斯特警方：恐怖袭击嫌疑人为利比亚移民”，2017 年 5 月 26 日，http：//edu. sina. com. cn/a/2017-05-26/doc-ifyfqqyh8424164. shtml. （上网时间：2017 年 11 月 20 日）

③ 林卫光：“曼彻斯特爆炸搅扰英国大选”，《光明日报》2017 年 5 月 24 日第 010 版。

国各大党派宣布暂停2017年6月英国大选竞选活动。

英国警方将恐怖威胁级别定为第二高警戒的“严重”级别状态。曼彻斯特警方发言人称，正在对这一“严重事件”进行调查，并警告市民勿接近该区域。2017年5月23日，英国首相特蕾莎·梅宣布将英国恐怖威胁级别从“严重（Severe）”提高到最高级别的“危急（Critical）”，意味着进一步的袭击可能迫在眉睫。同日，英国首相特雷莎·梅主持召开眼镜蛇紧急计划委员会会议。眼镜蛇紧急计划委员会是“内阁办公室情况通报A室”的简称，由英国政府内阁成员和军警情首脑组成，拥有停止议会等无上的权力，专门负责处理与国家安全有关的特别重大事宜。

此外，国际刑警组织英国国家中心局迅即与其他成员国进行联络，并将案情通报国际刑警组织。国际刑警组织快速响应，并成立专案应急小组，协助英国当局及时收集整合一切可能与此次恐袭有关的情报线索。案发后，众多成员国通过国际刑警组织全球通讯系统问询是否存在本国国民遇害或受伤。国际刑警组织秘书长施托克表示国际刑警组织将不遗余力协助英国当局调查该起恐怖袭击案件。[①]

二、袭击主谋

2017年5月23日，极端组织“伊斯兰国”通过其下属的“官方通讯社”——“艾玛克”（Amaq）发布声明，宣称对曼彻斯特体育场爆炸案负责，称“一位哈里发国的士兵成功把爆炸装置放到了十字军在英国城市曼彻斯特的集会场所之中。”5月23日，英国警方宣布，在曼彻斯特体育馆发生的爆炸案犯罪嫌疑人身份已经确认，是22岁的萨勒曼·拉马丹·阿贝迪（Salman Ramadan Abedi）。警方认为，阿贝迪亲自组装了袭击中使用的爆炸装置，并且他可能组装了不止一枚炸弹。大曼彻斯特区警察局长霍普金斯透露，警方在追查一个与阿贝迪有关的“网络”。截至5月25日晚，已经有8人因涉嫌参与爆炸案受到审讯。

阿贝迪为利比亚裔，已在这次爆炸袭击中死亡。阿贝迪1994年出生在曼彻斯特，在英国长大，在家中4个孩子中排行第三，来自利比亚难民家

---

① “国际刑警组织协助英国警方处置曼彻斯特恐袭”，《现代世界警察》2017年7月。

庭。阿贝迪的父母早年作为难民逃离利比亚，抵达英国。2009 年至 2011 年，阿贝迪在曼彻斯特伯纳基男子学院上学；2014 年在曼彻斯特索尔福德大学上学。在索尔福德大学工作的哈米德·埃尔萨德表示，阿贝迪“与家人的关系真的很差”，他的父母曾努力使他走正道，但却以失败告终。埃尔萨德说，阿贝迪“后来在大学的成绩很差，在学习方面一塌糊涂，没有完成学业，家人曾多次带他前往利比亚。阿贝迪在适应欧洲生活方式方面有困难。”阿贝迪以前的一位同学表示，阿贝迪脾气爆燥，常因小事发怒，择友不慎，容易轻信他人。这位同学说，2011 年离开伯纳基学院之前，阿贝迪已变得越来越信仰宗教。①

5 月 23 日，利比亚当局在首都的黎波里逮捕了阿贝迪的父亲拉马丹·阿贝迪和弟弟哈希姆·阿贝迪。报道说，阿贝迪的父亲是被美国国务院列为恐怖组织的利比亚伊斯兰战斗组织的成员。他的弟弟曾在社交媒体上发布挥舞自动步枪的照片。利比亚政府认为，他可能早已知晓哥哥策划的曼彻斯特恐怖袭击案，并计划在的黎波里发动类似袭击。利比亚政府一名发言人表示，利比亚政府知悉阿贝迪曾于 4 月 18 日前往的黎波里，并在那里停留了二到三周。阿贝迪可能正是在利比亚接受了制造炸弹培训，他甚至还可能曾前往叙利亚。这名发言人还说，哈希姆已被利比亚政府调查了 1 个半月，理由是他可能与极端组织“伊斯兰国”有关联。利比亚特种部队一名官员说，通过对哈希姆的调查发现，他与哥哥一直都和极端组织“伊斯兰国”有联系。哈希姆还交代，曾接收过哥哥的一笔汇款，用于策划在的黎波里实施恐怖袭击。②

三、国际社会反应

英国首相特雷莎·梅谴责事件为“可怕的恐怖袭击”。英国大曼彻斯特市市长对爆炸遇难者家属表达慰问，对勇敢的应急小组人员表达敬意。

① “曼彻斯特袭击案：谁是犯罪嫌疑人阿贝迪?”，2017 年 5 月 25 日，http：//www.bbc.com/zhongwen/simp/uk-40024783.（上网时间：2017 年 11 月 20 日）

② “英国曼彻斯特体育馆恐怖袭击嫌疑人阿贝迪在爆炸中死亡”，2017 年 5 月 26 日，http：//www.morningpost.com.cn/2017/0526/1632739.shtml.（上网时间：2017 年 11 月 20 日）

他称这是曼彻斯特的“恐怖之夜”。大曼彻斯特地区警察长伊恩·霍普金斯（Ian Hopkins）在一份声明中称：“在有更多的信息前，我们将此次事件作为恐怖袭击进行调查。我们正在与全国反恐警察网络和英国情报机关紧密合作。”

中国国家主席习近平5月23日就曼彻斯特恐怖袭击事件向英国女王伊丽莎白二世致慰问电，对恐怖袭击事件表示强烈的谴责，对无辜遇难者表示深切的哀悼，向伤者和遇难者家属表示诚挚的慰问。习近平指出，恐怖主义是国际社会公敌。中国坚决反对一切形式的恐怖主义，愿同英国和国际社会加强合作，为维护中英两国和世界安全作出积极努力。①

美国总统特朗普2017年5月23日和英国首相特雷莎·梅通话，对这起爆炸袭击事件表示谴责。白宫的声明说，特朗普强调，美方打击恐怖主义的决心不会动摇，美方愿意向英方提供袭击事件调查所需的帮助。声明还说，特朗普期待与特雷莎·梅讨论美国对英国“牢不可破的承诺”，以及双方如何同其他盟友及伙伴国合作以打击恐怖主义。俄罗斯总统普京向特雷莎·梅发慰问电，称这起爆炸是一起“无人性的犯罪”，希望幕后黑手得到应有的惩罚。他表示，俄罗斯已准备好在双边基础上及广泛的国际框架内推进与英国的反恐合作。德国总理默克尔表示，德国将和英国并肩行动，这次袭击将加强德国和英国共同应对此类残忍行径的决心。23日，法国总统府爱丽舍宫就英国曼彻斯特体育场发生的爆炸事件发表声明。声明称，法国总统马克龙在得知该事件之后，深感震惊与悲痛。他向英国人民表达同情与支持，尤其向遇难者及其家属表示哀悼。声明还说，马克龙将会与英国政府和治安力量跟进反恐事宜，并将与英国首相特蕾莎·梅直接通电话，实时了解事件的调查进展。联合国秘书长古特雷斯23日通过发言人发表声明，强烈谴责这起恐怖袭击事件，对英国人民和政府深表同情和支持，并希望这起暴力袭击的制造者被迅速绳之以法。古特雷斯向袭击

---

① “英首相：曼彻斯特爆炸是无情恐怖袭击”，2017年5月23日，http://www.bbc.com/zhongwen/simp/uk-40008376.（上网时间：2017年11月20日）

受害者的家人和朋友致以衷心慰问，并祝愿伤者早日康复。[①]

第二节　经验教训分析

2017年以来，英国暴恐大案频发，3月英国议会大厦发生恐怖袭击事件，造成6人死亡，100多人受伤。英国军情五处负责人安德鲁·帕克此前对媒体强调指出，英国面临着来自恐怖势力的“现实而直接的威胁”。过去3年恐怖分子企图在英国制造袭击图谋的程度是他在军情五处工作30多年来最高的。他还表示，警方和情报工作人员竭尽全力遏制恐怖袭击预谋，但他们也知道不可能阻止每一次袭击。[②] 曼彻斯特恐怖袭击案再次表明英国面临的反恐挑战和问题。

在曼彻斯特恐怖袭击案发生前的5年内，英国政府至少在5个不同场合收到线索举报，称制造这起自杀式袭击的嫌疑人萨勒曼·阿贝迪是危险分子。不幸的是，这些举报均未引起足够重视。据英国《每日电讯报》5月24日报道，阿贝迪的好友和邻居都曾向政府举报阿贝迪。不仅如此，美国和法国等多国政府都掌握着与阿贝迪有关的情报。据报道，阿贝迪曾对两个朋友说过“当1名自杀式袭击者还不错”的话，这让他们在5年前和1年前分别拨打了英国政府的反恐热线电话。此外，阿贝迪所住社区的领袖穆罕默德·莎菲克也表示，两年前，社区居民曾对阿贝迪的行为举止表示担忧，认为他可能与极端主义和恐怖主义有牵连并举报。利比亚裔社区居民阿克拉迈·拉马丹说，阿贝迪曾在当地一座清真寺内质疑一名阿訇反极端主义的宣讲，之后他被禁止进入这家清真寺。清真寺举报过他有极端思想。报道称，英国政府掌握着阿贝迪本人与多名英国本土极端分子有牵连的情报。一名美国官员甚至称，部分阿贝迪家族人士曾联系英国警方，

---

① “国际社会强烈谴责英国曼彻斯特爆炸袭击事件”，2017年5月24日，http://world.huanqiu.com/hot/2017-05/10724027.html.（上网时间：2017年11月20日）

② 李应齐、黄培昭：“恐袭事件凸显英国安全挑战”，《人民日报》2017年5月24日第021版。

指称阿贝迪“危险”，但这一线索同样未促使政府采取适当行动。[①]

此外，大批在叙利亚等海外国家参加过“圣战”的武装人员回流至英国，对英国的国土安全构成巨大隐患。英政府估计，约 800 名英国人到叙利亚和伊拉克参加“圣战”，其中约一半人已返英。“伊斯兰国”正通过社交媒体怂恿这些人在英实施“独狼”式恐袭。他们伺机而动，随时准备制造爆炸和各类袭击事件。英国反恐专家分析表示，不少受极端恐怖思想影响的人员潜回英国，恐怖袭击的威胁正在增加。

① “英国曼彻斯特体育馆恐怖袭击嫌疑人阿贝迪在爆炸中死亡”，2017 年 5 月 26 日，http：//www.morningpost.com.cn/2017/0526/1632739.shtml.（上网时间：2017 年 11 月 20 日）

第二十章　土耳其伊斯坦布尔夜总会恐怖袭击事件

2017 年 1 月 1 日凌晨 1 时 15 分左右，土耳其伊斯坦布尔市一家夜总会遭遇恐怖袭击，1 名身着圣诞老人服装的枪手进入夜总会，向人群射击，袭击共造成 39 人死亡，70 多人受伤。袭击发生后，极端组织“伊斯兰国”发布声明，宣布对袭击负责。土耳其暴恐大案频发，凸显其面临着严峻而复杂的安全挑战。

第一节　案件全景

一、事件经过

当地时间 2017 年 1 月 1 日凌晨 1 时 15 分，土耳其伊斯坦布尔一家夜总会发生枪击事件。1 名男性袭击者手持 AK47 冲进夜总会扫射。事发时，枪手身着圣诞老人服装进入夜总会，手持 AK47 扫射。现场安全人士透露，枪手开枪打死安保人员，闯入夜总会并在扫射过程中数次更换弹匣。一位不愿意透露姓名的土耳其媒体人士表示，该恐怖分子讲阿拉伯语，在作案过程中曾高呼“真主至大”，在作案后迅速换装，并由逃生安全通道逃离现场，整个过程持续约 7 分钟。在袭击发生时，夜总会的合伙人于纳尔正在夜总会入口处，迎面撞见走进来的袭击者，与飞来的子弹擦身而过。于纳尔表示，“袭击者朝我开枪时我摔倒了，这些都被监控记录下来了。正是因为摔倒了才活了下来。袭击者以为我是因为被击中才摔倒的，然后他又朝我开了两枪但都没打中，我能感到子弹擦身而过。”①

袭击事件共造成39人死亡，70多人受伤，死者中包含12名土耳其人、27名外国人，这些外国人分别为沙特阿拉伯7人、伊拉克3人、黎巴嫩3人、印度2人、摩洛哥2人、约旦2人，以及俄罗斯、利比亚、突尼斯、法国、叙利亚、加拿大、以色列、科威特各1人。

发生血案的“雷纳”（Reina）夜总会位于博斯普鲁斯海峡附近，是伊斯坦布尔的知名夜总会，广受土耳其人与外国游客欢迎。据报道，事发时夜总会内有多达700人，参加迎接新年活动。袭击发生时一些人跳入夜总会旁边的博斯普鲁斯海峡逃生。

从作案细节判断，袭击经过精心策划，枪手则是训练有素。土耳其安全问题专家阿卜杜拉·阿加尔认为，在跨年的时机袭击这样一个地点有很大的象征意义，由此可以看出，此次袭击显然经过了精心策划。凶手制造如此血案并趁乱逃脱。阿加尔指出，从其表现来看，凶手非常冷血并且训练有素，其使用的钢质子弹杀伤力很大，非常罕见，由此可以判定凶手绝非普通人。② 凶手向夜总会人群发射的逾120发子弹中，只有28枚未击中任何目标。据悉，凶手曾在叙利亚住宅区接受街头战斗训练，并在此次袭击中运用了有关技巧。

二、袭击主谋

极端组织“伊斯兰国”1月2日发布声明，宣称对1日凌晨的伊斯坦布尔夜总会恐袭事件负责，声称这是要报复土耳其军事介入叙利亚打击“伊斯兰国”，并威胁将继续对土耳其发动更多恐怖袭击。声明称，一名隶属于“伊斯兰国”的成员响应该组织最高头目阿布·贝克尔·巴格达迪的号召，使用自动步枪对伊斯坦布尔市最知名的夜总会发动袭击。声明指责

---

① “土耳其总理呼吁美停止以恐制恐”，2017年1月1日，https://zj.zjol.com.cn/news?id=522213.（上网时间：2017年11月20日）

② “新年恐袭折射土耳其反恐困境”，2017年1月2日，http://news.xinhuanet.com/world/2017-01/02/c_1120231133.htm.（上网时间：2017年11月20日）

土耳其成为“伊斯兰国”敌人的帮凶，“我们要让土耳其知道……其空袭和炮火带来的流血将在其领土上燃烧”。[①] 在西方国家打击叙利亚境内“伊斯兰国”目标的军事行动中，土耳其政府曾向它们开放国内空军基地。土军已夺取土叙边境地区的杰拉卜卢斯，并与“伊斯兰国”争夺叙北部城市巴卜，还进攻“伊斯兰国”在叙利亚的大本营拉卡市。此外，土耳其还加强了与俄罗斯在叙利亚的反恐合作，共同打击“伊斯兰国”。[②] 过去两年，“伊斯兰国”在土耳其制造了多起恐怖袭击，包括 2016 年 6 月 28 日土耳其伊斯坦布尔阿塔图尔克国际机场发生连环自杀式爆炸袭击事件，导致 45 人死亡。

1 月 2 日，土耳其警方逮捕了 8 名与此次恐袭事件相关的嫌疑人。土耳其国家电视台“TRT World” 3 日报道称，尽管歹徒仍在逃，但执法机关经调查已确定了恐怖袭击制造者的身份，凶手系一名叫阿卜杜勒·卡迪尔·马沙里波夫（Abdulkadir Masharipov）的吉尔吉斯斯坦公民。吉尔吉斯坦外交部随后发表声明称，吉方正在进行关于此事的确认工作，授命吉驻伊斯坦布尔总领事调查出现在土耳其媒体报道中的情况，一直在与土耳其执法机关和当地政府保持稳定和畅通的联系。2017 年 1 月 16 日，恐怖袭击事件的主嫌犯马沙里波夫在伊斯坦布尔厄森尤特区他的一名吉尔吉斯斯坦朋友家中被逮捕。行动中还逮捕了其他 4 人，包括他的吉尔吉斯斯坦朋友以及 3 名女子（分别是埃及、索马里和塞内加尔人）。土耳其伊斯坦布尔省省长瓦希普·沙欣 17 日在新闻发布会上表示，被警方抓获的枪手已经承认自己在新年夜对伊斯坦布尔“雷纳”夜总会发动袭击。

根据土耳其官方媒体报道，马沙里波夫 1983 年出生，2016 年初举家来到土耳其中部城市科尼亚，自此起用别名埃布·穆罕默德·霍拉萨尼。他租了一间公寓，与 1 名女子和 2 名儿童同住，据信是他的妻子和孩子。他是在 2016 年 12 月 15 日来到伊斯坦布尔，被指是“伊斯兰国”极端组织

① “‘伊斯兰国’宣称制造土耳其夜总会恐怖袭击”，2017 年 1 月 4 日，http：//military. china. com. cn/2017-01/04/content _ 40033936. htm.（上网时间：2017 年 11 月 20 日）

② “新年恐袭折射土耳其反恐困境”，2017 年 1 月 3 日，http：//www. sohu. com/a/123225260 _ 123753.（上网时间：2017 年 11 月 20 日）

成员。土耳其政府说，马沙里波夫在阿富汗受训，替“伊斯兰国”卖命。①土耳其《自由报》1月17日报道说，1月1日凌晨，马沙里波夫搭乘出租车来到“雷纳”夜总会，从车尾箱取出长枪冲进夜总会，继而对人群乱枪扫射。马沙里波夫得手后，与妻儿躲在一个安全屋内。后来，马沙里波夫又带着儿子躲到朋友家。土耳其警方在伊斯坦布尔远郊一处公寓内发现大约15万美元现金，怀疑凶手制造此次袭击是为了获取佣金，而由于当局在袭击后采取严格安全措施，这笔钱无法转交到袭击者手中。

从1月1日袭击案发生后，土耳其警方已经逮捕了40多名嫌疑人，包括2名中国籍维吾尔人，指控这2人是这起袭击的“帮凶”。报道称，这2名嫌疑人奥玛尔·阿西姆（Omar Asim）和阿卜列兹·阿卜杜哈米提（Abuliezi Abuduhamiti）都是中国国籍，他们被指控是一个恐怖主义组织的成员，并且参与了39次一级谋杀。

2017年5月11日，据土耳其媒体Sabah报道，土耳其伊斯坦布尔检察院要求当地法院判处制造2017年1月1日新年夜“雷纳”夜总会恐怖袭击案的阿卜杜勒·卡迪尔·马沙里波夫有期徒刑2397年。据悉，土耳其检方共提出了40项指控，包括意图颠覆宪法、实施恐怖主义、残害多人性命、非法保有枪支等。土耳其官方称，在审讯中，马沙里波夫承认了自己犯下的罪行。据其供述，元旦当夜，他原计划在“塔克西姆”广场实施恐怖袭击，但由于广场安保力量较强未能如愿，随后选择了前往“雷纳”夜总会，并在那里制造了震惊世界的血案。②

三、国际社会反应

土耳其总统埃尔多安发表声明，严厉谴责这一恐怖袭击事件，称恐怖分子的目标是杀戮无辜民众与制造混乱。他表示，土耳其将竭力保障民众安全和地区稳定。他重申土耳其将全力打击恐怖主义。他表示：“绝不向

① “土警方抓到夜总会惨案凶手 在阿富汗受训替IS卖命”，2017年1月18日，http://world.huanqiu.com/exclusive/2017-01/9963876.html.（上网时间：2017年11月20日）

② “土耳其新年夜恐怖袭击案主犯或将被判入狱2397年”，2017年5月12日，http://www.sohu.com/a/140189515_248136.（上网时间：2017年11月20日）

这种肮脏的行为妥协”，“决意从根源上摧毁恐怖主义袭击和威胁”。恐袭发生一天后，土耳其政府密集发布针对“伊斯兰国”的打击措施。内政部1月2日宣布，过去一周，当局以“与‘伊斯兰国’有接触”为由拘留147名嫌疑人，最终正式逮捕其中25人；另据土耳其官方媒体报道，土耳其和俄罗斯在叙利亚境内对100多个“伊斯兰国”目标发动军事打击，摧毁大量设施，打死22名极端武装人员。[①] 鉴于国内严峻的恐怖威胁，土耳其大国民议会1月3日晚投票通过政府提交的再次延长紧急状态3个月的提议。这是土耳其第二次延长紧急状态。2016年10月3日，土耳其副总理努曼·库尔图尔穆什宣布，土耳其实施的紧急状态自2016年10月19日起延长3个月，至2017年1月19日。土耳其2016年7月15日晚至16日凌晨发生未遂军事政变，土总统埃尔多安于7月20日宣布，土耳其政府决定实施为期3个月的紧急状态，该决定随后经土耳其大国民议会批准正式生效。[②]

中国国家主席习近平1月2日就土耳其伊斯坦布尔市发生严重枪击事件造成重大人员伤亡，向土耳其总统埃尔多安致慰问电，向遇难者表示哀悼，向埃尔多安总统、遇难者家属和受伤人员致以诚挚的慰问。习近平强调，中方强烈谴责这一袭击事件，坚决反对一切形式的恐怖主义，愿同土方和国际社会加强合作，共同防范和应对恐怖主义威胁。

美国总统奥巴马对死难者表示哀悼，并表示愿意向土方提供协助。他也表示美国会与土耳其一同反恐。俄罗斯总统普京1日就伊斯坦布尔遭遇恐怖袭击事件向土耳其总统埃尔多安致慰问电，同时重申俄罗斯是土耳其反恐的可靠伙伴。普京在慰问电中说，难以想象出比在新年节日高潮时杀害平民更为卑劣的犯罪。恐怖分子与人类道德观念格格不入，“我们的共同责任是给恐怖主义挑衅以坚决回击”。德国外交部在社交网站上的官方声明中写道：“对这起袭击事件感到非常震惊，我们与伊斯坦布尔人感同

① “土耳其总理呼吁美停止以恐制恐”，2017年1月1日，https://zj.zjol.com.cn/news? id=522213.（上网时间：2017年11月20日）

② “恐袭不断，土耳其再次延长紧急状态3个月”，2017年1月4日，http://world.people.com.cn/n1/2017/0104/c1002-28999128.html.（上网时间：2017年11月20日）

身受。”德国总理默克尔第一时间向土耳其总统埃尔多安表示哀悼，称“这个国家再一次遭受了恐怖袭击。我强烈谴责这起袭击事件，这个早上，我的心与那些在袭击中丧生的人们和他们的亲戚朋友同在”。[①]

联合国安理会1日发表媒体声明，以最强烈的言辞谴责土耳其最大城市伊斯坦布尔一夜总会遭受的恐怖袭击。声明说，安理会成员向死难者家属以及土耳其政府表示慰问，并且希望伤者尽快复原。安理会强调，应将恐怖主义行为的实施者、组织者、出资者绳之以法，并敦促各国在此方面同土耳其政府合作。联合国秘书长古特雷斯1日通过发言人发表声明，谴责1日凌晨在土耳其伊斯坦布尔发生的夜总会遭恐怖袭击事件。声明说，古特雷斯向死难者家属、土耳其以及受到影响国家的政府与人民表示深切慰问，希望能够尽快确认这一袭击的组织者和袭击者，并将其绳之以法。

第二节　经验教训分析

近年来，土耳其恐怖袭击频发，首当其冲的就是旅游业。土耳其旅游部门的最新统计显示，2016年一年因为恐怖袭击事件影响，伊斯坦布尔的游客数量下降了26%。舆论认为，此次夜总会袭击中，外国人死伤惨重，可能会进一步打击土耳其业已下滑的旅游业。同时，该案再次暴露了土耳其在防范打击恐怖主义问题上的漏洞和薄弱环节。

第一，安全防控体系出现漏洞。在袭击事件发生前的12月底，土耳其国内尤其是伊斯坦布尔安全机构，已经接到了袭击预警，表明元旦可能会发生恐怖袭击活动。因此在跨年夜，土耳其警方和安全机构出动了大量的安保人员，分散在伊斯坦布尔各地，维持治安[②]，包括自2016年12月31

① “土耳其跨年夜恐袭分子仍在逃 多国表示严打恐怖势力”，2017年1月3日，http：//world. huanqiu. com/hot/2017-01/9898617. html.（上网时间：2017年11月20日）

② “专家质问伊斯坦布尔恐袭：为何土耳其总有恐袭案?”，2017年1月2日，http：//news. youth. cn/gj/201701/t20170102 _ 9003664. htm.（上网时间：2017年11月20日）

日至2017年1月1日期间在伊斯坦布尔某些城区限制卡车、货车和混凝土搅拌车驶入。但是事先部署的安防措施并未能成功组织袭击的发生，显示其情报不准、防范不足的问题。

第二，自废武功，反恐能力难以应付日益升高的恐怖威胁。2016年7月15日未遂政变发生后，土耳其政府加大对反对派势力——“居伦运动”的清洗行动，国内成千上万名军人和警察等执法、司法机关人员因受牵连而被捕或被辞退，导致强力部门、尤其是反恐机构大量富有经验的雇员流失，严重削弱了土反恐能力。

第三，错误的反恐政策终致自食恶果。2011年叙利亚危机爆发后，土耳其政府意图借力打力，利用叙反对派和极端组织“伊斯兰国”削弱阿萨德政权、消耗库尔德武装力量，因此有意放松边境管控，放任来自100多个国家的数万名“圣战”分子通过土进入叙利亚参战，纵容甚至卷入恐怖组织在土叙边境进行恐怖融资、走私武器和文物、非法销售石油等，客观上助长了“伊斯兰国”的发展壮大。其后，由于恐怖主义蔓延失控，国内安全风险升高，外交压力日益增大，土耳其政府不得不调整立场，加入美国领导的国际打恐联盟，后又与俄罗斯“化敌为友”，加强反恐合作，加大对“伊斯兰国”的打击力度，继而招致该组织的重点报复。①

① 李亚男：“土耳其在血色中进入”，《世界知识》2017年第2期。

第二十一章　瑞典斯德哥尔摩汽车冲撞案

2017 年 4 月 7 日，瑞典首都斯德哥尔摩市中心皇后大街上发生一起严重的汽车冲撞事件，造成 10 余人伤亡。该起事件被瑞典当局定性为恐怖袭击。警方指出，肇事车辆是一辆白色运货卡车，嫌犯在卡车卸货过程中趁司机不备，跳进驾驶室将卡车开走，随后高速冲入市中心皇后街人群，最终撞向一处购物中心。瑞典情报机构称，该事件是一起蓄意攻击事件。首相斯特凡·勒文也表示，所有迹象都表明这是一次恐怖袭击。

第一节　案件全景

一、案件经过

当地时间 2017 年 4 月 7 日下午 3 时许，一辆被劫持的白色货运卡车高速冲向斯德哥尔摩市中心皇后大街上的人群，造成至少 5 人死亡，15 人受伤，其中 9 人伤势严重。警方表示，肇事车辆是一辆白色运货卡车，嫌犯在卡车卸货过程中趁司机不备，跳进驾驶室将卡车开走，随后高速冲入市中心皇后街人群，最终撞向一处购物中心。

据《瑞典日报》称，货车撞到建筑物后，现场出现火光和浓烟，还有人对媒体称听到了枪声。现场很多人在事件发生后惶恐逃跑。一名 36 岁的男性目击者表示，当时他正在皇后大街和商务部大街交汇处，眼看着一辆货车急速冲过来，轧了1名女性后撞到了商店的大楼，随后开始冒烟起火，但并没有发生爆炸。一位40多岁的澳大利亚游客表示，卡车左右来回撞击，并不是失控，而是故意往有人的地方撞，他还亲眼目睹卡车撞翻了一辆里面还有孩子的婴儿推车。①

根据瑞典警方发布的视频照片显示，1名身着绿色夹克、白鞋和灰色连帽衫者或为嫌疑人。另据瑞典啤酒厂的一名员工表示，实施恐怖袭击的货车是该公司运送啤酒的车辆，但案发之前被人偷走了。袭击发生后，斯德哥尔摩立即激活“安全检查”，整个城市到处是全副武装的警察和特种部队。被袭击的购物街已经全面封闭。瑞典国家铁路部门称，所有火车已停止进出斯德哥尔摩中央车站，车站人员已被疏散。部分学校也要求学生暂时不要离开。在挪威，警察一般是不会随身携带武器的，但斯德哥尔摩恐怖袭击发生后，挪威也立刻警戒起来，奥斯陆机场和全国各大城市都有全副武装的警察巡逻，时刻戒备。

二、事件调查

事发后，警方封锁事发区域并疏散人群，议会大厦也已封闭戒严，市中心所有地铁线路都暂时停运。当地警方在肇事卡车内找到“可疑装置”，但尚不清楚该装置是否为炸弹。瑞典警察总监丹·埃利亚松（Dan Eliasson）透露，可疑装置是警方在卡车驾驶座位上找到的，但现在还无法确定这个技术装置究竟是什么，唯一能确定的就是该装置“不应该出现在那里”。“现在我还没办法说这是一枚炸弹，或者是什么易燃物品之类的，”埃利亚松说道，“我们正在对此进行技术调查。”②

事件发生后次日，瑞典检方证实瑞典卡车袭击案嫌犯为39岁的乌兹别克裔男子拉赫马特·阿基洛夫。瑞典情报安全局（SAPO）局长松柏格（Anders Thornberg）表示，该男子之前已经是官方关注的对象，即“已

① “货车袭击惨案震惊斯德哥尔摩 世界各国同声谴责”，http：//world. huanqiu. com/exclusive/2017-04/10442956. html? referer=huanqiu? source=1.（上网时间：2018年2月1日）

② “瑞典警方：首都恐袭案被捕嫌疑人来自乌兹别克斯坦”，http：//mini. eastday. com/mobile/170409113418856. html.（上网时间：2018年2月1日）

经记录在案”，“去年收到一些情报，但是并没看到该男子和任何极端分子的联系，他只是一个边缘人物。”事件发生后，中国驻瑞典使馆已第一时间启动应急机制，发布安全提醒。目前尚无中国公民伤亡报告。恐怖袭击事件发生后48小时之内，瑞典警方先后拘留了3名嫌疑人。经过多轮调查与审问，警方确认这起袭击事件的主要嫌疑人是来自乌兹别克斯坦并被拒绝居留申请的拉赫马特·阿基洛夫。

三、国际社会反应

事件发生后，瑞典首相斯特凡·勒文称该事件是一起恐怖袭击，并要求相关部门加强边境管控。“恐怖分子希望我们害怕，希望我们改变一贯做法，希望我们无法正常生活，但我们不会让他们如愿。恐怖主义永远不能打败瑞典，永远不能。我们仍将是一个开放、民主的社会。”斯德哥尔摩市长卡琳·万高称：“这起恐怖袭击无关乎你的肤色，我们将以团结的精神、开放的态度和友善的行动证明，我们更加团结，你来自哪里并不重要。”瑞典国王卡尔十六世·古斯塔夫也发表声明安抚群众，他表示“那些想要给予我们帮助的人，远远多于那些想要伤害我们的人”。

联合国秘书长古特雷斯当天通过发言人发表声明，谴责瑞典首都斯德哥尔摩发生的暴力袭击事件，向受害者家人表示同情，愿伤者早日康复。联合国对瑞典政府和人民表示支持，希望袭击制造者被迅速绳之以法。在当天召开的安理会会议上，安理会各理事国代表在发言时也纷纷对斯德哥尔摩袭击事件予以谴责。

世界各国也迅速向瑞典表示声援。俄罗斯总统普京第一时间向瑞典国王致电表示慰问，他表示，俄罗斯民众知道国际恐怖主义的残暴。在这个艰难的时刻，俄罗斯人民和瑞典人民一起哀悼。就在4天前，俄罗斯城市圣彼得堡发生自杀式爆炸袭击，造成13人死亡。德国总理默克尔的发言人塞伯特通过社交媒体表示，德国将与你们站在一起，反对恐怖主义。欧洲理事会主席图斯克表示，“任何对我们成员国的攻击都是对我们整体的攻击，我们应该团结一致肩并肩和瑞典人民站在一起。”欧盟委员会在4月10日的记者会上，对斯德哥尔摩的恐怖袭击事件给予谴责，欧盟委员会总部降半旗，向遇难者及其家属致以哀悼。欧盟同时宣布，为提高安全保卫措施，加大反恐力度，控制难民偷渡，由欧盟委员会起草的《边境法修正案》已正式生效。芬兰、丹麦、奥地利等国也向瑞典表示慰问以及对打击恐怖主义的支持。

第二节　经验教训分析

一是汽车冲撞成恐袭“新潮流”，“独狼”式袭击防不胜防。瑞典遭袭前，欧洲已经发生多起恐怖分子利用车辆发动的袭击，瑞典本次袭击事件和欧洲近年来发生的汽车袭击事件非常相似。如2016年7月14日晚，法国尼斯市举行国庆日庆祝活动时，驾驶一辆卡车冲撞、碾压人群，造成84人死亡、超过200人受伤，嫌犯随后被击毙。“伊斯兰国”随后宣称对该恐怖袭击事件负责。同年12月19日，德国柏林一处圣诞集市遭遇恐怖袭击，一名突尼斯人当晚驾驶卡车冲上人行道，造成包括卡车原司机在内的12人死亡、近50人受伤。“伊斯兰国”也宣称对恐袭负责。2017年3月22日，伦敦发生恐怖袭击事件，英国籍男子马苏德驾驶一辆灰色四驱车，在英国议会大厦附近高速冲上伦敦熙熙攘攘的西敏桥行人道，然后下车后刺死一名执勤警员，事件共造成6人死亡、50多人受伤。

二是欧盟提高反恐力度，申根国家出入境无边检历史将终结。斯德哥尔摩汽车撞击事件的发生，迫使欧盟不得不重新修改法律，提高安检级别。[①] 根据欧盟新的反恐法规定，从2017年4月7日开始，欧盟申根国陆海空所有出入境口岸将重新启动安检机构，所有过往旅客必须经过边检人员的检查方可过境。该法律旨在防范恐怖袭击活动的再度发生、控制难民偷渡。欧盟新的反恐法实施后，欧洲申根国家出入境无边检的历史将就此终结，何时能够再度自由出入欧洲申根国，恐怕遥遥无期。欧盟委员会表示，为加强反恐力度，欧盟《边境申根法修正案》正式生效，包括欧盟公民在内的所有过境旅客都将接受边境检查。欧盟委员会发言人朵芬·恩斯特表示，此次边境法的修正是对2015年11月巴黎发生恐怖袭击以及日趋严峻的来自外部恐怖主义威胁的回应，这意味着所有欧盟成员国都有责任

---

① “欧盟申根国重启过境边检 出入境均需检查证件”，http：//news.sina.com.cn/o/2017-04-10/doc-ifyeayzu7362364.shtml.（上网时间：2018年2月1日）

进行有针对性的数据库系统检查，这也包括对所有欧盟公民。2015 年 11 月巴黎恐袭案发生以后，欧盟委员会于当年 12 月起草了这一修正案，欧洲理事会和欧洲议会表决通过后，在 2017 年 4 月正式生效。欧盟新的反恐法实施，意味着欧洲申根国家出入境无边检的历史将暂告一段落。

第二十二章　美国拉斯维加斯赌场恐袭案

美国西部城市拉斯维加斯当地时间 2017 年 10 月 1 日晚上突发一起严重枪击案，58 人在这起枪击事件中死亡，其中 31 人当场被打死，总共 851 人受伤，其中 422 人直接受枪伤，参加音乐会的约 2.2 万人全部为受害者，该起事件为美国历史上伤亡最大的枪击案。该枪击案发生在一场露天乡村音乐会上，案发现场约有上万名观众。枪手是一名 64 岁的拉斯维加斯本地人，名叫斯蒂芬·帕多克，当天他在与演唱会场地一街之隔的曼德勒海湾酒店的 32 层向下开枪。

第一节　案件全景

一、案件经过

美国西部城市拉斯维加斯当地时间 2017 年 10 月 1 日晚上突发一起严重枪击案，64 岁的拉斯维加斯本地人斯蒂芬·帕多克从拉斯维加斯曼德勒海湾酒店 32 层房间向楼下参加露天音乐节的人群持续扫射。由于露天乡村音乐会现场约有上万名观众，该起枪击案造成伤亡的程度为美国历史之最。2018 年 1 月 19 日美国发布的调查报告最终认定，58 人在这起枪击事件中死亡，其中 31 人当场被打死，总共 851 人受伤，其中 422 人直接受枪伤，参加音乐会的约 2.2 万人全部为受害者[1]。

当晚大约 22 时，当歌手杰森·阿尔迪恩正在台上演唱时，枪声开始响起。据美国广播公司播出的一段现场视频显示，急促、连续的枪声持续超过 10 秒。现场观众纷纷卧倒，继而起身逃离，这时又响起急促枪声。另根据多个视频和目击者描述，枪手使用全自动武器，从高处向人群射击，射击时间持续共计大约 4 分半钟，其间枪手似乎多次更换弹匣，共发射超过 200 发子弹。有媒体形容，现场传出过百下枪响，枪声震天。亲历者迈克·克朗克表示，枪声刚响起，他以为是烟花声，紧接着第二波枪声响起，他身旁的一个朋友胸部中了 3 颗子弹，他和其他人才意识到有人开枪。出席音乐会的 Cari Copeland 表示，当时听到自动步枪的密集射击声，不少人中枪丧生，现场遍地尸体，她只能爬过尸体逃命。Kodiak Yazzi 则表示，他当时以为枪声是放烟花，枪声约持续 5 分钟左右。[2]

案发后，警车蜂拥而至，警察全副武装，手持突击步枪。拉斯维加斯机场一度关闭，全部进出港航班暂时停飞。

二、事件调查

案发后，大批警员赶往现场展开大规模搜索行动，并且封锁了事发地点周围的街道。拉斯维加斯警方以及联邦调查局的特种战术小组也被调往现场。警方在嫌犯身亡后表示，不认为还有更多的枪手。拉斯维加斯警方通过推特账号呼吁民众不要前往事发地点周边，并且不要通过社交媒体直播警方的战术行动，或者分享警员的位置，从而给警员造成危险。部分飞往拉斯维加斯的航班也由于枪击事件和警方行动而改飞其他机场。[3]

---

① “美警方公布拉斯维加斯枪击案初步调查报告”，http：//www. xinhuanet. com/2018-01/20/c _ 1122289009. htm.（上网时间：2018 年 2 月 1 日）

② “拉斯维加斯枪击案：枪手三次扫射 枪声持续约 5 分钟”，http：//www. myzaker. com/article/59d222901bc8e05f3e000000/.（上网时间：2018 年 2 月 1 日）

③ “美拉斯维加斯枪击案已致 20 人死亡 100 多人受伤”，http：//news. 163. com/17/1002/16/CVOOKQOD0001899N. html ＃ p＝CVOGFLA700AO0001NOS.（上网时间：2018 年 2 月 1 日）

拉斯维加斯所在的克拉克县治安官约瑟夫·隆巴尔多表示，枪手是 64 岁的本地人斯蒂芬·帕多克，有违法记录，但不认为枪击案的嫌犯与任何极端组织有关系。斯蒂芬·帕多克居住在内华达州麦斯奎特市一个高档的退休社区，曾从事会计或审计工作，持有狩猎执照和飞行员执照。案发时，他从与演唱会场地一街之隔的曼德勒海湾酒店 32 层开枪。特警随后冲入帕多克所在的房间，发现他已经自杀身亡。警方在其房间内发现至少 10 支枪。隆巴尔多指出，帕多克应该是单人作案，并非极端组织成员，暂时不清楚其作案动机。美国国土安全部指出，没有情报显示，美国其他公共场所受到“可信的具体威胁”。另外，警方正在寻找与枪手住在一起的一名 62 岁亚裔女性以及两辆汽车。10 月 2 日，极端组织“伊斯兰国”通过其喉舌阿马克通讯社主动“认领”这起枪击案，称枪手为该组织一名“战士”，在数月前加入伊斯兰教，但该组织并未提供相应证据。

美国警方 2018 年 1 月 19 日公布了拉斯维加斯曼德勒海湾酒店枪击案初步调查报告。报告披露了诸多此前不为人所知的案情细节，但没有说明凶手斯蒂芬·帕多克的作案动机。该报告长达 81 页，以图文形式总体描述了整个枪击事件的过程、帕多克入住酒店后至行凶期间的活动情况、帕多克为策划袭击所收集的信息及其个人生活状况简介等。报告显示：帕多克靠赌博和房地产经纪为生，喜爱豪赌，但在作案前还掉了所有赌债；他曾多次向亲友抱怨自己“生病、感觉疼痛和疲惫”；心理医生认为他行为表现“情绪化”，有点“怪异”；他拒绝服用抗抑郁药物，但接受了医生开出的减少焦虑的处方；在 2016 年 10 月至 2017 年 9 月间，帕多克共购买了 66 支枪。从报告中看，帕多克一人制造了这起美国现代史上死伤最惨重的枪击事件。报告还披露，帕多克自杀身亡后在酒店房间内遗留了 4 部手提电脑和 3 部手机，调查人员从中获取了大量证据。此外，为调查此案，警方跟踪分析了大量线报及监控录像等。警方在当天举行的新闻发布会上说，发布这份初步调查报告并不符合惯例，这么做是为了回应公众对这一案件的关切，但“这份报告不会对所有疑问给出答案”。①

① “美警方公布拉斯维加斯枪击案初步调查报告”，http：//www. xinhuanet. com/2018-01/20/c _ 1122289009. htm .（上网时间：2018 年 2 月 1 日）

三、国际社会反应

美国总统特朗普 2017 年 10 月 2 日在其官方推特上向遇难者及其家属表示哀悼和同情。特朗普在推文中说："我要向拉斯维加斯枪击事件遇难者及家人表示最深切的哀悼与同情。愿上帝保佑你们！"此外，特朗普还宣布，将于当地时间 3 日前往拉斯维加斯，会见遇难者和救援人员。拉斯维加斯市政厅发表声明说，"这是拉斯维加斯一个非常悲伤的夜晚"，并警告公众远离事发地酒店所在地周围。

法国总统马克龙表示，他"怀着悲痛的心情缅怀美国伙伴，他们在发生于拉斯维加斯的暴力事件中受到了伤害"。英国首相特雷莎·梅表示，她与美国总统特朗普通了电话，表示了慰问。特雷莎·梅指出，这起袭击是"愚蠢的懦夫行径"，英国愿向美国提供一切可能的帮助。俄罗斯总统普京对这起"残忍"的枪击事件表示震惊，并对特朗普表示慰问。墨西哥总统培尼亚、日本首相安倍晋三等其他一些国家的领导人也纷纷谴责拉斯维加斯枪击事件，对美国民众表示慰问。

第二节　经验教训分析

拉斯维加斯枪击案造成的伤亡为美国枪击案史上之最，究其原因如下[①]：一是射击的目标密集、无差别。凶手选择参加露天音乐会的观众们，人数众多。从现场视频看，可谓人头攒动。面对这样的目标开枪，不仅命中概率高，而且附带杀伤力大，很有可能出现一枪两命。此外，由于现场人员众多，枪击案发生后无法立刻疏散，为凶手继续行动创造了有利条件。加上目标区域有大量灯光照明，也为凶手创造了有利的射击环境。而音乐会现场声音响亮，则在很大程度上遮盖了枪声，导致观众在袭击发生后无法在第一时间做出反应。还好枪手并未在枪械上安装消音器，否则伤亡更加严重。二是射击的时间。凶手作案时已是当晚 22 时许，而凶手所在

① "美国拉斯维加斯枪击案伤亡惨重的四大原因"，http：//www.360doc.com/content/17/1004/01/29819924_692102991.shtml.（上网时间：2018 年 2 月 1 日）

的酒店被笼罩在夜幕中，参加露天音乐会的观众们在灯光下则非常明显地暴露在凶手的视野中。加上凶手持有狩猎资格证，在黑暗中射击有光源的目标，可以说是易如反掌。三是射击的位置占据制高点。凶手在酒店32楼居高临下对密集的人群进行射击，子弹击中观众头部的概率比较大，而且观众一旦趴下又增加了被击中的概率。此外，由于楼层高，即使警方发现了凶手，也无法立即制止其继续作案。四是武器的选择。除了枪手占据制高点之外，枪械的选择也是本次枪击案造成伤亡惨重的主要原因。根据视频显示，枪手共射击了3次，枪声密集，并且持续时间长达数分钟。从枪声可以判断凶手使用的是自动步枪或机枪。若是自动步枪，凶手很有可能使用了大容量弹鼓。再从距离上看，200米左右的射击距离正好是机枪或是自动步枪的理想杀伤射程，弹药威力不仅不会衰减，射击精度也相当高。

美国枪击案频发，而本次枪击案死伤如此严重，要求改变美国枪支管制的呼声压力也空前高涨，但美国要实现控枪仍然面临重重困难。BBC北美事务记者安东尼 泽克尔列出了美国控枪面临的五大障碍[①]：

一是美国全国长枪协会（NRA），该协会是美国政治中最有影响力的利益团体之一，每年投入大量的资金游说政客，拥有会员人数超过500万。该协会既反对绝大多数加强管制枪支的提案，也在联邦政府和州政府层面下了很大力气争取放松很多现有对持枪者的限制。2016年，全国长枪协会用于游说和直接捐给政客的资金为400万美元，另外还花了5000万美元用于政治宣传，其中包括帮助特朗普当选总统，这一费用估计有3000万美元。全国长枪协会的年度预算金额大约为2.5亿美元，用于教育普及项目、枪支设备、会员活动、提供赞助、法律宣传和其他相关的活动。该协会在华盛顿势力之大能影响到最强政界人士的成或败。它评估政治人物的票数，投入资源和安排会员，在财政和组织上支持那些为之摇旗呐喊的，反对那些与之为敌的。

二是政治算盘。自2011年开始美国众议院中共和党占多数以来，所有力争联邦立法规管枪支的努力还没有开始就已经结束。2016年6月，一些

① “拉斯维加斯枪击案掀控枪呼声：美国控枪的五大障碍”。http：//www.chinanews.com/gj/2017/10-05/8346680.shtml.（上网时间：2018年2月1日）

民主党国会议员在国会内席地静坐，抗议共和党领导层决定对两项控枪法案不进行投票。由于众议院选区划分多数由共和党控制的州议会决定，因此共和党比民主党有更多“稳操胜券”的席位。在这些众议院议员的选区中，政客们对他们的选民更为敏感，而这些选民也更倾向于对枪支权利等热门问题感兴趣而参加投票。得罪这些选民的代价要比疏远支持控枪的选民高得多，因为支持控枪的选民往往并不参加共和党初选投票。人口结构在众议院支持拥枪的情绪中也起到了作用，因为枪主的比例在乡村地区要高出城市地区。在城市中即便争取到绝大多数人支持控枪，对改变众议院中的政治现实也没有什么用处。除非有大量大城市中思想开明的支持控枪者涌入乡村地区生活，人口结构才会发生变化。美国政治中也有人希望打破这种为本党利益改变选区划分的小算盘。美国最高法院也正在考虑从法律层面改变威斯康辛州划分选区对共和党人有利的做法。不过，让政治跳出选区划分不会是件容易的事。

三是政治掣肘。如果控枪法案真的能在众议院通过，在参议院仍然要面对挑战。大城市选民占多数的那些州，如纽约州、马塞诸塞州或者加州，数量远远低于乡村选民占多数或者南部支持拥枪呼声高的那些州。另外在参议院内，要使法案得以通过，必须得到总数 100 名参议员中的 60 票支持，而不是过半数支持。2013 年，在康涅狄格州发生校园枪击案后，加强对购枪者身份审查的议案似乎在参议院获得两党很大的支持。但是经过全国长枪协会的游说，最后议案只得到 56 票支持，仅以 4 票之差未能免于政治掣肘。从那之后，还没有任何其他的控枪措施得以上到立法部门如此高的程度。现任美国总统特朗普或许是有史以来口头上最倡导废除参议院政治掣肘的。他认为这是阻碍他实现立法议程的最大障碍，但是绝大多数的参议员都反对改变这一立法规定。

四是法院。由于国会更愿意放松现有枪支管理的规定，而不是执行新的规定，美国有些州已经采取更大的行动执行控枪措施。2012 年，康涅狄格州发生校园枪击案导致 27 人死亡后，21 个州通过了新的控枪法律，其中在康涅狄格州、马里兰州和纽约州对攻击性武器实行了禁令。其中的一些法律却遇到了另外的障碍——美国司法系统。最近，美国最高法院两次裁决，拥有类似手枪之类的武器，是美国宪法保障的权利。

五是民意。控枪法最大的障碍恐怕莫过于全国反对立法禁枪的人非常坚决，而支持新立法控枪的人，却随着每次出现枪击案，反对情绪高涨并不持久。全国步枪协会的策略，也是支持拥枪政客们的策略，则是拖延，等待人们的关注点转移到其他方面，民意不再鼎沸时再从长计议控枪立法。支持拥枪的政客们表达他们的哀思和祈祷，全国下半旗致哀。然后，无人注意之时，法案却被延期讨论，甚至被搁置。

第二十三章　埃及西奈半岛恐袭案

当地时间2017年11月24日下午，埃及北西奈省首府阿里什市以西偏僻的阿贝德镇一座苏菲派清真寺发生一起严重恐怖袭击，人们在主麻礼拜时发生爆炸，随后遭到机枪扫射。截至2017年11月25日，已造成至少305人死亡、128人受伤。这是一起经过周密计划的恐袭，恐怖分子选择星期五主麻日混入清真寺，在现场500名信徒当中先是引爆炸弹，接着扫射信徒，最后是袭击赶来的救护车，以增加伤亡人数，袭击后数名武装分子趁乱逃走。事后，“伊斯兰国”极端组织宣布对此次袭击事件负责。各种迹象表明，该起恐袭事件是自称“伊斯兰国西奈省”的“耶路撒冷支持者”所为。

第一节　案件全景

一、案件经过

当地时间2017年11月24日下午，埃及北西奈省首府阿里什市以西偏僻的阿贝德镇一座苏菲派清真寺发生严重恐怖袭击，人们在主麻礼拜时发生爆炸，随后遭到机枪扫射。截至2017年11月25日，已造成至少305人死亡、128人受伤。

制造袭击的恐怖分子有25至30人，分乘5辆越野车抵达清真寺后，向内投掷爆炸物并开枪扫射。他们一边开枪一边挥舞极端组织 ISIL 的标志性黑旗，封锁了道路并在袭击后还点燃了清真寺周边停放的一些车辆，然后乘越野车逃离现场。有目击者表示，武装分子当时埋伏清真寺外，朝爆炸后从清真寺中逃出的人群开火，医护人员随后将伤者送往当地医院。事件发生后，埃及总统塞西召集内政、外交部长召开紧急安全会议商讨对策，并宣布全国哀悼 3 天。塞西在电视讲话中表示，埃及将立即对制造此次袭击的恐怖分子发动无情打击。埃及军方和警方将为遇难者复仇，并在短期内重建埃及的安全与稳定。

埃及西奈半岛清真寺遭遇恐怖袭击后，军方连夜派出战斗机追袭袭击者的车辆以及数个恐怖分子据点，摧毁他们的军火库。2017 年 11 月 24 日深夜，埃及军方发表声明说，埃及空军已对制造北西奈省清真寺恐袭的恐怖分子发动空中打击，摧毁数台车辆并消灭车上人员。声明说："埃及空军与此同时对数个恐怖分子据点进行了打击，安全部队在地面搜索、追踪残余恐怖分子。"此前，考虑到安全问题，埃及已经关闭了部分北部边境。金字塔政治与战略研究中心研究员哈尼·阿瑟认为，埃及军方势必将于近期加大在西奈半岛的反恐力度，埃及政府不希望看到西奈为数众多的部族武装自发与恐怖组织对抗，政府需要告诉民众，军方有能力保护他们的安全。

二、事件调查

"伊斯兰国"极端组织宣布对此次袭击事件负责。这一袭击事件震惊埃及民众，促使总统塞西领导的政府加强礼拜场所和重要建筑的安防，并宣布全国哀悼 3 天。塞西也召开紧急安全会议商讨反恐对策，并发表全国电视讲话，誓言强力打击恐怖分子，为枉死民众讨回公道。

据北西奈省警察局长和小镇当地的民众透露，这是一起精心策划、准备良久的恐怖袭击。[①] 首先，他们选择的目标是伊斯兰教苏菲派的信众。西奈半岛多数民众信仰的是苏菲派，一向与坚持世俗化，反对宗教极端思想的埃及军方站在一起，积极主动配合埃及军方在西奈半岛全境清剿宗教

① "西奈特大袭击事件拉响埃及旅游红色警报"，http：//news. ifeng. com/a/20171125/53571227 _ 0. shtml.（上网时间：2018 年 2 月 1 日）

极端势力，尤其是“伊斯兰国”武装对西奈半岛的渗透，令宗教极端组织恨之入骨。因此，他们此次被选为袭击的重点目标，但这也出乎所有人的意外。因为，此前西奈半岛的极端宗教势力与恐怖组织从来没有主动袭击过平民，其主要目标都是军人与警察，但这次他们不仅把目标锁定平民，而且是挑他们一周中最集中的祈告的时候下手。当然，祈告的人中也有不少的当地民兵，他们一直是埃及军警在西奈半岛打击暴恐势力的得力助手。

其次，他们精心设计了袭击战术，比如，袭击者分乘 4 辆皮卡车闪电般驶抵清真寺，首先引爆炸弹，把清真寺里的人们吓出来，然后冲着惊吓涌出的人群疯狂开枪扫射。本来就吓坏的人们猝不及防，纷纷倒在弹雨中。为了阻止镇上的民兵和警察赶来狙击，他们同时还将清真寺四周街边的汽车拖到路中间点燃，从而成功阻滞了军警的增援。得以让他们在杀人后逃之夭夭。

三、国际社会反应

埃及恐袭发生后，中国、俄罗斯、美国、英国、法国、伊拉克、巴林、也门、阿曼、约旦、土耳其等多国已经对这起袭击事件予以谴责。[①]中国国家主席习近平 2017 年 11 月 25 日向埃及总统塞西致慰问电，就 11 月 24 日埃及北西奈省阿里什市一清真寺发生严重恐怖袭击向无辜遇难者表示沉痛哀悼，向塞西总统、遇难者家属和受伤人员致以诚挚的慰问。习近平在慰问电中指出，中方坚决反对一切形式的恐怖主义，对这次恐怖袭击予以强烈谴责。中方坚定支持埃方维护国家安全稳定、打击恐怖主义的努力。

俄罗斯总统普京向埃及总统塞西致电，谴责发生在西奈半岛清真寺的恐袭事件，强调俄愿与埃及发展反恐协作。美国白宫和国务院 2017 年 11 月 24 日分别发表声明，以最强烈的言辞谴责发生在埃及西奈半岛一清真寺的恐袭事件，并表示将支持埃及反恐。美国总统特朗普发推特称：“可怕而懦弱的恐怖分子对埃及无辜的手无寸铁的信徒展开攻击。世界不能容忍

① “埃及恐袭已致 235 人死：多国谴责 幕后真凶何?”，http：//news.163.com/17/1125/08/D42SVQKL00018AOQ.html．（上网时间：2018 年 2 月 1 日）

恐怖主义，我们必须在军事上打败他们，驱散促使这些组织存在的极端主义思想。”英国首相特雷莎·梅发推特她对令人厌恶的攻击感到震惊，她称这是“邪恶且懦弱的行为”。联合国安理会和联合国秘书长古特雷斯发表声明，对当天早些时候埃及西奈半岛清真寺发生的恐怖袭击进行强烈谴责。安理会强调，必须对这起恐怖袭击事件的实施者、组织者、资助者和支持者追究法律责任。伊拉克驻埃及大使馆发表声明称，强烈谴责针对无辜民众的袭击。科威特埃米尔萨巴赫致电埃及总统塞西，向袭击遇难者家属表示哀悼。以色列方面也向埃及表示慰问。以色列官方称，国际社会应通力合作，共同打击恐怖主义。欧盟执行委员会主席容克也向埃及民众和塞西总统表示最诚挚的哀悼。巴黎市长安娜·伊达尔戈表示，巴黎埃菲尔铁塔当地时间午夜时分将会熄灭照明灯光，对埃及清真寺爆炸和枪击事件中的死难者表示哀悼。她表示，埃菲尔铁塔熄灯将会传递出来自法国的团结信息。

第二节　经验教训分析

虽然近年来“伊斯兰国”频繁针对科普特人教堂和军警发起袭击，但是针对清真寺的大规模恐袭尚属首次，其背后原因值得关注。[①]

一是“伊斯兰国”在叙利亚和伊拉克失势后，积极寻找新的大本营，在“西进”利比亚和“东进”阿富汗均遭受重创的情况下[②]，“伊斯兰国”组织开始将重点转向埃及西奈半岛，该地区作为反恐防线的薄弱地区，被

① “恐袭者是谁？埃及西奈半岛为何沦为恐怖袭击的重灾区”，http：//www.sohu.com/a/206798376_713041.（上网时间：2018年2月1日）

② 2015年11月，美军对“伊斯兰国”在利比亚的高级头目纳比勒实施定点清除；2016年2月，美军对该组织在利比亚的另一名高级头目舒沙纳进行定点清除，并炸毁该组织训练营地；同年8月，美军第三次对利比亚境内“伊斯兰国”目标实施空袭，打死40多名极端分子，使“伊斯兰国”在利比亚建立大本营的美梦破灭。同时，2016年，美国宣布，“伊斯兰国”组织在阿富汗及巴基斯坦分支头目哈菲兹·赛义德·汗死于无人机空袭。2017年，特朗普政府宣布对阿富汗增兵4000人，并于4月在阿富汗首次使用炸弹之母，炸死36名“伊斯兰国”武装分子。

称为“柔软的下腹部”。

二是西奈半岛特殊的地理位置、复杂的宗教和部落矛盾及落后的经济发展，极其容易成为滋生恐怖主义的土壤，为“伊斯兰国”提供庇护所。西奈位于埃及领土的亚洲部分，部落、教派构成复杂。2011 年穆巴拉克政权垮台后，埃及经济下滑，社会失序，政府忙于发展经济和应对社会问题，未能及时处理西奈半岛的安全威胁。埃及中央政府失去了对西奈半岛大部分地区的控制，西奈半岛几乎处于安全真空状态，进而成为极端组织盘踞的大本营。[①] 此外，中央政府未能处理好与贝都因人部落的关系，长期以来对西奈半岛实行的边缘化政策，使贝都因人社会地位低下，加上伊斯兰极端组织的渗透，导致贝都因人日益极端化，并参加极端组织、从事暴恐活动。此次遭袭的阿贝德镇主体是萨瓦卡部落，属于苏菲派，被“伊斯兰国”组织视为“异端”；且受袭的苏菲派清真寺是西奈半岛苏菲派教士出生地。2017 年 4 月，“伊斯兰国”对埃及科普特人教堂发动袭击，试图挑拨穆斯林和基督徒的矛盾；如今“伊斯兰国”通过对苏菲派清真寺发动恐袭，企图挑动伊斯兰教内部各教派的矛盾，并从中渔利。

三是埃以签订的和平协议限制了塞西政府在西奈半岛的反恐行动，驻西奈半岛的埃及军队力量薄弱，不足以应对不断壮大的极端主义势力。1979 年，埃及和以色列达成的《戴维营协定》，根据该协定西奈半岛属于“非军事化区域”，即埃及对西奈半岛拥有主权，但只能部署 750 人左右的军事力量，而且埃及不得在西奈半岛部署重型武器，以避免对以色列构成威胁。西奈半岛的安全由埃及警察以及多国观察员部队负责，且必须遵守该地区人员和物资的部署限额。这些规定严重地限制了塞西政府在西奈半岛的反恐能力。2014 年，位于西奈半岛的“耶路撒冷支持者”宣布脱离“基地”组织，转而宣布效忠“伊斯兰国”，并成立“伊斯兰国西奈省”。该组织甚至于 2015 年 10 月在西奈半岛上空击落俄罗斯民航客机，造成 224 人死亡。2016 年 8 月，埃及军队击毙了“伊斯兰国西奈省”头目安萨里，该组织随之开始升级报复行动。因此，在既不能使用重型武器，又没有大规模军事力量的情况下，埃及政府在西奈的反恐行动变得非常困难。

① “埃及西奈半岛为何沦为极端组织的‘温床’”，http：//mil. news. sina. com. cn/2017-11-27/doc-ifypacti8474743. shtml.（上网时间：2018 年 2 月 1 日）

2017年9月，埃及部署在西奈半岛的安全部队遭遇袭击，造成20多人死亡。而此次遭袭的阿贝德镇清真寺地处偏僻小镇，对埃及政府来说可谓鞭长莫及，更难防范。

随着“伊斯兰国”继续向西奈半岛渗透，埃及反恐形势日益严峻，也面临不少新的变化和挑战。一是在地理位置上，反恐战场由西奈半岛向西部沙漠地区和开罗、亚历山大等大城市蔓延；二是恐袭对象上，早前的袭击以针对军警为主。2016年底以来科普特教堂也时常成为恐怖分子的攻击目标，而这次恐袭则将袭击对象范围进一步扩大。埃及新闻总署署长拉什万在袭击后发表声明说，本次袭击是埃及现代史以来首次针对清真寺的袭击。埃及金字塔政治与战略研究中心研究员法塔赫指出，恐怖分子的目标相比此前已发生改变，他们试图通过单次袭击制造尽可能多的伤亡以传播恐慌。恐怖分子试图抹黑埃及政府反恐成效，并向外界高调宣布他们依然有能力在埃及掀起波澜。拉什万指出，此次袭击的残暴和极端恰恰表明埃及的恐怖组织已开始衰败。他们选择较易下手的平民目标发动袭击，说明他们已无力正面应对埃及安全部队的清剿。纳赛尔高等军事学院教授卡什库什表示，此次袭击的手法明显带有“伊斯兰国”的印记，其袭击目标的改变显示该组织策略的重大转变。①

为应对日益复杂的反恐形势，2017年埃及成立反恐最高委员会，并依法赋予政府足够的权限。塞西政府根据法律和行政法规赋予的权利，采取半军事化管理，加大对国内重要基础设施的保护；加大对人群密集场所的动态监控、巡逻和排查力度；加强对重点地区、媒体和重点人物的监控和监视范围；对北西奈省的“伊斯兰国”分支机构采取持续高压政策；与国际社会加大反恐合作与情报交流。埃及成立反恐最高委员会后，在维护西奈局势稳定方面取得一定效果，与此同时也限制了当地部落与以色列开展经贸往来的机会，引发部分民众抗议。“伊斯兰国”未来或将利用民众对政府的不满继续发起袭击。限于反恐资金和人员，塞西政府的反恐重点还是以首都开罗和亚历山大等大城市为主，未能做到全覆盖，西奈偏远地区未来仍是埃及的反恐漏洞。

---

① “突遭重大恐袭埃及反恐再起波澜”，http：//news. sina. com. cn/w/2017-11-26/doc-ifypapmz5116504. shtml.（上网时间：2018年2月1日）

第二十四章　西班牙汽车冲撞案

2017 年 8 月 17 日下午，西班牙巴塞罗那市中心著名景区兰布拉斯步行街上发生货车撞人恐怖袭击事件，一辆白色厢式货车突然高速冲向行人，撞飞、撞倒数十人。其后不久，巴塞罗那以南 100 多千米处的海滨小镇坎布里尔斯又发生一起汽车冲撞行人事件。两起事件共造成 14 名平民死亡，100 多人受伤，其中 17 人生命垂危。

第一节　案件全景

一、案件经过

当地时间 2017 年 8 月 17 日下午，西班牙巴塞罗那市中心著名景区兰布拉斯步行街上一辆白色厢式货车突然高速冲向行人，有数十人当场被撞倒，上千行人和游客开始四散奔逃，许多人躲进街边商户，很多商家则在接纳避难者后迅速关闭店门。在连续撞人并行驶了 500 多米后，货车驾驶员弃车，步行逃离现场。两名嫌犯在驾车冲撞人群后持枪躲进一家餐厅。作为巴塞罗那最著名的街道，兰布拉斯大街位于巴塞罗那市中心，是这座加泰罗尼亚自治区首府的历史名胜区，全长 1.2 千米，始于加泰罗尼亚广场，延伸至海滨的克里斯托弗·哥伦布纪念碑。[①] 兰布拉斯大道林荫密布，两边是各种店铺、小摊和餐馆，熙熙攘攘的游人使得这条大道充满活力，几乎是每个前来巴塞罗那游玩的游客的必到之处。袭击者从加泰罗尼亚广场附近开始，一路驾车冲撞行人近 500 米至博盖利亚食品市场，而这正是游客最密集、最热闹的一段路。鉴于事发时临近傍晚，也是最多人在这条路上悠闲踱步或坐在街边喝咖啡小憩的时候。该事件造成 13 人死亡，100 余人受伤。这是西班牙自 2004 年“马德里爆炸案”以来遭遇的死伤最惨重的袭击。[②]

案发后，警察随即赶到现场，封锁相关区域，对凶手展开追捕，附近步行街商店、咖啡厅暂时关闭，公共交通暂时停运。警方逮捕了 4 名嫌疑人，但驾车行凶者尚未找到。此外，1 名男子驾车试图冲卡时被警方打死。目前，极端组织“伊斯兰国”已宣称对巴塞罗那恐袭负责，并称此举针对的是参与美国主导的打击“伊斯兰国”国际联盟的国家。

巴塞罗那恐袭发生数小时后，坎布里尔斯又发生一起汽车冲撞行人事件，造成 6 名平民和 1 名警察受伤，其中 1 人伤重不治身亡。据当地媒体报道，警方 17 日晚在坎布里尔斯发起反恐行动。一辆汽车冲撞行人，导致人员受伤。警方当场打死 4 名嫌疑人，1 名嫌疑人伤重毙命。有媒体说，嫌疑人可能带有自杀式炸弹腰带。警方正在调查这些嫌疑人与巴塞罗那恐袭的关联。两起事件的死伤人员来自德国、比利时、加拿大等 30 多个国家和地区。

中国驻巴塞罗那总领事馆 8 月 18 日清晨发布消息表示，截至当地时间 18 日 6 时，加泰罗尼亚自治区警方、应急指挥中心向总领馆确认，又有 2 名中国台湾游客在巴塞罗那恐袭中受伤，均已入院接受治疗。目前，2 人伤情稳定。此前，巴塞罗那总领事馆证实，1 名中国香港游客、2 名中国

① “巴塞罗那兰布拉斯大街：美丽街道上的恐怖袭击—新华网”，http：//www. xinhuanet. com/world/2017-08/18/c _ 129684378. htm.（上网时间：2018 年 2 月 1 日）

② 2004 年 3 月 11 日，马德里共有 4 列近郊旅客列车发生连环爆炸，造成 190 多人死亡、1500 多人受伤。这是马德里历史上死伤人数最多的一起惨案。爆炸案发生后，与“基地”组织有联系的恐怖组织“阿布·哈夫斯·马斯里旅”宣布对这一事件负责。

台湾游客在恐袭事件中受伤。

二、事件调查

事件发生后，警方和救护及消防人员陆续赶到位于兰布拉斯大街北部的事发现场，并在加泰罗尼亚广场和兰布拉斯大街附近的区域开始戒严。当地政府紧急情况部门关闭了事发地点附近的地铁站和火车站等运输枢纽。警方将此次事件初步认定为恐怖袭击。极端组织“伊斯兰国”已宣布对袭击事件负责，该组织在声明中称，执行巴塞罗那袭击的攻击者是“伊斯兰国”的战士，他们遵照“伊斯兰国”领导人的命令，实施了这次行动。

警方在案发后分别在里波尔市和阿坎纳市逮捕了至少 2 名嫌犯，并公布其中 1 位是摩洛哥公民，另 1 位是西班牙公民。摩洛哥嫌犯名为 Driss Oukabir，于 1989 年出生，在西班牙有合法居住身份。此次驾车冲撞所使用的面包车就是 Oukabir 在巴塞罗那附近租用的。不过，当地媒体报道称，1 名同名男子向警方报告说他的身份证件被盗，小偷可能是他弟弟。警方随后确认，两名被扣押的嫌犯都不是驾车的司机。据报道称，参与撞车袭击的有两辆面包车，一辆用于袭击，一辆用于逃跑。警方在加泰罗尼亚维克镇发现了另一辆和巴塞罗那袭击有关的面包车，并对车辆进行检查。有报道称，撞车袭击发生后武装分子在附近一家餐厅内劫持了人质，但遭到了加泰罗尼亚警方的否认。

西班牙警方表示，反恐部门于 21 日下午在加泰罗尼亚大区苏维拉特斯市击毙 1 名恐怖分子。经确认，此人正是“8·17”巴塞罗那恐怖袭击案中最后 1 名在逃嫌犯尤尼斯·阿布雅各布。至此，涉嫌制造巴塞罗那恐袭的 12 名极端分子已全部落网或被击毙。

此外，巴塞罗那恐袭发生 8 小时后，巴塞罗那以南 120 千米处的坎布里尔斯也发生恐袭，5 名恐怖分子驾驶一辆厢式货车冲向行人。5 名袭击者被击毙。同样位于加泰罗尼亚大区的阿尔卡纳尔市 16 日深夜和 18 日凌晨分别发生一起爆炸。西班牙当局认为，巴塞罗那、坎布里尔斯和阿尔卡纳尔的这几起事件有联系。

三、国际社会反应

巴塞罗那恐袭发生后，西班牙首相拉霍伊在社交媒体上表示："恐怖分子摧毁不了一个热爱自由而不是暴行的团结民族。西班牙全国此刻都与受害者及其家人在一起。"恐袭事件后，西班牙全国将哀悼3天。当地时间18日12时，西班牙全国默哀一分钟，悼念巴塞罗那和坎布里尔斯袭击事件的遇难者。西班牙国王费利佩六世、首相拉霍伊等政要及大批民众在巴塞罗那市中心的加泰罗尼亚广场默哀。民众在兰布拉斯步行街摆放蜡烛和鲜花表示哀悼。西甲官方社交媒体账号表示，联赛将在首轮赛前默哀1分钟。

联合国秘书长古特雷斯当地时间17日通过发言人发表声明，谴责当天西班牙巴塞罗那发生的恐怖袭击，向遇害者家属和朋友以及西班牙政府和人民致以衷心的慰问，祝愿伤者迅速康复，并希望尽快将肇事者绳之以法。古特雷斯同时表示，联合国将与西班牙政府团结一致共同打击恐怖主义和暴力极端主义。

欧盟委员会主席容克17日发表书面声明，向当天下午在巴塞罗那市中心发生的恐怖袭击事件的受害者及其家属、西班牙首相拉霍伊以及西班牙人民表示最深切的哀悼，谴责袭击者野蛮的攻击行径，并表示欧盟将全力为西班牙政府提供协助。欧洲议会主席塔尼亚当天也发表了书面声明，谴责了在巴塞罗那发生的恐怖袭击事件，对受害者及其家属、西班牙政府和人民表达了声援，在声明中他强调，欧盟将坚决打击恐怖主义。

美国总统特朗普在社交媒体上发表声明，对巴塞罗那驾车撞人恐袭事件表示谴责。他说，美国谴责巴塞罗那发生的恐袭事件，并且将竭尽一切可能提供帮助。英国首相特雷莎·梅在伦敦当地时间17日晚间发布推特表示，英国愿与西班牙一道，反对恐怖主义。她还表示，英国政府会向此次事件的受害者提供紧急服务。

中国国家主席习近平就西班牙巴塞罗那市中心发生货车冲撞人群恐怖袭击事件向西班牙国王费利佩六世致慰问电。习近平主席向遇难者表示深切的哀悼，向遇难者家属和伤者表示诚挚慰问，祝愿伤者早日康复，并表示中方坚决反对一切形式的恐怖主义，愿同包括西班牙在内的国际社会一道，加强反恐合作，共同维护地区和世界和平稳定。

第二节　经验教训分析

一、汽车恐袭呈现常态化，“独狼”袭击防不胜防

过去两年中，在欧洲的多起极端主义袭击中，轿车、卡车和面包车都被用作了袭击工具。在欧洲实施恐怖袭击的方式越来越“碎片化”，即恐怖袭击表现形式呈现独狼式、多样式和多点爆发的特点的情况下，恐怖分子选择驾车冲撞人群或持刀袭击等“低技术、软目标”的方式，愈发让欧洲多国的反恐机构“防不胜防”。因为汽车袭击对恐怖分子没有任何训练或专业上的要求，而这些袭击和传统的炸弹袭击一样，可引发严重的社会恐慌，并且容易效仿，又难以监控，所以汽车袭击在过去三年中变得越来越“受欢迎”。此外，汽车袭击潜在目标数量庞大，实施袭击难度较低，除了在大型活动和明显目标周边封锁交通外，警方并不能对汽车冲撞袭击采取什么有效的预防措施。未来，汽车恐怖袭击或将更加频繁。

二、欧洲反恐软肋再次暴露

相对英、法等国来说，西班牙一直都算“平静”，随着此次恐袭事件的发生，西班牙的“平静”被打破，也再次暴露了欧洲反恐的软肋。西班牙作为欧洲热门的旅游国家，一直以来吸引世界各地众多游客前来，其中最具代表性的城市巴塞罗那的游客量更是每年达到3200万，是整个加泰罗尼亚区的重要经济来源。此前，巴塞罗那在内的欧洲几个著名旅游城市都出现了“反游客”的抗议行动，再加上最新发生的恐怖袭击事件，恐怕将为西班牙乃至整个欧洲旅游业再蒙上一层阴影。

三、西班牙面临新的反恐挑战

据西班牙《世界报》报道，在巴塞罗那恐袭发生几分钟后，“伊斯兰国”立刻在网络上一片欢腾庆祝。一位匿名的“伊斯兰国”分子在社交网络上写道：“所有的西班牙人，现在是时候偿还你们政府对我们国家所做的事情了！”2014年“伊斯兰国”第一次把西班牙列在攻击目标中，他们

口中的目的是“光复安达卢西亚”。[①] 2016 年，“圣战”分子“声称要对西班牙的进行攻击”的言论愈演愈烈，甚至还有人专门把这些“威胁”翻译成西班牙语。据悉，2016 年西班牙内政部检测到西班牙收到的“伊斯兰国”威胁是 2015 年的两倍。政府的一份报告中披露，“伊斯兰国”视西班牙为“眼中钉”有两大原因：一是西班牙加入了打击“伊斯兰国”的全球联盟；二是西班牙一直是这些极端分子想“光复”的目标。随着“伊斯兰国”不断丢掉领土，其号召也有所变化，从先前“响亮”的领土宣言转变为敦促其追随者进行攻击。而西班牙距上次遭受恐袭已过去约 10 年，安全防范不如巴黎、伦敦那样“如临大敌”，恐怖分子妄图在度假高峰期间制造轰动效应，未来西班牙或将面临更复杂的反恐形势。

---

① 公元 711 年，摩尔人（北非穆斯林）曾侵略并统治西班牙南部自治区安达卢西亚（Al-andaluz）长达 8 个世纪之久，直到 1492 年西班牙天主教双王的“光复运动”最终赶走了摩尔人，收复失地。

第二十五章 阿富汗喀布尔特大恐袭案

当地时间 2017 年 5 月 31 日，阿富汗首都喀布尔市区发生严重恐怖袭击事件，造成至少 80 人死亡、350 人受伤。这起在斋月期间发动的针对平民的袭击事件震惊了阿富汗和国际社会。案件表明，阿富汗安全形势不容乐观，阿反恐任重道远。

第一节 案件全景

一、事件经过

袭击发生在当地时间上午 8 时 25 分左右，喀布尔警方初步调查显示，袭击者将爆炸物藏匿在一辆洒水车内，爆炸物重约 1500 千克，威力巨大。袭击者在开车经过一处哨所遭到检查时，引爆了车上的炸弹，地点位于首都市区第十警区，阿富汗内政部说，爆炸还造成至少 50 辆汽车遭到损毁。爆炸发生时正值上班高峰时间，遇袭路段周围分布着多个阿政府部门、外国使馆以及国际机构，其中离爆炸地点最近的德国使馆、印度使馆以及阿富汗“第一频道”电视台、罗尚电信公司建筑受损程度相对严重。喀布尔警方发言人巴希尔·穆贾希德对媒体表示，袭击发生地点附近除了有德国、土耳其、伊朗等国使馆外，还靠近总统府、首席执行官办公室等。所以现在还很难就袭击的具体目标下结论。当地媒体报道称，此次袭击是喀布尔近年来遭遇的“伤亡人数最惨重”的一次袭击。

二、国际社会反应

爆炸发生后，喀布尔警方在爆炸后已封锁了爆炸核心区50米范围内所有路口，只允许参与救援和调查的安全人员进出。阿富汗总统加尼召集政府相关部门负责人举行紧急安全会议，听取了关于事件调查的汇报，敦促安全部门尽一切可能确保首都安全。阿富汗民众为其安全感到担忧，首都喀布尔市区6月2日爆发大规模游行，要求政府尽快采取必要措施，进一步保障国家安全稳定。游行一度演变为骚乱，造成人员伤亡。当地时间2日上午9时左右，数万民众聚集在喀布尔市区第十警区，表达对国家近期安全形势恶化的不满。还有人举着“加尼下台，阿卜杜拉下台”的标语以示抗议。中午12时左右，游行一度演变为骚乱，数百人试图冲击阿富汗总统府，并与现场警察爆发肢体冲突。安全人员动用水枪驱散人群、并数次向天空鸣枪示警。阿富汗外长拉巴尼6月5日说，国家安全机构对近期连续发生在首都的恐怖袭击事件负有不可推卸的责任，要求相关部门责任人引咎辞职。拉巴尼当天在喀布尔举行的记者会上说，近期连续发生的袭击事件已经引起民众对国家安全局势的普遍担忧，而安全机构在此期间未证明他们能有效保障首都安全。拉巴尼要求彻查袭击事件，对相关部门严肃追责问责。他认为，阿富汗国家安全顾问哈尼夫·阿特马尔、内政部长塔杰·穆罕默德、国家安全局局长马苏姆·斯塔尼克扎伊以及国防部代理部长塔里克等高层官员难辞其咎，应该辞职。

联合国安理会5月31日发表媒体声明，强烈谴责这起袭击事件，重申任何形式的恐怖主义都是对国际和平与安全的最严重威胁之一。联合国秘书长古特雷斯通过发言人发表声明，强烈谴责阿富汗首都喀布尔当天遭恐怖袭击事件，强调必须加强对恐怖主义和暴力极端主义的打击。声明说，不加区别地袭击平民严重违反人权和国际人道主义法，任何理由也无法开脱罪责。制造袭击者必须被绳之以法。古特雷斯在声明中向袭击受害者家人致以深切同情和慰问，愿伤者早日康复。他重申联合国将支持阿富汗人民和政府。美国总统特朗普5月31日与阿富汗总统加尼通电话，表达了对阿富汗打击恐怖主义的支持。中国、英国、法国、加拿大、巴基斯坦、印度等国在事件发生之后也发表声明，对袭击事件表示谴责，对遇难者家属表示慰问。俄罗斯外交部长拉夫罗夫当天表示，这次恐袭再次警示人们在反恐问题上必须摒弃双重标准。各方要进行充分协调，支持阿富汗。

三、幕后黑手

阿富汗舆论普遍怀疑此事是阿富汗塔利班组织或极端组织“伊斯兰国”所为，因为它们过去经常使用自杀式汽车炸弹发动袭击。但塔利班发表声明，否认与此事有关。该组织发言人扎比乌拉·穆贾希德称，塔利班对这起“伤及阿富汗百姓的袭击事件”表示谴责。“伊斯兰国”在袭击事件发生后也没有通过电台、社交媒体或者邮件“认领”此事，而是选择“沉默”。阿富汗黎明电视台 6 月 1 日援引阿富汗国家安全局消息人士的话称，武装组织“哈卡尼网络”策划了此次袭击。该组织近年来在喀布尔以及东部的霍斯特省、卢格尔省等地活动相对活跃，制造了多起袭击和绑架事件。

第二节 经验教训分析

一、阿富汗安全局势严峻

仅在 5 月份，阿富汗就发生了 3 起严重袭击事件。5 月 3 日，喀布尔马苏德广场附近遭“伊斯兰国”自杀式炸弹袭击，造成至少 4 人死亡、22 人受伤。5 月 25 日，南部坎大哈省一处军事基地遭塔利班武装袭击，造成至少 18 名士兵死亡、16 名士兵受伤。5 月 27 日，东部霍斯特省首府霍斯特市遭塔利班自杀式汽车炸弹袭击，造成至少 13 人死亡。据联合国驻阿富汗援助团统计，2017 年第一季度，阿富汗境内各类武装冲突共造成 2181 名平民伤亡。联合国人道主义事务协调厅阿富汗办事处 2018 年 1 月 3 日表示，2017 年全年共有约 44.5 万名阿富汗平民因持续的战乱冲突而流离失所。该机构在当天公布的一份声明中说，2017 年阿富汗东部地区的国内流离失所者超过 14 万人，其中超过 12.35 万人来自楠格哈尔省。同时，联合国驻阿富汗援助团去年 2017 年 10 月 13 日发布的统计报告显示，2017 年前 9 个月，各类武装冲突共造成 8019 名阿富汗平民伤亡，其中 2640 人死亡、5379 人受伤。

二、恐怖势力极为活跃

第一，“伊斯兰国”在阿富汗稳扎稳打，根基渐牢。一是多方协调，打牢生存根基。“伊斯兰国”自宣称“建国”起，就对阿富汗加紧渗透，后在当地成立“伊斯兰国”呼罗珊分支，势力一度扩张很快，在阿境内多个省市都有据点。但是，因“伊斯兰国”与“基地”组织和阿富汗塔利班在阿富汗争权夺地，加上其在阿境内不断搞恐怖袭击，遂遭至美、阿政府军以及阿富汗塔利班的多方打压，后在阿富汗举步维艰，实力范围减少至东部楠格哈尔省等少数地区。为摆脱困境，2017 年来，“伊斯兰国”逐步与楠格哈尔、库纳尔等省部族签订“备忘录”，获取部族支持。“伊斯兰国”在伊拉克的头目 2017 年还曾经访问阿富汗，给予大量支持。同时，“伊斯兰国”的势力范围也逐步从楠格哈尔省向阿富汗南、北部扩张，在巴达赫尚、昆都士、努尔斯坦、库纳尔、赫尔曼德和法拉赫等省重建据点，并在首都喀布尔也有根基。二是人员构成国际化，大肆搞恐袭。初期，“伊斯兰国”人员构成以阿富汗塔利班和巴基斯坦塔利班残余为主，后不断吸收全球各地成员。“伊斯兰国”在遭受重创后，其人员赴南亚的案例大增。2017 年 4 月 13 日，美国对“伊斯兰国”控制的楠格哈尔地区发射威力巨大的“炸弹之母”导弹，造成“伊斯兰国”百人死亡，其中 44 名巴基斯坦人、33 名阿富汗人、8 名印度人、5 名塔吉克斯坦人、11 名乌兹别克斯坦人和 3 名维族人。同时，“伊斯兰国”在阿各地，尤其是在喀布尔大搞自杀式恐怖袭击，袭击什叶派穆斯林，图谋挑起教派冲突，影响极为恶劣。2017 年 7 月摩苏尔被攻陷后，“伊斯兰国”就在喀布尔屡犯大案。8 月 25 日，位于喀布尔北部第 11 警区的一处什叶派清真寺遭“伊斯兰国”袭击，造成超过 30 人死亡，至少 80 人受伤。10 月 20 日晚，“伊斯兰国”袭击喀布尔西部一座什叶派清真寺，一名身上绑着炸药和手榴弹的恐怖分子走入清真寺内引爆炸弹，造成至少 56 人死亡、55 人受伤。三是在阿富汗训练童兵，惨无人道。据阿富汗亚利安那新闻社 12 月 20 日报道，极端组织“伊斯兰国”阿富汗分支日前在该国北部朱兹詹省训练 10 余名儿童进行自杀式袭击。报道援引当地政府消息人士的话说，“伊斯兰国”建立的儿童团队目前有大约 12 人，年龄 9 岁至 10 岁，他们当中既有来自朱兹詹省当地家庭的儿童，也有来自其他地区的儿童，现在还无法确定“伊斯兰国”培训儿童充当“人肉炸弹”的详细情况。这名消息人士认为，在朱兹詹省针对当地“伊斯兰国”目标的清剿力度亟待升级。此前有报道称，朱兹詹省近期安全形势严峻，“伊斯兰国”已经控制该省南部杜尔扎卜和胡什泰帕两地区，并封锁了通往这两个地区的主要道路。

第二，“阿塔”强势攻击，已露建权野心。“阿塔”武力驰骋，全境作战。以“阿塔”二号人物、“哈卡尼网络”头目哈卡尼为核心的强硬派在“阿塔”内部看涨，“阿塔”攻击范围逐步从南部、东南部、东部向全境扩散，其不断在昆都士、楠格哈尔、赫尔曼德和坎大哈等地发起攻击，以逐步实现从农村到城市，从一般城市到省会城市的控制。且攻击频率快，效果佳，美国监测阿富汗事务机构“阿富汗重建特别监察小组”统计，阿富汗塔利班 2017 年 8 月控制了阿富汗 13％的土地，较 2 月提升了 2 个百分点。4 月底，“阿塔”宣布发动“春季攻势”，其发言人叫嚣发起政治和军事双重打击行动，在控制区内建立政治机构，以“建立社会正义和发展的机制，保障社会安全和民众的利益”。同时，“阿塔”还力主拓展其在控制区域的影响力，夺取省会城市，建立省级行动中心和机构，加强各地联系。此前，“阿塔”的“春季攻势”重在军事反扑，在各省以建立行动小分队为主，现扩大行动目标，建立政治机构加强协调，表明其已为进行相关统治和管理做准备。

三、阿富汗武力打恐、特朗普颁布新战略，但效果不彰

面对持续动荡的安全局势，自 2016 年 12 月以来，阿富汗国防部、内政部等多个部门展开联合行动，发起“冬季攻势”，旨在向反政府武装组织施加压力，使其春季无法展开进一步袭击。阿富汗政府以此为开头，全年不停打击恐怖分子，展开清剿行动。同时，特朗普 2017 年 8 月 21 日公布美阿富汗新战略。8 月 21 日晚间，特朗普发布电视讲话，宣布调整美阿富汗新战略。特朗普在讲话中提及美在阿的利益、支柱及几大关键点，其阿富汗战略的核心为，美将吸取伊拉克战争的教训，不会从阿撤军，以防范恐怖分子卷土重来，确保美在阿“光荣和不朽的结果”。同时，为确保战略实施，维护其在阿利益，美将借助以下几种手段：

其一，加大对阿富汗恐怖分子的军事打击力度。其中包含两层含义：

一是要增兵。特朗普讲话中提及增兵，却未提及增兵的具体数量，但是，美军事、战略和情报界等2017年初就在评估增兵的具体事宜，早已制定相关政策，有消息称，美将对阿增兵约4000人。目前，美国阿富汗共有8400名官兵，实际战斗人员只有6900人，而剩下的1500名美国官兵则负责培训阿富汗军队和执行情报分析等任务。二是扩大驻阿美军的军事权限。2016年7月，美前任总统奥巴马调整阿富汗政策时，就扩大了驻阿美军权限，因为美军此前在阿军事行动仅限于向阿特种部队提供支援，并且美军只有在其地面部队受到威胁、剿灭“基地”组织残余力量以及阿军面临被“阿塔”击溃的三种情况下，才能获得空袭授权。特朗普再度放权，称“解除对国防部长的限制，使美国军队能够更加彻底、灵活地同敌人交手”，这有助美提升军事自主性，扩大无人机和特种作战范围，进一步打击恐怖分子。

其二，对阿富汗恩威并用。一方面，特朗普明确表态不会干涉阿富汗内部事务，寻求“阿人治阿”，“尊重阿富汗政府和人民，不会强迫他们如何管理社会和政府”。美国还将加大对阿政府军的援助和改革，尤其是提供装备支持和空中战力，使阿富汗政府军能够真正成为打击暴恐的主力军。有消息称，美国与北约正帮助组建阿富汗自己的空军。另一方面，美却给阿政府上了“紧箍咒”，称其对阿战略不是“国家重建”，而只限于打击恐怖分子。因为经验证明，美对阿国家重建策略不行，过去美国花费大量的金钱，人力和生命的代价都没能成功。特朗普承诺不会提供无限制的支持和帮助，“我们的支持不是黑洞”。显然，这是对阿的隐性施压，阿加尼上台后一直持续“双头政治”，内斗剧烈，腐败问题也未能根治，美显然要阿解决这些难题，形成良性治理，以使美援更有成效。

其三，压巴基斯坦按照美国意愿反恐。在美看来，巴基斯坦与塔利班和“哈卡尼网络”关系密切，巴基斯坦视这些组织为其拓展在阿影响力的战略资源，在巴境内容留了大量塔利班高层，这些高层在巴境内发号施令，导致阿安全形势恶化。特朗普明确提出要改变对待巴基斯坦的方式，不再对巴基斯坦成为恐怖组织、塔利班和其他组织的安全港保持沉默，希望让巴基斯坦改变庇护恐怖主义的做法。在讲话中，特朗普威胁要切断美国对巴基斯坦的数十亿美元资金和军事援助，以促使情况“立即改变”。

其四，寻求印度支持，尤其是经济方面的援助。特希望印度在阿富汗问题上发挥更大作用，尤其是经济支持。特朗普还称，与印度在南亚及印太有共同的安全利益。据阿富汗驻印度大使透露，印度是阿富汗邻国中最大的捐助国，援助超 30 亿美元，修建了 200 所学校、高速公路、电力设施和大坝等基础设施，资助了 1000 名学者，还帮助培训阿军。显然，美拉印“入伙”，不仅需要其在阿富汗问题上给予更多帮扶，减缓美负担，更有在南亚战略和全球战略中借助印度的考量。可以看到，尽管阿富汗政府全力打恐，以及特朗普出台新策略，但阿富汗安全形势并未改观，阿富汗和平之路任重道远。

第二十六章　伊朗德黑兰恐怖袭击案

6月7日，伊朗首都德黑兰连发两次恐怖袭击，还发生一起未遂恐怖袭击事件，袭击地点对伊朗具有重要的象征意义，共造成至少13人死亡，46人受伤。这是伊朗近年少有的恐怖袭击之一，打破了多年来伊朗国内来之不易的安全稳定局面，影响深远。

第一节　案件全景

一、事件经过

当天上午，有4名武装分子持枪袭击伊朗议会，造成至少5人死亡，其中包括两名伊朗伊斯兰革命卫队警卫，另有25名平民受伤。报道称，袭击者配备了突击步枪和手枪等武器。袭击发生后，伊朗反恐部队立即被部署到议会大厦周边，封锁了事发现场，伊朗警方还出动直升机在现场附近盘旋，并切断了该地区的手机信号。据伊朗内政部消息人士透露，1名袭击者在议会大厦4楼引爆了身上携带的炸药。其他武装分子均被伊朗安全部队击毙。据伊朗塔斯尼姆通讯社报道，袭击发生时，伊朗议会正在召开会议。监控画面显示，尽管袭击者同安全部队正在进行交火，但议员们仍旧照常开展日常工作。伊朗议会议长拉里贾尼事后还轻蔑地表示，在议会发生的恐怖分子袭击事件只是一个“小事件”，伊朗安全部队完全有能力处理“懦弱的袭击者”。他说，这次袭击表明，恐怖分子正寻求在伊朗制造问题，因为“伊朗是打击恐怖主义的有效中心，恐怖分子希望破坏这类活动”。伊朗议会遭袭约半小时后，数名袭击者对位于德黑兰南部的霍梅尼墓地发动了袭击。1 名在霍梅尼陵区内的女性自杀袭击者引爆了穿着的炸弹背心，另 2 名袭击者被捕。除了在议会和霍梅尼墓地的恐怖袭击外，伊朗安全部门还宣称当天挫败了恐怖分子妄图发动的第三起袭击。当天，德黑兰霍梅尼地铁站内曾传出爆炸声。伊朗内政部长法兹利介绍称，有几组恐怖分子于当天早些时候进入德黑兰，其中一组恐怖分子在发动袭击之前就被情报和安全部门成功阻止，这伙恐怖分子也被逮捕。伊朗安全部门还要求该国民众这些天避免乘坐公共交通工具出行。两起袭击发生后，伊朗国家安全委员会已紧急召开特别会议，旨在对当天发生在德黑兰的袭击事件展开调查。伊朗国家通讯社援引紧急医疗服务中心负责人的话称，德黑兰 7 日两起恐怖袭击事件共造成除恐怖袭击者外的 12 人死亡，至少 46 人受伤。

二、国际社会反应

伊朗政府事后迅速宣布已恢复对事态的控制，同时伊朗最高精神领袖哈梅内伊也在伊朗国家电视台发表讲话，表达了对极端组织的鄙视以及伊朗将继续支持打击极端组织的行动的态度。6 月 7 日，美国国务院在一份声明中称，美国谴责此次恐袭，并向遇难者及其家属表示慰问。该声明表示，在一个和平及文明的世界，恐怖主义是没有位置的。与此同时，法国外交部也强烈谴责此次袭击并表示，法驻伊朗大使馆正密切关注当地情况，并向死伤者家属致以慰问。此外，俄罗斯总统普京强烈谴责袭击，并向伊朗致以慰问。他认为，这次袭击凸显了国际社会需要进一步加强合作，对抗议恐怖主义。而俄罗斯愿意向伊朗提供协助。叙利亚外交部也谴责袭击，并指出袭击是受到不同政府的支持。

第二节　经验教训分析

一、“伊斯兰国”盯上伊朗很久了

袭击事后，伊朗政府宣称该案为“伊斯兰国”所为，“伊斯兰国”也“积极”认领。从时间上看，目前正值伊斯兰教斋月，斋月在极端恐怖势力眼中是发动袭击、扩大影响的好时机。2016 年斋月，中东及世界多国都发生了重大恐袭。6 月 7 日是伊朗开国领袖霍梅尼忌日后的第 4 天，6 月 4 日最高领袖哈梅内伊还在霍梅尼陵墓公开演讲。从地点上看，事先经过了仔细策划和研究。遭到袭击的伊朗议会大楼位于德黑兰市中心，汇集了伊朗政界许多重要人物，也是伊朗目前政治体制和民主制度的象征。而同时遭到袭击的伊朗已故宗教领袖霍梅尼的陵墓，可谓伊朗神圣的“爱国主义教育基地”，则是昭示着伊朗伊斯兰革命及现行政体意识形态合法性的重要标志。这两处堪称伊朗“心腹重地”和“精神圣殿”的建筑物遭到袭击，不仅意味着伊朗的政治核心地区面临着前所未有的安全威胁，更是对伊朗政权及其意识形态的示威和挑衅。恐怖分子选择上述时间、地点，政治指涉和象征意义再明确不过。对“伊斯兰国”而言，此次恐袭无疑是一次重要行动。“伊斯兰国”奉行极端保守的意识形态，视什叶派为异端，必欲除之而后快，故自兴起以来一直谋求对伊朗实施恐袭。此番终于撕开了波斯防线的缺口。伊朗上一次发生严重的袭击事件是在 2010 年，当时，恰巴哈尔市一座清真寺遭遇自杀式炸弹袭击，造成至少 36 人死亡，50 多人受伤。这些年来，老牌恐怖组织如“基地”在其鼎盛时期也没能在伊朗制造祸端。在“伊斯兰国”老巢摩苏尔遭围攻、江河日下的颓势下，这次恐袭无疑给“伊斯兰国”为恐患外溢、争夺“圣战”主导权提供了最新的注脚。更具象征意义的是，“伊斯兰国”早已在伊朗的东西邻国伊拉克、阿富汗、巴基斯坦等建立基地。在渗透伊朗之后，从中东腹地到南亚的暴恐通道似已贯通。

二、伊朗恐袭隐患早有苗头

德黑兰恐怖袭击案绝非空穴来风，细思之则在情理之中。覆巢之下，岂有完卵。中东、南亚是全球两大暴恐策源地，伊朗夹于其间，难免受波及。至少是从 2015、2016 年以来，伊朗受到的恐怖威胁、安全隐患已经逐渐地浮出水面并趋于严峻。

第一，“伊斯兰国”加紧波斯攻势。“伊斯兰国”通过社交软件、散发波斯语材料等大力招募伊朗人入伙。已有伊朗籍恐怖分子实施自杀暴恐袭击，甚至在阿富汗等国为当地“伊斯兰国”分支作战。尤其是 2017 年 3 月，“伊斯兰国”发布首部波斯语视频，号召伊朗的逊尼派反抗什叶派统治。在此影响下，伊朗籍恐怖分子回流制造恐袭已经是一个现实可能。

第二，伊朗边境地区长期生活着主要信仰逊尼派的少数族群：西北部库尔德人、西南部阿拉伯人，和东南部的俾路支人。而这些少数族群中的逊尼派极端组织具有民族分离和暴力恐怖的特征。其中，2016 年夏天，活跃于西北部伊拉克、伊朗边境的“库尔德自由生活党”多次和伊朗革命卫队交火。东南部的俾路支斯坦地区和巴基斯坦不稳定的俾路支地区相连，巴境内的逊尼派极端组织如“正义军”经常越境袭击伊朗。最近的一次是 2017 年 4 月下旬，伊朗 10 名边防军丧生。这些逊尼派少数族群恰恰也是“伊斯兰国”的重点招募对象。上述逊尼派极端组织的活跃，又与近年来的中东乱局、库尔德势力扩张、“伊斯兰国”崛起、巴基斯坦内部问题有着密切的联动。

第三，伊朗的对手欲加以报复。自从叙利亚内战升级、“伊斯兰国”在伊拉克崛起以来，伊朗不断派遣军事顾问、组织什叶派民兵赴叙利亚和伊拉克参战，在战场上取得一定的优势，却树敌甚多。中东地区的部分逊尼派势力都对伊朗恨之入骨，欲寻机会狠狠报复。如果敌视伊朗的恐怖组织，得到伊朗的敌人或明或暗的支持，将使伊朗的恐患更加严峻。

三、极端分子回流已是现实威胁

德黑兰恐袭发生后，“伊斯兰国”迅速认领，还发布了相关视频。应该说，这起恐袭与在欧洲等地发生的个别人员受“伊斯兰国”蛊惑而实施的恐袭有一定区别。

从观念上看，“伊斯兰国”奉行极端保守的复古意识形态，视什叶派为异端，一直欲除之而后快。在“伊斯兰国”还是“基地”组织伊拉克分支时，就以伊拉克的什叶派为主要袭击目标。“伊斯兰国”崛起后，更与伊朗发生实质性冲突。“伊斯兰国”试图推翻伊拉克的什叶派政府、叙利亚的巴沙尔政权，而伊朗则力挺后两者。在叙利亚地面战场上，亲伊朗的什叶派民兵更是打击“伊斯兰国”的主力之一。随着在正面战场受挫，“伊斯兰国”逐渐向伊叙以外地区转移，而伊朗则是其主攻方向之一。2017 年 3 月，“伊斯兰国”发布首个波斯语视频，其中有 4 名说波斯语的“伊斯兰国”武装人员讲话，声称伊朗自伊斯兰革命以来处死超过 16000 名逊尼派，号召伊朗的逊尼派奋起反抗什叶派统治。同时，“伊斯兰国”还通过伊朗国内流行的社交软件 telegram、散发波斯语材料等大力招募伊朗人。在德黑兰恐袭发生前，从阿富汗方面流出的视频已经显示，有伊朗人赴阿富汗楠哈格尔等省加入当地的“伊斯兰国”分支作战。因此，伊朗籍极端分子回流已是一个现实的威胁。根据伊朗情报部 6 月 9 日公布的初步调查结果，实施德黑兰恐袭的 5 人（均已毙命）都是伊朗公民，他们接受了瓦哈比、塔克菲理（原指随意判定他人不信教的人，在伊朗语境中多指代瓦哈比主义或“伊斯兰国”）等思想，曾出国参加“伊斯兰国”的恐怖活动，并于 2016 年 8 月“奉命”回到伊朗从事恐怖活动。

对于“伊斯兰国”而言，攻破伊朗防线既是其历史性突破，又是一场及时雨。德黑兰已有 30 多年未发生暴恐大案，连“基地”组织在鼎盛时期也没能在伊朗制造祸端。通过此次恐袭，“伊斯兰国”再次超越了“基地”组织，巩固了其“圣战”领头羊的地位。同时，“伊斯兰国”早已在伊朗的东西邻国建立基地，成功渗透伊朗后，其从中东腹地到南亚的暴恐通道似已贯通，震慑效应非同小可。

四、极端势力吸引力大

从某种意义上说，“伊斯兰国”能吸引伊朗人加盟，是有一定“群众基础”的。在伊朗，逊尼派属于少数群体，约占伊朗总人口的 10%左右，主要包括西北部的库尔德人、西南部的阿拉伯人和东南部的俾路支人。这些少数族群主要生活在边境地区，这些地方经济发展相对落后，还受到主体民族有意无意的歧视和打压，历史上多次发生暴力袭击事件，自然是“伊斯兰国”的重点招募对象。

其中，伊朗东南部与巴基斯坦动荡的俾路支地区相连，巴境内的逊尼派极端组织不时越境袭击伊方目标。比如，1994 年 6 月，巴基斯坦逊尼派激进组织“简戈维军”在马什哈德伊玛目礼萨圣陵制造爆炸，造成约 25 人丧生；2007 年，巴基斯坦的俾路支极端组织“真主军”袭击伊斯兰革命卫队大巴，造成 18 名士兵丧生；2010 年，“真主军”袭击恰巴哈尔某清真寺，造成 30 余人丧生。2017 年 4 月，伊朗锡斯坦—俾路支斯坦省的逊尼派激进组织“正义军”实施的一起袭击，导致 10 名伊朗边防军人牺牲。伊朗与伊拉克相邻的西南部也不安稳，这里主要居住着逊尼派阿拉伯人。2005—2006 年，胡齐斯坦省首府阿瓦士连遭恐袭。起因是阿瓦士发生民众抗议，遭弹压后引发一系列暴恐事件。

与前面两个边区相比，伊朗西北部的库尔德问题可能更为严重。20 世纪 90 年代，该地区出现了库尔德人的独立运动组织“库尔德自由生活党”，后来在伊朗政府打击下退到伊拉克东部靠近伊朗的山区，并得到了土耳其库尔德工人党的资助。“库尔德自由生活党”既搞武装斗争、边境冲突，同时也派员潜入伊朗西北部库区尤其是克尔曼沙汗、西阿塞拜疆、库尔德斯坦等省制造暴恐案件。2016 年夏天，“库尔德自由生活党”多次在伊朗西北边境和伊斯兰革命卫队交火。在“伊斯兰国”发布的有关本次恐袭的视频中，嫌犯说了库尔德语；同时，伊朗国家电视台播出的议会大楼监控画面显示，枪手肤色较白（而俾路支人、阿拉伯人一般肤色偏黑），这都说明恐怖分子很可能是库尔德人。德黑兰恐袭发生后，伊朗情报部门和安全部队在西北部、南部、东南部及德黑兰周边展开多次搜捕行动。其中，规模最大的搜捕行动就是在西阿塞拜疆省和克尔曼沙汗省。

第二十七章　索马里首都摩加迪沙特大恐袭案

2017 年 10 月 14 日，索马里首都摩加迪沙遭到特大恐怖袭击，造成至少 276 人死亡、300 多人受伤，该案成为了该国历史上最严重的恐怖袭击。“青年党”为该案的幕后真凶。索马里安全形势脆弱，政府管控能力有限，恐怖主义或将长期盛行。

第一节　案件全景

一、事件经过

10 月 14 日，先是一辆载有数百千克炸弹的卡车在摩加迪沙闹市区的萨法瑞酒店外发生爆炸，事发地附近有大学、外交机构和包括索马里外交部在内的政府部门大楼。此后，摩加迪沙的马迪纳区（Madina）又发生了第二起爆炸。第一起爆炸造成萨法瑞酒店完全倒塌，很多人被埋在废墟之下；爆炸还引发了火灾，再度扩大了伤亡范围。摩加迪沙马迪纳医院的医生尤瑟夫（Mohamed Yusuf）称，大部分受重伤的民众都“被烧得面目全非”，“太恐怖了，我从来没有见过这样的场面”。该医院的护士还表示，几乎所有伤员都是“重伤”。摩加迪沙救护车队的队长阿布迪拉曼（Abdulkadir Abdirahman）在接受半岛电视台采访时描述了现场的恐怖景象。“刚开始一切都很平静，没有太多事，我正坐在办公桌后面。我们的办公室距离事发地点有 1 千米。突然间，我听到一声巨响，所有东西都在晃，我从来没有听过如此大的响声。几分钟后，天上全是黑烟，把太阳都遮住了。”阿布迪拉曼说，赶到现场后，他看到了一辆被烧焦的校车，车里全是学生的遗体，“我永远都不会忘记那个场景”。《卫报》引用为索马里政府工作的西方专家的分析称，这次袭击之所以造成如此大的伤亡，是因为袭击者用的炸弹中含有军事级别的爆炸物。有人怀疑，这种爆炸物是从维和部队——非盟驻索马里特派团里偷来的。索马里当地人士称，袭击者原本想袭击酒店附近的索马里外交部大楼，因为在安全检查点被截停，才冲破栏杆、在酒店外爆炸。而当时酒店附近还有一辆油罐车，油罐车被点燃后造成了巨大破坏力。这位专家认为，正是这个原因才让“索马里”“青年党”至今都未出面承认对袭击负责，“他们可能没想到会造成如此大的破坏”。最终，该两起恐怖袭击造成至少 276 人死亡，300 多人受伤。

二、国际社会反应

恐怖事件发生后，索马里总统穆罕默德（Mohamed Abdullahi Mohamed）宣布全国哀悼 3 天，并指责与“基地”组织有关的索马里“青年党”为罪魁祸首。穆罕默德表示：“这是一场悲剧，它提醒我们，‘青年党’仍在继续袭击无辜的平民，索马里民众现在应该比任何时候都更需要认清这个组织的罪恶行径。”愤怒的民众也于周日聚集在爆炸地点，对袭击者的“暴行”进行抗议。由于伤员众多，当地血库告急。摩加迪沙市长呼吁民众积极献血，帮助医院救助伤者，“我们决不能让这样的悲剧再次上演”并呼吁年轻人：“站出来吧，请尽你们所能协助医疗团队。我们比以往任何时候都更需要你们。”联合国秘书长古特雷斯、法国总统马克龙、加拿大总理特鲁多、英国外交大臣约翰逊等人已分别发表声明，对袭击事件表示谴责，并对遇难者及家属表示慰问。美国国务院痛斥该事件是一起“无谓且懦弱”的行径，土耳其总统发言人则表示该国将向索马里送去医疗物资，将派飞机运输医疗补给援助索马里，土耳其也将接纳一些伤者进行治疗。

第二节　经验教训分析

一、“青年党”渐成非洲最危险的恐怖组织

索马里“青年党”是索马里主要的反政府武装组织，前身为成立于1991年的“伊斯兰法院联盟”（ICU），该组织曾在索马里的常年内战中发展壮大。“青年党”为ICU分裂后强硬派的一支，拒绝与过渡政府合作。2009年，索马里“青年党”曾一度攻入首都市区，2011年非盟在国际社会支持下派兵帮助索马里过渡政府将“青年党”势力赶出首都，但至今“青年党”仍然控制着部分农村地区。2012年后，“青年党”在非盟、索政府军围剿下，虽丢失大量地盘，但仍占据索南部10%的领土，保存数千人的精锐力量，并获得“基地”组织扶持。随着外国军队撤出，“伊斯兰国”在索趁机扩张，2015年10月宣布成立在索“哈里发国”，甚至深入到南部“青年党”原控制区搞恐袭。“青年党”还不甘现状，改变行动策略。情报上，“青年党”利用政府内部矛盾大搞渗透。例如，此次袭击中，恐怖分子就是在1名警察和宗教头目掩护下才突破市中心重重安检。斗争策略上，改打“游击战”、搞“定点清除”和暗杀，专挑安保严密的总统府、议会、法院、军营、高级酒店等目标下手，制造最大规模恐慌和死伤人数。2016年，“青年党”袭击致4000余人死亡，已超过“博科圣地”成为非洲最致命的暴恐组织。2017年前10个月，其在首都共制造近40起汽车炸弹袭击，造成千余人死亡。公共宣传上，利用政府无力收买人心。2016年以来，索遭遇大规模旱灾和饥荒，“青年党”于2017年3月成立“干旱委员会”，将国际人道主义救援物资“借花献佛”，获得部分民众支持。英国《明星日报》网站2017年12月31日发表了题为《2018年可能取代邪恶“伊斯兰国”组织的凶残恐怖组织》的报道。认为“青年党”在非洲是最家喻户晓的，近几年来，它以惊人的速度持续发展壮大。在该组织的大本营索马里，它以铁拳统治着这个贫困国家的大片区域。它的铁拳手段包括公开斩首，以及以“通奸”罪名将年轻女孩乱石砸死。这个与“基地”组织有关的恐怖团体目前没有表现出任何将活动范围扩大到其他地方的迹象。近一两年，它对索马里和肯尼亚目标的袭击变得更加凶残，成为非洲

快速壮大并且最致命的极端主义组织。2017 年 10 月，“青年党”策划了严重程度为史上第三的恐怖袭击，当时，卡车炸弹在摩加迪沙造成至少 512 人死亡。袭击发生后，“全球风险洞察”网站称，“虽然‘青年党’实施的小规模针对性袭击在索马里十分常见，但 10 月 14 日那次爆炸的规模是史无前例的。”该网站还称：“这表明‘青年党’的战术越来越复杂，并且索马里政府未能应对这项威胁。”并称：“‘青年党’也扩大了它在国外的影响力，并在东非构成跨国威胁。”

二、索马里安全局势堪忧，恐怖袭击增多

穆罕默德 2017 年 2 月担任索马里总统以来，索马里“青年党”就宣布加大袭击力度。袭击发生前两天，美国驻非洲最高指挥官还在摩加迪沙与穆罕默德进行会晤。但是，新总统的上台并未能立即遏制国内恐怖主义袭击猖獗的势头。2 月 19 日，摩加迪沙一集市发生汽车炸弹袭击事件，造成至少 30 人死亡，另有多人受伤。3 月 13 日，摩加迪沙发生 2 起汽车炸弹袭击事件，造成至少 10 人死亡、13 人受伤。4 月 5 日，摩加迪沙一家酒店发生汽车炸弹袭击，造成至少 7 人死亡、10 人受伤。4 月 6 日，穆罕默德身着军装发表演说，“我们要告诉那些被洗脑的‘青年党’战士，他们有 60 天的时间向政府投降，放下他们用来屠杀人民的武器，回到我们身边……我们会公开欢迎他们，并将获得教育和就业机会。”穆罕默德还任命了摩加迪沙新市长，并对军队、警察部门、情报机关等最高官员进行任命。他表示，索马里将加大力度打击试图破坏国家安全和稳定的势力。索马里首都摩加迪沙遭遇严重汽车炸弹袭击之后，总统穆罕默德·阿卜杜拉希·穆罕默德誓言加紧针对“青年党”的战斗准备。

三、多种因素造成索马里的混乱

索马里安全防卫薄弱，索马里主要靠外援维系安全，但近期国际社会对索关注度下降，索马里政府无力填补安全“真空”，致暴恐势力有机可乘。一是欧美对索马里安全投入减少。欧盟是非盟驻索特派团最大捐助方，2016 年突然削减 20%的津贴补助，令后者士气严重受挫。而美国特朗普政府对非政策尚不明确，迟迟未任命国防部非洲事务主任等要职，还拟

削减对非援助，不愿为非洲维和行动买单。英国皇家战略研究所人员称，如国际社会不提供足够支持，索马里先前取得的安全成果将付诸东流。二是非盟维和力量逐步撤出。2007年，非盟在联合国安理会授权下组建多国维和部队入索反恐，目前约2.2万人。但因经费不足，非盟已决定2020年前全部撤出，其中第一大派兵国乌干达已表示最迟将于2017年底撤出，肯尼亚总统则威胁如欧盟不增加援助将撤军。埃塞俄比亚为应对国内骚乱，已于2016年从索马里撤回4000名军警。三是索马里中央政权孱弱，难填安全“真空”。索联邦政府“有名无实”由来已久，1991年西亚德·巴雷政权倒台后，国内实权大都落入族群长老、宗教头领、地方军阀之手，各派别利益矛盾大，无法形成合力。北部的索马里兰和邦特兰也形成事实上的独立政权。索政府军虽有3.5万人，但多数是新兵，纪律涣散、对政府忠诚度低、装备参差不齐，战斗力弱。2014年以来，非盟已助索收复75%的失地，但政府无力镇守，仅2017年就有10余座城镇被“青年党”重新占领。四是索马里常年遭受旱灾的影响。更加雪上加霜的是，索马里连年的旱情导致了饥荒的发生。联合国儿童基金会和世界粮食计划署2月发表联合声明表示，索马里目前旱情严重，当地600多万民众陷入饥荒，急需人道主义援助。其中300万人需要获得紧急援助。评估显示，2017年将会有95万名五岁以下的儿童处于严重营养不良状态，其中有18.5万名儿童如果得不到及时医疗救治，将会面临死亡危险。而饥荒带来的疾病也在蔓延。3月4日，索马里南部拜州地区暴发霍乱，两天里造成至少110人死亡。在天灾人祸面前，极端组织利用机会进一步制造恐怖和惨剧。而近期索马里海盗也死灰复燃。因此，索马里国内亟需一个稳定的政治局势及和平的安全局势。当前，索马里安全和人道形势依然脆弱，恐怖主义活动频繁，加之近期国内遭受严重饥荒，实现持久和平与稳定之路十分曲折。联合国秘书长索马里问题特别代表兼联合国驻索马里援助团团长基廷就表示，2017年2月刚刚进行大选的索马里目前正处于“悲剧和希望”共存的时刻。摩加迪沙曾一度被称为“印度洋上的白色珍珠”，而如今内战和恐袭让这座城市伤痕累累摩加迪沙的一些街区尽是垃圾瓦砾，断墙残壁上布满了弹孔。索马里新政府的当务之急是消除恐怖主义，通过有效战略多管齐下彻底摧毁“青年党”。这需要联合国的支持，索马里安全部门的改革，以及地方冲突的解决，同时还需要稳定和扩大政府权威，强化治理和法治也十分重要。

第二十八章　圣彼得堡地铁恐袭案

第一节　案件全景

2017 年 4 月 3 日 14 时 40 分，俄罗斯圣彼得堡地铁“先纳亚广场”和“技术学院”两个地铁站发生爆炸。发生爆炸地铁站位于一处中国市场附近，爆炸由简易爆炸装置引发。由于另一枚安放在“起义广场”站的自制炸弹被及时发现，从而成功避免了另一起爆炸。6 节编组的列车，从车头往后数的第 3 节发生爆炸，估计威力为 200—300 克 TNT 当量。列车行驶进站后，乘客纷纷疏散，也有少部分乘客尝试参与救援。出事的列车车厢号为 8147，系 1988 年列宁格勒列车厂（现 Вагонмаш）生产的 81—714 型（即无驾驶室的中间车）。事件伤亡截止到 2017 年 4 月 21 日 11 时，俄地铁恐袭案死亡人数增至 16 人。包括自杀式袭击者贾利洛夫本人。有 23 名伤者住院治疗，4 人中度受伤，19 人情况尚可，58 人门诊治疗。无中国公民受伤的消息。

地铁爆炸事件发生后，15 点 53 分，圣彼得堡地铁全线疏散并停运。随后，机场也宣布暂停服务。莫斯科那边也立即提高了地铁和机场安保等级。圣彼得堡公交部门派出免费公交车缓解受影响路段的交通，当地很多私家车提供自己的坐标、行驶方向、剩余空位等信息，捎带顺路乘客。在地铁站口，警察仔细检查每一名乘客，并询问乘车目的地。一名刚乘坐恢复运行地铁的乘客说，与平时相比，地铁里乘客少了许多，而且乘客显得十分警觉。调查小组已经抵达圣彼得堡地铁事故现场，调查已经开始，圣彼得堡地铁炸弹内填充有杀伤性元件。圣彼得堡的相关机构和组织进入恐怖袭击应对模式。俄罗斯总统普京4月3日晚到圣彼得堡地铁“技术学院站”前献花，哀悼遇难者，默哀后离开现场。

4月3日，俄罗斯总检察院已将发生在圣彼得堡地铁的爆炸案定性为恐怖袭击事件。圣彼得堡当局确定这名凶嫌的身份，地铁爆炸案的凶嫌是1名23岁的中亚人，他与俄罗斯列为非法的激进派伊斯兰团体有关，他是以背包挟带爆炸装置进入圣彼得堡地铁，爆炸现场发现的遗体显示，作案手法是自杀引爆。监视器所拍摄到因而稍早被当局怀疑涉入爆炸案的1名男子，现已出面向警方说明，他与此案无关。4月4日，俄罗斯联邦调查委员会说，制造圣彼得堡地铁爆炸事件的嫌疑人身份已被确认。爆炸案嫌疑人为俄罗斯籍吉尔吉斯族男子阿克巴尔容·贾利洛夫（AkbarzhonJalilov），1995年出生于奥什。爆炸案发生前，贾利洛夫还在圣彼得堡地铁“起义广场站”投放装有爆炸装置的包袋，但包袋没有爆炸。彼得连科表示，经过俄调查委员会、安全局和内务部联合调查，以及对车厢里尸体碎片的分析，确认爆炸装置由贾利洛夫引爆。4月6日，俄罗斯执法人员逮捕了8名嫌疑人，其中6人是在圣彼得堡被抓获，2人在莫斯科被抓获。而且，这2人也是在莫斯科郊外的奥金佐夫地区落网的。4月17日，俄罗斯莫斯科巴斯曼法庭批准逮捕圣彼得堡地铁爆炸案第10名嫌疑人阿克拉姆·阿齐莫夫。据悉，阿齐莫夫被控直接参与爆炸案。法庭认定被告触犯俄罗斯法律中有关恐怖主义和非法倒运武器的条款，在批捕决定中说，根据出入境记录，阿齐莫夫与实施爆炸袭击的嫌疑人阿克巴尔容·贾利洛夫于2016年12月和2017年3月两次入境土耳其。阿齐莫夫还给团伙成员伪造文件。4月26日，美国国际恐怖组织搜索情报集团于当地时间4月25日表示，疑似与“基地”组织有关联的团体，宣称为俄罗斯圣彼得堡市日前的地铁爆炸案负责。报道称，国际恐怖组织搜索情报集团引述一个名为“伊玛目沙米尔营”（Imam Shamil Battalion）的组织24日通过毛里塔尼亚通讯社发表的声明称，该组织坦承在“基地”组织头目艾曼·扎瓦希里的指令下，发动了此次攻击。

第二节　经验教训分析

俄罗斯的恐情在过去几年里已发生了明显改变。“北高加索痕迹”逐渐淡化，“中亚痕迹”逐渐加重，是这一变化的显著特征。国际恐怖组织越来越多地将目标锁定从中亚到俄罗斯打工的中亚籍劳工身上。这些通常从事低端行业的从业者是一个人数庞大的群体，保守估计人数也在数百万。数量如此庞大的一个群体激进化，成为孳生恐怖分子的“宿主”，不但严重威胁到俄罗斯和中亚地区的安全，也再次印证了国际反恐的长期性、艰巨性和复杂性，反恐怖斗争依然任重而道远。

一、北高加索痕迹

从1990年底至2010年上半年，俄罗斯反恐怖斗争一直与北高加索地区密不可分。这一期间发生的若干次骇人听闻的恐怖事件，如1996年基兹利亚尔医院人质劫持案；1999年莫斯科和伏尔加—顿公寓楼系列爆炸案；2002年莫斯科杜布罗夫卡剧院人质劫持案；2004年图拉和罗斯托夫图—154和图—134飞机爆炸案；2004年别斯兰人质案；2007年涅夫斯基特快列车爆炸案；2010年莫斯科地铁“卢布扬卡”和“文化公园”站爆炸案；2011年莫斯科多莫杰多沃机场暴恐案；2013年伏尔加格勒公交和火车站暴恐案，或是发生在北高地区，或是由北高籍恐怖分子策划实施。以民族独立和国家分裂为目的，是这一时期俄罗斯恐怖事件的主要动因。

二、中亚痕迹

近年来，这一情况正在发生改变。从2016年起，俄罗斯提前打掉了多起以中亚籍劳工为主体的重大恐怖案件。2016年2月7日，叶卡捷琳堡警方在突击搜查时打掉一个恐怖组织，成员包括已经加入俄罗斯国籍的中亚人和中亚籍劳工，他们均为国际恐怖组织“伊斯兰国”成员，并策划在莫斯科、圣彼得堡和斯维尔德洛夫斯克实施一系列暴恐案件。5月初，在克拉斯诺亚尔斯克，警方阻止了针对“胜利日”公共交通工具的恐怖袭击，多名中亚人被拘捕；8 月 10 日，在秋明、车里雅宾斯克和斯维尔德洛夫斯克，96 名中亚人被拘留（分别来自塔吉克斯坦、乌兹别克斯坦和吉尔吉斯斯坦），包括已入俄籍的中亚人和中亚籍民工。12 月 15 日，在萨马拉基洛夫斯基区，警方逮捕了“伊斯兰国”2 名中亚籍成员。同日在莫斯科，一个由塔吉克斯坦人组成，计划用高功率简易爆炸装置进行系列恐怖活动的团伙被提前打掉。

2017 年，中亚籍“圣战者”继续在俄罗斯作威作福。4 月 3 日，圣彼得斯堡地铁发生恐怖袭击。凶手是一名 22 岁的已经加入俄罗斯国籍的吉尔吉斯人。4 月 19 日，警方在弗拉基米尔州捣毁一个中亚籍恐怖小组。5 月 25 日，莫斯科发现并摧毁一个“伊斯兰国”的分支，成员包括俄罗斯和中亚人。7 月 28 日，7 名中亚人因涉嫌在圣彼得堡策划恐怖行为被拘留。8 月 14 日和 31 日，警方在莫斯科连续捣毁两个中亚籍恐怖团伙，避免了重大人员伤亡。

这一系列案件表明，高加索“圣战者”已经和中亚“圣战者”连为一体，各种目标迥异、动机复杂的恐怖团伙，在萨拉菲圣战的幌子下，在现代互联网技术的支持下，已经实现了思想、组织和目标的统一，国际萨拉菲圣战联盟已经成型。

中亚“劳工型”恐怖组织有如下主要特点：

一是依托网络技术招募中亚籍“圣战者”。据俄媒体报道，这些新发现的恐怖小组成员，均来自一个名为“伊斯兰国指南”的互联网虚拟社区，并利用移动互联网广播电台 Zello 的通讯频道招募中亚籍同胞。被招募者普遍使用即时通讯软件 WhatsApp，适用于在 Android，iOS 和其他平台上运行的智能手机，可让手机变为电台，随时与 800 位用户进行通信。该服务还允许通过互联网创建加密通信通道。而在“线下”，则主要是通过“非官方”的清真寺和祈祷室，对劳工进行宣教和招募。2017 年 7 月 25 日，俄罗斯侦察委员会负责人亚历山大·巴特雷金说：“‘伊斯兰国’的招募对象是那些不能适应俄罗斯生活的邻国公民。招募者试图建立“潜伏”的分支，一旦需要可以动员起来进行恐怖袭击。“

二是由“迁徙圣战”到“就地圣战”。在 2014 年“伊斯兰国”成立之初，需要外籍“圣战者”赶赴伊叙地区拱卫“政权”。因此，这一时期招聘人员要求他们的追随者进行“迁徙圣战”，即迁徙到伪哈里发国领土进行“圣战”。从2016年起，当“伊斯兰国”败局已定时，招募者也开始改变策略，要求追随者在其居住国就地实施“圣战”，以分散各国的反恐注意力，同时开辟新的恐怖战场。这体现在对欧盟国家的恐怖袭击日益增多以及俄罗斯发现的恐怖分子数量大增。

尽管执法机构和媒体进行了大量的工作，“伊斯兰国”的思想理念依然在穆斯林青年中保持强大和流行。据哈巴罗夫斯克边疆区穆斯林社区负责人哈姆扎库兹涅索夫说：“‘哈巴罗夫斯克边疆区’大约有10%的穆斯林遵守宗教仪式，其中约20%认同‘伊斯兰国’的理念，对于一个地区来说这是一个非常严重的信号。根据库兹涅佐夫的说法，年轻人借鉴了“伊斯兰国”的口号，却不知道它是什么样的群体。“社交网络从公关和心理的角度积极传播宣传视频。“伊斯兰国”招募者的任务是把移民的宗教情绪转向激进主义和极端主义行动方向。

针对中亚籍民工越来越严重的激进化问题，俄罗斯官、学、民三界集思广益，群策群力，共同应对，其中一些经验和做法对于其他国家的“去极端化”也有借鉴和启示：(1) 对外国破坏性宗教组织的活动制定有针对性的反宣手册和传单。通常这些反宣材料都会被翻译成至少三种语言（塔吉克语、乌兹别克语和吉尔吉斯语），放置在清真寺，外国公民检查中心、边境检查部门或在俄罗斯与中亚国家的定期航班上分发这些资料，以保证宣传的针对性、有效性。(2) 定期为使用外籍劳工的雇主召开会议，搜集有关员工可能极端化的迹象和信息。针对在这些会议中发现的问题，成立由专家教授，权威宗教人士，执法人员组成的宣传小组，到极端化问题突出的地区答难释疑，将苗头化解在萌芽状态。

三是对有犯罪记录的中亚劳工进行系统的帮教活动。

四是研究使移民融入俄罗斯社会的有效文化机制。通过参观俄罗斯文化机构，使新移民尽快熟悉居住地区的文化和历史，尽快适应并融入俄罗斯社会，减少本地居民的“移民恐惧症”，通过媒体大力宣传移民融入社会并取得成就的成功案例，提升外籍劳工的成就感和获得感等。

五是准备制定一整套措施，旨在从源头铲除消除恐怖主义根源，建立一个防止极端主义和恐怖主义意识形态在劳工移民中蔓延的综合系统。例如学习乌兹别克斯坦的“马哈拉”经验。“马哈拉”是集宗教、教育、司法和社会管理于一身的基层管理组织，对于防止乌兹别克斯坦的激进化起到了十分重要的作用。

六是单独建立外出务工人员的工作机制。由多家劳动移民中心提供法律咨询培训，教授反对宗教极端主义和恐怖主义的基础知识课程，向移民发放材料，介绍打工目的国有哪些特殊的宗教运动和教派情况等。

第四部分

国际恐怖与反恐怖斗争大事记

2017 年大事记

1 月

1 月 1 日，叙利亚政府军在霍姆斯省东部地区对“伊斯兰国”多处据点和补给线实施打击，打死十几名武装分子，收缴和摧毁其一定数量装备。与此同时，位于代尔祖尔省一处军用机场的守军与“伊斯兰国”武装发生交火，政府军打死打伤多名武装分子。

1 月 1 日，土耳其最大城市伊斯坦布尔一家夜总会举行新年庆祝活动时遭遇恐怖袭击，土官方宣布袭击造成的死难者人数已增至 39 人，另有 69 人受伤，其中多人伤势严重。

1 月 1 日，布隆迪水资源、环境、国土整治与城市化部长埃马纽埃尔·尼永库鲁在回家时遭到 1 名枪手的袭击，不幸中枪身亡。这也是近两年来该国首位遇害的政府高官。

1 月 1 日，尼日尔安全部门公布消息称，尼东南部迪法省一个村庄前一天夜间遭极端组织“博科圣地”武装分子袭击，造成至少 2 名尼国防和安全部队士兵身亡。“博科圣地”方面有 6 名武装分子被打死。就在袭击发生数小时前，尼日尔总统马哈马杜·伊素福在新年致辞中呼吁“博科圣地”武装分子放下武器。

1 月 1 日，伊拉克纳杰夫，一处什叶派清真寺附近发生两起自杀式炸弹袭击，导致 9 人死亡，22 人受伤。

1 月 1 日，叙利亚塔尔图斯，两名保安被圣战分子自杀式炸弹袭击身亡。

1 月 1 日，尼日利亚卡里托，15 名猎人被博科圣地斩首。

1月1日，阿尔及利亚布利达，1名儿童遭到“基地”组织袭击死亡，7人受伤。

1月1日，伊拉克摩苏尔，4名年轻人被“伊斯兰国”处死。

1月1日，伊拉克卡拉马，一名自杀式炸弹袭击者针对难民发动袭击，导致2死10伤。

1月1日，阿富汗赫拉特，一处清真寺遭到对手爆炸袭击，导致6名信徒死亡，6人受伤。

1月1日，苏丹纳提提，包括一名13岁女孩在内的8名女性在家中遭到极端组织“伊斯兰国”机关枪扫射死亡，另有60人受伤。

1月2日，伊拉克内政部官员说，首都巴格达当天上午发生一起汽车炸弹袭击，造成至少35人死亡、61人受伤。一辆装有炸药的汽车在巴格达东部萨德尔城爆炸，除造成大量人员伤亡外，周围店铺和市场也在爆炸中严重受损。

1月2日，极端组织“伊斯兰国”发表声明，宣称对造成39人死亡的土耳其夜总会枪击事件负责。

1月2日，意大利警方表示，1日在佛罗伦萨市中心一家书店外面放的可疑包裹发生爆炸，导致一名爆破专家一只眼睛失明并有一只手被截肢。

1月2日，非盟驻索马里特派团位于摩加迪沙的营地遭到两起爆炸袭击，一名自杀式袭击者在检查站外引爆炸弹。随后，装有炸弹的汽车在一家酒店外发生爆炸，袭击造成2人死亡，数人受伤。

1月2日，位于德国西南边陲的萨尔州内政部宣布，该州警方于2016年12月31日跨年当天逮捕了一名38岁的叙利亚裔男子，其与恐怖组织“伊斯兰国”存在联系。该州检方披露，该男子被怀疑向“伊斯兰国”索取18万欧元用于购买汽车和炸药，策划对德国和欧洲多个目标发动汽车炸弹袭击。

1月2日，巴格达东部的萨德尔城发生一起汽车炸弹袭击，造成至少35人死亡、61人受伤。

1月2日，索马里摩加迪沙，一处机场发生连续性自杀爆炸袭击，导致7人死亡，17人受伤。

1月2日，伊拉克扎弗拉尼亚，2人在圣战分子炸弹袭击中丧生，7人受伤。

1 月 2 日，伊拉克巴格达，一处清真寺外遭到逊尼派炸弹袭击，导致 5 死 6 伤。

1 月 2 日，伊拉克巴格达，一家医院附近发生两起爆炸袭击，导致 2 死 13 伤。

1 月 2 日，泰国北大年，伊斯兰极端分子枪杀了 1 名骑摩托车的男子。

1 月 2 日，阿富汗巴达赫尚，7 名当地警察遭到塔利班伏击身亡。

1 月 3 日，伊拉克法拉，11 名平民遭到由两起“伊斯兰国”汽车炸弹袭击死亡，13 人受伤。

1 月 3 日，也门阿比扬，“基地”组织武装分子伏击和谋杀两名当地士兵。

1 月 3 日，阿富汗博兰，伊斯兰极端分子使用机关枪袭击了一处检查站，导致 8 人死亡，3 人受伤。

1 月 3 日，伊拉克萨马拉，至少有 4 名平民在圣战分子自杀式爆炸袭击中身亡。

1 月 3 日，伊拉克摩苏尔，“伊斯兰国”火箭弹袭击导致 11 人死亡，39 人受伤。

1 月 3 日，伊拉克拉马迪，1 名自杀式炸弹袭击者发动爆炸袭击，导致 2 人死亡，1 人受伤。

1 月 4 日，联合国开发计划署位于索马里首都摩加迪沙的一处办公地外发生汽车爆炸，造成 4 名安保人员受伤。索马里极端组织青年党宣称制造了这起爆炸袭击事件。

1 月 4 日，菲律宾警方说，5 名在当天凌晨菲律宾南部一起武装劫狱事件中逃脱的囚犯被警方击毙。

1 月 4 日，泰国芒，一处杂货店店主在店中遭到伊斯兰极端分子枪杀。

1 月 4 日，巴基斯坦纳兹玛巴德，一名当地的警察遭到宗教极端分子枪杀。

1 月 5 日，继最大城市伊斯坦布尔发生夜总会恐怖袭击后，土耳其第三大城市伊兹密尔又发生汽车炸弹袭击，造成至少两人死亡，10 人受伤。据伊兹密尔省省长埃若勒·阿伊迪兹通报，爆炸发生在伊兹密尔市区一家法院的门口。当地时间下午 4 时左右，执勤警察注意到一辆汽车形迹可疑，上前搜查时恐怖分子引爆了车上的炸弹，随后又持枪与警察交火，企图闯进法院大楼。

1月5日，叙利亚国家电视台报道，叙利亚政府军控制城市杰卜莱的商业中心区当天发生汽车炸弹爆炸，造成至少9人死亡、15人受伤。

1月5日，伊拉克军方说，首都巴格达当天上午发生一起汽车炸弹袭击，造成至少10人死亡、20多人受伤。负责首都安保工作的巴格达行动指挥部发言人萨阿德·曼恩说，袭击发生在巴格达东部的什叶派聚居区，一辆停在市场外的汽车发生炸弹爆炸，造成人员伤亡。

1月5日，美国政府宣布，将“9·11”袭击的策划者、已故“恐怖大亨”本·拉登的儿子哈姆扎（Hamza bin Laden）列入恐怖分子黑名单。

1月5日，伊拉克巴格达中部的一处检查站遭到爆炸袭击，导致8人死亡。

1月5日，马来西亚吉隆坡，疑似宗派分子用砍刀袭击了4名缅甸工人，3人受伤。

1月5日，苏丹格内纳地区，伊斯兰极端组织袭击了一处市场，屠杀了7名供应商，另有16人受伤。

1月5日，阿富汗贾拉拉巴德，塔利班武力袭击导致1名平民死亡，1人受伤。

1月5日，伊拉克摩苏尔，17名平民遭到“伊斯兰国”炸弹袭击死亡，13人受伤。

1月5日，叙利亚加伯拉，什叶派区域遭到逊尼派极端分子汽车爆炸袭击，导致16名路人死亡，30人受伤。

1月6日，孟加拉国警方表示，该国反恐警察当日在达卡展开反恐行动，并击毙了2名极端武装分子，其中1人涉嫌参与了2016年的达卡西餐厅恐怖袭击案件。

1月6日，联合国人道主义事务协调厅驻尼日尔办事处公布的报告指出，2015年2月初至2016年9月底，极端组织“博科圣地”在尼日尔东南部制造的袭击共造成177名平民死亡、137人受伤。

1月6日，美国驻墨西哥瓜达拉哈拉领事馆官员遭到枪击受伤。

1月6日，巴基斯坦奎塔，5名哈扎拉少数派人士在车中遭到主流原教旨主义者枪杀，4人受伤。

1月6日，阿富汗安纳尔达拉，9名什叶派矿工被逊尼派极端分子处死，4 人受伤。

1 月 6 日，伊拉克苏韦伯，一处牲口市场遭到伊斯兰国爆炸袭击，导致 1 名路人死亡，6 人受伤。

1 月 6 日，巴基斯坦纳兹玛巴德，人力车夫因为无意中挡住了一群伊斯兰极端分子的去路而被枪杀，另有 2 人受伤。

1 月 6 日，美国劳德代尔堡，在机场的行李认领处，1 名伊斯兰极端分子枪杀了 5 名平民。

1 月 7 日，叙利亚北部阿勒颇省北郊阿扎兹市遭到汽车炸弹袭击，造成至少 15 人死亡、数十人受伤。汽车炸弹在阿扎兹市一个法院大楼外被引爆，现场升起浓烟，除造成人员伤亡外，周围建筑也损毁严重。

1 月 7 日，据科特迪瓦媒体报道，科特迪瓦军人叛乱已扩散到经济首都阿比让。

1 月 7 日，沙特安全人员在首都利雅得击毙 2 名恐怖分子。沙特内政部发言人说，安全人员当天凌晨对藏身于利雅得一居民区的 2 名恐怖分子实施抓捕行动时遭到开枪抵抗，随即予以还击并将 2 名恐怖分子当场击毙。安全人员在恐怖分子藏匿的房屋发现炸弹背心、枪支、爆炸材料和爆炸装置等。行动中有 1 名安全人员受伤。

1 月 7 日，也门阿比扬，一处检查站遭到自杀式炸弹袭击，导致周围的 6 人死亡，20 人受伤。

1 月 7 日，巴基斯坦纳兹玛巴德，1 名什叶派男子遭到宗派圣战分子袭击死亡。

1 月 7 日，伊拉克巴格达，一处市场遭到圣战分子爆炸袭击，导致 1 名路人死亡，5 人受伤。

1 月 7 日，尼日利亚克维因地区，富拉尼族武装分子袭击了一处基督教村庄，导致 10 人死亡。

1 月 7 日，埃及西奈，1 名当地士兵遭到伏击，并遭到伊斯兰极端分子枪杀，4 人受伤。

1 月 7 日，索马里摩加迪沙，一家茶叶店附件发生两起爆炸袭击，导致 5 人死亡，13 人受伤。

1 月 7 日，尼日利亚布尼亚迪，博科圣地发动伏击，导致 5 人死亡。

1 月 7 日，伊拉克舒拉，“和平宗教”成员在一处市场发动自杀式炸弹袭击，导致3人死亡，4人受伤。

1月8日，耶路撒冷发生卡车冲撞人群事件，造成至少4人死亡，另有15人受伤。死者中包括3名女性和1名男性。一位警方发言人称，这是一次有预谋的恐怖袭击。

1月8日，叙利亚首都大马士革西郊一小镇遭汽车炸弹袭击，造成至少5人死亡、15人受伤。极端组织“征服阵线”在社交网站推特上宣布制造了此次袭击事件。

1月8日，伊拉克首都巴格达上午发生爆炸，导致至少13人死亡，另有50余人受伤。极端组织“伊斯兰国”宣布对袭击负责。据路透社报道，上午有武装分子驾驶一辆装有炸药的汽车经过巴格达东部萨德尔城的一个检查站时遭士兵拦截，随后武装分子引爆炸药。

1月8日，叙利亚靠近土耳其的边境城镇阿扎兹镇卡车炸弹袭击的死亡人数增至40余人。叙利亚媒体引述观察人士称，这可能是极端组织“伊斯兰国”。事故发生在叙利亚热点战区阿勒颇市以北30千米的阿扎兹镇，具体地点在一个市集附近的伊斯兰法庭外。当时许多人聚集在那里，一辆燃油卡车突然爆炸，很多人都无法躲避，因此死伤非常严重。

1月8日，耶路撒冷发生一起攻击事件。一名司机驾驶卡车冲撞一群士兵，导致4人丧生，13人受伤。以色列警方称，该事件是恐怖袭击。

1月8日，伊拉克巴格达，身穿自杀式爆炸背心的敢死队员袭击了一处什叶派市场，导致7名无辜人士死亡，25人受伤。

1月8日，伊拉克贾米拉，一处什叶派市场遭到自杀式汽车炸弹袭击，导致11人死亡，25人受伤。

1月8日，尼日利亚穆纳，3名男性制造自杀式爆炸袭击，导致2人死亡。

1月8日，尼日利亚迈杜古里，2名女性先后制造了两起自杀式爆炸袭击，导致2名路人死亡。

1月8日，伊拉克哈迪萨，“伊斯兰国”发动袭击导致4人死亡，3人受伤。

1月8日，叙利亚贝特·金，法塔赫爱尔塞姆自杀式炸弹袭击者制造爆炸袭击，导致5人死亡，15人受伤。

1月8日，以色列耶路撒冷，4人遭到巴勒斯坦伊斯兰极端分子驾车故意冲撞死亡，另有 15 人受伤。

1 月 8 日，叙利亚拉卡，12 名平民因为使用卫星天线遭到伊斯兰国斩首。

1 月 8 日，伊拉克曼丹，“伊斯兰国”忠实分子在一处足球场制造爆炸袭击，导致 1 死 4 伤。

1 月 9 日，埃及官员表示，一名自杀袭击者驾驶满载炸药的垃圾车，冲撞西奈半岛北部一个警察局外的安全检查站，造成至少 10 人身亡、12 人受伤。

1 月 9 日，伊拉克提克里特，7 名儿童和 4 名妇女遭到“伊斯兰国”的炸弹袭击死亡。

1 月 9 日，印度阿克诺尔，3 名平民遭到伊斯兰极端分子屠杀。

1 月 10 日，阿富汗多地发生爆炸袭击，造成上百人伤亡。下午，首都喀布尔靠近议会大楼附近连续发生两起爆炸袭击。阿富汗安全部门官员表示，先是有 1 名自杀式袭击者引爆身上的炸弹，不久后一汽车炸弹被引爆。当地安全官员称，此次炸弹袭击的目标是议会内的工作人员。这两起爆炸袭击已导致至少 30 人丧生、80 余人受伤。

1 月 10 日，土耳其东南部加济安泰普省警察总部下午遭遇不明身份武装人员袭击，警方与武装分子发生激烈交火，一名疑似自杀式袭击者被击毙，另有 1 名警察和 1 名平民受伤。

1 月 10 日，阿富汗坎大哈，塔利班爆炸袭击导致 7 人死亡，包括 5 名人道主义者，袭击还造成 18 人受伤。

1 月 10 日，阿富汗拉什卡・加，一处房屋遭到自杀式爆炸袭击，导致 7 名居民死亡，9 人受伤。

1 月 10 日，阿富汗阿甘达，逊尼派极端分子发动袭击，导致 7 名平民死亡，7 人受伤。

1 月 11 日，阿富汗塔利班在社交媒体上公布一段视频，显示该组织绑架了 1 名美国人和 1 名澳大利亚人。塔利班以释放该组织被俘虏者作为条件要求与美国政府进行交换。

1 月 11 日，马里迪阿法拉，“基地”组织制造的爆炸袭击导致 5 人死亡，3 人受伤。

1 月 11 日，埃及阿里什，“安萨尔贝特马克迪斯”极端组织成员闯进一个警察局，并枪杀了4名警察。

1月11日，伊拉克巴格达，2人遭到“伊斯兰国”组织爆炸袭击身亡，另有16人受伤。

1月11日，也门罗德尔，“基地”组织制造爆炸袭击导致1人死亡，1人受伤。

1月12日，伤亡惨重的巴黎和布鲁塞尔恐怖事件发生后，比利时司法部起诉2名极端组织成员。检方指控2人涉嫌向恐怖分子提供伪造身份证件，这些文件随后被用于为巴黎袭击案做准备。

1月12日，叙利亚首都大马士革发生自杀式爆炸袭击，造成至少8人死亡，另有多人受伤。

1月12日，尼日利亚丹姆博地区，2名平民遭到博科圣地的武力袭击身亡。

1月12日，伊拉克哈得巴，发生两起自杀式爆炸袭击，导致3名难民死亡，1人受伤。

1月12日，伊拉克摩苏尔，“伊斯兰国”向一处居民区发动火箭弹袭击，导致19名无辜人士死亡，4人受伤。

1月12日，伊拉克马乐弗，一排商店外遭到圣战者发起的爆炸袭击，导致1名路人死亡，4人受伤。

1月12日，叙利亚大马士革，阿拉伯突击队发动自杀式炸弹袭击，导致至少7人死亡。

1月13日，尼日利亚马达加利，4名女性自杀式袭击者杀死9人，15人受伤。

1月13日，叙利亚马安，“圣战”分子，自杀式炸弹袭击者杀死2人，5人受伤。

1月13日，尼日利亚坎加瓦，伊斯兰极端分子朝一群安全人员发动武装袭击，导致3人死亡，27人受伤。

1月14日，极端组织向叙利亚东部政府控制的代尔祖尔市发动了近一年来最大规模的袭击。极端组织袭击从早上5点半开始，从北部及东部向叙政府控制区同时发动了第一波攻击，双方随即爆发了激烈冲突。不久后，极端组织从南部代尔祖尔机场附近再次发动进攻，攻击机场东部据点。叙政府军随后对极端组织展开空袭，击退极端组织对机场的进攻。

1月14日，喀麦隆盖姆，包括5名女性在内的17人遭到博科圣地斩首。

1月14日，索马里摩加迪沙，“青年党”制造地雷爆炸袭击，导致2死3伤。

1月14日，伊拉克巴格达，一家夜总会遭到激进分子的汽车炸弹袭击，导致6死12伤。

1月14日，叙利亚代尔泽尔，“伊斯兰国”发动自杀式袭击，导致至少12人死亡，40人受伤.

1月15日，阿富汗内政部证实，阿东部楠格哈尔省当天发生一起路边炸弹袭击事件，造成7名平民死亡，另有2人受伤。

1月15日，伊拉克哈里斯，敢死队自杀式爆炸袭击导致9人死亡，20人受伤。

1月15日，阿富汗帕奇拉嘎姆，6名平民遭到塔利班简易爆炸袭击身亡，遇难者包括妇女和儿童，袭击还造成2人受伤。

1月15日，阿富汗东部楠格哈尔省政府发言人胡吉亚尼说，极端组织“伊斯兰国”武装分子当天在该省哈斯基·米纳地区一所宗教学校绑架了13名宗教学者。

1月15日，据科威特通讯社报道，一架由阿曼飞往德国的客机在起飞后疑似受到炸弹威胁，随后在科威特国际机场紧急降落。

1月15日，伊拉克摩苏尔，发生一起针对逃跑的难民的自杀式炸弹袭击，导致18人死亡，2人受伤。

1月15日，伊拉克巴格达，一家餐厅发生两起敢死队自杀式爆炸袭击，导致12人死亡，26人受伤。

1月15日，尼日尔博索，至少有9名村民被富兰尼族恐怖分子屠杀，4人受伤。

1月16日，墨西哥度假胜地普拉亚市市长表示，该市一个电子音乐节现场发生枪击事件，造成5人死亡，并引发踩踏。

1月16日，马来西亚官方称，极端组织“伊斯兰国”在该国分支的一头目日前在叙利亚被炸死。

1月16日，尼日利亚东北部博尔诺州首府迈杜古里一所大学遭炸弹袭击，造成至少5人死亡、20人受伤。据一名学生称，事发时，大学内的清真寺首先爆炸，当时正有在校执教的教授在清真寺内祷告。校园内的 1 名工人则称，第二次爆炸发生在一处大门入口处。17 日，尼日利亚极端组织“博科圣地”宣布爆炸袭击事件是其所为。

1 月 16 日，埃及内务部发布消息称，埃及西南部瓦迪杰迪德省发生武装分子袭击检查站事件，导致 8 名警察死亡，3 名受伤。

1 月 16 日，埃及纳加伯，原教旨主义极端分子使用自动武器向检查站开火，杀死 8 名军官，3 人受伤。

1 月 16 日，伊拉克巴格达，3 人在两次爆炸袭击中丧生，7 人受伤。

1 月 16 日，伊拉克特尔亚比斯，自杀式炸弹袭击导致 14 名平民死亡，13 人受伤。

1 月 17 日，俄罗斯卫星网报道，俄阿尔泰边疆区比斯克一家炸药工厂发生爆炸，4 人受伤。

1 月 17 日，伊拉克摩苏尔，一对母子和一名老人遭到伊斯兰国的谋杀。

1 月 17 日，也门泰兹，什叶派极端分子向平民的住宅发动火箭袭击，导致 10 名平民死亡，5 人受伤。

1 月 17 日，伊拉克巴格达，什叶派居民区遭到逊尼派极端分子袭击，导致 7 人死亡，20 人受伤。

1 月 17 日，伊拉克摩苏尔，发生两起汽车炸弹袭击，目标是试图逃离哈里发的平民，导致 12 人死亡，5 人受伤。

1 月 18 日，马里北部加奥市的一座军营遭遇自杀炸弹袭击，造成约 70 多人死亡，120 人受伤。

1 月 18 日，伊拉克摩苏尔，20 多名平民在家中遭到“伊斯兰国”组织诱杀。

1 月 18 日，也门摩诺尔拉，什叶派极端分子接连朝一处房屋发射火箭弹，袭击造成 9 人死亡，14 人受伤。

1 月 18 日，伊拉克萨拉赫丁，“伊斯兰国”袭击导致 15 名伊拉克人死亡，13 人受伤。

1 月 19 日，伊拉克基尔库克，7 名平民遭到伊斯兰国炮弹袭击身亡，8 人受伤。

1 月 19 日，阿富汗美万达，在宗教极端分子发动的血腥伏击中，至少有43人死亡，5人受伤。

1月20日，土耳其伊斯坦布尔省省长瓦希普·沙欣说，伊斯坦布尔警察总部当晚遭火焰投射器袭击，但没有造成人员伤亡。

1月20日，阿富汗北部巴尔赫省警察局发言人说，当天下午该省一个举行“马背叼羊”活动的场所遭遇炸弹袭击，造成2人死亡、5人受伤。

1月20日，巴基斯坦奥拉克扎，部落长老在去参加议会的路上疑似遭到伊斯兰极端分子的袭击，袭击造成2死6伤。

1月20日，利比亚班加西，宗派极端分子在对手派的清真寺外制造爆炸袭击，导致17人受伤。

1月21日，巴基斯坦西北部库兰族地区首府一个市场上午发生炸弹爆炸，至少造成20人死亡，60多人受伤。

1月21日，尼日尔格斯科罗，“博科圣地”发动跨界袭击，导致2名边界守卫死亡，7人受伤。

1月21日，叙利亚卢克班，激进分子在一处难民营发动汽车炸弹袭击，导致4人死亡，3人受伤。

1月21日，巴基斯坦帕拉齐纳，伊斯兰极端分子在一处市场引爆炸弹，导致25人死亡，87人受伤。

1月22日，也门安全部门消息人士称，美军在该国中部地区发动多次无人机空袭，共打死4名疑似“基地”组织成员。

1月22日，黎巴嫩警方和军队封锁了首都贝鲁特市中心哈姆拉大街的部分街区，早前一名自杀式炸弹袭击者在这附近被逮捕。

1月22日，德国警方日前在该国北威州诺伊斯逮捕了1名21岁的男子，法院对其正式签发了逮捕令。对他的指控是“策划严重危害国家安全的刑事犯罪”。

1月22日，喀麦隆一架军用直升机在该国北部地区坠毁，造成4人死亡。报道称，这架军用直升机在喀麦隆北部的博戈地区坠毁，造成4人死亡。其中包含1位将军、1位上校。

1月22日，尼日利亚吉丹—维亚，5名大学生遭到富兰尼族恐怖分子伏击和残酷谋杀。

1月22日，伊拉克摩苏尔，7名平民遭到“伊斯兰国”炮弹袭击身亡，3人受伤。

1月22日，伊拉克巴格达，一处车库外遭到爆炸袭击，导致1名平民死亡，5人受伤。

1月22日，伊拉克塔吉，“伊斯兰国”在一处居民区制造爆炸袭击，导致1死4伤。

1月22日，埃及拉法，8人在家中遭到伊斯兰极端分子袭击身亡。

1月22日，埃及西奈，5名警察在车内遭到伊斯兰极端分子的武力袭击身亡。

1月23日，肯尼亚东北部靠近索马里边境的曼德拉镇凌晨遭到一伙武装分子袭击，造成1名预备役警察丧生。肯尼亚警方人士称，大约8名武装分子当天凌晨2时左右闯入该镇中心地区，向一家银行及其旁边的一家旅馆投掷爆炸物。附近的预备役警察随即赶到，与武装分子发生交火。1名警察在交火中丧生。

1月23日，土耳其武装部队总参谋部发表声明称，土军方于当地时间22日晚至23日凌晨在叙利亚北部阿勒颇省巴卜地区的军事行动中打死65名极端组织“伊斯兰国”武装分子。

1月23日，英国北爱尔兰首府贝尔法斯特，1名坐在车内的男子在一座加油站枪击1名巡警，当局将该事件定性为恐怖袭击。

1月23日，联合国秘书长发言人迪雅里克说，联合国马里多层面综合稳定特派团（马里稳定团）一处营地遭袭，1名乍得籍维和人员死亡，另有2人受伤。

1月23日，尼日利亚德扎库，博科圣地成员屠杀了8名村民，并绑架了7名妇女。

1月23日，缅甸帕达卡，3名村民被伊斯兰极端分子处决。

1月23日，埃及西奈，一辆出租车上的5名乘客遭到“圣战”分子枪杀。

1月24日，伊拉克首都巴格达区，当天遭遇汽车炸弹袭击，造成2人死亡、10人受伤。袭击发生在当地时间中午时分，地点位于巴格达市区底格里斯河东岸的一个繁华商业区。爆炸导致周边建筑物和多辆汽车着火受损。

1月24日，索马里首都摩加迪沙南部约30千米外的阿夫戈耶镇23日晚间至24日凌晨接连遭遇两起袭击。23日晚，一伙武装分子袭击该镇并与警方交火，造成 4 名平民死亡。24 日凌晨，该镇又遭到一次爆炸袭击，有包括 3 名士兵在内的 4 人死亡、9 人受伤。

1 月 24 日，德国联邦检察院发布声明说，德国北威州警方当天在波恩地区逮捕 2 名极端组织“伊斯兰国”成员，并对他们的住所进行了搜查。

1 月 24 日，菲律宾政府就韩国商人在菲律宾被当地警察绑架和杀害道歉。

1 月 24 日，索马里阿夫戈耶，“青年党”制造爆炸袭击，导致 7 名当地警察死亡。

1 月 24 日，伊拉克摩苏尔，伊斯兰极端分子向居民区发动火箭弹袭击，导致 14 人死亡，13 人死亡。

1 月 24 日，伊拉克巴格达，一处车库发生汽车爆炸袭击，导致 2 死 10 伤。

1 月 25 日，索马里首都摩加迪沙一家酒店遭遇两起汽车炸弹袭击，造成至少 7 人死亡。在两起爆炸袭击间隙试图靠近现场的记者中至少有 4 人被第二次爆炸炸伤。

1 月 25 日，索马里摩加迪沙，和平宗教极端分子在一家宾馆制造自杀式袭击，导致至少 28 人死亡，43 人受伤。

1 月 26 日，伊拉克巴格达，“圣战”分子在一处市场袭击了一名顾客，另有 5 人受伤。

1 月 26 日，叙利亚霍姆斯，3 名平民遭到“伊斯兰国”发动的爆炸袭击身亡。

1 月 26 日，特立尼达阿里玛，1 名伊斯兰少女被枪杀，因为她交往了一名基督教的男朋友，她的男朋友也受了重伤。

1 月 27 日，肯尼亚军方说，非盟驻索马里特派团位于索南部小镇库勒比约的营地当天上午遭索马里极端组织“青年党”袭击，造成 9 名肯尼亚籍士兵死亡、15 名士兵受伤。

1 月 29 日，菲律宾巴尔卡，2 个孩子遭到阿布沙耶夫炸弹袭击身亡，袭击还造成 3 人受伤。

1 月 29 日，尼日利亚巴拉布林，在高速公路上，伊斯兰极端分子枪杀了 15 名驾驶者，还造成 9 人受伤。

1 月 29 日，加拿大魁北克警方发言人称，魁北克一座清真寺发生的枪击事件造成6人死亡，8人受伤。

1月29日，菲律宾军方宣称，菲国政府军近日在南部持续追剿“阿布沙耶夫”极端组织，至少击毙15名恐怖分子。

1月30日，澳大利亚总理马尔科姆·特恩布尔在国会大厦发表的一项媒体声明中表示，澳政府有决心与美方共同打击“伊斯兰国”恐怖组织。

1月30日，俄罗斯车臣共和国领导人卡德罗夫表示，当天车臣执法人员击毙了3名恐怖分子，期间2名执法人员死亡。

1月31日，尼日利亚达罗里，一处清真寺遭到自杀式爆炸袭击，袭击者是1名儿童，袭击造成1名大学生身亡。

2月

2月1日，土耳其媒体称，1名持有武器的男子在伊斯坦布尔一家医院劫持了数量不明的医生和工作人员作为人质。

2月1日，阿富汗拉什卡尔地区遭到3枚火箭弹袭击，1人死亡，2人受伤。

2月1日，伊斯兰国在伊拉克哈维亚地区处决了5名平民。

2月1日，索马里甘达拉地区，3名平民和3名士兵被伊斯兰国家武装分子处决。同日，索马里拜多阿地区，7名士兵遭到“青年党”埋伏袭击身亡。

2月1日，印度喀拉普发生一场地雷爆炸，该爆炸疑似由“毛派”人士制造，事故造成至少11名警察人员被炸死，5人受伤。

2月1日，肯尼亚曼德拉，2名肯尼亚警察和一名15岁男孩遭到“青年党”袭击身亡。

2月2日，巴黎卢浮宫附近发生一起安全事件，法国总理卡泽纳夫称，这起事件有着“恐怖主义性质”。巴黎警察局长称，1名袭击者在卢浮宫附近试图袭击士兵。这名袭击者携带砍刀和2个背包，但包中没有爆炸物。遇袭的士兵开了5枪，包括一枪击中袭击者的腹部，导致其严重受伤。而士兵在袭击事件中受轻伤。同日，巴黎还发生了一起强力爆炸事件，1人受重伤。事发地位于居民点的货摊。

2月2日，联合国秘书长伊拉克问题特别代表库比什在纽约联合国总部说：“‘伊斯兰国’在伊拉克的时间已经屈指可数。”在伊拉克对“伊斯兰国”的军事行动即将取得胜利，但人道主义危机可能会持续数月乃至数年。

2月2日，德国卡尔斯鲁厄检方通报称，警方调查人员上午在德国法兰克福机场逮捕了1名21岁的罗马尼亚籍男性。调查人员怀疑该男子受伊斯兰极端主义影响，正在与他人共同策划针对德国境内的恐怖袭击。

2月2日，伊拉克巴格南部，一个市场附近发生爆炸，导致1人死亡，3人受伤。

2月2日，也门阿比扬，6人死于“基地”组织的轰炸。

2月2日，喀麦隆与尼日利亚边境地区发生一起疑是“博科圣地”袭击事件，造成1个联合国独立承包商和另4人死亡。

2月3日，阿富汗警方证实，8名阿警察当天凌晨在西部法拉省遭来自警方内部的同事杀害。事发地位于该省普什图科特行政区的一处哨所，凶手来自警方内部，遇害者全部来自当地同一个家族。初步调查发现，凶手与塔利班组织有关联，并在杀害自己同僚后随即逃走，很可能已投奔塔利班。

2月3日，埃及拉法地区，根据当地安全部门的资料，激进分子在埃及北部西奈半岛的拉法市炸毁了一所学校。

2月3日，菲律宾新人民军在全国至少进行了20次袭击，掠走至少5名士兵。

2月3日，乌克兰卢甘斯克人民共和国民兵部长奥列格·阿纳什琴科上校和同行的1人在卢甘斯克市乘坐公共汽车时被炸死，当时该车安装上一个简易爆炸装置。

2月4日，土耳其伊斯坦布尔阿塔图尔克国际机场发生警察向一辆可疑小货车开枪事件。据土耳其《自由报》报道，这辆白色厢式货车在机场主要入口处检查站没有遵从警方停车指令，警方随即对货车车轮开枪射击，搭载着3人的货车则掉头朝相反方向逃离。警方随后展开搜捕行动。

2月4日，俄罗斯卫星网报道，俄罗斯外交部表示，俄罗斯驻叙利亚大使馆建筑2月2日和3日两次遭到迫击炮袭击。炮击来自恐怖分子控制的约巴地区。一枚迫击炮弹在使馆的办公楼和生活楼之间爆炸，另一枚在距离使馆主车辆入口20米处爆炸。无人伤亡，但有财产损失。

2月4日，索马里基斯马尤地区，“青年党”用炸弹炸死了3名士兵，另有几人受伤。

2月4日，马里梅纳卡地区的一次恐怖袭击造成了4名士兵死亡，8人受伤。

2月4日，“阿布沙耶夫组织”在巴斯兰设置了一个路边炸弹，至少造成1人受伤。

2月5日，土耳其阿纳多卢通讯社报道说，土耳其警方在国内多地开展清剿极端组织“伊斯兰国”的行动，逮捕100名疑似“伊斯兰国”成员。

2月5日，在巴林麦纳麦一个简易爆炸装置爆炸，对几辆车和建筑物造成严重损坏，没有人员受伤报告。

2月5日，在索马里基斯马尤地区，“青年党”处决了4名男子。

2月6日，俄罗斯国防部发布消息称，当天俄东部军区举行大型反恐演习，共有超过2000名官兵参加。

2月6日，阿富汗迈丹，2名妇女和1名儿童在火箭袭击中丧生。

2月7日，尼日利亚博尔诺，两起自杀式袭击被挫败。2名袭击者被捕。同日，1名保安人员和1名平民在博科圣地的攻击中丧生。

2月7日，阿富汗法拉地区，1位阿富汗总督在法拉省的一次爆炸中丧生。

同7日，阿富汗喀布尔地区，最高法院遭到袭击，自杀爆炸事件至少造成19人死亡，41人受伤，“伊斯兰国”声称对该事件负责。

2月8日，继7日阿富汗最高法院遭血腥袭击后，红十字国际委员会6名工作人员又在阿富汗北部朱兹詹省惨遭枪杀，另有2名工作人员下落不明。

2月7日，伊拉克摩苏尔，“伊斯兰国”在摩苏尔以北的一个村庄处决了15名平民。

2月8日，以色列军方发表声明说，以色列最南端城市埃拉特当天深夜遭到“伊斯兰国”4枚火箭弹袭击，以方“铁穹”火箭弹拦截系统拦下其中3枚，另外1枚在无人空地爆炸。

2月8日，美国国防部说，美军本月初对叙利亚伊德利卜附近的“基地”组织目标实施了两次空袭，共炸死11名恐怖分子，其中包括1名该组织头目。

2月8日，据加拿大《多伦多星报》网站援引美国《纽约时报》的报道称，美国特朗普政府正在起草的一项有关授权美国防部未来直接把“伊斯兰国”被囚人员送到关塔那摩监狱的行政命令已接近完成。但美国国家安全官员和法律专家对此提出警告，认为这样做十分危险，会破坏打击恐怖组织的既有努力和成果。

2月8日，伊拉克反恐人员最近发现了大量属于“伊斯兰国”的一个军营的内部文件。文件显示有14名武装分子为了逃避上战场拼命编造借口。

2月8日，乌克兰顿涅茨克，一个分离主义营的领导人米哈伊尔·托尔斯特赫在他的办公室里遭到炸弹袭击身亡。

2月8日，索马里博萨索，“伊斯兰国”武装分子袭击了博萨索的一家酒店，造成4人死亡。

2月8日，伊拉克安达巴省，一辆军用车辆在省会拉马迪西部的一条公路上行驶时遭到路边炸弹袭击，导致2名伊拉克士兵身亡。同日，伊拉克摩苏尔，“伊斯兰国”无人机袭击造成1人死亡，19人受伤。

2月9日，伊拉克摩苏尔地区，9人在两次火箭弹袭击中丧生。

2月9日，索马里发生两次炸弹袭击，4名民兵被杀，另有数人受伤。

2月9日，以色列中部城市贝塔提克瓦发生枪击事件，1名巴勒斯坦人袭击路人后逃跑，袭击造成6人受伤。

2月10日，法国警方反恐部门在南部埃罗省蒙彼利埃市逮捕4名涉嫌策划暴恐活动的疑犯，从而挫败一起可能针对巴黎旅游景点的自杀式炸弹袭击图谋。

2月10日，伊拉克首都巴格达的汽车炸弹爆炸事件中至少有10人死亡，33人受伤。同日，伊拉克摩苏尔地区，1名男子在摩苏尔的一家餐馆内发动自杀炸弹袭击，4人死亡，15人受伤。

2月11日，埃及西奈半岛，埃及的“伊斯兰国”组织处决了5名被其指控为军队工作的人士。

2月11日，在尼日利亚的博尔诺州，“博科圣地”发动伏击，7名士兵死亡，19人受伤。同日，博科圣地入侵博尔诺州的一个村庄，并点燃了几十处住宅，1名男子疑在袭击中丧生。

2月11日，阿富汗赫尔曼德，7名平民和5名士兵在赫尔曼德省一家银行外面发生的一起自杀性爆炸事件中丧生，事故造成10人受伤。

2月11日，据哈萨克斯坦国家安全委员会消息，哈国家安全部门近日成功抓捕了15名涉恐人员。

2月11日，塔利班武装在赫尔曼德省首府拉什卡尔加对阿富汗国民军士兵进行了自杀式袭击。袭击造成至少7名平民死亡，另有至少7人受伤，死伤者主要是贩卖商品的儿童。

2月12日，德国北部城市汉堡机场当天中午发现不明有毒气体，造成50多人受伤。机场随后一度关闭，所有班机停飞。

2月12日，当天，印度军方巡逻小分队在印控克什米尔地区与不明身份武装分子发生交火，造成2名印度士兵和4名武装分子死亡，另有3名士兵受伤。印度军方称，武装分子可能是印度圣战组织或巴基斯坦虔诚军。

2月12日，在巴基斯坦布内尔的一次炸弹袭击中，2名儿童死亡，另1名儿童严重受伤。

2月12日，伊拉克克尔库克，“伊斯兰国”武装分子烧死了试图逃离其控制的领土的15名平民，其中包括儿童。

2月13日，巴基斯坦多地发生爆炸袭击事件。在巴基斯坦拉合尔市一场抗议活动上，发生一起破坏性很大的炸弹爆炸袭击，炸死至少14人，90人受伤。塔利班分支“自由党”声称对此次袭击负责；巴基斯坦瓦茨里斯坦，一起路边炸弹爆炸事件炸死3名巴基斯坦准军事士兵和3名平民；巴基斯坦奎达，2名警察在爆炸中死亡，另有9人在爆炸中受伤。

2月13日，伊拉克摩苏尔，“伊斯兰国”炮击摩苏尔以北一所学校，杀害3名学生和1名教师，炸伤24人。

2月13日，尼日利亚吉布克，“博科圣地”在博尔诺州吉布克地方政府地区入侵米法社区，杀害1名伊斯兰学者，1个男孩的手也被打断。

2月14日，伊拉克军方透露，空军对一栋房舍进行了攻击，据信，极端组织“伊斯兰国”领导人巴格达迪当时正在屋内与其他指挥官开会，巴格达迪是否被击中还未被证实。

2月14日，也门拉达的胡希—萨利赫部队车遭到自杀式简易爆炸装置袭击，造成2名胡希—萨利赫部队队员和1名儿童死亡。

2月15日，土耳其驻斯德哥尔摩大使馆遭到石头和白色油漆瓶的袭击，瑞典警察称，此次袭击为恐怖主义性质的事件。

2月15日，阿拉伯联合酋长国总统事务部发布消息称，2017年1月在阿富汗坎大哈发生的恐怖袭击中受伤的阿联酋大使朱玛·卡比不治身亡。

2月15日，伊拉克警方说，首都巴格达当晚发生自杀式汽车炸弹袭击，造成至少9人死亡。袭击发生在巴格达东部的萨德尔城，1名武装分子驾驶装满炸药的汽车，在一处人流密集的汽车交易市场附近实施爆炸，造成大量人员伤亡，许多店铺起火燃烧。极端组织“伊斯兰国”已经宣称对事件负责。

2月15日，巴基斯坦白沙瓦发生自杀炸弹袭击事件，一个自杀炸弹手引爆了一辆乘坐了当地法官和政府官员车的车，造成司机和1名平民死亡，5人受伤。

2月15日晚，巴基斯坦信德省南部塞赫万地区，正在举行集会活动的一清真寺发生自杀式爆炸袭击，造成至少30人死亡，100人受伤。

2月15日，巴基斯坦加拉奈，敢死队自杀式炸弹袭击造成5人死亡，3人受伤。

2月15日，伊拉克多地发生恐怖袭击事件。萨德尔市，一个针对“什叶派人士集会”的自杀炸弹袭击者引爆炸弹，导致至少18人死亡，50人受伤；巴格达一处市场外有2人遭到逊尼派武力袭击身亡，6人受伤。在摩苏尔，“伊斯兰国”的炸弹袭击导致3名杂货店店主死亡，4人受伤；在哈瓦加，8名伊拉克人被“伊斯兰国”处死。

2月16日，巴基斯坦武装分子当晚袭击南部信德省塞赫万地区的一处宗教场所，造成大量人员伤亡。巴军方随即决定对武装分子进行打击，打击地点主要集中在信德省、旁遮普省及西北和西南部一些地区。

2月16日，索马里举行总统权力交接仪式。在仪式进行中，极端组织索马里“青年党”在总统府附近发动炮击，造成至少3人死亡。

2月16日晚，数十名“伊斯兰国”武装分子袭击了阿富汗哈斯卡·米娜地区的一个阿军方检查站，造成17名士兵丧生。

2月16日，巴基斯坦人潮众多的苏菲派沙巴兹圣殿遭炸弹攻击，造成包括至少20名孩童在内的88人死亡、350多人受伤。该场爆炸发生在巴基斯坦南部信德省著名的拉尔。这是该国两年来造成死伤最惨重的袭击事件，并凸显了巴基斯坦塔利班和“伊斯兰国”等极端势力威胁的严峻性。

2月16日，伊拉克巴格达的一家汽车经销商处发生一起汽车炸弹爆炸，至少有60人死亡，66人受伤。

2月16日，阿富汗德巴拉，一个远程边境哨所遭到“伊斯兰国”袭击，导致18人死亡。

2月16日，巴基斯坦达拉伊斯摩尔罕，恐怖分子枪杀了4名当地警察，1人受伤。

2月16日，伊拉克巴格达，圣战分子发动一系列袭击，造成8人死亡，30人受伤。

2月16日，索马里摩加迪沙，青年党发动迫击炮袭击，导致包括2名儿童在内的3人死亡，5人受伤。

2月17日，巴基斯坦开伯尔特边界的一个哨所遭到好战分子袭击，2名边防军受伤。

2月17日，尼日利亚迈杜古里的2名平民被自杀炸弹炸死。8名袭击者之后被警察击毙。

2月17日，埃及西奈，一枚路边炸弹炸死了5名士兵，另2人受伤。

2月17日，伊拉克提克里特，“伊斯兰国”武装分子袭击了提克里特东南部的一个人民动员部队总部，炸死8名民兵，伤者人数未知。

2月17日，土耳其东南部桑尼乌法省一处员工住宅区遭到汽车炸弹袭击，造成1名儿童死亡，17人受伤。

2月17日，巴基斯坦军方在多个地点与武装分子交火，共打死37名武装分子，抓获数十人，并缴获大量武器弹药，另有7名安全人员在交火中受伤。

2月17日，阿富汗库纳尔，5名安全人员遭到塔利班武力袭击身亡，1人受伤。

2月17日，埃及哈斯纳，“伊斯兰国”发动伏击，导致3名安全人员死亡，4人受伤。

2月17日，伊拉克摩苏尔，一处市场遭到伊斯兰国的火箭弹袭击，导致4名顾客死亡，12人受伤。

2月18日，阿富汗东部楠格哈尔省政府发言人胡吉亚尼说，阿安全部队近日在该省对极端组织“伊斯兰国”据点展开清剿行动，打死34名武装分子。

2月18日，阿富汗帕替卡，塔利班在一辆民用车上安装了炸弹，导致

12人死亡，其中8名是儿童，另有4人受伤。

2月18日，伊拉克摩苏尔，“伊斯兰国”向一所学校发动火箭弹袭击，导致3名学生和2名教师死亡，21人受伤。

2月19日，菲律宾海岸警卫队说，一艘越南船只当晚在菲律宾南部苏禄海域遭武装分子袭击，造成1名越南船员死亡、7人被绑架。

2月19日，索马里首都摩加迪沙一个市场发生自杀式炸弹袭击，炸弹引爆炸毁了市场内摊位和车辆，造成至少39人死亡。

2月19日，哥伦比亚首都波哥大一处斗牛场附近发生爆炸，至少31人受伤，伤者中大部分人是警察。

2月19日，巴基斯坦南部信德省警察局长赫瓦贾说，巴执法部门已抓捕了5名与该省一宗教场所恐袭案有关的嫌疑人。

2月19日，尼日利亚雅扎库马扎，“博科圣地”袭击了一处村庄，导致3名居民死亡，9人受伤。

2月19日，索马里摩加迪沙，1名敢死队自杀式炸弹袭击者在一处市场引爆自己，导致30人死亡，50人受伤。

2月19日，尼日利亚巴金科吉，7名平民遭到富兰尼族恐怖分子屠杀。

2月19日，伊拉克摩苏尔，发生两起自杀式炸弹袭击，导致3名人死亡，12人受伤。同日，伊拉克马莫迪耶，“圣战”分子在一处牲畜市场引爆炸弹导致2名恐怖分子死亡，4人受伤。

2月20日，美国民意调查机构拉斯穆森报告（Rasmussen Report）的最新民调显示，80%美国人认为，伊斯兰恐怖主义是美国遭遇的严重威胁。

2月20日，阿富汗东部拉格曼省巴德帕克地区当晚发生炸弹袭击事件，至少10名平民遇袭丧生，另有4人受伤。

2月20日，伊拉克阿布格莱布，1名“圣战”分子在一处市场引爆一枚微型炸弹，导致1人死亡，4人受伤。同日，“伊斯兰国”成员在伊拉克摩苏尔通过无人机投掷手榴弹，袭击造成包括1名儿童在内的2人死亡，5人受伤。

2月21日，叙利亚国内打击“伊斯兰国”战事取得进展，由库尔德人主导的“叙利亚民主力量”联盟当天首次进入叙东北部代尔祖尔省展开打击“伊斯兰国”的行动。

2月21日，巴基斯坦卡尔萨达，一处法院遭到敢死队自杀式炸弹袭击，导致至少7人死亡，21人受伤。

2月21日，伊拉克巴格达，一处购物区遭到穆贾希德炸弹袭击，导致7人死亡，12人受伤。

2月22日，巴基斯坦军方宣布，在全国范围内开展大规模反恐军事行动，将“无条件、不加选择”地消灭恐怖主义威胁。

2月22日，尼日利亚加吉拉姆，至少有7名安全巡逻队员遭到博科圣地伏击和杀害。

2月22日，伊拉克摩苏尔，“伊斯兰国”用无人机投掷炸弹，导致5名平民死亡。

2月22日，美国堪萨斯州发生一起枪击事件。1名男子在当地一家酒吧开枪射击，造成1名印度男子死亡以及另外2人受伤。据目击者称，枪手有种族主义倾向。

2月23日，叙利亚和伊拉克打击极端组织“伊斯兰国”的行动近来不断取得进展。叙反政府武装“叙利亚自由军”宣布，经过多日激战，已从“伊斯兰国”手中成功夺取其重要据点巴卜。

2月23日，德国下萨克森州警方在该州逮捕了1名圣战嫌犯。这名26岁德国籍男子被怀疑在策划对军队或警方实施炸弹袭击。警方在他家中搜出了一个自制炸弹。

2月23日，巴基斯坦东部旁遮普省首府拉合尔国防住房管理局所辖区域一栋正在施工的建筑物发生爆炸，造成至少8人死亡，23人受伤。

2月23日，关于日本海上自卫队与俄罗斯海军的共同训练，日本已开始探讨强化针对恐怖袭击及海盗对策的领域，并力争在3月举行的日俄外长防长磋商（2+2磋商）中达成协议。

2月23日，印度哈金，4人遭到伊斯兰教徒的枪杀，2人受伤。

2月23日，埃及艾尔阿里什，圣战者杀害一名科普特人，将他的家烧毁。

2月23日，伊拉克摩苏尔，“伊斯兰国”向一处机场发动迫击炮袭击，导致4人死亡，3人受伤。

2月23日，尼日尔因特扎瓦尼，伊斯兰极端分子通过埋伏杀死15名当地士兵，19人受伤。

2月23日，伊拉克巴格达，一处鱼市遭到圣战分子炸弹袭击，导致1名路人死亡，5人受伤。

2月24日，叙利亚阿勒颇省西部城市巴卜镇附近发生针对叙利亚反对派的自杀炸弹袭击，造成至少60人死亡。

2月24日，伊拉克特里比尔，15名边防军遭到“伊斯兰国”自杀式炸弹袭击身亡。

2月24日，阿富汗吉里什发生一起敢死队自杀式袭击，导致2名阿富汗人死亡，3人受伤。

2月24日，美国支持的伊拉克部队收复了2014年以来一直被“伊斯兰国”极端分子控制的摩苏尔机场。

2月25日，法国司法当局将2名涉嫌计划前往叙利亚和策划对法国发动袭击的疑犯移送反恐法官受审。

2月25日，阿富汗警方证实，阿北部朱兹詹省警员当天遭塔利班武装人员袭击，造成至少10人死亡，7人受伤。袭击者可能来自极端组织“伊斯兰国”在当地的武装力量。

2月25日，叙利亚中部城市霍姆斯两处安全机构当天遭连环自杀式爆炸袭击。袭击导致至少30人死亡，另有数十人受伤。霍姆斯省省长塔拉勒·巴拉兹对当地媒体说，当天发生的恐怖袭击是恐怖分子针对政府军在霍姆斯取得军事进展以及政府代表团在日内瓦取得“政治胜利”而采取的报复行为。

2月25日，处于叙利亚政府控制下的城市霍姆斯发生两起自杀式袭击，造成14人死亡。此次事件发生在当地涉及国家安全和军事情报的地点附近。极端组织“征服阵线”已宣称实施了此次袭击。

2月25日，叙利亚霍姆斯，和平宗教制造两起自杀爆炸袭击，导致至少42人死亡，24人受伤。

2月26日，1名自杀式袭击者在阿尔及利亚君士坦丁市制造了一起针对警察的爆炸袭击事件，造成数人受伤。

2月27日，印尼万隆一村公所遭自制炸弹爆炸袭击，除嫌犯被警方开枪击中送医途中死亡外，未有其他人员伤亡。恐怖嫌疑犯在与警方对峙时曾要求立即释放在押的恐怖分子。

2月28日，澳大利亚1名男子因涉恐怖主义犯罪在新南威尔士州杨格市被联邦警察逮捕。

2月28日，阿富汗南部的赫尔曼德省发生枪击事件，1名检查站的警察向同事开枪，造成11名警察丧生。

3月

3月1日，法国司法消息人士称，法国当局逮捕了阴谋发动袭击的一家4口。这4人在巴黎东部郊区克利希苏布瓦被捕。

3月1日，阿富汗首都喀布尔发生两起爆炸及枪战，至少造成22人受伤，百余人受伤。当天一个自杀式汽车炸弹袭击了喀布尔西部的一个警察局，警方随后与袭击者展开交火。数分钟后，1名自杀式袭击者在试图闯入另一个情报机构的时候引爆了炸弹。

3月1日，加拿大蒙特利尔警方拘捕1名涉嫌前一天制造康考迪亚大学炸弹威胁事件的嫌疑人。当天上午警方收到炸弹威胁。有人向多家媒体发出电子邮件，声称要引爆安放在该所大学内的爆炸装置，攻击目标是校内的穆斯林学生。该校有3栋大楼内的数百名师生因此被紧急疏散。大楼被封锁至傍晚。但警方搜查后没有发现任何爆炸物品。

3月1日，伊拉克政府军将领和摩苏尔居民证实，政府军当天切断了极端组织“伊斯兰国”从摩苏尔城内通向城外的最后一条主要通道，摩苏尔已被彻底包围，摩苏尔之战即将进入倒计时。

3月2日，据加拿大广播公司援引加拿大国防参谋部机密文件报道称，根据文件，客机对加拿大城镇居民造成威胁时，加军方可将其击落。

3月2日，阿富汗安全部队称，2016年在美国空军支援下阿安全部队“成功地”打击了阿富汗境内的“伊斯兰国”组织，把这个恐怖组织的人数减少到了大约700人。

3月4日，青年党激进分子在索马里首都摩加迪沙附近大概40千米的兰塔布罗地区发动袭击，杀死了4名非盟维和部队士兵。

3月4日，巴格达北部一处市场遭到爆炸袭击，导致2名平民死亡。

3月4日，阿富汗法尔亚布，1名当地警察遭到塔利班袭击身亡。

3月4日，伊拉克巴格达，原教旨主义者在一个妓院里枪杀6人，其中包括4名妇女。

3月4日，约旦新闻大臣兼政府发言人穆罕默德·穆马尼对媒体表示，该国近日以恐怖主义罪名处决了 10 名涉恐犯罪分子。这些罪犯均因参与策划或实施恐怖主义活动被定罪，并在首都安曼以南约 70 千米的一处监狱被执行绞刑。

3 月 4 日，巴林检察机构说，巴林安全机构日前破获了一个由 54 人组成的国际恐怖团伙，该团伙的目标是颠覆巴林国家政权和破坏国家安全与稳定。

3 月 5 日，马来西亚警方在吉隆坡表示，警方成功挫败一起试图使用汽车炸弹对马来西亚进行的恐怖袭击。马警方日前逮捕 7 名涉嫌参与恐怖组织活动的男子，其中 2 名隶属于极端组织“伊斯兰国”的恐怖分子试图使用汽车炸弹，对马来西亚发动恐怖袭击。

3 月 5 日，菲国政府军连续两周在南部追剿“阿布沙耶夫”极端组织，至少击毙 20 名武装分子。

3 月 5 日，也门森吉巴尔，“基地”组织成员沿着城市街道行进，并不断开枪射击，导致 6 人死亡。

3 月 5 日，马里布勒克西，圣战者对当地安全车队发动伏击，屠杀 15 名士兵。

3 月 5 日，叙利亚阿勒颇，2 名自杀性炸弹袭击者发动爆炸袭击，至少有 15 人丧生。

3 月 5 日，阿富汗昆都士，6 名阿富汗保安人员遭到逊尼派强硬派扫射身亡。

3 月 5 日，巴基斯坦莫曼，塔利班分支成员袭击了几处检查站，造成 5 名安全人员死亡。

3 月 5 日，尼日尔万扎堡，圣战者谋杀 4 名警察。

3 月 5 日，在靠近布基纳法索边境的地方，11 名士兵遭到袭击身亡，4 人受伤。

3 月 5 日，在也门津吉巴尔地区，“基地”组织发动袭击，导致 5 个士兵和一个平民丧生。

3 月 6 日，叙利亚阿勒颇发生两起自杀式爆炸袭击，导致 15 人死亡。

3 月 6 日，伊拉克摩苏尔，“伊斯兰国”发动气体攻击期间，4 名平民因窒息死亡。

3 月 6 日，一名俄罗斯女子在土耳其安卡拉被逮捕，该女子据称与涉嫌谋杀俄驻土大使安德列·卡尔洛夫的凶手有关联。

3月6日，马来西亚警方表示，2名恐怖分子受到“伊斯兰国”组织在马国的头目莫哈末万迪的指示，准备在马国以汽车炸弹发动恐袭，并计划作案后逃到叙利亚加入“伊斯兰国”组织。

3月7日，印尼当局表示，沙特确认了恐怖主义的危险，而与印尼达成谅解备忘录，促使印尼通过修正案加强和扩大当局的权限，采取行动对付涉及恐怖活动的任何人。

3月7日，日本政府决定向联合国毒品和犯罪问题办公室（UNODC，总部位于维也纳）的反恐工作等提供总额约2280万美元资金，7日举行了签字仪式。UNODC正在推进向亚洲的机场管理部门提供国际刑警组织所掌握的涉恐嫌疑人信息，努力加大边境查处力度。

3月7日，印度一列火车遭放置炸弹引爆，导致10名乘客受伤。警方怀疑这是由一个宣誓效忠“伊斯兰国”的小组发动的袭击。该小组多名成员已经被捕。

3月7日，阿富汗喀布尔，一辆民用车上被放置了磁性炸弹，爆炸导致1人死亡。

3月8日，埃及阿里什，一处检查站遭到原教旨主义者发动的爆炸袭击，导致2名警察死亡。

3月8日，伊拉克哈杰伊，一场婚宴上，2名自杀式炸弹袭击者发动袭击，导致多人死亡。

3月8日，肯尼亚拉穆，伊斯兰教徒用一枚简易炸弹发动爆炸袭击，导致1名肯尼亚边防卫队员死亡。

3月8日，阿富汗喀布尔，伪装成医生的伊斯兰枪手袭击了一家军队医院，造成50人死亡，63人受伤。极端组织“伊斯兰国”宣称对此事件负责。

3月8日，伊拉克一场婚礼上发生自杀式炸弹袭击，已经导致30人遇难，还有26人受伤。当地媒体报道称，至少有4名袭击者参与了此次攻击。1名警方消息人士称，在婚礼现场发生了2次爆炸，另外2次爆炸则针对随后到场的安全部队。

3月9日，美国官员透露，总统特朗普的执政团队正计划在科威特部署最多1000名美军士兵，作为对抗极端组织“伊斯兰国”的后备部队。

3 月 9 日，德国西部城市杜塞尔多夫的中央火车站发生持斧袭击事件，导致 7 人受伤。警方称，已经逮捕了一名嫌犯。

3 月 9 日，瑞士西北部城市巴塞尔一家咖啡馆发生枪击事件，导致 2 人死亡，一人严重受伤。

3 月 10 日，伊拉克瓦迪哈加尔，“伊斯兰国”在居民区发动了一场恶性火箭弹轰炸袭击，造成 18 名平民死亡。

3 月 10 日，埃及的西奈半岛发生一起路边炸弹袭击，导致 2 名警察死亡，另外 4 人受伤。

3 月 10 日，美国国务院宣布，美国将于 3 月 22 日在华盛顿举办打击极端组织“伊斯兰国”联军部长级会谈。会谈由美国国务卿蒂勒森主持。会上，蒂勒森将向外国同行重申，打击“伊斯兰国”将是美国国务院在中东地区的首要任务。

3 月 10 日，总部设在海牙的禁止化学武器组织发布公报，对上月（2 月）发生在吉隆坡国际机场的化学武器 VX 神经毒剂袭击事件表示严重关切和明确谴责，呼吁追究化学武器使用者的责任。

3 月 11 日，在叙利亚大马士革老城南部一处停车场发生两起爆炸事件。遇害者主要是来自伊拉克的什叶派教徒，伊外交部称遇害的伊拉克公民达到 40 人，另外 120 人受伤。“征服阵线”及部分武装组织新组成的团体“解放沙姆联盟”宣布对爆炸事件负责。

3 月 11 日，德国西部城市埃森警方表示，其当天挫败了一起针对该市购物中心的未遂恐袭。据德媒报道，此案或由极端组织“伊斯兰国”组织策划并远程操纵在德国境内的极端分子实施。

3 月 13 日，索马里海域发生一起海盗劫持事件，一艘属于阿联酋公司的小型油船在从吉布提驶往索马里首都摩加迪沙途中被劫持，船上有 8 名斯里兰卡籍船员。

3 月 13 日，阿富汗喀布尔，一辆载有政府雇员的车辆遭到路边炸弹袭击，造成 1 人死亡，8 人受伤。

3 月 13 日，2 名马里士兵和 2 名马里平民遭枪击身亡。

3 月 13 日，3 名尼日利亚人被博科圣地武装分子处死，这 3 人被“控告”为尼日利亚军队间谍。

3 月 13 日，泰国拉曼，两名穆斯林恐怖分子走进一家杂货店，枪杀了

47 岁的老板。

3 月 13 日，印度普尔瓦马，一个村民被伊斯兰极端分子绑架杀害。

3 月 13 日，阿富汗喀布尔，塔利班向一辆载有电信工人的公共汽车发动爆炸袭击，造成 1 名女性死亡。

3 月 13 日，索马里摩加迪沙，沙希德自杀式炸弹袭击者在酒店门前引爆炸弹，导致 13 名人死亡。

3 月 13 日，孟加拉国迪娜布尔，1 名苏菲领导人和他的女儿遭到逊尼派原教旨主义者劫持并被杀害。

3 月 14 日，阿富汗卡马尔库拉，一处清真寺遭到和平宗教对手派的袭击，导致 1 名伊玛目死亡。

3 月 14 日，叙利亚霍姆斯市发生一起巴士爆炸袭击事件，导致 5 人死亡，6 人受伤。

3 月 15 日，在大马士革拉比韦地区的一家餐厅和一处法院发生自杀式爆炸袭击，两次袭击导致 40 人死亡，30 多人受伤。

3 月 15 日，4 名少年自杀式炸弹袭击者在尼日利亚城市迈杜古里一个居民区发动袭击，造成 6 人死亡，16 人受伤。

3 月 15 日，在连接东部迪亚巴克尔和马尔丁省的高速公路上，发生一起由简易爆炸装置造成的爆炸袭击，导致 2 名土耳其士兵丧生。

3 月 15 日，伊拉克蒂克里特，和平宗教倡导者在一条街道上制造了汽车炸弹袭击，这条街道上有很多医疗诊所。

3 月 15 日，尼日利亚博尔诺，“博科圣地”成员将 3 名人质割喉。

3 月 15 日，叙利亚哈马达尼耶，逊尼派发动火箭弹袭击，导致 1 名女子和 3 名儿童死亡。

3 月 16 日，苏丹阿巴西亚，一个与“国家伊斯兰阵线”结盟的恐怖组织发动袭击，导致 2 名儿童遇难，多人受伤。

3 月 16 日，泰国帕塔尼，伊斯兰恐怖分子朝 2 名老人开枪，1 人死亡，1 人受伤。

3 月 16 日，尼日利亚阿亚提，富兰尼恐怖分子枪杀 5 名平民，1 名怀孕的妇女也不幸遇难。

3 月 16 日，孟加拉国西塔昆达，1 名女性发动自杀式炸弹袭击，造成 1 名儿童死亡。

3 月 15 日，叙利亚首都大马士革再次发生爆炸。爆炸事件发生在大马士革西北部阿尔—拉布瓦地区的大马士革司法宫，造成 31 人死亡，60 人受伤。

3 月 16 日，法国南部阿尔卑斯省格拉斯小镇一所中学发生枪击事件。一名持多件武器的中学生在校园内向师生开火，造成包括校长在内的至少 8 人受伤。

3 月 16 日，据埃及《金字塔报》报道，埃及总统塞西已签署总统令，决定建立常驻北大西洋公约组织代表处。埃及武装部队参谋长马哈茂德·赫加齐与北约军事委员会主席彼得·帕维尔曾于本月初在开罗举行会晤，双方讨论了埃及正在进行的反恐行动。

3 月 16 日，国际货币基金组织位于巴黎的办公室发生邮件爆炸事件，造成 1 人受伤。

3 月 17 日，阿富汗东部霍斯特省一名军官说，该省萨巴里地区一处军事基地当天遭到自杀式汽车炸弹爆炸袭击，造成包括袭击者在内 2 人死亡、7 人受伤。

3 月 17 日，联合国安理会在通过的第 2344 号决议中称，阿富汗境内的“伊斯兰国”附属团体可能会增加，严重威胁阿富汗及周边地区的安全形势，安理会对此表示严重关切。根据决议，联合国阿富汗援助团（联阿援助团）任务期将延长一年。

3 月 17 日，孟加拉国首都达卡一处警方营地遭自杀式炸弹袭击，袭击者当场身亡，2 名警方人员受伤。孟政府当天宣布提升境内所有机场和监狱的安全警戒级别。

3 月 17 日，1 名自杀式炸弹袭击者在孟加拉国反犯罪的快速反应部队营地（达卡 RAB）引爆了身上的炸弹，导致 2 名安全人员受伤。

3 月 17 日，阿富汗寇斯特，敢死队自杀式汽车炸弹袭击导致 1 人死亡。

3 月 17 日，巴基斯坦查尔萨达，2 名圣战自杀炸弹袭击者发动袭击导致 1 人死亡。

3 月 17 日，也门马里布，什叶派反叛分子向一处逊尼派清真寺发动火箭弹袭击，导致 34 名祷告者身亡。

3 月 18 日，喀麦隆索尔拉姆，“博科圣地”发动攻击造成 2 人死亡。

3 月 18 日，尼日利亚迈杜古里，3 名和平宗教自杀炸弹袭击者发动袭击，导致 4 人死亡，包括 1 名母亲和 2 名儿童。

3 月 18 日，伊拉克大地亚，恐怖分子用简易炸弹制造爆炸袭击，导致 2 人死亡。

3 月 18 日，法国巴黎，一名声称要“为真主而死”的男子试图夺取机场安全人员的武器，被安全人员击毙。

3 月 18 日，突尼斯前总统候选人芭德拉·加阿鲁勒发表声明说，她当天躲过一起暗杀袭击。加阿鲁勒现为突尼斯安全与军事国际战略研究中心主任。她在社交网站个人账号上说，18 日下午，她在首都突尼斯以西的马努巴省乘车出行时遭枪手射击，所幸乘坐车辆安装了防弹玻璃，凶手未能得逞。

3 月 18 日，继不久前有人翻越围墙闯入白宫后，白宫晚间再次传出安全事件。一名男子驾车前往白宫的一个检查站，更声称车上有炸弹。白宫随即提高保安级别，该名男子被扣查。

3 月 19 日，尼日利亚警方证实，东北部博尔诺州首府迈杜古里郊区当晚发生自杀式爆炸袭击，造成包括袭击者在内的 7 人死亡、8 人受伤。

3 月 19 日，在尼日利亚城市迈杜古里，3 个自杀式炸弹袭击者发动袭击，造成至少 4 人死亡，8 人受伤。

3 月 19 日，尼日利亚奥什古，伊斯兰极端分子攻击一座教堂，杀死 2 名信徒。

3 月 19 日，阿富汗提兰考特，3 名地方保安人员遭到塔利班原教旨主义者枪杀身亡。

3 月 20 日，伊拉克巴格达，一处什叶派居民区遭到伊斯兰国汽车炸弹袭击，导致 24 名无辜人士死亡。

3 月 20 日，尼日利亚斋比亚，富兰尼族恐怖分子屠杀了 20 名村民。

3 月 20 日，喀麦隆，博科圣地发动攻击导致 2 人死亡，同时，7 名袭击者也被打死。

3 月 20 日，法国国家金融检察院在收到炸弹威胁后被紧急疏散，包括预审法官和检察官在内的百余人撤离。

3 月 20 日，泰国警方指称，日前在巴吞他尼府反独裁民主联盟（红衫军）领袖邬提蓬住宅搜出大量武器后，邬提蓬通过海外视频网站对此予以否认，坚称这是当局对他的抹黑。

3 月 20 日，土耳其政府公布反恐及整肃情况，显示过去一周当局共发起 200 多起行动，拘捕 2000 余名涉恐分子及涉嫌参与未遂政变的人员。

3 月 20 日，阿富汗南部乌鲁兹甘省政府发布消息说，该省首府提林库特一处军事基地 19 日晚遭塔利班武装分子袭击，造成 3 名士兵和 11 名袭击者死亡。

3 月 20 日，俄罗斯驻叙利亚冲突各方调解中心负责人阿列克谢·金表示，关于疏散叙利亚霍姆斯北郊武装分子的谈判非常紧张，并持续了近一个月，从市内已疏散首批由 400 名武装分子及其家属组成的人员。

3 月 20 日，伊拉克首都巴格达发生自杀式炸弹袭击，造成至少 23 人死亡，另有 45 人受伤。此次爆炸由汽车炸弹引发。伊拉克警方和医疗部门官员称，袭击发生在巴格达西南部的一个商业区。

3 月 20 日，希腊警方表示，他们当天对雅典一处邮政分拣中心进行检查，发现了 8 个可疑包裹。上周，国际国币基金组织位于巴黎的办事处收到爆炸邮件，当局怀疑该事件与希腊一个无政府主义组织有关。

3 月 21 日，据俄罗斯卫星网报道，伊拉克总理阿巴迪称，美国总统特朗普政府打算加大对伊拉克在打击“伊斯兰国”恐怖组织方面的援助。

3 月 21 日，日本政府在内阁会议上敲定了修改“同谋罪”构成要件、并设立“恐怖活动等预谋罪”的法案。日本政府过去曾 3 次制定有关“同谋罪”构成要件的法案，但最终都未能成立。

3 月 21 日，阿富汗赫尔曼德省的一个检查站遭到自杀式炸弹袭击，造成至少 6 名情报人员死亡。同日，阿富汗格勒什克的一处检查站也遭到自杀式炸弹袭击，导致 14 人死亡。

3 月 21 日，在距离摩加迪沙总统府不到 1 千米的一处检查站遭到汽车炸弹袭击，导致至少 4 人死亡。

3 月 21 日，埃及西奈，伊斯兰极端分子炸弹袭击事件造成 3 名平民死亡。

3 月 21 日，索马里摩加迪沙，敢死队自杀式汽车炸弹袭击导致至少 10 人死亡。

3 月 22 日，尼日利亚穆纳，4 名自杀性炸弹袭击者袭击一处难民营，造成 13 人死亡。

3月22日，1名52岁名叫哈利德的男子开车至英国伦敦威斯敏斯特桥上冲撞平民，导致多人受伤之后又开车撞向议会大厦大门。攻击者后逃离车辆和试图进入议会大厦，用刀刺死了1名警官。之后，他被1名便衣警察枪杀。这起袭击案导致不包括袭击者在内的3人遇难，40人受伤。中国驻英国大使馆证实，1名中国公民在伦敦恐袭事件中受伤。“伊斯兰国”宣布对发生在英国议会大厦附近的恐怖袭击事件负责。

3月22日，一名美国官员称，最近几周获得情报显示，“基地”分支组织已经接近于制造出可以藏在电子设备的电池或是电池组件里的爆炸装置，这促使美国出台了最新的航空禁令。

3月22日，推特社交网络在2016年下半年关闭了约37.7万个与宣传恐怖主义有关的用户账号。

3月23日，比利时警方逮捕了1名男子，称其试图驾驶车辆以高速冲进人群。

3月23日，印尼警察88反恐部队在该国万丹省的芝勒贡市击毙1名、逮捕3名恐怖分子。

3月23日，乌克兰紧急情况部发布消息称，乌克兰哈尔科夫州一处弹药库发生爆炸，附近居民被疏散。

3月23日，叙利亚中部城市霍姆斯一处军事检查站遭汽车炸弹袭击，造成多名士兵死亡。

3月23日，埃及安全部队在与激进分子对抗的军事行动中，车辆遭到2个简易炸弹爆炸袭击，造成10安全部队名成员死亡。行动中另有15名激进分子被击毙。

3月23日，索马里巴拉维，“青年党”发动袭击，导致17人死亡。

3月23日，也门阿比扬，“基地”组织向一辆民用车发动攻击，1名男孩遇害。

3月24日，伊拉克摩苏尔，“伊斯兰国”向一处居民区发动武力袭击，导致12名居民死亡。

3月24日，索马里摩加迪沙，一家酒店外遭到伊斯兰教徒发动汽车炸弹袭击，导致1人死亡，2人受伤。

3月24日，孟加拉国首都达卡齐亚国际机场遭炸弹袭击，无人受伤。“伊斯兰国”声称对袭击负责。

3 月 24 日，美国和俄罗斯将分别与塔吉克斯坦举行旨在反恐的联合军事演习。

3 月 24 日，俄罗斯国家反恐委员会发布消息说，车臣共和国国民近卫军一处驻地当天凌晨遭遇武装人员袭击，导致 6 名武装人员和 6 名士兵死亡。总统普京要求团结各方力量，共同打击恐怖主义。

3 月 24 日，埃及首都开罗市郊发生爆炸，造成 1 人死亡、3 人受伤。

3 月 24 日，据马来西亚《星洲日报》报道，马来西亚当局逮捕了 9 名疑似“伊斯兰国”的武装人员。此外，警方捣毁针对霹雳州打巴市警察局的炸弹袭击阴谋。

3 月 25 日，埃及安全官员说，疑似伊斯兰武装分子在西奈半岛北部袭击了一辆装甲车，杀害了 3 名安全部队成员。

3 月 25 日，孟加拉国发生自杀式炸弹袭击，导致了 7 人死亡（4 个平民和 3 名警察），超过 40 人受伤。“伊斯兰国”宣称对袭击负责。

3 月 25 日，孟加拉国西尔特，孟加拉伊斯兰极端组织“贾马耶图勒圣战者”向一栋公寓楼发动袭击，导致 6 人死亡。

3 月 26 日，伊拉克摩苏尔，一处市场遭到“伊斯兰国”武力袭击，导致 16 名平民死亡。

3 月 26 日，美国俄亥俄州辛辛那提市一家夜总会凌晨发生枪击案，至少造成 1 人死亡、14 人受伤。

3 月 27 日，马来西亚总理纳吉布在其推特上发文表示，随着 2 名被菲律宾南部阿布沙耶夫组织绑架的马来西亚船员被救出并返回吉隆坡，被该组织绑架长达 8 个月的 5 名马来西亚船员已全部获救。

3 月 27 日，肯尼亚国防军发表声明称，他们 25 日在索马里南部的朱巴兰德地区袭击了伊斯兰极端组织“青年党”的两处营地，击毙了 31 名武装分子并缴获大量军用物资。

3 月 27 日，英国内政大臣安珀·路德在布鲁塞尔呼吁欧盟采取措施打击网络恐怖主义，同时，期望互联网公司能够设置更多的屏障来防止恐怖分子使用互联网“作恶”。

3 月 27 日，也门南部省份发生自杀式汽车炸弹袭击事件，至少 6 个保安人员和 4 个平民在袭击中丧生，阿拉伯半岛“基地”组织随后表示对此负责。

3月29日，美国前朝鲜半岛问题首席谈判代表格鲁奇在参议院外交关系委员会的听证会上提议，为防止可转用于核武器的钚落入恐怖分子手中，应与日本谈判“要求停止对钚进行再处理和提取”。

3月29日，巴格达南部一个警察检查站发生自杀式炸弹袭击，造成17人死亡，至少60人受伤。

3月29日，叙利亚霍姆斯市发生一起巴士爆炸袭击事件，导致5人死亡，6人受伤。

3月29日，伊拉克巴格达，一条街道发生一起圣战分子自杀式卡车袭击，导致17人丧生。

3月30日，上海合作组织地区反恐怖机构理事会第三十次会议在乌兹别克斯坦首都塔什干举行。会议通过了《上海合作组织反极端主义公约》草案。

3月30日，意大利警方在威尼斯破获了一个恐怖团伙。该团伙正在接受恐怖袭击训练，并密谋在威尼斯交通要道放置炸弹。

3月30日，泰国南部陶公府拉皑县警局发生枪击事件。据当地媒体报道，当天上午8时45分左右，警局内约30名警察正在进行清晨列队，有5至6名不法分子乘坐一辆皮卡车经过警局前，朝警队开枪扫射，导致2名警察身亡，另有3名警察和3名村民受伤。

3月30日，韩国法务部表示，从4月1日起全面施行“乘机旅客预检制度”。根据该项制度，恐怖分子等外国犯罪嫌疑人将被禁止乘坐飞往韩国的航班。

3月31日，巴基斯坦西北部帕拉奇纳尔地区一个人员密集的市场发生炸弹爆炸事件，造成至少22人死亡，另有50多人受伤。爆炸发生后，巴基斯坦塔利班迅速公布消息，称对这起事件负责。

3月31日，“博科圣地”发动的袭击，导致1名尼日利亚士兵死亡，11人受伤。

4月

4月1日，耶路撒冷老城大马士革门附近发生一起持刀袭击事件，导致3人轻伤，袭击者随后被以警方击毙。

4月1日，美国国防部发表声明说，由美国主导的打击极端组织“伊斯兰国”军事行动“内在决心”自 2014 年开始以来，已“无意”中造成至少 229 名平民死亡。

4 月 1 日，埃及坦塔，原教旨主义极端分子在培训中心外面制造一起炸弹袭击，15 人受伤。

4 月 1 日，伊拉克摩苏尔，“伊斯兰国”朝一处居民区发动火箭弹袭击，造成 14 名居民死亡，26 人受伤。

4 月 2 日，巴基斯坦东部旁遮普省萨戈达地区一处宗教场所当天凌晨发生一起谋杀事件，有 20 名宗教信徒被杀害。

4 月 2 日，南非警方证实，里士满市女副市长佛斯瓦于当晚遭人枪杀。这也是过去一个月该市第二位被枪杀的主要官员，此前市政经理西索尔也遭枪杀。

4 月 2 日，尼日利亚马库尔迪，包括 1 名 65 岁的男子在内的两名村民遭到富兰尼族恐怖分子谋杀。同日，在尼日利亚艾克约温，富兰尼族恐怖分子杀死 4 个平民。

4 月 2 日，阿富汗加兹尼，4 名阿富汗人被塔利班炸弹袭击身亡，1 人受伤。

4 月 2 日，印度诺瓦塔，恐怖分子投掷手榴弹到街上，造成 1 人死亡，15 人受伤。

4 月 3 日，俄罗斯圣彼得堡地铁“先纳亚广场”和“技术学院”两个地铁站发生爆炸，造成 14 人死亡，49 人受伤。爆炸发生后，圣彼得堡全城地铁停运。次日，吉尔吉斯斯坦安全部门发言人称，圣彼得堡地铁爆炸事件系由该国自杀炸弹袭击者发动。袭击者是出生于 1995 年的阿克巴伦·贾利洛夫。4 月 5 日，俄罗斯总统普京会见独联体国家安全和情报机关领导人时称，圣彼得堡地铁爆炸案表明，受恐怖主义威胁的局势并未改善，几乎每个独联体国家都会成为恐怖袭击的潜在目标。

4 月 3 日，泰国南部也拉府孔披朗县警局凌晨 1 时许遭一伙枪手袭击，造成 9 名警员受伤。

4 月 3 日，尼日利亚纳扎夫，伊斯兰武装分子发动猛烈的武力袭击，造成 8 名村民死亡。

4 月 3 日，印度潘卡乔克，虔诚军发动枪击，导致包括 1 名儿童在内的多人死亡，5 人受伤。

4月3日，伊拉克摩苏尔，包括妇女和儿童在内的32名平民被遭到“伊斯兰国”武力袭击身亡。

4月3日，伊拉克费卢杰，“圣战”分子自杀式炸弹爆炸袭击导致3人死亡，4人受伤。

4月4日，英国警方称，他们逮捕了1名涉嫌准备恐怖袭击的年轻人，他当时准备乘坐一辆欧洲之星列车离开英国。

4月4日，叙利亚西北部的伊德利卜省清晨发生了一起化学武器袭击事件，并在短时间内造成数十人伤亡。禁止化学武器公约组织、联合国叙利亚问题特使德米斯图拉、叙利亚问题国际独立调查委员会当天均发表声明，对此表示强烈谴责。

4月4日，索马里警方表示，4名参与世界卫生组织工作的人员当天在索马里南部遭疑似极端组织青年党武装分子绑架。

4月4日，哈萨克斯坦国家安全委员会在举行的新闻发布会上透露，哈萨克斯坦2016年共阻止了12起旨在制造恐怖袭击的预谋。

4月4日，伊拉克摩苏尔，“伊斯兰国”处死44人。

4月4日，伊拉克基尔库克，一户人家遭到自杀式爆炸袭击，导致31人死亡，42人受伤。

4月5日，索马里首都摩加迪沙一家餐馆附近发生汽车炸弹爆炸，造成至少7人死亡，10余人受伤。索马里警方官员称，发生爆炸的餐馆位于索马里安全部附近。

4月5日，伊拉克警方人士说，伊北部萨拉赫丁省首府提克里特市一个街区遭武装分子袭击，造成至少32人死亡、28人受伤。

4月5日，恐怖分子在巴基斯坦拉合尔发动自杀式恐怖袭击，用液化气罐实施爆炸，造成至少6人死亡，包括4名巴基斯坦军官，另有10多人受伤。

4月5日，泰国首都曼谷市区街头当晚发生爆炸事件，造成2名环卫工人受伤。事发于当地时间晚间8时许，地点在曼谷市拍那空区泰国国家彩票委员会办公室旧址。当环卫工人倾倒门前垃圾桶里的垃圾时突然发生爆炸，2名工人受轻伤。4月6日是泰国“节基皇朝登基纪念日”，当地媒体推测不法分子企图在重要日子通过爆炸扰乱社会稳定。

4月5日，一个与极端组织“伊斯兰国”相关的黑客团体日前在网络上发布了一段视频，其中的一份“杀人名单”涵盖美国和英国共计 8786 个人名及其联系方式。恐怖分子号召对这些目标人群发动“独狼”式袭击。这些被称为“United Cyber Caliphate”（UCC）的黑客们命令观看者“只要见到名单中的人就格杀勿论”。

4 月 5 日，尼日利亚阿巴蒂，伊斯兰极端分子谋杀了和平农业社区的 7 名成员。

4 月 5 日，伊拉克巴格达，“圣战”分子制造了路边爆炸事件，导致 3 名平民身亡，4 人受伤。

4 月 5 日，伊拉克巴格达，发生一起针对建筑工人的炸弹爆炸事件，造成 4 人死亡，8 人受伤。

4 月 5 日，索马里摩加迪沙，一家咖啡馆的 7 名顾客遭到自杀式汽车爆炸袭击死亡，另有 10 人受伤。

4 月 5 日，巴基斯坦拉合尔，1 名敢死队员针对一组普查员发动自杀式炸弹袭击，造成 6 人死亡，2 人受伤。

4 月 5 日，伊拉克蒂克里特，“伊斯兰国”发动的爆炸袭击，导致 10 人死亡，20 人受伤。

4 月 5 日，马里霍姆巴里，1 名法国维和人员被伊斯兰极端分子埋设的地雷炸死。

4 月 6 日，据俄罗斯卫星网报道，俄罗斯圣彼得堡市东南部涅瓦区政府领导人康斯坦丁·谢罗夫表示，该区一栋居民楼的公寓中发现的爆炸装置已被拆除。

4 月 6 日，俄罗斯南部城市顿河畔罗斯托夫一所学校附近发生爆炸，造成 1 人受伤。在这起事件中，爆炸装置被伪装成了手电筒。

4 月 6 日，索马里总统穆罕默德·阿卜杜拉希·穆罕默德宣布全国进入战争状态，并敦促索马里人民与政府军一道向极端组织青年党宣战。

4 月 6 日，伊拉克摩苏尔，伊斯兰极端主义分子针对一所大学发动爆炸袭击，造成 8 名学生死亡，4 人受伤。

4 月 6 日，索马里格洛温，伊斯兰极端主义分子被指责制造一起路边炸弹袭击事件，导致公共汽车上 19 名平民死亡，3 人受伤。

4 月 7 日，瑞典首都斯德哥尔摩市中心发生卡车冲撞人群事件。瑞典首相勒文称，这起事件造成至少 2 人死亡。

4月7日，阿富汗国防部发表声明说，阿富汗军队、警察和情报部门在过去24小时内在13个省内展开联合清剿行动。被打死的28名武装分子中，有13名塔利班成员，15名极端组织“伊斯兰国”成员。政府军同时缴获了一批武装弹药。

4月7日，叙利亚沙达迪，“伊斯兰国”制造一起爆炸，导致1名妇女和小孩死亡，3人受伤。

4月7日，索马里摩加迪沙，“基地”组织联合小组对一户家庭住宅发动迫击炮袭击，造成3名妇女死亡，5人受伤。

4月7日，巴基斯坦拉合尔，1个68岁的艾马迪亚宗教少数派人士遭到教派圣战组织枪杀。

4月7日，澳大利亚昆比安，1名加油站工作人员被两名激进的青少年刺死，3人受伤。

4月7日，瑞典斯德哥尔摩，1个伊斯兰极端分子偷走了一辆卡车，并撞死了5名行人，14人受伤。

4月7日，伊拉克巴古拜，“伊斯兰国”炸弹爆炸造成3人死亡，9人受伤。

4月8日，据台湾“中广新闻网”报道，挪威警方成功拆除了一个稍早前在首都奥斯陆市中心繁忙地区发现的爆炸物装置，同时逮捕了1名嫌犯。

4月8日，法国总理卡泽纳夫宣布，法国警方从巴斯克分离主义组织“埃塔”公布的8个秘密军火库中共收缴近3.5吨的武器弹药和爆炸物。

4月8日，伊拉克摩苏尔，50名平民被捕并被处决，因为他们试图逃离哈里发。

4月8日，阿富汗尚塔尔，塔利班制造了路边炸弹袭击，导致9名警察身亡，5人受伤。

4月8日，叙利亚霍姆斯，一辆专门用来接送工厂工人的公共汽车上发生炸弹爆炸，造成1名女子死亡，25人受伤。

4月8日，喀麦隆科洛法塔，一处清真寺遭到对手派制造的自杀式爆炸袭击，导致1人死亡，12人受伤。

4月8日，俄罗斯马尔戈布克，伊斯兰武装分子走到一辆警车前面，开枪打死2名军官。

4 月 8 日，尼日利亚迈杜古里，2 名自杀式炸弹袭击者在对手派的清真寺里引爆炸弹，5 人受伤。

4 月 8 日，伊拉克西迪亚，“伊斯兰国”制造一起爆炸袭击，导致回家路上的 4 名妇女和 3 名儿童死亡。

4 月 9 日，位于首都摩加迪沙的索马里国防部附近发生自杀式汽车爆炸事件，造成至少 10 人死亡、多人受伤。

4 月 9 日，在基督教徒庆祝棕枝主日（Palm Sunday）之际，埃及坦塔市和亚历山大市的两座基督教堂连遭自杀式爆炸袭击，造成至少 47 人死亡，137 人受伤。事后极端组织“伊斯兰国”宣布对袭击事件负责。当地时间 9 日上午，教徒们齐聚坦塔市科普特基督教堂参加棕枝主日弥撒，一枚埋在座椅底下的炸弹在教堂爆炸，造成至少 29 人死亡，71 人受伤。教堂周边的监控录像显示，爆炸袭击由一名藏在人群中的“人弹”实施。坦塔教堂袭击发生约两小时后，埃及亚历山大市圣·马可教堂附近又发生自杀式爆炸袭击。据埃及国家电视台报道，爆炸造成至少 18 人死亡，66 人受伤。

4 月 9 日，德国联邦国防军中目前有 275 名士兵涉嫌从事过包括行纳粹礼、上网散布种族主义言论等在内的极右翼行为，这一数字比 2016 年的 230 人有所上升。德国联邦议院军队监督委员表示，这一问题值得认真审视。

4 月 9 日，阿富汗达尔扎卜，4 名当地保安人员遭到伏击，被“伊斯兰国”的武装分子杀害。

4 月 9 日，索马里摩加迪沙，“圣战”分子对一辆小巴发动自杀式炸弹袭击，炸死 17 名平民。

4 月 9 日，叙利亚坦夫，边境发生两起自杀式袭击，造成 4 人死亡，18 人受伤。

4 月 10 日，索马里首都摩加迪沙一个军营遭遇自杀式炸弹袭击。索马里军方官员称，1 名自杀式炸弹袭击者伪装成军人混入军营，并引爆了身上的炸弹背心。爆炸造成多名军人丧生，另有人员受伤。

4 月 10 日，法国总统大选中间派独立候选人、前经济部长马克龙在巴黎表示，如果当选总统，他会提出一项要求国际互联网巨头配合反恐斗争的新举措。

4月10日，美国加州警方下午说，在圣贝纳迪诺市一所小学发生的枪击事件已造成2名成人死亡，2名学生受伤。

4月10日，尼日尔政府军9日夜至10日凌晨在东南部迪法省击退极端组织博科圣地武装发动的袭击，击毙至少50名武装分子。

4月10日，伊拉克摩苏尔，包括妇女和儿童在内的4人遭到“伊斯兰国”用氯气杀害，6人受伤。

4月10日，索马里摩加迪沙，敢死队制造爆炸袭击导致9人死亡，12人受伤。

4月10日，菲律宾巴西兰，阿布沙耶夫发动伏击，导致3人死亡，11人受伤。

4月11日，土耳其东南部的迪亚巴克尔省警察总部附近发生爆炸，造成至少1人死亡，数人受伤。

4月11日，德国德雷斯登检察院发布消息称，1名摩洛哥公民因涉嫌对俄罗斯驻德国大使馆发动恐怖袭击而被扣押。

4月11日，俄罗斯联邦安全局长、国家反恐委员会主席亚历山大·巴尔特尼科夫在国家反恐委员会的会议上表示，过去一年成功防止了16次对俄9座城市的恐怖袭击，捣毁了46个国际恐怖组织窝点。

4月11日，乌克兰首都基辅的弗拉基米尔大街发生爆炸事件，没有人员伤亡的消息。

4月11日，菲律宾当局称，一伙武装人员对菲律宾中部岛屿保和岛发动攻击，并与政府部队发生冲突，此事造成5人死亡，其中包括1名警察。

4月11日，在德国多特蒙德举办的欧洲足球冠军联赛四分之一决赛其中一场球赛开赛前，多特蒙德队乘坐的大巴附近发生3次爆炸，造成该球队西班牙籍球员马克·巴特拉受伤送医。原定当晚举行的多特蒙德对阵摩纳哥的比赛延后一天举行。德国警方正在调查多特蒙德足球队大巴爆炸事件是否与伊斯兰极端主义有关联。

4月11日，尼日利亚伊恩达夫，富兰尼恐怖分子屠杀了5名村民。

4月11日，伊拉克哈巴，“伊斯兰国”发动爆炸袭击，导致7名平民身亡，13人受伤。

4月11日，伊拉克摩苏尔，1名伊玛目的两个孩子在清真寺被枪杀，因为他拒绝帮助哈里发。

4 月 11 日，菲律宾保和省，阿布沙耶夫武装朝警方开火，至少有 4 人遇难。

4 月 11 日，伊拉克摩苏尔，“伊斯兰国”朝住宅区发动大规模的轰炸袭击，导致 5 人死亡，7 人受伤。

4 月 11 日，伊拉克摩苏尔，7 名清洁工遭到“伊斯兰国”炮弹袭击身亡，5 人受伤。

4 月 12 日，阿富汗首都喀布尔国防部大楼附近发生爆炸，至少 1 人死亡，多部车辆受损。外交部发言人称，此次袭击的目标是军事总部附近的一个警察局。

4 月 12 日，马来西亚警察总长卡立阿布巴卡说，由于全球多国近来陆续遭“独狼式”袭击，因此，马警方已提升国内应对恐怖袭击的警戒级别，并呼吁民众若发现任何可疑情况，应尽速向警方报案。

4 月 12 日，塞内加尔东南部小镇一个宗教静修活动现场发生大火，造成至少 22 人死亡，87 人受伤。

4 月 12 日，伊拉克《晨报》报道称，据来自摩苏尔情报机构消息，“伊斯兰国”武装内部发生了重大分歧，该组织在伊拉克尼尼微省的副首领阿布·哈夫萨·摩苏利被推选为新头目，接替了巴格达迪的职务。

4 月 12 日，索马里摩加迪沙，“青年党”朝一处公寓发动迫击炮袭击，导致 3 名平民死亡。

4 月 12 日，阿富汗喀布尔，发生一起自杀式炸弹袭击，导致 5 名路人死亡，5 人受伤。

4 月 12 日，伊拉克拉马迪，圣战分子发动自杀式汽车炸弹袭击，导致包括妇女和儿童在内的 8 人死亡。

4 月 13 日，俄罗斯圣彼得堡瓦西里岛沿海地铁站附近一处图书馆门口发生爆炸，1 名年轻男性在爆炸中受重伤。

4 月 13 日，伊拉克巴格达，“圣战”分子在一处鱼肉市场上制造爆炸袭击，造成 2 人死亡，4 人受伤。

4 月 14 日，美国佐治亚州亚特兰大市一个火车站发生枪击事件，导致 1 人死亡，3 人受伤。

4 月 14 日晚，美国亚利桑那州南部图森市一家餐馆发生枪击事件，造成 2 人死亡、1 人受伤。

4月14日，巴基斯坦军方宣布挫败了一起恐怖袭击图谋，活捉了1名企图制造自杀式袭击的女子。

4月14日，巴基斯坦雅卡图特，1名牧师在去往清真寺的路上，遭到和平宗教的对手派枪杀身亡。

4月14日，伊拉克巴格达，圣战分子在一处市场引爆炸弹，导致2名路人死亡，4人受伤。

4月14日，阿富汗奈瓦，原教旨主义极端分子在一条路上埋设地雷，导致11名平民死亡，14人受伤。

4月15日，叙利亚阿勒颇以西的拉希丁地区发生针对政府军控制区撤离人员车队的自杀式炸弹袭击，造成至少126人死亡。其中，包括68名儿童。袭击者故意用薯片引诱儿童靠近自己，之后才引爆炸弹。爆炸还造成100多人受伤。

4月15日，土耳其警方宣布在伊斯坦布尔拘捕49名疑似极端组织“伊斯兰国”成员，认为这些人企图在土耳其16日举行修宪公投当天制造恐怖袭击。

4月16日，菲律宾军方证实，菲国极端组织“阿布沙耶夫”武装分子日前在菲南部苏禄省杀害1名遭其绑架的本国人质。

4月16日，1名男子闯入法国南部滨海城市尼斯的一间教堂，威胁正在参加复活节弥撒的信徒，被闻讯赶到现场的警察制服并逮捕。

4月16日，哥伦比亚西南部一家夜总会发生手榴弹爆炸事件，造成至少37人受伤。

4月16日，美国加利福尼亚州一家汽车旅馆发生爆炸，造成2人重伤。

4月16日，叙利亚哈拉贝什，逊尼派激进分子向一处居民区发射火箭弹袭击，导致多人死亡，11人受伤。

4月16日，索马里摩加迪沙，“青年党”成员向一处机场发射迫击炮，造成2名平民丧生，2人受伤。

4月17日，英国警方称，伦敦东部一家酒吧凌晨发生疑似有毒物质灼伤人员事件，12人被灼伤，数百人被紧急疏散。

4月17日，菲律宾警方表示，菲律宾棉兰老岛的塔库荣市一家加油站的顶部发生炸弹爆炸，随后不久，当安全人员试图封锁该区域时，又发生了第二次爆炸，此次爆炸造成 2 名士兵、3 名警察和 2 名平民受伤。

4 月 17 日，巴基斯坦军方说，军方开展的“平乱”反恐行动取得阶段性进展，截至目前已打死至少 108 名恐怖分子。

4 月 18 日，尼日利亚博尔诺，“博科圣地”发动攻击造成 5 人死亡，5 人受伤。

4 月 18 日，索马里摩加迪沙，伊斯兰极端分子向一处学校发动炮弹袭击，导致 1 名老师和 4 名学生身亡，7 人受伤。

4 月 18 日，埃及西奈，宗教极端分子袭击了一座历史悠久的基督教修道院，杀死了 1 名警卫，另有 4 人受伤。4 月 20 日，在基督教堂连遭自杀式爆炸袭击后，埃及军方宣布对“伊斯兰国”西奈半岛分支“西奈省”发动空袭，击毙 1 名头目及多名武装人员。

4 月 18 日，伊拉克塔务拉，16 名平民遭到“伊斯兰国”爆炸袭击身亡。

4 月 18 日，法国内政部长马蒂亚斯·费克尔证实，警方当天在南部城市马赛抓捕 2 名策划在总统选举期间发动袭击的嫌疑人，从而挫败一起迫在眉睫的恐怖袭击图谋。

4 月 18 日，菲律宾军方说，军方在南部苏禄海海域成功挫败一起试图劫持货轮的行动。

4 月 19 日，日本众议院法务委员会对修改“共谋罪”的构成要件、新设“恐怖活动等预谋罪”的法案进行实质性审议。

4 月 19 日，俄联邦安全局消息称，联邦安全局在弗拉基米尔州开展的抓捕行动中击毙 2 名与国际恐怖分子招募者有联系的中亚人。

4 月 19 日，武装分子在泰国南部制造 18 起连环爆炸，并向警方哨所和军事单位射击。当地时间 19 日晚 19：00 到 22：30 之间，在泰国南部那拉提瓦府、北大年府和宋卡府的警局、警员住所、常设警察哨所和军事单位附近，发生了 18 起有预谋的连环爆炸和枪击事件。大部分爆炸来自从行进的摩托车上扔出的手雷。其中，2 名武装分子在乘摩托车驶近泰国宋卡府一军事机构时，因安装在车上的自制炸弹提前爆炸当场死亡。2 名警察在武装分子对那拉提瓦府警局的袭击中，因手雷爆炸受伤。

4 月 19 日，一枚炸弹在希腊雅典市中心一家银行外爆炸，造成银行及周边建筑轻度受损。爆炸未造成人员伤亡。

4月19日，尼日利亚博尔诺，“博科圣地”发动袭击，造成3人死亡，2人受伤。

4月19日，阿富汗夸德斯，4名当地警察遭到塔利班枪杀，3人受伤。

4月19日，喀麦隆科科法塔，敢死队自杀式炸弹袭击者引爆炸弹，导致5人死亡。

4月20日，据日本媒体报道，鉴于瑞典首都斯德哥尔摩发生了卡车冲撞行人导致4人死亡的事件等，使用大型车辆实施的恐怖袭击在海外接连出现，东京警视厅公安部在东京都内开展了设想巴士遭劫持的反恐演练。

4月20日晚，巴黎香榭丽舍大街上发生枪战，导致1名警察死亡，2名警察受伤。1名袭击者被击毙，另一名嫌犯在比利时向警方自首。事发后，恐怖组织“伊斯兰国”宣布对事件负责。法国总统奥朗德称，此事件为恐怖袭击。

4月20日，埃及埃尔阿里什，伊斯兰极端分子制造爆炸袭击，导致1人死亡，1人受伤。

4月20日，阿富汗巴达赫尚，宗教极端分子制造路边炸弹袭击，导致3名当地人死亡。

4月20日，伊拉克巴格达，发生一起针对什叶派朝圣者的炸弹袭击，导致1人死亡，5人受伤。

4月21日，俄罗斯联邦安全局发布公告称，该局哈巴罗夫斯克边疆区分局当天遇袭。袭击造成2人身亡，1人受伤。袭击者已被击毙。

4月21日，印度南部安得拉邦一辆卡车撞入路边售货亭，导致至少20人死亡，数十人受伤。

4月21日，巴基斯坦申库特，一处清真寺遭到圣战分子的爆炸袭击，导致1名儿童死亡，2人受伤。

4月21日，阿富汗马萨里沙里夫，在周五的祷告日上，当地军事基地遭到自杀式爆炸袭击，导致160人死亡，74人受伤。4月24日，阿富汗国防部长和国民军总参谋长宣布辞职。

4月21日，伊拉克摩苏尔，“圣战”分子制造了汽车爆炸袭击，导致4名伊拉克人死亡，8人受伤。

4月21日，隶属于非盟驻索马里特派团的肯尼亚军人在索马里南部打死52名极端组织青年党武装分子。

4月22日，菲律宾政府军和警察再度在菲国中部薄荷岛与极端组织“阿布沙耶夫”武装分子交火，击毙3名武装分子。

4月22日，德国安全部门最新掌握的情况显示，从2015年至今已有数千名阿富汗籍申请避难者自称与阿富汗极端组织塔利班有联系，甚至曾为其作战。德国检方目前正在调查其中约70起个案。

4月22日，伊拉克摩苏尔，“伊斯兰国”发动炸弹袭击，导致7名平民死亡，5人受伤。

4月22日，菲律宾帕蒂库尔，阿布沙耶夫武装斩首1名俘虏。

4月23日，一个亲叙利亚政府的民兵组织设在叙西南部库奈特拉省的营地当天发生爆炸，造成3人死亡。

4月23日，索马里政府军方面称，一辆政府军卡车遭路边炸弹袭击，造成至少9名士兵丧生，另有数人受伤。

4月23日，叙利亚胡代达特，发生两起“伊斯兰国”自杀式爆炸袭击，导致12人死亡。

4月23日，索马里加尔加拉，“基地”组织联合小组制造路边炸弹袭击，导致8人死亡，3人受伤。

4月23日，伊拉克汉马姆，自杀炸弹袭击者在难民营外引爆炸弹，造成3名警察死亡。

4月23日，伊拉克鲁特巴，至少有10人遭到“伊斯兰国”恐怖分子杀害，20人受伤。

4月24日，俄罗斯达吉斯坦共和国一个学校发生手榴弹爆炸事件，造成1名学生死亡，11名学生受伤。

4月24日，菲律宾军方称，菲政府军连日来在南部的南拉瑙省与“毛特”武装团伙持续激战，击毙36名恐怖分子，政府军方面也有3名士兵负伤。

4月24日，阿富汗安全部队在过去48小时的特别行动中，消灭了80名“伊斯兰国”恐怖分子及50多名其他极端组织分子。

4月24日，据印度警方消息，印度纳萨尔派反政府武装在中部恰蒂斯加尔邦向当地警察发动袭击，导致至少24人死亡、6人重伤。

4月24日，阿富汗官员证实，美军驻阿富汗东部霍斯特省一处军事基地附近当天遭自杀式汽车炸弹袭击，造成至少5人死亡、8人受伤。

4月24日，尼日利亚卡努里，“圣战”分子发动自杀式炸弹袭击，导致3名路人死亡、2人受伤。

4月25日，埃及拉法，1名“圣战”分子针对一群当地部落人员实施自杀式炸弹袭击，造成4人死亡、4人受伤。

4月25日，巴基斯坦孔塔拉，巴基斯坦塔利班激进分支发动炸弹袭击，导致14人死亡，其中有4名儿童和5名妇女，另有13人受伤。

4月26日，阿富汗地方政府官员说，极端组织“伊斯兰国”阿富汗分支武装人员日前在北部朱兹詹省与当地塔利班武装发生激烈冲突，造成至少91人死亡。

4月27日，法国海外省留尼汪警方透露，1名“疑似激进分子”在警方抓捕行动中开枪拒捕，导致2名反恐特警队员受伤。

4月27日，英国警方在英国议会大厦附近进行例行检查时发现1名持刀男子，随后以涉嫌恐怖主义活动等罪名将其逮捕。

4月28日，阿富汗塔利班宣布展开“春季攻势”，称驻扎在该国的外国军队将成为其主要目标。

4月28日，伊拉克警方说，位于首都巴格达中心的卡拉达区当天晚上发生汽车炸弹袭击，导致5人死亡、10人受伤。

4月28日，菲律宾首都马尼拉奎松大道辅路上晚间发生一起爆炸事件，至少造成11人受伤。有目击者报告说，看到两个人骑摩托赶到爆炸地点后投掷了爆炸物。爆炸物处理小组初步发现这起爆炸事件中使用的是一枚土制钢管炸弹。

4月30日，针对早前被曝光的1名德军士兵伪造难民身份并涉嫌谋划恐怖袭击事件，德国联邦议院军队监督委员汉斯—彼得·巴特尔斯表示，德国联邦国防军在应对极右翼渗透方面存在“薄弱环节”。为此，德国将从2017年7月起对所有入伍新兵进行针对新纳粹和伊斯兰极端主义的筛查。

4月30日，突尼斯总理优素福·沙赫德宣布，国民卫队安全人员当天与一伙极端分子在突中部城市西迪布宰德交火，击毙2名极端分子，逮捕4人。

5月

5月1日，阿富汗东部楠格哈尔省警方发表声明说，极端组织“伊斯兰国”阿富汗分支日前在该省与当地塔利班武装发生冲突，造成至少28名武装分子和2名平民身亡。

5月1日，印控克什米尔地区一辆运钞车当天遭武装分子袭击，造成至少7人死亡。印度警方说，这辆运钞车隶属印控克什米尔地区的一家银行，在行至古尔加姆地区时遭武装分子袭击，5名负责押运的警察和2名银行安保人员均在袭击中身亡。

5月1日，阿富汗戈尔马，5名地方警察被原教旨主义极端分子谋杀，4人受伤。

5月1日，埃及开罗，伊斯兰极端分子对一群警察开火，造成3人死亡，5人受伤。

5月1日，伊拉克里法伊，伊斯兰武装分子朝5名寻求食物的孩童开火，导致5名儿童全部死亡。

5月1日，印度库尔加姆，“圣战者党”（Hizbul Mujhadeen）屠杀5名警察和2名银行雇员。

5月1日，阿富汗查帕尔哈，“伊斯兰国”袭击造成3名平民死亡，其中，包括1名女孩。

5月2日，伊拉克安全人士说，西部安巴尔省一处军事基地当天遭到极端组织“伊斯兰国”武装分子袭击，造成10名士兵死亡、6人受伤。同日，叙利亚人权观察组织负责人表示，“哈塞克省内一座安置伊拉克和叙利亚难民的难民营地内外发生至少5起自杀炸弹袭击，造成至少32人丧生。”

5月2日，据俄罗斯卫星网援引土耳其阿纳多卢通讯社报道称，不明身份者向土耳其驻瑞士苏黎世总领事馆大厦投掷装有油漆的瓶子，并在外交使团前面的停车场及附近建筑物墙上留下口号，号召“谋杀土耳其总统埃尔多安”。据土耳其住苏黎世总领事称，约60名带面具的凶犯实施了对外交使馆的攻击。

5月2日，埃及内政部凌晨发表声明称，一辆埃及警方巡逻车在开罗市郊附近遭遇武装袭击，造成至少3名警员丧生，另有5人受伤。

5月2日，伊拉克摩苏尔，疑似什叶派发动自杀式炸弹袭击，导致9

名逊尼派武装分子死亡；同日，伊拉克萨马拉，2名什叶派人士遭到逊尼派自杀式爆炸袭击身亡，3人受伤。

5月2日，马里纳姆帕拉，1名圣战分子发动袭击，导致9人死亡，4人受伤。

5月2日，叙利亚拉吉姆·萨利比，“伊斯兰国”发动自杀式爆炸袭击，导致46名难民身亡，34人受伤。

5月3日，马来西亚总警长卡立阿布巴卡发布声明表示，大马警方于3月24日至4月25日，在5个州逮捕6名涉嫌参与“伊斯兰国”恐怖袭击的成员。

5月3日，阿富汗首都喀布尔发生针对外国部队车辆的炸弹袭击，造成8人死亡、25人受伤。这起爆炸发生在早间，爆炸地点位于美国驻阿富汗使馆和阿富汗最高法院附近。

5月3日，伊拉克摩苏尔，伊斯兰极端分子向一所高中发动导弹袭击，造成1名学生死亡，12人受伤；伊拉克阿布格莱布，一个世俗学校的老师被“伊斯兰国”成员谋杀，2人受伤。

5月3日，叙利亚阿扎兹，一处清真寺外发生汽车爆炸袭击，导致4人死亡，4人受伤。

5月3日，尼日利亚迈杜古里，“博科圣地”制造爆炸袭击，导致3名年轻女孩死亡。

5月3日，阿富汗坎大哈，发生两起自杀式炸弹袭击，导致1名儿童死亡，1人受伤。

5月4日，印度科罗拉，伊斯兰极端分子枪杀1名平民，2人受伤。

5月4日，尼日利亚孔杜加，“圣战”分子发动自杀式爆炸袭击，导致5人死亡，6人受伤。

5月5日，约旦和叙利亚交界处附近的一座难民营发生爆炸，导致4人死亡。

5月5日，乍得军队总参谋部消息人士说，博科圣地在乍得边境制造恐怖袭击，已造成9名乍得士兵死亡。40余名袭击者已被击毙。

5月5日，索马里官员7日证实，“青年党”1名领导索马里南部下谢贝利州的高级头目被索安全部队击毙。

5月5日，乍得凯伽，9名边防卫兵被“博科圣地”杀死，28人受伤。

5 月 5 日，伊拉克哈迪塞，发生一起“圣战”分子自杀式炸弹袭击，导致 8 名伊拉克人死亡，8 人受伤。

5 月 6 日，菲律宾首都马尼拉在同一地区发生两起爆炸，造成至少 2 人死亡、5 人受伤，其中 1 名伤者为当地警察。当天下午 5 时 50 分左右，马尼拉市奎阿坡区一条道路附近发生爆炸，造成 2 人死亡、4 人受伤。爆炸地点距马尼拉最大教堂奎阿坡教堂不远，爆炸装置不明。近 3 小时后，第一次爆炸地点附近再次发生爆炸，导致现场 1 名警察受伤。

5 月 6 日，尼日利亚官员实，82 名被“博科圣地”绑架的少女在尼东北部的博尔诺州获释。

5 月 6 日，伊拉克阿布格莱布，发生一起圣战分子爆炸袭击，导致 2 名平民死亡，3 人受伤。

5 月 6 日，印度库尔加姆，3 名平民和 1 名警察遭到伊斯兰极端分子杀害。

5 月 7 日，马来西亚副总理兼内政部长扎希德证实，警方以资助极端组织“伊斯兰国”为由逮捕 3 名土耳其嫌犯。

5 月 7 日，南苏丹地方官员证实，两辆客车 5 日晚在从首都朱巴驶往中部琼莱州首府博尔的途中遭武装人员袭击，造成至少 21 人死亡、25 人受伤。

5 月 7 日，法国总统府发布新闻公报说，今年 3 月 23 日在乍得东部遭绑架的 1 名法国男子当天获释。

5 月 7 日，伊拉克基尔库克，“伊斯兰国”自杀式炸弹袭击导致 2 人死亡，3 人受伤。

5 月 7 日，尼日利亚罗戈，富兰尼族恐怖分子屠杀了 15 名村民，6 人受伤。

5 月 7 日，马里艾尔摩斯特拉特，至少有 7 人遭到自杀式炸弹和火箭弹袭击身亡，7 人受伤。

5 月 7 日，伊拉克瓦迪阿卡布，敢死队自杀式炸弹袭击导致 9 名伊拉克人死亡；伊拉克摩苏尔，一家杂货店遭到“伊斯兰国”成员发动火箭弹袭击，导致 4 名无辜人士死亡，9 人受伤。

5 月 8 日，1 名极端分子将一个自制的土炸弹放在印尼西爪哇万隆市政府门口停车场引爆，所幸无人伤亡。有目击者说，看见 1 个持刀的人冲进办公楼，并试图在楼上放火。据当地警方介绍，极端分子要求释放被印尼88反恐部队逮捕的极端分子，并与警方发生交火。

5月8日，巴基斯坦西北部一所女子学校外发生炸弹爆袭击。爆炸造成2名警察受伤。由于事发时学校还没有开始上课，爆炸没有对学生造成伤害。

5月8日，索马里首都摩加迪沙发生一起汽车爆炸袭击事件，一辆装满炸药的汽车撞到摩加迪沙的一家意大利餐馆爆炸，造成包括1名索马里政府军高级指挥官在内的8人死亡，另有25人受伤。

5月8日，埃及纳斯尔市，疑似原教旨主义极端分子向警察开火，导致3人死亡。

5月9日，泰国南部北大年府市区的一家超市发生的两起爆炸，已经造成33人受伤，100辆汽车及摩托车等受损。

5月9日，联合国秘书长发言人迪雅里克说，联合国中非共和国多层面综合稳定团（中非稳定团）一车队8日夜遭武装分子袭击，导致4名维和人员死亡、8人受伤，另有1名维和人员下落不明。

5月9日，阿富汗帕尔旺，神学院一间教室发生一起爆炸袭击，导致至少8名学生和1名老师身亡。这枚炸弹被预先埋在教室里。

5月9日，伊拉克摩苏尔，“伊斯兰国”发动一系列的攻击，导致5人死亡，8人受伤；伊拉克哈瓦加，40个人被伊斯兰国家处决；伊拉克阿布格莱布，“圣战”分子发动袭击，导致1名平民死亡。

5月10日，美国国务院发表声明称，将为确认叙利亚恐怖组织“胜利阵线”头目穆罕默德·乔拉尼的身份或位置，提供1000万美元的赏金。

5月10日，阿富汗斯宾博尔达克，伊斯兰教激进分子引爆一枚预先埋藏好的炸弹，导致2人死亡，3人受伤。

5月10日，尼日利亚布鲁库，伊斯兰极端分子屠杀了4名村民。

5月10日，孟加拉国伯尼普尔，1名消防员在一起自杀式炸弹袭击中身亡，1人受伤。

5月10日，埃及拉法，伊斯兰极端分子枪杀了13名部落人士，2人受伤。

5月10日，也门杜安，“基地”组织向一处检查站发动了自杀式炸弹袭击，导致1人死亡，6人受伤。

5月11日，俄罗斯联邦安全会议秘书助理帕夫洛夫透露，俄罗斯5年来在北高加索消灭恐怖分子1200余名。

5月11日，伊拉克萨拉米亚，狙击手们枪杀了试图过河的一群人，这群人是为了逃离哈里发的控制。袭击造成64人死亡。同日，伊拉克巴格达，圣战分子发动爆炸袭击，导致2名平民死亡，4人受伤。

5月12日，巴基斯坦参议院副主席阿卜杜勒·加富尔·海德里的车队下午在该国西南部俾路支省遭炸弹袭击，至少17人死亡，另有包括海德里在内的30人受伤。

5月12日，意大利罗马市内一家邮局外发生爆炸。爆炸没有造成人员伤亡，但至少1辆汽车在爆炸中损毁。

5月12日，巴基斯坦马斯吞，发生大规模的自杀式炸弹袭击，导致24人遇难，37人受伤。

5月12日，乍得凯伽，“博科圣地”发动突然袭击，导致9人死亡。

5月12日，肯尼亚涅里，2名劳工遭到青年党谋杀。

5月13日，巴基斯坦西南部俾路支省的瓜达尔地区发生两起袭击事件，共造成至少10人死亡、2人受伤。

5月13日，尼日利亚阿玛尔瓦，至少有11名村民被伊斯兰极端分子枪杀。

5月13日，伊拉克摩苏尔，发生一起自杀式炸弹袭击，导致9人死亡，3人受伤。

5月13日，阿富汗喀布尔，疑似塔利班发动爆炸袭击，导致2名妇女和1名儿童遇难。

5月13日，尼日利亚迈杜古里，一所大学发生了3起自杀式爆炸袭击，导致1名安保人员死亡，1人受伤。

5月14日，阿富汗米特拉姆，6名儿童遭到逊尼派武力袭击身亡，他们的年龄都在6到12岁之间。

5月14日，埃及谢赫—祖维德，3名埃及人在伊斯兰武装分子的两次袭击中丧生，8人受伤。

5月14日，伊拉克玛利亚，7名平民遭到逊尼派火箭弹袭击身亡。

5月14日，伊拉克巴格达，“圣战”分子发动两起袭击，导致4人死亡，8人受伤。

5月15日，伊朗阿瓦士，逊尼派分裂主义者谋杀了两名当地警察，4人受伤。

5月15日，叙利亚戴尔泽尔，一处居民区遭到“伊斯兰国”炸弹袭击，导致1人死亡，14人受伤。

5月15日，叙利亚鲁克班，一处难民营遭到两起爆炸袭击，导致至少6名难民死亡，12人受伤。

5月15日，索马里盖萨德赫，伊斯兰极端分子在一家餐厅发动爆炸袭击，7人受伤。

5月15日，尼日利亚塔拉巴，5个社区遭到穆斯林恐怖分子的袭击，导致至少12人死亡。

5月16日，肯尼亚地方官员说，肯尼亚东北部靠近索马里边境地区当天发生一起路边炸弹袭击事件，造成至少4人死亡。袭击事件可能是索马里极端组织“青年党”制造的，袭击目标是肯尼亚安全部队。

5月16日，阿富汗拉格曼，一户人家遭到逊尼派的武力袭击，3名妇女身亡，3名儿童受伤。

5月16日，阿富汗阿萨德·阿巴德，一处市场遭到塔利班的火箭弹袭击，导致2名路人死亡。

5月16日，阿富汗坎大哈，原教旨主义极端分子制造爆炸袭击，导致1名平民死亡，10人受伤。

5月16日，阿富汗达尔塔帕，塔利班引爆简易炸弹，导致2名儿童死亡，2人受伤。

5月16日，沙特阿拉伯阿尔马索拉，疑似什叶派激进分子使用火箭筒发动袭击，导致1名当地警察死亡，5人受伤。

5月16日，肯尼亚利伯伊，一辆民用车遭到青年党预设的简易炸弹袭击，导致4人死亡。

5月16日，尼日利亚孔杜加，3名女性自杀炸弹袭击者在难民营引爆炸弹，导致2人死亡，6人受伤。

5月16日，伊拉克鲁特巴，伊斯兰武装分子对一群边防警察开火，造成2人死亡，3人受伤。

5月16日，伊拉克马丹，一家杂货店发生爆炸，导致1人死亡，2人受伤。

5 月 17 日，阿富汗贾拉拉巴德，和平宗教支持者在阿富汗国家广播电视台发动自杀式袭击，导致电视台 5 名员工和 1 名守卫死亡，16 人受伤。

5 月 17 日，布隆迪警方说，布隆迪首都布琼布拉南部当晚发生一起手榴弹袭击事件，造成 3 人死亡、3 人受伤。

5 月 17 日，索马里首都摩加迪沙西部地区遭遇汽车炸弹袭击，至少 3 名安全部队士兵遇袭身亡。索马里青年党声称对该事件负责。

5 月 17 日下午，也门中部塔伊兹省一辆民用客货两用运输车遭袭，造成车上全部 23 人死亡，其中包括多名妇女和儿童。该车辆是被沙特为首的联军战机发射的导弹所击中，当时车辆正行驶在塔伊兹省西部的乡村地区，而该地多日来一直是交战双方激烈争夺的战场之一。

5 月 17 日，索马里瓦达吉尔，伊斯兰极端分子发动汽车炸弹袭击，导致 3 名士兵死亡。

5 月 17 日，伊拉克摩苏尔，一户人家遭到“伊斯兰国”的炸弹袭击，导致 2 人死亡。

5 月 18 日，阿富汗赫拉特，伊斯兰极端分子朝一辆公共汽车开火，造成 1 名乘客死亡，2 人受伤。

5 月 18 日，意大利米兰，1 名伊斯兰武装分子在火车站刺死 3 人，3 人受伤。

5 月 18 日，叙利亚戴尔泽尔，3 名居民遭到伊斯兰国武力袭击死亡，3 人受伤。

5 月 18 日，伊拉克基尔库克，“伊斯兰国”对库尔德人发动袭击，导致 2 人死亡，15 人受伤。

5 月 18 日，伊拉克巴格达，“伊斯兰国”在一家商店制造了爆炸袭击，导致 1 名路人死亡，5 人受伤。

5 月 18 日，伊拉克阿布格莱布，一处市场遭到“圣战”分子的爆炸袭击，导致 2 名路人死亡，8 人受伤。

5 月 18 日，伊拉克图兹霍尔马图，一处市场遭到“圣战”分子自杀式炸弹袭击，导致 9 名路人死亡，11 人受伤。

5 月 18 日，伊拉克马里尔，“伊斯兰国”自杀式炸弹袭击，导致 5 名伊拉克人死亡，8 人受伤。

5 月 18 日，叙利亚萨拉米耶，“伊斯兰国”向几个什叶派城镇发动袭击，导致包括妇女和儿童在内的50人死亡。

5月19日，近日获释的被极端组织“博科圣地”绑架的82名少女终于在尼日利亚首都阿布贾与自己的家人团聚，这是她们3年以来第一次见到自己的父母和兄弟姐妹。

5月19日，尼日利亚迈杜古里，3名男性自杀炸弹袭击者袭击了一处女性宿舍，4人受伤。

5月19日，利比亚苏鲁克，伊斯兰极端分子对一处对手派的清真寺发动了炸弹袭击，导致6人死亡，11人受伤。

5月19日，阿富汗穆罕默德·阿哈，逊尼派极端分子对正在旅行结婚的一家人发动炸弹袭击，导致5名儿童和5名妇女身亡，3人受伤。

5月19日，伊拉克鲁迈拉，敢死队成员在一处油田引爆炸弹，造成3名警卫死亡，2人受伤。

5月19日，伊拉克萨德拉，一辆公共汽车上的30名朝圣者遭到圣战分子自杀炸弹袭击身亡，32人受伤。

5月19日，伊拉克巴格达，发生两起自杀爆炸袭击，导致19名伊拉克人死亡，25人受伤。

5月19日，美国坦帕，佛罗里达州，1名伊斯兰极端分子枪杀两名不尊重伊斯兰教的人士。

5月20日，阿富汗东部帕克蒂亚省首府加德兹一家银行当天遭到塔利班武装分子袭击，造成至少8人死亡、31人受伤。

5月20日，叙利亚媒体报道说，“伊斯兰国”对叙政府军在代尔祖尔省首府代尔祖尔市的控制区发动袭击，造成包括妇女和儿童在内的15人死亡，另有63人受伤。

5月20日，联合国中非共和国多层面综合稳定团发布公告说，近日来，发生在中非东部城市布里亚的暴力冲突已累计造成包括17名平民在内的22人死亡、36人受伤。

5月20日，尼日利亚穆萨，伊斯兰极端分子向村民开火，导致至少7人死亡，40人受伤。

5月20日，阿富汗科哈特，塔利班分支“自由人党”朝一辆汽车开火，导致车上4名警察全部遇难。

5月20日，阿富汗加德兹，5名自杀式炸弹袭击者袭击了一家银行，3

名工作人员被炸死，31 人受伤。

5 月 20 日，印度新甘地区，两名边防卫队被伊斯兰武装分子谋杀。

5 月 20 日，阿富汗喀布尔，伊斯兰武装分子袭击了一个人道主义组织成员下榻的宾馆，殴打警卫，谋杀了 1 名德国妇女，1 人受伤。

5 月 21 日，土耳其警方在首都安卡拉实施的突袭行动中，击毙 2 名疑似极端组织“伊斯兰国”武装人员。

5 月 21 日，叙利亚政府当天重新全面控制了中部重镇霍姆斯。而叙北部同日遭炸弹袭击，导致数 10 人丧生。

5 月 21 日，伊拉克摩苏尔，“伊斯兰国”制造两起自杀式爆炸袭击，造成 8 人死亡，9 人受伤。

5 月 21 日，叙利亚戴尔泽尔，“伊斯兰国”武力袭击导致 15 名平民死亡，63 人受伤。

5 月 21 日，叙利亚塔尔—图坎，“伊斯兰国”在一个会议场所制造自杀式爆炸袭击，导致 14 人死亡，24 人受伤。

5 月 21 日，阿富汗沙约伊，至少有 20 名地方警察遭到塔利班发动的伏击身亡，10 人受伤。

5 月 21 日，伊拉克纳贾尔，敢死队发动自杀式爆炸汽车爆炸袭击，导致 3 人死亡。

5 月 21 日，伊拉克摩苏尔，15 名伊拉克人遭到“圣战”分子自杀炸弹袭击身亡，4 人受伤。

5 月 22 日，泰国曼谷三军总医院一楼大厅发生爆炸事件，造成至少 25 人受伤。警方证实，这是一起炸弹袭击事件。

5 月 22 日，英国曼彻斯特体育馆当晚发生爆炸袭击，造成 22 人死亡、119 人受伤。警方确认，这是一起自杀式爆炸袭击，实施者为 1 名男性，已在爆炸中身亡。

5 月 22 日，在泰国也拉府直辖县，4 名士兵驾车进行安全巡逻时遭遇放置路边的炸弹爆炸。军警接报后赶到现场发现，遍地都是炸弹碎片，4 名士兵的手臂和腿部均被炸伤，旁边还有 2 辆摩托车被炸毁。

5 月 22 日，阿富汗首都喀布尔警方负责人哈桑·沙阿向媒体通报说，塔利班武装人员 20 日在喀布尔策划和实施一起针对外国非政府组织员工的袭击事件，造成 1 名德国籍女子死亡，并绑架 1 名芬兰籍女子。

5月22日，巴基斯坦提拉谷，和平宗教制造爆炸袭击，导致5人死亡，3人受伤。

5月22日，伊拉克迪亚拉，5名“伊斯兰国”自杀炸弹袭击者发动袭击，导致4名安保人员死亡，4人受伤。

5月22日，阿富汗沙瓦里·科特，宗教强硬派发动的袭击造成11人死亡，9人受伤。

5月22日，叙利亚戴尔泽尔，“伊斯兰国”发动火箭弹袭击，导致7人死亡，20人受伤。

5月22日，阿富汗楠格哈尔，塔利班武力袭击导致4名平民死亡，13人受伤。

5月23日，菲律宾南部城市马拉维街头爆发枪战，5名政府军士兵在追剿以“阿布沙耶夫”极端组织领导人哈皮隆为首的一伙武装分子的过程中受伤。菲国防部早前宣称，之前一直盘踞在菲国南部巴西兰省的哈皮隆企图带领武装分子在南拉瑙省为“伊斯兰国”建立据点。

5月23日，泰国南部也拉府发生袭击事件，不明数量及身分的武装分子用炸弹和枪支袭击了该府孔披朗县士兵，导致2名士兵当场身亡。

5月23日，澳大利亚阿德莱德1名22岁女子疑似效忠极端组织“伊斯兰国”，被警方逮捕。

5月23日，叙利亚霍姆斯，自杀炸弹袭击者在机场附近引爆卡车炸弹，4人遇难，30人受伤。

5月23日，泰国亚拉，伊斯兰极端分子对巡逻警察开火，造成2人死亡。

5月23日，马里阿盖洛克，2名联合国维和部队人员被伊斯兰极端主义分子杀害，1人受伤。

5月23日，阿富汗迈温德，开着拖拉机的平民被塔利班炸弹炸死，4人受伤。

5月24日，德国柏林警方在针对贩毒组织的突击搜查中抓获了4名极端分子。

5月24日，在巴基斯坦西南部俾路支省首府奎达真纳镇地区，2名中国人被持枪武装分子劫持上车后绑架。事件发生后，俾路支省首席部长扎赫里下令该省警察总长迅速展开调查，尽快解救2名被绑人员。中国驻巴基斯坦使馆及卡拉奇领馆启动突发事件应急响应，与当地政府保持密切沟通，尽快确认被绑人员信息并进行解救。

5 月 24 日，英国伦敦警察厅发布消息称，反恐部门人员在伦敦斯坦斯特德机场拘捕了 1 名 37 岁的男子，该名男子涉嫌策划恐怖袭击。

5 月 24 日，印度尼西亚警方当天凌晨确认，首都雅加达东区一公交车站当晚发生两起爆炸袭击，已造成至少 5 人死亡、10 人受伤。第一起爆炸发生在当地时间 24 日晚 9 时，从现场的破坏程度看，炸弹威力比较大。数分钟后，距首次爆炸地点不远处发生第二起破坏力较小的爆炸。

5 月 24 日，菲律宾马拉维，9 名基督徒被伊斯兰武装分子俘获后遭到枪杀。

5 月 24 日，肯尼亚曼德拉，5 名肯尼亚人遭伊斯兰极端分子炸弹袭击身亡，2 人受伤。

5 月 24 日，尼日利亚迈杜古里，3 名妇女遭到伊斯兰极端分子炸弹袭击身亡。

5 月 24 日，索马里巴里，“圣战”分子发动自杀炸弹袭击，导致 5 人死亡，12 人受伤。

5 月 24 日，肯尼亚加里萨，红十字会声称有 3 人死于“青年党”设置的地雷埋伏，8 人受伤。

5 月 24 日，菲律宾马腊邦，伊斯兰极端分子将当地警察总长斩首。

5 月 24 日，阿富汗迈温德，塔利班袭击了当地一个军事基地，造成 13 人死亡，8 人受伤。

5 月 25 日，俄罗斯联邦安全局发布消息称，抓获 4 名企图对莫斯科公交设施实爆炸袭击的恐怖分子。

5 月 25 日，菲律宾政府军与占领南部城市马拉维部分建筑的武装分子持续交火。菲律宾武装部队动用直升机对叛乱分子进行空中打击，菲军坦克已经开进马拉维市，试图恢复对该市的控制。

5 月 25 日，菲律宾军方透露，菲政府军当天凌晨在南部苏禄省遭极端组织“阿布沙耶夫”武装分子伏击，1 名政府军士兵牺牲、10 人受伤。

5 月 25 日，肯尼亚利伯伊，“青年党”声称发动了简易爆炸袭击，导致 5 人死亡，4 人受伤。

5 月 25 日，阿富汗昆都士，1 名宗教武装分子向学校附近开火，导致

1名学生死亡，9人受伤。

5月25日，阿富汗瓦什尔，1名自杀式炸弹者发动袭击，导致6人死亡，2人受伤。

5月25日，埃及拉法，伊斯兰极端分子实施爆炸袭击，导致3人死亡。

5月25日，阿富汗沙瓦里·科特，塔利班发动袭击，导致15名阿富汗人死亡，5人受伤。

5月26日，埃及明亚省有枪手向一辆大巴上的人群扫射，遭袭击的大巴上乘坐的是科普特基督教徒。肇事武装分子大约有10人，身着军队制服。事发时，由2辆公交车和1辆小型卡车组成的车队正在前往该省西部的一座教堂进行宗教活动，武装分子在路上拦截了车队并进行扫射。埃及卫生部官员表示，袭击造成至少28人死亡、25人受伤。

5月26日，菲律宾南部城市哥达巴托发生炸弹爆炸事件，造成1名警察和1名平民受伤。此次爆炸是由叛军组织新人民军策划的。此前一天，菲军方攻占了叛军组织新人民军的一处营地，导致2名叛军受伤。

5月27日，阿富汗内政部发言人表示，阿东部霍斯特省首府霍斯特发生一起自杀式汽车炸弹袭击，袭击造成至少13人死亡，8人受伤。

5月27日，据俄罗斯卫星网援引《泰晤士报》报道称，英国情报人员认为，该国境内生活着2.3万名“圣战极端分子”。

5月27日，利比亚极端组织“伊斯兰教法支持者组织”发表声明称，该组织因遭军事打击而实力不断“削弱”，现正式“解散”。

5月27日，阿富汗霍斯特，“圣战”分子在一处公共汽车站发动自杀式汽车炸弹袭击，导致18人死亡，6人受伤。

5月27日，菲律宾马拉维，伊斯兰极端分子在大学附近杀害了19名平民，其中包括3名妇女和1名儿童。

5月28日，伊拉克警方说，该国东部迪亚拉省首府巴古拜的一个警方检查站当天遭遇自杀式炸弹袭击，造成至少3人死亡、16人受伤。

5月28日，伊拉克摩苏尔，“伊斯兰国”成员向医院开火，导致医院内12名年轻人死亡。此外，“伊斯兰国”成员还向逃离城市的妇女和儿童开火，导致至少40人死亡。

5月28日，菲律宾马拉维，一个大米加工厂内的8名员工遭到圣战分子谋杀，圣战分子认为他们背叛了信仰。

5 月 29 日，中国之声报道，菲律宾陆军第一步兵师发言人赫利拉在 27 日晚间称，被军方击毙的恐怖分子人数上升至 41 人，但其中只有 31 具尸体被寻获。

5 月 29 日，伊拉克首都巴格达发生一起袭击，1 名自杀式袭击者在巴格达市中心什叶派聚居的卡拉达区一家冰激凌店外引爆了装有炸药的汽车，导致至少 16 人死亡、数十人受伤，死伤者中包括很多妇女和儿童。极端组织“伊斯兰国”随后在网上发表声明，认领此次袭击事件。

5 月 30 日，叙利亚阿尔乔乌拉，“伊斯兰国”武装分子向一处居民区发射迫击炮袭击，导致 17 人死亡，40 人受伤。

5 月 30 日，伊拉克巴格达市内舒海达大桥附近一个繁忙的路口发生一起路边炸弹袭击，导致至少 1 名平民死亡、6 人受伤。

5 月 30 日，美国奥兰多国际机场当晚出现一名可疑持枪黑人男子，该男子在与警方对峙数小时后被拘捕，事件并未造成任何人受伤。不过，事发后，机场 A 航站楼被关闭，附近道路被封锁。

5 月 31 日，阿富汗首都喀布尔市使馆区传出巨大爆炸声。阿富汗卫生部消息称，爆炸已经导致至少 80 人死亡，350 人受伤。极端组织“伊斯兰国”宣称对阿富汗首都使馆区炸弹袭击负责。

6 月

6 月 1 日，沙特东部城市盖提夫当天下午发生爆炸。爆炸发生在盖提夫城内一座主要市场的旁边街道上，爆炸由汽车炸弹引起，现场随后燃起大火。由于目前正值斋月，爆炸又发生在开斋礼拜之前，街道上相对冷清，现场未见明显血迹。有消息称，爆炸造成车上 2 人死亡，但尚未有官方渠道证实该消息。

6 月 2 日，喀麦隆极北大区区长米吉亚瓦·巴卡里通过喀麦隆国家广播电视台宣布，当地时间 2 日 5 时左右，两名疑似极端组织“博科圣地”成员的自杀式袭击者在喀麦隆极北大区靠近尼日利亚边境的科洛法塔制造了这起袭击，造成包括 2 名袭击者在内的至少 11 人死亡、30 人受伤，部分伤者伤势严重。

6 月 2 日，极端组织“伊斯兰国”公布消息称，该组织对菲律宾马尼拉赌场酒店发生的袭击事件负责。2日凌晨，1名持枪男子蒙面进入马尼拉云顶世界赌场酒店连开数枪并纵火焚烧赌桌。菲律宾警方随后封锁这家酒店，逐层挨个房间搜索枪手。枪手后来被发现在一间酒店客房内纵火身亡。

6月2日，泰国南疆三府之一的陶公府连续发生两起炸弹爆炸，造成5名士兵受伤。警方说，爆炸地点位于陶公府下辖一个县的渔业发展研究中心后门附近。当时，有5名士兵乘坐皮卡车刚刚到达此处停车，就有不明人数的歹徒用扩音器喊话，引爆附近炸弹，导致其中3名士兵受伤。大约30分钟后，工作人员正在对爆炸点进行检查时，歹徒又在相距第一爆炸点约800米处引爆第2颗炸弹，造成2名士兵受伤。

6月2日，突尼斯西迪布济德，1个年轻的牧羊人被伊斯兰极端分子绑架和斩首。

6月2日，喀麦隆克罗法特，2名女孩身绑炸弹被伊斯兰极端分子送进了难民营，自杀式爆炸袭击导致11人死亡，30人受伤。

6月3日，加拿大斯卡伯勒，1名效忠于“伊斯兰国”的女子用刀袭击了1名店员，导致这名店员受伤。

6月3日，布基纳法索，5人遭到伊斯兰恐怖分子袭击身亡，包括一个3口之家。

6月3日，阿尔及利亚费尔肯，原教旨主义极端分子制造路边炸弹袭击，导致2名当地士兵死亡，4人受伤。

6月3日，阿富汗喀布尔，3名自杀炸弹袭击者在葬礼上制造爆炸，造成20名哀悼者身亡，87人受伤。

6月3日，伊朗南部法斯省希拉兹市一处购物中心发生爆炸，造成至少12人死亡、37人受伤。

6月3日，伦敦警方和救护人员接到报案，称有一辆小货车在伦敦桥附近撞人。目击者说，肇事货车“大概以时速50英里速度行驶”，3名男子在撞人后下车，在伦敦桥南端及距离伦敦桥不远的餐厅酒吧区博罗市场刺伤数人。

6月4日，第16届香格里拉对话会闭幕。会议关注的重点之一是打击恐怖主义。菲律宾马拉维市局势备受与会者的关注。

6月4日，伊拉克赞吉里，“圣战”分子发动自杀式炸弹袭击，导致32

名人身亡，24 人受伤。

6 月 5 日下午 4 时左右，澳大利亚墨尔本一处酒店式公寓发生劫持人质事件，警方在 2 小时的交火中将劫持者击毙，人质获救，3 名警察受伤。另有 1 名在酒店式公寓工作的华人被枪杀。极端组织“伊斯兰国”宣称对此事负责。

6 月 5 日，当天凌晨，美国佛罗里达州奥兰多附近的工业区发生枪击事件，造成多人死亡。

6 月 5 日，据英国媒体报道，1 名参与伦敦恐怖袭击事件的嫌疑人曾因试图征召学龄儿童加入极端组织“伊斯兰国”而被两次举报。

6 月 5 日，索马里基斯马尤，“青年党”成员制造爆炸袭击导致 3 人死亡，20 人受伤。

6 月 6 日，美国哈佛大学公布消息称，至少 10 名已经获得今年秋季哈佛大学录取的新生被取消了入学资格，原因是他们在社交网站聊天小组中发布涉及种族歧视、儿童虐待等极端言论和图像。

6 月 6 日，巴黎圣母院前有警员遇袭，施袭者用锤子欲袭击警察，遭警察开枪击伤。法国检方将此次袭击视作恐怖主义事件。

6 月 6 日，阿富汗赫拉特，一处清真寺的外面遭到一起对手派发动的爆炸袭击，导致 7 名无辜人士死亡，15 人受伤。

6 月 6 日，伊拉克希特，一处市场遭到圣战分子自杀式爆炸袭击，导致 7 名平民死亡，3 人受伤。

6 月 6 日，肯尼亚加里萨，宗教极端分子引爆地雷，导致 4 援助人员身亡。

6 月 6 日，埃及艾尔阿里什，2 名警察遭到和平宗教信仰者追捕杀害。

6 月 6 日，肯尼亚曼德拉，伊斯兰极端分子朝一辆面包车射击，杀害 1 名妇女，1 人受伤。

6 月 7 日，3 名武装分子前往伊朗首都德黑兰南部霍梅尼陵墓发动袭击，1 名袭击者射击后引爆身上自杀式炸弹，造成至少 1 人死亡，多人受伤。据伊朗日报新闻网站报道，自杀式袭击者为 1 名妇女。另 1 位袭击者身上携带 6 枚手雷，被击毙，还有 1 位妇女被逮捕。

6 月 7 日，据伊朗塔斯尼姆通讯社报道，1 名袭击者在伊朗议会大楼四层引爆炸弹，另外 3 名武装分子闯入伊朗议会大楼并开枪射击。袭击事件造成7人死亡，8人受伤，4人被劫为人质。

6月7日，伊拉克摩苏尔，5名妇女和1名儿童遭到“伊斯兰国”袭击者的炸弹袭击身亡。

6月7日，英国伦敦，1名女子因为没有戴面纱而被3名诵读古兰经的女子砍杀。

6月8日，乌克兰首都基辅市警察总局宣布，美国驻乌克兰大使馆院内当天零时5分左右发生一起爆炸，事件未造成人员伤亡。乌国家安全局就此展开调查。

6月8日，位于澳大利亚墨尔本CBD的一家地方法院当天遭遇不明炸弹威胁，部分法官被迫离席约20分钟，案件审理受到干扰。据警方透露，1名男子已被逮捕。

6月8日，菲律宾军警正在马尼拉以南约800千米处的马拉维市与效忠极端组织“伊斯兰国”的反政府武装激战。菲律宾武装部队总参谋长爱德华多·阿诺说，反政府武装补给线被切断，受到重挫，清剿行动可望在“数日内”结束。

6月8日，巴基斯坦马斯坦，1名中国男子和1名女子被伊斯兰国杀害。

6月8日，马里基达尔，“基地”组织朝维和部队开火，袭击造成3人死亡，8人受伤。

6月8日，索马里阿夫乌尔，“青年党”入侵了一个小镇，造成59人遇难，38人受伤。

6月8日，尼日利亚迈杜古里，伊斯兰极端分子在一个小城镇制造了自杀式炸弹袭击，并开火射击，造成14名居民死亡，24人受伤。

6月8日，伊拉克阿布赛达，“圣战”分子在一个市场制造了爆炸袭击，导致2名路人死亡，2人受伤。

6月8日，伊拉克赞加里，“伊斯兰国”使用氯气毒害了13名妇女和儿童。

6月9日，英国警方表示，1名手持刀具的男子在英格兰东北部纽卡斯尔的一个工作中心劫持了数名员工。

6月9日，伊拉克中部巴比伦省当天发生自杀式炸弹袭击事件，造成至少31人死亡、35人受伤。事发时，1名自杀式袭击者在巴比伦省穆赛伊卜市的一处市场引爆身上的炸弹，造成至少 20 人死亡，附近多处店铺和车辆受损严重。事发后，极端组织宣称对袭击负责。

6 月 9 日，据伊朗媒体报道，该国安全部队已经逮捕 41 名涉及极端组织“伊斯兰国”的恐怖活动嫌疑人。

6 月 9 日，哈萨克斯坦阿斯塔纳，上海合作组织成员国元首发表关于共同打击国际恐怖主义的声明。

6 月 9 日，在土耳其东南部巴特曼省科兹卢克市，2 名武装人员向该市市长专车开枪射击，殃及相邻的民用车辆，造成 1 名年仅 22 岁的女教师死亡。当时市长本人并不在车上。在警方随后的搜捕行动中，驾车逃逸的武装人员在检查点附近引爆汽车炸弹，造成 1 名警察身亡，另有数名警察和平民受伤。

6 月 9 日，伊拉克卡尔巴拉，1 名女子在什叶派市场制造了自杀式爆炸袭击，导致 30 人死亡，34 人受伤。

6 月 9 日，尼日利亚阿达马瓦，2 名儿童疑似遭到“博科圣地”的炸弹袭击身亡，另有 3 人受伤。

6 月 9 日，伊拉克穆萨亚布，“圣战”分子在一处公交站制造自杀式爆炸袭击，导致 3 人死亡，15 人受伤。

6 月 9 日，喀麦隆哈姆巴格达，伊斯兰极端分子将 4 名村民割喉，6 人受伤。

6 月 10 日，伊拉克官员说，该国萨拉赫丁省一个村庄当天遭极端组织“伊斯兰国”袭击，14 名村民在袭击中死亡。

6 月 10 日，马来西亚国防部长希沙慕丁在会见菲律宾国防部官员时表示，马来西亚全力支持菲律宾政府反恐，打击与“伊斯兰国”有关的各种武装组织。

6 月 10 日，据喀麦隆军方消息人士透露，极北大区靠近尼日利亚边境的科洛法塔一处军营遭到 1 名疑似极端组织“博科圣地”成员的自杀式袭击，造成 2 名士兵死亡、1 名士兵受伤。袭击者为 1 名年轻女性，也当场死亡。

6 月 10 日，菲律宾军方和美国驻菲律宾大使馆证实，美军特种部队参与了菲律宾南部城市马拉维的反恐作战。这是双方首次承认美军介入这场战事。

6月10日，伊拉克赞吉里，“伊斯兰国”朝一处居民区发动迫击炮袭击，导致8名平民遇难，5人受伤。

6月10日，叙利亚科巴尼，“伊斯兰国”设置的地雷爆炸，导致1名4岁和1名13岁的孩子死亡，3人受伤。

6月10日，喀麦隆梅奥萨瓦，“博科圣地”用3个小女孩做人弹，制造自杀式爆炸袭击，导致1人死亡，2人受伤。

6月10日，阿富汗加德，在一处清真寺，3人遭到和平宗教对手派的枪杀死亡，9人受伤。

6月10日，伊拉克什尔卡特，“伊斯兰国”成员对一处城镇发动攻击，造成19人死亡，40人受伤。

6月10日，尼日利亚耶鲁大学，“博科圣地”狙击手杀死2名卫兵。

6月10日，泰国亚让，疑似恐怖分子对2名骑着摩托车的男子开火，造成1人死亡，1人受伤。

6月11日，澳大利亚新南威尔士州政府计划投资4700万澳元升级改造监狱，项目包括建设澳大利亚首个专门关押恐怖分子的监狱。

6月11日，有消息称极端组织“伊斯兰国”首领阿布·巴克尔·巴格达迪在叙利亚境内高强度的空袭中死亡。此事尚未得到美、英、叙、伊等国官方的证实。

6月11日，据伊朗媒体报道，伊朗警方在南部霍尔木兹甘省击毙与极端组织“伊斯兰国”相关的4名嫌疑人。

6月11日，沙特阿拉伯东部省份盖提夫发生爆炸事件。军警在当地巡逻时遭引爆的爆炸装置攻击，1名士兵被炸死，2名安全人员受伤。

6月11日，刚果（金）东部的北基伍省一所监狱遭到袭击，900多名囚犯出逃。袭击者与安全部门发生交火，造成至少11人死亡。

6月11日，尼日利亚图延，6名村民被博科圣地杀死，6名妇女被捕，6人受伤。

6月11日，尼日利亚科姆迪，伊斯兰极端分子向一处村庄开火，至少造成3人死亡，12人受伤。

6月11日，巴基斯坦奎达，巴境内塔利班追随者羌城军（Lashkar-e-Jhangvi）的成员袭击了一处警察检查站，枪杀了3名警察。

6月11日，尼日利亚卡雅姆拉，民防部队的8名成员在村外被博科圣地伏击身亡。

6 月 11 日，伊拉克迪亚拉，自杀式炸弹袭击者制造爆炸，导致 2 人死亡，5 人受伤。

6 月 11 日，沙特阿拉伯马苏拉，疑似什叶派激进分子制造路边炸弹袭击，导致 1 名当地士兵死亡，2 人受伤。

6 月 12 日，据澳洲网报道，未来两周内，澳大利亚墨尔本 CBD 一些行人较为密集的区域将会陆续部署极重的水泥墩。目的是防止汽车冲撞行人等恐怖袭击案件再次上演。

6 月 12 日，德国有关部门宣布今夏将在柏林火车站测试一套脸部识别软件，以协助警方更快速地辨别和找到恐怖嫌犯。

6 月 12 日，也门巴达，2 名当地士兵遭“基地”组织制造的自杀炸弹袭击身亡。

6 月 12 日，泰国那拉提瓦，1 名男子在家中被伊斯兰叛乱分子枪杀。

6 月 12 日，埃及谢尔宾，原教旨主义极端分子枪杀了 1 名警察侦探。

6 月 13 日，德国南部城市慕尼黑附近的一座火车站发生枪击事件，造成多人受伤，其中 1 名女警官头部中枪，伤势严重。警方已拘留 1 名嫌疑人。

6 月 13 日，伊拉克摩苏尔，5 名平民被“伊斯兰国”处决。

6 月 14 日，土耳其首都安卡拉西北部工业区的一家商店发生爆炸，造成 2 人死亡、4 人受伤。

6 月 14 日，瑞典国防大学发布最新研究报告说，2012 年 6 月至 2016 年 9 月间，共有 267 人由瑞典前往叙利亚和伊拉克，加入“伊斯兰国”或“基地”等恐怖组织。

6 月 14 日，阿富汗多地发生爆炸袭击。在格里，1 名自杀炸弹袭击者针对和平宗教对手派发动袭击，造成 4 人死亡，5 人受伤。在加兹尼，塔利班引爆炸弹，导致 1 名路人死亡，3 人受伤。在贾尼凯尔，发生一起摩托车自杀式炸弹袭击，导致 2 人死亡，7 人受伤。

6 月 14 日，索马里摩加迪沙，一家饭店遭到自杀式炸弹袭击，紧接着伊斯兰极端分子又开枪杀害附近宾馆的受害者，造成至少 17 人死亡，27 人受伤。

6 月 15 日，泰国军警逮捕了 1 名涉嫌制造上月曼谷军队医院爆炸案的

62 岁男子，并在其家中搜出一些塑料管状爆炸装置和电线、螺旋钉等物。

6 月 15 日，印尼宣布将于本月底主办多边协调会议，邀请新西兰、澳大利亚、文莱、马来西亚、菲律宾共商对策，消灭在东南亚地区的恐怖主义基地。

6 月 15 日，索马里巴尔擦德，青年党极端分子制造路边炸弹袭击，造成当地安全巡逻队 3 名成员死亡，7 人受伤。

6 月 15 日，泰国亚让，1 名 52 岁的佛教徒被伊斯兰叛乱分子枪杀。

6 月 15 日，喀麦隆港港湾，1 名 3 岁小孩和另外 1 名平民遭到 1 名女性自杀式炸弹袭击者袭击身亡，另有 7 人受伤。

6 月 16 日，英国伦敦警方称，他们当天在议会大厦外逮捕了 1 名持刀男子。警方表示，没有收到事件造成人员伤亡的消息。

6 月 16 日，泰国警方表示，首都曼谷今天发生一起小爆炸，造成 1 人受伤，爆炸装置是 1 个藏在塑料袋中的“乒乓球状”炸弹。

6 月 16 日，马来西亚全国总警长阿布巴卡说，马来西亚警方于本月 12 日和 15 日在霹雳仕林河和沙巴三达根，逮捕 4 名“伊斯兰国”组织恐怖分子。

6 月 16 日，欧洲刑警组织的报告显示，过去两年因涉及极端恐怖主义活动而被捕的嫌犯倍增，妇女和儿童在欧洲参与执行恐怖袭击的比例也呈上升趋势。

6 月 16 日，肯尼亚曼德拉，“青年党”引爆炸弹导致 4 人死亡，11 人受伤。

6 月 16 日，印度阿查巴尔，伊斯兰激进分子发动伏击并谋杀 6 名地方警察。

6 月 16 日，以色列耶路撒冷，恐怖分子用刀子杀害了 1 名女边防警卫队员，2 人受伤。

6 月 17 日，据埃及国家电视台报道，开罗刑事法院当天宣布，31 名涉嫌参与 2015 年刺杀埃及前总检察长的极端分子被判处死刑。

6 月 17 日，哥伦比亚首都波哥大一个繁忙的购物中心发生强烈爆炸，已经导致至少 3 名女性死亡，多人受伤。波哥大市长佩纳洛萨在社交网站上表示，已经有 3 名女性在爆炸事件中死亡，另有 1 人伤势严重。他将此次事件称为“懦弱的恐怖主义爆炸事件”。

6 月 17 日，尼日利亚瓦基尔克，伊斯兰极端分子发动伏击，谋杀 3 名当地士兵。

6 月 17 日，索马里拉赫雷，“伊斯兰国”极端分子攻击一处军事基地，造成 5 人死亡，12 人受伤。

6 月 17 日，马里宾塔贡古，“圣战”分子袭击当地的安全事务局，造成 5 人死亡，8 人受伤。

6 月 18 号，马里首都巴马科东部一处西方人经常光顾的豪华度假区遭到武装分子袭击，造成至少 2 人死亡，其中 1 人持法国和加蓬双重国籍。

6 月 18 日，法国洛特—加隆，1 个年轻的“圣战”分子刺死了 1 名法国农民，刺伤 1 人。

6 月 18 日，埃及开罗，1 个受到“伊斯兰国”影响的组织制造了爆炸袭击，袭击导致 1 人死亡，4 人受伤。

6 月 18 日，阿富汗加德，一处检查站遭到自杀式炸弹袭击，导致 6 人死亡，29 人受伤。

6 月 18 日，尼日利亚卡雅姆拉，8 名民防部队成员遭到“博科圣地”伏击杀害。

6 月 18 日，尼日利亚迈杜古里，5 名女性发动自杀式炸弹袭击，造成 12 人死亡，11 人受伤。

6 月 19 日，泰国南部北大年府发生一起针对军方的炸弹袭击事件，造成正在执勤的军方巡逻车上 6 名士兵死亡，3 人受伤。泰国南疆三府多年来深受分离主义势力困扰，爆炸、枪击事件经常发生。本月 2 日，陶公府曾连续发生 2 起针对军方的炸弹袭击，造成 5 名士兵受伤。

6 月 19 日，一辆厢型车于伦敦芬斯伯里公园区域冲撞人群，导致 10 人受伤。另有目击者说，1 名男子跳下白色厢型车，至少刺伤 1 人。发生在伦敦北部的货车冲撞行人事件，已被视为“恐怖袭击”进行处理。在发生货车冲撞行人事件后，英国首相特蕾莎·梅发表讲话，宣布成立反极端主义专门委员会。

6 月 19 日，尼日利亚紧急服务部门称，该国东北部一个难民营遭遇自杀式炸弹袭击，导致至少 16 人死亡。

6 月 19 日，法国内政部方面证实说，1 名“企图发动恐怖袭击”的男子当天下午在巴黎香榭丽舍大道驾车冲撞警用车辆。袭击者在车辆起火后因伤重身亡，但并未造成他人伤亡。驾车袭警事件后，法国警方彻夜对“意图发动恐袭”的肇事者居所进行搜查，起获一批制造炸弹的材料。

6月19日，阿富汗巴格拉姆，塔利班伏击并谋杀8名回家路上的卫兵。

6月20日，索马里首都摩加迪沙遭到汽车炸弹袭击，导致至少9人死亡。与“基地”组织有关的武装分子宣布对此次事件负责。

6月20日，在阿富汗塔利班加大“春季攻势”之际，阿东部帕尔万省巴格拉姆美军基地保安遭枪手袭击，造成8人死亡，2人受伤。

6月20日，比利时布鲁塞尔，1名自杀式炸弹袭击者试图在一处火车站对乘客发动袭击。该男子身带自杀式爆炸腰带，在引爆之后，被执勤士兵当场开枪击中。由于爆炸威力不大，未造成其他人员伤亡。比利时警方稍后指出，该起事件应被视作“恐袭”。

6月20日，美国领导的打击“伊斯兰国”国际联军证实，“伊斯兰国”的最高宗教领袖在上月月底被联军击毙。

6月20日，阿富汗贾拉拉巴德，恐怖分子引爆一枚磁性炸弹，导致1名法官死亡，3人受伤。

6月20日，索马里摩加迪沙，1名“圣战”分子冒充送奶工开着装有炸弹的汽车，制造了自杀式爆炸袭击，导致15人死亡，20人受伤。

6月21日，1名携带大量枪支弹药的可疑男子，因在公共场所小便“偶然”被美国洛杉矶警方抓获，避免了可能的袭击事件。

6月21日，美国密歇根州弗林特市毕晓普国际机场发生一起袭警事件，造成1名警察受伤。联邦调查局初步认定这是一起“独狼式”恐怖袭击。

6月21日，尼日利亚阿巴里达尔瓦，两人遭到“博科圣地”枪杀，其中1人是1名卡车司机，另有6人受伤。

6月21日，阿富汗茨木市，伊斯兰武装分子在清真寺内开火，造成2名官员死亡，2人受伤。

6月21日，喀麦隆克罗法特，敢死队制造自杀式爆炸袭击，导致8名平民死亡，6人受伤。

6月22日，阿富汗南部赫尔曼德省首府拉什卡尔加中午发生一起自杀式袭击事件，一辆装载炸药的车辆在新喀布尔银行的营业网点外引爆，据该省省长哈亚图拉·哈亚特透露，爆炸已造成至少 29 人死亡，另有 60 人受伤。

6 月 22 日，阿富汗拉什卡尔加一家银行遭遇汽车炸弹袭击，导致至少 20 人遇难。

6 月 22 日，菲律宾恐怖组织“马巫地组织”被指将于 6 月 30 日袭击菲律宾各重要城市的重要设施，还包括利用燃料卡车作为汽车炸弹进行自杀式袭击。目前，所有机场都已处于红色警戒状态。

6 月 22 日，刚果（金）东部北基伍省发生民兵武装袭击事件，袭击者与军方发生交火，造成至少 13 人死亡。

6 月 22 日，伊拉克摩苏尔，发生一起针对难民的炸弹袭击，造成 5 人死亡。

6 月 22 日，索马里摩加迪沙，一处检查站遭到“圣战”分子发动的自杀式汽车炸弹袭击，导致 8 名路人死亡，4 人受伤。

6 月 23 日，巴基斯坦西北部古勒姆特区首府巴勒吉纳尔当晚发生一起连环爆炸袭击事件，已造成至少 18 人死亡，超过 100 人受伤。爆炸发生在巴勒吉纳尔市中心的一个市场和长途汽车站附近，事发时聚集了许多正在采购和准备出城过开斋节的民众。据目击者称，有人向人群投掷了一枚手榴弹，制造了第一次爆炸。数分钟后，当人们赶到爆炸现场进行救援时，第二次爆炸发生。

6 月 23 日，据马来西亚《星洲日报》报道，印尼警方表示，继上月雅加达巴士总站发生连环爆炸案后，当局已在全国逮捕 41 名嫌犯，其中 9 人被怀疑涉及此次袭击，其他嫌犯则是因涉及其他恐怖主义活动而被捕。

6 月 23 日，据马来西亚《中国报》报道，马来西亚、菲律宾和印度尼西亚政府在马尼拉达成协议，加强合作，以有效应对恐怖主义和极端主义的威胁，包括对付在菲南马拉维市发动骚乱、与“伊斯兰国”有联系的恐怖组织。

6 月 23 日，巴基斯坦官员称，巴基斯坦三大主要城市发生 4 起袭击事件，造成 40 多人丧生，近 100 人受伤。第一起袭击事件发生在巴基斯坦西南部城市奎达，汽车炸弹爆炸造成至少 13 人丧生，20 人受伤，袭击目标是警方高级官员，死者里至少有 7 个保安部队人员。

6 月 23 日，泰国那拉提瓦，1 名 4 岁的女孩遭到伊斯兰极端分子炮弹袭击身亡，另有 14 人受伤。

6 月 23 日，伊拉克摩苏尔，“伊斯兰国”发动火箭弹袭击导致 10 人死亡，40 人受伤。

6 月 23 日，肯尼亚水塔附近，一个银行遭到伊斯兰极端分子袭击，3 人遭到杀害，3 人受伤。

6 月 23 日，巴基斯坦塔尔阿达，巴境内塔利班追随者羌城军声称在什叶派购物区制造了两起严重爆炸事件，导致 71 人死亡，261 人受伤。

6 月 24 日，菲律宾军方人士说，极端组织“伊斯兰国”东南亚地区头目伊斯尼隆·哈皮隆可能已从马拉维市逃脱，另一个效忠“伊斯兰国”的反政府武装“穆特”组织的最高领导人可能已在马拉维毙命。

6 月 24 日，印度斯利那加，拉什卡尔—伊图巴组织发动袭击，造成 1 人死亡，1 人受伤。

6 月 24 日，沙特阿拉伯麦加，一处清真寺遭到自杀式炸弹袭击，导致 11 人受伤。

6 月 24 日，阿富汗萨尔玛大坝，遭到塔利班分子发动的突然袭击，导致坝上的 10 名安保人员丧生，4 人受伤。

6 月 25 日，印度尼西亚北苏门答腊省警察总部发生袭击事件。1 名警察遭袭身亡，2 名袭击者中有 1 人被打死。

6 月 25 日，巴基斯坦斯宾马克，6 名儿童遭到玩具炸弹袭击全部身亡，另有 2 人受伤。

6 月 25 日，叙利亚艾尔达那，恐怖分子在市场上制造一起汽车炸弹袭击，造成 10 人死亡，30 人受伤。

6 月 25 日，尼日利亚赞那里，4 名女性自杀式炸弹袭击者引爆炸弹，导致 8 人死亡，13 人受伤。

6 月 25 日，尼日利亚迈杜古里，一所大学遭到“圣战”分子自杀式炸弹袭击，导致 1 人死亡。

6 月 26 日，脸书、微软、推特和 YouTube 等科技巨擘宣布组成反恐伙伴联盟，以阻遏极端主义内容在互联网上传播。

6 月 27 日，肯尼亚拉姆，青年党制造简易炸弹袭击，导致 8 人死亡，17 人受伤。

6 月 27 日，阿富汗查布尔，2 名警察被塔利班伏击杀害。

6月28日，一辆载有乌克兰安全局工作人员的汽车在顿涅茨克州爆炸，导致1人死亡，4人受伤。

6月28日，西班牙内政部称，6人因与恐怖组织“伊斯兰国”有关，分别在西班牙、英国和德国被拘捕。

6月28日，伊拉克多拉不，2名身绑炸弹的儿童被送进一处婚礼举办现场，制造自杀式爆炸袭击。

6月28日，菲律宾马拉维，17名村民被伊斯兰武装分子谋杀，其中5人被斩首。

6月28日，也门盖特恩，3名当地保安人员被“基地”组织杀害。

6月28日，伊拉克摩苏尔，“伊斯兰国”发动汽车炸弹袭击，导致5人死亡。

6月29日，尼日尔卡巴乐瓦，2名年轻的难民在沙赫德自杀式炸弹丧生，另有11人受伤。

6月29日，尼日利亚坎加尔瓦，“博科圣地”制造路边炸弹袭击，导致4人死亡。

6月29日，法国巴黎警方称，1名男子当天晚间企图在巴黎郊区一间清真寺外驾车冲撞人群，不过袭击未遂，被警方逮捕。

6月30日，黎巴嫩军方消息称，该国部队在黎巴嫩和叙利亚边境难民营附近巡逻时遭自杀式炸弹袭击，导致1名女童身亡，7名士兵受伤。

6月30日，菲律宾军方披露，菲国政府军迄今已在南部城市马拉维击毙逾300名恐怖分子。

6月30日，伊拉克政府军从极端组织“伊斯兰国”手中夺回了摩苏尔历史悠久的努里大清真寺。由于“伊斯兰国”三年前在当地宣布“建国”，伊拉克军方因此宣布，该组织建立的“虚构国家已经灭亡”。

6月30日，喀麦隆克拉瓦，2名女性自杀炸弹袭击者在一处对手派的清真寺引爆炸弹，导致1名信徒死亡。

6月30日，印度尼西亚雅加达，一处清真寺的外面的两名警察遇刺受伤。

7月

7月1日，阿富汗官员巴尔赫省政府发言人法尔哈德·穆尼尔称，该国北部巴尔赫省一处清真寺遭塔利班武装袭击，造成至少13人身亡。遇袭清真寺位于该省的奇姆塔勒地区，袭击发生在当地时间1日晚上，初步调查显示，死者均为当地村落的安保人员。

7月1日，巴基斯坦提拉谷，3名安全人员被逊尼派激进分子伏击杀害。

7月1日，叙利亚阿德拉，逊尼派恐怖分子朝一处监狱开火，1名女子遇害，19人受伤。

7月1日，叙利亚哈达尔，贾巴特·努斯拉组织成员杀死1名平民，2人受伤。

7月1日，喀麦隆摩拉，4名女性自杀炸弹袭击者制造袭击，导致1人死亡，2人受伤。

7月1日，索马里埃拉莎，“青年党”制造爆炸袭击导致2人死亡，其中一名为女性，6人受伤。

7月2日，叙利亚首都大马士革清晨发生自杀式汽车炸弹袭击事件，造成至少8人死亡，20人受伤。袭击发生在大马士革东部城区的解放广场，广场人员和车辆密集，因此造成严重伤亡和财产损失。

7月2日，在伊拉克安巴尔省首府拉马迪附近的一处平民安置营地遭到自杀式爆炸袭击，已造成至少14人丧生，20人受伤，并有多人伤势严重。

7月2日，法国南部城市阿维尼翁一座清真寺外发生枪击事件，造成至少8人受伤。

7月2日，位于索马里首都摩加迪沙西北方向约30千米处的阿夫戈耶地区，当天发生一起路边炸弹袭击事件，造成至少2人死亡，5人受伤。

7月2日，埃及塔拉，“圣战”分子在诊所里将1名基督徒医生割喉。

7月2日，叙利亚戴尔泽尔，2名平民遭到“伊斯兰国”的炸弹袭击身亡，4人受伤。

7月2日，伊拉克韦法，身穿罩袍的圣战自杀式炸弹袭击者在一处难民营屠杀了16名妇女和儿童，20人受伤。

7月2日，叙利亚大马士革，发生一起自杀式汽车爆炸袭击，导致18人死亡，20人受伤。

7月2日，阿富汗切姆塔尔，原教旨主义极端分子袭击了一处对手派的清真寺，并杀害了寺内13名信徒。

7月2日，尼日尔恩加尔瓦，骑着骆驼的伊斯兰极端分子肆意屠杀了9名村民，30人受伤。

7月2日，伊拉克摩苏尔，1名12岁的女孩被绑上炸弹后，被派去制造自杀式爆炸袭击，袭击导致3人死亡，9人受伤。

7月3日，援引法新社报道，瑞典安全局局长安德尔·松柏格表示，瑞典境内约有2000名伊斯兰主义极端分子，即在不到10年内，人数增加了近10倍。

7月3日，尼东南部迪法省一个村镇遭极端组织博科圣地武装分子袭击，造成至少9人死亡，另有45人被劫持。

7月3日，伊拉克赞吉利，街上发现了被枪杀的74具尸体，包括妇女和儿童在内，这起事件是“伊斯兰国”所为。

7月3日，喀麦隆霍马卡，4名人员遭到“圣战”分子自杀式炸弹袭击身亡，10人受伤。

7月3日，阿富汗卡卡拉兹，包括2名妇女在内的4名平民遭到塔利班爆炸袭击身亡，1人受伤。

7月3日，阿富汗喀布尔，逊尼派极端分子疑似发起爆炸袭击，导致1人死亡，1人受伤。

7月3日，伊拉克哈维加，“伊斯兰国”将12人关进一个笼子里面，之后将他们全部烧死。

7月3日，伊拉克摩苏尔，2名女性自杀式炸弹袭击者制造袭击，导致1人死亡，3人受伤。

7月4日，印度尼西亚首都雅加达警局外侧围栏发现恐怖组织“伊斯兰国”的旗帜，及写有“要将雅加达变成像菲律宾南部城市马拉维一样战场”宣传单。

7月4日，菲律宾总统府举行“棉兰老时间”发布会，菲律宾总统府称，目前政府方面在马拉维战役中取得了重大进展。菲律宾武装部队透露，截至4日下午6时，菲律宾军方共击毙恐怖分子343名，缴获武器420件，解救平民1722人。政府军方面共有85人在战斗中牺牲。此外，共计39名平民被恐怖分子杀害。

7月4日，利比亚卫生部称，一枚火箭弹击中该国首都的黎波里的海滩，导致5人死亡，25人受伤。

7月4日，索马里摩加迪沙，驻守政府公寓的2名卫兵遭到青年党派迫击炮袭击身亡。

7月4日，埃及阿里什，原教旨主义者制造炸弹袭击，导致3名当地警察身亡，10人受伤。

7月5日，据俄罗斯卫星网援引比利时RTBF电视台报道，在布鲁塞尔地区进行恐怖主义案搜查行动期间，发现了卡拉什尼科夫突击步枪和弹药。

7月5日，德国安全情报机构官员表示，自2015年以来，欧洲共发生至少29起恐怖袭击，其中5起发生在德国。目前，极端伊斯兰恐怖主义是德国面临的最大国内安全威胁。

7月5日，由于受到爆炸威胁，希腊首都雅典城区西部的爱格里奥地铁站于当天下午关闭。希腊警方还对站内进行搜索和清查，以确认是否存在爆炸物。

7月5日，肯尼亚潘丹古，“青年党”成员袭击了一个城镇，杀死了5名警卫。

7月5日，菲律宾苏米斯普，阿布沙耶夫联合组织将2名越南人质斩首。

7月5日，尼日尔米达尔，“圣战”分子发动伏击导致5名当地士兵死亡。

7月5日，阿富汗哈吉·阿巴德，宗教极端分子攻击对手的清真寺，导致3人死亡，9人受伤。

7月6日，据叙利亚媒体报道，叙中部城市哈马当天发生一起自杀式炸弹袭击，造成至少2人死亡，另有9人受伤。袭击者在哈马市中心的公交车站引爆身上的爆炸物，事发时车站人流密集。

7月6日，泰国梅奥，2名村民遭到伊斯兰武装分子枪杀。同日，泰国拉娜，1个年轻人在市场上遭到恐怖分子枪杀。

7月6日，沙特阿拉伯盖提夫，什叶派极端分子制造爆炸袭击，导致当地1名警察死亡，6人受伤。

7月6日，叙利亚哈马，一处公交站遭到“圣战”分子自杀式炸弹袭击，导致3人死亡，9人受伤。

7月7日，埃及军方说，1名自杀式袭击者驾驶汽车闯入埃及与巴勒斯坦加沙地带接壤的拜尔斯村军事检查站，并引爆爆炸物，随后，数名戴面具的武装分子向检查站士兵开枪射击。袭击造成至少10名士兵死亡。

7月7日，英国近年发生的恐怖袭击多由本土极端人员实施，令政府警戒。英国广播公司的追踪统计发现，自2014年来，因在叙利亚和伊拉克参与“圣战”等恐怖主义行为被定罪的英国人超过100人，最小的才14岁。

7月7日，埃及埃尔巴特，伊斯兰武装分子对一处检查站发动袭击，造成21人死亡，33人受伤。

7月8日，埃及西奈，2人遭到“伊斯兰国”炸弹袭击身亡，9人受伤。

7月9日，伊拉克总理阿巴迪在第二大城市摩苏尔发表胜利宣言，宣布伊军战胜残酷的恐怖主义，将极端组织“伊斯兰国”彻底推翻。但美军方警告战事还未结束，称“伊斯兰国”武装分子正密谋重组军力反击，不能掉以轻心，以免“伊斯兰国2.0”崛起。

7月9日，索马里哈尔干，伊斯兰极端分子闯入一个村庄，杀死2名警卫，3人受伤。

7月9日，伊拉克马里尔，3名平民遭到“伊斯兰国”武力袭击身亡，7人受伤。

7月10日，巴基斯坦西南部俾路支省杰曼地区发生一起自杀式袭击，除袭击者死亡外，袭击还导致包括1名高级警官在内的2人死亡，另有12人受伤。

7月10日，巴基斯坦特哥哈，塔利班分支组织制造炸弹袭击，导致3名安保员死亡，4人受伤。

7月10日，印度阿纳恩特纳格，包括6名妇女在内的8名印度教朝圣者遭到伊斯兰恐怖分子的屠杀，19人受伤。

7月11日，俄罗斯卫星网援引伊拉克阿尔苏马里亚电视台消息称，极端组织“伊斯兰国”武装分子称，该组织最高头目巴格达迪已经死亡。

7月11日，尼日利亚警方证实，尼东北部迈杜古里当天晚些时候发生多起爆炸袭击事件，造成11人丧生，另有多人受伤。

7月11日，美军在一次突袭行动中击毙恐怖组织“伊斯兰国”阿富汗分支的头目阿布·赛义德。

7月12日，土耳其科尼亚省省长办公室表示，警方击毙5名疑似极端组织“伊斯兰国”恐怖分子。

7月12日，喀麦隆安全部队消息称，该国东北部当天晚间发生两起自杀式爆炸袭击，造成至少14人死亡，42人受伤。袭击发生在喀麦隆靠近尼日利亚的边境地区，2名自杀式袭击者在一个繁华的市镇引爆炸弹，附近的餐厅、电话亭和售货亭被毁。

7月12日，尼日利亚迈杜古里，12人在自杀式炸弹袭击中身亡，19人受伤。

7月12日，索马里摩加迪沙，5名妇女和儿童在一起自杀式卡车炸弹袭击中身亡，另有8人受伤。

7月12日，叙利亚伊德利卜，纺织厂发生一起自杀炸弹袭击，导致12人死亡，12人受伤。

7月13日，伊拉克西部安巴尔省一处民兵营遭极端组织“伊斯兰国”发动的自杀式爆炸袭击，至少造成9名民兵身亡，12人受伤。

7月13日，菲律宾军方发言人帕迪利亚在菲律宾武装部队总部阿奎纳尔多军营召开发布会，通报了南部城市马拉维反恐战局的最新情况。帕迪利亚称，截至目前，政府军方面已经击毙恐怖分子392人，从恐怖分子手中缴获的大火力武器接近500件。另一方面，军方也发现了更多的平民伤亡，有45人遭到恐怖分子杀害。

7月13日，伦敦东部地区在90分钟内接连发生5起将腐蚀性物质扔向路人脸上的袭击事件，致多人受伤。警方已就此事逮捕1名年轻男性。

7月13日，援引伊拉克尼尼微省消息人士的话称，“伊斯兰国”武装分子宣布，在尼尼微省泰勒阿费尔市成立一个独立国家，独立于其他“伊斯兰国”武装分子控制区的“哈里发”。

7月13日，叙利亚阿扎兹，在一所学校外发生一起汽车爆炸袭击，导致4人死亡，7人受伤。

7月13日，伊拉克摩苏尔，5人在自杀式炸弹袭击中身亡。

7月13日，巴基斯坦奎达，塔利班派系成员使用自动武器枪杀了4名当地警察。

7月13日，喀麦隆瓦扎，15名平民遭到自杀式炸弹袭击身亡。袭击者是2名女性，袭击还造成42人受伤。

7月13日，伊拉克嘎玛，安全总部附近发生自杀式炸弹袭击，导致附近17名路人死亡，9人受伤。

7月14日，埃及红海海滨城市赫尔格达一个度假村发生袭击事件，造成2名德国籍游客死亡，另有4名外籍游客受伤。

7月14日，以色列执法机构表示，2名该国警察在耶路撒冷历史中心遭武装袭击受伤牺牲。

7月14日，肯尼亚拉穆，3名年轻人被青年党绑架后杀害。

7月14日，埃及吉萨，5名警察在车内遭到宗教极端分子枪杀。

7月15日，泰国北大年，3名妇女和1名4岁男孩在一起针对佛教徒的袭击中身亡，7人受伤。

7月16日，巴基斯坦军方说，巴军方当天在该国西北部靠近阿富汗边界的开伯尔部族地区发起新一轮反恐行动，以防止极端组织“伊斯兰国”势力向巴境内渗透。

7月16日，也门舍卜沃，守卫管道的5名士兵遭到“基地”组织用自动武器射击身亡，3人受伤。

7月17日，巴基斯坦警方说，一辆准军事部队车辆在开伯尔—普什图省首府白沙瓦市遭遇自杀式爆炸袭击，造成2人死亡、多人受伤。

7月17日，尼日利亚迈杜古里，2人遭到自杀式炸弹袭击者袭击身亡，5人受伤。

7月17日，埃及阿里什，“圣战”组织了两次恐怖袭击，导致5名安全人员死亡，11人受伤。

7月17日，尼日利亚迈杜古里，1名女性自杀炸弹在一处对手派的清真寺制造爆炸袭击，当时清真寺里面挤满了信徒。袭击造成8人死亡，13人受伤。

7月17日，巴基斯坦哈雅塔巴德，1名自杀炸弹手制造袭击，导致2名当地的安全人员死亡，4人受伤。

7月17日，也门舍卜沃，1名自杀炸弹手制造爆炸袭击，导致8人死亡，3人受伤。

7月17日，意大利米兰，1名移民刺伤了1名警察，并声称要成为真主的烈士。

7月18日，阿富汗北部巴格兰省警方说，阿安全人员当天与在该省发动新攻势的塔利班交战，击毙16名武装分子。

7月18日，阿富汗扎布尔，逊尼派强硬派攻击一处检查站，袭击造成8人死亡，7人受伤。

7月19日，1名吉尔吉斯斯坦男子因在俄罗斯从事与极端组织“伊斯兰国”有关活动被当地法院判刑。

7月19日，印尼政府宣布正式取缔境内极端组织“伊斯兰解放阵线”，印尼绝大部分伊斯兰社团表态支持政府的决定。

7月19日，匈牙利全国警察总署发布公告说，因接到匿名电话称国际列车上被安置炸弹，匈警方当天对所有的国际列车进行检查。

7月19日，埃及西奈，“圣战”分子制造爆炸袭击，导致8人死亡，4人受伤。

7月19日，伊拉克摩苏尔，3名伊拉克人遭到自杀式炸弹袭击身亡，另有2人受伤。

7月20日，据新加坡《联合早报》报道，报信“伊斯兰国”组织在马来西亚的新领袖弗哈尔奥玛个月已在叙利亚北部城市拉卡的一场空袭中被炸死。

7月20日，联合国安理会在纽约联合国总部举行会议，一致通过第2368号决议，再次强调对极端组织“伊斯兰国”和“基地”组织实施一系列制裁措施，还将8个团体和个人加入制裁名单。中国常驻联合国代表刘结一作为安理会轮值主席主持会议。

7月20日，埃及阿里什，7名平民遭到自杀式爆炸袭击身亡，遇难者中包括2名婴儿和2名妇女。

7月20日，阿富汗格里什克，发生一起自杀式炸弹袭击，导致6名警察死亡，5人受伤。同日，在沙瓦利克特，塔利班发动袭击导致16人死亡，7人受伤。

7月20日，肯尼亚昆加，2人遭到“青年党”成员近距离射杀。

7月21日，据伊朗伊斯兰革命卫队网站发布的消息，伊朗伊斯兰革命卫队挫败一起原计划在当天晚上实施的恐怖袭击图谋，并打死3名恐怖分子。残余的恐怖分子向边境地区逃窜。

7月21日，埃及军方发表声明，埃及军方过去几天在北西奈省击毙30

名极端分子，逮捕5名极端分子。

7月21日，菲律宾马拉维，伊斯兰极端分子制造汽车爆炸袭击，并且投掷手榴弹，袭击造成9人死亡，49人受伤。

7月21日，叙利亚萨拉米亚，恐怖分子向一处居民区发动炮弹袭击，导致6名平民丧生，18人受伤。

7月21日，喀麦隆达班加，“博科圣地”发动自杀式炸弹袭击，导致6人死亡，4人受伤。

7月22日，巴基斯坦奥兰吉，安莎拉尔伊斯兰教组织成员用机枪射杀了1名10岁男孩和另外3人。

7月23日，阿富汗南部坎大哈省警方发言人杜拉尼称，21日约70名平民遭武装分子绑架。绑架发生在坎大哈省沙阿瓦利果德地区。“初步消息表明，20人已经获释，仍有约40人被武装分子扣押。”他同时证实，7名被绑架者已在过去两天内被杀害。当地居民和警方指责塔利班实施了此次大规模绑架。

7月23日，埃及内政部发表声明说，埃及警方当天在法尤姆省的一次交火中打死8名穆斯林兄弟会（穆兄会）成员。

7月23日，尼日利亚卡诺，博科圣地枪手向警方开火，造成1人死亡。3人受伤。

7月23日，泰国雅让，1名床垫供应商在自己的卡车上遭到伊斯兰武装分子枪杀，旁边还坐着他的妻子。袭击造成1死1伤。

7月23日，阿富汗古尔，塔利班对一处警察总部发动袭击，期间造成8名当地警察死亡，12人受伤。

7月23日，约旦安曼，以色列使馆外的1名守卫遭到袭击，同时，1名路人也遇害身亡。

7月23日，索马里拜多阿，“青年党”制造了爆炸袭击，导致4人死亡，2人受伤。

7月23日，泰国西布里，伊斯兰极端分子向一家茶馆开火，1名顾客身亡，1人受伤。

7月23日，伊拉克费卢杰，恐怖分子制造汽车炸弹袭击，导致2人死亡，1人受伤。

7月23日，埃及开罗，哈斯姆原教旨主义极端分子开枪射杀了2名交警，另有 3 人受伤。

7 月 24 日，巴基斯坦拉合尔市发生爆炸，遇难人数已升至 22 人，另有 32 人受伤。爆炸发生在菜市场入口处。32 名伤者中，有 11 名伤势严重。警方发言人称，爆炸由自杀式袭击者实施，其目标为执法人员。

7 月 24 日，据俄罗斯卫星网报道，瑞士沙夫豪森州沙夫豪森市 1 名不明身份男子用油锯袭击路人。另据此前 BBC 和路透社报道称，有 5 人在袭击中受伤，2 人伤势严重。

7 月 24 日，阿富汗喀布尔一个市区发生爆炸。阿富汗内政部发言人表示，在早高峰时间，汽车炸弹击中了一辆载有矿业部员工的汽车，已造成 24 人死亡，42 人受伤。

7 月 24 日，巴基斯坦东部旁遮普省首府拉合尔发生一起自杀式炸弹袭击，造成至少 15 人死亡，22 人受伤。当时一名袭击者骑着摩托车，向正为一个拆迁违法建筑的工作队提供安保服务的警察发动袭击。死者中至少包括 4 名警察。事发地附近的部分建筑物和车辆等也在爆炸中遭毁坏。

7 月 24 日，伊拉克摩苏尔，“圣战”分子在一处市场上制造了汽车炸弹袭击，造成 4 名顾客死亡，3 人受伤。

7 月 24 日，尼日利亚达罗里，敢死队制造自杀式炸弹袭击，导致 2 名难民死亡，17 人受伤。

7 月 24 日，阿富汗喀布尔，什叶派地区的一条街道上发生一起大型自杀式爆炸袭击，导致 35 人死亡，40 人受伤。

7 月 24 日，伊拉克马勒夫，一处市场遭到“圣战”分子自杀式爆炸袭击，导致 1 名女性死亡，2 人受伤。

7 月 25 日，乌克兰第聂伯罗彼得罗夫斯克州警察总局新闻处发布消息称，该国第聂伯市发生交火，导致 2 人死亡，5 人受伤。

7 月 25 日，尼日利亚巴诺亚苏，伊斯兰极端分子伏击了石油勘探队，造成包括警卫、司机和平民在内的近 50 人丧生，10 人受伤。

7 月 25 日，阿富汗卡尔扎里，原教旨主义武装分子袭击了当地一处军事基地，造成至少 24 人死亡，13 人受伤。

7 月 25 日，马里多罗，“圣战”分子引爆炸弹，导致 2 人死亡。

7 月 26 日，乌克兰国家警察局基辅总局新闻处消息称，警方正调查基辅一家酒店埋藏炸弹的消息，已从相关建筑中疏散出 800 人。

7 月 26 日，阿富汗国家安全局表示，该国情报部门在一辆卡车中发现了 2.5 吨炸药，从而防止了一场大型恐怖袭击。

7 月 26 日，喀麦隆萨格梅，“博科圣地”袭击了一个城镇，导致 2 人死亡，3 人受伤。

7 月 27 日，伊拉克比尼卡尼，2 名妇女遭到“伊斯兰国”爆炸袭击身亡，3 人受伤。

7 月 27 日，布基纳法索塔克奥 Takeo，3 名家庭成员被圣战分子枪杀。

7 月 28 日，德国汉堡，1 名男子一边大声赞美安拉一边冲进了一家超市，持刀攻击周围的人群，造成 1 死 4 伤。

7 月 28 日，伊拉克巴格达迪，1 名自杀式炸弹袭击者制造爆炸事件，导致包括父母和孩子在内的 6 人死亡。

7 月 28 日，尼日利亚迪克瓦，发生一起针对难民的自杀性炸弹袭击，导致 14 人死亡，24 人受伤。

7 月 28 日，阿富汗纳瓦，10 名警察被逊尼派原教旨主义极端分子杀害。

7 月 29 日，澳大利亚警方称，澳警方当日下午突击搜查了悉尼周边 4 个社区，并逮捕 4 名嫌疑人。澳大利亚总理特恩布尔表示，这次行动是为挫败恐怖袭击阴谋。

7 月 29 日，伊拉克卡斯尔，3 名平民遭到“圣战”分子爆炸袭击身亡，另有 7 人受伤。

7 月 30 日，索马里警方说，索首都摩加迪沙市中心当天发生一起汽车炸弹袭击事件，造成至少 5 人死亡，另有多人受伤。

7 月 30 日，索马里戈尔温，12 名澳大利亚维和部队人员被青年党伏击和谋杀，另有 7 人受伤。

7 月 30 日，索马里摩加迪沙，“圣战”自杀炸弹手在一处繁忙的街道沿线引爆炸弹时，造成至少 6 人遇难身亡，20 人受伤。

7 月 30 日，伊拉克阿纳，2 人受到自杀炸弹袭击身亡。

7 月 30 日，阿富汗科雅尼，疑似原教旨主义极端分子引爆路边炸弹，导致 1 名世俗领袖死亡。

7 月 30 日，叙利亚阿勒颇，敢死队制造自杀式炸弹袭击，造成 4 人遇难。

7月30日，沙特阿拉伯阿瓦米亚，什叶派激进分子袭击巡逻的警察，造成1人死亡，6人受伤。

7月30日，利比亚德尔纳，一个与“基地”组织相关的组织发动袭击，造成5人死亡，4人受伤。

7月31日，俄罗斯联邦安全局弗拉基米尔州分局发布消息称，联邦安全局的工作人员在莫斯科州抓获了“伊斯兰国”的支持者，预计他们从叙利亚头目处得到发动恐袭的指令。

7月31日，阿富汗内政部称，在伊拉克驻喀布尔大使馆附近发生了自杀炸弹与枪击事件。在阿富汗安全部队与武装分子进行了约4个小时的交火后，所有武装分子遭击毙。极端组织“伊斯兰国”宣称对爆炸负责。

7月31日，伊拉克巴格达，“圣战”分子在一处市场引爆炸弹，导致2名路人死亡。

8月

8月1日，俄罗斯联邦侦查委员会发布消息称，当天莫斯科州法院发生一起犯罪嫌疑人袭警事件，致使8人伤亡。

8月1日，伊拉克赞吉利，一户8口之家遭到“伊斯兰国”炮弹袭击身亡，遇难者中包括1名妇女和3名儿童。

8月1日，阿富汗纳瓦，塔利班极端主义分子打死了6名地方警察，5人受伤。

8月1日，阿富汗赫拉特，1名自杀式恐怖袭击分子在什叶派清真寺引爆炸弹，导致32名教徒死亡，66人受伤。

8月1日，泰国北大年，伊斯兰极端分子向一群教师发动自杀式炸弹袭击，导致2名警卫人员死亡，4人受伤。

8月2日，尼日利亚米尔索，“博科圣地”袭击了一个村庄，造成7人死亡，10人受伤。

8月2日，肯尼亚基皮尼，伊斯兰极端分子朝高速公路上的一辆公共汽车射击，造成3名乘客死亡，5人受伤。

8月2日，阿富汗坎大哈，敢死队的1名自杀式汽车炸弹袭击者身穿罩袍，发动爆炸袭击，导致2个美国人和1个德国人死亡，4人受伤。

8月2日，也门雷德胡姆，“基地”组织制造的自杀炸弹袭击造成6人死亡，3 人受伤。

8 月 2 日，伊拉克摩苏尔，“伊斯兰国”制造一起爆炸袭击，导致包括妇女和儿童在内的 3 人死亡，4 人受伤。

8 月 3 日，澳大利亚墨尔本斯一学院接到炸弹警告，一度紧急疏散学院师生，经警方排查后恢复正常秩序。

8 月 2 日，格鲁吉亚阿布哈兹地区的一处军火库发生爆炸，致 50 多人受伤，其中约 19 人为俄罗斯公民。

8 月 3 日，缅甸孟都，6 名佛教徒遭到伊斯兰极端分子杀害，其中有 3 名是女性。

8 月 3 日，阿富汗多地发生炸弹袭击事件。喀布尔，伊斯兰极端分子造炸弹袭击，导致包括 2 名儿童在内的 3 名平民死亡，1 人受伤；格里什，一处外汇市场附近疑似遭到自杀式炸弹袭击，导致至少 5 人死亡，20 人受伤；卡拉巴格，“圣战”分子制造自杀式炸弹袭击，导致 3 名人死亡，12 人受伤。

8 月 3 日，叙利亚伊德利卜，两枚炸弹爆炸造成 2 名平民死亡，10 人受伤。

8 月 3 日，埃及内政部称，伊斯纳的警察巡逻队拦住一辆载有武装人员的汽车时，车上人员向警察开火，造成 2 人死亡，3 人受伤。

8 月 4 日，英国警方在伦敦某地铁站进行反恐行动期间，扣押了 8 人。

8 月 4 日，索马里首都摩加迪沙大使饭店附近发生汽车爆炸袭击事件，导致至少 3 人死亡，6 人受伤。

8 月 4 日，肯尼亚沙卡克摩阿，3 名渔民被“青年党”绑架并斩首。

8 月 4 日，伊拉克啊哈瓦特发生一起自杀式炸弹袭击，导致 3 人死亡。

8 月 4 日，尼日利亚迈杜古里，一家医院遭到 3 名自杀式袭击者发动炸弹袭击，导致 2 人受伤。

8 月 4 日，叙利亚达纳，一处市场发生自杀式汽车炸弹袭击，导致包括儿童在内的 10 人死亡，30 人受伤。

8 月 4 日，伊拉克摩苏尔，7 名平民遭到“圣战”分子自杀式炸弹袭击身亡，另有 4 人受伤。

8 月 5 日，巴基斯坦武装组织“虔诚军”在印控克什米尔索波雷地区与印军展开交火，3 名“虔诚军”成员被击毙。

8月5日，晚间，1名男子持刀试图袭击在埃菲尔铁塔景区负责安检的工作人员，随后该男子被立刻制服，并于当晚23点30分被警方拘留，反恐检查机关对其展开调查。

8月5日，美国中西部州明尼苏达的一个伊斯兰中心发生爆炸。爆炸原因不详，但布卢明顿市的清真寺管理者称之为袭击，还说他怀疑在爆炸时在清真寺外面发现的1个人可能涉案。

8月5日，菲律宾发生一起枪击案，歹徒在大马尼拉地区一个商场的出口处，连开数枪杀害1名市议员，引发现场混乱。

8月5日，尼日利亚达巴尔万赞，17名渔民被伊斯兰极端分子屠杀。

8月5日，尼日利亚杜古里，“博科圣地”屠杀了14人。

8月5日，喀麦隆安奇德，至少有8名平民遭到敢死队自杀炸弹手袭击身亡，另有4人受伤。

8月6日，伊拉克军方宣布，近来军方在北部萨拉赫丁省的一系列空袭行动中，消灭170多名极端组织“伊斯兰国”武装分子。

8月6日，阿富汗米尔扎·奥朗，逊尼派极端分子袭击一处什叶派村庄，包括儿童，妇女和老人在内的至少50人被屠杀。

8月7日，巴基斯坦旁遮普省拉合尔市爆炸造成37人死亡、35人受伤。警方称，一辆载有杏子的卡车从该国北部开伯尔—普赫图赫瓦省驶抵该市，而杏子中埋藏了炸弹。卡车爆炸前在繁忙的街道上停了3天。

8月7日，刚果（金）警方和安全部门证实，该国首都金沙萨和西南部地区其他城市发生多起武装袭击事件，造成至少14人死亡。

8月7日，菲律宾马京达瑙，“伊斯兰国”爆炸袭击导致2人死亡。

8月8日，也门朱海恩，“基地”组织发动自杀式炸弹袭击，造成4人死亡，8人受伤。

8月8日，埃及库维斯纳，疑似激进分子向警察巡逻队开火，造成2名成员死亡，1人受伤。

8月9日，法国国防部证实，当天在巴黎近郊上塞纳省勒瓦卢瓦—佩雷市发生驾车冲撞军人事件，造成6名士兵受伤，其中3人伤势严重，但并无生命危险。23日，巴黎共和国检察官弗朗索瓦·莫兰召开新闻发布会，称这起汽车冲撞军人事件为“蓄谋袭击，具有恐怖主义特性”。

8月9日，阿富汗首都喀布尔爆炸袭击事件。当天11时20分左右，1

名袭击者在喀布尔第八警区驾驶装有炸药的汽车，试图攻击国家安全部队车队，在被警察发现后提前引爆了炸药，造成至少 4 人受伤，袭击者当场身亡。塔利班宣称制造了这次袭击。

8 月 9 日，埃及阿里什，“伊斯兰国”武装人员朝警车开火，造成车上 4 人死亡。

8 月 9 日，巴基斯坦谢洛特凯，2 名自杀式炸弹袭击者发动袭击，导致至少 4 人死亡。

8 月 10 日，土耳其南部阿达纳省警方拘捕 1 名俄罗斯公民，理由是其涉嫌谋划使用无人机袭击美军飞机。警方称，该俄罗斯男子被捕时正在进行侦察活动。在突审中，他承认自己是极端组织“伊斯兰国”武装人员，正谋划使用无人机袭击因吉尔利克空军基地中的美军飞机，并计划袭击阿达纳市区目标。

8 月 10 日，美国芝加哥警方消息称，当晚芝加哥发生枪击案，导致 1 人丧命，6 人受伤。数名枪手向街边的人开枪后，逃离现场。

8 月 10 日，索马里摩加迪沙，1 名敢死队自杀炸弹袭击者制造袭击，导致至少 1 人死亡，3 人受伤。

8 月 10 日，也门扎马尔，疑似什叶派极端分子在逊尼派清真寺暗杀 1 名政治家。

8 月 10 日，伊拉克巴格达发生一起路边炸弹袭击，导致 1 名路人死亡，7 人受伤。

8 月 11 日，也门政府军与反政府武装当晚在也门北部边界焦夫省交火，7 名政府军士兵和 10 名胡塞武装人员死亡，另有 4 名士兵受伤。交火发生地焦夫省北部是政府军与反政府武装争夺焦点，政府军试图将胡塞武装从这一地区驱逐出去。

8 月 11 日，索马里摩加迪沙，发生一起自杀式炸弹袭击，导致 1 人死亡，3 人受伤。

8 月 11 日，巴基斯坦纳瓦盖，伊斯兰炸弹袭击者向一辆装载文职人员的卡车发动炸弹袭击，造成 3 人死亡，26 人受伤。

8 月 11 日，阿富汗达沃莱特—阿贝德，12 名平民遭到武装分子火箭弹袭击身亡，遇难者中包括妇女和儿童。

8 月 12 日，巴基斯坦西南部俾路支省首府圭达市发生爆炸事件，造成至少15人死亡和32人受伤。爆炸发生在一个公共汽车站，爆炸发生后，那个地区很快就起火燃烧。

8月12日，美国弗吉尼亚州夏洛茨维尔市的“另类右翼”集会引发暴力冲突，警方称，至少造成3人死亡、35人受伤。

8月12日，伊拉克哈瓦加，“伊斯兰国”爆炸袭击者制造炸弹袭击，导致4名难民死亡，8人受伤。

8月12日，巴基斯坦奎达，1名“伊斯兰国”自杀式袭击者在市场上制造爆炸袭击，导致15人死亡，32人受伤。

8月12日，尼日利亚瓦诺里，“博科圣地”袭击一个村庄，造成4名村民死亡，6人受伤。

8月13日，美国夏洛兹维尔市沃尔玛超市收到炸弹威胁，警方已经封路并清空了所有购物人群。

8月13日，土耳其《自由报》报道，伊斯坦布尔1名疑似“伊斯兰国”武装分子，在被警方押送至警察局的途中持刀袭警，造成1名执法人员因伤身亡。该名武装分子随后被警方击毙。袭击发生的前一天，土耳其政府在该国东南部逮捕了3名疑似执行“伊斯兰国”谋杀任务的男子。

8月13日，阿富汗赫拉特，2名平民遭到塔利班枪杀。

8月13日，印度斯利那加，伊斯兰极端分子朝一处检查站投掷汽油弹，导致1名平民被烧死。

8月13日，伊拉克纳达，4名警察遭到伊斯兰极端分子伏击和谋杀。

8月13日，阿富汗喀布尔，恐怖分子在一个受欢迎的野餐区附近枪杀了3人。

8月13日，布基纳法索瓦加杜古，“圣战”分子朝一家餐厅开枪射击，造成18人死亡，8人受伤。

8月13日，埃及阿里什，原教旨主义极端分子袭击了一辆警车，2名警察死亡，6人受伤。

8月14日，俄罗斯联邦安全局称，执法人员当天挫败了数起针对莫斯科的恐怖袭击阴谋，并在莫斯科郊区逮捕了4名企图发动袭击的恐怖分子。

8月14日，布基纳法索通信部长称，该国安全部队消灭了3名袭击瓦加杜古咖啡馆的武装分子，该袭击造成17人死亡。

8月14日，美国检方表示，俄克拉荷马州1名男子遭到美国联邦调查局逮捕，罪名是他试图以一辆载满爆炸物的汽车炸毁俄克拉荷马市一栋银行大楼。

8 月 14 日，1 名男子当晚驾驶汽车在法国塞纳马恩省一小镇故意冲入一家餐馆，已造成 1 人死亡，13 人受伤，其中 5 人伤势严重。

8 月 14 日，也门奎塔巴，“基地”组织发动武力袭击，导致 17 名平民丧生，7 人受伤。

8 月 14 日，索马里摩加迪沙，一家酒店附近遭到青年党爆炸袭击，造成 1 名的士司机死亡，1 人受伤。

8 月 15 日，巴基斯坦政府官员表示，巴基斯坦西南部俾路支省偏远地区有 8 名军人被一枚路边炸弹炸死，这是该地区数日来发生的第 2 起攻击。

8 月 15 日，尼日利亚东北部博尔诺州遭连环自杀式爆炸袭击，造成 100 余人伤亡。距博尔诺州首府迈杜古里 35 千米的孔杜加镇一处农贸市场遭自杀式爆炸袭击，1 名女性自杀式袭击者引爆绑在身上的炸弹，爆炸造成袭击者本人和至少 27 名平民身亡。还有另外 2 名女性袭击者在附近一处流浪者收容所大门前发动自杀式炸弹袭击。

8 月 15 日，尼日利亚曼达拉里，自杀炸弹手在市场和难民营制造爆炸，导致 24 人死亡，83 人受伤。

8 月 15 日，阿富汗查尔达拉，4 名阿富汗人遭到一起自杀性汽车炸弹袭击身亡，20 人受伤。

8 月 15 日，肯尼亚阿里吉泽，5 名当地警察被青年党伏击和谋杀，另有 1 人受伤。

8 月 15 日，埃及阿里什，2 名警察遭到宗教狂热分子袭击身亡。

8 月 16 日，委内瑞拉首都加拉加斯的一个地铁站发生爆炸。

8 月 16 日，西班牙阿尔卡纳尔，1 名伊斯兰极端分子制造一起爆炸，导致 1 名妇女被炸身亡，6 人受伤。

8 月 16 日，伊拉克白茇，10 名平民遭到自杀炸弹袭击身亡，另有 7 人受伤。

8 月 17 日，西班牙距巴塞罗那 120 千米的中心旅游景区坎布里尔斯发生车辆冲撞人群事件，一辆厢式货车冲向行人，造成包括 1 名警员在内的 7 人受伤，5 名恐怖分子被击毙。极端组织“伊斯兰国”宣称对袭击负责。19 日，西班牙内政部宣布将反恐预警级别维持在目前的四级，但将加强在基础设施、旅游胜地和体育场馆等地的安全措施。

8月17日，巴勒斯坦伊斯兰抵抗运动（哈马斯）安全部队拦下2名试图穿过加沙地带南部与埃及接壤的拉法边境地区的可疑人员时，其中1人引爆绑在身上的炸药。爆炸造成5名哈马斯安全人员受伤，袭击者当场1死1伤。医院随后称，被送往医院的哈马斯安全人员中有1人伤势过重身亡。

8月17日，荷兰一家广播电台办公楼内疑似发生人质劫持事件。1名男子强行进入大楼，并对楼外人员发出威胁。

8月17日，阿富汗扎布尔，3名儿童遭到塔利班炮弹袭击身亡。

8月17日，布基纳法索吉博，疑似伊斯兰武装分子制造爆炸袭击，导致3人死亡，2人受伤。

8月17日，达吉斯坦哈萨维尤尔特，2人遭到炸弹袭击身亡，另有2人受伤。

8月18日，西班牙加泰罗尼亚自治区阿尔卡纳尔市发生一昼夜内的第二起爆炸，造成几名警员受伤。

8月18日，叙利亚拉卡，一处清真寺附近遭到自杀式爆炸袭击，导致15人死亡。

8月18日，芬兰图尔库，1名男子在街上大喊“真主安拉”，之后刺死了街上走着的2名妇女，另有6人受伤。芬兰警方随即逮捕了持刀行凶者。

8月18日，阿富汗纳瓦，原教旨主义极端分子攻击了一处警察检查站，造成5名警官死亡，6人受伤。

8月19日，土耳其哈塔伊省政府发表声明说，该省警方当天抓获5名极端组织“伊斯兰国”嫌疑人。

8月19日，位于俄罗斯中部汉特—曼西自治区的苏尔古特市发生一起街头持刀行凶事件。1名持刀歹徒在市中心行凶，导致7人受伤，其中2人伤势较重。据当地政府发布的消息，由于袭击者暴力拒捕，被赶至现场的警察击毙。极端组织事后宣称是他们制造了这次袭击。

8月19日，伊拉克巴格达，“圣战”分子制造爆炸袭击，导致2死1伤。

8月19日，阿富汗萨尔卡诺，塔利班朝一处住宅区开火，导致2名女孩死亡，8人受伤。

8月19日，叙利亚拉塔基亚，恐怖分子制造了一起汽车炸弹袭击，导致2名路人死亡。

8月20日，澳大利亚政府发布最新反恐战略计划，其中提到：从建筑师到吧台工作人员，所有需要管理大量人群的工作人员，都必须时刻思考安全问题，以防发生恐怖袭击。该策略将成为澳大利亚公共场所的一项长期法规。

8月20日，叙利亚大马士革，一反政府武装对一个贸易展览会发动火箭弹袭击，导致6人死亡，10人受伤。

8月20日，黎巴嫩茹鲁德 阿萨尔，“伊斯兰国”制造爆炸袭击，导致3名当地安全人员死亡，1人受伤。

8月20日，尼日利亚达马图鲁，博科圣地枪手谋杀了2名沿着高速公路旅行的游客，另有3人受伤。

8月20日，阿富汗赫尔曼德，宗教极端主义分子杀死了12名平民，另有15人受伤。

8月20日，埃及拉法，原教旨主义极端分子引爆了埋设好的炸弹，导致1人死亡，5人受伤。

8月20日，埃及阿里什，1名伊斯兰狙击手朝一处检查站发动袭击，导致1名警察死亡。

8月21日，西班牙警方在距离巴塞罗那50千米以外的苏维拉特斯小镇击毙了1名带有炸弹腰带的嫌疑人。根据警方消息，这名犯罪嫌疑人很有可能是巴塞罗那恐怖袭击事件犯罪嫌疑人之一。

8月21日，菲律宾南部巴西兰省一个村落遭50名武装男子攻击，造成9人死亡，16人受伤。这些武装分子于当天清晨约5时30分潜入巴西兰省的马鲁索村，对当地村民开枪扫射，并放火烧屋。

8月21日，伊拉克塔吉，恐怖分子引爆了埋设好的炸弹，导致1名平民死亡，2人受伤。

8月22日，尼日利亚基吉马塔里，“博科圣地”将6名村民割喉。

8月23日，尼日利亚穆纳一加拉奇，“圣战”分子发动自杀式炸弹袭击，造成5人死亡，11人受伤。

8月23日，利比亚朱夫拉绿州，14人遭到“伊斯兰国”斩首。

8月23日，阿富汗拉什卡尔加，一处停车场发生一起自杀式炸弹袭击，导致7人死亡，38人受伤。

8月24日，美国国务院表示，美国驻古巴大使馆有至少16人疑因受到声波攻击而听力受损，美国官员就此展开调查。

8月24日，法国媒体报道称，反恐情报部门日前在巴黎北郊拘捕1名有激进化倾向的男子。据其初步供认，他曾试图获取武器并计划在法国境内发动袭击。

8月24日，尼日利亚基吉马塔里，博科圣地在一个村庄里开枪射击，造成村民7死6伤。

8月25日，印度西北部哈里亚纳邦和旁遮普邦发生大规模骚乱，导致31人死亡，数百人受伤。

8月25日，根据缅甸国防军和政府公布的若开邦恐怖袭击事件最新情况，袭击以及随后发生在军警与恐怖分子之间的交火，共造成71人死亡。

8月25日，阿富汗首都喀布尔一所清真寺遭恐袭，1名自杀式袭击者引爆炸弹，造成28人死亡，50余人受伤。

8月25日，1名持刀男子在比利时首都布鲁塞尔市中心砍伤1名军人后随即遭击毙，比利时称这是一场“恐怖袭击”。

8月25日，缅甸若开邦，伊斯兰武装分子在黎明前对安全人员发动袭击，造成12人死亡。

8月25日，英国伦敦，1个喊“真主安拉”的男子开车向一群警察冲撞过去，并挥舞着一把剑刺杀他们，导致3名警察受伤。

8月25日，喀麦隆加卡拉，1个逊尼派圣战组织谋杀了15个村民，烧毁了35户人家。

8月25日，阿富汗坎大哈，塔利班袭击当地的安全人员，造成4名成员死亡，7人受伤。

8月25日，比利时布鲁塞尔，1名索马里寻求庇护者用大砍刀袭击警察，同时大声赞扬安拉并携带古兰经。这起袭击导致2人受伤。

8月26日，印度普尔瓦马，武装组织“穆罕默德军”在清晨发动袭击，导致8人死亡，8人受伤。

8月27日，缅甸国务资政府新闻发布委员会在通报若开邦袭击事件最新情况时说，若开邦当天凌晨发生多起袭击事件，一家12口印度族人在若开邦孟都地区遭遇袭击，其中6人当场死亡，2人重伤；孟都镇一个村庄的 6 名村民遇害，其中包括村长和 1 名儿童。从 25 日凌晨以来，若开邦孟都等地发生的袭击事件已造成 12 名安全部队成员、1 名政府官员、12 名平民死亡，另有 77 名恐怖分子被击毙，2 名恐怖分子被抓获。

8 月 27 日，阿富汗迪拉拉姆，伊斯兰极端分子朝一辆载着警察的汽车开火，导致 2 人死亡。

8 月 27 日，阿富汗纳瓦，1 名敢死队自杀式袭击者在一处市场外发动袭击，导致 13 名平民被炸死，19 人受伤。

8 月 27 日，伊拉克巴格达，“圣战”分子发动汽车炸弹袭击，导致至少 10 人丧生、28 人受伤。当地警方表示，爆炸发生在巴格达什叶派社区的一家市场。

8 月 28 日，阿塞拜疆国家安全局发表声明说，阿安全部门当天在阿中部地区挫败了一起恐怖袭击图谋，击毙 1 名恐怖分子嫌疑人。

8 月 28 日，巴基斯坦巴尔摩，“伊斯兰国”埋设的地雷发生爆炸，导致 2 名安全人员死亡，3 人受伤。

8 月 28 日，肯尼亚拉非，青年党成员发动袭击，造成 2 名边防警卫死亡，3 人受伤。

8 月 28 日，达吉斯坦哈萨维尤尔特，伊斯兰极端分子朝警察开火，导致 2 名警察死亡。

8 月 29 日，土耳其东南部迪亚巴克尔省，发生一起针对军用装甲车的炸弹袭击事件，造成 2 名军人死亡。

8 月 29 日，阿富汗喀布尔，一家银行的 5 名职员遭到自杀式炸弹袭击身亡，另有 9 人受伤。

8 月 29 日，伊拉克塔尔阿法，1 名女性自杀炸弹者入侵一处难民营地制造爆炸，导致 1 名妇女和 1 名小孩死亡，5 人受伤。

8 月 30 日，“阿富汗东部楠格哈尔省贾拉拉巴德遇袭。

8 月 30 日，阿富汗贾拉拉巴德，1 名市议员的住宅遭到自杀式炸弹袭击，导致至少 2 人遇害。“伊斯兰国”武装分子宣布对袭击事件负责。

8 月 30 日，阿富汗普什特·科，塔利班制造一起路边炸弹袭击，导致 3 名警察死亡。

8 月 30 日，尼日利亚本吉，伊斯兰极端分子用刀屠杀了 18 名青年。

8 月 31 日，俄罗斯联邦安全局发布消息称，抓获 2 名计划对莫斯科实施袭击的恐怖分子。

8月31日，阿尔及利亚提亚雷特，1名自杀炸弹手在派出所引爆炸弹，造成1名警察死亡。

8月31日，土耳其西部城市伊兹密尔市发生爆炸案，一枚放置在垃圾桶内的炸弹爆炸，造成附近一辆接驳巴士上的数名乘客受伤。

8月31日，俄罗斯圣彼得堡涅瓦大街发生事故，一辆汽车在人行道上冲撞行人，导致4人受伤。

8月31日，利比亚东部城市苏尔特以东的诺费里耶地区发生一起汽车炸弹袭击事件，造成至少3人死亡、2人受伤。

8月31日，利比亚诺法利亚，1名伊斯兰国自杀炸弹袭击者在检查站引爆炸弹，造成2名警卫死亡，2人受伤。

8月31日，肯尼亚塔努，“青年党”成员引爆了在道路上埋设的地雷，并且向幸存者开枪扫射，造成2人遇害，3人受伤。

9月

9月1日，据美国“世界新闻网”报道，日前，在英国伦敦白金汉宫外被逮捕的恐怖袭击嫌疑犯乔杜里原本计划要去温莎城堡攻击，结果卫星导航却引导他到同名酒吧。

9月1日，美军驻伊拉克高级指挥官斯蒂芬·汤森昨天说，极端组织“伊斯兰国”最高头目阿布·贝克尔·巴格达迪很可能依然活着，美军一直在追踪他的下落。过去两个月数度传出巴格达迪死讯，但美军方面都未予证实。

9月1日，印度班达乔，“虔诚军”成员袭击一辆公共汽车，1人遇害，7人受伤。

9月2日，伊拉克军方说，政府军在收复泰勒阿费尔的军事行动中打死超过2000名极端组织“伊斯兰国”武装分子，有115名政府军人员在行动中牺牲。

9月2日，伊拉克萨马拉，一处发电厂遭到自杀式炸弹袭击，导致7名员工死亡，12人受伤。

9月2日，巴基斯坦卡拉奇，极端原教旨派的“安萨尔阵线”组织的枪手杀死2人。

9 月 3 日，索马里基斯马尤，当地的安全基地遭到自杀式炸弹袭击，导致至少 11 人遇害，10 人受伤。

9 月 3 日，肯尼亚乌昆达，疑似青年党成员向一处教堂开火，导致 2 名守卫死亡，2 人受伤。

9 月 4 日，英国英格兰北部城镇博尔顿一个广场发现可疑包裹，警方对现场人员进行疏散。

9 月 4 日，索马里艾尔沙比亚哈，发生一起爆炸袭击，炸弹由远程控制，爆炸导致 2 名路人死亡，4 人受伤。

9 月 5 日，俄罗斯内务部莫斯科州总局新闻处发布消息称，莫斯科州 1 名中学生在学校教室投掷烟雾弹并以气枪射击，导致 4 人受伤。

9 月 5 日，伊拉克汗达哈里，“圣战”分子引爆在一处市场上设伏好的炸弹，导致 1 人死亡，4 人受伤。

9 月 5 日，马里基达尔，伊斯兰极端分子制造了地雷袭击，导致 2 名维和人员身亡，另有 2 人受伤。

9 月 5 日，尼日利亚布拉马里，“博科圣地”枪杀了 4 名农民。

9 月 6 日，土耳其警方在该国南部梅尔辛省击毙 1 名企图袭击警察局的自杀式炸弹袭击者。梅尔辛省首席检察官埃尔詹当天对媒体说，事发时这名男子试图靠近警察局大楼。警方在警告无效后开枪将他击毙，并缴获了炸弹背心。警方搜查了袭击者住所，其身份疑似为极端组织“伊斯兰国”成员。

9 月 6 日，“以最强烈的言辞”谴责对联合国马里多层面综合稳定团（马里稳定团）的袭击。5 日发生在马里基达尔地区的袭击造成 2 名乍得籍联合国维和士兵死亡，另 2 名维和士兵受伤。

9 月 6 日，缅甸政府发布恐怖袭击预警通告，称恐怖分子将在首都内比都以及仰光、曼德勒等大城市发动恐怖袭击。

9 月 6 日，法国警方在巴黎东南郊瓦勒德马恩省的一间公寓内发现爆炸物组件，并逮捕了 2 名嫌疑人。

9 月 6 日，缅甸国务资政昂山素季首次就若开邦 8 月 25 日以来连续发生恐怖袭击事件发表评论，称大量有关若开邦局势的“虚假消息”正在流传，目的是制造矛盾、助长恐怖势力。上月 25 日，若开邦孟都等地 30 处警察哨所遭武装人员袭击，1 名军人、11 名警察、1 名政府职员丧生。“若开罗兴亚救世军”宣称制造了袭击。缅甸政府当天指认，袭击者是宾格利人、即国际媒体常说的罗兴亚人，并宣布若开罗兴亚救世军为“极端主义恐怖组织”。

9月6日，美国联邦调查局证实，印第安纳州东芝加哥市的1名邮局员工晚上被邮包炸弹炸伤。

9月6日，尼日利亚科萨库拉，“伊斯兰国”杀害了3名村民。

9月6日，缅甸若开邦，6名印度教徒被伊斯兰极端分子杀害。

9月6日，孟加拉国达卡，“贾马耶图勒圣战者”组织发动自杀式爆炸袭击，2名女子和2名儿童遇袭身亡。

9月6日，肯尼亚拉穆，5个基督徒遭到青年党斩首。

9月6日，尼日利亚马兰，“博科圣地”枪杀3名年轻人。

9月7日，西班牙内政部消息称，西班牙国家警察和摩洛哥对内安全总局扫除了在两国境内活动的伊斯兰恐怖组织。

9月7日，英国警方称前天逮捕了4名嫌疑人，他们被控卷入了一场由极右翼组织策划的恐怖活动。嫌疑人中有现役军人。

9月7日下午，在法国巴黎南郊马恩河谷省市镇蒂艾一间车库内，相关方面发现大量制造炸弹的原料。法国内政部长科隆通过媒体宣布，涉案的3名男子“与恐怖主义有关”，正在接受巴黎打击犯罪大队反恐组调查。科隆指出，这一制造炸弹的秘密据点可能与叙利亚、也可能与西班牙恐怖主义团伙有联系。

9月7日，阿富汗帕什马基，塔利班炮弹袭击致5人身亡，2人受伤。

9月7日，伊拉克尤斯法耶，“圣战”分子在商店之外引爆炸弹，导致1人死亡，4人受伤。

9月7日，印度斯利那加，一处市场遭到恐怖分子投掷手榴弹，袭击造成1名平民死亡，14人受伤。

9月7日，也门豪尔，一处居民区遭到什叶派民兵炸弹袭击，导致1名流离失所的妇女身亡，3人受伤。

9月8日，俄罗斯军方表示，俄空军日前在叙利亚代尔祖尔附近实施空袭，摧毁了一个“伊斯兰国”地下指挥部，歼灭数十名恐怖分子，其中包括多名高级指挥官。据称，“伊斯兰国”的“战争部长”可能在这次空袭中死亡。

9月8日，库尔德反恐力量（Counter Terrorism Group）高级代表塔拉巴尼表示，“伊斯兰国”恐怖组织头目阿布·贝克尔·巴格达迪正在准备对英国以及其它欧洲国家进行新一轮的恐怖袭击，以为伊拉克和叙利亚战败的武装分子报仇。

9月8日下午，乌克兰首都基辅市中心的比萨拉比亚市场附近发生汽车爆炸。1名男子在爆炸中死亡，另有3人受伤。根据警方调查，死者名为铁木尔·马哈乌里，格鲁吉亚籍，是反俄组织车臣曼苏尔营的志愿兵。该志愿营在车臣战争后离开俄罗斯转投乌克兰，近年来代表乌政府军一方参加乌东冲突。

9月8日，法国内政部长科隆宣布，自今年年初以来，当局已挫败了11起恐怖主义袭击图谋。

9月8日，尼日利亚穆纳加拉，2名难民遭到“博科圣地”自杀式爆炸袭击身亡，另有5人受伤。

9月8日，尼日利亚恩加拉，伊斯兰极端分子向一处难民营发动武力袭击，导致7名难民死亡，3人受伤。

9月8日，尼日利亚按察使，富兰尼恐怖分子屠杀19名基督徒村民，其中有6名死者为妇女。

9月8日，伊拉克巴格达，1名穆贾希德分子制造了爆炸袭击，导致1名无辜人士死亡，8人受伤。

9月8日，阿富汗巴拉布鲁克，4名警察在车中遭到原教旨主义极端分子枪杀。

9月8日，索马里拜多阿，敢死队在一家餐馆制造了自杀式爆炸袭击，导致3名食客身亡，4人受伤。

9月9日，伊拉克巴格达，圣战分子在一处市场引爆炸弹，导致3人死亡，3人受伤。

9月10日，当地时间上午10点50分左右，英国伯明翰市一教堂发生袭击事件，有3名教徒被刺伤。警方随后逮捕了持刀伤人的男子。

9月10日，德国警方上周搜查2名恐怖袭击嫌疑人的住所和工作地点，结果发现有关潜在袭击目标的多份名单，超过5000人赫然在列，其中包括100多名政界人士。

9月10日，《星期日图片报》援引德国内政部机密文件报道称，共有

1.11 万本空白叙利亚护照从叙官方机构落入极端组织“伊斯兰国”手中。德国内政部从可靠的情报来源获悉此信息，并已经掌握了这些被盗空白护照的序列号。德国反恐专家洛辛斯齐表示，恐怖分子可以填入假的身份信息，利用这些假护照实施恐怖袭击。他举例说，巴黎的恐怖袭击事件就属于这种情况。

9 月 10 日，法国检方透露，在近日破获的巴黎近郊炸弹制造据点案件中，涉案嫌疑人策划发动袭击，至少其中 1 人或与极端组织“伊斯兰国”有关。

9 月 10 日，缅甸法基拉巴扎尔，86 名印度教徒被伊斯兰极端分子杀死。

9 月 10 日，索马里贝里特温，一处咖啡馆遭到一起自杀式爆炸袭击，导致 3 名顾客身亡，15 人受伤。

9 月 10 日，巴基斯坦库池拉克，逊尼派向哈扎拉宗教少数派人士开火，导致 5 人死亡，其中包括 1 名男孩和 2 名妇女。此外，还有 3 人受伤。

9 月 11 日，驻阿富汗美军巴格拉姆基地附近发生一起自杀式袭击事件，袭击者驾驶车辆驶入美军车队中引爆炸弹，是否有美军士兵受伤尚未得到证实。塔利班宣布对此次袭击事件负责。这是巴格拉姆空军基地一周内遭到的第二起袭击事件。本月 6 日，美军巴格拉姆空军基地门口发生一起自杀式爆炸袭击，造成 3 名平民受伤。

9 月 11 日，德国法兰克福机场发生“刺激性气体”袭击事件，导致 6 人出现呼吸困难症状。

9 月 11 日，据埃及官方《金字塔报》报道，埃及一支安全巡逻队当天在西奈半岛遭汽车炸弹袭击和伏击，事件造成 18 名警察和平民死亡，另有 5 人受伤。安全巡逻队经过该地时，已经埋伏在这里的武装分子将炸弹引爆，摧毁 4 辆军用装甲车和 1 辆运送设备的车。随后，武装分子向巡逻队开火，巡逻队在迅速赶来的安全部队支援下与武装分子交火。极端组织“伊斯兰国”随后宣称对该起袭击事件负责。

9 月 11 日，索马里摩加迪沙，伊斯兰极端分子在一家宾馆外制造一起汽车炸弹袭击，导致 1 人死亡，4 人受伤。

9 月 11 日，索马里巴拉德，3 名安全人员遭到青年党成员的近距离枪杀身亡。

9月11日，索马里贝里德—哈沃，敢死队在一处小城镇制造了自杀式袭击，导致16人死亡，24人受伤。

9月11日，埃及西奈，“伊斯兰国”成员制造了一起自杀式汽车爆炸袭击，导致18名警察身亡，7人受伤。

9月12日，伊拉克马什塔尔，“圣战”分子制造了汽车爆炸袭击，导致1人死亡，1人受伤。

9月13日，今日俄罗斯电视台发出快讯称，俄罗斯首都莫斯科的几处购物中心、火车站及大学校园几乎同时传出炸弹威胁警报，上万人被紧急疏散。

9月13日，阿富汗首都喀布尔一座正在举行比赛的体育场附近，1名自杀式炸弹袭击者引爆炸弹，导致至少3人死亡。

9月13日，喀麦隆北部发生一起自杀式袭击。1名身穿爆炸背心的儿童当天潜入喀麦隆极北大区靠近尼日利亚边境的一座清真寺并引爆身上的炸药。爆炸造成4位平民丧生，6人受伤，疑似极端组织博科圣地成员的袭击者也当场死亡。

9月13日，埃及西奈，2名埃及人遭到自杀式爆炸袭击身亡。

9月13日，伊拉克穆萨亚布，发生一起自杀式爆炸袭击，导致1人死亡，10人受伤。

9月14日，伊拉克南部济加尔省的检查站和附近的餐厅遭遇连环袭击，已经有至少84人在此次袭击事件中死亡，另有93人受伤。美联社称，武装人员先是对检查站和餐厅开火，随后，2名自杀式袭击者引爆了炸弹，其中1人驾驶着装有爆炸物的汽车。

9月14日，巴基斯坦沙阿兰巴巴，伊斯兰极端分子朝一辆行驶的车辆开火，导致车上3人遭枪击死亡。

9月14日，泰国亚拉，伊斯兰极端分子对一处警察巡逻队发动爆炸袭击，之后朝警察开火，造成26人受伤。

9月14日，法国图卢兹，1名男子对街上的行人发动武力攻击，并且高声赞美安拉，袭击造成7人受伤。

9月15日，英国伦敦地铁发生起火爆炸事件，致29人受伤，警方已经将其定性为“恐怖事件”，称此次事件导致数人受伤。此次事件发生在伦敦帕森斯格林地铁站，目击者称，爆炸传出巨响和热浪。由于事发时为上班高峰，导致车上乘客恐慌，部分乘客在踩踏中受伤，也有人面部被烧伤。极端组织“伊斯兰国”宣布对此案负责，英国首相将全国反恐提至最高级别。

9月15日，1名持刀男子在邻近巴黎市警察局的夏特莱地铁站意图袭击1名参加“哨兵行动”巡逻任务的士兵，口中同时发表与极端组织“伊斯兰国”有关的言论。该男子被当场制服拘捕。事件中无人伤亡。

9月15日，阿富汗坎大哈，安全巡逻队员遭到自杀式汽车炸弹袭击，导致1人死亡，2人受伤。

9月15日，法国勃艮第—弗朗什—孔泰，1名男子用锤子袭击2名女子，这2名女子受伤严重。袭击发生时，这名男子高喊安拉。

9月15日，阿富汗坎达兰，宗教极端分子向一群警察开火，导致5人死亡，5人受伤。

9月16日，伊拉克北部基尔库克省首府基尔库克市南部发生一起汽车炸弹袭击事件，造成至少3人丧生，另有9人受伤。

9月16日，伊拉克基尔库克，一家卖酒的商店遭到爆炸袭击，导致3人死亡，9人受伤。

9月17日，索马里青年党武装分子袭击了索马里中部贝莱德文地区的一个检查站，导致4名政府军士兵死亡。

9月17日，伊拉克摩苏尔，一所学校遭到炸弹袭击，导致15人死亡，23人受伤。

9月17日，尼日利亚库尔迷里，5名村民被博科圣地谋杀。

9月17日，阿富汗霍斯特，“圣战”分子在一处手机市场制造了爆炸袭击，导致4名顾客身亡，14人受伤。

9月17日，索马里卡拉巴尔，一个效忠“伊斯兰国”的恐怖组织谋杀了4名安全人员。

9月17日，巴基斯坦哈尔，塔利班分支制造了一起爆炸袭击，导致6人死亡。

9月18日，尼日利亚尼东北部孔杜加地区当天上午发生自杀式爆炸袭击，造成至少15人丧生。此次袭击是针对一个援助分配点的自杀式袭击，这疑似极端组织博科圣地针对平民发起的最新一起袭击。本月15日，尼日利亚东北部博尔诺州遭连环自杀式爆炸袭击，爆炸已造成百余人伤亡。

9 月 18 日，菲律宾武装部队发言人帕迪利亚向媒体通报了马拉维反恐战事的最新进展。帕迪利亚表示，根据最新数据，恐怖分子的人数有所增加。不过在过去的几天内，菲律宾军方再次成功解救出 2 名被恐怖分子劫持的人质，军方有决心尽快结束马拉维地区的战事。

9 月 18 日，巴黎市政厅指出，加强埃菲尔铁塔安全工作，在这个全球观光客到访最多的纪念塔周遭建立防弹玻璃墙。

9 月 18 日，伊拉克巴格达，一辆出租车被放置了炸弹，爆炸袭击导致 1 人死亡，2 人受伤。

9 月 18 日，阿富汗坎大哈，12 名平民遭到塔利班炸弹袭击身亡。

9 月 18 日，索马里摩加迪沙，1 名当地官员被青年党枪杀，另有 3 人受伤。

9 月 18 日，尼日利亚马莎拉里，2 名女性自杀炸弹手袭击了一个援助分配站，导致 15 人死亡，43 人受伤。

9 月 19 日，巴基斯坦南部信德省苏库尔地区一个工厂内发生爆炸，造成包括警方人员在内的至少 5 人死亡、8 人受伤。

9 月 19 日，叙利亚东北部哈塞克省连续两天发生爆炸袭击事件，造成至少 4 人死亡，多人受伤。其中一起爆炸事件是 2 名袭击者潜入一家天然气厂并引爆身上的炸弹背心，造成厂内至少 3 人死亡，部分设施被毁。

9 月 19 日，伊拉克萨拉丁，一家餐厅发生两起自杀式爆炸袭击，导致 3 名食客身亡，34 人受伤。

9 月 19 日，巴基斯坦苏库尔，疑似极端组织虔诚军成员引爆设伏好的炸弹，袭击造成 5 人死亡，其中包括 2 名工厂工人，还造成 8 人受伤。

9 月 20 日，索马里首都摩加迪沙当天发生一起汽车爆炸袭击事件，索马里国家情报与安全机构 1 名官员在爆炸中身亡，另有 2 人受伤。索马里青年党宣称制造了这起爆炸袭击事件。

9 月 20 日，索马里摩加迪沙，伊斯兰极端分子将一枚炸弹安置在一辆汽车下盘，制造一起爆炸袭击，导致司机身亡，另有 3 人受伤。

9 月 20 日，伊拉克巴格达，“圣战”分子制造一起爆炸袭击，导致 1 名平民死亡，4 人受伤。

9 月 20 日，叙利亚哈塞克，“伊斯兰国”引爆地雷，爆炸造成 4 名儿童身亡。

9月20日，尼日利亚戴玛，博科圣地攻击一个农村，造成至少9人遇难，24人受伤。

9月21日，法国当日凌晨，东南部城市格勒诺布尔宪兵营技术部办公室失火，凶猛的大火焚毁了众多调查设备和证据以及数十辆汽车。一个极左组织宣布对这起火灾负责。

9月21日，印度特拉尔，伊斯兰武装分子向一处公共汽车站投掷手榴弹，袭击造成3人遇害，30人受伤。

9月21日，阿富汗沙约伊，塔利班袭击当地一处安全检查站，造成5人死亡，2人受伤。

9月22日，泰国塞布里，伊斯兰极端分子伏击并谋杀了当地安全巡逻队的4名成员，另有7人受伤。

9月23日，阿富汗巴格—阿塔尔，伊斯兰极端分子使用自动武器朝警察检查站发动攻击，导致5人死亡，8人受伤。

9月24日，包括首都莫斯科在内，俄罗斯有11个城市接到匿名炸弹威胁电话，总共疏散5万多人。

9月24日，索马里加尔加拉，3人遭到青年党杀害，5人受伤。

9月24日，马里阿尼菲斯，“支持伊斯兰教和穆斯林”组织杀害了3名联合国维和部队成员，5人受伤。

9月25日，4名企图策划在第29届东南亚运会闭幕式以及马来西亚国庆日检阅仪式发动恐怖袭击的男子被马警方控制。

9月25日，阿富汗迈温德，塔利班制造路边炸弹袭击，导致1名平民死亡，1人受伤。

9月25日，阿富汗坎大哈，原教旨主义极端分子在医院附近制造爆炸袭击，造成2名路人死亡。

9月26日，墨西哥北部城市奇瓦瓦安全部门当晚发布公告说，该市一处戒毒康复中心当晚发生枪击事件，造成至少14人死亡，8人受伤。

9月26日，乌克兰中部文尼察州卡利诺夫卡市附近的一座弹药库当晚发生爆炸，造成2人受伤。经过对相关证据进行分析，乌克兰军事检察院已初步判定，爆炸系人为破坏，并已全面展开刑事调查。

9月26日，伊拉克巴格达，发生两起炸弹袭击，导致2人死亡，10人受伤。

9月26日，尼日利亚迪克瓦，1名女性自杀炸弹手袭击了对手派的清真寺，导致5人死亡，3人受伤。

9月26日，阿富汗法拉，原教旨主义极端分子制造爆炸袭击，导致3名地方警察死亡。同日，在赫拉特，2名安全人员遭到塔利班的路边炸弹袭击身亡，3人受伤。

9月26日，布基纳法索唐戈马耶尔，2人遭到极端组织“安萨尔伊斯兰”成员的杀害。

9月27日，数枚火箭弹落入喀布尔机场附近，其中2枚落入了居民区，造成1名妇女死亡，3名平民受伤。3名袭击者目前已被阿富汗安全部队击毙。阿富汗塔利班已经宣称对此次袭击事件负责，并指出他们的袭击目标是正在阿富汗访问的美国国防部长马蒂斯。

9月27日，1名摩洛哥裔西班牙人涉嫌在比利时为极端组织“伊斯兰国”招募成员，并在此策划恐袭，于当天上午在布鲁塞尔被捕。

9月27日，布基纳法索图罗纳塔，3人在家中遭到伊斯兰极端分子暗杀，遇难者中包括1名牧师。

9月27日，伊拉克巴格达，恐怖分子在繁忙的十字路口制造一起汽车炸弹袭击，造成2名当地人死亡，4人受伤。

9月27日，尼日利亚迪克瓦，博科圣地在一条高速公路上制造爆炸袭击，导致至少2人死亡。

9月27日，尼日利亚古扎玛拉，伊斯兰极端分子杀害了3名村民，并且烧毁了100户人家。

9月28日，阿富汗南部省份坎大哈省发生自杀炸弹事件，1名自杀袭击者驾车引爆炸弹，造成10名阿富汗安全部队士兵身亡，4名士兵受伤。塔利班组织宣称对这起发生在马卢夫区政府和警察总部的自杀袭击负责。

9月28日，索马里摩加迪沙市政府发言人哈兰对媒体说，首都摩加迪沙一个繁忙的市场当晚发生一起汽车爆炸事件，发生爆炸的汽车附近当时正有一辆公交车，公交车受到波及，导致车上有7名乘客死亡、10人受伤。

9月28日，阿富汗喀布尔，一处清真寺外发生原教旨主义者爆炸袭击，导致至少4人死亡，16人受伤。

9月28日，布基纳法索卡霍尔，“安萨尔伊斯兰阵线”成员枪杀了

1人。

9月29日，阿富汗首都喀布尔第10警区一座什叶派清真寺附近发生爆炸事件，造成6人死亡，20人受伤。

9月29日，巴基斯坦白沙瓦环路一家医院附近发生爆炸事件，至少15人受伤。2名伤者称，看见有人往路中间投掷手榴弹。

9月29日，利比亚卫生部门发布信息说，持续两周的利比亚西部城市塞卜拉泰武装冲突已导致26人死亡、170人受伤。

9月29日晚，南非著名海滨城市开普敦一个非正式居民点发生连环枪击事件，造成11人丧生。

9月29日，欧洲安全与合作组织发布关于欧洲反恐形势最新报告说，欧洲将在相当长一段时间内，面临多样化和分散化极端暴力恐怖主义威胁和挑战，反恐任重道远。

9月29日，阿富汗警方表示，乔装成牧羊人的1名自杀攻击者，当天在喀布尔一座清真寺附近引爆身上炸弹，造成6人死亡，20人受伤。

9月29日，阿富汗坎萨克，伊斯兰激进分子发动武装攻击，造成9人死亡，3人受伤。

9月29日，索马里巴利里，当地一处军事基地遭到自杀式爆炸袭击，导致10人死亡，11人受伤。

9月29日，阿富汗喀布尔，一处什叶派清真寺遭到逊尼派自杀式炸弹袭击，导致至少5人死亡，29人受伤。

9月30日，苏丹塔维拉，金戈威德民兵枪杀1名当地的牧民，3人受伤。

9月30日，阿富汗赫拉特，塔利班制造两起爆炸袭击，导致2人死亡，2人受伤。

9月30日，尼日利亚巴马，博科圣地发动袭击，导致1人死亡。

9月30日，加拿大艾伯塔省首府埃德蒙顿的繁华地区发生一起袭击警察事件，1名30岁的男子持刀刺伤1名警察，并刺伤了4名行人，警方最后逮捕了这名男子，并在他的车辆上发现了极端恐怖组织的旗帜。

10月

10月1日，1名男子在法国南部港口城市马赛持刀袭击路人，造成2

人死亡。行凶者随即被执行“哨兵行动”巡逻任务的军人开枪击毙。极端组织“伊斯兰国”宣称其实施了当天发生在法国南部城市马赛的袭击。

10 月 1 日，美国拉斯维加斯曼德利海湾酒店前的乡村音乐会发生枪击案，造成至少 50 人死亡，400 多人受伤。

10 月 1 日，苏丹扎林盖，伊斯兰武装分子向一处难民营开火，导致至少 1 名难民死亡，9 人受伤。

10 月 1 日，俄罗斯塔特基诺，伊斯兰极端分子谋杀 1 名边防警卫。

10 月 2 日，巴林首都麦纳麦郊区的一个什叶派聚居区发生爆炸事件，造成 5 名警察受伤。

10 月 2 日，叙利亚达姆斯库斯，两名“圣战”分子实施自杀式炸弹袭击，导致 17 人在爆炸中遇难，20 人受伤。

10 月 2 日，巴基斯坦马拉姆—贾巴，1 名宗教极端分子引爆所埋炸弹，袭击造成 1 名村民死亡，2 人受伤。

10 月 3 日，印度斯利那加，敢死队在机场附近制造一起自杀式袭击，造成 1 名警卫身亡，2 人受伤。

10 月 3 日，伊拉克费卢杰，“伊斯兰国”制造炸弹袭击，导致 3 名居民在家中遇袭身亡，遇难者中包括 1 名妇女。

10 月 4 日，澳大利亚维多利亚州警察厅长莉萨·内维尔宣布，该州将投资 3160 万澳元设立“狂热分子威胁评估中心”，以防范“独狼”式恐怖袭击事件。

10 月 4 日，土耳其东南部发生爆炸，造成 3 名军人死亡，另有 5 人受伤。爆炸发生在哈卡里省于克塞科瓦区。土耳其军方称，爆炸袭击是库尔德工人党武装分子所为，并在事发后出动大批装甲车捉拿武装分子。

10 月 4 日，俄罗斯国防部发言人科纳申科夫表示，俄国防部在叙利亚进行特别行动后，摧毁了国际恐怖组织“征服阵线”的指挥部。

10 月 4 日，利比亚第三大城市米苏拉塔法院办公大院内发生自杀式爆炸袭击，导致 4 名安全人员死亡，另外有 21 人受伤。

10 月 4 日，美国军方官员称，美军和尼日尔军队在尼日尔西南地区联合巡逻时受到袭击，3 名美国特种部队军人和 5 名尼日尔军人丧生。

10 月 4 日，俄罗斯联邦安全局局长博尔特尼科夫表示，部分叙利亚和伊拉克恐怖分子已学会制造和使用化学武器。

10月4日，沙特阿拉伯国家安全局在一份声明中提到，沙特安全机构捣毁了一个与极端组织有联系的恐怖团伙。沙特安全人员在对藏匿在首都利雅得3个地点的恐怖团伙成员进行突袭，行动过程中1名恐怖分子引爆炸弹自杀身亡，1名恐怖分子被击毙，另外5人被抓获。

10月4日，伊拉克胡萨尼耶，2名平民遭到“圣战”分子的汽车炸弹袭击身亡，另有4人受伤。

10月4日，利比亚米苏拉塔，“伊斯兰国”的自杀式炸弹者在法院大楼引爆炸弹，造成4人死亡，40人受伤。

10月4日，尼日尔蒂拉贝里，9名安全巡逻队成员遭到伊斯兰武装伏击身亡，其中包括4名美国人。

10月5日，巴基斯坦西南部的俾路支省当天傍晚发生一起自杀式爆炸袭击，导致至少15人死亡，另有超过20人受伤。此次袭击发生在俾路支省纳西拉巴德地区的一个宗教场所附近，袭击发生时这个宗教场所内至少有800人。

10月5日，叙利亚库索尔，“伊斯兰国”朝一处居民区发动火箭弹袭击，导致15名平民死亡，遇难者包括3名儿童。

10月5日，苏丹摩尔利特，1名救护车司机被伊斯兰极端分子枪杀。

10月5日，索马里博萨索，1名商人在咖啡店被伊斯兰极端分子枪杀，袭击还造成2人受伤。

10月6日，利比亚安全部门称，隶属利比亚民族团结政府的两派武装力量在首都的黎波里爆发激烈冲突，导致2人死亡、3人受伤。起因是一派武装5日晚绑架另一派武装人员并拒绝释放。

10月6日，苏丹卡布卡比亚，伊斯兰武装分子在一处市场上发起武力袭击，枪杀了1名警卫。

10月6日，巴基斯坦库沙布，3名无辜人士疑似遭到巴基斯坦境内塔利班追随者羌城军（Lashkar-i-Jhangvi）发动的射击身亡，2人受伤。

10月6日，也门阿比扬，1名“基地”组织成员发动自杀式炸弹袭击，导致4名保安人员身亡，7人受伤。

10月7日下午，在位于伦敦的英国自然历史博物馆外有汽车蓄意冲上人行道，并撞伤多人，1名男子当场被捕。

10月7日，也门警方说，一伙不明身份的武装人员袭击了也门首都萨那的一所警察局，14 名在押人员趁机逃跑。

10 月 7 日，巴勒斯坦伊斯兰抵抗运动（哈马斯）宣布，其安全部门在加沙地带南部抓获 1 名“伊斯兰国”重要头目及 3 名亲“伊斯兰国”成员。

10 月 7 日，沙特阿拉伯内政部表示，1 名枪手在红海城市吉达的王宫大门附近向警卫开枪，导致 2 人死亡、3 人受伤。枪手为 28 岁的沙特公民，当时身上配有 1 把卡拉希尼柯夫突击步枪及 3 颗手榴弹。

10 月 7 日，1 名不明身份的袭击者袭击了位于的利比亚首都黎波里西部小镇阿齐济耶的检查站，导致利比亚民族团结政府武装力量的 2 名士兵丧生。

10 月 7 日，德国柏林市中心一家剧院当晚遭到炸弹威胁，原因疑似为剧院经理早前反对德国极右翼民粹主义政党选择党的言论。

10 月 7 日，伊拉克阿布格莱布，一处市场发生一起爆炸袭击，导致 2 人死亡，8 人受伤。

10 月 8 日，马来西亚副总理兼内政部长扎希德称，马来西亚皇家警察部队逮捕了 8 名涉嫌恐怖组织活动的嫌犯。

10 月 8 日，伊拉克华达，“圣战”分子制造一起爆炸袭击，导致 3 名平民身亡、1 人受伤。

10 月 9 日，巴基斯坦南部俾路支省首府奎达市内发生一起枪击事件，造成至少 5 人死亡、1 人重伤。

10 月 9 日，伊拉克安全人士说，伊拉克库尔德民兵组织在伊北部基尔库克省击毙多名极端组织“伊斯兰国”武装人员。当天早些时候，“库尔德自由斗士组织”设在基尔库克省西部的一个哨所遭 4 名“伊斯兰国”武装人员袭击，1 名民兵丧生。库尔德民兵在还击中击毙 3 名武装人员，俘虏 1 人。中午，7 名“伊斯兰国”武装人员袭击位于基尔库克省西部的一座村庄，同驻扎在那里的“库尔德自由斗士组织”民兵发生交火。2 名武装人员引爆身上炸弹。库尔德民兵击毙 3 名武装人员，并俘虏 2 人。

10 月 9 日，利比亚总检察长办公室发布命令，逮捕 824 名涉嫌参与恐怖主义活动的嫌疑人。

10 月 9 日，联合国刚果（金）稳定特派团称，盘踞在刚果（金）东部北基伍省的一支乌干达反政府武装当天袭击了一个联合国维和部队营地，造成 1 名维和军人死亡、12 名维和军人受伤。在之前的 7 日晚间，刚果

（金）政府军位于北基伍省的多处军营也曾遭到这支乌干达反政府武装袭击，造成至少40人丧生。

10月9日，刚果（金）贝尼，伊斯兰极端分子绑架了26名平民，并将他们全部割喉。

10月9日，菲律宾马拉维，1名士兵在试图援救儿童时，遭到阿布沙耶夫狙击手枪杀。

10月9日，泰国那拉提瓦，伊斯兰武装分子制造一起爆炸袭击，导致1死1伤。

10月9日，巴基斯坦多萨里，伊斯兰教法支持者中的强硬派向政府车辆射击，造成3人死亡，7人受伤。

10月9日，索马里博萨索，伊斯兰极端分子攻击一处检查站，导致7人死亡，13人受伤。

10月9日，巴基斯坦奎达，哈扎拉宗教少数派遭到针对性射击，袭击造成5人死亡。

10月10日，肯尼亚警方说，位于该国东部沿海的卡莱地区发生一起枪击事件，造成至少2人死亡，3人受伤。一伙疑似极端组织索马里青年党武装分子当天在卡莱郡向一辆行驶中的汽车扫射，当时车上载有蒙巴萨理工大学职工和担任护卫的警察，至少2名大学职工在袭击中死亡，另有3人受伤。

10月10日，印度哈金，克什米尔著名的武装分裂组织虔诚军制造袭击事件，造成2人死亡，3人受伤。

10月10日，伊拉克萨利迪亚，“伊斯兰国”成员向一处人家投掷手榴弹，导致多人死亡，6人受伤。

10月10日，尼日利亚塔姆特克，“博科圣地”发动枪击，导致1人死亡。

10月10日，尼日利亚卡帕楚都，1名年轻人被伊斯兰极端分子谋杀。

10月11日，叙利亚内政部称，叙首都大马士革当天发生针对警察的自杀式爆炸袭击，造成除袭击者外的2人死亡、10人受伤。2名自杀式袭击者试图闯入位于大马士革市中心的警察总局大楼，与警卫发生冲突后，引爆身上携带的炸药。另1名自杀式袭击者在警察总局附近被包围后引爆炸药。

10 月 11 日，利比亚第三大城市米苏拉塔的反恐部队逮捕 20 名恐怖分子，其中包括 2 名恐怖分子头目。

10 月 11 日，伊拉克警方人士表示，伊拉克西部安巴尔省希特市一个咖啡馆当晚遭自杀式爆炸袭击，造成至少 10 人死亡，另有 20 多人受伤。

10 月 11 日，叙利亚首都大马士革的警察总部遭到连环自杀式炸弹袭击，造成至少 2 人死亡、多人受伤。

10 月 11 日，尼日利亚阿里巴克瓦，富兰尼恐怖分子谋杀了 4 名基督徒，其中有 1 名 2 岁的男孩。

10 月 11 日，索马里巴拉德，一个支持伊斯兰教法的组织发动攻击，杀死了 6 名当地的安全人员。

10 月 11 日，叙利亚大马士革，发生两起自杀式炸弹袭击，导致 2 名路人死亡，6 人受伤。

10 月 12 日，马来西亚、菲律宾和印度尼西亚三国宣布正式启动联合空中巡逻，以应对三国交界的苏禄海区域的恐怖主义威胁、海盗和跨国犯罪等活动。

10 月 12 日，俄罗斯驻马尼拉大使馆透露，俄罗斯本月将运送 5000 支 AK—47 冲锋枪等军备到菲律宾，协助菲律宾军方打击恐怖主义和暴力极端主义。

10 月 12 日，挪威政府宣布，鉴于当前欧洲地区面临的恐怖威胁形势，挪威决定把将于今年 11 月 11 日到期的边境管控措施期限再延长 6 个月。

10 月 12 日，伊拉克希特，一家咖啡厅的 11 名顾客遭到自杀式炸弹袭击身亡，另有 20 人受伤。

10 月 12 日，埃及阿里什，一处检查站遭到原教旨主义极端分子的袭击，造成 6 人死亡，4 人受伤。

10 月 12 日，叙利亚阿布法斯，3 名“圣战”分子对一群难民发动自杀式爆炸袭击，造成至少 50 人死亡。

10 月 12 日，尼日利亚贝尔卜鲁，5 人遭到“圣战”分子自杀式炸弹袭击身亡，另有 2 人受伤。

10 月 12 日，阿富汗普勒胡姆里，塔利班向电视塔塔顶开火，导致 1 人死亡，1 人受伤。

10 月 13 日，联合国驻阿富汗援助团发布的统计报告显示，今年前 9

个月，各类武装冲突共造成 8019 名阿富汗平民伤亡，其中 2640 人死亡、5379 人受伤。

10 月 13 日，尼日利亚胡克，2 名基督徒被富兰尼恐怖分子杀害。

10 月 13 日，阿富汗拉格罗里科瓦尔，一辆卡车遭到塔利班的袭击，导致车内 3 名男性死亡。

10 月 14 日，索马里警方说，索首都摩加迪沙市区一家酒店附近当天发生汽车炸弹爆炸袭击，造成至少 85 人丧生、约 250 人受伤。

10 月 14 日，马来西亚全国总警长弗兹称，2017 年至今马警方已逮捕 45 名外国恐怖分子，并挫败多起恐怖袭击阴谋。警方调查显示，恐怖分子利用学生签证进入马来西亚，警方将与公立大学合作，对此予以坚决打击。

10 月 14 日，泰国北大年，1 名当地官员疑似被 1 名“叛乱分子”暗杀，袭击发生在当地一处清真寺内。

10 月 14 日，叙利亚德拉，恐怖分子向一处居民区发动武力袭击，造成 3 名平民死亡，4 人受伤。

10 月 14 日，索马里摩加迪沙，宗教极端分子在商业区制造两起自杀式卡车炸弹袭击事件，造成 300 多人死亡，429 人受伤。

10 月 14 日，印度达姆哈尔汗季娑拉，伊斯兰武装分子朝一辆路过的警车开火，造成 2 人受伤。

10 月 14 日，伊拉克图兹库尔马图，什叶派清真寺遭到炸弹袭击，导致 2 人死亡，3 人受伤。

10 月 14 日，尼日利亚塔格博，伊斯兰武装分子袭击了一个基督教徒居住的村庄，导致 6 人死亡、5 人受伤。

10 月 14 日，尼日利亚阿里查卡，1 名平民被富兰尼族恐怖分子杀害。

10 月 15 日，埃及西奈，“伊斯兰国”成员枪杀 6 名当地警察，另有 37 人受伤。

10 月 15 日，伊拉克尤斯法耶，圣战分子在一处市场上引爆炸弹，造成 1 名巡逻队员死亡、10 人受伤。

10 月 15 日，伊拉克摩苏尔，恐怖分子引爆一枚炸弹，导致 2 人死亡，并枪杀了卫生部门 1 名官员，袭击还造成 1 人受伤。

10 月 15 日，阿富汗玛鲁夫，塔利班对当地一处检查站发动攻击，造成4名警察死亡。

10月15日，阿富汗哈什，塔利班制造爆炸袭击，造成1名女子死亡，2人受伤。

10月15日，巴基斯坦古勒姆，1名巴基斯坦塔利班运动成员引爆地雷，导致1个救援队的4名成员身亡、3人受伤。

10月16日，菲律宾国防部长洛伦扎纳在电视新闻发布会上称，在菲政府军的行动中，阿布沙耶夫2头目哈皮隆和奥马尔·穆特被击毙，这是此前马拉维仅存的2名恐怖组织头目。

10月16日，俄罗斯紧急部门称，莫斯科市包括4家宾馆在内的10处场所因遭匿名炸弹电话威胁，24小时内已疏散约3000人。

10月16日，尼日利亚恩基顿洛地区，29名试图在学校内寻求庇护的基督徒遭到富兰尼恐怖分子屠杀，遇难者大部分是妇女和儿童，3人受伤。

10月16日，泰国德白，伊斯兰分裂主义分子发动袭击，导致1名路人死亡。

10月16日，埃及阿里什，伊斯兰极端分子攻击一处教堂和一家银行，造成7人死亡，15人受伤。

10月16日，尼日利亚马尔特，“博科圣地”武装分子发动袭击，导致1人死亡，9人受伤。

10月17日，菲律宾总统杜特尔特宣布，菲律宾南部城市马拉维已经从恐怖分子手中获得解放。

10月17日，土耳其武装部队总参谋部发表声明说，土军16日对伊拉克境内目标发动空袭，打死8名库尔德工人党武装人员。

10月17日，阿富汗东部帕克蒂亚省卫生部门证实，当天在该省首府加德兹发生一起针对警察培训中心的袭击，造成至少15人死亡、40人受伤。

10月17日，英国伦敦帕森斯格林地铁站发生一起持刀伤人事件，造成1人死亡、2人受伤。

10月17日，法国反恐部门逮捕10名涉嫌策划发动恐怖袭击的极右翼分子。该团伙的袭击目标可能包括政治人物和清真寺。

10月17日，阿富汗加兹尼，州长官邸遭到自杀式炸弹袭击，导致20人死亡、43人受伤。

10月17日，阿富汗加德兹，一处警察训练设施遭到自杀式汽车炸弹袭击，袭击造成50多人死亡、158人受伤。

10月17日，阿富汗考布尔，塔利班成员朝大街上投掷手榴弹，造成1名平民死亡、3人受伤。

10月18日，俄罗斯紧急部门称，市中心雅罗斯拉夫尔火车站因接到匿名炸弹电话威胁疏散约450人。

10月18日，南非警方称，开普敦国际机场发生枪击案，造成2人受伤。

10月18日，巴基斯坦西北部奎达市爆炸造成至少6名警察死亡，8人受伤。

10月18日，阿富汗坎大哈南部的一个军事基地遭到自杀式炸弹袭击，导致至少40名士兵死亡、24人受伤。塔利班发表声明，宣称对此次袭击负责。

10月18日，法国议会完成最终程序，通过了该国总统马克龙主导的国内安全和反恐法案。

10月18日，欧盟委员会负责安全事务的委员朱利安·金在此间披露，欧盟将在今明两年斥资1.185亿欧元帮助部分欧洲城市进行“改造”，降低恐怖袭击在这些城市发生的风险。

10月18日，巴基斯坦奎达，7名平民在巴基斯坦塔利班运动组织制造的爆炸中身亡，另有22人受伤。

10月18日，巴基斯坦奎达，“羌城军”（Lashkar-e Jhangvi）的枪手打死1名下班回家的男子。

10月18日，印度沃特胡地区，1名中学老师被“圣战者党”（Hizb ul Mujahideen）割喉。

10月18日，尼日利亚丹博阿，宗教极端分子朝一处安全巡逻队开枪射击，造成3名成员死亡、5人受伤。

10月18日，阿富汗巴尔赫，“圣战”分子杀死6名平民。

10月18日，阿富汗法拉，9名当地警察遭到塔利班成员伏击身亡。

10月18日，伊拉克哈姆德，伊斯兰极端分子在一辆警车下安装了一枚炸弹，爆炸袭击造成4人死亡，1人受伤。

10月18日，阿富汗卡什罗德地区，伊斯兰极端分子制造一起路边炸弹袭击事件，造成 5 人死亡、3 人受伤。

10 月 19 日，伊拉克巴格达，2 名平民遭到圣战分子发动的爆炸袭击身亡。

10 月 20 日，俄罗斯外长拉夫罗夫表示，应该集体打击化学恐怖主义，为此需要统一的国际标准。

10 月 20 日，埃及内政部发表声明说，埃及一支警察巡逻队当天在西部沙漠地区遭到恐怖分子袭击，造成多名警察死伤。警方在接到情报前往开罗西南约 300 千米处的拜哈里耶绿洲搜查极端组织据点的途中遭遇伏击，16 人死亡、13 人受伤，另有 1 人失踪。

10 月 20 日，阿富汗西部古尔省和首都喀布尔的两座清真寺遭武装分子袭击，共造成至少 76 人死亡。发生在喀布尔的袭击事件造成至少 56 人死亡、55 人受伤。发生在古尔省的袭击事件造成至少 20 人死亡、10 人受伤。极端组织“伊斯兰国”宣称制造了喀布尔的袭击事件，但尚未有组织或个人“认领”古尔省的袭击事件。喀布尔的袭击事件发生在一处什叶派清真寺，古尔省的袭击事件发生在一处逊尼派清真寺。

10 月 21 日，据尼日尔安全部门消息，尼西部蒂拉贝里省一个宪兵营早晨遭不明武装分子袭击，造成至少 11 名宪兵死亡。

10 月 21 日，叙利亚卡亚泰恩地区，一个基督教镇的 128 名居民被伊斯兰国捅死或枪杀。

10 月 21 日，尼日尔阿约罗地区，伊斯兰武装分子使用火箭筒和重机枪向一群警察开火，导致 13 人死亡、5 人受伤。

10 月 21 日，阿富汗喀布尔，一辆公共汽车遭到自杀式爆炸袭击，造成 15 名乘客死亡、4 人受伤。

10 月 22 日，阿富汗塔哈省一家酒店发生爆炸，至少 2 人死亡，8 人受伤。

10 月 22 日，巴基斯坦准军事部队表示，近日，在巴南部城市卡拉奇展开的反恐行动中击毙 8 名恐怖分子，其中包括 1 个新兴恐怖组织的头目。

10 月 22 日，索马里官员说，一辆小型客车当天在索东南部地区遭路边炸弹袭击，至少 6 人死亡。

10 月 22 日，印度特拉尔，“穆罕默德军”（Jaish-e-Mohammad）成员将 1 名 18 岁的女子枪杀。

10月22日，阿富汗瓦格希兹，塔利班成员朝一群警察发动恐怖袭击，造成4人死亡，2人受伤。

10月22日，尼日利亚迈杜古里，一处难民营遭到自杀式爆炸袭击，导致13人死亡、18人受伤。

10月23日，美国佛罗里达州1名男子被控计划在迈阿密西区一购物中心内放置大量杀伤性武器，他于23日下午首次参加聆讯。美国执法人员称，已掌握其有意加入恐怖组织“伊斯兰国”的证据。

10月23日，也门穆迪阿，5名“基地”组织自杀式炸弹袭击者引爆炸弹，导致4名平民死亡，10人受伤。

10月23日，伊拉克摩苏尔，2名平民遭到“圣战”分子自杀式炸弹袭击身亡，另有5人受伤。

10月24日，尼日利亚军方证实，军方在东北部博尔诺州打死了极端组织博科圣地11名成员，并成功解救85名人质。

10月24日，阿富汗，“伊斯兰国”成员在布尔卡杀死了15名和平宗教对手派人士。

10月24日，伊拉克巴格达，商业区发生一起炸弹爆炸袭击，造成1人死亡，15人受伤。

10月24日，伊拉克塔尔斯库夫，伊拉克什叶派民兵武装“人民动员组织”（Hashd al-Shaabi）向一小镇发动炮击，导致包括儿童在内的多人遇难，4人受伤。

10月24日，阿富汗法拉，9名平民遭到逊尼派原教旨主义极端分子的袭击丧生，另有4人受伤。

10月25日，乌克兰基辅市索洛缅斯基区发生摩托车爆炸事件。爆炸导致5人受伤，其中1人送医后身亡。爆炸被定性为恐怖袭击，乌安全局对此进行调查。

10月25日，极端组织“伊斯兰国”阿富汗分支在阿北部朱兹詹省与当地塔利班武装连续数日交火，造成至少52名武装分子死亡。

10月25日，极端组织“伊斯兰国”利比亚分支袭击了东部武装力量“国民军”在利东部城市艾季达比耶的一个检查站，造成两名“国民军”士兵死亡、3名士兵受伤。

10月25日，索马里阿夫戈耶，青年党成员引爆地雷，并使用机关炮朝一辆公共汽车发动袭击，导致10名平民死亡、16人受伤。

10月26日，俄罗斯总统普京称，自2017年年初起，俄罗斯成功预防43起恐怖主义犯罪活动。

10月27日，巴林内政部说，巴林一辆载有警察的车辆当天遭路边炸弹袭击，造成1人死亡、8人受伤。

10月27日，马里基达尔，3名联合国工作人员遭到伊斯兰极端分子杀害，另有2人受伤。

10月28日，索马里首都摩加迪沙一家酒店遭到自杀式炸弹袭击。恐怖分子引爆了停靠在摩加迪沙总统府附近酒店旁一辆安装炸弹的汽车。晚些时候又发生了第二次爆炸。爆炸后袭击者和安全部队在酒店交火。警方称，酒店袭击事件造成25人死亡。现场的警方官员侯赛因称，包括1名政府部长在内的30人从饭店内获救。极端组织索马里青年党宣布对两起爆炸事件负责。

10月29日，1名装扮成圣诞老人的美国男子在德克萨斯州奥斯汀市中心举办的万圣节派对上向人群开枪，导致3人受重伤。该男子已被逮捕。

10月30日，近日，极端组织“伊斯兰国”在即时通讯软件Telegram上发布消息，扬言要袭击英国乔治小王子现就读的托马斯巴特希学校，并附有一幅乔治小王子的照片。

10月30日，喀麦隆极北大区靠近尼日利亚边境的一座村庄29日夜间至30日凌晨遭极端组织“博科圣地”袭击，导致11名平民丧生，另有数人受伤。

10月31日，阿富汗首都喀布尔市区下午发生爆炸袭击，事件造成至少15人伤亡。当地媒体援引阿公共卫生部的消息称，爆炸发生地点位于首都第10警区，爆炸造成至少3人身亡，12人受伤。极端组织“伊斯兰国”声称是该组织制造了这起爆炸袭击。

10月31日，印度尼西亚警方表示，印尼警方日前在西努沙登加拉省松巴哇岛和武装分子交火，打死2名恐怖嫌疑人。警方怀疑这这些武装分子是印尼恐怖组织“神权游击队”成员。“神权游击队”成立于2015年，宣誓效忠极端组织“伊斯兰国”，已被美国认定为恐怖组织。

10月31日，德国反恐检察官表示，警方逮捕了1名涉嫌在德策划炸弹袭击的19岁叙利亚男子。根据德国联邦检察院公布的信息，该男子在北部城市什未林被逮捕，他在社交网络上与1名自称“伊斯兰国”成员的人存在联系。

10月31日，美国纽约曼哈顿下城区发生皮卡汽车撞人事件，造成至少8人死亡、11人受伤。该事件被纽约当局定性为恐怖袭击。制造这起袭击的嫌疑人已被抓获。

11月

11月1日，阿富汗巴尔赫，敢死队成员制造一起自杀式爆炸袭击，造成1人死亡，9人受伤。

11月1日，巴基斯坦贾尔瑟达，疑似原教旨主义极端分子杀害2名保护接种疫苗的警察，1人受伤。

11月1日，美国科罗拉多州丹佛市郊区一家超市发生枪击事件，致3人死亡。

11月1日，哈萨克斯坦内务部门证实日前逮捕了6名恐怖分子，阻止了一起“极端主义图谋”。

11月1日，伊拉克摩苏尔，一家6口遭到“伊斯兰国”的炮弹袭击身亡。

11月1日，伊拉克拉图巴，“伊斯兰国”制造一起炸弹爆炸事件，造成3人在家中遇袭身亡。

11月1日，阿富汗帕尔旺，炸弹爆炸引发一场大火，造成8名平民，被烧身亡，27人受伤。

11月2日，土耳其安全部队与库尔德工人党武装人员土东南部的哈卡里省与东部的通杰利省发生交火。土耳其官方称，冲突已经造成30人丧生。其中17名库尔德工人党武装人员在哈卡里省被土方安全人员打死，另有5名武装人员在通杰利省被打死。

11月2日，土耳其安全总局发表声明说，警方在近11天的反恐行动中逮捕了283名极端组织“伊斯兰国”嫌疑人，其中包括187名外国人。

11月2日，突尼斯突尼斯，1名武装分子在议会外高呼“真主阿克巴”，并将议会大门外1名警卫割喉。

11月2日，伊拉克摩苏尔，3人遭到路边炸弹袭击身亡。

11月2日，印度萨姆博拉，伊斯兰极端分子朝一群安全巡逻队员开火，造成 2 名队员死亡，1 人受伤。

11 月 3 日，俄罗斯联邦安全局发布消息称，抓获一群试图袭击警察并制造大规模骚乱的极端分子。

11 月 3 日，叙利亚库奈特拉，“征服沙姆阵线”（al-Jabhat Nusra）在一处居民区制造自杀式炸弹袭击，导致 9 人死亡，23 人受伤。

11 月 3 日，尼日利亚贾达纳姆，博科圣地谋杀了 6 名村民，抢走了牲畜，并把他们的家全部烧毁，袭击还造成 6 人受伤。

11 月 4 日，叙利亚媒体“沙姆调频”报道说，发生在叙东部代尔祖尔市的汽车炸弹袭击造成约 40 名平民死亡，另有多人受伤。袭击发生在代尔祖尔市北部一个检查站，位于连接杰夫拉油田和库尼库油田的公路上，由库尔德武装主导的“叙利亚民主军”控制。

11 月 4 日，也门胡塞武装向沙特首都利雅得国际机场方向发射一枚弹道导弹，被沙特防空部队拦截并摧毁。随后沙特领导的多国联军展开了针对也门胡塞武装的报复性空袭，于当天夜间向胡塞武装控制下的也门首都萨那及周边地区发射了超过 20 枚导弹。

11 月 4 日，叙利亚大马士革，逊尼派极端分子向一处居民区发动迫击炮袭击，导致 2 名居民死亡，10 人受伤。

11 月 5 日，美国得克萨斯州威尔逊县警长塔基特说，在萨瑟兰斯普林斯市一所教堂开枪击毙至少 26 人的枪手，事后因自己造成的枪伤而丧命。

11 月 5 日，莫斯科再遭炸弹威胁电话，超过两万人被疏散。当天下午，莫斯科市中心的主要购物场所“古姆”（国家百货商场）、“促姆”（中央百货商场）以及大剧院、大都会酒店等单位均接到匿名电话，称上述建筑内有炸弹。

11 月 5 日，巴基斯坦南瓦济里斯坦，塔利班引爆地雷装置导致 1 名儿童死亡，2 人受伤。

11 月 5 日，伊拉克巴格达，购物中心发生一起爆炸，导致 2 人死亡，9 人受伤。

11 月 5 日，阿富汗加尔加迪，塔利班制造爆炸袭击导致 1 人死亡，6 人受伤。

11 月 5 日，也门亚丁，1 名自杀式炸弹袭击者袭击了一座政府大楼，造成包括儿童在内的 46 人死亡，47 人受伤。

11月5日，伊拉克基尔库克，2名自杀式袭击者袭击了一座什叶派清真寺，造成5名信徒死亡、20人受伤。

11月5日，叙利亚戴尔泽尔，“圣战”分子制造了自杀式汽车炸弹袭击，导致包括儿童在内的75名难民死亡，140人受伤。

11月6日，负责美国白宫安保的特勤局在白宫附近逮捕1名男子。该男子在社交媒体上扬言“要杀掉白宫内所有白人警察”。

11月6日，阿富汗贾拉拉巴德，1名52岁的领事馆雇员被恐怖分子在家门口枪杀。

11月6日，叙利亚大马士革，恐怖分子发动了2次袭击，导致3名平民死亡，13人受伤。

11月6日，巴基斯坦马尔丹，伊斯兰极端分子袭击了一处检查站，并枪杀了2名警察。

11月6日，索马里布阿莱，青年党极端主义分子在妇女和儿童面前处死了4名当地人。

11月6日，尼日利亚古拉克，2名妇女在博科圣地发动的袭击中丧生。

11月6日，马里莱尔霍伊，圣战者引爆地雷，导致4名平民死亡，3人受伤。

11月7日，近日，德国联邦刑事局发布的一份统计显示，2017年前9个月，德国各处的难民营遭到211次攻击。自一月份以来数字几乎保持不变，每季度难民营被袭案件为70起左右。

11月7日，阿富汗媒体证实，阿富汗沙姆沙德电视台位于首都喀布尔市区的办公地点当天遭武装分子袭击，造成包括1名女性在内的至少2人死亡，另有20人受伤。

11月7日，法国与瑞士展开联合反恐行动，逮捕了10名通过社交网站互传可疑文字，谋划发动攻击的嫌犯。

11月7日，英国外交部宣布，1名英国籍传教士上个月在尼日利亚被绑架后遭杀害，另有3人被释放。

11月7日，日本早稻田大学于早晨发布一则通知，称由于收到炸弹警告，禁止所有人在7日上午9时到下午14时期间进入校园，并宣布上午停课。

11月7日，尼日利亚警方证实，尼中部高原州当晚发生武装分子袭击村民事件，造成11人死亡、4人受伤。

11月7日，尼日利亚迈杜古里，4名女性自杀式炸弹袭击者攻击了一个农场，导致1名农民死亡，5人受伤。

11月7日，阿富汗喀布尔，1个原教旨主义极端组织袭击了一家电视台，造成2名员工死亡，24人受伤。

11月8日，坦桑尼亚卡盖拉省恩加拉地区一所小学发生爆炸，导致至少5名学生死亡、45人受伤。

11月8日，肯尼亚达巴城，一个“为伊斯兰哈里发而战”的组织伏击了一个车队，杀死了12名警卫，另有6人受伤。

11月8日，尼日利亚古拉克，博科圣地发动袭击导致2人死亡。

11月9日，叙利亚军方消息称，叙政府军解放了阿布卡迈勒市，粉碎了极端组织“伊斯兰国”在叙利亚的最后一个主要据点。

11月9日，美国国土安全部日发布了一份最新的恐怖主义活动公告，强调了无人机武器化、化学攻击和持续针对商用飞机的恐怖威胁。

11月9日，美国军方表示，美军对非洲国家索马里境内的极端组织“青年党”进行了一次空袭，击毙多名极端分子。

11月9日，南苏丹军方证实，政府军与警方8日晚在该国南部和一伙不明身份的武装分子发生交火，造成3人死亡。

11月9日，土耳其官方通讯社透露，土耳其当天早上在首都安卡拉及其周边地区发起大规模反恐行动，已知有上百人被捕。

11月9日，埃及奈赫勒，据点在西奈半岛的恐怖组织“耶路撒冷支持者”（Ansar Beit al-Maqdis）打死了10人。

11月9日，巴基斯坦奎达，塔利班1名自杀式炸弹袭击者制造袭击导致4人死亡，5人受伤。

11月10日，阿富汗拉什卡尔加，发生一起自杀式爆炸袭击，导致1人死亡，8人受伤。

11月10日，利比亚班加西，恐怖分子朝一处政府大楼发动迫击炮袭击，导致3人死亡，9人受伤。

11月10日，阿富汗沙赫巴兹，塔利班发动袭击造成5人死亡，2人受伤。

11月10日，菲律宾苏米斯普，阿布沙耶夫伏击了6名安全人员，4人受伤。

11月11日，法国警方表示，在法国图卢兹发生汽车袭击事件，有3人受伤。英国BBC援引法国媒体消息称，有2名中国学生受伤严重。

11月11日，伊拉克巴格达，圣战者发动爆炸袭击，导致1名平民死亡，2人受伤。

11月11日，伊拉克摩苏尔，哈里发制造爆炸袭击，导致1名工程师和1名建筑工人死亡。

11月11日，尼日利亚迈杜古里，伊斯兰极端分子向熟睡的村民开火，造成2人死亡，4人受伤。

11月12日，乌克兰首都基辅警方当晚在基辅市截获一辆装有爆炸物的轿车，并扣留了车上2名嫌疑人。初步调查显示，这些爆炸物处于“立即可以使用状态”。

11月12日，伊拉克霍得，敢死队自杀炸弹袭击者制造袭击，导致5人死亡，7人受伤。

11月13日，在巴黎恐怖袭击两周年前夕，法国内政部长科隆指出，法国在对抗恐怖袭击威胁方面拥有比两年前更佳的武器。一项IFOP的民调显示，92%的法国人认为法国遭受恐怖袭击的威胁仍然很大。

11月13日，阿富汗官员称，塔利班武装对该国南部坎大哈省和西部法拉省的多个检查点发动攻击，造成数10名军警死亡。

11月13日，阿富汗巴乔尔，伊斯兰强硬派杀死了2名边防警卫，4人受伤。

11月14日，比利时警方对全球最大的水泥生产商法国拉法基集团位于布鲁塞尔的分公司进行搜查。2016年，拉法基集团被法国媒体爆料涉嫌“间接资助”叙利亚的恐怖组织，其中就包括“伊斯兰国”。

11月14日，阿富汗坎大哈，24名阿富汗安全人员遭到武装分子用重型武器攻击身亡，16人受伤。

11月14日，也门亚丁，1名自杀式炸弹袭击者发动袭击，导致6人死亡，17人受伤。

11月15日，尼日利亚东北部博尔诺州首府迈杜古里夜间发生一起自杀式炸弹袭击。4名极端组织“博科圣地”武装分子携炸弹闯入迈杜古里近郊的一座清真寺，引爆了炸弹，当场炸死18名祈祷者，这4名武装分子也当场被炸死，另有 29 人受伤。

11 月 15 日，利比亚空军空袭了极端组织“伊斯兰国”在海滨城市苏尔特附近的一个据点，数十名武装分子在空袭中丧生。

11 月 15 日，尼日利亚阿扎亚库拉，博科圣地袭击了一处和平农业社区，导致 45 人死亡。

11 月 15 日，叙利亚那布尔，“圣战”分子向一处什叶派聚集区发动火箭弹袭击，造成 2 人死亡，16 人受伤。

11 月 15 日，尼日利亚迈杜古里，4 名自杀式炸弹袭击者在一个郊区制造了爆炸袭击，导致 14 名人死亡，包括 1 名孕妇和 1 名八岁的儿童，另有 29 人受伤。

11 月 16 日，阿富汗首都喀布尔一家餐厅附近发生爆炸，爆炸装置被安放在伊斯兰促进会代表聚餐餐厅旁的停车场。爆炸导致 18 人死亡，另有 10 人受伤。

11 月 16 日，俄紧急情况部门消息人士表示，白天接到匿名炸弹威胁电话后，从国家杜马接待室疏散大约 200 人。

11 月 16 日，阿富汗首都喀布尔，1 名自杀式袭击者在一座礼堂外引爆炸弹，造成至少 14 人死亡，另有 18 人受伤。该袭击者企图攻击礼堂内的政治集会。

11 月 16 日，叙利亚首都大马士革多个居民区遭到炮弹袭击，造成至少 6 人死亡，另有 45 人受伤。

11 月 17 日，叙利亚戴尔泽尔，发生一起自杀式汽车炸弹袭击，导致包括 12 名儿童在内的 24 名难民死亡，30 人受伤。

11 月 18 日，印度军方消息称，印军与武装分子当天在印控克什米尔地区发生激烈枪战，5 名武装分子被击毙，2 名印方人员死亡。

11 月 18 日，叙利亚伊德利卜，“圣战”分子制造一起汽车炸弹袭击，造成 1 人死亡，15 人受伤。

11 月 18 日，伊拉克巴格达，“圣战”分子制造爆炸袭击导致 2 人死亡，4 人受伤。

11 月 19 日，至少有 100 名刚从印尼完成极端组织军事训练的外国“圣战”分子，在马拉维战役结束前混进菲律宾。菲律宾南部马拉维战役在持续 5 个月之后，在 10 月 23 日正式结束。

11 月 19 日，尼日利亚拉万提，“博科圣地”枪杀了 5 名农民，并将另 1 人斩首。

11 月 20 日，喀麦隆科罗法塔，敢死队自杀炸弹袭击者制造袭击导致 3 名儿童死亡，3 人受伤。

11 月 20 日，叙利亚霍姆斯，圣战组织向一处农庄发动火箭弹袭击，导致 6 人死亡，44 人受伤。

11 月 21 日，伊拉克北部萨拉赫丁省的图兹胡尔马图市的一处市场发生一起汽车爆炸，造成至少 20 人死亡，40 人受伤。

11 月 21 日，尼日利亚东北部阿达马瓦州穆比小镇的一座清真寺遭自杀式爆炸袭击。袭击发生时，镇上居民正前往清真寺做早祷，1 名身穿炸弹背心的男孩紧随人流进入，随后引爆炸弹。爆炸导致至少 50 人死亡，另有多人受伤。

11 月 21 日，泰国班南萨塔，伊斯兰炸弹袭击者针对一群教师发动袭击，导致 1 名守卫死亡，1 人受伤。

11 月 21 日，伊拉克图兹胡尔马图，一处市场发生一起自杀式卡车爆炸袭击事件，导致至少 32 人死亡，80 人受伤。

11 月 21 日，尼日利亚穆比，一处清真寺遭到自杀式爆炸袭击，导致 55 名信徒死亡，29 人受伤。

11 月 21 日，伊拉克祖尔哈马，虔诚军成员向一安全巡逻队开火，造成 1 人死亡，2 人受伤。

11 月 22 日，德国警方在一次大规模行动中，拘留了 6 名涉嫌准备发动恐怖袭击的叙利亚人。

11 月 22 日，格鲁吉亚国家安全局发表声明说，安全部队当天在首都第比利斯展开特别反恐行动，与不明身份武装分子交火。

11 月 22 日，格鲁吉亚第比利斯，1 名当地的士兵在公寓楼内疑似遭到“伊斯兰国”成员杀害。

11 月 23 日，阿富汗东部楠格哈尔省政府发言人胡加亚尼证实，当天该省首府贾拉拉巴德的第一警区发生一起自杀式炸弹袭击，造成 8 人死亡、17 人受伤。

11 月 23 日，尼日利亚萨博加里，伊斯兰极端分子在深夜发动袭击，枪杀了 7 名农民。

11 月 23 日，伊拉克巴格达，“圣战”分子在一处市场上发动炸弹袭击，导致 1 名路人死亡，3 人受伤。

11 月 24 日，埃及总检察长发表声明说，一伙恐怖分子在拉瓦达一座苏菲清真寺引爆炸弹，然后向逃离的信徒开火，导致包括 27 名儿童在内的 305 人死亡，128 人受伤。此次袭击是自 2013 年以来，极端势力发动袭击造成该国死伤最惨重的一次。制造袭击的恐怖分子当时持有极端组织“伊斯兰国”旗帜。恐袭发生后，埃及军警在全国范围内展开行动，搜捕打击恐怖分子。埃及内政部及军方 28 日确认，行动中已击毙 14 名恐怖嫌疑人，并逮捕 14 人。

11 月 24 日，马里东北部发生袭击事件，3 名联合国维和人员丧生，1 名马里士兵被打死。

11 月 24 日，巴基斯坦西北部城市白沙瓦发生一起恐怖袭击，1 名自杀式炸弹袭击者驾驶摩托车冲向警方官员乘坐的车辆并引爆炸弹，造成警方高官死亡，该官员的 1 名保镖也在爆炸中身亡。

11 月 24 日，叙利亚德拉，恐怖分子朝一辆小型客车开火，导致 8 人死亡，4 人受伤。

11 月 24 日，马里门金加，3 名联合国维和人员和 1 名当地士兵被圣战分子杀害，21 人受伤。

11 月 24 日，索马里阿夫戈耶，在一家餐馆附近发生手榴弹袭击，导致 3 人死亡，3 人受伤。

11 月 25 日，巴基斯坦奎达，一名敢死队自杀式炸弹袭击者制造爆炸袭击，导致包括袭击者在内的 6 人死亡，17 人受伤。

11 月 25 日，尼日利亚马古梅里，博科圣地发动袭击导致 4 人死亡，其中包括 1 名 5 岁的男童，另有 6 人受伤。

11 月 26 日，伊拉克拉瓦，圣战组织在一家医院内制造了一起爆炸袭击，造成 3 人死亡。

11 月 27 日，伊拉克首都巴格达东南部郊区发生袭击事件，造成 8 人死亡、37 人受伤。

11 月 27 日，阿富汗胡亚尼，一位清真寺的官员被和平宗教对手派暗杀。

11 月 27 日，伊拉克巴格达，多名自杀炸弹手袭击了一个市场，导致

11名平民死亡，31人受伤。

11月27日，阿富汗马纳尔，12名正在执勤的士兵遭到塔利班谋杀。

11月28日，南苏丹地方官员证实，该国东部琼莱州一个村庄当天遭到武装袭击，造成至少40人死亡、19人受伤。

11月28日，阿富汗玛鲁夫，8名平民遭到塔利班的爆炸袭击身亡，包括3名妇女和1名儿童。

11月29日，位于也门临时首都亚丁的财政部大楼遭汽车炸弹袭击，造成至少5人死亡，12人受伤。极端组织“伊斯兰国”宣布对此负责。

11月29日，巴基斯坦伊斯兰堡，枪手向一处什叶派清真寺内发动射击，导致2名信徒死亡，4人受伤。

11月30日，乌克兰第聂伯罗彼得罗夫斯克州警察总局称，该州尼科波尔市的一座法院发生手榴弹爆炸事件，导致1人死亡，7人受伤。

11月30日，喀麦隆政府发言人巴卡里证实，该国西南大区靠近尼日利亚的边境地区29日夜间至30日凌晨再次发生军警遇袭事件，造成2名警察死亡，另有1名警察和1名士兵受伤。

11月30日，阿富汗法拉，伊斯兰极端分子向一辆警车开火，造成4名乘客死亡。

12月

12月1日，巴基斯坦西北部城市白沙瓦的农业培训学院遭到袭击，造成至少9人死亡，37人受伤。巴基斯坦塔利班宣布对此次袭击事件负责。

12月1日，德国警方在波茨坦圣诞市集附近发现一个装有钉子的“爆裂物”，引发2016年德国圣诞节前恐怖攻击事件再度重演的忧惧。

12月1日，伊拉克拉瓦，“伊斯兰国”在多处房屋内设置了诱杀陷阱，导致24人在家中身亡，33人受伤。

12月1日，巴基斯坦白沙瓦，塔利班武装分子穿上罩袍，袭击了一所大学，并枪杀9名平民，另有37人受伤。

12月1日，伊拉克曼丹，“圣战”分子在一处市场制造爆炸袭击，导致1死7伤。

12月1日，索马里赫斯，伊斯兰极端分子发动伏击，导致2人死亡。

12月2日，尼日利亚警方证实，尼东北部博尔诺州比乌镇的一个市场当天发生两起自杀式爆炸袭击，造成 13 人死亡、53 人受伤。两起自杀式爆炸实施者均为女性。尼日利亚警方认为，袭击很有可能是极端组织博科圣地所为。

12 月 2 日，尼日利亚迈杜古里，2 名自杀式袭击者在市场上引爆炸弹，导致 15 名顾客死亡，53 人受伤。

12 月 2 日，阿富汗贾拉拉巴德，“伊斯兰国”袭击了一家电视台，导致 10 人死亡，10 人受伤。

12 月 2 日，伊拉克卡布斯，有 40 名儿童和 20 名妇女遭到“伊斯兰国”杀害。

12 月 2 日，阿富汗奥莱莎，1 名老人遭到塔利班制造的简易炸弹袭击身亡。

12 月 2 日，也门萨那，“安萨尔安拉组织”袭击了一家电视台，并杀死电视台 1 名员工。

12 月 3 日，俄罗斯莫斯科多莫杰多沃机场方面表示，晚间 1 名旅客在该机场接受检查时声称自己携带炸弹，但专家并未发现违禁物品。

12 月 3 日，伊拉克沙加拉，“伊斯兰国”在一辆拖拉机上安置了炸弹，爆炸导致 3 名农民死亡。

12 月 3 日，伊拉克马姆迪耶，“圣战”分子制造爆炸袭击，导致 3 名路人死亡，1 人受伤。

12 月 3 日，阿富汗贾拉拉巴德，1 名自杀式炸弹袭击者在足球场外制造爆炸袭击，造成 6 人死亡，13 人受伤。

12 月 4 日，印度卡齐古恩德，巴基斯坦虔诚军向一个安全巡逻队开火，导致 1 名成员死亡，2 人受伤。

12 月 4 日，也门首都萨那，也门前总统萨利赫的住所遭到胡塞武装攻击，萨利赫被枪杀身亡。

12 月 5 日，叙利亚霍姆斯市发生一起巴士爆炸事件，导致至少 8 人死亡，15 人受伤。爆炸是由公交车上安装的爆炸装置引发。

12 月 5 日，红十字国际委员会中东地区事务主管罗伯特·马尔迪尼在社交媒体上说，也门首都萨那发生的军事冲突已造成 234 人死亡，另有约 400 人受伤，其中 383 人伤势严重。

12 月 5 日，俄罗斯有关打击“电话恐怖主义”的法律经总统普京签署生效。这一法律规定俄电信运营商在发现匿名诈骗电话后立即终止对其通信服务，以打击近来在俄频繁发生的利用电话谎报炸弹威胁的“电话恐怖主义”行为。

12月5日，英国情报部门负责人通报，警方挫败了一起针对首相特雷莎·梅的恐怖袭击阴谋，并逮捕2名涉案男子，他们计划在首相官邸引爆炸弹，趁乱行刺特雷莎·梅。2名被捕男子被控以恐怖主义罪名，6日在威斯敏斯特地方法院出庭受审。

12月5日，尼日利亚萨萨瓦，“博科圣地”袭击了一个村庄，枪杀了15人。

12月5日，叙利亚霍姆斯，“伊斯兰国”用炸弹袭击了一辆载有大学生的巴士，造成8人死亡，16人受伤。

12月5日，也门曼索拉，1名清真寺传教士遭到和平宗教的对手派枪杀。

12月5日，伊拉克马卡维，“圣战”分子制造爆炸袭击，导致1名男子和他的妻子以及4个孩子全部身亡。

12月5日，伊拉克库兹菲，有5名平民被“伊斯兰国”枪杀，另有4人受伤。

12月5日，巴基斯坦米尔阿里，“圣战”分子在一处集市上枪杀了6名平民，另有8人受伤。

12月6日，伊拉克迈赫穆尔，一处营地的5名难民遭到逊尼派火箭弹袭击身亡，8人受伤。

12月6日，巴基斯坦达格尔，1名和平委员会成员被一个原教旨主义组织杀害。

12月7日，俄联邦武装力量总参谋部作战管理总局局长鲁茨科伊在莫斯科举行发布会，宣布俄军在叙利亚进行的反恐任务已经完成。

12月7日，意大利首都罗马圣·焦瓦尼地区发生了一起爆炸事件，位于不列颠尼亚大街37号意大利宪兵驻地门前的一辆汽车被炸毁，周围的建筑物玻璃被震碎。事件未造成人员伤亡。

12月7日，刚果（金）瑟姆里基，伊斯兰极端组织（ADF）分子袭击联合国基地，造成14人死亡、53人受伤。

12月8日，联合国行动与危机中心主任伊恩·辛克莱在纽约联合国总部通报称，联合国驻刚果（金）维和部队当地时间 7 日夜间遭遇袭击，造成 14 名维和士兵死亡，53 人受伤，另有 3 人在战斗中下落不明。同日，刚果（金）军方发言人宣布，超过 70 名乌干达反政府武装分子在冲突中被击毙。

12 月 8 日，阿富汗首都喀布尔一个市场发生爆炸，导致至少 2 人死亡，6 人受伤。

12 月 8 日，据哈萨克斯坦国家安全委员会消息，在日前的一项搜捕行动中逮捕了 5 名涉嫌参与恐怖主义组织的外国公民。

12 月 8 日，阿富汗苏坦克尔，和平宗教对手派袭击了一处清真寺，导致寺内 1 名伊玛目身亡，8 人受伤。

12 月 8 日，阿富汗瓦玛，3 名警察被“伊斯兰国”武装分子枪杀。

12 月 8 日，伊拉克阿特巴，载有 4 名乘客的一辆小汽车遭到“伊斯兰国”爆炸袭击，车上乘客全部死亡。

12 月 8 日，伊拉克阿萨格拉，“伊斯兰国”杀害了 7 名村民。

12 月 9 日，伊拉克什叶派民兵武装“人民动员组织”发表声明说，该组织武装当天在伊北部基尔库克省哈维杰地区打死 10 名疑似自杀式袭击者。

12 月 9 日，伊拉克军方宣布，政府军已解放所有被极端组织“伊斯兰国”占领的领土，政府军完全控制了伊拉克和叙利亚边境。

12 月 9 日，美国国防部发布消息，美国空军 11 月 20 日发动空中打击，消灭 5 名阿拉伯半岛“基地”组织分支武装分子，包括阿拉伯半岛“基地”组织分支的首领及其助手。

12 月 9 日，日本政府相关人士透露了政府瞄准 2020 年东京奥运会和残奥会制定的《反恐对策推进纲要》的主要内容。其核心是创设跨部门组织“国际反恐对策等情报共享中心”（暂名），收集并分析外务、财务两省和警察厅等的恐怖活动相关情报。

12 月 9 日，阿富汗安全部队称，过去 3 天在东部加兹尼省和北部昆都士省打死 23 名塔利班武装分子，打伤 28 人。

12 月 9 日，阿富汗加兹尼，塔利班朝一处检查站发动袭击，造成 3 人死亡，2 人受伤。

12 月 9 日，尼日利亚丹博阿，2 名安全人员遭到博科圣地成员的伏击遇害。

12月9日，伊拉克巴格达，圣战分子引爆了两枚炸弹，导致2名平民死亡，7人受伤。

12月10日，位于耶路撒冷市内的中央汽车站发生持刀袭击事件，造成1名安保人员受伤。袭击嫌疑人已被以色列警方逮捕。以色列警方已经认定，此次袭击为恐怖袭击。

12月10日，沙特阿拉伯领导的多国联军对位于也门西北部哈杰省的一处胡塞武装军事训练营实施空袭，造成约20名胡塞武装人员死亡，另有多人受伤。

12月10日，阿富汗东部楠格哈尔省1名警方负责人当天在外出途中遭遇路边炸弹袭击不幸身亡。遇害人哈比卜·拉赫曼是该省西北部胡吉亚尼地区的警方负责人。此外，有4名警察和1名平民在爆炸中受伤。

12月10日，尼日利亚阿伽比弗，和平农业委员会的10名成员遭到富兰尼族人枪杀。

12月11日，美国纽约市曼哈顿中城发生爆炸事件。爆炸发生在早高峰期间，地点位于曼哈顿岛42街第八大道的纽约港务局巴士总站，距纽约时代广场不远。1名来自孟加拉国的男子试图发动自杀式袭击，导致4人受伤。受此影响，数条地铁和公交线路停运。

12月11日，尼日利亚丹博阿，“博科圣地”在高速公路上引爆所埋地雷，导致2人死亡。

12月11日，喀麦隆梅奥萨瓦，1名卡车司机被博科圣地成员谋杀。

12月11日，喀麦隆克拉瓦，一处清真寺遭到对手派发动的爆炸袭击，导致2名信徒死亡。

12月11日，索马里摩加迪沙，青年党成员在1名记者的车内设置了炸弹，导致1人死亡。

12月11日，尼日利亚格瓦扎，1名女性自杀炸弹手在住宅区制造爆炸袭击，造成4名路人死亡，7人受伤。

12月11日，印度克拉尔，“虔诚军”武装分子朝一辆银行车辆开火，造成2名安保人员死亡，1人受伤。

12月11日，马里贡达姆，6名当地人在伊斯兰马格里布被“基地”组织谋杀。

12月11日，尼日利亚丹博阿，伊斯兰武装分子袭击了一个安全车队，并杀死了4名安全人员，另有12人受伤。

12月12日，非洲联盟警告，伊拉克与叙利亚逐渐夺回恐怖组织“伊斯兰国”控制的领土，3万多恐怖分子中有6000多人可能返回非洲，各国应为潜在的暴力威胁做好准备。

12月12日，英国政府公布截至9月份的数据，显示当局以“涉嫌从事恐怖活动”为由拘捕多达400人，比此前12个月的数据再增54%，是自2001年启动统计以来，涉恐被捕人数最多的一年。

12月12日，俄罗斯联邦安全局局长、国家反恐委员会主席亚历山大·博尔特尼科夫表示，联邦安全局破获一起准备于新年和选举期间在莫斯科地区实施恐怖袭击的团伙，其成员来自中亚。

12月12日，阿富汗北部朱兹詹省两处地区近日被极端组织“伊斯兰国”控制。阿富汗安全部队开始清剿行动。

12月12日，伊拉克图兹库尔马图，圣战组织向一所学校发动迫击炮袭击，造成2人死亡，20人受伤。

12月12日，巴基斯坦北瓦济里斯坦，路边炸弹袭击导致2名21岁男子身亡。

12月14日，索马里首都摩加迪沙一警察学院发生自杀式爆炸袭击，造成至少3人死亡。

12月14日，索马里摩加迪沙，1名圣战自杀式袭击者在一个警察训练营中引爆炸弹，造成18名新兵死亡，15人受伤。

12月14日，巴基斯坦祖阿曼，宗教武装分子发动袭击造成2名平民死亡，1人受伤。

12月14日，阿富汗瑞格，塔利班制造了两起袭击，造成18名警察死亡，6人受伤。

12月15日，美国纽约东区检察院发表声明称，美国检方指控纽约布鲁克林区一位27岁的女性居民进行银行诈骗，以对境外恐怖分子提供物质支持。

12月15日，尼日利亚军方发布声明称，4名中国公民被一群海盗绑架，军方经过一番激战后，成功救出人质。

12月15日，伊拉克霍维什，2名平民遭到“圣战”分子自杀式炸弹袭击身亡，另有 6 人受伤。

12 月 16 日，阿富汗塔利班武装分子在该国南部赫尔曼德省发动袭击，造成至少 14 名安全人员身亡。

12 月 16 日，尼日利亚甘牧博鲁，“圣战”分子伏击了一个向难民运送食物的援助车队，造成 4 名平民丧生。

12 月 16 日，也门塔伊兹，什叶派激进分子制造了一起爆炸袭击，导致 4 名政府士兵丧生。

12 月 16 日，阿富汗塔巴尔，塔利班针对逃跑的平民发动袭击，导致 18 名平民丧生。

12 月 17 日，巴基斯坦西南部俾路支省首府奎达一座教堂遭袭，现场发生爆炸和激烈交火，造成至少 8 人死亡、44 人受伤，其中 9 人伤势严重。恐怖组织“伊斯兰国”宣称对此次袭击负责。

12 月 17 日，俄罗斯总统普京当天致电美国总统特朗普，感谢美方提供情报，俄方得以阻止可能发生在俄第二大城市圣彼得堡的一起恐怖袭击。18 日，俄罗斯联邦委员会国际事务委员会第一副主席、联邦安全总局将军弗拉基米尔·扎巴罗夫表示，有理由对重启俄美两国特工部门信息交换机制寄予希望，这将大幅提高反恐效率。

12 月 17 日，巴基斯坦奎达，在一个卫理公会教堂里，2 名自杀式炸弹袭击者发动爆炸袭击，导致 11 人死亡，57 人受伤。

12 月 17 日，阿富汗普勒—胡姆里，2 名当地警察被原教旨主义极端分子枪杀。

12 月 17 日，阿富汗马扎里 — 沙里夫，恐怖分子将一枚炸弹固定在一辆民用车上，爆炸造成 1 名乘客死亡，2 人受伤。

12 月 17 日，伊拉克梅塔，2 名医生和 1 名工程师遭到伊斯兰极端分子杀害。

12 月 17 日，阿富汗坎大哈发生一起自杀式汽车炸弹袭击，导致 1 名妇女身亡，5 人受伤。

12 月 17 日，阿富汗拉什卡尔戈，塔利班发动袭击导致 11 名当地警察死亡，另有 5 人受伤。

12 月 18 日，阿富汗首都喀布尔西部一个情报培训中心附近发生爆炸。上午 10 时左右，一伙藏匿在一栋在建楼内的武装分子对附近隶属于阿富汗国家安全局的情报培训中心发动袭击，数次引爆炸弹。随后，增援的阿富汗安全部队与这伙武装分子展开枪战。

12月18日，俄罗斯莫斯科紧急部门消息人士向卫星通讯社表示，当天早上在接到匿名炸弹威胁电话后，莫斯科市中心一所中学疏散约400名学生和教师。

12月18日，喀麦隆安全部门人士称，疑似喀麦隆英语区分裂主义者对该国西南大区靠近尼日利亚边界一处宪兵驻地发动袭击，造成4名宪兵死亡，遇害宪兵的武器也被掠走。

12月18日，英国1名男子驾车硬闯一处美国驻英空军基地，遭美军开枪拦截后被捕。

12月18日，埃及阿里什，“圣战”分子朝一处机场发动炮弹袭击，导致1人死亡，2人受伤。

12月18日，马里基达尔，1名联合国维和人员在圣战分子发动恐怖袭击中身亡。

12月18日，阿富汗拉什卡尔戈，1名自杀式炸弹袭击者制造爆炸导致2名路人死亡、29人受伤。

12月19日，也门胡塞武装再次向沙特阿拉伯首都利雅得发射一枚弹道导弹，又再次被沙特防空部队拦截，没有造成人员伤亡。这是一个半月来，胡塞武装第二次向利雅得发射导弹。

12月19日，阿富汗军方近日在阿东部楠格哈尔省对极端组织“伊斯兰国”据点发动清剿行动，击毙至少13名该组织武装分子。

12月19日，英国警方反恐部门突袭了5处地点，逮捕了4人，化解了一起据称将在圣诞节发动的恐怖袭击行动。

12月19日，美国法院判处马萨诸塞州埃弗雷特市一名居民28年有期徒刑，称其意图以恐怖主义集团“伊斯兰国”的名义对美国人发起袭击。

12月19日，印度巴塔·墨兰，“默罕默德军”发动枪袭，导致1名妇女遇难。

12月19日，叙利亚大马士革，逊尼派武装分子向居民区发动迫击炮袭击，造成3人死亡，8人受伤。

12月20日，美国军方称，美军2017年向也门境内“圣战”分子展开超过120次空袭行动。空袭大部分是攻击也门的阿拉伯半岛“基地”组织分支的恐怖分子。

12 月 20 日，埃及国家安全部门成功挫败一起拟在圣诞期间对埃及数省教堂发动恐怖袭击的阴谋。

12 月 20 日，伊拉克卡纳泽尔，学校门口发生一起爆炸，导致 2 名平民死亡，4 人受伤。

12 月 20 日，索马里博萨索，“圣战”分子制造爆炸袭击，导致 2 名安全人员死亡。

12 月 20 日，伊拉克塔尔米耶，一处市场附近发生一起爆炸袭击事件，导致 1 人死亡，2 人受伤。

12 月 21 日，澳大利亚墨尔本，1 名阿富汗难民在市中心开车冲撞行人，已造成 1 人死亡、18 人受伤。袭击者称穆斯林在澳没有得到公平对待。

12 月 21 日，德国联邦法院正式对 1 名涉嫌参与极端组织“伊斯兰国”并策划恐怖袭击的 29 岁男子下达逮捕令。该男子被怀疑正在策划对德国南部卡尔斯鲁厄的圣诞市场进行恐怖袭击。

12 月 21 日，阿富汗赫拉特，伊斯兰极端分子在什叶派地区制造爆炸一起爆炸袭击，导致 4 人死亡，6 人受伤。

12 月 21 日，马里尼奥诺，圣战分子谋杀了 1 名当地士兵。

12 月 22 日，俄罗斯安全局发布消息称，莫斯科移民援助中心的 9 名工作人员因为恐怖分子支持者以及其他非法人员办理证件而被扣押。

12 月 22 日，意大利南部城市那不勒斯东部发生一起土制炸弹爆炸事件，造成 1 死 1 伤。

12 月 22 日，希腊雅典上诉法院入口旁发生炸弹爆炸，法院大楼严重受损。1 名保安看见凌晨时分，2 名骑摩托车的人将一个包裹放在了楼梯台阶上。此前夜间 1 名不明人士曾致电网站编辑部，警告称法院附近被放置了炸弹。

12 月 22 日，澳大利亚政府宣布，澳军方将结束在伊拉克和叙利亚的打击“伊斯兰国”空袭任务，6 架“大黄蜂”战机在历经 3 年任务后，将返回国内。

12 月 22 日，喀麦隆极北大区靠近尼日利亚边境的一个地区，在 22 日夜间和 23 日上午接连发生两起袭击事件，共造成 3 名平民丧生。博科圣地涉嫌发动了上述袭击事件。

12月22日，尼日利亚尼德姆，疑似富兰尼族武装分子朝一处正在唱圣诞颂歌教会组织开火，导致4人死亡，10人受伤。

12月22日，美国哈里斯堡，1名来自埃及的移民在两次袭击中朝警方开火，导致1人受伤。

12月22日，巴基斯坦马赫，逊尼派正统派人士发动了一场针对性袭击，2名什叶派煤矿工人遭到枪击身亡，另有2人受伤。

12月22日，巴基斯坦顺克莱，3名边防人员被伊斯兰极端分子杀害。

12月22日，阿富汗迈温德，一处检查站遭到自杀式炸弹袭击，导致6人遇难，9人受伤。

12月23日，喀麦隆克瓦拉玛法，宗教极端分子入侵一个小镇，枪杀1名平民。

12月24日，德国警方称，1名男子驾车冲撞位于柏林的德国社会民主党总部，试图自杀未果，受伤被送进医院。

12月24日，埃及安全部队当天在东部省进行的一次突击行动中击毙了9名恐怖分子。据调查，这批恐怖分子曾参与北西奈省的一系列恐怖袭击。同一天，埃及安全部队还在开罗展开另一场突袭行动，逮捕了9名恐怖分子嫌疑人，并缴获一批枪械、弹药和爆炸装置。

12月24日，阿富汗洛加尔，塔利班发动迫击炮袭击，导致3名平民死亡，7人受伤。

12月24日，阿富汗赫尔曼德，原教旨主义极端分子发动爆炸袭击，导致7名妇女和儿童身亡，3人受伤。

12月24日，巴基斯坦阿尔噶德，一处健康中心外发生一起简易炸弹爆炸事件，导致3人死亡。

12月24日，尼日利亚迈拉菲亚，一处基督教社区内发生枪击事件，导致6人死亡、3人受伤。

12月25日，阿富汗喀布尔国家安全局大楼遭自杀炸弹袭击，6名平民在袭击中丧生。极端组织“伊斯兰国”随后宣称对袭击负责。

12月25日，阿富汗喀布尔，一处居民区遭到圣战分子自杀式爆炸袭击，导致6名居民死亡，3人受伤。

12月25日，阿富汗阿尔佐，一辆民用车遭到原教旨主义极端分子的袭击，车上的5名乘客遇害。

12月25日，尼日利亚尤坦昆地区，正在庆祝圣诞节的6个人遭到伊斯兰极端分子枪杀，袭击还造成5人受伤。

12月26日，俄罗斯联邦委员会通过一项法律，该法律强化对招募恐怖分子的惩罚，犯罪分子最高可被判无期徒刑。另外，俄联邦刑法典中还引入了“宣传恐怖主义”的概念。

12月26日，土耳其伊斯坦布尔警方在反恐突击检查中逮捕了至少22名涉嫌参与“伊斯兰国”恐怖组织的外籍公民，成功挫败一起新年恐怖袭击图谋。

12月26日，索马里阿夫戈耶，“青年党”制造一起袭击，导致包括1名妇女在内的2名平民死亡。

12月26日，菲律宾拿督沙特，1位老村民被邦萨摩洛共和国组织的成员枪杀。

12月27日，美国田纳西州孟菲斯市一座购物中心发生枪击案，造成3人受伤。

12月27日，荷兰警方在圣诞假期逮捕了4名涉嫌参与恐怖活动的可疑份子。检方说，虽然无具体证据指向攻击事件，但强调政府不会冒风险。

12月27日，俄罗斯圣彼得堡一家超市发生爆炸案，造成13人受伤。俄罗斯总统普京将此次袭击称为恐怖袭击。

12月27日，越南政府指控15名嫌犯于今年4月在胡志明市新山一个国际机场发动炸弹攻击，当地法院以“反人民政府恐怖攻击罪”对他们判处5年至16年不等的有期徒刑。

12月27日，阿富汗拉什卡尔戈，发生一起自杀式炸弹袭击，导致1人死亡，14人受伤。

12月27日，阿富汗达拉特阿巴德，塔利班制造爆炸袭击，导致6名儿童遇袭身亡。

12月28日，阿富汗内政部发言人称，首都喀布尔一个什叶派穆斯林文化中心发生爆炸袭击事件，造成至少41人死亡、84人受伤。案发时，一伙自杀式爆炸袭击者先在文化中心外制造了一次爆炸，之后在文化中心内部发动袭击。爆炸发生后，极端组织“伊斯兰国”的阿富汗分支宣布对袭击负责。

12 月 28 日，法国媒体披露，3 名涉嫌加入极端组织“伊斯兰国”的法籍武装人员本月稍早时候在叙利亚境内落网，其中包括法国反恐情报部门的通缉要犯托马斯·巴赫努安，他是法国本土极端组织的头目之一。

12 月 28 日，马里莫普提，3 名当地安全人员遭到“圣战”分子的炸弹袭击身亡。

12 月 28 日，肯尼亚甘巴，2 名运输鱼的司机被伊斯兰极端分子枪杀。

12 月 28 日，尼日利亚阿玛尔瓦，1 名女性自杀式炸弹袭击者在一处小镇制造爆炸袭击，导致 6 名平民死亡，17 人受伤。

12 月 28 日，埃及北西奈，“基地”组织分支制造一起爆炸袭击，造成 6 人死亡，2 人受伤。

12 月 28 日，阿富汗喀布尔，1 名身穿自杀背心的宗教极端分子在一座对手派的清真寺引爆炸弹，导致 40 多名信徒死亡，84 人受伤。

12 月 28 日，埃及埃尔—阿里什，一家银行内有 2 人遭到圣战分子谋杀。

12 月 28 日，喀麦隆梅奥莫斯克塔，发生一起自杀式爆炸袭击，导致 1 名路人死亡。

12 月 29 日，埃及首都开罗南部一所教堂发生枪击事件。1 名男子开枪射杀 9 人后被警察击毙。袭击还造成多人受伤。极端组织“伊斯兰国”宣称对此事件负责。

12 月 29 日，哥伦比亚安蒂基亚省当天凌晨发生一起手榴弹袭击事件，2 名袭击者向一个夜总会内投掷手榴弹，造成至少 31 人受伤，其中 11 人伤势严重。

12 月 29 日，吉尔吉斯斯坦安全部门通报说，有情报显示，叙利亚的某个极端恐怖组织派出武装人员渗透进独联体国家，准备在新年期间发动恐怖袭击。吉尔吉斯斯坦安全部门在随后的行动中确认了多名武装人员的身份，并逮捕了 1 名来自独联体国家的武装人员。此人承认参与恐怖主义活动，加入了反对叙利亚政府的国际恐怖主义阵营，并接受了实施爆炸袭击的训练。

12 月 29 日，埃及赫勒万，在科普特居民区附近发生一起有针对性的袭击，有 2 人遭到枪击身亡。

12 月 30 日，阿曼首都马斯喀特发生袭击警察事件，导致 1 名警察死亡、2 名路人受伤。

12 月 31 日，阿富汗东部楠格哈尔省政府证实，当天发生在该省首府贾拉拉巴德市的一起自杀式爆炸袭击事件造成 12 人死亡、16 人受伤。

12 月 31 日，印度贾姆穆与克什米尔邦德印度中央后备警察部队大本营遭到恐怖分子袭击，造成至少 4 名警察死亡，2 人受伤。

12 月 31 日，索马里首都摩加迪沙的索国防部附近当天上午发生一起路边炸弹袭击事件，造成至少 2 人死亡。索马里“青年党”宣布制造这起爆炸事件。